东方学术文库

全面建设
社会主义现代化国家

新阶段·新理念·新格局

上海市社会科学界联合会　编

第五十四卷

上海市社会科学界第十八届学术年会文集
（2020年度）

上海人民出版社

前　言

　　上海市社会科学界学术年会由上海市社会科学界联合会于 2003 年发起创办,至今已是第十八届。年会一直秉承这样的宗旨:聚焦经典学术,构筑交流平台,展示文化魅力,繁荣社会科学,营造公正、开放、活跃、民主的学术氛围,为上海市社会科学界构筑高层次、权威性、品牌化的学术文化公共平台。多年来,年会充分发挥大型学术论坛参与广泛、学术规范、形式多样的特色和优势,在繁荣发展上海城市文化、促进社会科学界的交流融合以及服务专家学者的理论研讨等方面,发挥了积极作用。

　　本届学术年会聚焦全面建设社会主义现代化国家:新阶段、新理念、新格局,开展了一系列学术活动。本卷文集所收录的学术论文均从本届年会应征论文中遴选产生,内容涵盖哲学社会科学各领域。真诚感谢本市社科界各单位对学术年会给予的大力支持,感谢所有关心、支持和参与学术年会工作的各位领导和专家学者。同时,感谢上海人民出版社的同志为文集出版工作所付出的辛勤劳动。

目　录

习近平推进和引领全球治理体系变革理论与实践研究[*]

仇华飞

党的十八大报告首次提出推进全球治理机制变革的主张,并明确表示要积极参与全球经济治理,①中国对全球治理的认识进入一个新的阶段。此后,中国政府不断提出具体而有建设性的全球治理方案,供世界各国选择。在一系列国际重大场合,习近平主席旗帜鲜明地主张推进全球治理变革,构建新型国际关系,构建世界经济政治新秩序。2014 年 3 月,习近平主席在德国柏林发表演讲时表示,"中国将从世界和平与发展的大义出发,贡献处理当代国际关系的中国智慧,提出完善全球治理的中国方案,为人类社会应对 21 世纪的各种挑战承担相应的责任和义务"。同年 7 月,习近平主席在接受拉美四国媒体联合采访时进一步重申,"中国将更加积极有为地参与国际事务,致力于推动完善国际治理体系,积极推动扩大发展中国家在国际事务中的代表性和发言权。中国愿为国际社会提供更多公共产品"。②中国要加强在联合国、世界贸易组织、二十国集团、金砖国家等国际和多边机制内的协调和配合,凝聚发展中国家力量,积极参与全球治理,为发展中国家争取更多制度性权力和话语权。③

随着中国国家实力的提升和在国际舞台上作用的增强,中国正积极地向国际秩序的建设者和贡献者转型。面对百年未有之变局,习近平主席深刻揭

---

* 本文系作者主持的国家社科基金重大项目"习近平治国理念之外交战略思想研究"(15ZDC002)阶段性成果。

① 胡锦涛:《坚定不移沿着中国特色社会主义道路前进 为全面建成小康社会而奋斗——在中国共产党第十八次全国代表大会上的报告》,《人民日报》2012 年 11 月 18 日。

② 《习近平接受拉美四国媒体联合采访》,《人民日报》2014 年 7 月 16 日。

③ 习近平:《弘扬传统友好共谱合作新篇——在巴西国会的演讲》,《人民日报》2014 年 7 月 18 日。

示了当今世界转型、发展、变迁的规律和轨迹,指明了推动全球治理变革的方向和路径,阐述了推进全球治理体制和治理规则变革、构建新型国际关系和世界秩序的必要性。①为了协调和正确处理国际国内两个大局,习近平总书记强调,要抓住机遇,妥善应对挑战,推动全球治理理念创新发展,推动全球治理体制向着更加公正合理方向发展,弘扬共商共建共享的全球治理理念,为我国发展和世界和平创造更加有利的条件。②这为中国积极参与全球治理转型指明了方向。2019 年 3 月,习近平主席在出席中法全球治理论坛时,呼吁世界各国坚持公正合理、破解治理赤字,坚持互商互谅、破解信任赤字,坚持同舟共济、破解和平赤字,坚持互利共赢、破解发展赤字。他敦促各国都要做积极的行动派,共同努力把人类的前途命运掌握在自己手中。③党的十九届四中全会进一步阐明积极参与全球治理体系改革和建设的重要性。提出要高举构建人类命运共同体旗帜,秉持共商共建共享的全球治理观,倡导多边主义,推动国际关系民主化,推动全球经济治理机制变革,支持上海合作组织、金砖国家、二十国集团等平台机制化建设,推动构建更加公正合理的国际治理体系。④为全球治理体系变革指明方向。

一、 中国特色全球治理理念的世界意义

为了积极推进全球治理体系变革,中国先后举办杭州 G20 峰会,北京"一带一路"高峰论坛,厦门金砖国家会议,北京世界政党大会等,积极参与和引领全球治理进入新时代。中国提出"一带一路"倡议、建立以"合作共赢"为核心的"新型国际关系"、坚持"正确义利观"、构建"人类命运共同体"等理念和举措,全球

---

① 习近平:《坚持构建中美新型大国关系正确方向 促进亚太地区和世界和平稳定发展》,《人民日报》2015 年 9 月 23 日。

② 《推动全球治理体制更加公正更加合理 为我国发展和世界和平创造有利条件》,《人民日报》2015 年 10 月 14 日。

③ 习近平:《为建设更加美好的地球家园贡献智慧和力量——在中法全球治理论坛闭幕式上的讲话》,《人民日报》2019 年 3 月 27 日。

④ 《中共中央关于坚持和完善中国特色社会主义制度 推进国家治理体系和治理能力现代化若干重大问题的决定》,《人民日报》2019 年 11 月 6 日。

治理话语权显著增强。①中国特色全球治理理念日益凸显,这既是马克思主义中国化的重大成就,也是中国特色大国外交理论的最新成果,成为习近平新时代中国特色社会主义思想的重要组成部分。②而"共商共建共享"思想,进一步体现中国参与全球治理的基本理念。共商、共建和共享是加强全球治理、推进全球治理体系与治理能力现代化不可或缺的系统链条,三者共同构成了中国全球治理理念的有机体系。③这里的"共商"是指全球治理的基本原则、重点领域、规则机制、发展规划等都由所有参与方共同商议并形成共识:"共建"指发挥各方优势和潜能共同推进全球治理体系的改革与创新;"共享"是各参与方公平分享全球治理的成果和收益。践行这一理念,就是要充分发挥各国尤其是广大发展中国家的积极性和能动性,体现各方关切和诉求,更好地维护各方正当权益,让所有参与方对完善全球治理拥有更多获得感。

以共商方式解决全球矛盾和问题符合各国家和地区人民利益和诉求,因为垄断国际事务的想法是落后于时代的,垄断国际事务的行动也肯定是不能成功的。以协商民主的方式解决全球问题并非以牺牲某一国家和地区及其人民的利益为代价。共商理念反对任何形式的霸权欺凌和强权压制,以尊重民族国家利益为基本前提,包含和强调的是对各国自主选择社会制度和发展道路权力的尊重,通过民主协商的方式解决国际争端和全球问题。习近平主席反复强调"各国都应该坚持联合国宪章宗旨和原则,坚持多边主义,在平等、协商、互谅互让的基础上开展互利合作,推动国际秩序朝着更加公正合理的方向发展"。④中国一直践行这一理念,它既符合当今世界和平发展的时代潮流,也反映了世界各国人民对于改革全球治理体系的深切呼声。

"共建"是指"各参与主体在全球治理格局和进程中各施所长,各尽所能,充分发挥各自优势和潜能通力合作来应对全球性挑战,持之以恒加以推进"。⑤共

---

① 陈向阳:《习近平总书记的全球治理思想》,《前线》2017 年第 6 期。

② 吴志成:《习近平全球治理思想初探》,《国际问题研究》2018 年第 3 期。

③ 张宇燕:《全球治理的中国角色》,《世界经济与政治》2016 年第 9 期。

④ 习近平:《中国发展新起点全球增长新蓝图——在二十国集团工商峰会开幕式上的主旨演讲》,《人民日报》2016 年 9 月 4 日。

⑤ 《习近平谈治国理政》,外文出版社 2014 年版,第 316 页。

建体现的是以合作为动力,各治理主体在全球治理体系的改革中发挥各自优势和潜能,共同推进全球治理体系的改革与创新,照顾彼此利益关切,共同为全球治理作出贡献。全球治理涉及各国家和地区及其人民的共同利益,是人类为了应对全球问题而采取的共同行动,因而需要政府、非政府组织和国际组织等的共同参与。20世纪90年代以来,全球治理格局和全球权力结构发生了重大改变。一方面,大量国际组织、区域协作组织和非国家行为体的出现,使得国家主权地位受到一定程度的削弱和挑战。另一方面,新兴工业体的兴起和发展中国家的崛起改变了旧有的全球权力结构,为解决全球问题提供了新动力,增添了新力量。同时也应清醒地认识到:广大发展中国家在全球治理规则制定、话语权等方面被边缘化是不争的事实。为此,习近平主席明确指出:全球治理应该以平等为基础,更好反映世界经济格局新现实,增加新兴市场国家和发展中国家代表性和发言权,确保各国在国际经济合作中权利平等、机会平等、规则平等。①凸显中国特色全球治理体系变革理念的世界意义。

所谓"共享",就是要让建设成果更多更公平惠及各国人民。共享的核心是共赢,提倡所有人参与,所有人受益,让各参与主体公平合理地分享全球治理的成果和收益,寻求利益共享,以实现共赢的目标。在传统的全球权力格局和全球治理体系内,在治理责任与利益的分配方面存在着明显的失衡现象,即只重视发达资本主义国家的利益而忽视发展中国家和小国的利益,导致公共产品供给不足,造成治理机制的碎片化,最终出现全球治理失灵的局面。对此,习近平主席鲜明地指出,全球治理应该以共享为目标,提倡所有人参与,所有人受益,不搞一家独大或者赢者通吃,而是寻求利益共享,实现共赢目标。②这为进一步推进全球治理实践确立了基本原则,指明了新方向、新目标。实现利益共享是全球治理的内在动力,只有当全球治理体制能够更加均衡地反映大多数国家的意愿和利益,当人们有了利益共享的愿望和实现可能,各参与主体尤其是小国,才更加愿意去共同面临风险和主动承担责任。

---

① 习近平:《弘扬传统友好　共谱合作新篇——在巴西国会的演讲》,《人民日报》2014年7月18日。

② 习近平:《中国发展新起点全球增长新蓝图——在二十国集团工商峰会开幕式上的主旨演讲》,《人民日报》2016年9月4日。

当今全球经济治理正面临新旧动能转换以及规则竞争加剧等复杂而严峻的局面,需要凝聚新共识并激发新的合作动力。以杭州G20峰会为标志,中国已经确立了参与并引领全球治理的新方向,正强化内外统筹、机制建设和智力支撑。未来中国要进一步结合自身发展转型的优先领域和节奏步骤,以G20和地区机制建设同步推进为抓手,促进全球经济治理体系更加包容、有效。①在全球治理领域,国家之间的博弈日益表现为规则制定权的竞争。基于综合实力的不同,霸权国家与新兴大国参与全球治理的路径选择存在较大差异,它制约了实力变动后国家的全球治理政策的调整空间。由于实力的相对衰落,美国长期以来对全球治理的规则外溢型参与的难度日益加大。新的形势下,美国需要调整其参与全球治理的内顾倾向,回归平等协作的全球治理的基本要求。随着中国的崛起,单纯通过规则内化参与全球治理的约束作用日益凸显,推动全球治理规则体系改革和引领新规则建立便成为自然而然的追求。随着各国在全球治理规则上的"制定—接受"关系开始发生转变,全球治理将由此进入新一轮的激烈竞争与博弈。②以中国为代表的新兴国家较之以往,有更为强大的实力和意愿为国际社会提供公共产品,促进经济全球化的升级和扩容,使得经济全球化进入包容型发展阶段。与极化思维、零和博弈思维影响下长期存在的那种排斥甚至反对新兴国家参与经济全球化的陈旧立场形成鲜明对照的是,中国所具有的包容、共生、共享、普惠等思维,为中国推动的新一轮经济全球化走向包容型新阶段提供了丰富的精神文化源泉。中国所具备的基础设施优势、发展经验多元化、新兴技术领域巨大发展潜能这三大引领经济全球化的优势,为中国推动新一轮全球化健康发展提供了现实依据。③

合作是进行全球治理的最有效途径,其中大国间的合作与领导尤其重要。全球金融危机爆发后,G20作为全球治理的重要机制为应对危机进行了卓有成效的合作,但今天这种强劲的合作势头已逐渐式微。由于后危机时代国际权力

---

① 陈东晓、叶玉:《全球经济治理:新挑战与中国路径》,《国际问题研究》2017年第1期。

② 徐秀军:《规则内化与规则外溢——中美参与全球治理的内在逻辑》,《世界经济与政治》2017年第9期。

③ 王栋、曹德军:《再全球化——理解中国与世界互动的新视角》,社会科学文献出版社2018年版。

格局的变化,先前的"单极世界"格局摇摇欲坠,导致出现所谓"零国集团"的局面,①各国不安全感普遍加剧,相互猜疑、防范和竞争的心态明显增强,严重阻碍了大国合作,即使在有共同关切和利益的领域也难以形成有效合作。面对这些挑战,中国加大改革开放力度,扩大对外开放,为全球经济保持高质量和持续健康发展注入了强劲动力,进一步巩固了中国作为全球主要经济体以及世界经济增长重要源泉的地位。但基于发展中国家和社会主义国家的双重身份定位,以及在国际社会中受到的诸多不公正待遇,中国又深感全球治理体系改革的必要性。②从历史发展进程看,中国正处于近代以来的最好发展时期,中国进一步参与全球治理,不仅能够维护中国自身的发展利益和安全利益,也体现了中国作为负责任大国的道义与担当。

　　进入新时期,中国正处在实现中华民族伟大复兴的关键阶段,日益走近世界舞台中央。一方面,中国制造、中国创造、中国建造既改变了中国原先的面貌,也深刻改变着世界的前途和命运,但中国需要长期和平环境的基本国情没有变,对和平的国际环境和稳定的国际秩序的追求更强烈。另一方面,当今世界无数新机遇和新挑战并存,国际体系和国际秩序发生了深刻变化。中国的发展必须顺应世界发展的潮流,而加强全球治理则是中国发展的重要战略保障。正如习近平主席所强调,中国正日益成为国际社会公认的世界和平的建设者、全球发展的贡献者、国际秩序的维护者。③作为全球第二大经济体和有重要影响力的国际行为体,中国有能力利用自身的经济实力和政治影响力,抓住全球化进程中出现的治理契机,推动新旧治理主体在一些全球性治理议题上的合作,增进各方的战略互信,从而实现全球治理权力的和平转移,为世界和平稳定提供制度保障。

二、 构建新型国际关系，推动大国关系健康发展

　　构建平等互信、包容互鉴、合作共赢的新型国际关系,对于推动建设持久和

---

① Ikenberry G.J., "Every Nation for Itself: Winners and Losers in a G-Zero World," *Hague Journal of Diplomacy*, Vol.8, No.a, 2012, pp.343—344.

② 蔡拓:《全球治理的中国视角与实践》,《中国社会科学》2004 年第 1 期。

③ 习近平:《在庆祝改革开放 40 周年大会上的讲话》,《人民日报》2016 年 12 月 19 日。

平、共同繁荣的和谐世界具有重要意义。历史上,大国的崛起是改变国际政治力量结构的重要因素,影响国际秩序的演变。当今,西方发达国家经历了冷战结束后最严重的金融危机;国际关系中非传统安全因素明显加大。为了应对这一变局,中国提出构建新型国际关系、构建人类命运共同体、确立新安全观思想,有利于为新型国际关系提供稳定的安全环境,也有利于推动建立公正合理国际政治经济新秩序,维护世界和平与安宁,促进和平发展。

构建结伴而不结盟的国家关系是习近平新时代中国特色社会主义外交思想的重要组成部分,是推动构建新型国际关系的具体措施,习近平主席强调发展全球伙伴关系的重要性,通过"扩大同各国的利益交汇点,推进大国协调和合作,构建总体稳定、均衡发展的大国关系框架"①,为维护国际秩序稳定提供重要保证。推动构建新型国际关系的首要问题在于,推进大国间的协调与合作。这种大国关系就是坚持不冲突不对抗、相互尊重、合作共赢的基本理念,打破大国冲突对抗的传统规律,规避崛起大国与守成大国的"修昔底德陷阱"。虽然"修昔底德陷阱"被一些西方学者视为国际关系的"铁律",但大国关系仍然具有超越"修昔底德陷阱"的可能性,作为负责任大国,中国不同于历史上的任何大国。中国传统文化中充满了"和平主义""天下意识""忠恕之道"的思想,中国没有强国必霸的文化传统;中国奉行和平发展战略,坚持走和平发展之路与独立自主的和平外交政策,永不称霸。

构建新型国际关系,需要认可和包容世界多样性和多元化的现实,尊重各国的历史文化、价值观念、社会制度和发展模式,不以社会制度和意识形态的异同来决定亲疏、好恶;坚持求同基础上的竞相发展,反对追求单纯的权力均势与制衡;倡导"和平共处、合作安全、集体安全、共同安全",反对以结盟对抗寻求安全的行为。②构建新型国际关系,是一个先确立方向,再探索路径、充实内容和完善形式的长期过程,需要各国共同努力,不断增进理解、凝聚共识、深化合作。新型国际关系的构建不可能一蹴而就,但历史总是按照自己的规律向前发展。只要

---

① 习近平:《决胜全面建成小康社会　夺取新时代中国特色社会主义伟大胜利——在中国共产党第十九次全国代表大会上的报告》,人民出版社 2017 年版,第 59—60 页。

② 中国社会科学院中国特色社会主义理论体系研究中心:《构建新型大国关系》,《人民日报》2013 年 6 月 4 日。

世界各国共同坚持这一正确方向,摒弃冷战思维,人类社会就充满希望。①各国之间建设性的相互依存,是全球政治和经济稳定的重要基础。各国之间应致力于建立平等的战略合作伙伴关系,认可对方在全球事务中扮演的不可或缺的角色。

新型国际关系是对传统国际关系理论的批判和扬弃,以中美关系为例,在"新型大国关系"框架下,中美两国可共同应对全球金融危机、气候变化等问题;两国可在热点问题上合作和协调;中美在推动确立核安全制度建设,在 G20 峰会、推进国际体系建设和改革中发挥重要作用。然而,特朗普政府反其道而行之,高举"美国优先"大旗,采取更为明确的逆全球化政策。②中俄新型大国关系强调维护以《联合国宪章》宗旨和原则为核心的国际秩序和国际体系,推动建设相互尊重、公平正义、合作共赢的新型国际关系,推动构建人类命运共同体,在各国平等参与全球治理、遵循国际法、保障平等和不可分割的安全、相互尊重和考虑彼此利益、摒弃对抗和冲突的基础上,秉持多边主义原则,解决国际和地区问题,在国际事务中主持公道,促进更加公正合理的多极世界的形成,惠及世界人民,实现合作共赢。③

虽然特朗普政府逆全球化而动,推行贸易霸凌主义,声称要与中国经济"脱钩"(decouple);事实上,这样做既不符合经济一体化的世界潮流,也不符合美国的全球战略利益,作为贸易摩擦的挑起者,美国应当正确认识世界和平合作的发展潮流和中美两国经贸关系互利共赢的基本方向,推动自由贸易和开放融通,消除贸易摩擦。2018 年 12 月 1 日,习近平主席同特朗普总统在阿根廷首都布宜诺斯艾利斯 G20 峰会期间举行会晤,中美两国元首一致同意通过谈判解决两国业已形成的贸易摩擦,停止相互加征新的关税。双方就如何妥善解决存在的分歧和问题提出了一系列建设性方案。中方愿意根据国内市场和人民的需要扩大进

---

① 中国社会科学院中国特色社会主义理论体系研究中心:《构建新型大国关系》,《人民日报》2013 年 6 月 4 日。

② 徐宏潇、赵硕刚:《特朗普政府逆全球化:动向、根源、前景及应对》,《经济问题》2019 年第 2 期。

③ 《中华人民共和国和俄罗斯联邦关于发展新时代全面战略协作伙伴关系的联合声明》,《人民日报》2019 年 6 月 6 日。

口,包括从美国购买适销对路的商品,逐步缓解贸易不平衡问题。双方同意相互开放市场,在中国推进新一轮改革开放进程中使美方的合理关切得到逐步解决。①然而,特朗普政府打着"美国优先"的旗号,推行贸易霸凌主义,使两国领导人达成的共识得不到很好的实施。

虽然特朗普政府倒行逆施,但全球化和区域经济一体化的趋势不可逆转,"中美分别是当今国际舞台上发展最快的新兴大国和实力最强的超级大国,如同当前国际体系中的'双子塔',中美关系无疑是当今世界上最为重要、也最为复杂的一组双边关系"。②

三、 构建人类命运共同体,应对全球重大突发事件

进入 21 世纪,新兴国家的力量崛起正在改变自工业革命以来西方主导的旧国际秩序。中国作为最大的新兴国家,随着自身经济的快速发展,伴随中国综合国力的提升,日益成为影响世界格局的举足轻重的国家。作为一个新兴大国,中国从自身国家利益以及建立公平公正的国际秩序的角度出发,必然会提出有利于自身利益的国际秩序的新主张;中国也必然会提出既符合自身利益又有益于全人类共同发展的全球治理主张。

面对全球治理进程中的各种挑战,习近平主席提出构建一个共生共存的命运体。倡导构建相互依存的"人类命运共同体"为世界各国走向共同繁荣发展提供了现实可能性,各国在维护本国利益的同时能够兼顾世界其他国家的利益,包括促进其经济、社会等领域的发展,维护世界和平。"人类命运共同体"构想将中国的命运与世界的命运紧密相连,体现出中国追求的是以合作共赢为核心的新型国际关系,反映了人类社会发展的规律性需求,受到广大发展中国家的支持与欢迎,有利于形成推动各国经济社会共同发展的国际新秩序。坚持推动构建合作共赢的人类命运共同体,不仅有利于处理中国与美国、俄罗斯、欧盟等关系,而

---

① 《国务委员兼外交部长王毅向中外媒体介绍中美元首会晤情况》,《人民日报》(海外版)2018年 12 月 3 日。

② 叶自成:《以中华智慧破解"修昔底德陷阱"——习近平关于构建中美新型大国关系的战略构想解析》,《人民日报》2014 年 2 月 20 日。

且有利于中国处理与周边国家的关系，促进新环境下全球安全治理体系改革向纵深发展。

2020年，世界各国遭遇突如其来的新冠病毒侵袭，面对这一突发事变，习近平主席重申人类命运共同体理念对战胜病毒的重要意义。结合中国抗击疫情实践经验，习近平就加强疫情防控国际合作、稳定世界经济提出四点倡议。第一，坚决打好新冠肺炎疫情防控全球阻击战。尽早召开二十国集团卫生部长会议，加强信息分享，开展药物、疫苗研发和防疫合作，有效防止疫情跨境传播，携手帮助公共卫生体系薄弱的发展中国家提高应对能力。第二，有效开展国际联防联控。要集各国之力，共同合作加快药物、疫苗、检测等方面科研攻关。探讨建立区域公共卫生应急联络机制。第三，积极支持国际组织发挥作用。中方支持世界卫生组织发挥领导作用，制定科学合理防控措施。要发挥二十国集团沟通协调作用，适时举办全球公共卫生安全高级别会议。第四，加强国际宏观经济政策协调。各国应该联手加大宏观政策对冲力度，防止世界经济陷入衰退。要实施有力有效的财政和货币政策，维护全球金融市场稳定，维护全球产业链供应链稳定。①在世界抗疫进程中，中国政府和人民所体现出来的"团结、合作、真情、贡献"精神正是对人类命运共同体思想最好的诠释。为实现世界各国共同抗疫，中国秉持人类命运共同体理念，既对本国人民生命安全和身体健康负责，也对全球公共卫生事业尽责。

在战胜关乎各国人民安危的疫情，中国政府强调团结合作是最有力的武器。习近平主席在给比尔·盖茨的回信中指出：病毒没有国界，疫情不分种族。唯有团结协作、携手应对，国际社会才能战胜疫情，维护人类共同家园。②习近平主席强调，病毒不分国界，是全人类面临的共同挑战。任何国家都不能置身其外，独善其身。③针对欧洲疫情日益严峻，习近平主席表示，团结就是力量。当前形势下，中方坚定支持欧方抗击疫情的努力，愿积极提供帮助，协助欧方早日战胜疫情。④习近平重申：公共卫生危机是人类面临的共同挑战，团结合作是最有力武

① 习近平：《携手抗疫　共克时艰》，《人民日报》2020年3月30日。
② 《习近平主席给比尔·盖茨回信》，《人民日报》2020年2月21日。
③ 《习近平同哈萨克斯坦总统托卡耶夫通电话》，《人民日报》2020年3月24日。
④ 《习近平同德国总理默克尔通电话》，《人民日报》2020年3月26日。

器。在这场疫情防控斗争中,中国政府和人民始终秉持人类命运共同体理念,本着公开、透明、负责任态度,及时同世卫组织和国际社会分享信息,积极回应各方关切,加强国际合作,努力防止疫情在世界扩散蔓延。①

国际合作不仅是一种选择,更是一种道义和责任。中国秉持人类命运共同体理念,以实际行动推动抗疫国际合作,为全球携手战胜疫情注入信心。习近平主席多次强调,疫情在全球多点暴发,扩散很快。当务之急,各国要加强合作。②在这场史无前例的防疫抗疫斗争中,中方愿同有关国家分享防控经验,开展药物和疫苗联合研发,并正在向出现疫情扩散的一些国家提供力所能及的援助。为了表明中国政府愿与世界各国合作抗疫的决心,习近平主席明确指出:中国愿意推动有关各方加强在联合国、二十国集团等框架下协调合作,开展联防联控,完善全球卫生治理,抵御疫情给世界经济带来的冲击,让合作的阳光驱散疫情的阴霾。③他敦促世界各国要集各国之力,共同合作加快药物、疫苗、检测等方面科研攻关,力争早日取得惠及全人类的突破性成果。④

中国在这次抗击疫情中体现出来的真情是推动构建人类卫生健康共同体的精神基础。针对疫情蔓延,习近平主席在同巴基斯坦总理伊姆兰·汗通电话时指出:中巴两国是患难与共的真朋友、同甘共苦的好兄弟。我们将像对待本国公民一样,照顾好在华巴基斯坦兄弟姐妹。⑤习近平高度赞赏波兰政府和人民,新冠肺炎疫情发生后,对中方表示慰问和支持,中国人民铭记在心。⑥他还对德国疫情严重表示同情,指出:中国发生新冠肺炎疫情初期,德国政府和各界纷纷伸出援手。目前德国面临疫情严峻挑战,中国人民感同身受。中方坚定支持德方抗击疫情,愿继续提供力所能及的帮助。中方愿同德方分享防控和治疗经验,加强在疫苗和药物研发方面合作,为两国人民健康福祉以及全球公共卫生安全作

---

① 《习近平主席致欧洲理事会主席米歇尔和欧盟委员会主席冯德莱恩慰问电》,《人民日报》2020年3月13日。

② 《习近平同古巴国家主席迪亚斯-卡内尔通电话》,《人民日报》2020年2月29日。

③ 《习近平同巴西总统博索纳罗通电话》,《人民日报》2020年3月24日。

④ 《习近平同法国总统马克龙通电话》,《人民日报》2020年3月23日。

⑤ 《习近平同巴基斯坦总理伊姆兰·汗通电话》,《人民日报》2020年2月21日。

⑥ 《习近平同波兰总统杜达通电话》,《人民日报》,2020年3月25日。

出贡献。①在抗击新冠肺炎斗争中，中国政府的担当行为受到国际社会的普遍赞赏，世界卫生组织总干事谭德塞表示，中方行动速度之快、规模之大，世所罕见，这是中国的制度优势，有关经验值得其他国家借鉴。②在中方最困难的时候，国际社会许多成员给予中方真诚帮助和支持，我们会始终铭记并珍视这份友谊。

新冠肺炎疫情的发生再次表明，人类是一个休戚与共的命运共同体。在经济全球化时代，这样的重大突发事件不会是最后一次，各种传统安全和非传统安全问题还会不断带来新的考验。③针对疫情，习近平主席重申，中方秉持人类命运共同体理念，既对本国人民生命安全和身体健康负责，也对全球公共卫生事业尽责。中国本着公开、透明、负责任态度，积极开展抗疫国际合作，得到世界卫生组织以及国际社会高度肯定和普遍认可。④

中国积极倡导共同构建人类卫生健康共同体，向国际社会提供力所能及的帮助，彰显负责任大国担当，是中国对全球范围防疫抗疫所作的重要贡献。中国人民在疫情防控中展现的中国力量、中国精神、中国效率，展现的负责任大国形象，得到国际社会高度赞誉。中国在全面有力防控疫情的同时，积极主动同世卫组织和国际社会开展合作与信息交流，迅速分享部分毒株全基因组序列，研制成功快速检测试剂盒，努力防止疫情在世界蔓延，不仅是对中国人民生命安全和身体健康负责，也是在为世界公共卫生事业作贡献。⑤截至 2020 年 5 月底，中国共向 27 个国家派出 29 支医疗专家组，已经或正在向 150 个国家和 4 个国际组织提供抗疫援助。中国向世界卫生组织提供两批共 5 000 万美元现汇援助。中国指导长期派驻在 56 个国家的援外医疗队协助驻在国开展疫情防控工作，向驻在国民众和华侨华人提供技术咨询和健康教育，举办线上线下培训 400 余场。从 2020 年 3 月 1 日到 5 月 31 日，中国向 200 个国家和地区出口防疫物资，其中，

---

① 《习近平同德国总理默克尔通电话》，《人民日报》2020 年 3 月 26 日。

② 《习近平在中央政治局常委会会议研究应对新型冠状病毒肺炎疫情工作时的讲话》，《人民日报》2020 年 2 月 4 日，另见《求是》2020 年第 4 期。

③ 《习近平同联合国秘书长古特雷斯通电话》，《人民日报》2020 年 3 月 12 日。

④ 《习近平同蒙古国总统巴特图勒嘎会谈》，《人民日报》2020 年 2 月 28 日。

⑤ 《习近平在统筹推进新冠肺炎疫情防控和经济社会发展工作部署会议上的讲话》，《人民日报》2020 年 2 月 24 日。

口罩 706 亿只,防护服 3.4 亿套,护目镜 1.15 亿个,呼吸机 9.67 万台,检测试剂盒 2.25 亿人份,红外线测温仪 4 029 万台,出口规模呈明显增长态势,有力支持了相关国家疫情防控。①

四、 以公平正义理念引领全球治理体系改革

面对全球治理转型,中国作为负责任大国已经作出自己的思考和回应。党的十八大以来,习近平主席就推动全球治理体系转型与改革提出了中国特色的全球治理思想,引领中国特色大国外交不断向前发展。"共商共建共享的全球治理观"既是中国参与全球治理体系改革和建设的基本原则,也是中国着力解决共同安全问题、促进世界共同繁荣、构建人类命运共同体与全球治理变革的中国方案。②作为全球治理体系建设的积极参与者,中国将与世界各国一道继续努力,以公平正义理念引领全球治理体系改革。

当前,经济全球化遭遇挫折,地缘政治热点此起彼伏,持续不断,非传统安全威胁持续蔓延,单边主义、保护主义愈演愈烈,全球治理体系和多边机制受到严重冲击,全球治理体系变革的紧迫性越来越突出。中国主张对国际秩序和体系进行改革,但这种改革不是推倒重来,也非另起炉灶,而是创新完善。③全球治理体系变革体现的是平等、开放、透明、包容精神。习近平主席指出,全球治理体系是由全球共建共享的。作为现行国际体系的参与者、建设者、贡献者,中国一直维护以联合国为核心、以联合国宪章宗旨和原则为基础的国际秩序和国际体系。④未来全球治理体系的走向,不仅关乎各国特别是新兴市场国家和发展中国家发展空间,而且与世界繁荣稳定密切相关。中国始终坚持推动全球治理体系朝着更加公正合理有效的方向发展,强调这是当今世界各国的普遍需求。

---

① (2020 年 6 月)中华人民共和国国务院新闻办公室:《抗击新冠肺炎疫情的中国行动》,《人民日报》2020 年 6 月 8 日。

② 杨金卫:《构建人类命运共同体与全球治理变革中国方案》,《东岳论丛》2018 年第 5 期。

③ 王毅:《中国主张对国际秩序进行改革不是推倒重来,而是创新完善》,国际在线 https://world.huanqiu.com/article/9CaKrnJIyI2, 2015 年 3 月 8 日。

④ 习近平:《促进亚太地区和世界和平稳定发展》,《人民日报》2015 年 9 月 23 日。

　　全球治理体系正处在深刻演变的重要阶段,在这前所未的有大变局中,中国积极推进全球治理体系改革和建设,倡导国际关系民主化和法治化,推动构建公平正义、反映大多数国家意愿和利益的全球治理体系。公平正义的全球治理是实现各国共同发展的必要条件。中国高举多边主义旗帜,充分发挥世界贸易组织、国际货币基金组织、世界银行、二十国集团等全球和区域多边机制的建设性作用,提升新兴市场国家和发展中国家代表性和发言权,推动国际秩序朝着更加公正合理的方向发展。习近平主席在 2019 年中法全球治理论坛闭幕式上强调,要坚持共商共建共享的全球治理观,坚持全球事务由各国人民商量着办,积极推进全球治理规则民主化。以规则为基础、以公平为导向、以共赢为目标加强全球治理是实现稳定发展的必要前提。各国不分大小、强弱,一律平等,理应平等参与决策、享受权利、履行义务,因此,规则应该由国际社会共同制定。①面临充满不确定性的世界形势,中国积极发挥负责任大国作用,支持全球化进程,维护多边体制权威性和有效性,积极参与二十国集团、亚太经合组织、世界贸易组织等全球主要多边机制,成为全球多边治理的重要引领力量。中国敦促各方切实遵守共同制定的国际规则,提倡在制定新规则时充分听取新兴市场国家和发展中国家意见,反映他们的利益和诉求,确保他们的发展空间,支持国际货币基金组织新的份额改革方案。中国积极主张要加强多边贸易体制,对世界贸易组织进行必要改革。改革的目的是与时俱进,使得世界贸易组织能够更加有效地践行其开放市场、促进发展的宗旨。改革的结果应当有利于维护自由贸易和多边主义,收窄发展鸿沟。②

　　中国坚定维护多边主义规则,致力于国际关系民主化,打破少数大国垄断重要国际组织决策权和话语权的局面,为多边主义理念注入了中国元素。习近平主席就如何推动全球治理体系变革作了明确的阐述,他指出:"全球治理体制变革离不开理念的引领,全球治理规则体现更加公正合理的要求离不开对人类各种优秀文明成果的吸收。要推动全球治理理念创新发展,积极发掘中华文化中积极的处世之道和治理理念同当今时代的共鸣点,继续丰富打造

---

　　① 习近平:《为建设更加美好的地球家园贡献智慧和力量——在中法全球治理论坛闭幕式上的讲话》,《人民日报》2019 年 3 月 27 日。

　　② 习近平:《携手共进,合力打造高质量世界经济》,《人民日报》2019 年 6 月 29 日。

人类命运共同体等主张,弘扬共商共建共享的全球治理理念。"①为了适应国际环境的演变,鼓励各国积极参与全球治理体制改革,习近平主席强调,要防止治理机制封闭化和规则碎片化;以合作为动力,全球性挑战需要全球性应对,合作是必然选择,各国要加强沟通和协调,照顾彼此利益关切,共商规则,共建机制,共迎挑战;以共享为目标,提倡所有人参与,所有人受益,实现共赢目标。②此外,中国还积极支持全球气候变化多边合作,坚定维护《巴黎协定》和应对气候变化国际合作成果,为卡托维茨联合国气候变化大会的顺利召开作出了重要贡献。

五、 坚持结伴不结盟原则,构建全球伙伴关系

党的十八大以来,中国与许多国家和地区的伙伴关系得到进一步提升,覆盖全球的"全球伙伴关系"网络日益成型,为国内发展营造了有利外部环境和战略支撑。建立"全球伙伴关系",不仅是合作共赢的新型国际关系的重要部分,也是推动全球治理体系变革的重要实践。中国把建立伙伴关系确定为国家间交往的指导原则,同其他国家和国际组织建立了不同形式的伙伴关系,其中既有与发达工业国家的互动往来,也有与广大发展中国家的友好合作。这种建立在寻求和平合作、谋求共同发展、倡导平等均衡基础上的伙伴关系,不仅符合中国利益,更符合世界各国利益。

坚持以深化外交布局为依托打造"全球伙伴关系",是构建公正合理国际政治经济新秩序的重要内涵。建立"全球伙伴关系"的前提是坚持"结伴而不结盟"。在改革开放以来的外交实践中,中国始终坚持不结盟原则,通力合作打造国际区域间你中有我、我中有你的"命运共同体"。在处理各方利益分歧时要坚持平等协商、求同存异原则,找到兼顾各方利益的"最大公约数"。当今世界各国国情不同、面临的现实挑战不同,但推动经济增长的愿望相同,应对危机挑战的利益相同,实现共同发展的憧憬相同。只要各国坚持伙伴精神,妥善处理分歧,

———————

① 《习近平会见出席"全球首席执行官委员会"特别圆桌峰会外方代表并座谈》,《人民日报》2018 年 6 月 22 日。

② 习近平:《中国发展新起点 全球增长新蓝图》,《人民日报》2016 年 9 月 4 日。

就没有过不去的坎，就会找到共赢的解决方案。①中国积极推进全球治理体系变革的目的就是要彰显同舟共济、权责共担的命运共同体意识，在重大国际事务中，中国积极承担自己应尽的国际责任和义务，加强与各国的沟通和协调，为实现世界和平、稳定、繁荣提供更多公共产品。毫无疑问，在全球化时代，世界需要的不是单边主义和零和博弈，而是同舟共济、合作共赢的伙伴关系。

中国倡导的命运与共的"全球伙伴关系"，坚持互商互谅，坚持伙伴精神，为国际社会妥善处理分歧、破解"信任赤字"提供了一种范式。互相尊重是破解"信任赤字"，促进互利互信的基本要求。②在美国逆全球化而动影响下，大国竞争摩擦呈上升之势，地缘博弈色彩明显加重，国际社会信任和合作受到侵蚀。中国坚持在追求本国利益时兼顾各国合理关切，在谋求本国发展时促进各国共同发展，通过坦诚深入的对话沟通，增进战略互信，聚同化异，减少相互猜疑。习近平主席倡导正确义利观，以义为先、义利兼顾，加强不同文明交流对话，加深相互理解和彼此认同，让各国人民相知相亲、互信互敬。③在推动建立结伴不结盟的新型伙伴关系时，中国积极推进大国协调与合作，深化与其在军事、政治、经济、环保等领域的安全和信任措施建设合作，增进与发展中国家团结合作和友好关系，积极做好多边外交工作，不断深化和完善外交布局。当今，除少数霸权国家外，国际关系中合作是主流，即使有竞争，也应是良性竞争。④在维护本国安全时尊重各国安全，共同促进地区与世界和平、稳定、繁荣，为全球治理体系改革奠定良好的政治环境。

结伴不结盟的选择符合时代潮流。尽管当今世界很不安宁，但和平与发展仍然是我们这个时代的主题。⑤任何国家和国家集团都无法单独主宰世界事务。中国坚持多边主义，推动构建全球伙伴关系网络，为世界各国创造了和平稳定的国际环境，它反映了世界上大多数国家的普遍期待，符合国际社会的共同利益，

---

① 金杜平：《坚持伙伴精神，妥善处理分歧——合力打造高质量世界经济的思考》，《人民日报》2019 年 8 月 1 日。

② 王珊珊：《以中国智慧破解全球"治理赤字"》，《红旗文稿》2019 年第 24 期。

③④ 习近平：《为建设更加美好的地球家园贡献智慧和力量——在中法全球治理论坛闭幕式上的讲话》，《人民日报》2019 年 3 月 27 日。

⑤ 习近平：《在亚洲基础设施投资银行第五届理事会年会视频会议开幕式上的致辞》，《人民日报》2020 年 7 月 29 日。

目的是与世界各国一道实现共建、共有、共享、共赢的可持续发展。在发展中不断完善伙伴关系全球布局,打造全方位、多层次、立体化的全球伙伴关系网络。中国正稳步构建总体稳定、均衡发展的大国关系框架,全方位推进中俄新时代全面战略协作伙伴关系;尽管特朗普政府为了达到某种政治目的,采取对华敌视政策,但中国始终坚持在平等和相互尊重的基础上妥善处理中美经贸摩擦,致力于发展以协调、合作、稳定为基调的中美关系;与欧洲携手推进和平、增长、改革、文明四大伙伴关系建设;中国将继续奉行正确义利观,同金砖国家发展团结合作的伙伴关系,按照亲诚惠容理念深化周边国家的互利合作,进一步增强与周边各国的战略互信与利益交融;秉持真实亲诚对非政策理念同非洲国家共谋发展,推动中拉全面合作伙伴关系实现新发展。①因此,中国的主张对于推动当今全球治理体系改革,改善大国关系、促进世界和平与发展、构建和平与稳定国际环境具有积极意义。

六、 推动"一带一路"建设,构建全球经济共同体

"一带一路"倡议是中国在新的历史条件下实行全方位对外开放的重大举措,它秉持和平合作、开放包容、互学互鉴、互利共赢的理念,打造政治互信、经济融合、文化包容的利益共同体、命运共同体和责任共同体,以促进全球经济治理体系改革向纵深发展。"一带一路"建设的初衷不仅是要探究优化中国富余产能的有效途径,还是探寻与沿线相关国家利益最佳契合点和合作最大公约数的实践渠道。习近平主席提出共建"一带一路"合作倡议,就是要以互联互通为着力点,深化互利合作,打造多元合作平台,实现共赢和共享发展。为区域经济发展和民生改善注入强大动力。②

当今全球治理面临的各种难题,尤其是全球经济治理困境,是推动全球经济治理体系变革的主要动因。追根溯源都与发展鸿沟、发展赤字有关。在逆全球化思潮正在发酵、保护主义的负面效应日益显现之时,各国之间收入分配不平

---

① 习近平:《坚定信心 共谋发展》,《人民日报》2016 年 10 月 17 日。
② 习近平:《论坚持推动构建人类命运共同体》,中央文献出版社 2018 年版,第 393—394 页。

等、发展空间不平衡已成为全球经济治理面临的最突出问题。中国提出共建"一带一路"倡议，目的就是破解发展赤字，让更多国家和地区融入经济全球化，打造开放共赢的合作模式以及平衡普惠的发展模式。第二届"一带一路"国际合作高峰论坛的成功举办表明，这一倡议是合民心、顺潮流的好事，得到国际社会普遍欢迎和支持。"一带一路"建设是开放包容的发展平台，各国都是平等的参与者、贡献者、受益者。中国坚持相互尊重、民主协商、共同决策原则，愿同"一带一路"沿线国家一道，在自愿、平等、互利原则基础上，积极开展双边和区域合作，努力开创"一带一路"新型合作模式，在开放中合作，在合作中共赢。①近年来，中国将不断加大投入，为"一带一路"建设提供全方位支持，使合作成果惠及各方。

"一带一路"建设的经验表明，共建"一带一路"顺应全球治理体系变革的内在要求，为完善全球治理体系变革提供新思路、新方案。②只有合作开放才能使不同国家相互受益、共同繁荣、持久发展。"一带一路"建设对促进建设开放型世界经济、促进全球经济增长具有重要意义，有利于推动经济全球化朝着更加开放、包容、普惠、平衡、共赢方向发展。中国坚定支持贸易自由化、主动向世界开放市场，让经济全球化的正面效应更多释放出来，帮助新兴市场国家和发展中国家，特别是非洲国家和最不发达国家有效参与国际产业分工，共享经济全球化的红利，③为全球经济治理作出重要贡献。"一带一路"建设维护多边贸易体制和开放型世界经济，共同创造有利于开放发展的环境，推动构建公正、合理、透明的国际经贸投资规则体系。"一带一路"建设提供服务中国和平发展的全球公共产品，它充分体现中国特色全球经济治理的制度安排，目的是共同发展。以引领全球治理体系改革为动力，建立以开放、合作、发展为导向的新型区域合作机制，中国引领全球经济治理体系改革的行为规范通过"一带一路"建设不断完善。

---

①　习近平：《开辟合作新起点　谋求发展新动力》，《人民日报》2017 年 5 月 16 日。
②　截至 2019 年 7 月底，中国政府已与 136 个国家和 30 个国际组织签署了 195 份政府间合作协议。以中巴经济走廊为例，截至 2018 年底，走廊框架下已启动或建成项目 19 个，总投资近 200 亿美元。贸易畅通方面，2013—2018 年，中国与沿线国家货物贸易额超 6 万亿美元，同期对沿线国家直接投资约约 900 亿美元。资金融通方面，截至 2019 年 6 月底，中国出口信用保险公司在沿线国家累计实现保额约 7 704 亿美元，支付赔款约 28.7 亿美元；丝路基金实际出资额近 100 亿美元；人民币跨境支付系统(CIPS)业务范围已覆盖 60 多个沿线国家和地区。
③　习近平：《顺应时代潮流　实现共同发展》，《人民日报》2018 年 7 月 26 日。

中国本着伙伴精神,持开放的区域主义,努力打造平等协商的区域合作框架,携手构建广泛的利益共同体。"一带一路"倡议和建设丰富了国际经济合作理念和多边主义内涵,为促进世界经济增长、实现共同发展提供了重要途径。①事实证明,"一带一路"国际合作和建设是推动全球治理体系改革的必由之路。

结 束 语

当今时代是一个风险和机遇并存的时代,全球治理实践不充分不平衡的矛盾和现有治理体系的缺陷短期内难以缓解,全球治理现实进程陷入僵局,短时间很难改变。但同时也应看到,作为当今时代主题的和平与发展趋势不会改变,全球化、全球治理的未来走向在很大程度上取决于主要大国能否真正展现责任与担当,作出正确抉择,切实承载起世界共同发展的美好愿景。作为维护世界和平稳定发展、推进全球治理体系变革的中坚力量,中国被国际社会赋予了更多责任,同时也拥有了更好的战略机遇。中国将积极推进和引领全球治理体系变革,秉持共商共建共享的全球治理观,反对单边主义、霸权主义和强权政治;以实际行动承担起促进全球共同发展的重任,为全球治理注入更多稳定性和正能量,为形成更加公正合理的全球治理体系、有效解决各种全球性问题贡献更多中国方案和中国力量。中国推动全球治理体系改革所作出的巨大贡献既是新时代中国特色大国外交的重要实践,也是推动构建人类命运共同体的重要理论探索。

(作者为同济大学政治与国际关系学院教授)

---

① 《习近平在"一带一路"国际合作高峰论坛圆桌峰会上的闭幕辞》,《人民日报》2017 年 5 月 16 日。

中国共产党社会号召力的内涵、功能及特征探析

张素玲

唤起民众、凝聚人心、团结奋斗这种强大的社会号召力既是中国共产党的政治优势,是中国共产党领导中国人民取得革命成功、社会主义建设和改革开放伟大成就的重要法宝,也是新时代增强中国共产党领导力的内在要求,是党的政治领导力、思想引领力、群众组织力在推进社会发展、改革开放进程中发挥作用的集中表现。习近平总书记在党的十九大报告中指出,全党要"不断增强党的政治领导力、思想引领力、群众组织力、社会号召力,确保我们党永葆旺盛生命力和强大战斗力"。①因此,深入研究党的社会号召力,对于巩固党的执政地位,增强党的领导能力,加快推进新时代中国特色社会主义建设,实现中华民族伟大复兴的中国梦具有重要的理论和现实意义。

一、 中国共产党社会号召力的内涵

党的社会号召力是一个新概念,但具有丰富而深厚的历史实践经验。从学理上把握党的社会号召力概念,分析其结构要素,探讨"四力",即政治领导力、思想引领力、群众组织力和社会号召力之间的关系是理解党的社会号召力科学内涵的基础。

(一) 社会号召

"号召"一词在《现代汉语词典》中的解释是"召唤"。该词最早出自《管子·小匡》,"又游士八千人,奉之以车马衣裘,多其资粮,财币足之,使出周游于四方,

---

① 习近平:《决胜全面建成小康社会　夺取新时代中国特色社会主义伟大胜利——在中国共产党第十九次全国代表大会上的报告》,人民出版社 2017 年版,第 16 页。

以号召收求天下之贤士"。其意即"号令召呼之",就是借某种名义或理念,以口头或书面的形式向人们发出召唤,号令、召集大众合力完成预定的目标任务。"社会号召"从"号召"这一概念延伸而来,所谓社会号召,是指通过思想唤醒激发调动广大社会成员积极参与社会实践,完成社会任务特别是重大社会任务,实现社会目标的活动。

在学界,有关社会动员的研究是近年来的学术热点,有着丰硕的研究成果。但对社会号召的研究却较为少见。笔者认为,从目标、功能、本质、效果等来考察,社会号召与社会动员涵义近似,但二者也存在一些区别。首先,社会号召侧重于主体对客体思想观念和精神层面的激发和唤醒,而社会动员不仅是思想上的动员,更侧重于社会大众起而行动。社会号召的成效最终体现为社会大众被动员了起来,否则,再强大的社会号召也是毫无意义的。"社会动员力形成的第一要素是思想上的号召力,一个社会的主流价值观对社会动员的开展具有强大的引领和导向作用"①,从时间的先后顺序上,社会号召在先,社会动员在后。其次,社会号召是对人的影响,而社会动员不仅是对人的动员,也包括对物的动员。最后,社会动员具有暂时性、短时段,主要是指在发生重大事件、面临危机之时集聚有限的人力物力资源,而社会号召具有持续性,不仅有面临重大事件、重要任务、危机之时的社会号召,也包括长时段、和平稳定时期的社会号召。

(二)号召力与党的社会号召力

"号召力"是指一定主体对客体的影响、激发能力,是领导者(个体或组织)领导力的重要内容和表征。当然首先,号召力并不是只有领导者才拥有,在一定社会环境中,任何个体、组织、政党、国家都在某种程度上可以获得并拥有号召力。严格意义上讲,号召力不等于号召能力,号召能力是一个静态、相对狭义的概念,而号召力具有生成性,是一个动态、内涵更加广泛的概念。其次,号召力具有方向性,指的是主体对客体正向的、积极的影响力,号召力与社会公平、正义的价值观和道义的力量相一致,是顺应历史发展潮流的影响力。最后,号召力具有

① 刘金菊、高金岭:《社会转型期中国共产党社会动员的实践困境与突破路径》,《浙江工业大学学报》(社会科学版)2019年第9期。

双向性。领导学理论认为领导者和领导对象是相互影响的,领导者既是施力者,又是受力者。领导者号召力的大小强弱不仅与主体的能力、素质、行为有关,取决于主体的作用;也取决于客体的反作用,与客体的接受、认同、信任、追随程度有关。此外,与主体身处的领导情景、所采用的方法途径密切相关,在一种情境中号召力可能很强,在另一种情境中号召力则有可能变弱。总之,号召力的发挥是主体与客体之间的双向互动和作用,因对象的不同、所处领导情境的不同、所采用的方法途径不同而不断发展变化。

执政党的社会号召力主要是执政党依靠政治权威、组织保障和政党领袖、执政团队、执政绩效、自身形象等,通过政治思想、执政理念、价值目标、社会愿景等对社会大众进行教育引导、宣传动员与感召,促使社会大众产生认同感、信任感和归属感,进而自觉响应执政党的号召,追随其思想引领和倡导,振奋精神,协调行动,实现目标任务的能力。"社会号召力是检验一个政党是否具有持续影响力和感召力的重要指征,是否具有良好组织力和形象力的重要体现,更是检验社会各阶级、各阶层、各团体对政党精神向度和忠诚度的'试金石'。"[1]社会号召力不仅体现着政党的执政能力与绩效,彰显着治理国家的水平,更决定着政党的执政根基是否稳固。

从上文可以看到,社会号召力具有生成性,是政党在与群众的互动中产生的养成性能力。世界各国政党的发展历程以及兴衰显示,政党只有持续进行社会号召力建设,才能不断赢得群众对政党的价值理念、使命任务、执政纲领、政党形象等的认知、认同、信任和拥护,也才能稳固执政根基,实现执政目标。否则就会失去民众的支持,失去领导社会的力量,并最终失去执政地位。今天,中国特色社会主义进入了新时代,随着世情国情党情发生深刻变化,党的执政环境更加复杂,面临的风险和挑战更加巨大,因此,进行深入持久的社会号召力建设,是党面临的一项重大时代课题。

(三) 党的社会号召力的结构要素

党的社会号召力发挥是一个领导活动过程,是作为领导者的党与作为追随

---

[1] 李玉良:《新时代党的社会号召力建设与基层社会治理创新融合发展研究》,《农业部管理干部学院学报》2019 年第 4 期。

者的人民群众交互作用的动态的复杂过程。从主体而言,党的社会号召力主体是党、领袖和党员。社会号召是党对社会的号召,党自然是社会号召的主体。党通过自身组织形式和组织建设整合力量,实现社会号召。党从中央到基层构建起严密庞大的组织体系,这一组织网络广泛覆盖社会各个领域,渗透到社会各个角落。健全、强大的组织网络、高效的组织制度与组织纪律、思想统一、执行有力的组织文化是党强大社会号召力的基石。

领袖是党社会号召力的关键。马克思主义认为人民群众是历史的创造者,同时肯定杰出人物的主导作用。纵观历史,重大历史事件都是由杰出人物号召、组织、指挥广大人民群众完成的,否则就无法形成创造历史的合力。领袖借助政党所赋予的权力和自身的能力与魅力,号召民众,激发热情,凝聚共识,组织和协调各种资源,实现政党目标。列宁曾经用唯物史观的基本原理,深刻阐明了领袖和政党的关系。他指出:"政党通常是由最有威信、最有影响、最有经验、被选出担任最重要职务而称为领袖的人们所组成的比较稳定的集团来主持的。"①美国领导学专家伯恩斯早在 20 世纪 30 年代就指出,"在我们所处的时代,一个最为普遍的渴望便是对强有力的富有创造性的领导的渴求"。②在中国社会百年发展史中,在党的领导下,中国实现了由"站起来"到"富起来"再到"强起来"的伟大飞跃。在这三大时代变革中,每一次历史飞跃都有一个杰出的领袖及以领袖为核心的领导集团为中国共产党和中国人民掌舵。从这种意义上来说,党的社会号召也是以领袖为核心的党中央,发出召唤,团结社会各阶层各领域各群体的社会成员、汇聚社会各种力量,形成同心圆,共同完成历史使命和时代任务的过程。

广大党员是党的号召力主体,是党与其他政治组织和人民群众沟通的中介,他们一方面深入人民群众,将社会呼声、需求和问题向党组织反映;另一方面,通过他们的率先垂范,在人民群众中塑造良好社会风气,进行潜移默化的有力引领。每当民族国家处于危难之时,在重大任务面前,党员干部带头的"跟我来",历来是党的政治优势和光荣传统,是党实现社会号召、凝聚社会力量的有力

---

① 列宁:《共产主义运动中的"左派"幼稚病》,人民出版社 2016 年版,第 23 页。
② [美]詹姆斯·麦格雷戈·伯恩斯:《领导论》,常健、孙海云等译,中国人民大学出版社 2006 年版,第 11 页。

保障。

从社会号召力的客体而言,党的社会号召的对象主要有党员、党领导下的群团组织、各民主党派和无党派、各种群体组织、人民群众。广大党员是党组织的细胞,既是社会号召的主体,也是社会号召的对象。党的社会号召首先是党组织体系内部的号召,其次是社会号召。党通过各级党组织,通过自己的思想政治工作系统对广大党员进行理论武装,进行教育和引导,同时,又通过广大党员的思想、行为和形象对人民群众进行广泛的社会号召,党员的自觉觉他自新新人是党的社会号召的有效途径。党还建立了从中央到地方的各级群团组织,如工会、妇联、共青团、少年先锋队等,在党的领导下,以这些组织为载体,传播党的思想、路线、方针、政策,对人民群众进行教育引导、召唤激发。同时,党还通过党领导下的多党合作和政治协商制度联系、团结各民主党派、无党派等政治力量,并通过这些政治力量号召民主党派党员和无党派人士,建立起广泛的爱国统一战线。除此之外,社会号召的对象主要是社会各种群体组织。随着现代社会的转型发展,党还根据行业、领域、居住社区等设立党的基层组织,强化基层党建引领,实现对广大人民群众的影响和引领。最后,除了通过各种组织载体实现社会号召外,党还通过各种艺术形式、媒体、先进典型人物的示范作用等实现更广泛意义上的对民众的号召。

(四) 党的社会号召力与政治领导力、思想引领力、群众组织力的关系

政治领导力、思想引领力、群众组织力和社会号召力是党的领导力体系的重要组成部分,"四力"之间是相互联系、相互促进的辩证统一关系。政治领导力主要体现为党在政治方向、政治原则、重大决策上的领导能力,是党的路线、方针、政策的领导。思想引领力是党的理论创新能力,主要是提供科学理论指导和价值方向指引,是贯穿于党的领导力体系的灵魂。群众组织力是把群众组织起来进行社会变革,推动社会发展的能力。党的根基在人民,扎根人民群众、依靠人民群众、组织人民群众是党取得胜利的宝贵经验,党的群众组织力是领导力体系的基础和载体。

在"四力"中,政治领导力是根本和前提。思想引领力、群众组织力和社会号召力从属和服务于政治领导力。社会号召力又是政治领导力、思想引领力、群众组织力的合力结果和集中体现。只有筑牢党的政治领导力,强化思想引领力,提

升群众组织力,社会号召力才能得以真正实现。同时,党的领导力作用的发挥需要通过社会号召力唤醒、激发社会力量,需要社会号召力的有力补充。从思想引领力与社会号召力的关系来看,两者既有交叉和重合,又各有侧重。思想引领力主要是强调党的理论创新和理论武装,但在对全党进行理论武装、在党面向社会进行理论传播的过程中,如何把理论创新的成果转化为全党的共识,如何把全党的共识转化为人民群众的共识,进而成为党带领人民群众克服困难、实现目标任务的力量,在这一过程中,仅依靠思想引领力还不够,因为在影响党员、影响群众的过程中,除了先进理论的影响力,还有情感的影响力,比如对民族国家的情感、对文化历史传统的情感等;先进典型人物、党的形象的影响力;通过丰富多样的艺术形式传达的影响力。这些是思想引领力没有涵盖的,但却是社会号召力的重要内容。

在群众组织力和社会号召力的关系上,两者亦是相互联系又各有侧重。群众组织力是社会号召力的基础,组织群众是社会号召得以实现的前提。一方面,正是由于群众组织力,在党号召社会大众的时候,才有强有力的组织依靠和渠道;但另一方面,组织群众首先需要有效的社会号召。而且只把群众组织起来还不能真正使其积极性和主动性发挥出来,还不能真正凝聚整合其力量,只有唤醒群众的觉悟,激发群众的内生动力,才能真正召唤、吸引群众主动参与组织、自觉自愿贡献自己的力量,跟着党走,党的群众组织力才能得以真正实现。总之,在党的领导力体系中社会号召力具有重要的意义,是加油站和助推器,起到提供精神动力的作用。

二、 中国共产党社会号召力的功能

社会号召作为党的一项优势政治手段,与中国革命、建设和发展密切相关。纵观近世百年史,党都非常重视运用社会号召开展各项工作,从而赢得了人民群众的广泛支持和认同。党的社会号召力的功能主要体现在如下方面。

(一) 对社会思想文化与心态的引领能力

领导是带领领导对象完成组织目标的活动过程,其首要任务就是指明方向,确立目标,统一思想认识。对执政党而言,社会共识的形成和民心的凝聚至关重要。现代社会是一个急剧变化的多元社会,不同社会阶层、不同利益群体以及不同个体,都有各自不同的利益诉求和价值观念,在社会思想文化和社会心态上,呈现出多元、复杂的状态,并进而影响人们的行为选择和行为方式呈现出差异化。在这样一个思想文化、社会心态多元共生的社会,就需要党引导多元思想文化,保持正确的政治方向,明确目标,形成共识,达到精神上的同频共振,否则,就难以实现对全社会的号召力。因此,社会号召力首先是对社会思想文化心态的引导引领能力,是用共同的价值理念、目标任务和社会愿景实现对社会多元文化、价值观念和社会心态的引导,形成同心圆,把社会不同群体、阶层和力量团结起来,汇聚民心民力完成任务。

(二) 对人民群众的教育能力

党实现社会号召的过程也是对社会和民众进行教育、教化的过程。领导一词的"领"与"导"是两个不同的概念,他们既有独立的内涵,又有互相包容的外延。"领"是带领、率领,是领方向、领目标和领路径。"导"是引导、辅导、督导、教导。在领导活动中,领导者不仅要起到示范、带头作用,更要肩负起对领导对象的教导职能,只有这样,才能推动领导对象有能力并有意愿与领导者一同前行,去创造和实现组织的共同愿景。列宁曾指出,共产党人要"哪里有群众,就一定到哪里去工作","应该善于作出一切牺牲,克服极大的障碍,在一切有无产阶级群众或半无产阶级群众的机关、社团和协会里有步骤地、顽强地、坚定地、耐心地进行宣传和鼓动"。①毛泽东在领导和群众关系的论述中曾深刻指出领导肩负的教育职能。他指出,人民群众是历史的创造者,要赢得革命的胜利,必须依靠人民群众。同时,党还要有教育和引导群众的能力。他认为"凡属人民群众的正确的意见,党必须依据情况,领导群众,加以实现;而对于人民群众中发生的不正确的意见,则必须教育群众,加以改正"。"群众知道了真理,有了共同的目的,就会齐心来做。"②领导学专家伯恩斯也非常强调教育式领导。他曾精辟指出,领导的功能是将需要、渴望和目标整合到一个共同的事业之中,并在这一过程中使领导者和追随者都成为更好的公民。一个真正的领导者,"是能够

① 列宁:《共产主义运动中的"左派"幼稚病》,人民出版社 2016 年版,第 35 页。
② 《毛泽东选集》第 4 卷,人民出版社 1991 年版,第 1310、1318 页。

把一个民族的人民从日常的自我中提炼出来，使人民能够被提升进他们更好的自我之中"。①因此，他认为领导者应该致力于改变和提升领导对象的能力、素质和精神面貌。总之，在社会号召过程中，党主要运用主流意识形态，通过宣传劝说、思想政治工作、启发说理、先进典型的示范、丰富多样的文艺形式等对群众进行思想教育，提高思想觉悟，转变价值观念，规范心灵秩序，激发高尚情感。在此过程中，广大人民群众感知主流社会意识形态，培育共同情感和价值观念，从而实现社会个体自我认知、情感、态度与评价的形成、完善和发展。

（三）对人民群众的感召能力

领导者影响人的力量有两种，一种是强制性的权力影响力，另一种是依靠能力、魅力和魄力，影响人自觉自愿按照领导者的意图去行动的柔性影响力。感召能力是中国共产党在领导活动中吸引、感染、召唤人民群众的能力，它是一种不依靠硬权力，而凭借党的信仰力量、宗旨使命、高尚情操、良好形象和独特魅力等领导和鼓舞社会大众的能力，是对人心、民心的影响力。

"感召"即感动和召唤。感召首先是感动，只有感动才能召唤。人不仅是现实的存在物，客观物质利益和需求的满足是行为的动机源泉；同时，还是心理和情感的存在物，具有丰富复杂的心理世界。"人最需要、最看重、最认同、最崇敬、最容易被吸引的东西永远不是钱和物，而是思想、情感、道德、信仰、信念、价值。"②感召能力首先是信仰的感召力。"通过信念、信仰和政治影响力对社会进行有机性的深度组织和整合，党对社会的整合，实际上是对人力与人心的整合。"③心理学的研究认为，影响和感召人的基础是源自信仰、信念的意义感。真正驱动人们行动且保持持久动力的，是人们意识到自己正在从事激动人心的事业，这一事业超越了自我，神圣而崇高，将改变自己和人们的生活和命运。这种意义感能激发人内心深处潜藏的动力和能量，尤其是在困难时期，在面对重大事件和危机之时。革命战争年代，无数革命先烈前赴后继、献出自己的生命就是源

---

① ［美］詹姆斯·麦格雷戈·伯恩斯：《领导论》，常健、孙海云等译，中国人民大学出版社2006年版，第442—447页。

② 丁元竹：《社会动员机制：国家治理体系的重要构成》，《前沿理论》2015年第8期。

③ 林尚立：《党、国家与社会：党实现领导核心作用的政治学思考》，《中共天津市委党校学报》2001年第1期。

自心中信仰的力量。美国记者斯诺在描写红军长征中强渡大渡河、飞夺泸定桥，年轻的红军战士不惧强敌和枪林弹雨的壮举时，曾感慨"这些人当兵不只是为了有个饭碗，这些青年为了胜利而甘于送命"。①

感召能力还来源于领导者人格和榜样的感召力。"为政以德，譬如北辰，居其所而众星拱之"，讲的就是为政者人格魅力和德行操守在率领百姓中的作用。领导者人格魅力的感召力是巨大的，它可以穿越时空，直抵人心，影响广泛深远。毛泽东非常重视党对人民群众的感召能力。在中共七大闭幕会上，他曾用愚公移山的寓言故事号召共产党人用坚定不移、排除万难的愚公精神，用共产党人的榜样力量去感动中国的人民大众，去夺取中国革命的胜利。②近代以来，中华民族经历了从苦难走向复兴的艰辛道路，在长期艰苦卓绝的革命斗争中，中国共产党以坚定的马克思主义信仰，以对人民无比忠诚的道德品质、百折不挠的精神意志，用实际行动表明自己是最有远见、最富于牺牲精神、最坚定、最能虚心体察民情并依靠群众的坚强政党，从而感召和吸引了越来越多的有识之士加入党的队伍。1921年党在初创时期只有50余人，经过近百年的不懈奋斗，从小到大，由弱到强，如今，中国共产党已发展成为拥有9 100多万名党员、460多万个基层党组织的世界第一大执政党，彰显了强大的社会感召力。

（四）对人民群众的凝聚能力

凝聚力是指组织机构或群体由于共同的利益诉求、思想认识或任务目标组成一个具有向心力和凝聚力团队的力量。凝聚力使社会群体保持自身内在规定性而成为团队或共同体，如果凝聚力消失，群体就成为乌合之众。把分散的个人力量聚合为组织的力量，在行动中团结一致，这一促使社会大众趋同的精神心理过程是政党社会号召的基本功能。

认同是产生凝聚力的基础。对集体、共同目标的认同，对文化、民族和国家的认同，对政党执政理念、执政能力、政党形象的认同是政党、国家强大凝聚力的源泉。党的十八大以来，以习近平同志为核心的党中央提出了实现中华民族伟大复兴的伟大梦想，确立了党和国家的奋斗目标。中国梦和两个一百年的奋斗

---

① ［美］埃德加·斯诺：《红星照耀中国》，董乐山译，人民文学出版社2016年版，第159页。
② 《毛泽东选集》第3卷，人民出版社1991年版，第1102—1103页。

目标把中华民族、中国人民乃至每个中国人的追求和憧憬统一起来,发挥着统一思想认识、凝心聚力的功能。2020 年以来,中国在抗击新冠肺炎疫情的过程中,更彰显了党强大的凝聚力。这种强大的凝聚力来自党始终以人民为中心,人民利益高于一切的政治立场,来自"始终把人民群众生命安全和身体健康放在第一位"的价值理念,来自中国人特有的集体主义精神和深厚的爱国主义情感。正是这种理念、精神和情感,成为全国上下同心合力抗疫的有力号召,为取得胜利提供了坚强的政治保证、高效的行动能力和广泛的社会基础。

(五)对人民群众的激励能力

激励是领导者激发、调动人的热情、潜能和行为动机,以更好实现社会和组织目标的过程。人民群众响应召唤的程度和参与热情是衡量党社会号召力强弱的重要方面。党只有激发起社会大众勇于参与、敢于奋斗、不怕困苦的激情、勇气和热望,才能有效召唤社会大众投身社会事业之中。否则,如果人民群众对党的社会号召缺乏兴趣,精神萎靡涣散,丧失进取精神和内在动力,党的社会号召就难以奏效,也必然无法实现对社会的有效领导与治理。因此,激励人民群众的斗志、激情与热望是党的社会号召力的题中应有之义。进入新时代,中华民族的伟大复兴,决不是轻轻松松、敲锣打鼓就能实现的,必须付出更为艰巨、更为艰苦的努力。越是到水深流急处,越是面对风险、挑战和困境,越是需要精神激励、意志力调动的力量。因此,党社会号召力的重要职能就是通过社会号召充分激励社会成员,调动他们为了共同目标努力进取的精神、斗志和毅力,团结一心,共同应对重大风险、挑战,克服重大阻力,破解重大难题。

三、 中国共产党社会号召力的特征

党的社会号召力的本质是思想的影响力,是党通过在思想观念上唤醒、激发和调动广大人民群众参与社会实践的积极性、主动性和创造性的能力。因此,除了具有一般组织领导力的特性外,作为一个使命型政党和以信仰为核心的价值型政党,党的社会号召力还具有其他政党所不具备的鲜明特征。

(一)先进性

党的社会号召力的先进性是由党的指导思想和党的性质决定的。中国共产党是用马克思主义武装起来的政党。马克思主义是科学,它揭示了人类社会的发展规律。习近平总书记曾说道:"在人类思想史上,就科学性、真理性、影响力、传播面而言,没有一种思想理论能达到马克思主义的高度,也没有一种学说能像马克思主义那样对世界产生了如此巨大的影响。"①中国共产党是在马克思主义理论的指导下诞生,在马克思主义理论的武装下发展壮大的。党能够不断发展壮大,根本原因就在于始终把马克思主义这一科学理论作为行动指南,并在实践中结合中国实际不断丰富和发展马克思主义。指导思想的先进性决定了党具有强大的社会号召力。同时,中国共产党是中国工人阶级的先锋队,是中国人民的忠实代表,党始终站在时代的最前沿,代表先进生产力的发展方向,代表中国最广大人民群众的利益。正是党的性质、宗旨使命的先进性使党发出的社会号召能够赢得人民群众的信任、响应和追随,愿意跟党走。

(二)人民性

社会号召在本质上是一种价值选择和实现的过程,是始终充满着价值的活动。党的立场和价值导向是党社会号召的出发点和归宿。党之所以能成为中国社会的领导力量,成功号召民众,就在于时刻把人民放在心中最高位置,始终站在人民立场,始终坚持依靠人民群众、为人民群众的利益而奋斗。

革命战争年代,毛泽东曾指出,要号召群众参加革命斗争,首要的就是关心群众生活,满足广大人民群众的切身利益。他说:"如果我们单单动员人民进行战争,一点别的工作也不做,能不能达到战胜敌人的目的呢? 当然不能。我们要胜利,一定还要做很多工作。领导农民的土地斗争,分土地给农民;提高农民的劳动热情,增加农业生产;保障工人的利益;建立合作社;发展对外贸易;解决群众的穿衣问题,吃饭问题,住房问题,柴米油盐问题,疾病卫生问题,婚姻问题。总之,一切群众的实际生活问题,都是我们应当注意的问题。假如我们对这些问题注意了,解决了,满足了群众的需要,我们就真正成了群众生活的组织者,群众就会真正围绕在我们的周围,热烈的拥护我们。"②进入新时代,习近平总书记时刻心系人民,他鲜明指出:"人民对美好生活的向往,就是我们的奋斗目标。"③

---

① 《习近平谈治国理政》第 2 卷,外文出版社 2017 年版,第 65 页。
② 《毛泽东选集》第 1 卷,人民出版社 1991 年版,第 136—137 页。
③ 《习近平谈治国理政》,外文出版社 2014 年版,第 4 页。

"人民立场是中国共产党的根本政治立场。"①这种以人民为中心的理念,是党在新时代能够激发和凝聚人民群众的基础,也是党号召全国人民上下同力、万众一心,奋力夺取抗疫斗争全面胜利的力量源泉。

(三)时代性

领导情境理论认为,领导是一个动态的过程,领导的有效行为应随着环境的变化而变化。党的社会号召力建设是一项时代性课题,是与一定历史时期的社会特征、面临矛盾、使命任务、人民群众的需要、心态等密切相关,社会号召的内容、目标、手段和方法随时代变化而变化。纵观近百年党史,党始终把马克思主义普遍原理与中国革命具体实际相结合,不断实现理论创新,并根据每个历史阶段的任务,确立社会号召的目标、内容,采用符合时代需要的号召手段和方法,同时提出富于时代精神、打动人心、激励群众斗志的宣传口号,从而唤起工农大众,汇聚起磅礴的社会变革力量。

党自创立始,就在残酷的现实斗争中,针对中国的具体国情,制定了反帝反封建的民主革命纲领,明确了中国革命的性质、对象、动力、策略和目标任务。为唤醒处于社会最底层的工农的阶级意识和革命自觉,党深入工农群众中,出版报纸杂志,开办工人学校、妇女学校,创建工会、农会,组织工人运动、妇女运动、农民斗争,号召民众积极投身革命洪流。土地革命时期,党提出的"打土豪分田地",极大激发了农民的积极性,以星火燎原之势在中国大地上掀起了土地革命的风暴。抗日战争时期,民族矛盾成为主要矛盾,中华民族的生死存亡面临着严峻考验。党代表中华民族的根本利益,高举民族大义的旗帜,摒弃前嫌,向全中国和海外华人发出召唤,极大激发了中华民族的民族意识和深厚的爱国主义精神,形成了广泛的抗日民族统一战线,汇聚起了中华民族抗日战争的磅礴力量。解放战争时期,党建立了以反蒋爱国为中心的人民民主统一战线,赢得了民主党派和爱好和平人士的支持,为取得解放战争的胜利准备了力量。新中国成立后,面对一穷二白、百废待兴的新中国,党把远大理想与当前任务紧密结合,用共同的奋斗目标凝聚人心。之后的社会主义建设时期,党和国家一直在动荡中艰难前行,走过了艰难曲折极为坎坷的道路,但是党始终为人民谋幸福的初心和使命

---

① 《习近平谈治国理政》第 2 卷,外文出版社 2017 年版,第 40 页。

不变,因而赢得社会大众的信任和拥护。

从党近百年的奋斗史可以看出,党始终在顺应时代潮流、把握时代特点、回答时代课题中号召社会大众,党的社会号召力具有显著的时代性特征。

（四）自主性

党的社会号召力体现为党对社会、对人民群众的影响力。而影响力是双向的,没有人民群众的拥护、支持和追随,社会号召力必然落空。因此,党的社会号召力是以人民群众对党的拥护、支持和追随状况为标尺的,体现为社会号召对象具有自主性。所谓自主性是指在社会号召过程中,人们不是被动接受,而是主动选择响应的内容、参与的范围与方式。人们往往只选择与其价值观一致,能够满足自身利益、符合自己需要的社会号召并付诸行动。党的社会号召力发挥作用的关键在于人民群众的利益需求是否得到满足,只有满足了利益需求,人民群众才会积极响应党的社会召唤,主动参与到党所号召的事业中,党的社会号召力才能得以发挥。因此,社会号召力的发挥是党和人民群众双方共同发力的过程。检验一个执政党社会号召力的强弱和是否成功主要是两个方面:一是其参与范围如何,社会各阶层是否被唤醒和激发了起来,是否积极主动响应社会号召;二是其参与的程度和持久性怎样,随着社会号召的深入开展,民众的积极性和自主性是否不断提高和增强,社会号召的内容、目标是否深入人心,赢得民众认同,进而主动自觉追随执政党。党的社会号召的过程其实就是党通过对人民群众思想观念的影响,对其自主意识和主动精神的调动,使其变"客体"为"主体",变"要我参加"为"我要参加"的过程,是人民群众内生动力的激发过程。

（五）整合性

社会号召的关键在于激发人民群众的积极性,而利益则是调动积极性的重要手段之一。马克思曾精辟指出,人们奋斗所争取的一切都同他们的利益有关。[①]社会是一个复杂多样的系统,社会中不同群体利益诉求不同,如果没有进行有效的协调和整合,就难以形成统一的目标,达成彼此信任,开展持续有效的合作。党在百年历程中,能够号召民众的重要原因就在于,根据每一历史时期的中心任务,整合不同群体的利益需求,确立具有最大公约数的奋斗目标。进入新

---

① 《马克思恩格斯全集》第1卷,人民出版社1995年版,第187页。

时代,我国社会的主要矛盾已经转化为人民日益增长的美好生活需要和不平衡不充分的发展之间的矛盾,面对社会主要矛盾的变化以及出现的新情况新问题,党只有不断协调不同利益群体,寻求全社会意愿和要求的最大公约数,画出民心民愿的最大同心圆,才能广泛凝聚民心民力,带领全国人民实现宏伟发展目标。

先进性、人民性、时代性、自主性、整合性这五个方面相互依存、相辅相成,相互支撑,缺一不可,是一个既密切联系又相互促进的有机整体,共同构成中国共产党社会号召力的鲜明特征。

(作者为中国浦东干部学院教授)

中共一大对党的政治建设的历史贡献①

黄伟力

　　中共一大宣告中国共产党的正式成立,在党的百年历程中具有独特的历史地位和意义,对此学界已有诸多阐发。党的十九大报告关于新时代党的建设的论述,提供了研究中共一大历史价值的新视角。报告指出:"党的政治建设是党的根本性建设,决定党的建设方向和效果。"新时代党的建设要"以党的政治建设为统领"。②报告关于党的政治建设的论断是马克思主义党建理论的一大创新。对无产阶级政党而言,这一根本性建设是自建立伊始便贯穿其发展全过程的,故此可以从党的政治建设的视角来研究中共一大,看看它对党的政治建设有何作为、具有怎样的历史贡献和意义、有哪些值得总结的经验教训? 这一视角的研究将使我们对中共一大的历史价值收获新的认知,也可为新时代党的建设提供有价值的思想资源和政治智慧。

　　站在新的历史方位回望中共一大,笔者认为,这次会议在确立党的政治方向、初建党的统一领导体制、形成党的政治纪律等方面作出了突出的历史贡献,对党的百年发展具有奠基性意义。迄今学界少有这一视角的探讨,本文拟就此作一分析。

一、 以实现共产主义为目标,为党确立明确的政治方向

　　所谓政治方向,是一个政党所确立的奋斗目标,体现其立党宗旨。中国共产党创建于一个民族危亡的年代,中华民族对外正遭受西方列强的侵略和掠夺,对

---

　　① 本文系国家社会科学基金重大项目"中国共产党政治建设的历史文献整理与研究"(18ZDA009)之阶段性成果。
　　② 习近平:《决胜全面建成小康社会　夺取新时代中国特色社会主义伟大胜利——在中国共产党第十九次全国代表大会上的报告》,人民出版社2017年版,第62页。

内面临封建军阀的统治和战乱。中华民族向何处去？这是当时摆在各方政治力量面前的"必答题"。对新创建的中国共产党而言，如何对这一时代之问给出自己的回答，明确党的奋斗目标和立党宗旨，无疑是最重大的政治议题。中共一大自觉意识到肩负的历史重任，制定了党的第一个政治纲领。

中共一大把制定党的纲领作为会议的首要任务。据会议代表回忆，中共一大"议事日程共有四项：一、党纲与政纲；二、党章；三、中心工作与工作方针；四、选举"。①认识到制定党纲的意义，会议专门休会两天，指定张国焘、李达、董必武等人负责起草供讨论的草案。②几位起草人限于当时各方面条件，最后把党纲和党章合成一个文件，标题为《中国共产党第一个纲领》（以下简称《纲领》）。《纲领》草案经会议讨论通过，成为中共一大最重要的历史文献。

《纲领》共有十五条，其中第一条，将党定名为"中国共产党"，第二条提出了党的奋斗目标：

（1）革命军队必须与无产阶级一起推翻资本家阶级的统治，必须支援工人阶级，直到社会的阶级区分消除为止；

（2）承认无产阶级专政，直到阶级斗争结束，即直到消灭社会的阶级区分；

（3）消灭资本家私有制，没收机器、土地、厂房和半成品等生产资料，归社会公有；

......③

以上三段文字没有出现"共产主义"一词，但将其内容与无产阶级政党的第一个纲领性文献《共产党宣言》相比较，其中所说的"直到社会的阶级区分消除""直到阶级斗争结束""直到消灭社会的阶级区分"，没收机器等生产资料"归社会公有"，就是马克思、恩格斯所描述的未来共产主义社会的突出特征。《纲领》的通过表明，新创建的中国共产党，在马克思主义直接影响下，把建立社会主义、共产

---

① 张国焘：《中国共产党第一次全国代表大会》，中共中央党史研究室、中央档案馆：《中国共产党第一次全国代表大会档案文献选编》，中共党史出版社2015年版，第138页。
② 中共中央党史研究室：《中国共产党历史》第1卷（上册），中共党史出版2011年版，第67页。
③ 中共中央文献研究室、中央档案馆：《建党以来重要文献选编》第1册，中央文献出版社2011年，第1页。

主义社会作为拯救中华民族于危亡的方案,这既是对"中华民族向何处去"这一时代之问的回答,也是对自己奋斗目标和立党宗旨的确认。从党的政治建设的视角看,中共一大为党确立共产主义奋斗目标,是会议最突出的历史贡献,对中国共产党往后的建设和发展具有奠基性意义。

第一,奠定了马克思主义在中国共产党的指导地位。中共一大举起的是真正马克思主义的旗帜。19世纪中叶,马克思、恩格斯曾对共产主义与社会主义作过区分。那时在欧洲,由于社会主义思想影响日盛,许多批判资本主义社会的团体或党派,纷纷打出社会主义的旗号,以赢得社会舆论的瞩目,但他们的出发点或政治主张大不一样。马克思、恩格斯在《共产党宣言》(以下简称《宣言》)中把当时各色社会主义分成三类:反动的社会主义、保守的资产阶级的社会主义、批判的空想的社会主义。恩格斯在《宣言》1888年英文版序言中指出:"在1847年,社会主义是资产阶级的运动,共产主义则是工人阶级的运动。"①所以他说"当我们撰写《宣言》时,我们不能把它叫做**社会主义**宣言"②,为的是同打着社会主义旗号的团体或党派分清界限,给共产党和工人运动以正确的理论指导。

马克思、恩格斯之所以将当时各色社会主义称作"资产阶级的运动",是因为他们有个共同特点,就是回避对资本主义社会进行根本改造,不主张通过社会革命推翻资本主义制度,变革生产资料的私人占有制,因此,他们虽然批判资本主义,但从根本上说乃是维护资产阶级的利益,与科学社会主义有着原则区别。恩格斯指出,共产主义者"确信单纯政治变革还不够而公开表明必须根本改造全部社会"③,所谓"根本改造"就是要通过阶级斗争和社会革命推翻资产阶级统治,消灭私有制,使无产阶级上升为统治阶级。中共一大通过的《纲领》,不但把建立一个消灭阶级的社会作为奋斗目标,而且还明确提出要"与无产阶级一起推翻资本家阶级的统治","党的根本目的是实行社会革命"④,并宣布"承认无产阶级专政"。这表明,新创建的中国共产党把握了马克思、恩格斯关于共产主义思想的核心要义,不同于他们所批判的各色社会主义党派,也不同于当时国内众多要求

---

①③ 《马克思恩格斯选集》第1卷,人民出版社2012年版,第385页。

② 《马克思恩格斯选集》第1卷,人民出版社2012年版,第384页。

④ 《建党以来重要文献选编》第1册,中央文献出版社2011年版,第1页。

改变现实的政治团体,比如基尔特社会主义、无政府主义、新村主义、工读互助运动等。

因此,中共一大高举的共产主义旗帜就是马克思主义的旗帜,由此奠定了马克思主义在中国共产党的指导地位。中国共产党直到1945年召开七次全国代表大会,才在新修订的党章中正式提出党的指导思想:"中国共产党,以马克思列宁主义的理论与中国革命的实践统一的思想——毛泽东思想,作为自己一切工作的指针,反对任何教条主义的或经验主义的偏向。"[1]这当然不是说直到中共七大马克思主义才成为党的指导思想。毛泽东在中共七大政治报告中说:"我们的党从它一开始,就是一个以马克思列宁主义的理论为基础的党。"[2]江泽民在十五大报告中也指出:"党从诞生之日起,就把马克思列宁主义确立为自己的指导思想。"[3]马克思主义在中国共产党这种自始就具有的指导地位,体现为党努力运用马克思主义思考和解决中国的问题,制定党的路线方针政策,体现在一个一个贯穿着马克思主义真谛的党的纲领、章程、决议之中。中共一大《纲领》就是马克思主义在中国共产党确立其指导地位的标志和开端。

第二,培植了以人民为中心的价值观。在马克思、恩格斯那里,实现共产主义的社会理想是与劳动大众的根本利益相联系的。他们把实现共产主义作为共产党人的奋斗目标有两个基本出发点:一是对社会发展基本规律的认识,资本主义的生产关系不能容纳它所创造的巨大生产力,生产资料的私人占有制已成为社会化生产发展的桎梏,因而必须顺应生产力发展的客观要求,变革生产关系,由社会而不是个人占有生产资料,而这样的变革便意味着资本主义的消亡,一种新的社会制度即共产主义的诞生。二是基于为劳动大众谋利益、谋解放的价值观,生产资料的私人占有制不仅构成社会化生产发展的桎梏,也是无产阶级遭受经济剥削和政治压迫的根源,因而要使无产阶级摆脱资本的剥削和压迫,必须变革资本主义生产关系,建立生产资料的社会占有制。共产党作为无产阶级的政党,理应以实现共产主义为目标,因为这是无产阶级的根本利益之所系。正是基

[1] 《建党以来重要文献选编》第22册,中央文献出版社2011年版,第533页。
[2] 毛泽东:《论联合政府》,《毛泽东选集》第3卷,人民出版社1991年版,第1093页。
[3] 《江泽民文选》第2卷,人民出版社2006年版,第8—9页。

于这一逻辑,马克思、恩格斯在《宣言》中指出:共产党人"没有任何同整个无产阶级的利益不同的利益","在无产阶级和资产阶级的斗争所经历的各个发展阶段上,共产党人始终代表整个运动的利益"。①

所以,当中共一大把实现共产主义确立为党的奋斗目标时,也就将以人民为中心的价值观植入了党的基因之中。中共一大《纲领》明确将无产阶级作为自己的依靠力量,提出"必须支援工人阶级",要"把工农群众和士兵组织起来"②;中共一大通过的《中国共产党第一个决议》(以下简称《决议》),主要内容便是明确建党后的首要任务为建立工会、组织开展工人运动、宣传和教育工人群众等。可以说,中共一大是自觉地把党置于劳动大众之中的,此后中共二大进一步提出要"组成一个大的'群众党'"的口号。③中共一大确立的共产主义奋斗目标,使一代一代共产党人始终记得党的一切活动为了谁、依靠谁。民主革命时期,毛泽东指出,"我们这个队伍完全是为着解放人民的,是彻底地为人民的利益工作的"④;改革开放开始后,邓小平同志提出把人民拥护不拥护、赞成不赞成、高兴不高兴、答应不答应作为衡量一切工作得失的标准;进入新时代,中国共产党把"坚持以人民为中心"作为建设中国特色社会主义的基本方略。习近平总书记指出:"人民立场是中国共产党的根本政治立场,是马克思主义政党区别于其他政党的标志。党与人民风雨同舟、生死与共,始终保持血肉联系,是党战胜一切困难和风险的根本保证。"⑤

第三,指引中国共产党制定各历史时期的路线方针政策。有一种观点认为,从建党初期的中国国情看,党的主要任务是进行民族民主革命,不具备无产阶级革命的条件,所以将共产主义作为奋斗目标是不切实际的。的确,中共一大未及根据当时的历史条件提出民主革命的纲领,但是中国共产党人很快认识到这一问题,在第二年召开中共二大上,就制定出较为完整的民主革命纲领,而且在制定这一纲领时,共产主义的目标指向起到了重要的指导作用:因为有实现共产主

---

① 《马克思恩格斯选集》第 1 卷,人民出版社 2012 年版,第 413 页。

② 《建党以来重要文献选编》第 1 册,中央文献出版社 2011 年版,第 1 页。

③ 《建党以来重要文献选编》第 1 册,中央文献出版社 2011 年版,第 162 页。

④ 毛泽东:《为人民服务》,《毛泽东选集》第 3 卷,人民出版社 1991 年版,第 1004 页。

⑤ 习近平:《不忘初心,继续前进》,《习近平谈治国理政》第 2 卷,外文出版社 2017 年版,第 40 页。

义的目标指向,中共二大指出了一条中国民主革命的独特道路,先完成反帝反封建的革命任务,建立独立的民主共和国,再领导进行无产阶级革命,建立社会主义国家,由此走向共产主义;因为有实现共产主义的目标指向,中国共产党确定了进行民主革命的策略方针:参加和支援资产阶级民主革命,与资产阶级民主派建立"联合战线",同时"独立做自己阶级的运动"①,不放弃对工农运动的领导;因为有共产主义的目标指向,中国共产党人将中国民主革命纳入世界无产阶级革命和殖民地半殖民地人民反帝运动之中,自觉站在苏联领导的社会主义阵营一边,由此认识到无产阶级应肩负起领导民主革命的责任,进而将中国民主革命区分为旧民主主义革命和新民主主义革命两个阶段,最终形成完整的新民主主义革命理论②。这就是说,中共一大确立的共产主义奋斗目标,在当时虽不具备现实的实现条件,但这一目标指向引领着中国共产党探寻民主革命的正确道路及策略。

在中国共产党以后的各历史阶段也都如此。从社会主义所有制改造到社会主义现代化建设,从改革开放到进入中国特色社会主义新时代,随着形势和任务的变化,中国共产党的工作重心及路线方针政策时有调整,但一直恪守中共一大确立的奋斗目标,在谋划现阶段目标时不忘未来要去往何方,因而能明辨前进的方向;即使一时出现偏差,也能适时纠正,重新回到正确的发展轨道。进入新时代,习近平总书记反复告诫全党,"不忘初心、牢记使命",所以即使身处社会主义初级阶段,依然要将中国特色社会主义共同理想与共产主义远大理想相结合,用共产主义奋斗目标引领现阶段中国特色社会主义事业的实践进程。

综上分析,中共一大确立的奋斗目标包含丰富的历史意蕴,中国共产党的百年史就是从这个原点开始书写的。对于确立党的奋斗目标,中共一大的局限性在于,尚不善于运用马克思主义深入研究中国的具体国情,不善于把俄国十月革命的道路与半殖民地半封建国家的革命实践相结合,未能根据近代中国的现实状况,提出反帝反封建的民主革命纲领,明确党在现阶段的奋斗目标。这一点妨

---

①　《建党以来重要文献选编》第 1 册,中央文献出版社 2011 年版,第 139 页。

②　这一理论的完整表述,体现在毛泽东 1940 年发表的《新民主主义论》一文中。

碍了新生的中国共产党对当时民主革命中一些重大问题的判断,如对待资产阶级民主派的态度、建立民主联合战线的可能性和必要性等。

二、 坚持实行党的统一领导,初建党的组织领导体系

采用什么样的领导方式,要不要实行党的集中统一领导,这一问题对不同性质的政党具有不同的意义。资产阶级政党大多形成于代议制政治体制内,是为适应议会斗争或竞选的需要而建立的,它要利用现有的政治制度达到自己的目的,而不是试图推翻这个制度。这种内源性的政党通常没有严密的领导体制和组织体系支撑其自身的发展,组织结构松散无力,党的活动在选举时活跃一阵,选举过后了无踪影。无产阶级政党则不然,它的奋斗目标是以推翻现存的剥削制度为前提,在建立之初总是以现存制度的"反叛者"和否定者的姿态登上历史舞台,与现存制度及统治势力处于尖锐对抗之中,因而要遭受居统治地位的政治势力的压制和迫害;而无产阶级政党自身力量相对薄弱,不掌握政治资源,它唯有通过实行严格的、强有力的组织领导,才能积聚起应对严酷政治斗争的足够力量,在险恶的外部环境中生存发展,进而完成自己的历史使命。正如列宁所说:"无产阶级在争取政权的斗争中,除了组织,没有别的武器。"①因此,建立严格的组织领导体系对无产阶级政党具有根本性意义,构成其政治建设的核心内容之一。以此观之,中共一大对党的政治建设的另一历史贡献在于,它坚持实行党的统一领导,初步构建起党的组织领导体系。这主要体现在三个方面:

其一,建立了地方和中央两个层级的组织架构。中共一大《纲领》规定,有五名党员的地方,要建立党的地方委员会;党员人数不超过十人的,设书记一人;党员人数在十人以上的地方委员会,除有书记外,还需设财务委员、组织委员和宣传委员各一人;党员人数超过三十人时,则要从地方委员会中选举产生执行委员会。②《纲领》还规定:"在党员人数超过五百,或已成立五个以上地方执

① 列宁:《进一步,退两步》,《列宁选集》第1卷,人民出版社2012年版,第526页。
② 《建党以来重要文献选编》第1册,中央文献出版社2011年版,第2页。

行委员会时,应选择一适当地点成立由全国代表会议选出之十名委员组成之中央执行委员会。"①可见,《纲领》将党的组织结构区分为地方委员会和中央执行委员会两个层级;地方委员会根据党员数量,又分为设执行委员会和不设执行委员会两个层级。

其二,规定了党员与党组织、党的地方委员会与中央领导机构的关系。《纲领》第十条规定:"工人、农民、士兵和学生的地方组织中党员人数多时,可派他们到其他地区去工作。但是一定要受地方执行委员会的严格监督。"《纲领》第十二条则规定:"地方委员会的财务、活动和政策,应受中央执行委员会的监督。"②《纲领》提出的两个"监督",实质上已包含个人服从组织、地方委员会服从中央执行委员会领导的组织原则。

其三,选举产生了党的中央领导机构。中共一大最后一天会议在嘉兴南湖的游船上进行,其中一项议程是选举党的领导机构。鉴于当时党员人数少,地方组织尚不健全,会议决定设立中央局作为党的临时领导机构,暂不成立中央执行委员会。会议选举陈独秀、张国焘、李达三人组成中央局,陈独秀为书记,张国焘负责组织工作,李达负责宣传工作。这样,在中共一大会议上,中国共产党产生了自己历史上第一个中央领导机构。

综合上述三个方面,由于中共一大选举产生了党的中央领导机构,并赋予中央领导机构以监督地方委员会工作的职能,赋予地方委员会以监督党员个人活动的职能,实际上明确了中央领导机构与地方委员会之间的上下级关系,明确了党组织对党员个人的约束关系,因而形成了以中央领导机构为中枢、对全党包括地方组织和党员个人实行统一领导的组织机制。这个组织领导机制的形成,是中共一大取得的一个具有重要历史意义的政治成果。

从理论上分析,在同现存制度和统治势力的斗争中,对于无产阶级政党是

---

① 《中国共产党的第一个纲领》(英文译稿),《中国共产党第一次全国代表大会档案文献选编》,中共党史出版社 2015 年版,第 5—6 页。《纲领》有两个中文译本,一个译自中共驻共产国际代表团档案的俄文稿,标题为《中国共产党第一个纲领》;一个译自 1924 年陈公博用英文写的论文《中国的共产主义运动》的附录《中国共产党的第一个纲领》。本文大都引用《纲领》俄文译稿,此处引用的是《纲领》的英文译稿。比较而言,这段文字的英译文比俄文译稿更准确、更易理解。

② 《建党以来重要文献选编》第 1 册,中央文献出版社 2011 年版,第 2 页。

否需要实行集中统一领导,可能产生两种不同的思想认识。一方面,同现存制度和统治势力的斗争所呈现的敌我力量悬殊的态势,要求无产阶级政党实行强有力的组织领导,不然便难以积聚起赢得胜利的力量,据此自然会把实行集中统一领导作为无产阶级政党的重要建党原则;另一方面,同现存制度及统治势力的斗争,需要有蔑视权威、冲破旧秩序的精神,这又容易催生怀疑、否定一切权威或秩序的偏激观点,如无政府主义思潮。所以,在国际共产主义运动史上,不少国家无产阶级政党在这一问题上都曾发生过争论。比如苏联共产党(早期称俄国社会民主工党),在建党初期,列宁认为,在俄国这样小农经济像汪洋大海般存在的社会环境中,面对沙皇政府这个强大的对手,无产阶级政党要把工农群众有效组织起来,取得社会革命的胜利,必须实行高度集中的统一领导,"必须成立统一的因而也是集中制的党"。[①]但是,党内的经济派反对列宁的这一主张,他们强调工人运动的自发性,鼓吹单纯的经济斗争,否认政治斗争和建立集中统一的无产阶级政党的必要性,认为俄国社会民主工党应该是一个工联主义类型的组织。由这一问题的争论在党内形成两个派别,最终导致党的分裂,列宁领导布尔什维克与孟什维克分道扬镳,独自承担起领导俄国革命的任务。

中国共产党在创建过程中也面临同样的问题,出现了两种不同意见。一方以陈独秀为代表,主张实行"中央集权制";另一方以李汉俊为代表,主张实行地方分权制。双方的争论十分激烈,根据李达的描述:"一九二一年二月,陈独秀起草了一个党章,寄到上海,李汉俊看到草案上主张党的组织采中央集权制,对陈独秀甚不满意……因此他也起草了一个党章,主张地方分权,中央只不过是一个有职无权的机关,陈独秀看了李汉俊这个草案,大发雷霆……"[②]直至中共一大讨论党纲,李汉俊仍然认为:"中共未来的中央不过是一个联络的机关,不可任意发号施令,一切应征求各地方组织的同意,须有共同讨论,遇事公开的精神。对于征求党员也不可限制太严,不必规定每个党员都须从事实际工作,只要信仰马

---

① 列宁:《为〈工人报〉写的文章》,《列宁全集》第4卷,人民出版社1984年版,第167页。
② 李达:《中国共产党的发起和第一次、第二次代表大会经过的回忆》,《中国共产党第一次全国代表大会档案文献选编》,中共党史出版社2015年版,第106页。

克思主义就够了。"①但是同俄国社会民主工党相比,中共一大较为顺利地解决
了这一问题。针对李汉俊的意见,"多数代表支持原有的草案,批评他那种自由
联合的想法",李汉俊也表示,他服从多数人的意见。②这就是说,中共一大对于
党的领导方式的争论,没有导致党的分裂,最终以党的纲领的形式,规定了中国
共产党是一个实行统一领导的无产阶级政党,而不是工联主义式的党。这个政
治抉择有着非同寻常的历史意义。

从现实情况看,中国共产党创建时期所处的外部环境十分严峻。中共一大
会议就险遭不测,不得不中途改换地点;当选中央局书记的陈独秀回到上海履职
不久,便因宣传共产主义而被法租界巡捕房逮捕,经多方营救才得以保释出狱。
但即使在这样的环境中,新生的中国共产党在中央局的领导下,依然卓有成效地
开展了党的活动。中共一大闭会不到一个月,1921 年 8 月 11 日,中央局就在上
海成立中国劳动组合书记部,此后相继在北京、武汉、湖南、广东等地建立劳动组
合书记部分部,发动和组织全国各地的工人运动;距会议结束四个月,1921 年 11
月,陈独秀以中央局书记的名义,签署发布《中国共产党中央局通告》,要求各地
党组织加紧建立和发展党团工会组织,到 1922 年 7 月中共二大召开时,中共党
员人数已增加到 195 人,扩大了近三倍;此外,中央局还在上海成立人民出版社,
组织翻译出版马克思、列宁等经典作家的著作以及其他研究马克思主义的书籍,
积极宣传马克思主义……一个刚刚建立、人数不多的党,在十分艰难的条件下,
何以释放出如此巨大的能量? 其中一个重要原因在于,中国共产党有一个指挥
战斗的司令部,成立伊始便建立了一个实行统一领导的组织体系。

从历史维度看,实行集中统一领导始终是无产阶级政党积聚力量、实现自己
奋斗目标的重要手段和途径,在夺取政权的革命时期是这样,在掌握政权的执政
时期同样如此。无产阶级政党取得革命胜利、成为执政党以后,虽然在革命时期
源于统治势力镇压、绞杀的白色恐怖已不复存在,但它不同于资产阶级政党,不
是着眼于某一社会群体的狭隘利益,而是以解放全人类为目标,要建立社会主

———————

① 张国焘:《中国共产党第一次全国代表大会》,《中国共产党第一次全国代表大会档案文献选
编》,中共党史出版社 2015 年版,第 139—140 页。

② 张国焘:《中国共产党第一次全国代表大会》,《中国共产党第一次全国代表大会档案文献选
编》,中共党史出版社 2015 年版,第 140 页。

义、共产主义社会，因而依然会有来自各个方面的挑战。比如，新时代中国共产党，其战略目标是到 21 世纪中叶把中国建成富强民主文明和谐美丽的社会主义现代化强国，实现中华民族的伟大复兴。为此，在国内，党要领导各族人民实现经济、政治、文化、社会、生态文明五位一体的全面发展，完善社会主义制度，推进国家治理体系和治理能力现代化，应对社会发展转型引发的各种社会矛盾以及诸如新冠疫情暴发这样重大的突发公共事件等的挑战；在国际，要面对一些国家对中国快速发展的遏制和围堵，如近年来美国不断挑起的贸易战、对中国内政的粗暴干涉以及实施的所谓经济、外交等"制裁"。这些挑战，虽然形式不一样，但其严峻性丝毫不亚于党创建初期所面对的那些挑战。因此，中国共产党依然要像中共一大时期那样，坚持实行党的集中统一领导，通过严密的组织领导积聚全党的力量，去进行新时代的伟大斗争。从这样一个角度看问题，既可以更深刻全面地理解党的十九大报告何以将"保证全党服从中央，坚持党中央权威和集中统一领导"作为新时代党的政治建设的"首要任务"①，也可以更深刻全面地认识中共一大政治建设实践的当代意义。

　　党的组织领导体系，中枢是党中央领导机构。所以确立并维护中央领导机构的权威，最有效地发挥其对全党的领导作用，是实行党的集中统一领导的关键问题。就此而言，中共一大尚有不足之处，具体表现为《纲领》对中央领导机构的职权及它与地方委员会的关系没有作出足够清晰、严密的规定。《纲领》将中央领导机构定名为执行委员会，意在表明全国代表大会是党的最高决策机关，中央执行委员会的职责是执行全国代表大会的决定。那么，在全国代表大会闭会期间，中央执行委员会对党内重大事务是否拥有决策权，决策的权威性如何？对此《纲领》没有回答。关于中央领导机构与地方委员会的关系，《纲领》规定后者的工作要接受前者的"监督"，虽在一定程度上明确了它们之间的上下级关系，但这种上下级关系显然不只限于监督与被监督，还应包含更多的内容，如领导与服从、决策与执行，等等。这些章程规定上的缺陷，客观上制约了中央领导机构的权威及其领导作用的发挥。所以到中共二大制定党章时，便对上述问题作了进

　　①　习近平：《决胜全面建成小康社会　夺取新时代中国特色社会主义伟大胜利——在中国共产党第十九次全国代表大会上的报告》，人民出版社 2017 年版，第 62 页。

一步的规定①,唯有如此才能适应党的集中统一领导的需要。

三、 以政治纪律为核心,提出对党员和党的工作的纪律要求

无产阶级政党的历史地位和奋斗目标,决定了它不仅需要实行集中统一领导,而且还需要建立严明的组织纪律。列宁对此有清醒的认识,如同坚决主张实行党的集中统一领导一样,列宁也明确提出无产阶级政党要建立严格的、铁一般的党内纪律,他指出:"无产阶级实现无条件的集中和极严格的纪律,是战胜资产阶级的基本条件之一。"②列宁的这一思想与马克思不谋而合。马克思在1859年5月18日致恩格斯的信中也说:"我们现在必须绝对保持党的纪律,否则将一事无成。"③因而建立严明的组织纪律,对无产阶级政党也具有根本性意义,是其政治建设的重要内容。

所谓纪律,简言之,即一定组织或团体根据其目标和任务而制定的行为规范,它的约束对象包括组织成员个人、组织机构及组织运行过程。中共一大没有关于党内纪律的专门议程和条例,但会议通过的《纲领》和《决议》中,包含对党员及党内工作的纪律要求。

其一,党员"在加入我们队伍之前,必须与企图反对本党纲领的党派和集团断绝一切联系"。(《纲领》第四条)

其二,"在党处于秘密状态时,党的重要主张和党员身份应保守秘密"。(《纲领》第六条)

其三,"党员除非迫于法律,不经党的特许,不得担任政府官员或国会议员。

---

① 中共二大制定的党章第十七条规定:"全国代表大会为本党最高机关。在全国大会闭会期间,中央执行委员会为最高机关。"第十八条规定:"全国大会及中央执行委员会之决议,本党党员皆须绝对服之。"第二十一条规定:"区或地方执行委员会及各组均须执行及宣传中央执行委员会所定政策,不得自定政策。"相比中共一大的《纲领》,中共二大党章对中央执行委员会在全党的地位及它与各级党组织关系的规定是更为明确的。

② 列宁:《共产主义运动中的"左派"幼稚病》,《列宁选集》第4卷,人民出版社2012年版,第135页。

③ 《马克思恩格斯全集》第29卷,人民出版社1972年版,第413页。

士兵、警察和职员不受此限"。①(《纲领》第十四条)

其四，"一切书籍、日报、标语和传单的出版工作，均应受中央执行委员会或临时中央临时委员会的监督"。(《决议》第二部分)

其五，"任何出版物，无论是中央的或地方的，均不得刊登违背党的原则、政策和决议的文章"。②(《决议》第二部分)

以上五条都是对党员个人或党的工作的约束性条款，因而可以被视为中国共产党最早的纪律规定。2018年印发的《中国共产党纪律处分条例》，把党的纪律分为政治纪律、组织纪律、廉洁纪律、群众纪律、工作纪律和生活纪律六个方面，政治纪律置于条例第二编"分则"的首位，共计有二十六条。分析政治纪律处分条款可以看出，其核心要义在于保证全党在思想和行动上的统一，维护党中央权威和集中统一领导。以此观之，中共一大提出的纪律要求，均属政治纪律范畴。

上述《纲领》的三条规定，是对党员个人言行的纪律要求，其主旨在于保证党员个人的言行与党保持一致，忠诚于党的理想信念。比如，为什么要规定党员不经党的特许不得担任政府官员或国会议员？中共一大曾就此进行了长时间辩论，坚持这一规定的会议代表认为"采纳国会制就会把我们的党变成黄色的党"，他们以德国社会民主党为例论证说："人们进入国会，就会逐渐放弃自己的原则，成为资本家阶级的一部分，变成叛徒，并把国会制看成是斗争和工作的唯一方式。"因此，"为了不允许同资产阶级采取任何联合行动，为了集中我们的进攻力量，我们应当在国会外进行斗争"。③这就是说，规定党员不经特许不得担任政府官员或国会议员，为的是防止中共党员担任政府官员或加入国会以后发生思想蜕变，导致"放弃自己的原则"，偏离党确定的政治纲领。《纲领》其余两条规定，要求党员入党前必须与反对本党纲领的党派和集团断绝一切联系、对党的重要主张和党员身份应保守秘密，其目的也是为了使党员与党同心同德，坚定政治立场，维护党的纯洁性，确保党的政治安全。上述《决议》的两条规定主要是针对党

---

① 《建党以来重要文献选编》第1册，中央文献出版社2011年版，第1—2页。

② 《建党以来重要文献选编》第1册，中央文献出版社2011年版，第5页。

③ 佚名：《中国共产党第一次代表大会》，《中国共产党第一次全国代表大会档案文献选编》，中共党史出版社2015年版，第26—27页。

的出版宣传工作的,其主旨很明确,就是要把出版宣传工作置于中央领导机构的监督和领导之下,保证党的出版物体现党的政治意图,与党的路线方针政策保持一致。

从以上分析可以看出,中共一大首先是从政治上提出对党员和党的工作的纪律要求的,或者说,中国共产党的纪律建设是从提出政治纪律开始的,这一现象值得认真思考。笔者认为,它反映了无产阶级政党建设的内在规律性。本文上一节从无产阶级政党的历史地位和奋斗目标,论证了它何以必须实行集中统一领导。但是,无产阶级政党能否维系并坚持集中统一领导,则要取决于一系列条件,而政治纪律是其中不可或缺的一环。政治纪律对党员个人、组织机构及运作过程提出的约束性规范,是党实行集中统一领导的重要政治保障。无产阶级政党的集中统一领导,只有得到相应政治纪律的支撑,才能趋于稳固并制度化。中共一大既然确定实行党的统一领导,还建立了中央领导机构,那就要从政治上提出对党员和党的工作的纪律要求,这是一种逻辑的必然。

其次,它说明了政治纪律之于无产阶级政党的极端重要性。从中国共产党初创时期情况看,虽然已确立起共产主义的奋斗目标,奠定了马克思主义在党内的指导地位,但是其思想和组织基础是不甚牢固的。第一批中共党员以知识分子居多,构成较为复杂,来自不同的阶层,有不同的职业和发展志向,对马克思主义的理解及忠诚度有明显差别。出席中共一大的代表,在一些重大问题上尚存在思想分歧,这些代表中以后还有人脱党乃至叛党。因此,新创立的中国共产党必须首先从政治上着眼,约束党员个人的言行、规范党的工作,努力维护党的统一领导,确保全党在思想和行动上的统一,否则它就没有力量应对来自统治势力的威胁,难以在险峻的外部环境中生存下来、开展活动。其实,即使对一个成熟的、掌握政权乃至长期执政的无产阶级政党,政治纪律在党的整个纪律体系中仍然具有非同一般的地位。"党的纪律是多方面的,但政治纪律是最重要、最根本、最关键的纪律,遵守党的政治纪律是遵守党的全部纪律的重要基础。"①一个无产阶级政党,如果没有一套明确、完整的政治纪律规范,那么其他方面的纪律便

---

① 习近平:《严明政治纪律,自觉维护党的团结统一》,《十八大以来重要文献选编》(上),中央文献出版社 2014 年版,第 131—132 页。

是毫无意义的；一个共产党员，如果不能遵守党的政治纪律，他也不可能在乎党的其他方面纪律。所以，习近平总书记指出："严明党的纪律，首要的就是严明政治纪律。"①这个道理结合中共一大的政治实践可以有更真切、具体的理解。

对于初创时期党的组织纪律建设所具有的深远历史意义，刘少奇曾作过精辟论述，他说："我们的党从最初组织起就有自我批评和思想斗争，就确定了民主集中制，就有严格的组织与纪律，就不允许派别的存在，就严厉地反对了自由主义、工会独立主义、经济主义等，因此在我们党内公开提出系统的组织上的右倾机会主义的理论，是还没有的。""就这方面说，我们走了直路。"②这条"直路"恰恰是由中共一大开辟的，它保证了党在组织上的团结统一和政治上的健康发展。进入新时代，中国共产党人对纪律建设，特别是政治纪律建设的重要性有着清醒而自觉的认识。习近平总书记指出："我们这么大一个政党靠什么来管好自己的队伍？靠什么来战胜风险挑战？除了正确理论和路线方针政策外，必须靠严明规范和纪律。"③党的十八大以来，中国共产党尤其注重党的政治纪律建设，制定了一系列与政治纪律相关的党内规章，如《中国共产党廉洁自律准则》《关于新形势下党内政治生活的若干准则》《中共中央政治局关于加强和维护党中央集中统一领导的若干规定》《中国共产党纪律处分条例》《中国共产党关于加强党的政治建设的意见》《中国共产党重大事项请示报告条例》等，党的政治纪律拥有了愈益严密而完整的内容，构成整个党的建设及党的事业发展的政治基石。

需要指出，中共一大未及制定专门的纪律条例，甚至没有独立成章的纪律条款，就形式而言，还是很不系统和完整的；从内容看，会议提出的纪律要求含有关门主义倾向。《纲领》要求党员断绝同反对本党纲领的党派和集团的一切联系，规定党员不得担任政府官员或国会议员，实际上关闭了与其他政治力量合作或联合的大门，排除了利用合法手段开展斗争的可能性。出现这一问题有多种原因，其中最主要的，乃是由于当时中国共产党尚未形成明确的民主革命纲领，而

---

① 习近平：《严明政治纪律，自觉维护党的团结统一》，《十八大以来重要文献选编》（上），中央文献出版社 2014 年版，第 131 页。

② 刘少奇：《论党内斗争》，《建党以来重要文献选编》第 18 册，中央文献出版社 2011 年版，第 454 页。

③ 习近平：《在参加河南省兰考县委常委班子专题民主生活会时的讲话》，《习近平关于严明党的纪律和规矩论述摘编》，中央文献出版社、中国方正出版社 2016 年版，第 5 页。

共产主义的奋斗目标又不具备实现的现实条件,因而使党看不到可以合作或联合的对象,看不到建立民主联合战线的可能性和必要性,导致在政治上趋向于自我封闭。

中共一大对党的纪律建设的认识和实践,如同党初创时期整个政治建设一样,尚处于起步、探索阶段,有诸多问题要随着党的成长,在具体实践中积累经验,经过一代一代共产党人的接续努力,才能逐渐明晰、成熟起来。历史前进的阶段性有时是难以逾越的。

结　　语

政治建设贯穿于无产阶级政党发展的始终。百年前,新创建的中国共产党虽未提出党的政治建设的概念,但是中共一大在确立党的政治方向、建构党的组织领导体系、提出对党员及党内工作的政治纪律要求等方面作出的历史贡献,以今天的眼光看,均属党的政治建设的范畴。这就是说,党的政治建设的实践探索,是自中国共产党建立伊始便开始了的,体现了无产阶级政党建设的突出特征。

中共一大对党的政治建设所作出的历史贡献,培植了党长远发展的政治根基,对党在严峻的外部环境和不断遭遇的种种艰难险阻面前顽强地成长壮大,赢得民主革命、社会主义革命和现代化建设、改革开放及新时代中国特色社会主义事业的胜利,起到了奠基性、开创性的作用;同时,会议在党的政治建设方面也存在难以避免的历史局限,如不及时弥补,也会使党的建设和发展蒙受损失。这就印证了本文开头引用的党的十九大报告的重要论断:"党的政治建设是党的根本性建设,决定党的建设方向和效果。"对无产阶级政党而言,党的政治建设是任何时候都不可小视的重要课题。

今天中国共产党所处的历史方位,与其初创时期相比,已经发生根本性变化,但党在全面而深刻的社会变革中面临的新情况、新问题,党的执政地位及执政的内外环境所蕴含的挑战,凸显了强化党的政治建设的紧迫性和重要性,这是党的十九大将政治建设置于党的建设首要地位的根本原因。因此,亟须注重对党的政治建设的历史研究,从中共一大开始,党的政治建设所提出的问题,所采取的应对策略和方法,所积累的历史经验及教训,都具有弥足珍贵的当代价值。
就此开展系统梳理、分析和研究,必将为新时代中国共产党的政治建设提供极具
针对性和可资借鉴的思想资源及政治智慧。

（作者为上海交通大学马克思主义学院教授）

开创实现共同富裕的中国道路

鲁品越

新中国成立 70 多年来,特别是党的十八大以来,我们党努力提高人民生活水平,开展脱贫攻坚战斗,整个中国正向共同富裕的小康社会迈进。2018 年我国居民人均可支配收入比 1949 年实际增长 59.2 倍,居民人均消费支出比 1956 年实际增长 28.5 倍①。脱贫攻坚取得了历史性成就。习近平总书记指出:"从人民生活水平看,党的十八大确定的 2020 年城乡居民人均收入比 2010 年翻番目标,可以如期实现。我国形成了世界上规模最大的中等收入群体,如以家庭年收入 10 万元至 50 万元作为标准,已超过 4 亿人。2018 年全国居民恩格尔系数(食品占居民消费支出比重)已降至 28.4%。家电全面普及,汽车快速进入寻常百姓家,2018 年全国居民每百户家用汽车拥有量为 33 辆,高于新加坡和香港;住房条件显著改善,2017 年我国城镇和农村居民人均住房建筑面积分别为 36.9 和 46.7 平方米,高于一些发达国家。"②2012 年到 2018 年,我国贫困人口从 9 899 万人减少到 1 660 万人,连续 6 年平均每年减贫 1 300 多万人。"到 2020 年初预计全国只剩下 600 万左右贫困人口和 60 多个贫困县。"③在此基础上,2019 年 10 月中国共产党第十九届四中全会进一步提出,坚决打赢脱贫攻坚战,建立解决相对贫困的长效机制。

这对于拥有 14 亿人口的泱泱大国而言,无疑是人间奇迹。而同时期的整个国际社会,"总体来看,从世界银行成立到 2018 年的 70 多年时间里,如果去除中国改革开放之后摆脱世界贫困线的人口数量,世界贫困人口不仅没有减少,反而增加了"④。即使在世界第一大经济体的美国,仍有 4 200 万人站在贫困人口之

---

① 习近平:《关于全面建成小康社会补短板问题》,《求是》2020 年第 11 期。

② 《庆祝新中国成立 70 周年活动新闻中心发布会:以新发展理念为引领,推进中国经济平稳健康可持续发展》,新华网,2019 年 9 月 24 日。

③ 习近平:《在解决"两不愁三保障"突出问题座谈会上的讲话》,《求是》2019 年第 16 期。

④ 周文:《为什么西方理论解决不了的减贫问题,在中国能够迎刃而解》,上观新闻,2019 年 9 月 16 日。

列,占美国总人口的 13.4%。

中国道路是怎样创造这一奇迹的? 这对人类社会走向共同富裕有什么样的贡献?

一、 制造两极分化是资本本性的必然要求

人民为什么会贫困? 其原因包括生产力发展不足,而最根本的原因是劳动者生产出的剩余劳动被剥削阶级所占有,反过来转化为剥夺他们创造的剩余价值的强大统治力。这一方面扼制了劳动者的生产财富的能力,另一方面造成了日益严重的两极分化。如果说,剩余劳动在等级制社会转化为等级森严的政治权力机器以及标志这种等级制度的物质符号体系,那么,在资本主义社会,剩余劳动通过被资本所占有而不断转变成无限扩张的经济权力机器,并且资本的经济权力通过资本主义政治体系而不断转化为政治权力。这种权力体系必然成为进一步占有劳动者剩余价值的工具。到了资本主义社会,贫困与两极分化的主要原因则由资本的本性所导致。这是因为资本必须在两极分化中才能生存:一方面,从劳动力的供给来说,资本"爱穷",往贫穷的地区流动,因为穷人所要求的工资最低,由此导致各种生产要素的价格(因为它们是劳动者生产出来的)最低,从而使生产成本最低。另一方面,从产品消费市场来看,资本"爱富",因为只有富人才有能力消费资本生产的高档产品,从而使商品的剩余价值能够得到实现。因此,资本本性就要求制造两极分化:使劳动者处于贫困状态以提供廉价劳动力,又要使社会的非劳动者成为富裕者,使其购买生产出的具有高额利润的商品以使其中的剩余价值得到实现。因此,资本正是在这两极分化中实现其最大程度的增值。没有两极分化,资本就无法存在和运行,正像蒸汽机必须在冷极与热极之间才能运行一样。

然而,资本增殖不断扩大生产,社会总供给不断增加,而低收入的劳动人民的消费需求又不能成正比地相伴提升,必然导致社会总供给与总需求之间的总量失衡和结构失衡,由此引发过剩性经济危机:大量商品滞销、众多企业倒闭、失业人口剧增、经济增长停滞,整个社会陷入瘫痪和混乱状态。资本主义自诞生之日起,从未摆脱这种周期性过剩危机。1825 年英国发生第一次过剩经济危机,

1929 年到 1932 年出现席卷资本主义国家的大萧条,到 20 世纪七八十年代,资本主义国家陷入"滞胀",而 2008 年爆发的金融危机迅速波及全球,其阴影至今没有消除。《资本论》早已深刻指出:"一切现实的危机的最终原因,总是群众的贫穷和他们的消费受到限制。"①因此,两极分化已经成为资本主义经济危机的根本原因。为了应对危机,资本主义国家不得不采取一系列措施来减轻两极分化。那么,它们采取什么样的措施? 是否消除了资本主义社会的两极分化?

为了应对由上述原因引起的 20 世纪 30 年代席卷资本主义世界的大萧条,凯恩斯主义主张通过财政政策进行国家干预,扩大有效需求。这是在两极分化已经产生的条件下,从末端缓解危机。第一,从需求端增加公共产品的生产,增加就业岗位,提高民众收入;第二,采取福利化政策,提高工人工资和福利,以此缓解社会矛盾,增加社会消费需求。1935 年美国通过《社会保障法》,由政府出面解决因大量失业而引发的社会不稳定问题。1948 年英国率先宣布建成福利国家,随后,北欧、西欧、日本等也先后推行涵盖社会保障和公共服务等多个领域的福利制度体系。

高福利的基础是高税收。政府通过税收和转移支付实现收入的社会再分配。于是,累进税制作为进行收入再分配的手段,成为第二次世界大战后西方发达国家的主要税收制度。皮凯蒂认为,"只有对资本实行累进税才可有效遏制""让全球财富分布朝着无序和无节制的贫富悬殊方向螺旋式前进"的势头。②而增加劳动者的福利违背了资本的本性,于是国际垄断资本通过资本全球化,来攫取发展中国家劳动人民生产的剩余价值,以给本国福利化提供来源,从而将本国工人原来承担的贫困转移到发展中国家。其手段是将"一低"(低端劳动力)和"两高"(资源高消耗、环境高污染)的制造部门转移到发展中国家,而把掌握资本控制权的产品研发部门与品牌营销部门留在本国,使大量的剩余价值流向本国,最大化地榨取发展中国家劳动人民的剩余劳动。

这种通过资本全球化,利用资本权力占有发展中国家人民生产的剩余劳动来减轻本国贫困的做法,必然制造出国际性的两极分化。它通过制造贫困的生

---

① 《马克思恩格斯文集》第 7 卷,人民出版社 2009 年版,第 548 页。

② [法]托马斯·皮凯蒂:《21 世纪资本论》,巴曙松等译,中信出版社 2014 年版。

产国,来创造资本实现最大化增殖的条件;由此制造富裕的消费国,实现资本最大化增殖。这种资本全球化基础上的社会福利化,以发展中国家劳动人民创造的财富为支撑,在制造国际性两极分化的同时,通过末端调节暂时减缓了发达资本主义国家内部的贫困现象。在法国,失业津贴平均水平高达每月 1 100 欧元左右,瑞典、挪威等北欧国家的失业津贴,可达到失业前工资的80%到90%。①然而,西方国家的这些高福利,不仅以发展中国家的贫困为实现条件,而且使其自身不断陷入危机。

上述从需求侧进行末端治理之策,通过建立高福利社会来缓解贫富差距,虽然表面上有利于人民,但为其买单的钱最终还是由人民来支付,因而归根到底是给资本家解困而不利于人民。将福利化政策植入资本主义体系中,无法规避资本主义根本矛盾带来的一系列问题,必然产生"奥菲悖论":资本主义体系依赖福利国家,但是资本主义又不能与福利国家共存。②西方福利制度长期实施,现在已经进入落日摇摇欲坠的黄昏。

第一,助长了资本盲目扩张。采取末端调节方法解决贫困问题,长期坚持下去必然产生资本对政府的依赖性:资本拼命增加供给,一旦产品过剩,政府就会为规避经济危机而加以解决。"法国 1945 年确立的福利制度不是一个旨在解决贫困问题的体系,而是为了解决与就业相关的问题。"③这实际助长了资本盲目扩张,只能解决一时之困,而无法规避由资本主义根本矛盾引发的经济危机。

第二,增加了企业负担。福利化的庞大支出来源于从企业征收来的税收,累进税制作为社会福利化政策资金来源的手段,事实上起到了收入再分配的作用。然而,过高的税负必然会加重企业的生产成本,导致资本运营成本上升。这必然会抑制个人或企业创造财富的积极性,降低企业乃至国家的竞争力,造成经济发展滞胀。于是,20 世纪 70 年代末,以反福利国家、砍福利政策为主要内容的新自由主义浪潮兴起。

第三,滋生了"懒人群体"。高福利催生重权利、轻义务的"懒人现象",出现

---

① 刘保中、李春玲:《高福利制度下的"懒人现象"》,《人民论坛》2018 年第 14 期。

② 黄君:《福利国家的"奥菲悖论"》,《河北学刊》2017 年第 9 期。

③ 李姿姿:《法国社会保障制度变迁中的国家作用及其启示》,《欧洲研究》2008 年第 5 期。

了不想工作的"懒人群体",加重了企业和社会负担。一旦"懒人现象"成为社会积习,便会积重难返。2017年,法国总统签署降低企业人力成本的《劳动法改革法案》,遭到民众的强烈反对,引发了一连串的工人罢工、学生示威和街头冲突。这种冲突,实质上是资本主义社会根本矛盾在福利制度下的畸形表现形式。

第四,制造了黑幕交易。企业面对高额税收必然会采取各种方式来逃税、避税,降低企业成本,千方百计地进行内幕交易和权钱交易,甚至使之合法化。美国富人为什么热衷于"裸捐"?他们的钱又捐给了谁?这是由于美国政府征收高额遗产税,一些富人将其个人资产捐赠给慈善基金会,往往只是资本的名义发生了改变——因为慈善本身已经被资本化了,成为资本的一种特殊形态。《美国联邦国内税收法典》规定,基金会可以申请成为具有免税资格的非营利组织,每年只须支出相当于该基金会资产市值5%的金额。于是,所谓的慈善事业成为资本避税方式,垄断资本仍然在高速运作并且风光地赚钱。不止于此,资本权力觊觎政治权力而产生"金钱政治"。金钱在美国议会和总统竞选中始终具有巨大的"魔力"。

第五,引发了社会危机。高福利的资金来源往往是高税收或高负债,瑞典的高福利依靠高税收和高财政赤字,希腊的高福利依靠高负债支撑。主权债务积累到一定程度,将会发生还贷无望,国家主权信用等级下降,导致无法继续借贷。由此爆发主权债务危机,也意味着高福利的"终结"。2008年全球金融危机产生后,西方发达国家普遍开始削减福利项目,中产阶级和底层公民的生活变得越发艰辛。"从比较的视角出发,现在绝大多数发达国家已经从国家的政策层面放弃了对共同富裕的追求。"①

资本主义框架内的末端解决方法对缓和两极分化确有一定的作用,但无法从根本上抑制贫富分化的趋势。一方面,发达国家的高福利所需要的资金,不可避免地要从发展中国家攫取,由此制造了国际社会的两极分化。另一方面,会在资本主义发达国家内部也产生两极分化——因为垄断资本从发展中国家攫取的高额剩余价值,只有一部分通过税收转化为社会福利,绝大部分仍然被产业资本与金融资本所占有。这就导致发达国家的资本收益率远大于经济增长率,更大

---

① 张春满:《论共同富裕的政治基础——国内国际维度的考量》,《探索》2019年第3期。

于劳动收益率,由此产生代际遗传的日益严重的两极分化。皮凯蒂通过大量数据论证了全球财富的贫富悬殊,"自2010年以来全球财富不公平程度似乎与欧洲在1900—1910年的财富差距相似。最富的0.1%人群大约拥有全球财富总额的20%,最富的1%拥有约50%,而最富的10%则拥有总额的80%—90%。"①

资本主义是否还有其他途径解决两极分化呢? 由于资本主义的供给端是资本主义结构,是市场自由配置资源的领域,政府没有办法控制,只能采取末端治理方法。这又以制造贫困为前提:高福利违背了资本最大化增殖的本性,因此驱使资本对外输出贫困,使发展中国家成为贫困的生产国,发达国家成为富裕的消费国。由此造成发达国家的"产业空心化"与发展中国家的低端工业化。留在发达国家母国的高科技产业和金融行业,主要吸纳的是具有专业知识的人才,由此必然造成大量蓝领工人下岗失业。而发展中国家也不会甘心长期处于产业链的最底端,必然会大力发展高科技产业,从而遭受发达国家主动挑起的贸易战和科技战,由此造成国际冲突日益严峻,国际局势日益动荡不安,严重影响国际安全与世界经济发展。

为了应对滞胀,资本一定要千方百计使那些通过税收转化为劳动者的福利的剩余价值重新转化为资本,从而重新回到资本家手中,由资本家来支配。于是,新自由主义应运而生。它将"看不见的手"推广到虚拟经济领域,开启了金融自由化时代。金融资本通过五花八门的金融衍生品,吸收民间的剩余价值,将其转化为资本。于是,分配到人民手中的剩余价值,又通过养老金、医保金投放到各类投资基金,重新回到资本家手中。劳动者只是拥有空洞的所有权,通过虚拟经济的货币数字来享有名义上的剩余价值,而资本家则拥有对这些剩余价值实实在在的使用权。这些虚拟经济泡沫带来的财富幻象安慰着劳动者,而当泡沫积累到一定水平,便会产生金融危机,老百姓手中的剩余价值便顿时清零。最后导致的结果是更加严重的两极分化。"现在10%最富有的美国人占有超过70%的全国财富,比1913年'镀金时代'结束时的比例还高,且最富有的1%的人占有其中一半的财富。"②

---

① [法]托马斯·皮凯蒂:《21世纪资本论》,巴曙松等译,中信出版社2014年版,第451页。
② 张严:《资本主义福利国家的当代困境与内在悖论》,《国外理论动态》2019年第1期。

二、 中国不能走治理两极分化各种老路

中国怎样治理社会财富分配的两极分化,逐步破解实现共同富裕这一千古难题? 首先,中国决不能走美国式的治理两极分化之路。如上所述,以美国为典型代表的西方资本主义制度由于不可能从源头上解决贫富分化,只能进行末端的需求侧的收入分配调节来缓解两极分化。其长期结果是不仅不能消除两极分化,而且还会导致两极分化不断加剧。

其次,中国也不能走平均主义"大锅饭"的"粗陋的共产主义"之路。实践已经证明,这种平均主义所带来的不是共同富裕,而是共同贫穷。所谓"大锅饭"政策,是一种马克思所批判的"粗陋的共产主义"政策:"这种共产主义——由于它到处否定人的个性——只不过是私有财产的彻底表现,私有财产就是这种否定。普遍的和作为权力而形成的忌妒,是贪欲所采取的并且只是用另一种方式使自己得到满足的隐蔽形式。任何私有财产本身所产生的思想,至少对于比自己更富足的私有财产都含有忌妒和平均主义欲望,这种忌妒和平均主义欲望甚至构成竞争的本质。粗陋的共产主义者不过是充分体现了这种忌妒和这种从想象的最低限度出发的平均主义。"①这种平均主义至少有三个方面的严重缺陷,抑制了生产力的发展:一是抑制了人们创造财富的积极性,因为"干多干少一个样,干好干坏一个样";二是人们无法进行社会扩大再生产所需要的资本积累,因为一旦有了资本积累,必然会导致人们收入差距的增大;三是不能容纳科技创新,因为任何创新产品总有一个从少数人使用扩大到多数人使用的发展过程,中国不可能在一夜之间生产出同时满足 14 亿中国人民需要的产品,而一旦不能满足,便会招来马克思所说的"忌妒",破坏了平均主义原则。实际上,绝对平均主义从来没有真正实行过,因为它无法真正实行。但是的确存在着平均主义取向,其结果还是导致共同贫穷的发生。

第三,中国不能走西方发达资本主义国家的高福利的"民主社会主义"之路。在否定了上述两条道路之后,有人提出中国应当走北欧的"民主社会主义"道路,

① 《马克思恩格斯文集》第 1 卷,人民出版社 2009 年版,第 182—183 页。

通过高税收与高福利来解决贫富分化问题。具体地说,就是在生产领域搞资本主义,而在生活领域和社会分配领域搞社会主义。这是不切实际的空想,如果硬要推行,必然后患无穷。

一是中国不具备实行这种高福利政策的条件。高福利从何而来? 其直接来源是对国内企业实行高税收。然而中国作为生产力水平相对较低的国家,一旦实行高税收,那么外国资本便望而却步,将纷纷转移到其他国家和地区。境内资本也会纷纷通过投资移民等途径移居境外。这将导致中国生产力水平立刻下降,所谓社会高福利便成为泡影。

二是高福利间接来源是境外收入,即向更落后的国家输出资本,以获取高额剩余价值。中国不可能采取这种新殖民主义战略,这是由中国的社会制度和所处的国际环境所决定的。中国资本输出的目的绝对不是使对象国成为贫困的生产国,恰恰相反,是为帮助对象国摆脱贫困。中国提出的与世界各国人民共建"一带一路"的倡议,绝不是西方国家所谓的"新殖民主义",而是本着构建人类命运共同体理念,秉持共商、共建、共享的原则与有关国家开展完全平等的合作。

实行"民主社会主义",也是断然不可取的。因为这种末端收入调节的方法,至多只能暂时缓解两极分化,其长期结果是,不仅不能消除两极分化,而且还会导致两极分化不断加剧,并使国家陷入债务危机。中国必须另辟蹊径,走出全新的道路,来破解这个千古难题。

三、 破解难题的标本兼治的中国路径

中国不能走"民主社会主义"道路来消除两极分化,也不能用凯恩斯主义的需求侧政策来消除两极分化,并不等于中国完全拒绝这些政策中的合理因素。从社会收入分配这个末端进行调节,虽然不能治本,但却能在一定程度上治标,缓解贫富分化。

(一)治标之策:以人民为中心的新型社会保障制度

我国吸收了西方收入分配调节政策的积极因素,同时加以改造,扬弃其以资本为中心的价值内核,使之成为社会主义市场经济条件下的以人民为中心的新型社会保障制度。如果说,西方的福利政策归根到底只是一种手段,其目的是为

了创造资本的运行环境,那么,我国在推行类似政策时则赋予其本质上不同的价值内涵,这就是以人民为中心,以实现共同富裕为目的。这就使我国的相应政策能够更加符合人民生活的需要。这至少表现在以下两个方面:

一是为了解决绝对贫困问题而提出的"兜底政策"——"两不愁三保障"。如上所述,为了调动人们进行经济生产的积极性,同时也是为了能够进行民间资本的原始积累和科技创新的需要,中国打破了已经实行多年的平均主义的"大锅饭"政策,允许和鼓励一部人或一部分地区先富起来。而为了防止由此而产生的两极分化,习近平总书记通过对我国贫困人口的深入调查,提出了覆盖 14 亿人口的"两不愁三保障"的兜底性社会福利制度。"两不愁"即不愁吃、不愁穿,"三保障"即义务教育、基本医疗、住房安全有保障。与此同时,对高收入者实行累进制个税政策。这就避免了贫富差距直接威胁到贫困人口的基本生活,同时也保持了社会合理的收入差距,没有影响高收入者的生活状况和经济活动的积极性。这种消灭绝对贫困的举措是中国在实现共同富裕上的创新。

二是我国实行由国家供给生产要素的自救性社会保障制度。在西方,工人一旦失业,就要领取政府财政给出的救济金,而劳动力并未获得创造财富的劳动条件。这是消耗性社会福利政策。而我国实行的社会主义所有制基础上的联产承包责任制,由政府将公有土地的经营权与收益权交给农民,再加上免征农业税的政策,使广大农民工在失业状态下,也能获得从事农业劳动的条件来生产财富,为自己的生活提供保障。此外,我国在基础设施建设中实行的以工代赈政策,也属此类。这是中国特有的"生产型社会保障制度",其远胜西方的消耗型失业保障制度。

总之,中国建立的以人民为中心的末端治理政策——社会主义新型福利制度,是我国在吸收世界各国福利政策基础上,创造的实现共同富裕的新型政策。虽然其尚处于低水平保障的初级阶段,然而其本质特征已经初步确立,成为社会主义市场经济条件下实现共同富裕的重要方面。

但是,末端调节只能治标而不能治本。要从根本上破解共同富裕难题,以习近平同志为核心的党中央高屋建瓴地提出了治本之策:供给侧结构性改革。

(二)治本之策:供给侧结构性改革

有人把供给侧结构性改革与西方的供给主义相混淆,这是本质性误解与曲解。本文作者对此有比较深入的探讨。①简单地说,西方供给学派本质上是新自由主义思潮的产物。它虽然强调供给侧的作用,但其所说的"供给"仍然只是社会经济流通领域的供给流量,而不是生产领域的供给侧结构。它的政策主张是反对政府对市场的干预,首先反对凯恩斯主义的弱干预——通过调节经济流量从需求侧末端进行干预以扩大需求,当然更反对从产业结构上对经济进行强干预,因而反对一切供给侧结构性改革,主张最大程度的自由放任。在具体政策上,主张"减税""限币",压缩公共开支,减少社会福利,放松金融管制,以增加市场中的供给侧货币流量,给资本创造宽松的政策环境。这些措施在短期内的确可以通过增加社会投资而解决部分就业问题,由此带来经济增长。但是,从长期来看,只要这种经济增长是以放任资本扩张的方式进行的,那么新增的剩余价值大部分必然被产业资本和金融资本所占有,资本积累的速度必然远远高于劳动者收入增长速度,因此不仅不能消除两极分化,而且会带来越来越严重的两极分化。这与中国通过供给侧结构性改革来实现共同富裕的目标背道而驰。

供给侧结构性改革仍然是市场经济体制下的改革,既充分利用资本驱动生产力发展,又要克服资本扩张造成的过剩性危机。这就要以人民为中心制定各种制度和政策,在经济生产的供给端抓住发展不平衡、不充分的源头与矛盾的主要方面,由此通过供给侧结构性改革从源头上开拓实现共同富裕的道路。

一是从始端加强公共产品的生产,扩展公共产品的受益面与提高公共产品质量。为人民群众提供美好生活所需要的公共产品消费是社会主义经济的重要组成部分,所以推进基本公共服务高质量供给是供给侧结构性改革的基本方面。这与凯恩斯主义有着本质的不同:凯恩斯主义还是从需求端介入来缓解过剩危机,而供给侧结构性改革则是增加公共产品在社会消费结构中的比重。它不是为了解决过剩危机,而是为了提高人民群众的公共消费水平。消费分两部分:一部分要通过市场,花钱购买,还有一部分则是公共享受的,比如环境、交通等公共基础设施。中国的基尼系数也不低,但是中国并没有出现严重的两极分化。这是因为中国的普惠性、基础性、兜底性民生建设全球领先,这类公共产品的消费不计算在基尼系数之内。反观苏联解体后,几近全部的公共资本转给垄断寡头

---

① 鲁品越:《供给侧结构性改革在思想和实践上的新贡献》,《马克思主义研究》2020 年第 2 期。

所有,由此造成俄罗斯两极分化加剧,这个教训必须汲取。

二是从始端深度干预产业结构调整,实现从速度型发展向高质量发展的转变,以满足人民对美好生活的向往。资本作为市场经济的主体单位,既是市场动力的来源,也是盲目竞争导致的经济过剩的始作俑者。供给侧结构性改革针对市场经济的动力与两极分化的产生源头,通过各种政策促进产业结构升级。首先是消除过剩,将可能发生的经济危机消除在萌芽状态。这要求"三去",通过"去库存、去产能、去杠杆"来克服发展不平衡、不充分的问题,解决产能过剩引起的失业。其次,引导和鼓励资本在正确的方向上进行投资扩张,提高资本的投资质量和竞争力。这突出表现在"一降一补"上。"一降"不仅是单纯地给企业减税降负,还包括优化政府对企业的管理等许多内容,以此强壮整个经济的供给能力,使经济增长朝着结构优化的路径发展。"一补"即补产业结构中的短板,集中力量攻克难关。这不仅能够增强我国经济的风险防控能力,也可以提供稳定的高质量的就业岗位。

三是在扶贫策略上,通过富裕地区、国有企业与贫困地区之间的帮扶结对,从始端变革贫困地区的产业结构,进行造血式扶贫脱贫。中国共产党的强大领导力和我国的社会主义制度,能够建立以部门与地方、富裕地区与贫困地区之间"一对一结队",展开互助合作,实现发展的空间公平和区域资源要素之间的流动与互补,富裕地区在帮助贫困地区改变产业结构的同时,也能够通过双方互为市场而开拓新的经济发展空间。"截至目前,中央和国家机关 117 个部门(单位)定点帮扶 233 个贫困县,选派挂职干部和驻村第一书记 1 727 名,累计投入和引进帮扶资金 713.7 亿元;解放军和武警部队在地方建立了 2.6 万个扶贫联系点,2018年累计帮助 43.7 万名贫困群众实现脱贫;7.64 万家民营企业结对帮扶 4.88 万个贫困村,1 100 多万贫困人口收益。"①这种精准扶贫不是单纯的经济上的补助,而是从供给侧造血,以彻底切断贫困的源头。这是我国特有的卓有成效的扶贫路子,其巨大成果举世公认。

四是提高劳动者素质,从始端加大人力资本在整个资本结构中的比重。当代贫困现象发生的社会根源在于两种生产之间的矛盾:资本进行最大程度的扩

---

① 巨力:《新中国 70 年创造人类减贫奇迹》,《求是》2019 年第 17 期。

大再生产,而劳动者的劳动力却只进行简单再生产,结果导致资本无限高速积累,而劳动力的生产停留在仅仅维持生命的水平,由此必然造成两极分化,并且最终酿成生产过剩性经济危机。从源头上改变这种状况,必须进行与资本扩大再生产相匹配的劳动力的扩大再生产。马克思曾深刻地指出:"真正的财富就是所有个人的发达的生产力。"①只有给广大劳动者的劳动能力充分培育与发展的机会,才是消除贫困的治本之策。这是供给侧结构性改革的核心与关键,因为高质量劳动者是所有生产要素中的最重要、最根本的要素,提高劳动力素质是供给侧结构性改革的最重要、最根本的变革。

劳动力的扩大再生产,最根本的对策是发展教育。因此,要从根本上消除两极分化,必须努力做到消除教育上的两极分化。资本主义国家的贫富分化正是从教育的不平等开始,并且通过教育的不平等世代相袭,美国的表现尤其突出。"数据显示,在过去30年里,机会不平等在最近几十年里显著加剧了,美国的社会流动性已明显下降,在最底层的20%的人群中,将有42%的人的孩子会继续留在最底层,而最底层的20%进入最上层的20%的概率只有8%。美国知名大学的学生中,9%来自底层50%的人群,74%来自上层25%的人群。"②由此可见,劳动力扩大再生产首先要避免教育上的两极分化。普遍提高全民教育水平是最重要的供给侧结构性改革,同时也是增加有效需求的重要手段。因此,"两不愁三保障"中的"义务教育"具有突出地位,是脱贫攻坚中的最重要的治本之策。

五是在企业自身发展上,从始端推进企业内部资本结构改革——推行职工持股。股权激励改变了企业职工的收入结构,既包含劳动工资收入,也包含资本股份收入。在具备条件的企业实行职工持股制度,是对供给侧的资本结构改革的应有之义。它可以让企业全体员工齐心协力把企业搞好,实现企业发展与员工收入同步增长。我们同时要看到,股份制能够通过职工收入结构的改变而实现共同富裕,但是股份的波动也会导致急剧的两极分化。俄罗斯的全国国有企业的股份制改革表明,一旦允许职工所持股票在资本市场上自由流动,那么,其获得的利益将会随时被金融巨浪所吞没,最后沦为一无所有的无产者,国有资产

---

① 《马克思恩格斯文集》第8卷,人民出版社2009年版,第200页。
② 张严:《资本主义福利国家的当代困境与内在悖论》,《国外理论动态》2019年第1期。

通过贱卖的股份而迅速集中在极少数金融寡头手中,由此顷刻之间所造成的两极分化,超过百年的资本积累。因此,企业内部的职工持股,不是上市公司的股票。

四、 中国方案的理论依据与制度基础

这样的中国方案,其理论依据是唯物史观和马克思主义政治经济学理论。这就使它能够站在人类历史的道义制高点和真理制高点上。

首先是站在人类历史的道义制高点上。从唯物史观看来,历史是人类通过劳动创造物质精神财富以实现自身生存和发展的奋斗过程,这个过程不仅是人与自然的矛盾过程,同时也是劳动者反抗两极分化而实现自身的生存和发展的过程。因此,消除两极分化、实现共同富裕是符合人类生存和发展要求,具有至上的价值。上述破解实现共同富裕这一千古难题的中国方案,正是站在这一人类道义的制高点上,以人民为中心,以实现人类生存和发展的崇高目标为目的。这就使它与历史上形形色色的治理两极分化的方案有根本不同,那些方案归根到底以维护等级制度为中心,或者以资本为中心、以救济饥民为手段,旨在缓和社会矛盾、畅通资本运行,归根到底为统治者服务。同时也与历史上的空想社会主义的价值观不同,因为这些空想社会主义的平等观念,只是基于某种抽象人性论的平等意识,甚至如马克思所说,是基于某种狭隘的忌妒心理,而不是基于符合人类生存和发展要求的崇高价值观。

其次是站在人类历史的真理的制高点上。历史是人类通过劳动创造物质精神财富以实现自身生存和发展的奋斗过程。而作为劳动者的剩余劳动积累的物质精神财富被少数人所占有和支配,转化为压迫和剥削劳动人民的政治经济机器,使劳动者处于贫困状态,由此产生两极分化。这种两极分化不仅在道义上违背人类生存和发展的价值,同时也是各种社会危机产生的根源。因此劳动者反对两极分化的斗争,乃是人类争取自身生存和发展过程的表现,所以一直是推动历史前进的动力。等级制度下劳动人民的反抗斗争,使等级制社会经历一次次崩溃与重建,使生产力在动荡中得到解放和发展的机会,给民间商品经济创造了滋生的土壤,导致资本的出现。而新生的资本主义利用人民群众对等级制度下

贫富分化的反抗,建立了资本主义社会,使生产力得到了解放。而当资本代替封建贵族占有剩余劳动,使社会陷入新的两极分化之后,必然造成过剩性经济危机。劳动人民对两极分化的反抗由此进入新的历史阶段,迫使资本主义不得不用一系列政策来缓和两极分化,社会生产力也在此过程中不断发展。然而由于这些政策治标不治本,使贫富分化随着生产力的发展而逐渐深化和国际化,这就给新生的社会主义制度解决贫富分化提供了条件,包括生产力发展所提供的物质条件,以及无产阶级解决这些社会矛盾的组织条件。破解消除两极分化、实现共同富裕的中国方案,正是在这样的历史背景下诞生的。而其所采取一系列对策,则以《资本论》创立的马克思主义政治经济学为理论依据,从而站在人类历史规律的科学认识的基础上,也即站在真理的制高点上。供给侧结构性改革继承和发展了《资本论》以人民为中心的价值观,将其上升到社会主义市场经济实践中来。其战略目标是建立实现高质量发展的经济体制与产业结构,解决人民日益增长的美好生活需要和不平衡不充分的发展之间的矛盾。

中国方案的制度基础,则是中国特色社会主义的政治制度和经济制度。没有这样的制度基础,不可能提出和推行这样的方案。

中国方案的政治制度基础是中国共产党领导的社会主义民主政治。中国共产党是以人民利益作为自己唯一追求目标的政党,它通过千万个基层组织而深深扎根于人民群众,与人民同呼吸共命运,奉行立党为公、执政为民的理念。这就使它所推行的一切大政方针都以服务于人民根本利益为目的,所以才有可能全心全意实现共同富裕。同时,中国共产党又是以马克思主义科学理论武装起来的政党,能够按照时代发展的要求,实事求是地在利用资本和市场促进生产力发展的同时,根据现实的可能性来推进共同富裕。并且中国共产党是当今世界具有最强大组织力与协调能力的政党,能够在党的领导下将 14 亿人民大众凝聚成为一个强大的整体,能够协调人民群众的各个阶层、各种职业、各个地区之间的矛盾,才使中国破解共同富裕难题的一系列大政方针得到了实施。

中国方案的经济制度基础是社会主义初级阶段的基本经济制度。新中国成立后,经过社会主义三大改造,我国建立了强大的社会主义公有制经济基础和初步完备的工业体系。改革开放以来,我国正是以此为基础,建立起公有制为主体、多种所有制经济共同发展,按劳分配为主体、多种分配方式并存,社会主义市场经济体制等社会主义基本经济制度。这个制度"既体现了社会主义制度优越性，又同我国社会主义初级阶段社会生产力发展水平相适应，是党和人民的伟大创造"，由此形成"把社会主义制度和市场经济有机结合起来，不断解放和发展社会生产力的显著优势"。①上述中国方案，只有以这样的社会主义市场经济制度为基础，才有可能得到实施。

正是在上述政治制度与经济制度的基础之上，我国才有可能提出和实施上述以共同富裕为目标的中国方案，从而破解这个千古难题。邓小平同志指出："社会主义最大的优越性就是共同富裕，这是体现社会主义本质的一个东西。"②这是对中国方案的制度基础的本质性判断。

总之，上述标本兼治的中国方案，是在社会主义初级阶段的历史条件下，既充分发挥资本推动社会生产力发展的强大动力作用，又克服资本产生的两极分化弊端的科学方案。这是马克思主义共同富裕的路径，它把人类社会共同富裕的理想和追求变成了实实在在的行动，将马克思主义以人民为中心的价值追求贯彻于实践中，以最终实现国家富强、民族振兴、人民幸福的中国梦。

（作者为上海财经大学教授）

---

① 《中共十九届四中全会在京举行》，《人民日报》2019 年 11 月 1 日。
② 《邓小平文选》第 2 卷，人民出版社 1994 年版，第 364 页。

马克思主义以人民为中心的思想
在当代的实践和发展

董瑞华　袁　远

马克思、恩格斯在《共产党宣言》中阐明了他们坚守人民立场的思想,始终做到"以人民为中心"。以马克思主义为指导思想的中国共产党把一切依靠人民、一切为了人民作为党的根本立场。这个思想在这次抗疫斗争中得到最生动的体现。从马克思主义发展的历史过程,从中国共产党诞生至今,每时每刻都可以看到以人民为中心思想的理论和实践。

一

以广大人民为中心是马克思主义的根本立场。马克思、恩格斯指出,"无产阶级的运动是绝大多数人的、为绝大多数人谋利益的独立的运动"①,在未来社会"生产将以所有的人富裕为目的"②。为此,马克思在研究政治经济学时,运用逻辑与历史相结合的方法,考察了人的发展的历史过程。科学地阐明了社会经济形态和社会个人的关系,提出了人的全面发展理论。

马克思主义"人的全面发展理论"在马克思主义理论体系中占有重要的地位,它是随着马克思主义的形成、发展而逐步产生的。马克思始终把人的发展作为研究社会发展问题的主要课题。

早在 19 世纪 40 年代,马克思在写作《关于费尔巴哈的提纲》时,就开始了对这个论题的研究,他以唯物史观为指导,提出了一个基本的命题:人的发展问题,从本质上看,是一定社会关系总和的反映,他在这部著作中指出:"人的本质不是

---

① 《马克思恩格斯文集》第 2 卷,人民出版社 2009 年版,第 42 页。
② 《马克思恩格斯文集》第 8 卷,人民出版社 2009 年版,第 200 页。

单个人所固有的抽象物。在其现实性上,它是一切社会关系的总和。"①马克思从社会实践出发,把人的本质理解为由社会生产物质条件和生产关系所决定的个人的社会关系。在同一时期他与恩格斯合著的《德意志意识形态》中进一步指出,人的发展问题,应该从现实的生产力的发展状况,从现实的社会经济关系性质中去理解,当时马克思和恩格斯已经认识到,人的全面发展,既取决于社会生产力的充分发展,又取决于社会生产关系适应于社会生产力发展的性质。②

1844年马克思写作《经济学哲学手稿》时,第一次比较系统地研究了人的全面自由发展的问题。首先,他分析了资本主义社会中人的发展的状况。阐明了工人受资本分工的制约,工人的劳动成为被迫的强制劳动,越来越向片面化、从属化发展。但是,当劳动和资本的这种对立达到极限,就必然成为全部私有财产关系的顶点、最高阶段和灭亡,未来社会将代替资本主义,人就会向自身、向社会的人的复归,人以一种全面的方式,也就是说,作为一个完整的人,占有自己的全面的本质。其次,马克思从分析社会经济发展的历史转化中,说明人的全面发展是对人的片面性与从属性的一种积极的扬弃。在著作中,马克思不仅把共产主义看作对私有财产制、人的异化的一种积极的扬弃,是一种完全的、自觉的保存以往社会已有的全部物质财富的扬弃,而且这种扬弃所要实现的目标是恢复劳动的本质从而达到人的本质的复归,这就意味着人的全面自由的发展。

进入19世纪50年代,马克思继续对未来社会人的全面发展进行研究,并且在写作《1857—1858年经济学手稿》(以下简称《手稿》)时对这个长期研究的论题作了总结。主要有以下内容:

第一,深入探讨了人的全面发展的涵义。在《手稿》中,马克思指出未来社会的生产是为发展丰富的人的个性创造物质要素,因此,无论在生产上和消费上人的个性都是全面的。"建立在个人全面发展和他们共同的社会生产能力成为他们的社会财富这一基础上的自由个性"③;人不是在某一种规定性上再生产自

---

① 《马克思恩格斯文集》第1卷,人民出版社2009年版,第505页。
② 《马克思恩格斯选集》第1卷,人民出版社1966年版,54—74页。
③ 《马克思恩格斯全集》第46卷(上),人民出版社1979年版,第104页。

己,而是生产出他的全面性,这个全面性不是力求停留在某种已经变成的东西上,而是处在变易的绝对运动之中。另外,个性在生产上和消费上的全面性,集中反映了个人生产力的全面性;而个人生产力的全面性又为社会物质产品和精神产品的发展开辟了更为广阔的前景。个人生产力的全面的、普遍的发展,就是指消除了资本主义生产狭隘界限的、在共同占有生产资料基础上发展起来的、劳动者具有的高度科学文明的生产能力。马克思把人的全面发展的涵义概括为:"个人的全面性不是想象的或设想的全面性,而是他的现实关系和观念关系的全面性。"①

第二,科学论述了人的全面发展的社会经济基础。马克思在分析资本主义生产目的时指出,尽管资本主义所有制的形式是狭隘的,但获取剩余价值,尤其是相对剩余价值的生产目的,却驱使它全面地发展生产力;同样,交往的普遍性,从而世界市场成了基础,这种基础是个人全面发展的可能性,而个人从这个基础出发的实际发展是对这一发展的限制的不断消灭,这种限制被意识到是限制,而不是被当作某种神圣的界限。所以人的全面发展不是设想的产物,它的必然性已经蕴藏在现存的社会物质基础和生产关系之中。因此,人的全面发展的经济基础是生产力的全面发展,即生产力诸要素的发展。

第三,详细阐明科学技术与人的全面发展的关系。社会生产力全面发展必然导致精神生产力尤其是科学在生产力系统中居于主导和统治地位。马克思通过分析,进一步得出了一个伟大的科学预见:未来社会的直接生产过程就是知识的运用。"一般社会知识,已经在多么大的程度上变成了直接的生产力,从而社会生活过程的条件本身在多么大的程度上受到一般智力的控制并按照这种智力得到改造。"②总而言之,社会生产力的全面发展必然导致科学智力在生产力系统乃至社会生活中居主导和统治地位,科学的全面应用即科学智力控制整个生产和全部社会生活的深度和广度,则是未来社会生产力发展的全面性的具体表现,也是人的全面发展的基础。

第四,系统叙述自由时间与人的全面发展的关系。马克思在《手稿》中认为,

———————

① 《马克思恩格斯全集》第46卷(下),人民出版社1980年版,第36页。

② 《马克思恩格斯全集》第46卷(下),人民出版社1980年版,第219—220页。

为整个社会和社会每个成员创造大量的可以自由支配的时间,是人的全面发展的内涵之一。他认为,未来社会里,"一方面,社会的个人的需要将成为必要劳动时间的尺度,另一方面,社会生产力的发展将如此迅速,以致尽管生产将以所有的人富裕为目的,所有的人的可以自由支配的时间还是会增加"。①增加的自由时间可以真正成为个人得到充分的、全面的发展的时间,而个人的全面发展作为最大的生产力,又能反作用于社会生产力,进而推动自由时间进一步的创造和发展。从而可以认为,未来社会中财富的尺度,不再单纯是劳动时间,而是自由时间。马克思的这一论述,阐明了在人类历史上,自由时间的产生是人类摆脱自身的动物性生存的一个巨大的飞跃;自由时间的发展则是人类物质生产力世代演进中,逐渐从必然王国向自由王国发展的过程。

19世纪60年代,马克思的《资本论》开始逐步分卷出版。从《资本论》中可以看出,马克思在对经济学的研究中,不是仅仅把人看作生产物质财富的手段,而是立足于历史观的高度,肯定人在经济活动以至于整个社会活动中的主体性地位。人的全面发展理论得到进一步的发展。具体有以下主要内容:

(1) 人在发展过程中的不断转变。马克思在《资本论》中研究了在资本主义社会里,以及从资本主义社会向未来社会的转化过程中,人的发展变化过程。首先,人是在经济社会中生活,带有"经济人"的属性,但是,马克思在承认"经济人"的基础上,进一步认为人是个性丰富的社会人,是生活在各种各样的社会关系中的社会人,具有各种社会属性。他认为,资本主义生产关系把人变为"经济人",在向未来社会发展时,要从片面的"经济人"逐步向个性丰富的社会人发展。其次,资本主义机器大生产的分工,把工人造成为终身固定去执行某一特定功能的局部工人,局部人阻碍了人的发展,因此,局部人必须向整体人转变,大工业的发展是这种转变的物质基础。最后,资本主义社会中,人格逐渐丧失了完整性,只知道追求物质利益,而丧失精神追求,变成片面人。马克思认为,在向未来社会过渡中,片面人要向全面人发展,因为人的全面发展和自由个性的形成是未来社会的基本特征和基本原则。

(2) 商品经济对人的发展的影响。马克思在《资本论》中虽然无情地揭露了

---

① 《马克思恩格斯全集》第46卷(下),人民出版社1980年版,第222页。

商品经济尤其是资本主义商品经济对人性的扼杀,但是也充分肯定了商品经济对人的发展的巨大作用,并把发展商品经济看作实现人的全面发展的必由之路:一是商品经济的发展使社会关系不断丰富和发展,人能够在全面发展的社会关系中,全面地塑造自己;二是从人类进化的观点看,商品经济在对人的发展上是一个进步,因为实行商品经济更有利于人的解放,有利于人的价值的实现,价值实现的同时也就是自由的实现。自由的实现使人成为自己的社会结合的主人,成为自然界的主人,成为自己本身的主人。三是人要全面发展,必须使自己的能力得到全面发展,这个能力既包括生产技术能力,又包括文化素质与智力;既包括现有能力,又包括潜在能力;既包括创新能力,又包括交往能力,等等。这些能力只有通过商品经济才能大力发展起来。总之,只有在商品经济条件下,才能形成普遍的社会物质变换、全面的关系、多方面的需求、全面的能力体系。虽然商品经济远非完美,但它确实是人的全面发展道路上不可逾越的阶段。

(3) 新技术革命对人的发展的影响。在《资本论》中,马克思对现代科技革命对人的发展的影响作了科学的预见,指出科技革命对人的发展有着多方面的推进作用:科技革命使生产具有社会性,社会化生产要求劳动的变换,要求个人尽可能多方面地发展,在发展社会分工的同时,造就出具有全面生产能力的社会化的个人;科技革命使人的生活内容发生深刻的变化,变得丰富多彩起来,人的活动舞台大大扩展,施展和锻炼才能的机会也大大增加,这就为人的全面发展创造了良好的环境和条件。①

二

以马克思主义为指导思想的中国共产党人从建立之时起,一直坚持以人民为中心的思想,把马克思提出的“人的全面发展”作为自己的奋斗目标,并为之进行了不懈的努力。改革开放以来,邓小平运用马克思主义的立场、观点和方法,探索中国经济发展的道路,他科学地总结了中国社会主义建设的经验和教训,认

---

① 《马克思恩格斯全集》第 23、24、25 卷,人民出版社 1975 年版。

为要以人民为中心,就要实现人的全面发展这个远大目标,当前首先必须使经济实现可持续发展,并为此提出了一系列精辟的看法。

首先,要控制人口规模,开发人力资源。他在考虑我国经济发展战略问题时,就反复提及:只有控制好人口规模,才能逐步消除人口压力对经济发展的不利影响。同时,必须发展教育事业,提高人口素质,保证优质、合理的人力资源的供给。并且要积极促进国民经济的稳定快速增长,扩大人力资源的需求市场,解决就业等社会问题。

其次,要合理利用资源,保护生态环境。自然资源相对短缺是制约经济发展的重要因素,因此必须合理利用资源,要做到开发与节约相结合。邓小平指出:我们地大物博,这是我们的优越条件。但有很多资源还没有勘探清楚,没有开采和使用,所以还不是现实的生产资料。土地面积广大,但是耕地很少。这就阐明了自然资源的可持续利用已经成为国家在经济和社会发展过程中所面临的一个重要问题。因此他十分强调要合理利用和节约自然资源。邓小平早在 1983 年就提出要保护生态环境,提出要制定"环境保护法",认为这是我国的一个重要问题。他要求科学家研究环境保护问题。他号召全国人民植树造林,绿化祖国,造福后代。

再次,要实现可持续发展,必须转变经济增长方式。总结我国经济发展的经验教训,我们认识到,要实行可持续发展战略,必须转变经济增长方式,使我国的经济增长方式从粗放型向集约型转换。邓小平认为经济增长既要注意加快速度,也要重视提高国际竞争力。他反复强调要重视提高经济效益。要用同样数量的劳动力,在同样的劳动时间里,生产出比过去多几十倍几百倍的产品。他阐明了速度和效益的辩证关系,就是经济增长的"快"是以效益和质量为前提,而且要从本地区实际出发,量力而行。

还有,要实现可持续发展,必须使经济增长与经济结构调整协调统一。经济结构协调是经济稳步增长的基础。因此在我国经济发展的几个不同阶段,他都强调经济结构协调问题,要注意经济稳定、协调发展。因为经济结构协调,不仅可以促进经济的稳定增长,而且与提高经济效益、节约自然资源、保护生态环境密切相关。

最后,要实现可持续发展战略,关键在于依靠科技进步和提高劳动者素质,要抓好科技与教育,做好科教兴国的各项工作。邓小平对科学技术的重视是贯彻于他思想的始终的。他认为:应该把经济发展转到依靠科技进步和提高劳动者素质上来。他说:四个现代化,关键是科学技术的现代化。没有现代科学技术,就不可能建设现代农业、现代工业、现代国防。没有科学技术的高速度发展,也就不可能有国民经济的高速度发展。①

<h1 style="text-align:center">三</h1>

在党的十六大和十六届三中全会上,我们党和政府的新一届领导正确分析国际国内形势,从以人民为中心考虑,从为我国 21 世纪实施社会主义现代化建设第三步战略部署,在头 20 年全面建设小康社会的目标和任务出发,明确地提出了科学发展观。科学发展观的核心内容是:坚持以人为本,树立全面、协调、可持续的发展观,促进经济社会和人的全面发展。具体有以下方面。

(1) 以人为本的全面发展。科学发展观的内涵十分丰富,但是,首先是以人为本的发展观,以人为本是科学发展观的本质和核心。我们应该在考虑人的发展的基础上,再涉及经济、社会、政治、文化发展的各个领域,既有生产力和经济基础问题,也有生产关系和上层建筑问题;既顾及当前,又考虑未来;既是重大理论课题,也是重要的实践问题。我们应该看到科学发展观的科学性和全面性。科学发展观辩证地阐明了人的全面发展与经济、文化发展的关系。推进人的全面发展,同推进经济、文化的发展和改善人民物质文化生活,是互为前提和基础的。人越全面发展,社会的物质文化财富就会创造得越多,人民的生活就越能得到改善,而物质文化条件越充分,又越能推进人的全面发展。科学地阐明了经济、文化发展与人的发展的辩证统一关系。人的发展离不开经济发展,只有经济发展了才能为人的发展创造有利条件。同时,我们应该清醒地看到,人的全面发展是一个非常漫长的历史过程,也是一个不断提高和不断完善的过程。我们只有经过几十代人的不懈努力与实践,才能最终实现这个目标。社会主义已经为人的全面发展创造了有利条件,我们应该充分利用这些条件来促进人的发展,同

---

① 《邓小平文选》第 2、3 卷,人民出版社 1994 年、2001 年版。

时通过促进人的发展这个任务来调动人们建设社会主义的积极性,从而推动社会主义的不断发展,只有社会主义的不断发展才能最终实现人的全面发展。与此同时,我们还应该不断发展社会主义文化。因为我们不能等到经济发展了,才去解决精神方面的问题。我们要在发展生产力的基础上,不断发展社会主义文化,推进人的全面发展。

(2)"以经济建设为中心"是科学发展观的基础。马克思主义认为,生产力是推动人类社会发展的最终决定力量。只有不断解放和发展生产力,才能为社会全面进步和人的全面发展提供物质基础。因此,以经济建设为中心在任何时候都不能动摇。

(3)要全面、协调、可持续发展。科学发展观的内容非常丰富。从全面、协调、可持续发展角度看,全面就是包括经济、政治、社会、文化发展的各个领域,有关物质文明、精神文明和政治文明的各个方面,通过经济发展,来促进社会、政治、文化建设,实现经济与社会的全面进步。协调就是要努力做到:统筹城乡发展、统筹区域发展、统筹经济社会发展、统筹人与自然和谐发展、统筹国内发展和对外开放;促进物质文明、精神文明、政治文明建设;促进生产力和生产关系、经济基础和上层建筑的协调;促进经济、政治、文化发展的各个环节、各个方面的协调。可持续就是促进人与自然的和谐,使经济发展与资源、环境、人口各方面的协调,坚持经济发展、生活富裕、生态良好的文明发展之路,使子子孙孙永续良好发展下去。

(4)改革开放是科学发展的动力。在我们当前的经济社会发展中,还存在着一些深层次的矛盾,这些矛盾只有通过深化改革才能逐步解决。党的十六届三中全会指出:为适应经济全球化和科技进步加快的国际环境,适应全面建设小康社会的新形势,必须加快推进改革,进一步解放和发展生产力,为经济发展和社会全面进步注入强大动力。

科学发展观完整的提出,是在马克思的"人的全面发展理论"指导下,对可持续发展理论的新发展,也是对社会主义现代化建设指导思想的新发展,科学发展观对于全面建设小康社会进而实现现代化的宏伟目标,具有重大而深远的意义。

四

习近平是马克思主义以人民为中心思想的坚定实践者,并且在实践中进一步发展了以人民为中心的思想。在《习近平谈治国理政》第一卷第一篇,他就开宗明义地指出:"人民对美好生活的向往,就是我们的奋斗目标。"他始终坚持、实践和发展以人民为中心的思想。他认为:发展为了人民,这是马克思主义的根本立场。党的十八届五中全会鲜明提出要坚持以人民为中心的发展思想,把增进人民福祉、促进人的全面发展、朝着共同富裕方向稳步前进作为经济发展的出发点和落脚点。他认为,我们任何时候都不能忘记,部署经济工作、制定经济政策、推动经济发展都要牢牢坚持这个根本立场。在这次抗疫斗争中,这个思想得到了生动的体现。习近平的以人民为中心的思想具体主要有以下方面。

(1)唯物史观视阈下的人民。习近平从马克思主义唯物史观出发,他认为人民是历史创造者,人民大众是推动历史前进的根本力量。他指出:"人民既是历史的创造者、也是历史的见证者,既是历史的'剧中人'、也是历史的'剧作者'。"①所以,在习近平心中,老百姓是天,老百姓是地。这个思想与他在指挥抗疫过程中一系列重要讲话精神一脉相承,始终贯穿着一条主线。这条主线就是"人民至上"的理念。

(2)以人民为中心,就要实践马克思主义关于人的解放和自由全面发展的思想。习近平提出:"着力提升发展质量和效益,更好满足人民多方面日益增长的需要,更好促进人的全面发展,全体人民共同富裕。"②我们的一切工作应该以人民为中心。"把人民群众生命安全和身体健康放在第一位。""生命重于泰山。疫情就是命令,防控就是责任。"随着国内外疫情防控形势的变化,习近平因时因势统筹推进疫情防控和经济社会发展工作。复工复产、农业生产……习近平一直思考的就是千方百计把疫情对人民群众的影响降到最低。

(3)人民是党执政的最大底气。我们要一切依靠人民。习近平强调:"我们

---

① 《习近平谈治国理政》第2卷,外文出版社2017年版,第314页。
② 《习近平谈治国理政》第3卷,外文出版社2020年版,第133页。

党来自人民、植根人民、服务人民,党的根基在人民、血脉在人民、力量在人民。失去了人民拥护和支持,党的事业和工作就无从谈起。"①所以给我们力量和信心的是中国人民。民心是最大的政治。2019 年全国"两会",习近平用"大鹏之动,非一羽之轻也;骐骥之速,非一足之力也"这句古语,给大家讲"必须紧紧依靠人民"的道理。2020 年 4 月,习近平在陕西考察时再次强调,要坚持以人民为中心的发展思想,扎实办好民生实事。

在这次新冠疫情防控斗争中,习近平亲自部署、亲自指挥,全国动员、全民参与,联防联控、群防群治,构筑起最严密的防控体系,凝聚起坚不可摧的强大力量。广大人民群众识大体、顾大局,自觉配合疫情防控斗争大局,形成了疫情防控的基础性力量。我国社会主义民主是维护人民根本利益最广泛、最真实、最管用的民主。我们要坚持人民民主,更好把人民的智慧和力量凝聚到党和人民事业中来。在参加内蒙古代表团讨论时,习近平指出:内蒙古自治区是我国最早成立的民族自治区,要坚持和完善民族区域自治制度,加强各民族交往交流交融,加快民族地区经济社会发展步伐,继续在促进各民族团结进步上走在前列。

做好统筹疫情防控和经济社会发展工作,要紧紧依靠人民。这次疫情给我国经济社会发展造成了冲击和影响,但某种程度上也孕育了新的契机。我国经济稳中向好、长期向好的基本面没有改变。要积极主动作为,既立足当前,又放眼长远,在推进重大项目建设、支持市场主体发展、加快产业结构调整、提升基层治理能力等方面推出一些管用举措,特别是要研究谋划中长期战略任务和战略布局,有针对性地部署对高质量发展、高效能治理具有牵引性的重大规划、重大改革、重大政策,在应对危机中掌握工作主动权、打好发展主动仗。

(4) 一切为了人民,我们党没有自己特殊的利益,党在任何时候都把群众利益放在第一位。这是我们党作为马克思主义政党区别于其他政党的显著标志。在重大疫情面前,我们一开始就鲜明提出把人民生命安全和身体健康放在第一位。在全国范围调集最优秀的医生、最先进的设备、最急需的资源,全力以赴投入疫病救治,救治费用全部由国家承担。人民至上、生命至上,保护人民生命安全和身体健康可以不惜一切代价。要继续坚持外防输入、内防反弹的要求,绷紧

---

① 《习近平谈治国理政》第 1 卷,外文出版社 2014 年版,第 367 页。

疫情防控这根弦,完善常态化防控机制,确保疫情不出现反弹。

(5) 以人民为中心,脱贫工作是重中之重。习近平用脚步丈量民情,用真心聆听民声。让贫困群众摆脱贫困,是习近平最牵挂的事。对脱贫攻坚工作,他亲自挂帅、亲自出征、亲自督战。党的十八大以来,每年全国"两会"上,他都反复强调脱贫攻坚工作。2014 年,在参加十二届全国人大二次会议贵州代表团审议时,习近平深情回忆起自己在农村插队的岁月。他表示,"我对贫困群众有天然的感情"。六盘山区、吕梁山区、大别山区……几年来,习近平走遍了全国 14 个集中连片特困地区,用脚步丈量民情,用真心聆听民声。数据显示,我国贫困人口从 2012 年底的 9 899 万人减少到 2019 年底的 551 万人,贫困发生率由 10.2% 降至 0.6%,连续 7 年每年减贫 1 000 万人以上。2020 年,脱贫攻坚收官之年又遇疫情,给脱贫攻坚带来新的影响。在抗击疫情的紧张作战中,习近平始终不忘对脱贫攻坚的强力部署。3 月初,习近平在决战决胜脱贫攻坚座谈会上强调了时间的紧迫感,要求对脱贫攻坚"再动员、再部署"。

(6) 必须把为民造福作为最重要的政绩。人民至上,是习近平念兹在兹的执政信条。也是他对全党干部的基本要求。共产党就是为人民谋幸福的。检验政绩的重要标准,就是我们为民办事为民造福做得如何。这次疫情,是一次危机,也是一次大考。疫情出现以来,习近平多次对领导干部提出要求:主动担当、积极作为,当好人民群众贴心人,及时解决群众所急所忧所思所盼。他强调,在关键时刻冲得上去、危难关头豁得出来,才是真正的共产党人。

我们推动经济社会发展,归根结底是为了不断满足人民群众对美好生活的向往。要始终把人民安居乐业、安危冷暖放在心上,用心用情用力解决群众关心的就业、教育、社保、医疗、住房、养老、食品安全、社会治安等实际问题,一件一件抓落实,一年接着一年干,努力让群众看到变化、得到实惠。要巩固和拓展产业就业扶贫成果,做好易地扶贫搬迁后续扶持,推动脱贫攻坚和乡村振兴有机衔接。要做好高校毕业生、农民工、退役军人等重点群体就业工作。要抓紧完善重大疫情防控救治体系和公共卫生体系,加强城乡社区等基层防控能力建设,广泛开展爱国卫生运动,更好保障人民生命安全和身体健康。他对全国党员、干部特别是领导干部要求,要清醒认识到,自己手中的权力、所处的岗位,是党和人民赋予的,是为党和人民做事用的,只能用来为民谋利。各级领导干部要树立正确的权力观、政绩观、事业观,不慕虚荣,不务虚功,不图虚名,切实做到为官一任、造福一方。

(7)我们党要做到长期执政,就必须永远保持同人民群众的血肉联系,始终同人民群众想在一起、干在一起、风雨同舟、同甘共苦。党的十八大以来,我们一以贯之全面从严治党,坚定不移反对和惩治腐败,坚持不懈整治"四风",进行党的群众路线教育实践活动和"不忘初心、牢记使命"主题教育,就是要教育引导广大党员、干部始终同人民群众同呼吸、共命运、心连心。要坚定不移反对腐败,坚持不懈反对和克服形式主义、官僚主义。

习近平不仅发展了马克思主义以人民为中心的思想,而且在行动中也不断实践着人民为中心的思想。过去7年,每一次全国"两会",习近平都要和大家亲切交流。大到经济社会的发展,细到老百姓身边的"操心事""烦心事",无一不是习近平心心念念的大事。他牵挂湘西十八洞村大龄男青年的"脱单"问题,也特别提到凉山州"悬崖村",还关心村民家里厕所改造……每年全国"两会",对老百姓的事情,习近平总是看得重、问得细、记得牢。

过去7年,习近平每年人代会同代表、委员交流最多的就是人民福祉,着重强调要为老百姓做实事、办好事;2019年,在内蒙古代表团——要扎实做好各项工作,不断增强人民群众获得感、幸福感、安全感;全国"两会"前夕,习近平在山西考察时强调,一定会越过越好,相信乡亲们更好的日子还在后头。2018年,在山东代表团——既要做让老百姓看得见、摸得着、得实惠的实事,也要做为后人作铺垫、打基础、利长远的好事。2017年,在新疆代表团——多搞一些改善生产生活条件的项目,多办一些惠民生的实事,多解决一些各族群众牵肠挂肚的问题。2016年,在青海代表团——着力解决教育资源均等化问题,不能让贫困人口的子女输在起跑线上,要阻断贫困代际传递。2015年,在广西代表团——少搞一些盆景,多搞一些惠及广大贫困人口的实事。2014年,在贵州代表团——做实做实再做实,真正使贫困地区群众不断得到真实惠。2013年,在辽宁代表团——要让群众得到看得见、摸得着的实惠。

2020年全国"两会"之前,习近平的陕西之行和山西之行,脱贫攻坚都是核心议题之一。4月20日至23日,习近平在陕西考察时深入贫困山区,他最关心的是"后续帮扶问题,能否形成稳定连续的机制";5月11日至12日,习近平在山西考察的第一站首先调研脱贫攻坚，他最关心的是"如何巩固脱贫、防止返贫，确保乡亲们持续增收致富"。脱贫摘帽不是终点，而是新生活、新奋斗的起点。

新中国成立以来，马克思主义以人民为中心的思想在我国不断得到坚持实践和发展。尤其是党的十八大以来，以习近平同志为核心的党中央，在不断深化改革开放，建设中国特色社会主义的进程中，身体力行，努力实践，在实践中不断发展马克思主义以人民为中心思想，取得了令人瞩目的丰硕成果。

（第一作者为中共上海市委党校、上海行政学院教授；第二作者为中共上海市委党校、上海行政学院图书馆副馆长）

人民城市重要理念的历史逻辑、理论逻辑和实践逻辑

李　潇

　　党的十九届四中全会作出坚持和完善中国特色社会主义制度、推进国家治理体系和治理能力现代化的重大部署,指明了国家治理现代化的方向。习近平指出,城市治理是推进国家治理体系和治理能力现代化的重要内容,①推进国家治理体系和治理能力现代化,必须抓好城市治理体系和治理能力现代化。②2019年11月,习近平在上海考察时,明确提出"人民城市人民建,人民城市为人民"重要理念,使我们党对中国特色社会主义城市治理的认识达到一个新的高度,不仅为推进城市治理体系和治理能力现代化提供了根本遵循,也对探索新时代城市治理新思路作出了开创性贡献,具有重大理论意义和实践意义。目前,关于人民城市重要理念的研究尚未引起学界的足够重视,相关学术研讨也仅限于区域层面,学术成果还比较少,理论研究的广度和深度有待进一步拓展。③笔者以为,人民城市重要理念是习近平新时代中国特色社会主义思想的重要组成部分,是习近平关于城市工作一系列重要论述的高度凝练和集中概括,是中国共产党城市治理理论创新的最新成果,体现了历史逻辑、理论逻辑和实践逻辑三者的有机统一。分析和研究人民城市重要理念的历史逻辑、理论逻辑和实践逻辑,有利于更好地认识城市治理在推进国家治理体系和治理能力现代化中的特殊地位和重要

---

①　《深入学习贯彻党的十九届四中全会精神　提高社会主义现代化国际大都市治理能力和水平》,《人民日报》2019年11月4日。

②　《统筹推进疫情防控和经济社会发展工作奋力实现今年经济社会发展目标任务》,《人民日报》2020年4月2日。

③　经笔者梳理,2019年4月26日,中共上海市委宣传部、杨浦区委曾联合召开"人民城市重要理念指导下的城市建设和治理现代化"理论研讨会;另探讨人民城市重要理念的公开发表论文,有谢坚刚、李琪《以人民为中心推进城市建设》(见《人民日报》2020年6月16日)以及笔者《深刻把握人民城市重要理念的历史逻辑和理论逻辑》(见《上观新闻》2020年7月8日)等数篇。

作用,有利于进一步增强以人民为中心推进城市建设的思想自觉和行动自觉,切实把科学理论转化为城市治理效能。

一、 人民城市重要理念的历史逻辑

人民城市重要理念的形成有其历史逻辑,不是无源之水、无本之木,既有深厚的哲学基础,也有深邃的历史渊源,更有独特的理论创造,而始终把人民立场作为城市建设的根本立场则是贯穿人民城市重要理念历史逻辑的一条根本主线。

（一）哲学基础:人民城市重要理念是对马克思主义城市思想的创新发展

人民立场是马克思主义政党的根本政治立场。马克思、恩格斯在《共产党宣言》中开宗明义地提出:"过去的一切运动都是少数人的,或者为少数人谋利益的运动。无产阶级的运动是绝大多数人的,为绝大多数人谋利益的独立的运动。"①马克思主义城市思想作为马克思历史唯物主义理论的有机构成部分,同样体现了鲜明的人民立场。在马克思、恩格斯看来,城市主体应当是城市居民,马克思、恩格斯认为"城市已经表明了人口、生产工具、资本、享受和需求的集中这个事实"②,马克思对伦敦这座当时最繁华的大都市有过这样的评价,他说:"就住宅过分拥挤和绝对不适合于人居住而言,伦敦首屈一指。"③对此,马克思、恩格斯深刻指出:"难道这些群集在街头的、代表着各个阶级和各个等级的成千上万的人,不都是具有同样的属性和能力、同样渴求幸福的人吗? 难道他们不应当通过同样的方法和途径去寻求自己的幸福吗?"④由此可见,追求每一个城市居民的幸福美满生活,实现自由而全面发展的能力,是马克思、恩格斯审视城市的基本历史视野,也是马克思主义城市思想的本质要求。关于这一点,已有学者指出,在马克思那里,城市化是有着丰富的人学内涵的。⑤人民城市重要理念继

---

① 马克思、恩格斯:《共产党宣言》,人民出版社 2018 年版,第 39 页。

② 《马克思恩格斯选集》第 1 卷,人民出版社 2012 年版,第 184 页。

③ 《马克思恩格斯文集》第 5 卷,人民出版社 2009 年版,第 759 页。

④ 《马克思恩格斯全集》第 2 卷,人民出版社 1957 年版,第 304 页。

⑤ 屈婷:《马克思城市化思想的演进历程及其方法论特征》,《南开学报(哲学社会科学版)》2019 年第 1 期,第 26 页。

承了马克思主义城市思想蕴含的人民立场,旗帜鲜明地提出坚持以人民为中心的发展思想推进城市建设,这是对马克思主义城市思想的创新发展,也是马克思主义城市思想中国化的最新理论成果。

（二）历史渊源：人民城市重要理念是对中国共产党城市建设理论和实践的深刻总结

新中国成立以来,党的历代领导人都高度重视城市工作,聚焦人民群众需求推进城市建设,积累了丰富的理论和实践经验。早在党的七届二中全会上,毛泽东就强调"党和军队的工作重心必须放在城市,必须用极大的努力去学会管理城市和建设城市"①。1951年2月,毛泽东为中共中央起草了《中共中央政治局扩大会议决议要点》的党内通报,专门将城市工作列为第五要点,明确提出"加强党委对城市工作的领导""力争在增加生产的基础上逐步改善工人生活""在城市建设计划中,应贯彻为生产、为工人服务的观点"②等城市建设新举措,这些方针统领着新中国成立初期城市领域的各项工作。进入改革开放和现代化建设的新时期,邓小平、江泽民、胡锦涛等党的主要领导人始终把解决好人民群众的切身利益与实际需要作为城市建设遵循的根本原则。1986年8月,邓小平在视察天津时赞许地指出:"建设居民小区,人民群众有了好的环境,看到了变化,就有信心,就高兴,事情也就好办了。"③1999年9月,江泽民在上海考察时强调,要真正把群众放在第一位,想群众所想,急群众所急,让群众得到实惠。无论什么时候,这都不能改变。④2011年5月,胡锦涛在参加十一届全国人大三次会议天津代表团审议时明确指出,要着力做好保障和改善民生工作,以解决人民最关心最直接最现实的利益问题为着力点,大力推进以改善民生为重点的社会建设,不断在使人民群众学有所教、劳有所得、病有所医、老有所养、住有所居上取得新成效。⑤人民城市重要理念深刻总结了毛泽东、邓小平、江泽民、

---

① 《毛泽东选集》第4卷,人民出版社1957年版,第1317页。

② 《毛泽东选集》第5卷,人民出版社1977年版,第35—36页。

③ 《邓小平文选》第3卷,人民出版社1993年版,第166页。

④ 《认真贯彻落实十五届四中全会精神 积极开创国有企业改革发展新局面》,《人民日报》1999年9月29日。

⑤ 《胡锦涛在天津代表团审议报告时希望天津走上创新驱动内生增长的发展轨道建成独具特色的国际性现代化宜居城市》,《天津人大》2010年第3期,第6页。

胡锦涛等党的历代领导人关于城市建设的理论和实践,紧扣城市建设的人民性特质,既一脉相承又与时俱进,实现了党在城市治理指导思想上又一次历史性飞跃。

(三) 理论创造:人民城市重要理念是习近平从主政地方"治好一座城"到立足全国大局"找到一条路"长期思考形成的理论结晶

早在主政地方期间,习近平就把解决好人民群众最关心最直接最现实的利益问题作为城市发展的重中之重。1991 年初,习近平在担任福州市委书记刚满 7 个月时就说:"群众的衣食住行、开门七件事,始终是我们关心的主要问题。"[①]他提出市民要住上像样的房子,在全国较早提出和推动福州旧城改造的"安居工程""广厦工程""造福工程"。[②]在浙江时,针对外来务工人员比较集中的城市,习近平推动兴建了一大批集农民工居住、教育培训、管理服务、文化娱乐于一体的"安心公寓""建设者之家"等,使"工者有其居"。[③]在上海时,习近平要求上海的领导干部,要多干群众急需的事、多干群众受益的事、多干打基础的事、多干长远起作用的事,切实把各项利民、惠民、安民的政策措施落到实处。他在"世博会"迎来开幕倒计时 1 000 天之际接受央媒采访时说,作为上海的党政领导,心里有一种责任,一种压力,就是如何让上海人民的生活过得更美好。[④]

担任党的总书记后,习近平站在党和国家全局高度对人民城市建设进行了系统思考和统筹谋划。在 2013 年中央城镇化工作会议上,习近平引用古希腊哲学家亚里士多德名言:"人们来到城市,是为了生活。人们居住在城市,是为了生活得更好。"他指出:"把让群众生活更舒适这一理念融入城市规划建设的血脉里、体现在每一个细节中。"[⑤]在 2015 年中央城市工作会议上,习近平强调:"做好城市工作,

---

① 《改革争先　击水中流——习近平总书记在福建的探索与实践·改革篇》,《福建日报》2017年7月17日。

② 中央党校采访实录编辑室:《习近平在福州》,中共中央党校出版社 2020 年版,第 57、114 页。

③ 习近平:《以建设和谐社会的理念有效解决好农民工问题——对浙江省农民工问题的调查与思考》,《学习时报》2005 年 9 月 19 日。

④ 《"真正的政绩在老百姓的口碑里"——"习近平在上海"系列报道之三》,《解放日报》2017年 9 月 29 日。

⑤ 习近平:《在中央城镇化工作会议上的讲话》,《十八大以来重要文献选编》(上),中央文献出版社 2014 年版,第 604—605 页。

要顺应城市工作新形势、改革发展新要求、人民群众新期待,坚持以人民为中心的发展思想,坚持人民城市为人民。这是我们做好城市工作的出发点和落脚点。"他还指出:"城市的核心是人,关键是十二个字:衣食住行、生老病死、安居乐业。""抓城市工作,一定要抓住城市管理和服务这个重点,不断完善城市管理和服务,彻底改变粗放型管理方式,让人民群众在城市生活得更方便、更舒心、更美好。"①

党的十九大以来,习近平从推进城市治理体系和治理能力现代化的战略高度对建设人民城市提出了一系列重要论断。这些重要论断集中体现在对上海建设社会主义现代化国际大都市这一"中国之治"治理样板的充分肯定和高度概括。一是对上海城市治理寄予厚望。习近平强调,上海要勇挑最重的担子、敢啃最难啃的骨头,着力提升城市能级和核心竞争力,不断提高社会主义现代化国际大都市治理能力和治理水平。二是以人民为中心推进城市建设。习近平指出,无论是城市规划还是城市建设,无论是新城区建设还是老城区改造,都要坚持以人民为中心,让人民有更多获得感,为人民创造更加幸福的美好生活。三是运用信息化手段推进城市治理现代化。习近平指出,要抓好"政务服务一网通办""城市运行一网统管",坚持从群众需求和城市治理突出问题出发,把分散式信息系统整合起来,做到实战中管用、基层干部爱用、群众感到受用。②从上述梳理中不难发现,人民城市重要理念具有独特的理论创造意义,是习近平结合长期城市工作实践和探索对中国特色社会主义城市治理的系统思考和理论概括,是新时代城市发展实践的理论结晶。

二、 人民城市重要理念的理论逻辑

习近平指出:"每个时代总有属于它自己的问题,只要科学地认识、准确地把

---

① 习近平:《做好城市工作的基本思路》,《十八大以来重要文献选编》(下),中央文献出版社2018 年版,第 78、83 页。

② 《深入学习贯彻党的十九届四中全会精神 提高社会主义现代化国际大都市治理能力和水平》,《人民日报》2019 年 11 月 4 日。

握、正确地解决这些问题,就能够把我们的社会不断推向前进。"①这段论述充分体现了习近平治国理政实践中强烈的问题意识,而坚持问题导向、强化问题意识同样是人民城市重要理念的鲜明特色,也是这一重要理念理论逻辑的集中体现。人民城市重要理念主要围绕"城市是什么""城市为了谁""城市依靠谁""城市如何治"等人民城市建设的重大理论问题展开,是一个系统完整、逻辑严密的科学理论体系。

(一)"城市是什么":人民城市建设的本质属性问题

改革开放以来,中国经历了大规模的快速城镇化过程,城市发展取得了举世瞩目的成就。城市发展带动了整个经济社会发展,城市已成为经济、政治、文化、社会等方面活动的中心和现代化建设引擎,在中国经济社会发展、民生改善中发挥着重要作用,地位举足轻重。习近平充分肯定了城市的重要地位,认为城市是我国各类要素资源和经济社会活动最集中的地方,全面建成小康、加快实现现代化,必须抓好城市这个"火车头"。②同时,习近平还特别指出城市发展中"也积累了不少突出矛盾和问题"③。在看到城市发展成绩的同时,如何准确认识和有效解决城市发展中存在的诸多问题? 对此,习近平首先就"城市是什么"这一人民城市建设的本质属性问题作了深刻阐释。他指出:"城市是生命体、有机体。"④"城市发展是一个自然历史过程,有其自身规律","城市工作中出现在这样那样的问题,归根到底是没有充分认识和自觉顺应城市发展规律","必须认识、尊重、顺应城市发展规律,端正城市发展指导思想,切实做好城市工作"⑤。习近平关于"城市是什么"的重要论述,深刻揭示了人民城市建设的本质属性问题,是基于对城市的科学定位以及对城市发展规律、城镇化发展规律正确认识和理解后所形成的重大价值判断,蕴含着对人类过往城市发展的反思和超越,奠定了整个人民城市重要理念理论逻辑的基石。

---

① 习近平:《之江新语》,浙江人民出版社 2007 年版,第 235 页。
② 《中央城市工作会议在北京举行》,《人民日报》2015 年 12 月 23 日。
③ 《在中央城镇化工作会议上的讲话》,《十八大以来重要文献选编》(上),中央文献出版社 2014 年版,第 590 页。
④ 习近平:《在湖北省考察新冠肺炎疫情防控工作时的讲话》,《求是》2020 年第 7 期,第 11 页。
⑤ 习近平:《做好城市工作的基本思路》,《十八大以来重要文献选编》(下),中央文献出版社 2018 年版,第 78—79 页。

（二）"城市为了谁"：人民城市建设的价值取向问题

党的十九大报告提出,中国特色社会主义进入新时代,我国社会主要矛盾已经转化为人民日益增长的美好生活需要和不平衡不充分的发展之间的矛盾。随着社会主要矛盾已经发生历史性变化,城市发展的主要矛盾也转变为市民对美好的人居环境和生活品质需求与城市发展不平衡、城市管理不精细、城市服务不便捷之间的矛盾。人民城市重要理念客观审视了传统城市发展模式存在的弊端,打破了传统城市发展模式的路径依赖,明确提出"人民城市为人民"的重要论断,深刻回答了"城市为了谁"这一人民城市建设的价值取向问题,确立了坚持人民利益至上的根本价值立场。习近平指出,无论是城市规划还是城市建设,无论是新城区建设还是老城区改造,都要坚持以人民为中心,聚焦人民群众的需求,让人民有更多获得感,为人民创造更加幸福的美好生活。①习近平还多次强调,要推动社会治理重心向基层下移,把更多资源、服务、管理放到社区,更好为社区居民提供精准化、精细化服务,切实把群众大大小小的事办好。②习近平关于"城市为了谁"的重要论述,始终秉持以人民为中心的发展理念,把城市发展与人民利益高度结合,将满足人民需要作为做好城市治理工作的出发点和落脚点,体现了中国共产党为人民谋幸福的初心,体现了以习近平同志为核心的党中央一切为了人民的根本信念,体现了人民城市重要理念具有鲜明的人民性特质,指明了新时代中国特色社会主义城市治理的根本追求。

（三）"城市依靠谁"：人民城市建设的根本动力问题

人民城市建设既需要党和政府的坚强领导,也离不开全社会的共同努力,这是新中国成立以来我国城市发展实践的深刻启示。对于"城市依靠谁"这一人民城市建设的根本动力问题,习近平结合新时代城市工作面临的新要求新挑战,进一步明确提出"人民城市人民建"的重要论断。习近平指出,做好城市治理工作,必须加强和改善党的领导。各级党委要充分认识城市工作的重要地位和作用,

---

① 《深入学习贯彻党的十九届四中全会精神　提高社会主义现代化国际大都市治理能力和水平》,《人民日报》2019 年 11 月 4 日。

② 《切实把新发展理念落到实处　不断增强经济社会发展创新力》,《人民日报》2018 年 6 月 15 日;《高举新时代改革开放旗帜　把改革开放不断推向深入》,《人民日报》2018 年 10 月 26 日。

主要领导要亲自抓,建立健全党委统一领导、党政齐抓共管的城市工作格局。①习近平还多次强调,社区的党组织和党员干部要多想想如何让群众生活和办事更方便一些,真正使千家万户切身感受到党和政府的温暖,让党的旗帜在社区群众心目中高高飘扬。②另一方面,习近平指出:"市民是城市建设、城市发展的主体。要尊重市民对城市发展决策的知情权、参与权、监督权,鼓励企业和市民通过各种方式参与城市建设、管理。"③他强调,要发挥社会各方面作用,激发全社会活力,群众的事同群众多商量,大家的事人人参与。④习近平还指出,城市规划建设做得好不好,最终要用人民群众满意度来衡量。⑤习近平关于"城市依靠谁"的重要论述,坚持人民是历史的创造者、人民是真正的英雄的历史唯物主义观点,深刻阐明了必须加强党对城市工作集中统一领导,深刻阐明了必须充分发挥人民在城市治理中的主体作用,深刻阐明了必须依靠人民推动城市发展的人间正道。

(四)"城市如何治":人民城市建设的实现路径问题

纵观新中国成立以来特别是改革开放以来的城市发展历程,我们对"城市如何治"这一人民城市建设实现路径问题的认识,经历了一个由浅入深、由点到面、由微观到宏观的过程。习近平深刻指出:"城市工作是一个系统工程。"⑥城市工作既然是系统工程,就必须要加强顶层设计和整体谋划。对此,习近平强调:"城市工作要树立系统思维,从构成城市诸多要素、结构、功能等方面入手,对事关城市发展的重大问题进行深入研究和周密部署,系统推进各方面工作。"⑦在组织

---

① 《中央城市工作会议在北京举行》,《人民日报》2015 年 12 月 23 日。

② 《全面深化改革全面推进依法治国 为全面建成小康社会提供动力和保障》,《人民日报》2014 年 11 月 3 日;《落实责任完善体系整合资源统筹力量 全面提高国家综合防灾减灾救灾能力》,《人民日报》2016 年 7 月 29 日。

③ 习近平:《做好城市工作的基本思路》,《十八大以来重要文献选编》(下),中央文献出版社2018 年版,第 92 页。

④ 《践行新发展理念深化改革开放 加快建设现代化国际大都市》,《人民日报》2017 年 3 月 6 日。

⑤ 《立足提高治理能力抓好城市规划建设 着眼精彩非凡卓越筹办好北京冬奥会》,《人民日报》2017 年 2 月 25 日。

⑥ 习近平:《做好城市工作的基本思路》,《十八大以来重要文献选编》(下),中央文献出版社2018 年版,第 78 页。

⑦ 习近平:《做好城市工作的基本思路》,《十八大以来重要文献选编》(下),中央文献出版社2018 年版,第 81 页。

保障上,习近平指出,要推进城市管理机构改革,创新城市工作体制机制,加快培养一批懂城市、会管理的干部,用科学态度、先进理念、专业知识去规划、建设、管理城市。①在推进方式上,习近平强调,既要善于运用现代科技手段实现智能化,又要通过绣花般的细心、耐心、巧心提高精细化水平,绣出城市的品质品牌。②在责任落实上,习近平提出,要推动城市治理的重心和配套资源向街道社区下沉,聚焦基层党建、城市管理、社区治理和公共服务等主责主业,整合审批、服务、执法等方面力量,面向区域内群众开展服务。③习近平关于"城市如何治"的重要论述,突出了城市治理的政治性、系统性、科学性,进一步完善了城市治理路径,创新了城市治理方法,走出了一条中国特色社会主义城市治理的新路子。

三、 人民城市重要理念的实践逻辑

人民城市重要理念的实践逻辑突出体现在这一重要理念蕴含着丰富的马克思主义科学方法论,主要包括人民中心论、统筹推进论、城市生命体论、智慧城市论等方面内容,不仅对推进人民城市建设具有重要的实践指导意义,也为推进城市治理体系和治理能力现代化提供了坚实的理论支撑和方法指导。

(一) 人民中心论:坚持以人民为中心的发展思想推进人民城市建设

以人民为中心的发展思想最早在党的十八届五中全会上提出,此后被写入党的十九大报告,充分体现了中国共产党全心全意为人民服务的根本宗旨,体现了人民是推动发展的根本力量的唯物史观。人民城市重要理念始终坚守人民中心论,坚持以人民为中心的发展思想推进人民城市建设。2017 年 2 月,习近平在北京考察时指出,要坚持人民城市为人民,以北京市民最关心的问题为导向,以解决人口过多、交通拥堵、房价高涨、大气污染等问题为突破口,提出解决问题的

---

① 《中央城市工作会议在北京举行》,《人民日报》2015 年 12 月 23 日。
② 《坚定改革开放再出发信心和决心　加快提升城市能级和核心竞争》,《人民日报》2018 年 11 月 8 日。
③ 《深入学习贯彻党的十九届四中全会精神　提高社会主义现代化国际大都市治理能力和水平》,《人民日报》2019 年 11 月 4 日。

综合方略,不断提高民生保障和公共服务供给水平,增强人民群众获得感。①2018年4月,习近平在湖北武汉调研棚户区改造时指出,我们的城市不能一边是高楼大厦,一边是脏乱差的棚户区。只要是有利于老百姓的事,我们就要努力去办,而且要千方百计办好。②2018年11月,习近平在上海考察时强调,要坚持以人民为中心的发展思想,着力解决好人民群众关心的就业、教育、医疗、养老等突出问题,不断提高基本公共服务水平和质量,让群众有更多获得感、幸福感、安全感。③2019年8月,习近平在甘肃兰州考察时指出,城市是人民的,城市建设要贯彻以人民为中心的发展思想,让人民群众生活更幸福。金杯银杯不如群众口碑,群众说好才是真的好。④2020年8月,习近平在扎实推进长三角一体化发展座谈会上强调,长三角区域城市开发建设早、旧城区多,改造任务很重,这件事涉及群众切身利益和城市长远发展,再难也要想办法解决。⑤由此可见,人民中心论是贯穿人民城市重要理念最根本的方法论,进一步明确了城市发展为了人民、城市治理依靠人民、城市建设成果属于人民的发展旨归,为推进人民城市建设提供了价值导向与方法指引。

（二）统筹推进论:按照"五个统筹"要求推进人民城市建设

2015年12月,习近平在中央城市工作会议上明确提出"五个统筹"城市发展新要求,即:统筹空间、规模、产业三大结构,提高城市工作全局性;统筹规划、建设、管理三大环节,提高城市工作的系统性;统筹改革、科技、文化三大动力,提高城市发展持续性;统筹生产、生活、生态三大布局,提高城市发展的宜居性;统筹政府、社会、市民三大主体,提高各方推动城市发展的积极性。⑥在"五个统筹"

① 《立足提高治理能力抓好城市规划建设　着眼精彩非凡卓越筹办好北京冬奥会》,《人民日报》2017年2月25日。

② 《坚持新发展理念打好"三大攻坚战"　奋力谱写新时代湖北发展新篇章》,《人民日报》2018年4月29日。

③ 《坚定改革开放再出发信心和决心　加快提升城市能级和核心竞争力》,《人民日报》2018年11月8日。

④ 《坚定信心开拓创新真抓实干　团结一心开创富民兴陇新局面》,《人民日报》2019年8月23日。

⑤ 《紧扣一体化和高质量抓好重点工作　推动长三角一体化发展不断取得成效》,《人民日报》2020年8月23日。

⑥ 《中央城市工作会议在北京举行》,《人民日报》2015年12月23日。

中,习近平还多次强调城市规划的重要作用。2014年2月和2017年2月,习近平在两次考察北京时都指出,城市规划在城市发展中起着重要引领作用,考察一个城市首先看规划,规划科学是最大的效益,规划失误是最大的浪费,规划折腾是最大的忌讳。总体规划经法定程序批准后就具有法定效力,要坚决维护规划的严肃性和权威性。①2019年1月,习近平在京津冀考察时再次强调,建设北京城市副中心要坚持规划先行、质量第一。要把规划执行好、落实好。要把设计成果充分吸收体现到控制性详细规划中,保持规划的严肃性和约束性,用法律法规确保一张蓝图干到底。②人民城市重要理念蕴含的统筹推进论,既强调面上统筹,体现出习近平在城市治理中的系统思维、全局思维和战略思维,体现出习近平从顶层设计和整体谋划上统筹推进人民城市建设的宏大视野;又抓住工作重点,把城市规划作为人民城市建设的重中之重,注重规划先行,充分凸显出习近平坚持依法依规推进人民城市建设中的法治意识、规则意识和制度意识。

(三)城市生命体论:以全生命周期管理理念推进人民城市建设

全生命周期管理理念是现代企业一种先进的管理方式和理念,它以系统论、控制论、信息科学、协同学、自组织理论等为理论基础,对管理对象实行全过程、全方位、全要素的整合,以实现自身运行最优化。习近平将这一理念运用在城市治理上,作为推进人民城市建设的重要指导思想。2020年3月,习近平在湖北考察新冠肺炎疫情防控工作时指出:"城市是生命体、有机体,要敬畏城市、善待城市,树立'全周期管理'意识,努力探索超大城市现代化治理新路子。"③2020年5月,习近平参加十三届全国人大三次会议湖北代表团审议时强调,把全生命周期管理理念贯穿城市规划、建设、管理全过程各环节。④习近平坚持以全生命周期管理理念推进人民城市建设,可从两方面加以理解。一是对城市生态建设的高

---

① 《立足优势 深化改革 勇于开拓 在建设首善之区上不断取得新的成绩》,《人民日报》2014年2月27日;《立足提高治理能力抓好城市规划建设 着眼精彩非凡卓越筹办好北京冬奥会》,《人民日报》2017年2月25日。

② 《稳扎稳打勇于担当敢于创新善作善成 推动京津冀协同发展取得新的更大进展》,《人民日报》2019年1月19日。

③ 习近平:《在湖北省考察新冠肺炎疫情防控工作时的讲话》,《求是》2020年第7期,第11页。

④ 《整体谋划系统重塑全面提升 织牢织密公共卫生防护网》,《人民日报》2020年5月25日。

度重视。党的十八大以来,习近平先后在天津、北京、江苏镇江、山东威海、浙江杭州等地考察,对城市生态建设提出明确要求,比如,他在考察北京时强调,环境治理是一个系统工程,必须作为重大民生实事紧紧抓在手上。①又比如,他在浙江杭州考察时指出,要在建设人与自然和谐相处、共生共荣的宜居城市方面创造更多经验。②二是对城市历史文化的高度重视。习近平强调指出,历史文化是城市的灵魂,要像爱惜自己的生命一样保护好城市历史文化遗产。③2019 年 1 月,习近平在天津考察时指出,要爱惜城市历史文化遗产,在保护中发展,在发展中保护。④2020 年 8 月,习近平在扎实推进长三角一体化发展座谈会上强调,不能一律大拆大建,要注意保护好历史文化和城市风貌,避免"千城一面、万楼一貌"。⑤人民城市重要理念蕴含的城市生命体论,从城市作为有机生命体的视角,更加完整、更加系统、更加全面地来认识和把握现代城市,把处理好人与城市的关系作为城市治理的主题,无论是城市生态建设,还是城市历史文化保存,一切以人民的感受为标准,使城市真正成为"人"的城市。

(四)智慧城市论:综合运用科学化精细化智能化手段推进人民城市建设

随着现代互联网技术的快速发展,城市发展进入大数据时代,大数据催生城市变革,智慧城市成为引领未来城市发展的新趋向。习近平敏锐地抓住大数据对现代城市治理带来的新机遇,明确提出综合运用科学化精细化智能化手段推进人民城市建设。2017 年 3 月,习近平在参加十二届全国人大五次会议上海代表团审议时强调,要强化智能化管理,提高城市管理标准,更多运用互联网、大数据等信息技术手段,提高城市科学化、精细化、智能化管理水平。⑥2018 年 11 月,习近平在上海考察时指出,要推进服务办理便捷化,优化办事流程,减少办理环

---

① ③ 《立足优势　深化改革　勇于开拓　在建设首善之区上不断取得新的成绩》,《人民日报》2014 年 2 月 27 日。

② 《统筹推进疫情防控和经济社会发展工作　奋力实现今年经济社会发展目标任务》,《人民日报》2020 年 4 月 2 日。

④ 《稳扎稳打勇于担当敢于创新善作善成　推动京津冀协同发展取得新的更大进展》,《人民日报》2019 年 1 月 19 日。

⑤ 《紧扣一体化和高质量抓好重点工作　推动长三角一体化发展不断取得成效》,《人民日报》2020 年 8 月 23 日。

⑥ 《践行新发展理念深化改革开放　加快建设现代化国际大都市》,《人民日报》2017 年 3 月 6 日。

节,加快政务信息系统资源整合共享。①2019年1月,习近平考察河北雄安新区时指出,要运用现代信息技术,推进政务信息联通共用,提高政务服务信息化、智能化、精准化、便利化水平,让群众少跑腿。②2020年4月,习近平在浙江杭州考察时,充分肯定了杭州市运用城市大脑提升交通、文旅、卫健等系统治理能力的创新成果。他指出,运用大数据、云计算、区块链、人工智能等前沿技术推动城市管理手段、管理模式、管理理念创新,从数字化到智能化再到智慧化,让城市更聪明一些、更智慧一些,是推动城市治理体系和治理能力现代化的必由之路,前景广阔。③人民城市重要理念蕴含的智慧城市论顺应信息化和城市发展趋势,将现代信息技术与城市管理服务进行深度融合,通过数据汇聚和共享开放,激发城市新的发展动能,最终实现城市治理的智慧赋能,进而更好地为人民提供优质高效的服务。

四、结　语

人民城市重要理念生动诠释了以习近平同志为核心的党中央始终把人民放在最高位置的政治情怀,其内涵丰富、思想深刻,既来源于实践,又在深厚实践的基础上进行了高度的理论升华,是指导中国特色社会主义城市治理的根本遵循。笔者以为,研究人民城市重要理念有很多角度,从历史逻辑、理论逻辑、实践逻辑三个维度来展开研究,无疑是一个重要的研究视角,有利于更好地把握这一重要理念"从哪里来""讲了什么""有何指导意义"等重大命题。当然,就人民城市重要理念的丰富内容和深远意义而言,笔者的分析和探讨尚属起步阶段,还需要广大理论研究者持续关注、深入研究,从而为更加立体、更加准确把握这一重要理念贡献更多、更富有创见的学术成果。

（作者为中共上海市杨浦区委党校副教授）

---

① 《坚定改革开放再出发信心和决心　加快提升城市能级和核心竞争》,《人民日报》2018年11月8日。

② 《稳扎稳打勇于担当敢于创新善作善成　推动京津冀协同发展取得新的更大进展》,《人民日报》2019年1月19日。

③ 《统筹推进疫情防控和经济社会发展工作　奋力实现今年经济社会发展目标任务》,《人民日报》2020年4月2日。

新时代中国特色社会主义劳动关系新模式

——以华为合作共享型劳动关系模式为例

严金强

一、引　言

　　改革开放以来,我国逐渐建立了以公有制为主体、多种所有制经济共同发展的基本经济制度,非公有制经济特别是民营经济是我国国民经济的重要组成部分。研究不同所有制经济的生产组织方式及其内部的劳动关系模式构成中国特色社会主义政治经济学研究的重要内容。华为技术有限公司(以下简称"华为")作为中国改革开放中成长起来的民营企业,以其在通信设备行业的优秀业绩和全球高科技领域的领先地位逐渐成为学术界研究的案例和对象(许晖等,2008;李放等,2010;武亚军,2013),甚至有学者将华为成功的经验称为"华为模式"(刘红燕,2014;刘新刚、王玮,2020)。华为的成功与新中国成立七十多年特别是改革开放四十多年来的经济持续发展所提供的雄厚的国内经济基础和广阔的国际市场环境不无关系(保建云,2019)。当然,引起学者高度关注的还有华为的员工持股模式、内部激励方式和独特的财务管理模式(程恩富、白红丽,2018;齐宝鑫、武亚军,2018;袁国辉,2016),以及由此引申出的华为劳动关系模式、生产组织方式和所有制形式的研究(王艺明,2019;李松龄,2019),将这一问题的探讨不断引向深入。

　　劳动关系有狭义和广义之分,狭义的劳动关系主要指劳资双方在用工和利益分配上的契约关系(李楠,2007),而我们所关注的广义的劳动关系则是人类社会在生产过程中形成的基本社会关系,它反映人与人之间的经济关系,是社会生产关系的重要组成部分。马克思主义政治经济学将生产关系作为研究对象,而劳资关系或劳动关系又是社会生产关系的核心,正如恩格斯曾经指出的:"资本和劳动的关系,是我们全部现代社会体系所围绕旋转的轴心。"①本文试图从马

---

　　① 《马克思恩格斯选集》第 2 卷,人民出版社 1995 年版,第 589 页。

克思主义社会生产关系理论视角出发,以华为企业为例,通过剖析华为劳动关系模式的特点,研究新时代市场经济条件下中国特色社会主义劳动关系新模式。我们认为建立在"华为模式"基础上的合作共享型的劳动关系模式是中国特色社会主义劳动关系新模式的组成部分,为构建符合社会主义市场经济特征的、多样化的和谐劳动关系提供了借鉴和启示。

二、 我国社会主义劳动关系模式演进的理论分析

中国特色社会主义劳动关系模式完成至今的形态,与其历史演进路径息息相关。自1956年社会主义改造完成之后,我国开启了中国特色社会主义建设道路的探索和实践。我国的社会主义实践经历了所有制结构从单一公有制向混合所有制转变,经济运行方式从计划经济体制向市场经济体制转变,这两个转变通过改变劳动关系内部的权力结构、利益关系和运行机制,使劳动关系模式从单一社会型模式转变为多元混合的市场型模式。

(一) 计划经济体制下单一社会型的劳动关系模式

经过社会主义改造,我国基本消灭了私有制经济,公有制经济几乎成为我国唯一的经济基础。据统计,1956年底,我国以国家所有制、集体所有制和公私合营为组成部分的公有制经济占工业经济的比重超过99%,非公有制经济占比不超过1%。①与此同时,在经济运行和资源配置方式上逐渐形成了高度集中的计划经济体制,包括劳动力在内的经济资源通过计划手段在各个生产部门之间进行调拨和分配。这种生产关系的变革,必然也影响到由之决定的人们在生产过程中的地位和分配关系。首先,作为生产资料的共同占有者,劳动者成为企业的主人,以一定形式参与企业的管理。作为兼具经济和行政组织功能的公有制企业,企业内部的民主管理是社会主义民主政治建设的重要组成部分,企业的生产组织和社会活动是劳动集体全体成员的共同事务。"鞍钢宪法"就是这种劳动者参与民主管理的典型体现,其核心内容是:干部参加劳动,工人参加管理,工人群众、领导干部、技术人员三结合。其次,公有制企业实行按劳分配的收入分配原

---

① 根据1985年的《中国统计年鉴》计算整理得到。

则。在单一公有制条件下,劳动者共同占有公有制经济的生产资料,劳动(包括劳动的数量和劳动的质量)是企业收入分配的唯一依据,且劳动收入是按照社会标准实现的,表现为整个社会的工资等级制与统收统支的利润分配制度。劳动者除了获得代表劳动力价值的工资外,还可以获取以福利形态存在的剩余价值的一部分。最后,劳动关系表现为作为分配劳动的政府与劳动者之间的关系。由于劳动者与生产资料所有者合二为一,不存在与劳动者相对立的资本所有者这一角色,因此并不存在真正意义上的雇佣劳动关系,劳动力的配置是由政府行政部门通过统包统配的就业和用工制度实现的,一旦确定劳动单位,劳动者自身难以选择和流动,一切都以计划配置的方式实现。总之,在单一公有制和计划经济体制下,我国社会主义劳动关系模式表现为单一性和社会化的特征。

(二) 多种所有制经济下的分层性多元化劳动关系模式

改革开放后,为了适应生产力发展要求,我国对生产关系进行了新的深刻的变革,改变了原有的"一大二公"的所有制结构和公有制经济实现形式单一化的问题。一方面逐渐引入非公有制经济,形成了包括国有经济、集体经济、个体经济、私营经济和外资经济等多种所有制经济并存的经济结构。截至1992年,我国工业总产值和社会商品零售总额中非公有制企业占比分别为13.9%和21%。[①]另一方面对公有制经济进行了一系列改革,逐渐形成了合作制、股份合作制、混合所有制等多种公有制经济的实现形式。生产关系的这种深刻变化,必然带来劳动关系的深入调整和变化。首先,劳动关系的单一模式转向多元化模式。由于非有公制经济的引入,劳动者与劳动力使用者相统一的关系被打破,形成了多层次多元化的劳动关系。在公有制经济中传统劳动关系依然存在的情况下,出现了与之并存的非公有制经济的劳动关系。在非公有制经济中,又存在个体经济中个体工商户与雇工之间的劳动关系,私营经济中的资本所有者与劳动者之间的雇佣劳动关系,以及外资经济中的国外资本所有者与国内劳动者之间的雇佣劳动关系。(马艳、周杨波,2009)而且在非公有制企业中,劳动者丧失了参与民主管理的路径。其次,劳动关系由政府与劳动者的行政关系逐渐转变为企业与劳动者的经济和法律关系。这一时期,经济体制尽管没有完全从计划转向市

---

① 根据1993年《中国统计年鉴》计算整理得到。

场,但高度集中的计划经济体制发生了转变,企业拥有更多自主的决策权和经营权,随之而来的是企业经营管理体制和收入分配体制的改革。原来政府与劳动者之间的劳动分配和就业制度被企业与劳动者之间的法治化的劳动合同制度所取代,劳动者与企业通过签订合同的方式建立起契约关系,双方的权利与义务关系通过劳动合同确立。与此相适应的是,取消了劳动者收入所得社会统一的标准,变为企业标准,这就意味着劳动者收入的高低将受到行业状况和企业绩效的影响。

(三) 市场经济体制下的市场型劳动关系模式

1992 年党的十四大确立了社会主义市场经济体制的改革目标,建立市场经济体制成为我国社会主义建设和改革开放的重要内容。经济体制从改革开放以来的计划与市场并存逐渐向市场经济方向转变,社会主义市场经济体制也逐渐成形,1992—2001 年间,我国总体市场化水平已经由 44.097% 迅速提升到 69.792%。①金融领域的市场化也在不断推进,2012 年,我国利率市场化程度已经达到73.493%。②2016 年我国价格市场化程度已经高达97.01%。③在这个过程中,公有制企业通过产权改革、股份制改造、公司治理体制改革、国有资产管理体制改革等一系列改革举措逐渐适应担当市场竞争主体的地位。经济运行机制的市场化以及公有制企业的全面改革,对企业劳动关系的影响也是最为深刻的。首先,随着劳动力市场的形成,劳动力回归了商品的性质。全国形成统一的劳动力市场,劳动者在劳动力市场中与企业方进行双向选择,通过劳动合同确立或解除劳动关系。劳动力成为商品意味着劳动力的供给与需求,以及劳动力价值即工资都是由市场来决定和调节的。作为经济资源,劳动力已经完全脱离了政府行政配置方式,劳动者成为劳动力市场中独立的交易主体。其次,劳动者与企业的雇佣关系更加明晰化、规范化和法治化。不仅非公有制企业特别是私营企业中资本所有者与劳动者之间的劳资关系通过法律的形式确定,由于承认公有资本

---

① 参见董晓宇、郝灵艳:《中国市场化进程的定量研究:改革开放 30 年市场化指数的测度》,《当代经济管理》2010 年第 6 期。

② 参见刘金山、何炜:《我国利率市场化进程测度:观照发达国家》,《改革》2014 年第 10 期。

③ 数据来源:中国经济网 http://www.ce.cn/xwzx/gnsz/gdxw/201707/27/t20170727_24497876.shtm。

和国有资本的地位,公有制企业中的劳动者与企业之间的关系也是依据《劳动合同法》进行约束和调节。最后,劳动者的收入分配依据市场的原则进行。公有制企业中的按劳分配也逐渐转化为市场型按劳分配,劳动者以货币而非劳动券的形式获得工资,而且随着公有资本地位的确立,以及企业工资制度的改革,公有制企业用工方式和工资决定机制逐渐市场化。这使得在新时期我国劳动关系模式逐渐走向市场化一体化。

三、 华为动态劳动股份与合作共享型劳资关系模式

在我国劳动关系模式深刻变化的历程中,以华为为代表的非公有制经济的劳动关系也在深刻调整。华为之所以受到外界的广泛关注,一个重要原因在于华为特有的股权结构以及全员持股的股权激励机制。股权结构是现代企业所有制特点的重要判断依据,而100%员工持股又是华为具有独特股权结构的关键要素,这种股权结构与持股制度又决定了华为独特的劳动关系模式。

(一) 华为的股权结构及其性质

作为社会生产关系的基础,生产资料所有制形式表明了生产资料的分配形式,进而也决定了生产资料和劳动者相结合的方式,决定了人们在直接生产过程的地位和相互关系,决定了和形成了不同的交换关系和分配关系。(吴宣恭,2013)①同样地,企业的所有制关系以及由其决定的各利益相关者在生产活动的地位,进而决定企业的收益分配关系。也就是说,企业的所有制关系和股权结构决定了该企业的劳动关系模式。因此,分析华为的劳动关系模式需要从分析华为的独特股权结构和产权关系入手。

华为既不是国有企业也不是集体企业,是一家私营企业,由任正非发起创立于20世纪80年代。华为的股权结构经历多个阶段的变化,企业创建之初就实施员工持股,是一种典型的合伙制企业,2003年以控股工会作为员工持股平台,持股员工数从2003年的15 061增加到2019年的104 572。从股权结构上看,股

---

① 参见吴宣恭:《马克思主义所有制理论是政治经济学分析的基础》,《马克思主义研究》2013年第7期。

权主要集中在任正非个人以及由华为工会委员会所代理的全体持股员工。目前任正非个人持股1.01%,其余的98.99%由全体持股员工持有,没有任何政府部门和外部机构持有华为股权。①尽管工会委员会代持员工股份,但大部分持股员工持股数量是确定的,也就是说华为的股份是量化到个人的,因此,从企业性质上看华为仍然是私有制企业,而非一些学者所宣称的集体企业。因为公有制企业的股权是全民所有或者集体所有,公有制除了具有产权的社会占有性,还具有产权的不可分割性,也就是产权不能量化到个人。公有制企业的这一特性确保了分配上能够实现真正的平等,全体社会成员或集体成员能够平等地占有全部的生产资料,没有人可以凭借生产资料份额的多寡而获得更多或更少的收益,劳动才是获得收入的唯一依据。华为企业尽管实现了全员持股,没有外部的资本所有者,但并非每个持股员工都平等占有所有的股权,华为员工持股数额的多寡决定了分红的多少,老员工持股数量多,相应的分红就多,新员工持股数量少,相应的分红就少。当然也不是所有的员工都有股份,据华为2019年年报,华为总共拥有19.4万员工,其中持股员工数量为104 572名,占总员工数的54%左右。

(二)华为的员工持股特征与动态劳动股份

从政治经济学的视角来看,华为100%的员工持股实际上是劳动者持股,企业股份实际是劳动股份,而且华为员工所持股份是一种动态的劳动股份。

首先,持股员工能够与企业分享劳动者创造的剩余价值。根据劳动价值论,劳动是价值的唯一源泉,劳动者不仅创造了满足自身劳动力再生产需要的生活资料的价值即劳动力价值,还创造了超出劳动力价值之上的剩余价值,对企业来说就是利润。华为企业持股员工在获得劳动力价值即工资之外,还可以凭借股权获得一部分剩余价值(或利润),也就是分红。当然,在现实中,由于企业收益并不一定能够得到实现,有可能会出现持股员工获得的分红有一部分是劳动力价值,比如企业在经营困难时期采取的降薪举措。华为在初创期,曾经通过管理人员降薪的方式渡过难关,这种情况下,劳动者并没有获得全部的劳动力价值,相当于将一部分工资充当利润进行分红。另外,每年企业利润用于分红的比重

---

① 相关资料来源于华为2019年年报,详见:https://www.huawei.com/cn/press-events/annual-report/2019。

大概有 30%,也就是说并不是所有的剩余价值或利润都用于分享给持股员工,而是会保留一部分用于企业的扩大再生产等方面的需要。

其次,持股员工按照为企业提供的劳动的数量和质量获取相应的分红。华为分配股权是基于员工的工作业绩和对公司的贡献,实际上取决于劳动者向企业提供的劳动数量和质量。《华为基本法》第十九条强调:"股权分配的依据是:可持续性贡献、突出才能、品德和所承担的风险。"也就是说,劳动者不同的贡献、不同的才能、不同的劳动质量,所获得的股权数量是不同的,劳动质量高的、给企业带来更多利润的员工可以获得更多数量的股权。持股数量多的员工说明能够创造更多的剩余价值,从而获得更多的分红。因此,我们认为华为企业员工持股实质上是一种劳动股份,即员工以自己的劳动力作为入股的生产要素,所得股份与劳动数量和质量成正比。劳动股份与资本股份有着重大的区别,资本股份是凭借投资金额来确定股权份额,与是否参与劳动毫无关系。

但是这种根据前期劳动绩效评估后获得的股权,会出现当期分红与当期劳动绩效不匹配的问题。此时,持股员工在不付出相应劳动的前提下可以通过分红的形式"不劳而获",从而占有其他劳动者创造的剩余价值。由此会使得部分拥有较多股份的老员工出现劳动"懈怠"状态。为了避免这样的问题,华为采取了名为 TUP(time-unit plan)的动态股权方式。公司按照岗位、级别和绩效,分配一定数量的 TUP,并规定员工的配股上限,每个级别达到上限后,就不再参与新的配股。与虚拟股享有同等分红权和增值权,但 5 年到期后,TUP 自动失效清零。TUP 实际上确保员工持股的劳动股份属性,将劳动股份动态化,确保员工只有在为公司创造剩余价值或利润的前提下才能获得相应的分红。

最后,员工离职时的收益是员工创造的未用于分红的剩余价值的部分累积金。华为离职的持股员工会获得一笔公司的补偿金,除了劳动法规定的补偿金额之外,作为持股员工还存在一个虚拟股权退股的问题。暂不考虑劳动法中的员工离职补偿金的问题,那么华为给离职员工的退股金到底是什么性质的呢?如果将其作为企业股份的赎回金或者股权回购金的话,就意味着资本与劳动是分离的,员工可以脱离劳动而获取相应的分红,这显然与华为以劳动贡献作为分配虚拟股权的依据的基本遵循是不同的。我们认为,持股员工在劳动过程中创造的剩余价值,其中一部分留存企业用于企业发展需要,另一部分会以分红的形式分配给持股员工。当持股员工离职时,企业应该将其创造的另一部分留存企业的剩余价值分配给劳动者,相当于劳动者在华为工作期间所创造的价值(特别是将用于未来企业发展的部分)返还给劳动者。这种形式意味着离职的持股员工不能再以持有股份为依据获得公司未来发展的收益,因为这部分未来收益是后来的劳动过程所创造的价值,与离职员工没有价值创造关系。

(三) 华为合作型劳动模式与共享型劳动关系

当资本所有者和劳动者发生分离,并通过资本对劳动的雇佣实现劳动者与生产资料的结合,这种以雇佣劳动关系为基础的生产方式,劳动者在资本所有者的监督下进行劳动,产品归资本所有者拥有,存在劳动异化。资本所有者与劳动者之间的雇佣关系决定了在最终劳动者创造的总价值中,劳动者只能获得劳动力价值,而资本所有者获得剩余价值。在资本主义私有制条件下,这种劳动关系本质是剥削关系。但是,华为的全员持股和动态劳动股份的特征决定了其劳动关系并不是传统意义上的资本对劳动的雇佣关系,而是劳动者与资本所有者合二为一,是一种新型的生产组织关系,这种劳动关系呈现出合作劳动的特征。

首先,资本的趋利性动机转化为劳动报酬激励。华为的股份都是内部劳动者所有,没有外部的资本所有权关系,持股员工既是企业的劳动者,也是企业的所有者(虚拟股权所有人)。企业的剩余价值规律和资本的趋利性动机让位于劳动者之间的合作机制,或者说企业的资本利润最大化目标让位于企业总体价值最大化目标。企业总体价值不仅包括企业利润,还包括劳动力价值。在这种情况下,资本已经不再扮演重要角色,更可能的只是将其作为核算利润与分配红利的工具而已。失去了外部资本在企业中的作用,企业可以通过劳动激励来构建内部激励机制。对此,华为正是通过动态劳动股份的激励举措来促成劳动者的合作动力,形成华为内部激励的核心优势。

其次,劳动者兼具企业的剩余控制权和剩余索取权。尽管华为分配给员工的是虚拟受限股权,与实际资本所有权有一定差异,如程恩富(2018)就认为华为这种虚拟股权分享机制中,员工并没有相应的决策权。但事实上,华为持股员工通过持股员工代表会的形式参与企业经营管理和重大决策。首先所有持股员工通过投票选出持股员工代表,而持股员工代表会(是华为的最高权力机构)又通过选举产生董事会和监事会成员,董事会最后又选出常务董事会。这就意味着,作为持股员工,企业劳动者同时享有企业的剩余索取权和剩余控制权。剩余索取权和剩余控制权的平衡配置是企业得以高效运转的条件,华为企业通过持股员工代表会实行集体领导制度,有效地避免了现代企业制度中的委托代理问题和内部人控制等治理问题的出现。

最后,华为的劳动关系兼具共享性与合作性。由于独特的股权结构和全员持股的特征,华为中资本雇佣劳动的关系已经让位于劳动者之间的合作劳动关系,资本对劳动的剥削关系让位于劳动者之间共享自身创造价值的分配关系。一方面,在动态劳动股份的激励下,劳动者通过发挥自身劳动创新能力以及劳动协调能力,创造出更多的用于分配的剩余价值或利润;另一方面,在收益分享的机制作用下,劳动者创造的剩余价值或利润又依据持股数量以分红的形式分配给相关的持股员工。从这个层面来说,华为自称是一种合伙制企业是有一定道理的,企业劳动者也是企业虚拟股份的所有者通过劳动联合的方式结合起来创造和分享企业的价值和收益。在这种情况下,私有制企业中的劳资之间的冲突与对立的景象在华为中不复存在。如果说存在劳动关系的矛盾的话,更多的是劳动者与作为联合劳动的企业之间的矛盾,以及目前仍然可能存在的是持股员工与非持股员工之间的矛盾。

四、 中国特色社会主义劳动关系新模式的理论思考

我国社会主义劳动关系经历了从计划经济体制下单一公有制经济的劳动关系模式到市场经济体制下混合所有制经济的劳动关系模式。在劳动关系模式演变的过程中,不仅公有制经济的劳动关系逐渐往市场化、法治化、多元化的方向发展,非公有制经济也形成了以华为为代表的合作共享型的劳动关系模式。比较和分析这些劳动关系模式,将为构建新时代中国特色社会主义劳动关系新模式提供借鉴和启示。

(一)当前四种劳动关系基本模式

改革开放以来,为了适应市场经济体制和多种所有制经济结构,我国的劳动关系模式呈现出了多种形式。从社会生产关系,即生产资料所有制形式、劳动与资本的地位以及分配关系三个方面来看,劳动关系存在四种基本模式。其中前

两种属于公有制企业的劳动关系模式,后两种属于非公有制企业的劳动关系模式。假定企业在一定时期内生产的商品价值量表示为:$w=c+v+m$,其中,c、v、m分别表示不变资本、可变资本和剩余价值。

模式一:以共同劳动为核心的劳动关系模式。这种模式下劳动力与生产资料直接结合,劳动者平等拥有对所在公有制企业的所有权,并作为企业的共同所有者参与企业经营管理和收益分配。劳动者从企业层面获得自身创造的作了必要扣除之后的所有价值,收入分配的依据是劳动者为企业提供的劳动数量和质量。劳动收入以企业为标准,以货币形式发放,属于市场型按劳分配的形式。用公式可以表示为:

$$y_l=v+m-\Delta m \tag{1}$$

y_l 表示劳动者获得的收入,Δm 表示用于企业和社会扣除的剩余价值。[①]

模式二:以公有资本为核心的劳动关系模式。这种模式在企业层面看来劳动者与生产资料所有者是分离的,劳动者与企业之间是雇佣劳动关系,他们之间通过劳动力市场以企业生产组织方式结合在一起,是一种间接结合方式。劳动者不直接拥有对公有制企业的所有权,而且劳动者在企业层面只获得相当于劳动力价值的工资部分,但可以在社会层面分享作了必要扣除之后的社会公有资本总收益[②]。用公式可以表示为:

$$y_l=v+(M-\Delta M)/N \tag{2}$$

其中 M、ΔM 分别表示社会公有资本的总利润和必要的扣除,$M-\Delta M$ 表示可用于分配的公有资本收益,N 表示分享收益的人数。

模式三:以私人资本为核心的劳动关系模式。在这种模式中劳动力与生产资料分属于不同的所有者,劳动力与生产资料在资本雇佣劳动的关系下间接结合。生产资料和劳动产品归私人所有,劳动者将获得劳动力价值即工资部分,而

---

① 马克思在《哥达纲领批判》中阐述了这些扣除的项目包括:用来补偿消耗掉的生产资料部分、扩大生产的追加部分、保险基金、管理费用、公共设施、救济基金等。(见《马克思恩格斯选集》第3卷,人民出版社2012年版,第361—362页)

② 公有资本收益分享一般通过将一定比例的公有资本利润上缴国家后,以社会分红等形式实现。

剩余价值或利润将作为资本的回报归资本所有者。这种劳动关系模式中,劳动者和资本所有者的收入可以表示为:

$$y_l = v, \ y_k = m \qquad (3)$$

其中,y_l、y_k 分别表示劳动者收入和资本所有者收入。

模式四:以合作劳动为核心的劳动关系模式。这种模式的前提仍然是私有制经济,但与以私人资本为核心的劳动关系模式又有较大的区别。在这种劳动关系模式中,劳动者与生产资料所有者是统一的,也就是说,劳动者同时也是生产资料的所有者,生产资料的所有者都是作为企业的一员参与生产劳动。但与公有制企业不同,这里劳动者拥有公司的股份,却不是集体共同占有,而是将股份根据认股数或配股数归不同的劳动者所有。劳动者在获得劳动力价值即工资的同时,也能够根据企业总体的绩效以分红的形式获取一部分剩余价值。这种劳动关系模式中,劳动者的收入可以表示为:

$$y_l = v + n(m - \Delta m) \qquad (4)$$

其中,n 表示劳动者所持有的股份数量,$m - \Delta m$ 表示可用于分配的企业剩余价值,或可用于分红的企业利润。

(二) 基于公平与效率维度的劳动关系模式比较

从劳动价值论来看,经济公平意味着劳动者不仅能够获得劳动力价值,而且能够获得剩余价值,也就是说消除了经济"剥削",假定资本占有越平等公平越高;经济效率意味着劳动者获得的收入与自身提供的劳动数量和质量正相关,假定相关性越高效率越高。当用公平与效率两个维度来看以上四种劳动关系基本模式,大致如图 1 所示①。

对于第一种模式,由于劳动者平等占有生产资料,实行按劳分配的原则,劳动者能够获得劳动力价值和一部分剩余价值,因而具有经济公平。在经济效率上尽管比计划经济体制下的传统按劳分配更胜一筹,在这种模式中,劳动力与产品都通过市场来定价,劳动效率和劳动能力越高的劳动者获得的剩余价值也会

---

① 图中模式 0 是指高度集中的计划经济和单一公有制条件下企业的劳动关系模式,由于劳动者平等地占有生产资料,但劳动质量和效率的评估困难,传统按劳分配会导致平均主义的倾向,故会出现高公平低效率的情况。

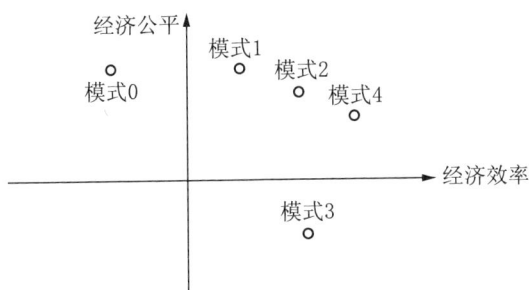

图1 公平与效率维度的劳动关系模式比较

更高。但由于现实中工资形成的市场化程度不高,一些岗位的聘任仍然采用行政机制,这就使得相对于经济公平来说,经济效率会表现得稍弱一些。

对于第二种模式,劳动者在企业范围内只能获得劳动力价值,而作为共同的生产资料所有者是从社会中领取总体公有资本的利润分红。这就意味着,劳动者能够获得劳动力价值和剩余价值,不存在资本对劳动的"剥削"问题。与此同时,由于劳动者获得的劳动力价值取决于市场竞争,以劳动者提供的劳动数量和质量作为判断依据,因此是具有经济效率的。

对于第三种模式,由于劳动者只获得相当于劳动力价值的工资部分,而独立于劳动者的资本所有者将获得剩余价值,这种分配模式不具有经济公平,劳动者并没有获得他所创造的全部价值,而剩余价值被没有参与劳动的资本所有者所占有。但是从经济效率上来看,由于工资是根据劳动力市场的竞争关系决定的,也就是劳动者所得的报酬取决于劳动者的劳动能力,因此是具有经济效率的。

值得一提的是第四种模式,正是华为劳动关系模式的雏形。根据上文分析的,华为的员工持股是全员持股,本质上是动态劳动股份,劳动者创造的价值大部分归劳动者所有,并不存在马克思意义上的"剥削"。[①]这就意味着,这种劳动分配关系具有经济公平性的。另一方面,劳动者拥有的股份是根据劳动者为企业带来的收益来分配的,这就意味着,劳动者为企业带来的价值与劳动者获得的收益是正相关的,这种劳动分配关系又是具有效率和激励效应的。我们将这种劳动关系模式称为合作共享型模式,合作意味着劳动者与企业能够做到高效结

[①] 当然,从静态的视角来看,华为大概有一半的员工是不拥有股份的,因此,这些劳动者的劳动关系模式类似于第三种,也就意味着存在马克思意义上的"剥削"。

合,而共享意味着劳动者与企业共同分享企业利润。

当然,在现实经济当中,这四种劳动关系基本模式并不是独立存在的,而是交叉混合的,这是因为:(1)社会主义市场经济条件下,存在着混合所有制企业,在同一个企业中就可能同时存在公有制的劳动关系和非公有制的劳动关系;(2)由于公有制和非公有制的实现形式多样化,对于公有制企业来说,可能同时存在第一和第二种劳动关系的混合模式;对于非公有制企业来说,也可能同时存在第三和第四种劳动关系模式。比如华为只是50%左右的员工持有股份,对持股员工来说对应的是模式四,而对非持股员工来说对应的是模式三。

（三）中国特色社会主义劳动关系新模式的可能方向

从上述的分析中我们知道,华为的劳动关系模式以"强劳动弱资本"为特征,以合作劳动而不是私人资本为中心开展生产组织和收益分配。由于动态劳动股份的员工持股模式,在确保经济公平的同时,又不失经济效率。因此这种劳动关系模式兼具有合作性和共享性,是中国特色社会主义劳动关系新模式的重要实现形式。

首先,这种劳动关系模式尽管依托于私有制经济,但却与传统私有制经济有着巨大的区别,它克服了第三种模式中私人资本条件下的经济不公平问题。尽管不是传统意义上的按劳分配,但却具有按劳分配的很多特征(王艺明,2019):(1)华为的全员持股确保了不会受外部资本的控制,利润不会被外部资本截取,劳动是企业收益分配的重要依据,消除了劳动者与资本所有者之间的分配差距问题和资本对劳动的经济剥削问题。(2)实施动态劳动股份制度,劳动者除了获得由市场决定的工资外,还将会以分红的形式得到一部分剩余价值,劳动者获得剩余价值的多少取决于持股数量,而持股数量与自身的劳动数量和质量密切相关。(3)劳动者特别是持股员工具有民主管理企业的权利,华为的持股员工代表会制度为普通员工管理企业提供了通道。华为分配关系的"类按劳分配"特征使其劳动关系模式更具经济公平性。

其次,这种劳动关系模式能够克服第一种模式可能存在的现实低效率问题。在第一种模式中,如果按劳分配是在企业内部通过工资总额的方式来实现,受到工资总额市场化程度的影响,不一定能够反映企业实际绩效,这势必会影响经济效率。此外,混合所有制企业也难以实行第一种模式的方案,因为若企业的非公有股份部分采取的是模式三的方案,利润将被私人资本所获取,那么公有股份的收益可能会遭受管理者的侵蚀,不利于企业的长期发展。同时,华为的这种劳动关系模式还能克服劳动力市场分割导致的劳动力配置低效率的问题。在我国当前既存在公有制企业也存在非公有制企业的情况下,如果公有制企业实行的是第一种模式中的按劳分配方式,那么劳动者不仅能获得劳动力价值,还能获得一部分剩余价值的分红。而对于非公有制企业来说,劳动者只能获得劳动力价值,这势必会导致同一市场体系下,不同企业类型的劳动者收入结构不同,直接造成劳动力市场的分割,不利于要素市场一体化发展。

最后,这种劳动关系模式也为构建公有制企业中的劳动关系模式带来了新的启示,提供了可能改造的新方案。公有制为主体、多种所有制经济共同发展,与社会主义市场经济体制和分配制度一道构成了社会主义基本经济制度①,混合多元将是未来中国特色社会主义劳动关系模式的长期特征。华为的劳动关系模式,不仅为非公有制经济带来启示,有条件的私营企业可以增加员工持股比重,在增进企业效率、减少代理问题,促进分配公平上都具有重要作用;也对公有制企业推进劳动关系改革、工资制度改革和人事聘任制度改革方面具有重要的意义。对于公有制企业来说,实施劳动模式与资本模式的相互补充相互融合将是未来劳动关系探索方向,与此同时,传统的按劳分配方式将会逐渐向合作型劳动关系模式和共享型的分配方式转变。特别是对混合所有制企业可以进行华为模式的改造和升级。比如公有股份作为国家代理持股,收益全民分享,而非公有股份可能更多转化为企业员工持股,从而将这种劳动关系模式更加完善化和制度化。

参考文献

马克思:《资本论》第1—3卷,人民出版社2004年版。

《马克思恩格斯选集》第2卷,人民出版社1995年版。

《中共中央关于坚持和完善中国特色社会主义制度、推进国家治理体系和治理能力现代化若干重大问题的决定》,人民出版社2019年版。

---

① 《中共中央关于坚持和完善中国特色社会主义制度　推进国家治理体系和治理能力现代化若干重大问题的决定》,人民出版社2019年版,第12页。

马艳、周杨波：《劳资利益论》，复旦大学出版社 2009 年版。

许晖、万益迁、裴德贵：《高新技术企业国际化风险感知与防范研究——以华为公司为例》，《管理世界》2008 年第 4 期。

李放、林汉川、刘扬：《面向全球价值网络的中国先进制造模式构建与动态演进——基于华为公司的案例研究》，《经济管理》2010 年第 12 期。

武亚军：《"战略框架式思考"、"悖论整合"与企业竞争优势——任正非的认知模式分析及管理启示》，《管理世界》2013 年第 4 期。

刘红燕：《"深圳华为"品牌国际化对我国企业的启示》，《中国商贸》2014 年第 13 期。

刘新刚、王玮：《华为实践的理论基础探讨》，《企业管理》2020 年第 1 期。

保建云：《中国跨国公司崛起、华为模式与世界格局演化》，《人民论坛》2019 年第 34 期。

程恩富、白红丽：《我国民营企业员工分享模式的比较研究》，《河北经贸大学学报》2018 年第 4 期。

齐宝鑫、武亚军：《转型经济中民营企业成长的中长期激励机制研究——华为推行 TUP 的产权制度创新实践与理论启示》，《复旦学报（社会科学版）》2018 年第 3 期。

袁国辉：《华为发展纲要里的财务辩证思维》，《财务与会计》2016 年第 10 期。

王艺明：《从华为经验看社会主义公有制和按劳分配的新实现形式》，《财经智库》2019 年第 4 期。

李松龄：《重建企业个人所有制的理论认识与现实意义——兼论华为企业所有制形式的创新》，《河南财政经济学院学报》2019 年第 3 期。

李楠：《基于劳动力产权关系异化的劳动关系调节机制演变及发展》，《广州大学学报（社会科学版）》2007 年第 8 期。

（作者为复旦大学马克思主义学院副教授）

马克思恩格斯的治理思想研究①

翟桂萍

自党的十八届三中全会把"治理"概念纳入党的执政话语体系以来,关于治理的讨论就不仅仅局限于理论层面,也是实践层面的问题。特别是党的十九届四中全会通过了《中共中央关于坚持和完善中国特色社会主义制度 推进国家治理体系和治理能力现代化若干重大问题的决定》,治理更是成为学界研究的热点问题和各级政府的实践问题。但在有些学者看来,治理是当代西方兴起的概念,与马克思主义没有什么关系,特别是认为马克思主义强调的是统治,而且是阶级统治,似乎与西方的治理相去甚远。果真如此吗? 西方的治理概念是凭空产生的吗? 西方社会的治理实践又进行到了什么程度? 笔者以这些问题为起点,尝试对马克思主义的治理思想进行系统梳理与研究。

一、 马克思恩格斯经典文本中的 "治理"

关于马克思主义是否有治理思想这一问题的研究,笔者从马克思恩格斯基本的文本检索开始,试图通过文本语词的分析把握其基本的思想内涵。

(一) 基于"治理"语词的文本检索

通过对《马克思恩格斯文集》《马克思恩格斯全集》(第一版)、《马克思恩格斯全集》(第二版)(目前只出版了一部分)"治理"一词进行检索,在正文及注释部分,"治理"一词分别出现了 14 次、111 次和 28 次。检索的目的在于发现马克思恩格斯经典著作中是否包含"治理"一词,以及这些被翻译为"治理"的话语是否具有当代治理的内涵。同时,笔者努力与英文版的原文进行比较,试图基于文

① 本文为国家社科基金项目"马克思主义治理理论及其对当代中国的启示研究"(编号:15BKS004)成果之一。

本分析而发现一些问题。

笔者对《马克思恩格斯全集》第一版第 1—50 卷进行了"治理"语词的检索,累计出现 108 次(已经去除因文本编辑需要在页眉中重复出现的文章标题),其中,在"出版说明"中出现"治理"1 次,在文本最后的附录、注释、索引中分别出现5 次、9 次和 2 次,其余 91 次均出现在正文中,分布在 27 卷的 55 篇文献中。出现次数最多的文献是《马克思恩格斯全集》第 1 卷的《摩塞尔记者的辩护》,出现了15 次;其次是第 10 卷的《革命的西班牙》、第 14 卷的《福格特先生》和第 45 卷的《马·柯瓦列夫斯基〈公社土地占有制,其解体的原因、进程和结果〉(第一册,1879 年莫斯科版)一书摘要》,都分别出现了 4 次。第 12 卷的《马志尼和拿破仑》、第 16 卷附录的《卡·马克思关于不列颠政府对被囚禁的爱尔兰人的政策的发言记录》、第 26 卷的《剩余价值理论》(《资本论》第四卷),分别出现了 3 次。

检索发现,马克思恩格斯著作中最早出现"治理"一词是 1835 年,马克思在其中学考试的拉丁语作文《奥古斯都的元首政治应不应当算是罗马国家较幸福的时代》中,认为奥古斯都的元首政治应该算是最好的时代,指出,"国家看来治理得不错,'罗马首席公民'愿为人民造福"①。在《马克思恩格斯全集》1975 年历史考证版英文版中的表述是"the state appears to have been well ordered",②表达是良好的秩序,也就是治理的结果如何。

(二)马克思恩格斯关于"治理"语词的内涵分析

通过分析篇目段落和具体历史语境,结合对当代"治理"概念内涵的把握,发现马克思恩格斯著作中对"治理"一词的运用也并不具有完全一致的涵义,主要从以下几个角度来使用:

第一,从政治行为的权力属性角度来分析。在马克思恩格斯的经典文本中使用"治理"一词时,大多数情况下冠有明确的、单一的主语,或为机构团体、或为阶级党派,甚至常常是具体个人,治理主体的一元性特征显著,权力属性比较突出。与今天话语表达相比较而言,多数情况下可以与"统治"相通用。

比如在马克思的《西班牙的革命》(1854 年)一文中,这一文本分别分布在

---

① 《马克思恩格斯全集》第 40 卷,人民出版社 1982 年版,第 826 页。

② *Marx & Engels Collected Works*(Volume 1)(Karl Marx 1835—43), London: Lawrence & Wishart, 1975:642.

《马克思恩格斯全集》第一版的第 10 卷和第二版的第 13 卷。在《西班牙的革命》的中文版中,第一版与第二版的"治理"翻译完全一样(表 1),说明"治理"一词能够准确地表达作者本意。联系文本的前后文思想,可以发现,这里的治理更多的是一种统治的涵义,主要是指某一政治主体的统治行为。

表 1 《西班牙的革命》中的"治理"检索结果比较

第一版第 10 卷	第二版第 13 卷
西班牙和土耳其一样,仍旧是一堆共有一个挂名君主的**治理**不善的共和国。	西班牙和土耳其一样,仍旧是共有一个挂名君主的一批**治理**不善的共和国。
因此瓦伦西亚后来在苏舍元帅的自由主义**治理**时代就不再有所作为,而在斐迪南七世回来以后,竭力拥戴斐迪南七世为国王,以对抗当时的革命政府。	因此巴伦西亚后来在苏舍元帅的自由主义**治理**时代就不再有所作为;因此在斐迪南七世回来以后,竭力拥戴斐迪南七世为国王,以对抗当时的革命政府。
在议会**治理**期间,国家分成了两部分。在累翁岛有思想而无行动,在另一部分西班牙则有行动而无思想。	在议会**治理**期间,西班牙分成了两部分。在莱昂岛有思想而无行动,在西班牙的其他地方则有行动而无思想。
卡斯坦尼约斯、布拉克、拉比斯巴(奥当奈尔家族中的一员)三位将军轮流起着摄政的重要作用,并在议会的**治理**期间不断玩弄阴谋,最后,瓦伦西亚军区司令官唐·哈维埃尔·埃利奥干脆把西班牙交了斐迪南七世去随意支配。	卡斯塔尼奥斯、布拉克、拉比斯瓦尔,奥当奈尔家族中的一员,三位将军在议会的**治理**期间相继作为摄政并且不断玩弄阴谋,最后,巴伦西亚军区司令官唐·埃利奥尔·埃利奥干脆把西班牙交给了斐迪南七世去随意支配。

事实上,在阅读"治理"一词出现的前后文中,"统治"一词往往也会同时出现,比如,在 1847 年《德国的制宪问题》中,恩格斯在分析了德国资产阶级的初步发展之后,指出了资产阶级在德国未来的命运,"现在它要末继续向前迈进而成为统治阶级,要末就放弃自己以前所取得的成绩;也就是说,它是目前唯一能够在德国实现进步、能够治理德国的阶级。"① 显然这里主要讲的是德国资产阶级作为统治阶级,具有统治整个德国的能力。

但不容忽视的是,有的地方也具有了民主治理的意蕴。比如,马克思对西班牙的分析中谈到"议会的治理"。在当时的西班牙,其议会已经实行两院制,虽然其议会形式运作不稳定,作用发挥不力,主要是以咨议为主,但已经具有了议会

① 《马克思恩格斯全集》第 4 卷,人民出版社 1958 年版,第 53 页。

民主的基础。由此可以看出，治理一词的运用体现了西班牙议会治理的民主特点，体现了西班牙国家与社会关系发展的阶段性历史特点。

第二，从秩序建构者的阶级属性上来分析。在马克思恩格斯著作中"治理"一词的运用，更多的是置于批判性的语境当中，因此隐含有内在的价值意涵，表达了对秩序建构性质的一种潜在分析。这种治理过程主要体现为秩序建构主体对自身利益的维护，而缺乏对共同利益的维护，即便有所体现，更多的也只是一种附带品。例如马克思在《路易·波拿巴的雾月十八日》中分析资产阶级经济危机时所谈到的，"法国资产阶级把这种商业停滞说成是纯粹由于政治原因，由于议会和行政权力间的斗争，由于临时的治理形式的不稳定，由于 1852 年 5 月第二个星期日的可怕远景"。①可以看到，马克思对当时法国治理形式的分析中，聚焦于资产阶级政府为维护资产阶级利益而进行统治的分析，事实上包含着对资产阶级政治统治的批判。又如马克思在 1861 年《英国的危机》中谈到，英国受印度匮乏的交通工具和窘困农民的限制，无法有效提升棉花产量，是"在受着自己长期罪恶地治理印度的报应"。②因此，可以看到，马克思恩格斯使用"治理"时，更多是从政治统治者的角度来使用的，从而使治理一词具有明显的阶级属性。

第三，从秩序建构的方法途径上来分析。著作中相关表述中对于"治理"成就秩序的方法没有限定。马克思在 1881 年的《亨利·萨姆纳·梅恩"古代法制史讲演录"一书摘要》中写到："没有'较小的社会集团'的解体，没有这些集团对构成它们的人们所拥有的无论民主治理或专制治理的权力的崩溃，我们，如尊敬的梅恩所说的，'就永远不会有作为我们整个思想的依据的一些伟大概念'"。③而更为显著地，马克思 1855 年载于《新奥德报》的文章《帕麦斯顿。——大不列颠统治阶级的生理现象》中有如下表述："包括到 4 月 30 日为止这半年来的情况的'工厂视察员的工作报告'已呈交议会两院。这份报告为说明曼彻斯特的和平拥护者和争取从贵族那里夺得治理国家垄断权的那个阶级的特点作出了无可估价的贡献。"以上两个段落清晰地表明，"治理"更多是与管理具有类似的涵义。

笔者还同时查阅了英文版的《马克思恩格斯全集》，并进行了"govern"和

---

① 《马克思恩格斯全集》第 8 卷，人民出版社 1961 年版，第 202—204 页。

② 《马克思恩格斯全集》第 15 卷，人民出版社 1963 年版，第 370 页。

③ 《马克思恩格斯全集》第 45 卷，人民出版社 2003 年版，第 575—576 页。

"governance"的检索,"governance"未检索到,"govern"出现的频次也不多,说明在当时,"govern"一词还未得到较多的运用。就英文"govern"一词的运用而言,主要有以下几种内涵:

一是控制、支配之意。这一用法比较多。马克思在 1870 年关于普法战争的评论中,谈到外交政策,认为要维护法律的道德和正义,并用以支配私人关系。"We defined the foreign policy aimed at by the International in these words: Vindicate the simple laws of morals and justice, which ought to govern the relations of private individuals, as the laws paramount of the intercourse of nations"①。

二是统治之意。如恩格斯在"ERNST MORITZ ARNDT"中(笔者注:原文即为英文),"We, however, are convinced that the relationship between the governing and the governed must first be regulated by law before it can become and remain amicable"。②强调了统治者与被统治者之间的关系要遵守法律的规范。

三是管理之意。如恩格斯在伍珀河谷来信("Letters from Wuppertal")中,谈到"It is wholly in the hands of a limited, niggardly governing body which in most cases also selects only pietists as teachers"。③马克思在《巴黎公社》第一稿中,曾经在谈到公社的性质时,指出"All France organized into self-working and self-governing communes"④,这里的"govern"与"self"一起使用,具有自我管理、自治的涵义。

比较部分被翻译为中文"治理"的语段和相应的英文语段,发现"治理"一词的翻译更多的是基于前后语义,而不是从相应的英文单词而来,有时更多的是基于前后文的顺畅和避免较多的重复,也就是是从修辞的角度来使用的。

通过文本分析,尽管马克思恩格斯没有明确提出"国家治理"概念,但是有两个基本发现:"治理"作为一般用语在马克思恩格斯的著述中是中性的,基本可以

---

① *Marx & Engels Collected Works*(Volume 22)(Marx and Engels 1870—71), London: Lawrence & Wishart, 1986:3.

② *Marx & Engels Collected Works* (Volume 1) (Karl Marx 1835—43), London: Lawrence & Wishart, 1975:144.

③ *Marx & Engels Collected Works*(Volume 2)(Frederick Engels 1838—42), London: Lawrence & Wishart, 1975:18.

④ *Marx & Engels Collected Works*(Volume 22)(Marx and Engels 1870—71), London: Lawrence & Wishart, 1986:490.

在不影响原文意义的基础上用"统治""管理"进行替换。当然,马克思恩格斯的治理思想还不仅仅体现在以上这些文本中,还体现在《共产党宣言》《共产主义原理》《法兰西内战》《德意志意识形态》等其他一些著作中,形成了以国家、市民社会和人民为核心,包含着国家与市民社会理论、无产阶级专政理论、生产力发展理论、人的解放理论,以及关于国家治理和社会治理的主体、原则、方式、机制、目标等诸多方面内容的丰富治理思想。马克思主义国家治理思想的实践与发展,当然还包括马克思主义的后继者对社会主义国家治理实践与理论的贡献。

二、 马克思恩格斯治理思想的主要意涵

当代治理理论的兴起,内含着对人类社会实践发展规律的把握和总结,特别是治理所涉及的"国家"与"社会"的发展以及二者之间的关系,却有着相当漫长的历史。而马克思主义不仅揭示了人类社会的本质规律和历史发展的基本脉络,而且为一定社会形态下的治理提供了理论和实践依据,对未来社会的治理趋向做出了科学判断,对于当代治理的发展依然具有重要指导价值。

（一）马克思恩格斯揭示了治理的前提：国家产生于社会,社会决定国家

治理理论的兴起,强调的是存在于至少两个以上领域或范围的行动者之间的互动关系。因此,在古希腊城邦即国家、即社会的状况下,无所谓治理的存在。虽然我们有时候把统治等同于治理,但并不是所有社会的统治都可以等同于治理,这种把治理等同于统治的前提就是国家与社会的分离,也就是说国家与社会是两个不同的领域。即使国家与社会的关系状态不尽相同,强弱关系不同,但国家与社会的分离依然存在,这种分离与不同的存在构成了治理产生的前提条件。因为只有在不同领域下才会产生真正不同的主体,才会存在治理理论所强调的不同主体的存在。恩格斯在《家庭、私有制和国家起源》一文中,在剖析氏族社会、家庭和私有制的基础上,分析了国家的起源、国家的本质,指出:国家是社会在一定发展阶段上的产物;国家是承认:这个社会陷入了不可解决的自我矛盾,分裂为不可调和的对立面而又无力摆脱这些对立面。而为了使这些对立面,这些经济利益互相冲突的阶级,不致在无谓的斗争中把自己和社会消灭,就需要有

一种表面上凌驾于社会之上的力量,这种力量应当缓和冲突,把冲突保持在"秩序"的范围以内;这种从社会中产生但又自居于社会之上并且日益同社会相异化的力量,就是国家。①这就表明了治理产生的两个基本场域和主体:国家与社会,表明二者之间的相互关系。一方面,国家是社会矛盾不可调和的产物,国家产生于社会;另一方面,国家具有调和冲突的功能。正是国家与社会这种相互关系的存在,恰恰为治理的产生提供了前提。国家如何能够更好地抑制社会中存在的冲突?如何能够作为同社会相异化的力量而有能力缓和冲突?社会又能够在多大程度上接受国家与社会的异化关系?等等,都为治理理论的产生预留了可探索的空间。

(二)马克思恩格斯揭示了人类社会治理的基本原则:为绝大多数人谋利益

治理理论所要解决的核心议题是公共利益问题。"人们奋斗所争取的一切都同他们的利益有关"②,"每一个社会的经济关系首先是作为利益表现出来"③,而"'思想'一旦离开'利益',就一定会使自己出丑"④。因此,利益也是马克思恩格斯所关注的内容。马克思早在《关于林木盗窃法的辩论》中,分析了私人利益与理性国家观之间的断裂和碰撞。可见,利益不是抽象的,而是与一定的经济关系和物质关系相联系的。柏拉图式追求正义的"理想国",仅仅是一种乌托邦式的存在,亚里士多德明确提出了公共利益的概念,指出,"正义以公共利益为依归"⑤,并以公共利益作为区别政体是否正义的标准。这些公共利益都还比较抽象,更多是伦理道德层面的。而随着人类利益的发展,利益日益分化,导致阶级关系的分化,而事实上,这种经济利益的矛盾和对立是国家从社会中分离出来的根本原因。国家的产生就是社会共同利益的需要,目的就是为了对相互冲突的利益关系进行调整。在阶级对立的社会,"自由民和奴隶、贵族和平民、领主和农奴、行会师傅和帮工,一句话,压迫者和被压迫者,始终处于相互对立的地位",⑥而这种对立的核心是经济上的从属和对立。即使到了资本主

---

① 《马克思恩格斯文集》第4卷,人民出版社2009年版,第189页。

② 《马克思恩格斯全集》第1卷,人民出版社1956年版,第82页。

③ 《马克思恩格斯选集》第2卷,人民出版社1972年版,第537页。

④ 《马克思恩格斯文集》第1卷,人民出版社2009年版,第286页。

⑤ [古希腊]亚里士多德:《政治学》,吴寿彭译,商务印书馆1965年版,第148页。

⑥ 《马克思恩格斯选集》第1卷,人民出版社2012年版,第400页。

义社会,也并未消灭阶级对立,而"只是用新的阶级、新的压迫条件、新的斗争形式代替了旧的"①。正如马克思恩格斯在《共产党宣言》中所指出的,"不管阶级对立具有什么样的形式,社会上一部分人对另一部分人的剥削却是过去各个世纪所共有的事实"②。也就是说,一部分人的劳动被另一部分人所占有,一部分的利益被另一部分所侵占。在资本主义社会,处于被剥削者地位的无产者是社会上的绝大多数人。为此,无产阶级要通过革命消灭人剥削人的制度,用暴力推翻资产阶级而建立自己的统治。但无产阶级的这种反抗运动与以往的运动具有根本的不同,"过去的一切运动都是少数人的,或者为少数人谋利益的运动。无产阶级的运动是绝大多数人的,为绝大多数人谋利益的独立的运动"。③因为无产阶级作为与资产阶级相对立的阶级,是受剥削受压迫的阶级,不仅处于社会的最下层,也占人数的大多数。所以,对于无产阶级而言,需要建立的是一个无产阶级居于统治地位的社会,也就是一个多数人处于统治地位的社会,这个社会是为多数人谋利益的,而不是相反。因此,对于马克思恩格斯所阐述的治理原则而言,与以往一切统治阶级的社会完全不同,是消灭私有制基础上的为大多数人谋利益的社会。

（三）马克思恩格斯揭示了过渡时期社会治理的必要形式：无产阶级专政

治理理论强调多元主体的参与,而多元主体特别是社会主体的成长并不是一蹴而就的,特别是在无产阶级统治的社会中,作为多数统治者的公民需要在现代国家的成长中构建治理社会所需要的能力,而无产阶级专政为公民社会的这种发展提供了前提条件。

无产阶级要建立的是消灭了私有制的完全不同于以往社会的共产主义社会,可谓任务艰巨,任重道远。无产阶级只有通过革命夺取政权,首先"上升为统治阶级",并利用国家政权的力量夺取资产阶级的全部资本,并"把一切生产工具集中在国家即组织成为统治阶级的无产阶级手里,并且尽可能快地增加生产力的总量",④以为未来共产主义社会的发展提供经济基础。其次,通过经济基础

---

① 《马克思恩格斯选集》第1卷,人民出版社2012年版,第401页。
② 《马克思恩格斯选集》第1卷,人民出版社2012年版,第420页。
③ 《马克思恩格斯文集》第1卷,人民出版社2009年版,第42页。
④ 《马克思恩格斯文集》第2卷,人民出版社2009年版,第52页。

的发展不断改造上层建筑,建立起共产主义的经济基础和与之对应的上层建筑,这需要一个长期的过程。再有,在无产阶级夺取政权之后的很长一段时间内,还将存在着阶级和阶级斗争,而且一切旧势力都不会甘心被抛出历史舞台,必然采用各种方式进行挣扎和反抗。资本主义社会在工人运动的推动下,不断进行调整而获得了一定的新发展,一方面说明了共产主义取代资本主义社会的长期性,另一方面也说明了现实社会主义制度的发展对资本主义调整的推动作用和价值,表明了社会主义的进步性。在这一进程中,所能采用的统治方式,只能是无产阶级的专政,目的在于通过无产阶级专政为向未来社会过渡创造条件。

在从阶级社会向无阶级社会的发展需要一个过渡阶段,这符合马克思主义的唯物史观。马克思指出:"无论哪一个社会形态,在它所能容纳的全部生产力发挥出来以前,是决不会灭亡的;而新的更高的生产关系,在它的物质存在条件在旧社会的胎胞里成熟以前,是决不会出现的。"①而且新社会必然带有它所脱胎出来的那个旧社会的痕迹,又由于未来共产主义社会作为完全不同于以往阶级社会的消灭了私有制的更高级社会形态,要成为一种世界性存在,需要更长的时间,因此,马克思在《哥达纲领批判》中明确指出:"在资本主义社会和共产主义社会之间,有一个从前者变为后者的革命转变时期。同这个时期相适应的也有一个政治上的过渡时期,这个时期的国家只能是无产阶级的革命专政。"②因为只有通过无产阶级专政,才能够从根本上"消灭阶级差别,消灭一切产生这些差别的生产关系,消灭一切和这些生产关系相适应的生活关系,改变一切由这些社会关系产生出来的观念"。其实也就是马克思恩格斯在《共产党宣言》中所谈到的"两个决裂"的思想。

由此我们可以看出,马克思恩格斯关于无产阶级专政的思想并不是固化的,而是预见到了向未来社会过渡的复杂性、长期性和必然性,突出了无产阶级专政只是一种过渡的治理形式,是培育市民社会的过程,无产阶级专政的治理也将被没有阶级统治的治理所取代。

---

① 《马克思恩格斯选集》第2卷,人民出版社2012年版,第3页。
② 《马克思恩格斯文集》第3卷,人民出版社2009年版,第445页。

（四）马克思恩格斯揭示了通向未来社会治理的必由之路：逐步消解国家与社会的对立而走向合作

随着民族国家的确立以及资本主义国家阶级矛盾的缓和，国家的功能也发生了变化。其实在资本主义国家，这种变化是相辅相成的，也就是说阶级矛盾的缓和与国家功能的变化是互为因果。资产阶级通过改善工人阶级的劳动条件、改善工人福利、修建公共设施等方式缓和阶级矛盾和阶级对抗，这也使得资产阶级的国家通过履行社会管理或者是一定的社会服务功能，延缓了其国家走向灭亡的速度。现代欧洲福利国家的存在，也是国家履行社会职能的一个体现。正如恩格斯所指出的："政治统治到处都是以执行某种社会职能为基础，而且政治统治只有在它执行了它的这种社会职能时才能持续下去。"①这种缓和的核心是消除国家与社会之间的紧张对立关系，推动国家与社会的和解，推动二者之间的合作。但只有到了无产阶级专政的国家，才真正开启了国家与社会和解的进程。

无产阶级成为统治阶级之后，利用国家政权把生产资料归国家所有，实行公有制。资本主义生产方式的发展，使工人的生活水平"越来越降到本阶级的生存条件以下"②，工人成为赤贫者，因无法养活自己而不能存在下去，"从而就造成一种在死亡的威胁下不得不去完成这个变革的力量。这种生产方式日益迫使人们把大规模的社会化的生产资料变为国家财产"。③也就是说，资产阶级社会所造成的资本与劳动者之间的矛盾，其本身就指明解决这一矛盾的方法，就蕴含了完成这个变革的道路，就是"无产阶级将取得国家政权，并且首先把生产资料变为国家财产"④。因此，马克思指出，"国家真正作为整个社会的代表所采取的第一个行动，即以社会的名义占有生产资料，同时也是它作为国家所采取的最后一个独立行动。"⑤这其实是国家与社会从对立走向一致的新开端。马克思在《法兰西内战》中分析了巴黎公社作为"终于发现的可以使劳动在经济上获得解放的政治形式"⑥对于未来社会的意义，认为，巴黎公社通过铲除资产阶级赖以存在

---

① 《马克思恩格斯选集》第3卷，人民出版社2012年版，第560页。
② 《马克思恩格斯选集》第1卷，人民出版社2012年版，第412页。
③ 《马克思恩格斯选集》第3卷，人民出版社2012年版，第667页。
④⑤ 《马克思恩格斯选集》第3卷，人民出版社2012年版，第668页。
⑥ 《马克思恩格斯选集》第3卷，人民出版社2012年版，第102页。

的生产资料私有制来解放劳动,从而消除资本对劳动的控制,消除了劳动的阶级属性,这样,就为一切社会解放提供了基础,为社会的独立提供了条件。因为生产资料归社会占有,也就使生产资料回归了它的社会性,就消除了资本主义社会中社会化大生产与生产资料私人占有之间的矛盾,推动了社会化大生产与生产资料的社会化占有的协调,从而消除了国家产生的根基,也就消除了国家与社会独立的根基,开启了国家向社会回归的进程。这就使国家与社会的同向发展与合作成为一种必然的选择,也就使治理成为国家与社会关系发展的逻辑必然。

三、 马克思恩格斯治理思想的基本特征与价值旨归

基于治理视野对马克思主义理论的分析,可以发现,马克思恩格斯的治理思想的一个重要方面,就是立足国家与社会关系的演进对不同主体功能的阐释,揭示了不同主体特别是作为阶级利益工具代表者的国家的功能演进,分析了并指明了未来社会的治理前景。因此,我们需要在马克思主义关于国家与社会关系的分析中把握马克思主义治理思想的内涵和意义。可以说,马克思主义治理思想更多的是政治哲学层面的探讨,不仅分析了治理得以产生的基础在于国家与社会关系的分立与互动,还对实践中的特别是资本主义的治理限度进行剖析,认为人类未来"自由人的联合体"是真正的治理实现。从这个意义上看,我们认为,马克思主义治理思想不仅包括我们通常所讲的国家治理、社会治理,更重要的是在国家与社会关系的互动发展中,实现了权力与权利的对接与融合发展,是一种公共治理。具体来说,包括以下三个方面的规定性:

第一,治理的过程规定性。一方面与诸私人领域的治理相区别,治理的目标具有宏观整体性、公共性的特征,不同于私人领域治理关涉问题的具体性。一般而言,公共治理的成果往往是私人治理的背景环境和基础条件。另一方面也限定了讨论的层次,治理一般指"有政府的治理",在此语境下所讨论的"无政府",也仅仅是在政府功能发挥程度上所持的极端立场,与国际关系层面现实无政府状态下的治理相区别。虽然在国家与社会关系发展的不同阶段,马克思恩格斯所强调的治理的侧重点是不同的,有对作为统治权为主的国家治理分析,有对资本主义以经济权利和个人权利为主的治理分析,有对未来社会以公民权利为主

的治理分析。马克思恩格斯是在国家与社会的互动关系中进行分析的,从未忽视权力与权利的互动关系。而治理从本质上而言,是一种行为过程。进而从治理的进程而言,人类社会经历了一个从统治、管理到治理实现的过程。

第二,治理的目的规定性。现代治理的概念更多的是基于"公共领域"。作为公共领域概念最早的阐发者,阿伦特通过指认复数性为人之本性,立场鲜明地将"行动-政治-公共领域"从一切外在目的中剥离出来,使其"公共领域"被定义为排除了一切工具、手段意义的纯粹目的。马克思恩格斯意义上的"公共领域"相较阿伦特而言更具包容性,真正的共同体既要作为先进手段提供人的物质需要,又能够满足个人自由与普遍精神的融合与落实,是一种良好秩序的建构。因此,从马克思恩格斯关于国家与社会关系的分析中可以看出,国家产生的目的在于从社会寻找一种超越于社会自身之上的力量来建构社会秩序。而这个过程中,国家功能的目的在于"社会"的成长,而不是"国家"的成长,虽然国家也在这一进程中不断异化,也存在不断强化作为从社会中成长出来的力量的独立性的问题,但这并不能否定国家的最终走向。由此,我们必然反对纯粹工具主义的、唯技术论的治理理念,而应当回到马克思恩格斯对国家与社会关系分析的本原目的,回到对秩序建构问题的探讨。

第三,治理的价值规定性。当代治理理论与实践往往表现出这样一种内在倾向,即当人们基于社会讨论社会治理时,他们强调的往往是国家,而当他们基于国家讨论国家治理时,他们强调的却往往是社会。这一现实理论境况在马克思主义治理思想视角下有着独特的意义。马克思恩格斯在对国家与社会关系的分析中,因为处于阶级社会的历史现实场景,从国家作为"社会矛盾不可调和"的产物而逐渐脱离社会并日益与社会相异化,国家的统治功能得到了较多强调。但事实上,从马克思恩格斯对国家起源的分析,我们就可以看到,他们是立足于社会来谈国家的,也就是他们是社会本位的,强调的是社会,而非国家本身。从国家未来发展的取向来看,国家消亡的命运可以被视为社会的胜利,但这种胜利并不是完全的自己对立面的消失,而是在发展过程中,从自身成长出来的异化力量的本源回归,也就使社会成为一个完整意义上的共同体,而取代了国家这个"虚幻的"共同体,进而使治理得以真正实现。

我们今天立足于马克思主义来讨论治理思想时,并不否定国家统治和社会管理的任何一个方面,而是可以放到国家与社会关系的历史进程中来分析马克思主义治理思想。也就是说,马克思主义治理思想是在国家与社会相分离基础上对秩序的建构,是国家与社会各场域中主体之间的互动行为过程,是权力与权利的互动合作过程,是实现国家与社会不断成就"公共性"的彼此融合,是以社会性取代国家性成就自由人联合体为旨归的。因此,新时代中国特色社会主义,必须着眼"百年未有之大变局"的国际局势和中国社会发展的深刻变革,在马克思主义治理思想的指导下推动国家治理现代化,进一步整合国家治理结构,更新国家治理方式,从而实现国家治理体系和治理能力现代化,为社会主义迈向更高阶段创造良好条件和奠定坚实基础。

(作者为国防大学政治学院马克思主义理论系政治学与国际政治教研室主任、教授)

组织化：中国共产党农村贫困治理的历史经验及后小康语境下的机制完善

运　迪

新中国成立 70 多年来,中国共产党在农村贫困治理方面取得举世瞩目的减贫成就,在长期贫困治理实践中探索出具有中国特色的贫困治理道路。习近平总书记在 2020 年 3 月决战决胜脱贫攻坚座谈会上的讲话中指出:"我国脱贫攻坚取得决定性成就,贫困治理能力明显提升。我们推进抓党建促脱贫攻坚,贫困地区基层组织得到加强,基层干部通过开展贫困识别、精准帮扶,本领明显提高,巩固了党在农村的执政基础。"①2020 年是全面建成小康社会目标实现之年,一方面,我们要在国家治理体系和治理能力现代化视野中思考如何将既有的成功经验上升为更加成熟定型的制度体系,将以往的贫困治理成效以制度化方式巩固下来。另一方面,我们也需要思考在全面建成小康社会后,如何建构更有效的治理机制巩固减贫成果,完善贫困治理机制。

中国共产党不是基于利益的聚合,而是有着远大理想和使命的政党,是具有超越地方利益、群体利益、家族利益、个人利益的组织化力量,带领人民脱贫是中国共产党人肩负的重要使命。新中国成立以来,党领导国家的一系列制度安排,使党的各级组织具有带领人民摆脱贫困的组织优势。中国共产党农村贫困治理的历程,贯穿其中的是中国共产党始终注重发挥党组织力量在贫困治理中的作用,以组织化的方式推动贫困治理。2020 年全面小康社会建成后,必须总结经验,形成贫困治理长效机制。

一、 组织化：中国共产党农村贫困治理的主要经验

本文所提出的"贫困治理组织化路径"主要包括以下几方面内涵:一是组织

---

① 习近平:《在决战决胜脱贫攻坚座谈会上的讲话》(2020 年 3 月 6 日),详见:http://www.cpad.gov.cn/art/2020/3/6/art_3141_114201.html。

结构,依托延伸至农村基层社会的各级党组织践行党的宗旨,落实国家的扶贫政策。二是组织功能,贫困治理中把基层党组织建设与扶贫中心工作相结合,通过转变功能来增强或恢复基层党组织活力,重点发挥基层党组织引领发展、协调利益和服务社会等功能。三是组织的活动方式,基层党组织依托国家外部力量嵌入贫困地区的政策资金等各种资源,对接农村的脱贫致富需求,运用多种方式进行有效治理。新中国成立以来,中国共产党农村贫困治理取得成效的重要原因就是以"组织化"方式加以实施。可以说,组织化既是中国共产党贫困治理的重要方式,也是重要经验。

(一)治理主体始终以组织化态势进行,结构呈现多元化

中国农村的贫困治理始终是在中国共产党的领导下进行的。新中国成立以来,中国共产党将马克思主义基本原理和中国农村具体实际相结合,坚持运用马克思主义中国化的理论成果来指导扶贫工作。特别是改革开放之后,党和政府先后发布多个农村扶贫纲要聚焦贫困治理问题。一方面各级党组织贯彻执行党中央关于农村贫困治理的路线方针政策,领导地方贫困治理的各项具体活动;另一方面农村基层党组织作为党在农村工作和战斗力的基础,是贫困治理的主要负责者和执行者,承担着贫困治理的具体工作。由于中国共产党是一个高度组织化的政党,新中国建立后,党通过网络化的基层组织实现对中国社会的全面再造和整合,由此建立了具有高度动员能力的一元整合体系。改革开放之后,随着社会结构的变化,党的基层组织的传统体制基础有所松动和弱化。面对日益增长的社会自主性和不断扩大的社会公共空间,中国共产党通过增强基层党组织的服务功能,拓展党的网络等举措健全与基层社会的紧密关系,来巩固党执政的阶级基础与社会基础。①

回顾改革开放,特别是党的十八大以来的贫困治理历程,我们可以看到两条清晰的组织化路径:一方面,党在组织社会和治理贫困过程中通过基层党组织建设,实现横向到边、纵向到底的全面嵌入。不仅构建了省—市—县—乡—村五级层层落实责任制的组织化路径,"层层压实责任,级级传导压力",实行党政一把手负总责的扶贫开发工作责任制。还通过派驻扶贫工作队、工作组和第一书记

① 林尚立:《基层组织:执政能力与和谐社会建设的战略资源》,《理论前沿》2006年第9期。

方式,直接领导和介入贫困村的扶贫工作,实现对基层贫困治理工作有效的组织化调控。另一方面,利用基层党组织的资源优势对群众实现有效动员,为扶贫工作的开展提供良好的群众基础和社会基础。通过加强自身建设,在扶贫攻坚的过程中,发挥共产党员的先锋模范作用和基层党支部的战斗堡垒作用,带领群众攻克贫困。①党组织还积极实现自身从命令控制向领导服务的组织功能转型,注重在体察民需、保障民生、催化扶持和党内关怀等方面发挥作用。党和政府以组织化态势主导贫困治理是中国农村贫困治理最大的特点,也是由党的宗旨和中国特色社会主义制度的性质共同决定的。各级政府通过设置专门的组织机构,制定专项扶贫规划和政策措施,充分调动各种财政、信贷和社会资源,形成了具有权威性、统一性的扶贫组织体系。

与此同时,我们也会看到除了治理主体以这种组织化态势主导贫困治理外,在具体的扶贫实践中,参与治理的主体结构也呈现出一核多元的特征,逐步形成包括以下力量在内的多元主体:(1)党领导下的各级人民政府。(2)党政机关和大型企事业单位。中央和国家机关各部门各单位、参照公务员法管理的事业单位、国有大型骨干企业、国有控股金融机构、各民主党派中央及全国工商联、国家重点科研院校等通过干部挂职锻炼、基础设施建设、产业化扶贫、劳务培训和输出、文化教育扶贫、科技扶贫、引资扶贫、生态建设扶贫、医疗卫生扶贫、救灾送温暖等形式定点帮扶国家扶贫开发工作重点县。省、地、县级党政机关定点帮扶贫困乡、村。(3)社会各界力量。军队和人民团体、社会组织、民营企业和广大公众,针对贫困地区的特殊困难和贫困群众脱贫致富的要求,通过定点帮扶、结对帮扶、实施专项扶贫工程、参与具体扶贫活动等多种形式,支持产业发展、援建基础设施、发展教育卫生、改善生产生活条件、开展生态环境建设。倡导企业社会责任,鼓励企业采取多种方式,推进集体经济发展和农民增收。加强规划引导,鼓励社会组织和个人通过多种方式参与扶贫开发。积极倡导扶贫志愿者行动,构建扶贫志愿者服务网络。鼓励工会、共青团、妇联、科协、侨联等群众组织以及海外华人华侨参与扶贫。

---

①　郑吉峰:《困境与超越:扶贫工作的政治学分析》,《吉首大学学报(社会科学版)》2018 年第2 期。

（二）贫困治理目标保持高度一致性和延续性

回顾中国共产党推进农村贫困治理的历程，不难发现共产党主导的贫困治理是在政治稳定的条件下持续性的国家行为。新中国成立以来，中国共产党始终高度重视农村贫困治理工作，以毛泽东、邓小平、江泽民、胡锦涛、习近平等为代表的中国共产党人对加强贫困治理、改善人民生活、实现共同富裕都作过深度思考和系统阐述，并创造性地将马克思主义的反贫困理论与中国革命、建设、改革的具体实际相结合，逐步探索出一条适合中国国情的中国特色社会主义贫困治理道路。中国共产党是以马克思主义为指导的无产阶级政党，除了人民的利益以外，没有自己的特殊利益，其宗旨就是全心全意为人民服务。在革命、建设和改革实践中，党将"全心全意为人民服务"作为根本宗旨，一直将农村贫困地区的脱贫发展作为自己的执政目标之一。从 1986 年国家开始实施有计划、有组织、大规模的扶贫开发，设立扶贫开发专门机构，划定国定贫困县和省定贫困县，制定与中国国情和发展阶段相适应的扶贫开发方针；再到 1994 年正式颁布实施减贫的专项规划《国家八七扶贫攻坚计划（1994—2000）》，首次明确用七年时间帮助剩下的 8 000 万人摆脱绝对贫困的扶贫目标；2001 年颁布实施《中国农村扶贫开发纲要（2001—2010）》明确提出：到 2010 年尽快解决剩余贫困人口的温饱问题，进一步改善贫困地区的生产生活条件，巩固扶贫成果；2011 年颁布实施《中国农村扶贫开发纲要（2011—2020 年）》，提出针对我国区域发展不平衡问题，扶贫开发从以解决温饱为主要任务的阶段转入巩固温饱成果、加快脱贫致富、改善生态环境、提高发展能力、缩小发展差距的新阶段；继而在 2013 年提出并逐步落地精准扶贫方略。党的贫困治理政策先后创造性地提出并实施救济扶贫、开发扶贫和精准扶贫战略，积累了很多贫困治理的基本经验。对中国这样一个在贫困面积较大、贫困人口多且深度贫困基础上进行贫困治理的国家来说，将贫困治理纳入国家治理体系并置于国家治理的重要政治议程，是有效治理贫困的基本前提。精准扶贫作为中国治理贫困的最新战略，其中一条重要经验就是党和国家在以往扶贫减贫基础上，将农村人口全部脱贫作为"对全国人民的庄严承诺"和第一个百年奋斗目标，进一步将贫困治理上升为国家治理的一个重要政治议程。在顶层设计上，中央除了在政策支持、资源调配、审计监督等之外，不仅为精准扶贫的贫困治理制定路线图，还明确时间表，为解决过去扶贫开发工作中"底数不清、目标不准、效果不佳"等问题，在国家治理层面上对贫困治理的顶层设计进行层层落实，各级政府在中央统一领导下实现协调发展、协同发展和共同发展。历经70年多探索历程，中国共产党初心不改，始终将农村地区的贫困治理作为全面建成小康社会、为人民谋福利的奋斗目标，具有高度的一致性，贫困治理政策的设计和实施具有延续性。

（三）贫困治理组织化的边界和功能不断拓展

围绕贫困治理问题，国家的政策思路一直强调是由党和政府主导和推动的社会变迁过程。然而回顾中国贫困治理实践，单纯依靠政府投入和政府推动，力量是有限的，在贫困治理实践深化过程中，党和政府逐步认识到调动贫困人口、各类企业、金融机构、民主党派等其他组织参与的必要性，不断拓展组织化扶贫的边界和功能。最初受计划经济体制影响，就农村贫困治理问题来讲，国家权力一直发挥着主导作用，扶贫作为一种社会责任完全由党和政府承担。集体化时代扶贫呈现出救济式的特征，主要是为了解决困难群众和弱势群体的基本生存问题，制定诸如五保户制度等，由基本生产经营单位——人民公社，从吃穿住用和教育医疗等方面，代表党和国家实施救济。改革开放以来，随着城乡居民收入和私营经济的快速增长，特别是各种非政府组织的产生和成长，参与扶贫的社会成员越来越多。为破解扶贫开发主体单一化困境，政府逐步开放组织化边界，支持和引导社会团体组织、民办非企业单位等非政府部门参与到农村贫困治理中，拓展农村贫困治理的合作形式，采取适当措施增强各参与方的选择自主权和参与度，激发政府部门与非政府部门合作的活力和潜力。采取参与式扶贫、产业化扶贫、机关和发达地区定点帮扶等措施，实现政府主导与市场调节的有机结合，实现党政机构组织化扶贫、群众参与与社会扶贫的联动，从而营造一种全社会共同参与的扶贫济困氛围。中国的贫困治理主体也由从单一的政府扶贫逐步走向全社会共同参与扶贫态势，组织化路径的边界和功能呈现出不断拓展的特征，形成中国农村贫困"大治理"格局。

实际上，农村贫困治理进程中呈现出治理组织化边界不断拓展这一特征，背后反映的问题是农村社会治理优化的问题。不论是政策制定还是政策落实，不论是制度设计还是执行过程，如果缺乏其他社会主体的参与，尤其缺少贫困治理对象的参与，就会存在政策与需求错位、执行和落实上存在"跑冒漏"问题、贫困瞄准不合理和不公平问题、贫困治理可持续不足问题等等。因此,实施精准扶贫方略以来,我们可以清晰地看到组织化治理路径边界进一步拓展:除了依靠基层党组织外,还吸纳企业、社会组织等多样化的组织资源,共同参与精准扶贫。一是构建多元主体扶贫合作治理模式。充分调动不同主体,进行资源优势的有效整合,协调各主体间关系,推动社会治理的多元主体共同参与。整合政府、市场、社会合力,政府通过营造环境、健全制度和提供政策支持等方式来保障多元主体治理。其他主体根据自身职能特点分担相应的社会治理责任,企业充分发挥其高效和市场化的优势;社会组织发挥其专业性、灵活性优势,在产业扶贫、精神扶贫、智力扶贫等方面充分发挥作用;农村社区、村组为精准扶贫营造良好的环境,为社会参与精准扶贫提供机会和条件,社会各界积极调动各方资源和力量,参与新时代贫困治理。二是完善企业和社会组织参与贫困治理机制。探索出完善企业和社会组织参与贫困治理的信息公开、政府购买、税收优惠等政策,突出加强制度建设以有序引导国内外 NGO 参与新时代的贫困治理。这种调动各方力量,不断拓展贫困治理组织化的边界和功能,能够激发贫困人口脱贫的内生动力,变被动脱贫为主动发展,为 2035 年基本实现社会主义现代化创造有利的治理条件。

(四) 贫困治理组织化路径趋向制度化

近年来,中国共产党农村贫困治理组织化路径逐步向常态化过渡,反映出中国共产党在贫困治理方面更加成熟定型的制度趋向。

一方面,体现在制度供给方面。改革开放以来,以 1986 年国务院成立扶贫开发领导小组为标志,党和国家开始从国家战略设计层面思考贫困治理问题。随后在 1994 年,国务院制定和发布关于全国扶贫开发工作的纲领《国家八七扶贫攻坚计划》,探讨如何在 20 世纪末解决贫困群体的温饱问题,中国的扶贫开发进入攻坚阶段。同时,我们看到八七扶贫规划中对扶贫开发的组织领导、分级负责制度以及贫困县的划分标准等方面作出相对全面的规划,从制度设计层面为当时全国的扶贫开发提供制度指导。2001 年,国务院发布《中国农村扶贫开发纲要(2001—2010 年)》,提出从 2001 年到 2010 年集中力量加快贫困地区脱贫致富的进程,把中国的扶贫开发事业推向一个新的阶段。在规划纲要中对扶贫开发的对象重点、内容途径、政策保障和组织领导都有明确的规定,但是在具体实施中存在诸如扶贫效果不甚明显、返贫现象日渐增多等问题。这在降低反贫困效率的同时,也导致当时中国农村扶贫开发新情况新问题的出现。因此,寻求一种常规化、长效性的反贫困机制,成为新时期农村贫困治理的首要和根本任务,也是扶贫开发战略必须首要面对和解决的问题。进入精准扶贫阶段,党和国家尝试一种新的、有效的方式进行基层农村治理,贫困治理组织化方式开始慢慢步入全方位、制度化治理轨道。国家制定《关于创新机制扎实推进农村扶贫开发工作的意见》明确提出完善创新贫困县考核机制、精准扶贫机制、驻村帮扶机制、社会扶贫机制、专项财政扶贫资金使用机制和金融扶贫机制即"六大机制"建设,进一步创新和完善贫困治理的制度化建设。

另一方面,体现在基层组织和人员选派方面。明确党委领导的贫困治理格局,构建以基层党委和党总支为中心的治理格局。在"乡政村治"和行政权力止于乡镇的情况下,通过行政权力很难优化农村基层的贫困治理主体——村民委员会。因此迫切需要通过一系列制度设计和规范,增强基层党组织力量,发挥其在农村治理中,特别是贫困治理中的领导核心作用。2015年4月,中共中央组织部、中央农村工作领导小组办公室、国务院扶贫开发领导小组办公室三部门共同印发《关于做好选派机关优秀干部到村任第一书记工作的通知》决定向党组织软弱涣散村、建档立卡贫困村以及革命老区、边疆和民族地区、灾后重建地区的一些村选派驻村"第一书记",打通联系服务群众的"最后一公里"。截至2020年3月,全国共派出25.5万个驻村工作队、累计选派290多万名县级以上党政机关和国有企事业单位干部到贫困村和软弱涣散村担任第一书记或驻村干部,目前在岗91.8万人。①由以上数据可以看出,在贫困治理中,基层党组织建设成效显著,已经形成强大的基层组织优势,下一步需要以制度化的方式巩固这种贫困治理经验。在乡村的贫困治理实践中,下派的第一书记、扶贫工作队和村两委共同构成基层党组织力量,成为扶贫工作最前线的战斗堡垒,这样一来,从制度供给和组织建构两方面,贫困治理组织化路径制度化趋势愈加凸显。同时,我们也看到贫困治理组织化路径的制度化趋势将党组织的组织优势、政治优势和密切联系

① 习近平:《在决战决胜脱贫攻坚座谈会上的讲话》(2020年3月6日),详见:http://www.cpad.gov.cn/art/2020/3/6/art_3141_114201.html。

群众的优势与作用,较为有效地转化为脱贫攻坚优势,成为未来在全面小康社会中继续发挥共产党贫困治理组织化路径的制度基础。

二、 完善贫困治理组织化机制是全面建成小康社会后深化贫困治理的重大任务

2020 年脱贫攻坚收官在即,全面建成小康社会后如何应对农村相对贫困的治理问题? 中国共产党贫困治理组织化路径在后小康时代是否会持续发挥作用,并以长效机制的方式固化下来,这是我们目前迫切需要思考的现实问题。

(一) 组织力量是应对贫困问题的有效形式

中国广大农村地区不同的自然环境、经济条件和社会基础,由此决定不同发展类型和贫困状况,呈现出分散、非均质化的特点,带来一系列治理挑战。显然,面对这种超大规模且结构复杂的治理难题,只有规范、强有力的组织力量才能实施有效治理。目前来讲,中国农村地区"农民真穷,农村真苦,农业真危险"老三农问题,已经逐渐转化为"农民真老,农村真散,农业真脆弱"①的新三农问题,农村地区的治理难题一直没有得到有效解决。中国共产党既是中国社会现代化建设事业的领导核心,也是社会治理的组织核心。在长期的革命、改革和建设进程中,中国共产党形成了以各级党组织网络为核心的组织体系。长期以来,这个组织体系是党动员社会和整合社会的基本组织资源,从根本上讲是党治国理政的重要组织基础。面对贫困治理这样涉及国家治理体系和能力方面的战略性议题,共产党组织力量的优势就显得十分突出。

一是表现为组织形态的优势,延伸至全国农村的各级党组织承担着将国家的大政方针传递到基层社会神经末梢的职责。在中国,共产党的基层组织分布广泛、数量众多,存量很大的党组织成为党和国家治国理政的重要依托。特别是针对贫困治理这样国家层面的战略规划和政策部署,只有依托在所有贫困地区和贫困村实现全覆盖的党组织,才能打通扶贫的"最后一公里"。中国共产党就是依靠这一自上而下严密庞大的组织体系及其所形成的治理体系,统筹协调、整

---

① 王春光等:《社会建设与扶贫开发新模式的探求》,社会科学文献出版社 2014 年版,第 13 页。

合动员全社会的力量进行贫困治理。除了自身组织系统的纵向延伸外，党在基层的组织还承担着协调与社会的联系互动纽带作用，将各类不同的社会经济政治组织纳入贫困治理的框架内，形成合理有效的多元贫困治理结构。

二是表现为组织功能的转变，基层党组织是政党治理社会的主导力量，具有其他组织形式不可替代的功能，在解决贫困问题中激活农村基层治理。从贫困治理领域的具体实施来看，在以往的扶贫工作中，中国共产党承担着主导者、资源提供者、具体执行者与实施监督者的多重角色身份。一方面，面对经济社会发展的新情况和新问题，党组织依靠自身组织建设，转变和拓展组织功能，为应对和解决日趋复杂治理问题。在全面建成小康社会的战略进程中，特别是扶贫进入攻坚阶段，为按期实现精准脱贫目标，党组织不断发展和调适功能，发挥组织体系服务发展、表达利益、协调关系和整合资源等其他社会组织无法发挥的整体性功能，最大限度地调动一切人力物力和政策资源，集中力量推动贫困治理工作。另一方面，贫困治理不仅仅是党和政府主导的工作，更需要调动贫困地区和贫困群众的积极性，以此激活基层治理，实现落后地区和群众的可持续发展。因此，治理贫困不仅需要党和政府切实担负起治理的主体责任，还需要调动各方力量整合社会资源共同参与扶贫，最终形成一个由党和政府为核心、多方共同参与的治理格局，达到贫困的有效治理。

（二）建立长效机制以巩固组织化贫困治理经验

在 2020 年全面建成小康社会后，中国的农村贫困治理将转向消除和减少相对贫困的新阶段。伴随我国经济水平不断提升、社会发展不断加速，2020 年完成"现行标准下的贫困人口全部脱贫"目标后，绝对贫困人口在统计上将会消失，但是并不意味贫困的终结，取而代之的将会是"一个以转型性的次生贫困为特点的新阶段。"[1]也就是说，即使到 2020 年达到全面脱贫的任务时，不是说贫困问题消失了，而是我国的贫困结构发生了变化。我们既需要对以往的贫困治理经验进行系统总结，同样也需要在经验回顾基础上对未来的贫困治理工作进行展望。在回顾中国共产党以往的贫困治理历程中，我们发现三条明显的治理路径值得继续关注：一是贫困治理中的基层组织建设。通过对以往贫困治理历程的回顾，

---

[1] 李小云：《2020 年之后会是一个没有"贫困"的时代?》，《南都观察》2017 年 3 月 8 日。

我们发现中国贫困治理政策的减贫效果与农村基层治理状况密切相关,基层党组织作为党和政府延伸到乡村的重要组织力量,成为扶贫政策能否有效嵌入乡村经济发展和社会治理的组织基础。基层党组织自身建设和功能发挥很大程度上影响扶贫实效。特别是面对2020年后以转型贫困为主要特点的新贫困状况,如何保持贫困治理政策的连贯性,激活本土基层组织力量,推动扶贫工作从运动式治理向常规化、制度化治理转变,是需要继续思考的现实问题。二是基层治理中的贫困问题。扶贫工作作为中央战略部署,跨区域跨部门跨行业,打破科层界限,组织动员政策、资源和人员进入贫困地区,成为促进当地基层党组织焕发生命力,重新凝聚群众、赢得社会的有利契机。2020年中央"一号文件"明确提出"坚持县乡村联动,推动社会治理和服务重心向基层下移,把更多资源下沉到乡镇和村,提高乡村治理效能"的任务。当前的贫困治理与乡村基层治理体系紧密相关,基层治理能力和体系相对完备的地方,贫困治理绩效也往往相对较高。客观上来说,在精准扶贫阶段的治理中,将多种农村社会组织纳入党的乡村治理结构,以贫困治理激活基层治理,重塑基层党组织和乡村基层社会关系,形成基层党组织和乡村社会双向互动的长效机制,这既是改革开放以来贫困治理的重要经验,也是展望新时代,突破贫困治理议题,进一步完善乡村治理长效机制以巩固脱贫成效的未来趋向。三是脱贫与善治的衔接,贫困治理进入精准扶贫阶段,在贫困治理理念、主体、方式和结构上都进行了全面深入的探索,不仅仅局限在贫困治理视域中,还拓展延伸至基层治理可持续性发展的更多方面。一方面是提升基层组织的治理能力,主要是领导、协作、合作和组织能力,包括基础设施建设、公共服务改善、社会保障完善等;另一方面是提升贫困群体的可行能力,包括经济发展、民主参与和参与基层治理等方面。在精准脱贫向乡村振兴政策衔接过渡中,构建长效机制以巩固现有的组织化贫困治理经验,为下一阶段乡村治理可持续发展提供可以接续的制度优势。

三、 全面建成小康社会后构建贫困治理组织化长效机制的几点思考

　　2020年全面建成小康社会时间节点已迫近,以目前贫困县摘帽和贫困人口

退出情况判断,脱贫进度符合预期,即按照现有贫困标准线2 300元以下的绝对收入性贫困将会在统计上消失。但是,城乡社会发展非均衡性依然存在,深度贫困的突出问题和薄弱环节还需持续发力;防止返贫领域中既有传统的因病、因灾、因学和因老等返贫问题,也要面对诸如新冠疫情等非传统公共安全问题带来的返贫风险。如何将以往组织化贫困治理经验以常态化方式巩固下来,构建更有效的治理机制以应对农村的相对贫困以及由此带来的一系列治理挑战,成为全面建成小康时代贫困治理的全新课题。

（一）继续发挥组织力量有效应对农村发展不平衡问题

2020年后农村地区绝对贫困即将被消灭,但是发展不平衡以及由此决定的相对贫困现象仍然存在,这成为我们在全面建成小康社会新的历史起点上必须面对的新的贫困现状。解决和应对这一将长期存在的发展不平衡问题,离不开延伸至广大农村地区的共产党的组织力量,需要继续不断提升农村基层党组织的建设质量,与现有的市场、社会广泛协同,共同构建贫困治理可持续机制,为农村的全面发展、实现乡村振兴提供坚强的政治和组织保证。目前的贫困治理模式还多是以政府主导型的社会管理模式为主,具有举国动员体制的特点,难以避免带有行政化色彩。全面建成小康社会后,随着党和国家发展战略优先序的调整,可以预见的是外部强势推动贫困治理的国家力量会逐步退出贫困治理的一线舞台,为农村当地的治理主体发挥作用留出充足的空间。通过前一阶段集中力量办大事的扶贫政策安排,党和国家发动各级党组织深度参与并领导贫困治理,已在农村社会建立起分布广泛、全覆盖的党组织网络,并借由精准扶贫的各类政策资源获得有效的运转动力和实现形式。接下来,一方面要激发内生动力,培养本土治理主体资源;另一方面,要继续发挥脱贫帮扶力量的外力作用,实现党的基层组织力量在地化的融合式发展,打造"一支不走的扶贫工作队"。那么,我们亟待思考的是如何依托基层党组织现有的组织资源,实现其在地化的融合,带动农村地区的社会力量,引导他们实现自我管理、自我服务、自我发展。要将目前在农村一线参与扶贫的各方面组织力量以机制化制度化的形式留在农村社会,处理好在村的基层党组织、村民自治组织、乡村社会组织和村民之间的关系,促使外部资源和内生资源有效融合,继续发挥贫困治理各类组织资源以应对农村发展不平衡问题。

（二）整合资源、协调各方以提高贫困治理能力

在推进实施精准扶贫方略的过程中,中国共产党充分依托自身强大的组织资源以及自上而下由中央贯穿至基层的庞大动员体系,紧紧围绕"六个精准"来对症下药,建立跨行政层级、跨区域的动员体系。在国家组织化力量过强的情况下,农村贫困治理无法摆脱乡政与村治之间的结构性矛盾。同时,由于农村社会力量发育不足,或者农村社会原有的自组织和权力的文化网络被摧毁,原子化的村民无法形成集体一致的行动,也可能消解党和政府贫困治理的有效性。因此,除党的自身组织力量之外,还要注重广泛动员全社会力量参与到扶贫减贫中来,进而形成党、政府、社会与市场的协同推进,使得除定点扶贫单位外,发达省市、军队及民主党派、工商联、无党派人士、各类企业、社会组织、个人等主体都被广泛动员参与到扶贫行动中来。更为重要的是,这种动员为党和国家调动盘活了一切能调动的资源,形成了跨地区、跨部门、跨单位、全社会共同参与的多元主体的社会扶贫体系,两种相辅相成的动员有利于构成进行大规模贫困治理的多重合力。精准扶贫战略中动员起来的多元社会力量包括:村民自治组织、农村社会组织、在村发展的企业、其他外部社会组织和村民们。在参与贫困治理的过程中,这些多元主体成为共同推进贫困治理的重要力量,也构成下一阶段解决农村相对贫困问题、边缘贫困户和潜在返贫问题的参与主体。进入收官阶段,农村社会现有的在精准扶贫攻坚战中起到核心作用的基层党组织和被调动起来的各类治理资源必须融合共存发展,以此作为激活多元治理结构的契机,将运动式扶贫方式顺利转化为相对贫困治理的常态模式。整合资源、协调各方,形成治理的多重合力既是以往贫困治理的重要经验,又是中国共产党贫困治理能力提升的重要依托,成为全面小康时代贫困治理可以依赖的治理能力体系,支撑相对贫困问题的解决和巩固既有的减贫成效。

（三）完善组织化贫困治理方式保障治理效果可持续

通过前一阶段集中力量办大事的扶贫政策安排,党和国家发动各级党组织深度参与并领导贫困治理,已在农村社会建立起分布广泛、全覆盖的党组织网络,并借由精准扶贫各类政策资源获得有效的运转动力和实现形式。那么,我们亟待思考的是如何依托基层党组织现有的组织资源,带动农村地区的社会力量,引导他们实现自我管理、自我服务、自我发展,实现农村治理的良性发展。在实

施精准扶贫战略中,党和国家通过选派各级党政机关优秀人才和后备干部到村任第一书记,驻村帮扶,在一定程度上缓解了农村地区因人员外流、精英流失、基层党组织虚化边缘化带来的贫困治理主体缺失的问题。接下来要重点思考如何将目前在农村一线参与扶贫的组织力量以机制化制度化的形式留在农村社会,处理好在村的基层党组织、村民自治组织、乡村社会组织和村民之间的关系,以基层党组织激活农村治理,带动农村贫困治理的良性发展。目前看来,2020年消灭绝对贫困后,农村的相对贫困治理仍然是党和政府承担的首要责任。这就亟须我们在精准脱贫攻坚战收官之际,建立诸如人员派遣常态化机制、政策执行反馈机制、精细治理协同机制、创新治理容错机制等一系列长效机制,以巩固组织化贫困治理的经验成果,增强组织化贫困治理的可持续性。

（作者为同济大学马克思主义学院副教授）

乡村振兴背景下农业劳动体面化的必要性与可行性

——兼论后小康时代的劳动价值观

毛安然

乡村振兴的重点在产业兴旺,产业兴旺的关键在人才充足。然而受困于制度约束和能力约束,农民作为发展乡村产业的主体,却无力承担起建设乡村的主体责任。适龄劳动力大量外出务工,留守乡村的多为老人、妇女和儿童,部分农田抛荒,乡村社会组织虚设,农业及其相关产业人才稀缺。乡村人口的年龄结构和教育结构成为制约乡村振兴的短板。

当前,在高质量发展转型与乡村振兴的双重推拉作用下,农村产业成为新的潜在经济增长点。城镇二、三产业的科技化与信息化转型升级将促使大量劳动力返乡就业,而乡村振兴背景下农村产业有巨大提升空间,可吸纳也迫切需要大量劳动力。农村产业的主体即农业及其相关产业。农业及其相关产业的发展不仅是乡村振兴的需要,而且也是我国高质量发展转型的需要。如何解决乡村人才匮乏的困境是乡村振兴的破题出口,更是乡村持续振兴的动力来源。

人口迁移理论指出,适龄劳动力的迁移目标主要是寻找劳动机会,迁移的原因则是对美好生活的期望——无论是体现为经济状况改善(Ravenstein,1885,1889)、预期收益提高(Lewis,1954;Todaro,1969)、人力资本投资(Schultz,1964;Courchhene,1970),还是家庭经济利益最大化(Stark,David,1982)。可见,提供能够满足劳动力对美好生活期望的劳动机会,成为乡村吸引回流人才和新增人才的关键。也就是说,如何改善乡村劳动条件,在乡村为劳动力提供体面的劳动环境与劳动所得,亟待思考与解决。

本文在乡村振兴战略背景下,从乡村劳动力对农业劳动的排斥现状出发,以认同理论来理解乡村难以吸引人才的内在逻辑,论证体面的农业劳动对农民实现职业认同、乡村认同和身份认同都具有必要性,从而探寻改善认同,以体面的"三农"培育乡村振兴主体、打破乡村振兴人才瓶颈的可行路径。

一、 流动选择与职业认同:
乡村振兴主体的农业劳动排斥

《中共中央、国务院关于实施乡村振兴战略的意见》指出,乡村振兴要坚持农民主体地位,切实发挥农民在乡村振兴中的主体作用,调动亿万农民的积极性、主动性、创造性。因此,乡村振兴的人才开发要立足于农民主体,农民中的适龄劳动力是核心主体。然而从流动取向和就业选择来看,乡村适龄劳动力普遍表现出对"三农"认同度低,不愿从事农业劳动、不喜欢农村生活、不认同农民的身份,缺乏在乡村自我发展的动力,更没有发展乡村的积极性。

（一）村里没有年轻人:青年劳动力的流动选择

从乡村到城市的人口流动是发达国家历史上和发展中国家当前人口迁移的主要类型,也是城镇化的重要标志之一。但是,发达国家历史上农村人口的减少并没有特别的年龄结构特征,同时伴随人口减少和农业劳动力缺乏的是城镇化比率迅速提升。[1]而我国乡村的人口流出具有典型的年龄结构和教育水平特征,以青壮年劳动力流出为主,以较高教育水平流出为主。

如表 1 显示,根据国家统计局调查数据[2],2000 年—2015 年间,15—64 岁的劳动力大规模从乡村流向城镇。其中,15—39 岁青年劳动力流动尤其显著。流出地的人口结构愈加失衡,老年人的养老问题、留守妇女的家庭婚姻问题以及留守儿童的照料问题逐渐凸显。[3]据全国农村固定观察点监测数据显示,2015 年从事农业为主的劳动力平均年龄为 50 岁。[4]

---

[1]　成德宁:《经济发达国家与发展中国家城镇化的比较与启示》,《经济评论》2002 年第 1 期。

[2]　根据国家统计局统计指标解释,城镇人口是指居住在城镇范围内的全部常住人口;乡村人口是除上述人口以外的全部人口。六普数据不包括难以确定常住地的 495 万人口。因此这一统计口径下不包含在城镇工作半年以内的乡村人口,统计结果中的城镇人口数量比实际在城镇工作的人口数量偏少。

[3]　杜鹏:《聚焦"386199"现象关注农村留守家庭》,《人口研究》2004 年第 4 期。

[4]　张红宇:《大国小农:迈向现代化的历史抉择》,《求索》2019 年第 1 期。

表1　城镇和农村人口年龄分布

		0—14 岁	15—39 岁	40—64 岁	（15—64 岁）	65 岁以上
2000 年	乡村	25.52	41.51	25.47	66.98	7.5
	城镇	18.42	49.32	25.83	75.15	6.42
2005 年	乡村	21.95	36.55	31.95	68.5	9.55
	城镇	16.6	42.85	32.06	74.91	8.49
2010 年	乡村	19.16	36.23	34.55	70.78	10.06
	城镇	14.08	45.28	32.85	78.13	7.8
2015 年	乡村	19.18	31.91	36.88	68.79	12.03
	城镇	14.44	40.21	36.1	76.31	9.24

图 1 更清晰地展现了适龄劳动力的流动趋势所带来的城乡人口结构变化。2000 年城乡人口结构基本一致,城镇的老龄化问题较为突出。2005 年城镇 15—39 岁的青壮年劳动力比例显著增加,人口老龄化程度城乡趋同。2010 年城乡除

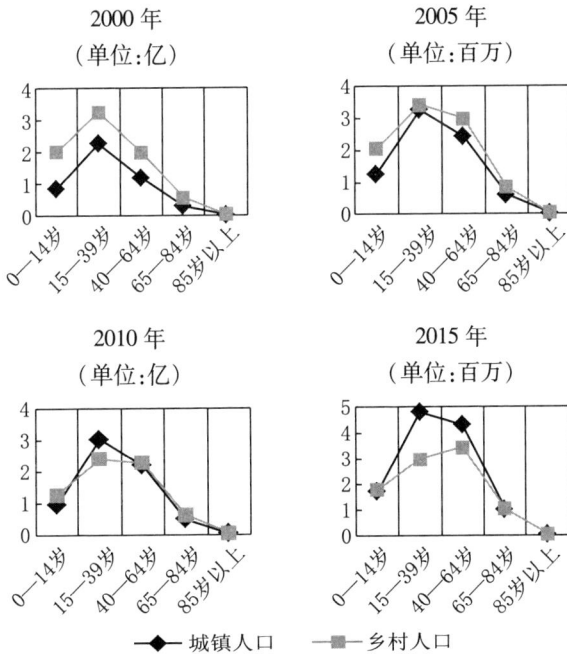

图 1　2005—2015 年城镇和乡村人口的年龄分布

数据来源:国家统计局 2005 年、2015 年 1%人口抽样调查和 2000 年、2010 年人口普查的数据光盘。

15—39 岁的青壮年劳动力之外,其他年龄段的人口结构一致。2015 年城镇 15—64 岁的劳动力人口比例均大幅超过乡村,乡村的哺育压力和养老压力更为繁重。

针对流动人口的调查同样印证了这一结论。2016 年我国流动人口规模为 2.45 亿人,其中 15—59 岁人口占75.5%。①有学者指出,90 年代以来,农民工外出务工原因已经由经济困境扩展为生活方式的选择,从经济型转向经济型与生活型并存或者生活型。农民工外出不再单纯是因为"人多地少以及务农不赚钱",而是外出打工成为"有出息"的标志,是追求一种和务农不同的生活模式。调研显示,90 年代以来农民工外出的原因主要有 7 类,排除"逃难"和"其他"(共8.09%),可分为两类:(1)抗拒农村生活方式、不喜欢/不会农活占据 70.14%,包括:不喜欢务农;家乡太穷,不愿过那样的生活;一直在念书,不懂农活;耕地太少,在家没事可干;务农太辛苦,也不赚钱。(2)认同城市占据 21.77%,包括:外出成为村里年轻人有出息的标志;羡慕城市生活。②可见,不喜欢/不会务农、不喜欢农村的生活方式成为不少乡村青年的共识,对农业劳动的排斥使得"村里没有年轻人"成为当前农村无奈的现实,也成为乡村振兴的障碍。

(二)返乡不务农:返乡农民工的职业认同

农业劳动排斥还表现在已外出的农民工群体不愿返乡,返乡后也不愿从事农业工作。从国家卫计委(现卫健委)2015 年流动人口动态监测数据来看,被调查的近 20 万流动人口中超过一半(57.3%)的人明确表示打算在目前务工地长期居住(超过 5 年及以上);近三分之一(30%)的人表示不确定,这部分不确定人群中仍可能有一部分会在流入地长期居住;仅有 12.8%的人明确表示不打算在流入地长期居住。

但是受制于户籍政策、分割劳动力市场、居住成本等因素,每年仍有大量市民化失败的农民工返回乡村,和5.7 亿农村常住人口一起成为当前乡村生活的主体。由于返乡农民工具有城市生活经历,眼界比较开阔,返乡时年龄通常在 40

---

①　国家人口和计划生育委员会流动人口服务管理司编:《中国流动人口发展报告2017》,中国人口出版社 2017 年版,第 24 页。

②　王春光:《新生代农村流动人口的社会认同与城乡融合的关系》,《社会学研究》2001 年第3 期。

岁上下,具有年龄优势,并且受教育水平在乡村较高,具有振兴乡村产业的优势条件,应该重视这一群体,吸引其留在乡村,成为乡村振兴的主体。但从目前数据来看,常年在外务工已经成为农民工迁移的主要模式,回流是暂时性的,大部分回流农民工会选择再迁移,留乡发展的概率并不高。[1]

他们返乡后仍面临"田不好种""种田不划算"的困境。[2]所以,部分返乡农民工群体回流后并没有回到乡村,只是缩短了外出距离,就近务工,成为本地农民工。根据国家卫健委调研数据,2015年本地农民工的增幅与2014年基本持平,而外出农民工的增幅却明显降低;另外,从绝对规模的变化来看,全国农民工2015年比2014年增加了352万人,其中外出农民工增量仅63万人,仅占全国农民工增量的18%。这表明极有可能存在一定数量的外出农民工返乡成为本地农民工,进而造成了本地农民工数量的增加。[3]因此即便每年大规模农民工返乡,乡村土地抛荒依然存在。在农业税减免之后这一情况仍未缓解。[4]同时,新生代农民工相比中生代和老一代农民工,非农发展意愿显著提高。[5]仅有28.6%的新生代农民工有意愿返乡做职业农民。[6]

青壮年劳动力的大量流出使得乡村振兴的主体显著匮乏,返乡农民工返乡不愿务农导致土地抛荒,乡村产业衰败。伴随青壮年人口外流和撤点并校助推,学龄儿童或前往县城,或跟随父母进城,乡村基础教育空心化,劳动力储备匮乏。留守乡村的老人、妇女、儿童"三留守"群体大部分需维持生活相互照料,无心亦无力振兴乡村。随之而来的是乡村社会整体空心化,基层社会组织虚设,土地房屋荒废,乡村整体凋敝。2015年国家卫计委在河北、辽宁、吉林等10个省份开展了流动人口卫生计生服务流出地监测调查,结果显示留守儿童占农村儿童

---

① 王子成、赵忠:《农民工迁移模式的动态选择:外出、回流还是再迁移》,《管理世界》2013年第1期。

② 李永萍:《土地抛荒的发生逻辑与破解之道》,《经济学家》2018年第10期。

③ 国家人口和计划生育委员会流动人口服务管理司编:《中国流动人口发展报告2017》,中国人口出版社2017年版,第24页。

④ 周祝平:《中国农村人口空心化及其挑战》,《人口研究》2008年第2期。

⑤ 姚俊:《"路在何方":新生代农民工发展取向研究——兼与老一代农民工的比较分析》,《青年研究》2010年第6期。

⑥ 龚文海:《新生代农民工职业农民意愿研究——基于个人特征、外出务工特征的分析》,《农业经济问题》2015年第11期。

总体数量的 35.6%，留守老人占老人总体数量的 31.8%，这使得相关的教育、医疗和社会问题突出。同时大量人口流出引起农村土地和房屋荒废，调查显示东北地区房屋闲置比例最高，为 82.2%，安徽、河南、四川等人口跨省流出集中地区为 72.9%。而农村整户外出家庭住房处理以闲置为主，占 75.2%，亲属看管或居住的占 17.9%，4.2% 的住房已经坍塌，出租的占 1.9%。①

　　有学者指出，农村的"空心化"是从农业社会向工业社会转型、从乡村社会向市民社会转型、从农业文明向工业文明转型，也是中国人口城市化过程中的必然现象。②但"空心化"过程所带来的相应农村社会问题和乡村发展阻力，仍需要我们结合具体国情深入思考如何良好应对。当前乡村振兴的国家战略为乡村发展的平稳转型带来良好契机。稳定繁荣的乡村是全面建成小康社会、建成社会主义现代化强国不可或缺的重要环节。

二、"三农"认同危机：农业劳动排斥发生的逻辑

　　乡村振兴主体匮乏的逻辑是以农业认同为起点的"三农"认同恶性循环。农业劳动收入低与农村生活不体面互为因果，青壮年人口减少、村庄空心化导致乡村社会生活凋敝，社会生活的凋敝反过来又强化了村庄的空心化。在这一状况下社会整体对"三农"的认同度低。农业劳动和农村生活的不体面与外部社会对"三农"不认同，共同影响着农民的自我认同度，形成了图 2 的逻辑困境：以农业

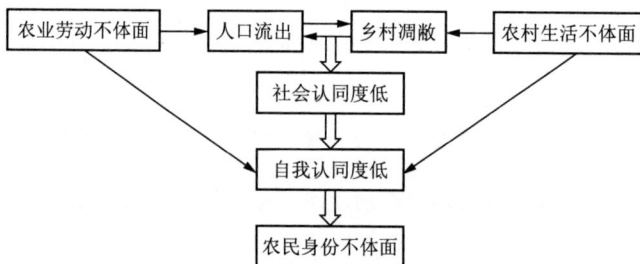

图 2　"三农"认同的恶性循环

---

①　于茗卉：《户籍人口和常住人口统计纷争的背后》，https://www.sohu.com/a/231523443_550967。

②　周祝平：《中国农村人口空心化及其挑战》，《人口研究》2008 年第 2 期。

劳动和农村生活不体面为认知起点,出现人口流出与乡村凋敝恶性往复,最终影响乡村的外部社会认同与农民自我认同,导致无人乐于在乡村发展、乡村振兴主体缺位。

(一) 务农不体面:农业认同危机

农业劳动的不体面呈现在城乡对比的背景中。改革开放以来,随着城乡分割打破,信息渠道通畅,城乡居民的生活预期愈发同质化,对体面生活和体面劳动的追求日趋一致。体面劳动(Decent Work)指"在自由、平等、安全和保障人格尊严的条件下,无论男女均能获得体面的、生产性的工作机会"[1],体面劳动日益成为城乡居民共同追求的劳动目标。

是否"体面"的主观感受极大影响劳动者的从业选择,当前我国农业劳动距离体面劳动相去甚远,农业至今未被纳入现代劳动体系,农民收入低、没有社会保障、社会地位不被认可。针对农业生产者的一项调研显示,认为自己从事的农业生产是体面劳动的比例为42%,而认为农业生产是不体面劳动的比例为58%。[2]既有研究中尚缺乏包括农业在内的行业间体面劳动程度比较研究,但我们可以在针对不同群体的研究中发现,体面劳动水平的城乡差异显著。一项针对北京市多行业企事业单位劳动者的研究发现,城市劳动者重视的体面劳动涵盖"工资收入体面感、就业保障体面感、工作氛围体面感、劳动强度体面感、民主参与体面感、职业发展体面感、社会地位体面感七个结构维度",其中城市劳动者最为重视职业发展和社会地位两个维度。[3]在针对农业劳动者的研究中发现,劳动客观水平的"经济收入与生活质量、农业生产条件与环境、农业劳动保障、沟通对话机制"四个维度里,影响农业生产者体面劳动主观认同水平的仅有经济收入与生活质量维度。[4]从马斯洛需求金字塔理论理解,经济收入和生活质量属于最

---

① International Labor Organization(国际劳工组织,简称为ILO,下同),Guide to the New Millennium Development Goals Employment Indicators:Including the Full set of Decent Work Indicators. Geneva:ILO, 2009.

② 周强:《农业生产者体面劳动水平研究》,中南大学2011年。

③ 徐岩、刘盾:《体面劳动的内涵与结构之再建构——对北京市271名工作者的质性访谈研究》,《社会科学》2017年第6期。

④ 董海军、周强:《农业生产者体面劳动水平及其影响因素——基于株洲石羊塘镇的567份调查问卷》,《湖南农业大学学报(社会科学版)》2013年第5期。

为基础的生存需求,而职业发展和社会地位属于较高层级的尊重和自我实现的需求,高层级需求一般会在低层级需求已经被满足后成为主要驱动力。显然,农村劳动者对"体面"的需求还处于基础层级,城市劳动者对"体面"基础层级的需求已经得到满足,更高层级成为其主要需求。此外,在省级体面劳动指标维度,中西部地区的体面劳动水平普遍低于沿海工商业发达地区。①农民工在城镇的体面劳动水平同样难以保障。②

　　进一步考察在体面的维度中农业生产者最为重视的经济收入与生活质量水平,数据显示出长期累积的巨大城乡差距。如图3所示,1978年城乡收入差距在2.5倍左右,1978年改革开放之后,农村率先启动家庭联产承包责任制、开启乡镇集体企业等改革,在经济体制改革初期农村经济改革一直领先于城镇,直接带来农村居民收入的大幅上升,城乡收入差距降低至历史低位。80年

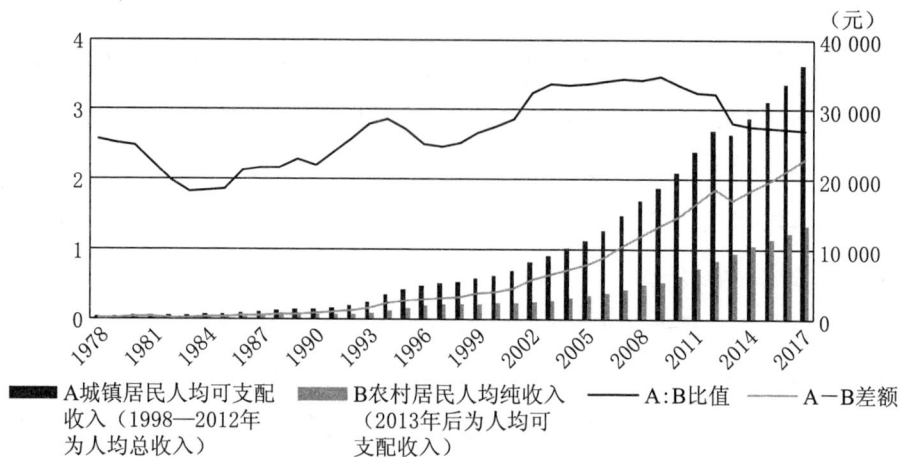

■ A城镇居民人均可支配　　▦ B农村居民人均纯收入　　── A:B比值　　── A－B差额
　　收入(1998—2012年　　　(2013年后为人均可
　　为人均总收入)　　　　　支配收入)

图3　1978—2017年城乡居民人均收入状况

注:因统计口径变化,A城镇居民收入状况中1998—2012年为人均总收入,其余年份为人均可支配收入。B农村居民收入状况中,1978—2012年为人均纯收入,2013年统计口径变化,当年及其后为人均可支配收入。

资料来源:1978—1997年数据来自《新中国五十年统计资料汇编》,1998—2017年数据来自《2018中国统计年鉴》。

───────────

①　孟浩、王仲智、杨晶晶等:《中国大陆体面劳动水平测度与空间分异探讨》,《地域研究与开发》2015年第3期。

②　贺天平、刘欣、李华君:《体面劳动:新生代农民工面临的问题及对策》,《山西大学学报(哲学社会科学版)》2012年第2期。

代中期之后,城乡收入差距开始快速拉大,2002 年后基本处于 3—3.5 倍的高位。之后因新农村建设、全面取消农业税、扶贫开发等促进乡村发展政策逐步显示成效,我国农村居民收入增速一直高于城镇居民,城乡收入比值降低。2013 年后比值开始回落到 2.7 左右。但城乡居民收入差额持续升高,2017 年农村居民人均可支配收入为 13 432 元,仅是城镇居民的 36.9%,人均可支配收入差额达到 22 964 元。农村居民对体面劳动的经济收入的基础需求仍具有很大缺口。

(二)生活不体面:农村认同危机

农村生活的不体面同样处在市场经济改革中城乡发展对比的大背景之下。研究表明,对生活水平的预期极大影响主观幸福感。而预期与信息接收和生活环境的开放性相关。①改革开放打破了城乡二元分割格局,促使乡村环境开放、人口和信息流动,相应带来农民对生活水平预期的提升。但实际的生活水平差距无法在短期内填平,预期提升对农民的主观幸福感产生了负面影响。由于长期存在的工农业"剪刀差"以及工业化城镇化优先的发展思路,经济增长对乡村发展的影响程度不如城镇。在社会发展上表现为社会福利和公共品供给的城乡差距,公共资源的覆盖均以常住人口为标准,常住人口减少使得乡村医疗、教育、治安等公共资源愈发集中,生活分散的农村人口难以享受公共资源,因此乡村整体医疗卫生、教育文化、治安管理水平落后,极大影响农村生活的体面程度。

从医疗水平来看,婴儿死亡率和 5 岁以下儿童死亡率在城乡和区域间差异仍较明显。2015 年,全国城市婴儿死亡率仅为 4.7‰,农村婴儿死亡率为 9.6‰,农村高于城市 1 倍多。5 岁以下儿童死亡率城市为 5.8‰,农村为 12.9‰,农村高于城市 1.2 倍。婴儿死亡率和 5 岁以下儿童死亡率东西部区域间差距更大。一些贫困村的医疗卫生条件非常艰苦,尽管按照国家规定,在每个行政村都设有乡村卫生所,但工作条件使得村卫生所留不住医生。2017 年笔者在西南 G 省苗族县域贫困村 F 村调研时,该村就面临这样的困境:"村里面设有卫生站,感冒发烧是可以在卫生站解决的。但是我们村的卫生站医生

---

① 罗楚亮:《城乡分割、就业状况与主观幸福感差异》,《经济学(季刊)》2006 年第 2 期。

前段时间不来了,我向村里面反映了,但是目前还没有(新的)医生来我们村子里驻村。"

从居住条件来看,"受不了农村的卫生习惯"不仅是城市青年鲜少主动到农村就业的原因,也是许多外出务工青年不再回乡的原因之一。譬如典型的如厕方式,尽管使用抽水马桶的农户比例逐年提高,但截至 2016 年,仍仅有 26.3%农户使用抽水马桶。同年,城镇居民抽水马桶覆盖率为88.1%。①

从教育水平来看,一方面,乡村基础教育空心化,另一方面,基础教育阶段后,受教育人口流出仍然占据多数。乡村人口的乡—城流动具有高学历为主体的教育特征。从 2010 年的人口普查资料和 2010 年流动人口调查报告也可以看出,流动人口中高中以上文化程度的人口比例为 50.71%,而留在农村的人口中受教育程度达到高中以上水平的比例仅占 9%。流动人口中大专以上文化程度的比例为 30.08%,留在农村的人口中大专以上文化程度的比例只有1.89%。②20 世纪 90 年代末以来的撤点并校运动进一步加剧了乡村教育的不平衡。③1997 年全国农村小学数为 512 993 所,2009 年为 234 157 所,减少学校数合计 278 836 所。同时,由于待遇低,农村教师流动性很大,教育的稳定性难以保证。学龄前儿童的社会托育同样存在显著城乡差距。2013 年,全国城市、县城和农村分别有公办幼儿园 1.5 万所、2 万所和 3 万所,城市公办幼儿园数量比 2010 年增加 5 521 所,而农村公办幼儿园数量仅增加 3 291 所,增量明显低于城市。④

(三)农民不体面:身份认同危机

从身份认同与职业认同理论视角来看,职业认同区别于身份认同,但在我国城乡二元结构下,"农民"的认同兼具身份认同与职业认同双重属性。50 年代以后,我国建立起农业人口与非农业人口二分的户籍制度,从制度上规定了农村居

---

① 宁吉喆:《以消费升级为导向　加快推进供给侧结构性改革》,《中国经贸导刊》2016 年第10 期。

② 数据来源:2010 年全国第六次全国人口普查数据光盘汇总表及样本量为 1 267 381 的小样本统计数据。

③ 蔡志良、孔令新:《撤点并校运动背景下乡村教育的困境与出路》,《清华大学教育研究》2014年第 2 期。

④ 国家统计局,http://www.stats.gov.cn/tjsj/zxfb/201501/t20150129_675797.html。

民的职业。改革开放前,农村人口不能向城市流动,也不能跨区域流动,只能在本区域内务农。改革开放后,一方面,对农村人口的职业限制解除,大批量劳动力流入城市,成为"农民工"。另一方面,"征地拆迁"模式启动,一批农民出让土地使用权,以"失地农民"身份生活在农村。无论是农民工还是失地农民,农民的身份认同仍旧无法与职业认同割裂。针对"还是不是农民"的问题,新生代农民工比老一代更多地选择了"不是"和"说不清"①,失地农民是否继续(通过租种他人土地等形式)务农与他们认为自己"是不是农民"之间也存在着正相关。②可见,所从事的职业极大影响着农民的身份认同,立足于土地的农业劳动是认同"农民"身份的核心。

随着新的工业化时代和信息时代的到来,中国农民作为一个曾经占据社会主导地位的社会阶层正在日益减少和分化,其群体影响力逐渐弱化。1949年至1956年是农业生产者经济社会地位得到极大提高的一段时间,成为了国家的领导力量和社会基础。从1957—1977年,我国处于大规模进行工业化、现代化建设的新时期,这个时期农民一直处于"一切为了工人,一切为了城市"的大政方针之下,农业生产者的经济社会地位开始衰落。改革开放以后,私营企业主阶层逐渐成长,国家与社会管理者阶层处于优势地位,中产阶层逐渐崛起。农民、农业劳动者阶层成了我国现在最大的弱势群体。③

基于既有针对体面劳动指标体系构建的研究,笔者认为不同研究中显示出较大的城乡差异。城市工作者对体面劳动的要素中上下级关系、工作时长、自我评价、社会认同要素较为重视,收入要素重要性并非前列。但农业人口对于经济收入的重视程度显著高于其他要求。尽管城市劳动者的行业分布广泛,白领、教师、工人等行业在体面劳动的主观认同程度和客观水平上有一定差距,但这个差异相对于农民工和农业人口的差距更小。这种城乡差异不是地域性的,是身份性的。农民在农村从事的农业生产是不体面劳动,农民工在城市同样从事着城镇人口多数不愿选择的不体面劳动。

---

① 王春光:《新生代农村流动人口的社会认同与城乡融合的关系》,《社会学研究》2001年第3期。

② 郁晓晖、张海波:《失地农民的社会认同与社会建构》,《中国农村观察》2006年第1期。

③ 陆学艺:《中国社会阶级阶层结构变迁60年》,《中国人口·资源与环境》2010年第7期。

长期累积的城乡差距难以在短期内弥合,农村生活不体面的现状短期内难以改变。并且由于累积因果模型的回流效应和扩散效应①,城乡发展差距还将进一步扩大。由此,农业劳动的低收入和农村生活的不体面共同影响着农民的自我身份认同。这直接影响了农村居民的幸福感,促使有能力的乡村劳动力涌入城市寻求与城镇居民平等的收入与公共服务。结果表现为 70.14% 外出务工群体是由于抗拒农村生活方式、不喜欢/不会农活的原因外出。

三、 体面"三农"培育振兴主体: 以劳动认同为核心的认同改善框架

针对劳动力排斥农业劳动的现状,围绕破解"三农"认同危机,提升农业劳动与农村生活的体面程度,进而提升农民身份认同程度,促进离乡与在乡农民认同自我、认同农业、认同乡村生活,有意愿在乡村发展自我、有意愿建设乡村,是解决乡村振兴主体匮乏的可行路径。

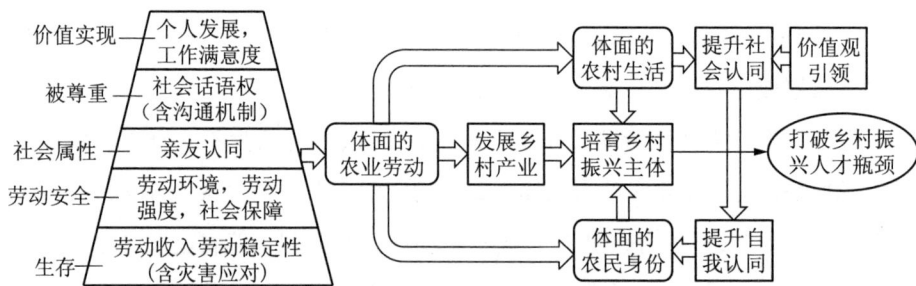

图 4 以劳动认同为核心的"三农"认同改善框架

(一)农业体面劳动指标体系

"体面"之于个体是一种主观感受,但"体面劳动"概念不仅具有理念性,也

---

① 缪尔达尔 1957 年提出累积因果模型理论,认为市场力量的作用一般趋向于强化而不是弱化区域间的不平衡,即如果某一地区由于初始的优势而别的地区发展得快一些,那么它凭借已有优势,在以后的日子里会发展得更快一些。在经济循环累积过程中,这种累积效应有两种相反的效应,即回流效应和扩散效应。前者指落后地区的资金、劳动力向发达地区流动,导致落后地区要素不足,发展更慢;后者指发达地区的资金和劳动力向落后地区流动,促进落后地区的发展。

具有实践性,可以通过构建指标体系来测量和指导体面劳动水平提升。国际劳工组织(ILO)将体面劳动的理念细化为 4 个维度 11 个一级指标 63 个二级指标:(1)工作中的权利:就业机会;足够的工作收入与生产性的工作;合宜的劳动时间;兼顾工作、家庭与个人生活;应摒弃的工作。(2)就业平等:工作的稳定性与安全性;就业中机会和待遇的均等。(3)社会保障:安全工作环境;社会保障;体面劳动的经济与社会环境。(4)社会对话:社会对话;工人与雇主代表权。①这一指标体系考虑到数据的可得性,适用于国家、地区、行业间比较,具有一定普适性,但在我国农业劳动的体面程度上针对性不足。

在社会主义中国,体面劳动不仅意味着劳动者享有劳动过程中的权利、就业平等、社会保障和社会对话,更意味着劳动者能够自愿、自豪、荣耀地为满足日益增长的政治、物质、文化等方面需要而有尊严、有目的地从事创造财富的活动。②结合我国具体国情与农业劳动特征的体面劳动指标体系有丛胜美等提出的"粮作农民体面劳动指标体系"。这一指标体系结合马斯洛需求激励理论与 ILO 体面劳动指标,分为 5 个维度 9 个一级指标 24 个二级指标:(1)生存:收入;劳动稳定性。(2)劳动安全:劳动环境;劳动时间;社会保障。(3)社会属性:亲友认同情况。(4)被尊重:社会话语权。(5)个人价值实现:工作满意度;个人发展。③该体系的社会保障指标中仅含"医疗保险投保情况"一个二级指标,不包含养老保险和其他保险投保情况,有待商榷。但该指标既呈现了 ILO 体面劳动的理念,又比较全面地涵盖了我国农民的劳动需求,并且信度与效度得到良好验证,仍可成为我们研究农业劳动体面水平的依据之一。

(二) 提升体面劳动水平

首先,全面提升劳动收入和劳动稳定性,满足农民从事农业劳动的生存层级需求,这是体面劳动的基础。我国农民当前体面劳动程度较低,如前所述,收入是农民最为重视的体面劳动因素,提升生存维度的体面劳动水平是首要需求。

---

① International Labor Organization. Guide to the New Millennium Development Goals Employment Indicators: Including the Full set of Decent Work Indicators. Geneva: ILO, 2009.

② 蒋阳飞、杨晓虎:《体面劳动的伦理内涵和道德诉求》,《伦理学研究》2010 年第 6 期。

③ 丛胜美、张正河:《粮作农民"体面劳动"指标体系建设——基于河南省 1 803 份问卷》,《农业经济问题》2016 年第 7 期。

多项研究表明,收入是影响农民体面感、幸福感、获得感的关键因素。①由于农业比较收益下降、青年农民不愿从事农业,所以必须对农业加大人力资本投资,提高农业的比较收益。从基础上提升农民受教育水平和医疗水平,提高劳动力素质,促进农村劳动力的市场竞争力。在市场层面促进信息流通,因地制宜发掘本地特色的生产经营项目,形成具有竞争力的地方性品牌。在宏观层面出台有利于农村的发展性政策,在乡村振兴和精准扶贫的各项政策背景下,保护农村发展能力。

其次,改善劳动环境、劳动时间,完善农民社会保障,完善农业保障制度,提高对农民、农业、农村的制度性认可。推动农业专业化职业化,将农民纳入现代职业体系。随着新型职业农民和家庭农场等新型农业经营主体的兴起,农业的专业化和现代化程度在不断提升。2015年修订的《中华人民共和国职业分类大典》收录了种苗繁育员、农艺工、家禽家畜饲养员等农业相关职业,对农业生产活动分类细化,但仍缺乏进行农业种植、家禽家畜养育售卖的职业,也就是当前农业人口最主要的经济生产类型。完善农村社会保障体系,缩小城乡差距。社会保障和医疗保障是个体面对失业、疾病等重大变故时的生存保障,对于农民能够过上体面生活至关重要。当前农村社会保障体系和城镇仍有较大差异,农民发展的风险系数更高,农业生产的体面程度难以提升。

再次,在收入保障、劳动安全的前提下,通过社会组织、公开宣传等途径提升社会对农业劳动的认同,改善亲友认同度,强化农民的社会支持体系。强化乡村基层党建,鼓励基层社会组织建设,畅通沟通机制,重视农民参与农村事务的主体性和积极性,赋予社会话语权,通过赋权增能实现农民的主体意识,激活农民的参与意愿,使乡村切实成为农民发挥主体能动性的场域。

最后,工作满意度与个人发展是农业劳动能够让农民获得体面感的最重要因素,最能持续激发个体职业热情的自我价值实现层面。个体是否自愿选择农业劳动,对农业劳动是否喜欢,能否从中获得成就感、感受到自己的劳动对社会产生了贡献都影响着农业劳动的满意度。2012年中央"一号文件"公布以来,大

---

① 倪志良、贾占标、解萧语:《相对剥夺、非农就业与农民幸福感》,《山西财经大学学报》2016年第12期。

力发展新型职业农民成为当前农业职业发展道路的重点着力方向。在乡村振兴背景下，职业农民大有可为，应当通过政策扶持、金融支持、媒体服务、社会参与等全方位拓展新型职业农民的发展路径和上升空间。促进农业供给侧改革，打通产业链条，实现三产融合。提升农业技术，进行品种优选优育，对采用新技术和优质品种的农户给予费用减免等优惠。鼓励产出无公害、有机农产品，同时完善质量监管机制，提升本土农产品公信力。鼓励因地制宜深耕各地特色品种，协助打造地方农产品品牌，形成消费者认可甚至具有国际影响力的中国农业品牌。

（三）提升社会对"三农"的价值认同

消除制度歧视，重塑社会价值观，提高全社会对农民、农业、农村的文化性认可。当前社会对"三农"的价值认同和尊重仍停留在文件和口号层面。要改变这一现状，首先，应以"质量兴农"为抓手，通过优质的农产品改善社会对农业的认同，不再将国产农产品的生产过程视为"相互投毒"。①提升农产品安全性，塑造健康、高质量的中国农产品形象。严格农业生产过程管控，杜绝弄虚作假、农药化肥超标，从质量上获得社会对国产农产品的认同，进而提升对农业生产认同。当前社会民众对进口食品有较高认同度，特别是婴幼儿食品，最主要的因素就在于其严格的安全出口标准。以优质安全的农产品为基础，农业与农民才能有与其他技术行业相媲美的职业认同感。

其次，挖掘优秀农村文化，对传统文化实现再认同，让优秀的传统文化成为诊治"现代病""城市病"的良方。农村是保存传统文化的天然土壤，对于保存在农村的传统文化要取其精华去其糟粕，积极弘扬邻里互助、勤劳俭朴、德孝诚信、尊重自然等优秀农村文化，平衡体力劳动和脑力劳动的社会价值与个体价值。农业文化中的身体与自然的亲近，对体力劳动的重视，以及对自然规律的尊重，可以作为诊治当代原子化个体焦虑、虚无、亚健康等"现代病"的良方。传统乡村中邻里互助的集体主义精神和密切联系的社群生活模式以城市中产阶层的"邻避效应"为代表的冷漠等"城市病"。因此对亲近自然、邻里相助等传统乡村价

---

① 冯芬:《从媒体新词"相互投毒"说起——兼论生态巨链中的精神生态》,《四川教育学院学报》2012年第1期。

值实现再认同不仅是重新审视农民和农村形象的钥匙，也成为重塑社区内个体联结的资源。

再次，坚持媒介客观报道，赋予农民主动信息传播权，在移动互联时代重塑农民的正面形象。在社会视野中，农民的形象被学术话语体系中的"欠发达地区"①、文艺作品中的"茫然无助"②和网络舆论中的"下里巴人"③等多重刻板印象叠加，"三农"被塑造成为弱势形象，农民对自身的文化失语。作为刻板印象的影响结果，农民对自身的文化身份也以负面的"痛苦、无奈、自卑"等情感认同居多。移动互联网的兴起似乎承担了部分人们曾经对互联网的寄望。手机和高速网络的普及使得网络接入门槛更低，"快手"一类短视频网站的UGC（User Generated Content，用户原创内容）中不乏来自乡村的内容，其中正面形象与负面形象并存，得到广泛关注。④移动互联终端手机的低价和短视频等内容制作的简便，为信息时代农民的信息表达实现了一定程度上的技术赋权。技术赋权是外在形式，对传统价值的重新认同是赋权的核心。因此，舆论导向的中立传播和农民的主动信息传播权对于农民的文化身份认同十分重要。

因此，要重塑社会价值观，为三农"正名"，提升社会对农业、农村、农民的认同，不再让"农民"成为一个被嘲笑轻视的名词。

四、结　　语

人才匮乏是乡村振兴的瓶颈，当前乡村产业对青壮年劳动力缺乏吸引力，导致乡村振兴主体匮乏。农民"安居乐业"是乡村振兴的需要，更是乡村振兴的基础。使农民的劳动成为体面劳动，消弭城乡心理差距，增强乡村产业的吸引力，从而激活农民振兴乡村的积极性与主动性，对于乡村振兴的中期目标与建设现

---

① 方晓红、贾冰：《论〈人民日报〉"农民形象"塑造——兼议衡量媒介三农报道的一个重要指标》，《新闻界》2005年第4期。

② 殷双喜：《关注作为个体的农民形象——新中国美术中农民形象的变迁》，《美术》2013年第3期。

③ 于德山：《角色差异与认同迷惑：网络话语中的农民形象分析——以网络事件"不嫁（娶）农村人"为例》，《中国农村观察》2012年第6期。

④ 李韩旭：《"快手"中的农民形象研究》，黑龙江大学，2018年。

代化强国的长期战略都具有重要意义。

以劳动认同为起点,通过实现农业劳动体面化推动乡村产业发展,促进体面的农村生活认同和体面的农民身份认同,进而全面培育乡村振兴主体是打破乡村振兴人才瓶颈的可行路径。首先,立足于乡村产业发展,实现农业现代化,培育新型农村经营主体,打通农产品销售渠道,以质量为抓手推进农业供给侧改革,切实在劳动收入上实现农业体面劳动。其次,加强社会保障,缩小城乡保障水平差距,减少农民后顾之忧。再次,发挥基层党组织的引领功能,促进基层社会组织建设,强化农民的社会支持体系。更重要的是,拓展新型职业农民的职业发展路径,在当前高质量发展转型与乡村振兴的双重推拉作用下,农村产业大有可为,在此背景下积极拓宽新型职业农民发展路径,使职业农民大有作为。最后,加强社会对话,传导农村优秀传统文化的价值,在现代性的焦虑、冷漠等文化困境中,实现对传统文化的再认识,对农民充分进行信息传播赋权,通过信息互动提升社会对"三农"的价值认同。综上路径,才能"让农业成为有奔头的产业,让农民成为有吸引力的职业,让农村成为安居乐业的美丽家园"。

"三农"体面与否的问题涉及更深层次的时代精神问题,是我们时代的劳动价值观,也就是我们时代以何种标准去评价劳动的社会价值与伦理价值的问题。市场经济条件下,货币量成为衡量劳动价值的最主要标准。然而马克思已指明,货币的本质只是从商品世界中分离出来的固定地充当一般等价物的特殊商品。它的诞生是由于分工发生后频繁交换的社会过程,"充当一般等价物就成为被分离出来的商品的独特的社会职能。这个商品就成为货币"。因此,货币能够也仅能够表现商品的价值,"其他一切商品的社会行动使一个特定的商品(即货币——引者注)分离出来,通过这个商品来全面表现它们的价值"。①货币表现的"价值"是商品中蕴含的"一般社会劳动时间……劳动量",因此货币仅是便于交换的工具。②以货币这个作为"一般等价物"的商品充当社会价值评判依据无疑陷入商品拜物教的特殊形式——货币拜物教而不自知。以货币量衡量劳动的社

---

① 《资本论》(第一卷),中央编译局译,人民出版社 2004 年版,第 105—106 页。
② 《资本论》(第三卷),中央编译局译,人民出版社 2004 年版,第 998 页。

会价值与伦理价值,甚至进而衡量人的价值,是工具理性对价值理性的僭越。跳脱出以货币量衡量价值,探寻"以人为本"的价值衡量依据,才是人民获得感、幸福感的真实来源与坚实基础。

（作者为华东理工大学马克思主义学院讲师）

中国传统文化现代化与马克思主义中国化之间的文化矛盾及其化解之道

陈方刘

近代以来中华文化的历史变迁充分证明,中国传统文化现代化需要以马克思主义及其中国化成果为指导,马克思主义也需要与中国传统文化相结合以实现中国化,因此,中国传统文化现代化与马克思主义中国化具有历史与逻辑的一致性。有些学者据此认为,中国传统文化现代化与马克思主义中国化是一体的①或者一个问题的两个方面②。笔者认为,既要认识到中国传统文化现代化与马克思主义中国化的统一性,又要认识到两者之间的差异性,不能简单地认为是一体的或者一个问题的两个方面。正确认识和化解中国传统文化现代化与马克思主义中国化之间的文化矛盾,对于推进中国传统文化现代化和马克思主义中国化都具有重要意义,对于深入理解习近平新时代中国特色社会主义思想也具有重要意义。

一、 中国传统文化现代化与马克思主义中国化具有统一性

随着历史从地域性历史走向世界历史,人类社会逐步实现从传统到现代的转型,一个国家、一个民族的传统文化也必将随之或早或晚、或主动或被动发生现代化转型。曾经为中华民族生存发展提供丰富精神滋养,并为世界文化发展作出重要贡献的中国传统文化在近代没有能够及时主动实现现代化转型,面对现代西方文化的挑战只能被动挨打,中国人也逐渐把中国落后的原因归结为文化问题。严复说:"中国自甲午一创于东邻,庚子再困于八国,海内憬然,始知旧

---

① 参见毛升:《传统文化现代化视域下的马克思主义中国化》,《宁夏社会科学》2019 年第 4 期。
② 参见徐稳:《传统文化现代化与马克思主义中国化》,《山东社会科学》2011 年第 8 期。

学之必不足恃"(《〈英文汉诂〉厄言》)。梁启超在《五十年中国进化概论》中把鸦片战争后中国思想界的变化分为三个时期并指出："第一期，先从器物上感觉不足。……第二期，是从制度上感觉不足。……第三期，便是从文化根本上感觉不足。"[1]新儒家的代表性人物贺麟也在 1941 年撰写的《儒家思想新开展》一文中坦言："中国近百年来的危机，根本上是一个文化的危机。文化上有失调整，就不能应付新的文化局势。中国近代政治军事上的国耻，也许可以说是起于鸦片战争，中国学术文化上的国耻，却早在鸦片战争之前。儒家思想之正式被中国青年们猛烈地反对，虽说是起于新文化运动，但儒家思想的消沉、僵化、无生气，失掉孔孟的真精神和应付新文化需要的无能，却早腐蚀在五四运动以前。儒家思想在中国文化生活上失掉了自主权，丧失了新生命，才是中华民族的最大危机。"[2]在被迫向西方文化学习的过程中，经过反复比较，最终选择以马克思主义为中国传统文化现代化转型的指导思想，而马克思主义要发挥思想的指导作用，又需要与中国传统文化结合起来以实现中国化，因此，马克思主义中国化是中国传统文化现代化的必然选择，中国传统文化现代化是马克思主义中国化的应有之义，而且两者之间互相推进。习近平在 2016 年的哲学社会科学工作座谈会上指出："马克思主义进入中国，既引发了中华文明深刻变革，也走过了一个逐步中国化的过程。"[3]

马克思主义中国化之所以能够推进中国传统文化现代化，除了因为可以为中国传统文化现代化提供科学的世界观和方法论指导之外，一个重要的原因是马克思主义和中国传统文化在时代性上不同。众所周知，马克思主义是在批判资本主义现代文明的基础上产生的具有现代性甚至后现代性特征的文化，而中国传统文化是前现代的封建文化，因此，马克思主义与中国传统文化的结合不仅解决了中华文化发展的"中西"问题，也赋予中国传统文化以现代性，解决了中华文化发展的"古今"问题，从而，不仅马克思主义与中国传统文化相结合而形成的中国化马克思主义是中国现代文化的重要组成部分，而且可以发挥着对中国传统文化现代化的指导作用。尤其是马克思主义作为世界性的革命学说的传入，

①　梁启超：《史学论著四种》，岳麓书社 1985 年版，第 7—8 页。
②　贺麟：《文化与人生》，商务印书馆 1988 年版，第 4 页。
③　习近平：《在哲学社会科学工作座谈会上的讲话》，《人民日报》2016 年 5 月 19 日。

使中国传统文化从民族文化变成世界文化的一部分,从而有可能在全球化的时代背景下与世界其他文化进行交流互鉴,并对世界文化的发展做出贡献。马克思、恩格斯在《共产党宣言》中指出:"过去那种地方的和民族的自给自足和闭关自守状态,被各民族的各方面的互相往来和各方面的互相依赖所替代了。物质的生产是如此,精神的生产也是如此。各民族的精神产品成了公共的财产。民族的片面性和局限性日益成为不可能,于是由许多种民族的和地方的文学形成了一种世界的文学。"①

马克思主义中国化在推进中国传统文化现代化的过程中,中国传统文化现代化也推进马克思主义中国化,突出体现在两个方面。一是为推进马克思主义中国化提供强大的精神力量。例如,中华民族具有很强的独立性和自主性,以及富有与这种独立性与自主性相联系的自强不息的进取精神。孔子说:"为仁由己,而由人乎哉?"(《论语·颜渊》)《易经》提出"天行健,君子以自强不息"的思想(《易经·革卦·象传》)。朱熹说:"闻道有蚤(早)暮,行道有难易,然能自强不息,则其至一也。"(《四书章句集注·中庸章句》)尤其是面对困难时,中华民族一般不相信什么外在救世主,而是相信通过主体自身的努力来攻坚克难,这是中国共产党独立自主探索中国道路的民族文化基因,也是提出马克思主义中国化的强大精神力量。毛泽东早在 1930 年《反对本本主义》一文中就明确提出"中国革命的胜利要靠中国同志了解中国情况"②,反对把马克思主义教条化,经过艰苦卓绝的斗争,中国共产党最终独立自主地探索出了"农村包围城市、武装夺取政权"的独特的革命道路。二是为马克思主义中国化提供丰富的文化资源。任何一个民族对外来文化的接受只能从自己"前见"出发,中华优秀传统文化中蕴含的朴素唯物主义、朴素辩证法、朴素进步历史观等思想构成中华民族接受马克思主义的固有文化资源。马克思在《路易·波拿巴的雾月十八日》中曾经说过:"人们自己创造自己的历史,但是他们并不是随心所欲地创造,并不是在他们自己选定的条件下创造,而是在直接碰到的、既定的、从过去继承下来的条件下创造。"③例如,早期接触到马克思主义的人就常把马克思主义的共产主义理想

① 《马克思恩格斯选集》第 1 卷,人民出版社 2012 年版,第 419 页。
② 《毛泽东选集》第 1 卷,人民出版社 1991 年版,第 115 页。
③ 《马克思恩格斯选集》第 1 卷,人民出版社 2002 年版,第 585 页。

与中国传统天下观中的大同社会联系起来。孙中山指出："考诸历史,我国固素主张社会主义者。井田之制,即均产主义之滥觞,而累世同居,又共产主义之嚆矢。足见我国人民之脑际,久蕴蓄社会主义之精神,宜其进行之速,有一日千里之势也。"①毛泽东在《论人民民主专政》一文中说："康有为写了《大同书》,他没有也不可能找到一条到达大同的路。"而共产党找到了,这就是"经过人民共和国到达社会主义和共产主义,到达阶级的消灭和世界的大同"。②习近平同样多次提到中国传统文化中"求大同"的价值,肯定全面建成小康社会中的"小康"这个概念来源于《礼记·礼运》,并把"为世界谋大同"作为中国共产党的初心与使命的重要内涵,当前尤其要在携手构建人类命运共同体的过程中深入发掘和发挥中国传统天下观的精神动力和思想资源的重要作用。

正是在马克思主义及其中国化成果指导下,中国传统社会和传统文化不断实现现代化转型,既不断对中国传统文化糟粕进行批判,又随之不断清除中国传统文化糟粕存在的不良土壤,使当前及今后,无论文化保守主义如何努力试图"独尊儒术"或者全面复古已不可能,这也减轻了马克思主义中国化的阻力,因为在封建文化浓厚的氛围里,马克思主义中国化同样很难实现,恩格斯曾经指出:"在一切意识形态领域内传统都是一种巨大的保守力量。"③这也进一步说明中国传统文化现代化与马克思主义中国化之间互相推进。此外,改革开放以来,"全盘西化"的思潮对马克思主义及其中国化成果在意识形态领域中指导地位构成日益严峻的挑战,中国传统文化现代化所形成的中华优秀传统文化奠定了文化自信的民族文化根基,是最深厚的文化软实力,也为反"全盘西化"思潮提供了丰富的历史文化资源,这也是新时代重视传承和弘扬中华优秀传统文化的一个重要时代背景。美国学者熊玠(James C.Hsiung)在《习近平时代》一书中也深刻发现,针对近代以来特别是近些年来西方文化的冲击,习近平"必须唤醒中华文化中的传统文化基因,同时又必须赋予其现代化的灵魂"。④

---

① 《孙中山全集》第2卷,中华书局1982年版,第507页。

② 《毛泽东选集》第4卷,人民出版社1991年版,第1471页。

③ 《马克思恩格斯选集》第4卷,人民出版社1995年版,第257页。

④ 柯岩:《"他的文化视野甚为宽阔"——外国政要和媒体眼中的习近平》,《学习时报》2015年12月31日。

文化具有弥散性特征,马克思主义及其中国化成果不断赋予中国传统文化现代化的形式和内容同时,已经自觉或者不自觉地融入到中国传统文化之中,而中国传统文化及其现代化成果在为马克思主义中国化提供强大的精神力量和丰富的文化资源的同时,也已经自觉或者不自觉地融入到中国化的马克思主义里面,因此,两者之间不仅互相推进,而且互相渗透。例如,《实践论》的副标题就是《论认识和实践的关系——知和行的关系》,《实践论》既推进了马克思主义实践观的中国化,也推进了中国传统知行观的现代化。一是赋予"知"和"行"新的内涵。《实践论》把"实践"规定为"根据于一定的思想、理论、计划、方案以从事于变革客观现实"①的活动,阐明了"行"(即实践)的社会性和历史性,指出人民群众的生产斗争、阶级斗争、科学实验是"行"的基本形式,实现了传统"行"的范畴向现代"实践"范畴的转型。也把中国传统知行观中以"德性之知"(或者"良知")的体认为主要任务的"知"转化为以"求真"为目的的"认识",赋予"知"以一般认识论的涵义。二是丰富了对从知到行、从行到知转化的方法的认识。《实践论》把辩证法运用于认识论,通过认识和实践的矛盾运动说明实践对认识的决定作用,克服了中国传统知行观缺乏逻辑分析和科学抽象的缺陷。三是深化了对知行转化过程的认识。《实践论》详细阐释了认识过程的"两个飞跃",建构了主观和客观、认识和实践、知和行之间"具体的历史的统一"的"现代知行合一论"。由此也可见,在马克思主义实践观指导下实现现代化的中国知行观是中国传统文化现代化的成果,而吸收了中国传统知行观的中国化的马克思主义实践观也是马克思主义中国化的成果,因此,两者之间不仅互相渗透,而且互相转化。

为了更好说明中国传统文化现代化和马克思主义中国化的关系,可以对中国传统文化现代化和马克思主义中国化从广义和狭义上进行区分。中国传统文化现代化广义上是指中国传统文化从传统到现代的转型,马克思主义中国化也是中国传统文化现代化的一条路径,狭义上是指以儒学为主体的中国固有文化的现代化转型,并不包括马克思主义中国化。马克思主义中国化广义上是指马克思主义与中国实际相结合,这里的实际当然也包括中国传统文化,中国传统文化在马克思主义及其中国化成果的指导下实现现代化当然也是马克思主义中国

① 《毛泽东选集》第1卷,人民出版社1991年版,第293页。

化的一条路径,狭义上是指马克思主义与中国实际相结合以形成中国化的马克思主义,并不包括中国传统文化的现代化。因此,广义上的中国传统文化现代化包括马克思主义中国化,广义上的马克思主义中国化也包括中国传统文化现代化,而狭义上的中国传统文化现代化与马克思主义中国化互相推进、互相渗透、互相转化,但不互相包含,更不能互相取代,本文是从狭义上讲的。

二、 中国传统文化现代化与马克思主义中国化具有差异性

在看到中国传统文化现代化与马克思主义中国化之间统一性的同时,还要看到两者之间的差异性,不能把中国传统文化现代化与马克思主义中国化看作是一体的或者一个问题的两个方面,而应该看作密切联系的两个问题。

中国传统文化现代化是从中国传统文化传承和发展的视角讲的,是"中国传统文化"的现代化。无论是熊十力的新唯识学、贺麟的新心学、冯友兰的新理学,还是钱穆的新国学、梁漱溟的新文化学、方东美的生命哲学等中国传统文化现代化重要成果,都是对中国传统文化"接着讲"。就新时代提出的推动中华优秀传统文化创造性转化、创新性发展这一重要观点而言,所谓"创造性转化,就是要按照时代特点和要求,对那些仍有借鉴价值的内涵和陈旧的表现形式加以改造,赋予其新的时代内涵和现代表达形式,激活其生命力。"①所谓"创新性发展,就是要按照时代的新进步新进展,对中华优秀传统文化的内涵加以补充、拓展、完善,增强其影响力和感召力。"②显然也是对中国传统文化"接着讲"。与之相对应,马克思主义中国化是从马克思主义丰富和发展的视角讲的,是"马克思主义"的中国化。由于中国传统文化现代化与马克思主义中国化的视角不同,即使同一个问题,表述方式和强调的重点也不一样。例如,构建人类命运共同体的外交理念确实既可以看作是马克思世界历史理论的中国化,也是中国传统天下观的现代化。但从马克思世界历史理论中国化的角度来看,构建人类命运共同体是实现共产主义远大理想的现实性和过渡性的方案,强调了马克思世界历史理论的

---

①② 《习近平新时代中国特色社会主义思想学习纲要》,学习出版社、人民出版社 2019 年版,第147 页。

科学性和指导性。而从中国传统天下观的现代化来看,构建人类命运共同体是解决当今世界面临共同难题的中国智慧和中国方案,彰显了中国传统天下观的特点和优点。如果一定要用"体""用"来说两者之间的关系的话,马克思主义中国化是"马体中用",中国传统文化现代化是"中体马用",当然这是为了表述的方便,一般不应这样简单化地理解,因为"体"和"用"实际很难分开,"体"只能是用之"体","用"也只能是体之"用"。

此外,中国传统文化现代化与马克思主义中国化虽然具有历史与逻辑的一致性,但是历史与逻辑的进程并不一样。1840年鸦片战争之后,中国被动进入世界历史,中国传统文化也被迫开始现代化转型。魏源的"师夷长技以制夷"的思想、张之洞的"中学为体、西学为用"的主张以及谭嗣同的"新仁学"的思想等文化思想和主张虽然都没有最终解决中国传统文化现代化的问题,但是不能不说这时中国传统文化已经开始现代化转型。而马克思主义在中国广泛传播是1917年俄国十月革命之后,特别是1919年五四新文化运动之后,中国共产党也历来把五四新文化运动看作是"新文化"与"旧文化"的分水岭。毛泽东指出:"在中国文化战线或思想战线上,'五四'以前和'五四'以后,构成了两个不同的历史时期。""在'五四'以前,中国文化战线上的斗争,是资产阶级的新文化和封建阶级的旧文化的斗争。""在'五四'以后,中国产生了完全崭新的文化生力军,这就是中国共产党人所领导的共产主义的文化思想,即共产主义的宇宙观和社会革命论。"[1]这里的"资产阶级的新文化和封建阶级的旧文化的斗争"可以归结为中国传统文化现代化的历史,而"中国共产党人所领导的共产主义的文化思想"可以归结为马克思主义中国化的历史,据此而论,中国传统文化现代化比马克思主义中国化至少要早70年左右。马克思主义正是在中国传统文化开始现代化转型的情况下进入中国并对中国社会发生影响,如果没有"西学东渐"打开中国传统文化一统天下的缺口,并进而开启中国传统现代化的历史进程,马克思主义很难在五四新文化运动之后快速传播。而马克思主义中国化从自发走向自觉则始于1938年召开的党的六届六中全会。毛泽东在这次会议上明确指出:"今天的中国是历史的中国的一个发展;我们是马克思主义的历史主义者,我们不应当割

---

① 《毛泽东选集》第2卷,人民出版社1991年版,第696—697页。

断历史。从孔夫子到孙中山,我们应当给以总结,承继这一份珍贵的遗产。""使马克思主义在中国具体化,使之在其每一表现中带着必须有的中国的特性,即是说,按照中国的特点去应用它,成为全党亟待了解并亟须解决的问题。"①如果据此而论,中国传统文化现代化比马克思主义中国化要早100年左右。而且,中国传统文化现代化与马克思主义中国化虽然互相推进,但是两者的呈现出的阶段性特征也不完全一致,众所周知,毛泽东思想和中国特色社会主义理论体系是马克思主义中国化的两次飞跃,阶段性特征非常明显,但这两次飞跃并没有推进中国传统文化现代化实现明显的两次飞跃,学术界也没有中国传统文化现代化两次飞跃的提法。

更为重要的是,中国传统文化现代化与马克思主义中国化形成的成果在性质上根本不同。如同中国历史上佛教中国化形成禅宗、净土宗、唯识宗、华严宗等中国化的佛教宗派,而儒家文化在佛教文化的影响下形成程朱理学和陆王心学等新儒学一样,中国传统文化现代化的成果是形成新儒学、新道学、新佛学等现代化的传统文化,性质上属于中国传统文化的而不是马克思主义的。马克思主义中国化形成毛泽东思想、邓小平理论、"三个代表"重要思想、科学发展观、习近平新时代中国特色社会主义思想等中国化的马克思主义,性质是马克思主义的而不是中国传统文化的,否则,就不是真正的马克思主义中国化而是马克思主义被中国传统文化所同化。需要指出的是,马克思主义与中国传统文化相结合不是马克思主义"化掉"中国传统文化,也不是中国传统文化"化掉"马克思主义。希尔斯在其名著《论传统》一书中把"传统"定义为"代代相传的事物",他说:传统"是人类行为、思想和想象的产物,并且被代代相传"。"传统——代代相传的事物——包括物质实体,包括人们对各种事物的信仰,关于人和事件的形象,也包括惯例和制度。"②如果中国传统文化在现代化转型之后彻底失去了文化的民族性,与马克思主义中国化同质化,就不是中国"传统"文化的现代化,这样,马克思主义中国化也失去了一个活水源头,对马克思主义中国化不仅无益反而有害。钱逊认为:"马克思主义与中华优秀传统文化相结合,表现为两个过程:

---

① 《毛泽东选集》第2卷,人民出版社1991年版,第534页。
② 〔美〕爱德华·希尔斯:《论传统》,傅铿、吕乐译,上海人民出版社2018年版,第12页。

马克思主义经过中国化的转化,成为中国化的马克思主义;中华传统文化经过创造性的转化,成为社会主义新时代的新文化。""正如古代佛教中国化后仍然是佛教,独立发展;儒学吸收佛道精华发展为新儒学后仍然是儒学,独立发展。经过转化发展的中国化的马克思主义和社会主义时代的新儒学,在多元统一的社会主义新文化中,也将作为新文化的有机组成部分,独立发展,为中华民族的伟大复兴,再造中华文化新的辉煌。"①

三、 化解中国传统文化现代化与马克思主义中国化之间的文化矛盾

马克思主义认为,"世界上的每一差异中就已经包含着矛盾,差异就是矛盾",②而矛盾是事物发展的根本动力。中国传统文化现代化与马克思主义中国化之间既具有统一性、又具有差异性的关系构成两者之间的一对文化矛盾,而且,这对文化矛盾在新时代有缓和的一面,也有激化的一面,进一步推进中国传统文化现代化与马克思主义中国化需要我们科学认识并努力化解这对文化矛盾。

第一,肯定中国化的马克思主义是中华民族的新文化。中国共产党是中华优秀传统文化的忠实传承者和弘扬者,那么中国共产党推进马克思主义中国化所形成的中国化的马克思主义自然是中华民族的新文化,否则,中国共产党推进马克思主义中国化就是"以夷变夏",中国共产党在中国执政也由此失去了历史文化的合法性。需要说明的是,如果说马克思主义在中国初传时只能作为一种外来文化而存在,那么马克思主义中国化所形成的中国化的马克思主义,已经不能简单地视为外来文化,而是中华民族的新文化。这种中国化的马克思主义在文化上的主要表现就是革命文化和社会主义先进文化,毛泽东在《新民主主义论》中自信地认为:"新民主主义的文化,就是中华民族的新文化。"③尤其是中国共产党成为执政党,中国化的马克思主义从一种文化存在上升为主导政治意识

---

① 钱逊:《推动马克思主义与中华优秀传统文化相结合》,《学习时报》2018 年 1 月 24 日。

② 《毛泽东选集》第 1 卷,人民出版社 1991 年版,第 307 页。

③ 《毛泽东选集》第 2 卷,人民出版社 1991 年版,第 709 页。

形态之后,更不能视为外来文化。随着马克思主义与中国传统文化的结合越来越深入,中国化的马克思主义也越来越体现出鲜明的"中国特色",中国共产党更应该站在历史的高度审视中国化的马克思主义在中华文化发展史上的地位,更应该有信心肯定中国化的马克思主义是中华民族的新文化。刘少奇在党的七大上所作的关于修改党章的报告中指出,毛泽东思想是"中国民族智慧的最高表现和理论上的最高概括",因而它既"完全是马克思主义的,又完全是中国的",①"是马克思主义民族化的优秀典型"。②据此而论,我们完全可以说习近平新时代中国特色社会主义思想是马克思主义中国化的最新成果,也是中华民族新文化的光辉典范。《习近平新时代中国特色社会主义思想三十讲》深刻指出:"习近平新时代中国特色社会主义思想,承载着中华文明再创辉煌的历史责任,是中华优秀传统文化创造性转化与创新性发展的光辉典范。"③只有这样才能说当代中国是历史中国的一个发展、中华文化绵延五千年而不断。只是今天接续中华文化血脉的主要不是儒家文化,而是吸收了儒家文化等有益营养的中国化的马克思主义。

第二,用中华文化把中华优秀传统文化、革命文化和社会主义先进文化统一起来。 不仅要肯定马克思主义中国化所形成的革命文化和社会主义先进文化是中华民族的新文化,而且要与中国传统文化现代化所形成的中华优秀传统文化贯通起来,事实上也就把中国传统文化现代化与马克思主义中国化联系起来。甘阳很早就提出"通三统"的观点,他形象地说:"孔夫子的传统,毛泽东的传统,邓小平的传统,是同一个中国历史文明连续统,套用从前中国公羊学的一个说法,就是要达成新时代的'通三统'。"④在这里甘阳所说的"孔夫子的传统,毛泽东的传统,邓小平的传统"实际上是对应了中华优秀传统文化、革命文化和社会主义先进文化这三个传统,有意思的是,他还直接使用了"新时代的'通三统'"这一概念。因此,可以把中华优秀传统文化、革命文化和社会主义先进文化共同置于中华民族文化发展的历史长河中进行阐释,并用"中华文化"这一更高层次

---

① 《刘少奇论党的建设》,中央文献出版社1991年版,第420页。

② 《刘少奇论党的建设》,中央文献出版社1991年版,第418页。

③ 《习近平新时代中国特色社会主义思想三十讲》,学习出版社2018年版,第14页。

④ 甘阳:《新时代的"通三统"——三种传统的融合与中华文明的复兴》,《书城》2005年第7期。

的概念把三种文化统一起来,这样既有利于打通中华民族的文化血脉,疏通近代以来中华民族文化自卑的心结,也有利于克服"古今脱节"现代化难题,从而真正实现"新时代的'通三统'",这对于坚定文化自信无疑具有重要意义。这里的中华优秀传统文化不能狭隘地理解为儒家文化,而是包括儒家文化在内的多种文化。习近平经常把中华优秀传统文化、革命文化、社会主义先进文化三种文化并提,也事实上肯定了中国化的马克思主义构成中华民族的新文化,形成中华文化的新传统。他在庆祝中国共产党成立95周年大会上的讲话中指出:"文化自信,是更基础、更广泛、更深厚的自信。在5 000多年文明发展中孕育的中华优秀传统文化,在党和人民伟大斗争中孕育的革命文化和社会主义先进文化,积淀着中华民族最深层的精神追求,代表着中华民族独特的精神标识。"①

第三,明确中国化的马克思主义在中华文化谱系中的指导和主导地位。不仅要肯定中国化的马克思主义是中华民族的新文化,并用中华文化把中华优秀传统文化与革命文化、社会主义先进文化统一起来,而且要肯定中国化的马克思主义在中华文化谱系中的地位。中国近代以来的社会变迁已经充分证明,仅靠固有的中国传统文化并不能解决中国向何处去的问题,只有马克思主义传到中国并不断实现中国化,才最终解决了中国向何处去的问题,并成功推进中国传统文化现代化转型,经过现代化转型化后的中华优秀传统文化在当代中国文化建设中仍然起到不可或缺的重要作用,而且是马克思主义中国化的文化根基,但只能居于被指导和支配地位,中国化的马克思主义在中华文化谱系中是指导和主导地位。何萍指出:"马克思主义传入中国,能够成为中国的主流意识形态,是因为它适应了中国现代化的需要;马克思主义是在正确解答中国的现代化问题,创造中国的新思想、新文化的活动中成为中国先进文化的代表,并从中获得了中国文化身份的合法性。"②王夫之认为:"洪荒无揖让之道,唐虞无吊伐之道,汉唐无今日之道,则今日无他年之道者多矣。"(《周易外传》卷五)随着时代的不断变革,与之相适应的文化必然不断变化。马克思、恩格斯在《德意志意识形态》中指出:"统治阶级的思想在每一时代都是占统治地位的思想。这就是说,一个阶级

---

① 习近平:《在庆祝中国共产党成立95周年大会上的讲话》,《人民日报》2016年7月2日。
② 何萍:《从马克思主义哲学中国化的视角看马克思主义与儒学的关系》,《思想理论教育》2015年第1期。

是社会上占统治地位的物质力量,同时也是社会上占统治地位的精神力量。"①
一个在政治上占统治地位的阶级,必然在支配着物质生产资料的生产的同时,也
支配着精神生产资料。无产阶级在取得政权之后,必然要坚持文化领导权,社会
主义时代不可能继续沿用封建时代的主导意识形态,中国化的马克思主义在中
华文化谱系中居于指导和主导地位也是巩固马克思主义在意识形态建设中指导
地位的必然要求。方克立认为马克思主义与儒学是主导意识与支援意识的关
系,他指出:"'主导意识与支援意识关系'说主要是从古今关系立论,从坚持先进
文化的前进方向立论,强调立足现实,顺应历史发展规律,而又不割断历史,将有
价值的历史资源转化为支援意识,古为今用。……用这样的观点来看今日马克
思主义与儒学的关系,我认为将其定位为主导意识与支援意识的关系是符合实
际的。不是把儒学看成是完全消极过时的负面意识,而是把它的积极内容转化
为支援意识,这对社会主义意识形态建设是有利的。"②

　　第四,坚守中华文化的主体性。中华文化独立起源,本来具有很强的主体
性,"中华""中国""华夏"等称谓既是文化自信的体现,也是文化主体性的彰显,
但这种主体性在但鸦片战争之后日渐丧失,中国传统文化也被迫走"后发外生"
的现代化道路,先后经历了"以西方为师""以俄为师"等不同阶段,在对待马克
思主义的问题上也发生过教条主义的错误,但这种失去文化主体性的学习,并不
能解决中国问题,马克思主义中国化主张在立足于中国实践需要的基础上把马
克思主义与中国传统文化结合起来,打破了对马克思主义原生文本的迷信倾向,
把校验是不是真正马克思主义的根本标准放在中国实践的基础上,某种意义上
是中华文化主体性的一种新觉醒。随着中国现代性日益增长,这种"后发外生"
的现代化必然更加要求自我主张,文化上的一个重要体现是主体性意识的不断
增强,尤其在当前"全盘西化"思潮对中华文化的主体性构成严峻挑战的背景下,
坚守中华文化的主体性对于解扣鸦片战争以来淤积在中华民族心底的文化自卑
的心态,从而坚定文化自信、提升文化软实力具有十分重要的意义。习近平提出
培育和践行社会主义核心价值观必须立足于中华优秀传统文化,而绝不可能"另

---

①　《马克思恩格斯选集》第 1 卷,人民出版社 2012 年版,第 178 页。
②　方克立:《关于马克思主义与儒学关系的三点看法》,《红旗文稿》2009 年第 1 期。

起炉灶",否则必将成为无源之水、无本之木,体现了中国共产党对中华文化主体性的新认识和对中西之间文化矛盾的新理解。党的十九大报告指出:"加强中外人文交流,以我为主、兼收并蓄。"①由于中华文化包括中华优秀传统文化、革命文化和社会主义先进文化,因此,坚守中华文化主体性与坚持马克思主义在意识形态中的指导地位并不矛盾。

第五,对文化保守主义进行批判。近年来,有些文化保守主义者正是从狭隘的中华文化道统或者儒家道统出发,否认马克思主义已经成功实现了中国化的事实,否认中国化的马克思主义在中华文化中的正统性,进而否认中国共产党在中国执政的文化合法性,对马克思主义在意识形态领域的指导地位构成挑战。值得注意的是,有些致力于推动中国传统文化现代化的学者虽然也反对文化保守主义,但又对文化保守主义抱有一种"同情式"的理解,对爱好中华优秀传统文化的大众也会造成一定的误导。因此,马克思主义中国化与中国传统文化现代化之间需要保持一定的张力和批判性关系。即一方面以一种开放包容的心态对待中国传统文化现代化,不能把中国传统文化现代化与马克思主义中国化同质化,认识到不同文化之间"和而不同"是中华文化的重要特点和优点,是现代社会文化发展的需要,也是满足人民群众日益增长的多样化文化需求的需要。另一方面,要以中国化的马克思主义对中国传统文化现代化进行引导,甚至批判。所以,新时代既要把中华优秀传统文化转化为中华民族伟大复兴的强大文化优势,又要对文化保守主义进行批判,引导中国传统文化不断实现现代化转型。习近平在纪念孔子诞辰2565周年国际学术研讨会暨国际儒学联合会第五届会员大会上的讲话中指出:"不能搞厚古薄今、以古非今,努力实现传统文化的创造性转化、创新性发展,使之与现实文化相融相通,共同服务以文化人的时代任务。"②

总之,中国传统文化现代化与马克思主义中国化之间互相推进、互相渗透、互相转化,但又视角不同、进程不同、性质不同,因此,既要看到两者之间具有历史与逻辑的一致性,又要看到两者之间具有差异性,既不能把中国传统文化现代

① 习近平:《决胜全面建成小康社会 夺取新时代中国特色社会主义伟大胜利——在中国共产党第十九次全国代表大会上的报告》,人民出版社2017年版,第44页。

② 习近平:《在纪念孔子诞辰2565周年国际学术研讨会暨国际儒学联合会第五届会员大会上的讲话》,《人民日报》2014年9月25日。

化与马克思主义中国化看作是一体的,或者说成一个问题的两个方面,也不能把中国传统文化现代化与中国化完全割裂开来,而应该把两者看成是对立统一的关系,并努力化解两者之间文化矛盾。习近平新时代中国特色社会主义思想是马克思主义中国化的最新成果,也是中华民族新文化的光辉典范,在极大地推进中国传统文化现代化与马克思主义中国化同时,也进一步化解了两者之间的文化矛盾。

（作者为中共上海市委党校马克思主义学院副院长、教授,上海市习近平新时代中国特色社会主义思想研究中心研究员）

抗疫中慈善组织的伦理关系与道德建设的反思

周中之

慈善组织是以面向社会开展慈善活动为宗旨的非营利性组织。加强慈善组织的道德建设,对于更好地发挥其社会作用,履行其神圣使命,有着重大意义。新冠肺炎疫情突如其来袭击中国,是对中国治理制度和治理能力的重大考验,是对慈善组织运行机制和管理的重大考验。慈善的本质是伦理的,加强慈善组织的道德建设,是慈善组织健康发展的必然要求。当代中国抗击疫情期间慈善组织出现的一些突出问题,更凸显了加强慈善组织道德建设的重要性和迫切性。

一、 慈善组织在社会治理中的伦理关系及其定位

中国打响了抗击疫情的人民战争,遏制了疫情传播的势头,并取得重大战略成果。在这场人民战争中,慈善组织作为社会力量的重要部分,充分发挥自身的特长,在支持抗击疫情方面做出了不少贡献。例如,在捐赠方面,社会各界通过慈善组织为战"疫"慷慨解囊,捐赠医疗防护用品、生活用品和支持新型冠状病毒的疫苗研发。在严格落实疫情管控方面,慈善组织通过社区组织志愿者,为社会疫情管控提供了强有力的支持。……但是,慈善组织在应对疫情危机方面的大考中,既有经验,也有短板。湖北省红十字会在捐赠物资分配中,受到了世人的诟病。这一事件也折射出在社会公共卫生事件中,慈善组织要总结经验教训,加强自身建设,特别是道德建设。而要加强慈善道德建设,首先要做的一件大事就是,必须把它放在中国特色社会主义治理的大格局中加以思考,正确认识和厘清慈善组织与政府之间的伦理关系。

(一) 政府在慈善组织与政府之间的伦理关系中居主导地位

改革开放以来,在社会主义市场经济实践的基础上,党和国家提出了国家治

理体系与治理能力现代化的理念,丰富和发展了中国特色社会主义的治国理论。治理和管理虽然仅差一字,但内涵已经有了很大的变化。治理包含着多元主体,政府、企业、社会组织、公民都是治理的主体。在国家治理体系中,贯彻的是全民共治的原则。慈善组织作为社会组织,是社会治理主体的重要组成部分。治理主体是多元的,但其中政府起着主导作用,特别是在公共卫生等突发事件中,政府起协调、引导的主导作用,这在法律上是有明确规定的。《慈善法》第三十条规定:"发生重大自然灾害、事故灾难和公共卫生事件等突发事件,需要迅速开展救助时,有关人民政府应当建立协调机制,提供需求信息,及时有序引导开展募捐和救助活动。"纵观世界各国,这一规定与国际通行做法是相一致的。

政府掌握着社会的行政资源,而行政资源在所有资源中占有主导性地位,它主导着各种资源的分配和利用。政府通过各种方式和途径进行社会动员,引导社会成员积极参与重大社会活动。政府制定的方针政策支持,对于某项事业的发展,有着重大意义。可见,慈善组织的发展离开政府的支持和推动,难以有所作为,把慈善事业独立于政府之外运作是难以想象的。历史证明,正是一系列改革政策的推动,现代中国慈善组织才获得了快速发展的契机。2013 年,国家有关部门推出了慈善公益组织直接登记注册的改革政策。2016 年,全国人大常委会正式通过了《中华人民共和国慈善法》。这些重大政策和法规出台后,慈善组织的发展呈现了新的局面。截至 2017 年 12 月 31 日,全国登记认定慈善组织已达 3 378 家,新增 2 749 家,其中新登记慈善组织 720 家,认定慈善组织 2 658 家。[①] 数据明确地表现了慈善组织由于政策利好而带来的发展。

就一个国家来说,面对像新冠疫情这样规模的突发公共卫生事件,必然要动员全社会的力量,齐心协力,共同奋战,才能够取得胜利。因此,中国把战胜新冠疫情的斗争冠之以"人民战争",是恰如其分的。而慈善组织在整个战"疫"中,要处理好与政府之间的关系,才能更好地发挥作用。

（二）激发慈善组织的活力需要给予充分的空间

慈善组织在社会治理体系中的独特作用是难以替代的,在抗击疫情中,慈善

---

① 杨团:《中国慈善发展报告(2018 年)》,社会科学文献出版社 2018 年版,第 4 页。

组织等社会组织发挥着的"毛细血管"作用。习近平总书记在北京和武汉两次考察中,都强调社区的极端重要作用,都要求"防控力量要向社区下沉"。社会组织就是"下沉"的一支重要防控力量,就像人体的"毛细血管"一样能深入到最基层,为群众送菜、买药和协助社区管理,同时还为那些孤寡老人、病人、儿童和残疾人等特殊群体提供关怀和帮助。政府发挥着"主动脉"的主导作用,但"毛细血管"的作用绝不能被忽视。没有这些"毛细血管",防控的机制就难以落实。

可见,在政府的主导下,慈善组织是可以有所作为的,甚至大有作为的。政府应该给慈善组织以充足的空间,激发慈善组织的活力。21 世纪的中国,不仅面临着大力发展经济、摆脱贫困的重大任务,而且面临着生态环境、公共卫生的重大风险。现代慈善组织不仅要从事扶贫济困的传统活动,而且要致力于公共卫生防治和生态环境保护的新公益事业。马云公益基金会一马当先,成为互联网新公益慈善的样本。据媒体报道,在新冠疫情暴发的短短一个多月时间里,来自马云公益基金会的医疗物资、生活物资、科研基金源源不断涌向湖北和其他疫区,还驰援到了日本、韩国、伊朗等海外疫情严重地区;亿元科研基金支持了钟南山医学基金会等 5 家科研院所研发冠状病毒疫苗……马云基金会为社会传递了正能量,他们的科学、专业、高效的运作在抗击疫情中发挥了重要作用。

政府的主导不是包办代替,要尊重慈善,尊重慈善组织在法律框架下的活动。政府与市场都不是万能的,总存在着"失灵"的可能。而慈善活动能够通过其特殊的方式,填补或纠偏政府与市场的"失灵",这样满足老百姓对公共物品和公共服务需求的慈善组织便会应运而生。在市场经济发展的过程中,社会成员的收入差距扩大了。在社会分配体系中,"第三次分配"以募集、自愿捐赠和自主等慈善公益方式对社会资源和社会财富进行分配,它对于缩小收入差距,实现社会公平正义有着重要意义。首先,慈善培训通过对低收入群体技术要素的补给,增强了其技能,从而提高了低收入者收入水平,有利于调节社会差距,弥补了市场失灵。其次,高收入者的无偿捐赠势必会直接减少他们在整个社会中所占的收入比重,慈善通过希望工程在教育方面发挥着较大作用,直接减轻了低收入群体的教育负担,同时也是智力救困的长远举措,弥补了政府失灵。

(三)"官办"与"民办"的争鸣及其道德反思

慈善组织作为非营利的社会组织,在当代中国有各种类型。有的是民间慈善组织,有的是官方或半官方的慈善组织。有一种观点认为,慈善本质上是民间的行为,慈善组织应该是"民办"的,因而把"官办"的排除在外,但在当代中国的现实生活中,"官办"或"半官办"的慈善组织确实存在着,而且在发挥着重要作用。如何正确看待慈善组织中的"官办"与"民办"的问题,成为慈善组织与政府伦理关系的一个热点问题。

对慈善和慈善组织的理解必须置于一定的历史文化条件之下。长期以来,中国古代社会以儒家思想为主导,慈善深深地打上了儒家伦理文化的烙印。儒家主张"修身齐家治国平天下",把个人的向善与国家的治理联系起来,以"不忍人之心行不忍人之政"。但国家施仁政,在对社会进行救助时,有两种情况:"一种是从国库调拨钱粮物资实施救济,这当然是纯粹的政府救济,不能看作是慈善;但是另一种却是有时也出面组织设立一些官办慈善机构,吸引民间的资力来实施赈济,对这样的一种做法,我们恐怕就不可能简单地仍称之为政府行为。"因此,"历史上以来的慈善事业,可以分做官办慈善与民办慈善两种类型。""这两种类型的慈善事业,决定其慈善性质的唯一依据其实就是善款的来源,而并不在乎是由谁去兴办。"①

20世纪90年代,中国的慈善事业开始复苏。汶川大地震后,中国慈善事业的发展迎来了春天,慈善组织特别是民间慈善组织的数量直线上升。从社会发展的趋势看,民间慈善组织在"坚持全民共治""激发社会组织活力"的理念下,在国家治理中将承担更多的任务和扮演更为重要的角色。因此,我们没有理由不看好民间慈善组织的发展,但也必须肯定官办慈善在现阶段乃至相当长的时间里存在与发展的合理性。

官办慈善与民办慈善各有优势,两者之间可以互补。因此,必须把慈善组织建设的重点放在自身建设上。换言之,官办慈善与民办慈善都要加强自身建设。慈善组织和其他社会组织相比,有着显著的特点。慈善组织以发展慈善事业为使命,以仁爱与奉献的伦理力量为运行的基础,加强慈善组织的道德建设是其健康发展的根本大计。面对时代与社会的发展,慈善组织的道德建设面临各种挑战和机遇,必须认真应对,不断创新。

① 周秋光:《如何看待慈善事业的官办与民办》,《文史博览(理论)》2009年第10期。

二、 慈善组织道德建设的公正原则和效率原则

慈善组织加强自身道德建设,是应有之义。但如何加强道德建设,需要深入的探讨。公信力是慈善组织的灵魂,也是慈善组织道德建设的重点。在防控疫情的人民战争中,为了提高慈善组织的公信力,必须贯彻公正原则和效率原则。

公信力是一个组织被认可及信任的程度。具有公信力的组织才可能被公众所接受,从而在社会生活中正常运行、发展。公信力体现了公众对该组织的评价,表现了该组织的满意度和可信度。慈善组织的公信力是其"生命",与捐赠有着高度的正相关关系。慈善组织在社会享有高度的公信力,公众就会把更多的财物捐赠给该组织,反之,慈善组织缺少公信力,社会形象不佳,公众对该组织的捐赠就会缺乏热情和动力。

为了提高慈善组织的公信力,慈善组织在运行过程中不仅要"做好事",而且要"做得好",这样在公众中才能有良好的口碑。所谓"做好事"就是要求做符合道德原则的事,而"做得好"则是要求高效和及时。慈善组织做违背道德原则的事,当然会被指责,但在做的过程中,低效、不及时也会被诟病。在抗击疫情中,慈善组织的公正和效率面临着严峻的考验。

(一)抗击疫情中慈善组织资源的分配公正原则

"没有正义的慈善是不可能的,没有慈善的正义是扭曲的"。[1]慈善与公正有不解之缘。对于慈善和分配公正的关系,可以从两方面加以理解,一是慈善是社会的第三次分配,是对社会弱势群体基本人权的尊重,是社会公平正义的体现。二是慈善组织对于捐赠资源如何进行公正分配的问题。前者在理论上已经有了不少重要的研究成果,但后者更与慈善组织的实践紧密联系,深入研究的不多。特别是在这次抗击新冠疫情的人民战争中,出现的突出问题值得深刻反思。

新冠疫情肆虐中国,一时间防疫医疗用品成为紧缺物品。社会各界踊跃捐赠,以解燃眉之急。面对一批批防疫医疗用品,红十字会作为分配捐赠物资分配的慈善组织,如何公平地分配给抗疫第一线的义务人员,考验着慈善组织的"良

---

[1] [英]齐格蒙特·鲍曼:《后现代性及其缺憾》,学林出版社 2002 年版,第 55 页。

心"。遗憾的是，湖北省红十字会在捐赠物资的分配中，交出的答卷不尽如人意。口罩是抗疫医务人员最基本的防护用品，没有口罩将直接威胁着医务人员的健康与生命，从而严重影响抗疫的大局。在抗疫最紧张的时刻，在抗疫第一线的武汉一些重要医院仅仅分到了少量的口罩，而一些未担重任的民营医院却分到了大量的口罩，甚至一些以治疗妇科、产科、口腔科为主的莆田系医院也分到了数量不菲的口罩。在不少医院物资告急，一线人员不得不在网上公开募捐的情况下，这样的捐赠物资分配的合理性和正当性受到了媒体和网民的质疑，也就是理所当然的了。

在这种不正常的现象背后，原因可能有多种。在市场经济条件下，人们相互之间的伦理关系更多地打上了利益的烙印。但慈善组织不同于一般的经济组织，是非营利性的社会组织，是高扬人道主义精神的组织。在阻击新型冠状病毒肺炎疫情的严峻形势下，红十字会承担着公正分配捐赠物资的重任。这种公平分配的原则应贯彻"人民至上"和"生命至上"的价值方针，进行价值排序。有利于救助的人道主义方案应该优先，分配应向承担重任、急需物资的第一线倾斜。而湖北省红十字会背离了这一原则，是令人痛心的。他们对某些医院的"特殊关照"，是否是"关系优先"？在这关系背后也许会有利益问题的缠绕。但是，讲利益，首先要讲人民的利益。在新冠疫情严重威胁广大人民生命健康的非常时期，慈善组织就是要按照防控疫情中轻重缓急的不同情况来分配捐赠的防护资源，这才是公正的，才能问心无愧，经得起历史的检验。

透明是公正原则得以实现的保证。国外专家认为慈善组织要有"玻璃做的口袋"，从而使公众能够清晰地知晓慈善组织运行的实际情况，捐赠财物的实际取向，对慈善组织的公正性作出准确的判断。"玻璃口袋"这一形象的比喻表明，慈善组织必须实现信息公开化。信息不透明，一些不法分子就容易从中浑水摸鱼。而信息公开化，能够有力监督和保证慈善组织的公正运行。在行业内有关慈善透明应该披露的信息研究有了一定的共识，当然，透明到什么程度，如何把握透明应有的边界，还需研究。

（二）抗击疫情中慈善组织运行的效率原则

慈善应该是"做好事"和"做得好"的统一。人们往往认为，强调慈善要"做好事"，符合公正原则，是天经地义的，但慈善要"做得好"，重视效率，人们的认识不尽相同。然而,慈善事业的发展表明,讲效率,"做得好",应该也是 21 世纪慈善组织道德建设的原则。中国著名企业家马云热心慈善公益事业,建立了马云公益基金会。2020 年 2 月,他在该慈善组织的一次会上说,"我想把马云公益基金会努力打造成公益模板,公益一定是公益的心态、商业的手法,用 CEO 的方法去运营公益。真正的公益,一要结果导向,二要效率导向,三要资源整合能力提升。"①在这段话中,马云明确提出了慈善公益组织要成为"模板",成为榜样,就要贯彻效率原则,将"公益的心态"和"商业的手法"结合起来,以"结果"和"效率"为导向。马云对于效率原则的崇尚,充分体现了他对 21 世纪慈善公益组织发展潮流的深刻把握。

传统的慈善公益组织以扶贫、济困、扶老、救孤、恤病、助残、优抚、灾害救助为活动主要内容,而现代慈善公益组织大大拓宽了活动的范围,促进教育、科学、文化、卫生、体育等事业发展,防治污染和其他公害,保护和改善生态环境,也成为慈善公益组织的任务。一大批热心慈善公益的企业家建立了慈善公益基金会,用社会创新的手段来解决社会问题。在慈善公益基金会的发展中,"商业的手法"和"效率的理念"被注入了慈善公益组织活动的运行中。不贯彻效率原则,现代慈善公益组织就无法做大做强,履行自己的使命。慈善组织把商业的模式和慈善公益的目标融合在一起,已经成为当今世界公益创新的一种潮流。

新冠肺炎疫情是严重摧残人类生命健康的重大卫生事件,人类要减少它的危害并且战而胜之,必须与时间赛跑,效率就是生命与健康。在防控疫情中,慈善组织对于捐赠物资的分配,贯彻效率原则,做到及时、高效,有着特别重大的意义。因为抗疫一线的物资和资金要及时到位,才能解燃眉之急。这对慈善组织的运行机制是一次重大的考验。

效率是慈善的内在要求,也是慈善道德的内在组成部分。人们往往把效率原则与经济学联系起来,这固然不错,但效率原则也是道德原则。伦理学史上,有不少思想家将功利作为道德的基本原则。中国古代思想家墨子强调功效,并主张"志功统一"。所谓"志功统一"就是动机和效果的统一,行善不仅要有良好

---

① 网商君:《新公益"抗疫",马云公益基金会打造互联网新样本》,https://www.sohu.com/a/378718523_114930,2020-03-09。

的行善动机,而且要有良好的行善效果。这就是慈善组织要贯彻公正原则和效率原则的伦理学理论基础。中国伦理思想史著名研究专家朱贻庭教授认为:"善心、善举、善功的三者统一,构成了完整的慈善概念","善功"是指慈善行动所取得的社会功效、功绩,是慈善活动的有机不可缺少的一部分。进而他认为"在伦理学理论类型上,慈善伦理是对德性论、道义论、功利论的超越,是德性、道义、功效的三者统一"。①他从历史和文化、理论和实践相结合上充分肯定了"善功"在慈善伦理中的地位,是很有见地的,在反思慈善组织的抗击疫情初期的短板中,更感受到这一观点的重要价值。

当代中国慈善伦理的大发展是与中国社会的重大社会事件联系在一起的。回首历史,2008 年汶川大地震大大加快了慈善事业的复苏,推动了中国慈善伦理的大发展。而如今,对中国防控新冠疫情工作的反思,又将进一步推动慈善组织的道德建设,更好地贯彻公正原则和效率原则。

三、　慈善组织道德建设的制度保障和价值导向

慈善组织的道德建设是事关慈善事业发展的重大课题,也是当代中国治理现代化的重要内容。加强慈善组织的道德建设,必须顶层设计,明确大思路,科学选择路径。制度保障和价值导向是两条基本的路径。

(一) 建立和完善制度,为慈善组织道德建设提供强有力的保障

"制度是一个社会的游戏规则,更规范地说,他们是决定人们相互关系而人为设定的一些制约。"②制度是一种具有稳定性和长期性特点的规则,制度问题是根本性、全局性的问题。抓住制度问题,其他问题才能迎刃而解。然而,制度的建立和完善是在实践的基础上不断演进的。2016 年,《慈善法》的诞生是中国慈善制度发展史上的里程碑事件,受到了有关专家的肯定和赞扬。这部法律的第二章对慈善组织的性质、章程、建立的条件等专门做了规定,同时在其他章也

---

① 　朱贻庭、段江波:《善心、善举、善功三者统一——论中国传统慈善伦理文化》,《上海师范大学学报(哲学社会科学版)》2014 年第 1 期。

② 　[美]道德拉斯·C.诺斯:《制度、制度变迁与经济绩效》,刘守英译,上海三联书店 1994 年版,第 3 页。

有不少有关慈善组织的法规内容。但这些法规内容还比较原则化,对于一些特定情况下的慈善组织的活动的范围、内容、方式的规定还不具体,例如重大社会卫生事件中,慈善组织作为社会力量的重要组成部分,如何公平地分配捐赠资源的问题语焉不详。我们要坚持依法防控,在法治轨道上统筹推进各项防控工作,就必须严格按照《慈善法》办事,但随着对防疫应急过程中短板的反思,也要求我们进一步丰富和完善《慈善法》的内容。

首先,应该增加"慈善组织对捐赠物资应公正分配"的法律义务。《慈善法》明确了慈善活动要"救助自然灾害、事故灾难和公共卫生事件等突发事件造成的损害",但还必须进一步具体化,明确提出"在救助过程中,要贯彻公正原则"。在社会应急状态中,捐赠物资公正分配的重要性就会凸显。它关系人的生命与健康,关系慈善组织的公信力。慈善组织要做到位,必须分清轻重缓急,做到有利于"生命健康"分配方案优先。2014年,国务院颁布了《社会救助暂行办法》,其中第52条至第56条专门对社会力量参加社会救助做了相关规定,但却没有相关的具体实施细节,以后也没有见到相关的政策文件。因此,在法律和政策中难以见到有关捐赠物资公正分配的规定。这次防控新冠疫情中所暴露出来的短板已经显示了在社会应急机制中,慈善组织对捐赠物资公正分配的重要性。增加"慈善组织对捐赠物资公正分配"的法律条文和相关配套政策文件,是完全必要的。它是慈善组织道德建设的强有力的保障。

其次,应该明确"不同渠道的捐赠资源分配"的法律规定。在社会发生重大自然灾害和重大卫生事件后,社会公众捐赠的意愿会呈现出爆发式的增长,大量的钱款和物资会涌入各类慈善组织。如何把这些资源公平、及时、高效地分配给相关对象,是一项艰巨的任务。但就当前中国慈善组织的规模和能力而言,要完成这件事是勉为其难的。因此,无论是汶川大地震的时候,还是现在新冠肺炎疫情期间,大量的慈善组织收到的捐赠资源和政府的救济资源是混合在一起发放的,有些善款甚至直接上缴财政。政府的救助是行政的行为,而慈善组织获得的捐赠是民间的行为。两者的性质不同,把两者的财和物完全混在一起,会引发一些问题。《慈善法》规定,要尊重捐赠人的意愿,但是社会捐赠一旦到了政府手里,就很难把两种款项分清楚了。但我们也应该看到,目前中国慈善组织能力比较弱,很难把事情做好,湖北红十字会之所以备受质疑就在于此。所以,善款上缴财政,政府和民间不分,也是无奈之举,不是我们希望看到的。应该出台有关法律解释,兼顾现实的可能,同时要加以规范。

再次,应该加强"捐赠资源分配的信息公开"的法律监督。要实现慈善捐赠资源的公平分配,必须强调分配信息的公开。信息公开,接受社会公众的监督,这是提高慈善组织公信力的一帖良方。《慈善法》第71条明确规定了"慈善组织、慈善信托的受托人应当依法履行信息公开义务。信息公开应当真实、完整、及时。"根据《慈善法》的要求,由民政部主管的全国慈善信息公开平台终于建成了,并于2017年9月4日正式开通。这为慈善信息的公开透明提供了便利的条件。作为慈善组织的一些基本信息必须上网公开,这是众所皆知的,而且已经做到了,但慈善组织的信息内容是丰富的,信息公开透明到什么层次,需要相应配套的政策文件。2018年7月27日民政部部务会议通过了《慈善组织信息公开办法》,并自2018年9月1日起施行,这使《慈善法》中关于慈善组织公开信息的要求进一步具体化。但反思慈善组织特别是湖北红会在抗疫初期的表现引起公众的诟病,必须进一步完善相关文件。有关慈善组织的法律和政策文件,在信息公开方面,对于慈善组织进行募捐的规定比较具体和严格,但对于捐赠后的财物的分配和处理的规定相对较少。因此,为了加强监督,在这方面的法律规定必须加强。

(二)区分宗旨与方法,坚持慈善组织道德建设的正确价值导向

近20年来,中国的慈善事业有了飞速的发展,慈善组织如雨后春笋,不断涌现。不少慈善组织以社会公益为己任,不断地做大做强。面对这样的形势,马云提出要用"商业的手法"来做公益,反映了慈善组织发展的内在要求,有积极的意义。但如何理解商业与公益之间的关系,慈善界有着截然不同的观点。为此,几年前曾发生过激烈的"两光之争",就是围绕这一关系问题展开的。在反思新冠疫情中一些慈善组织的表现后,可以更深刻地看到在这一关系的背后的价值观问题的重要性,只有厘清这些价值观问题,我们才能走出迷雾。

商业有商业的价值观,慈善又有慈善的价值观,两者是不同的。商业追求利益的最大化,而慈善追求的是人道、仁爱、公正。但商业的价值观与慈善的价值观也有相通之处,前者崇尚效率、诚信,而后者也离不开它们。商业组织以追求利益的最大化为其宗旨,表明它是营利性的经济实体,而慈善组织以人道、仁爱、

公正、利他为宗旨,表明它是非营利性的社会组织。但在慈善组织管理和运行的过程中,也可以运用商业的方法,甚至也可以吸收和强调商业中的诚信态度。

把慈善和商业完全割裂开来,对立起来,不利于慈善组织的发展。现在迫切需要解决的社会问题,例如生态环境保护问题、重大公共卫生事件问题、重大自然灾害的救灾问题,要求慈善组织做大做强,才能产生良好的社会效益。而吸收商业的方法,提高效率,慈善组织才能不辱使命。在新冠疫情暴发期间,在与病毒赛跑的过程中,慈善组织的效率性命攸关,就充分说明了这一点。21 世纪的中国慈善组织将越来越多地进入社会生活,那些办好事且有效率的慈善组织将有更大的发展空间。

把慈善和商业画等号,不分彼此,将使慈善组织走入歧途。慈善的本质是伦理的,慈善组织以营利为目的,必然阉割慈善的灵魂。有些慈善组织将慈善作为"高级广告",将慈善与商业混为一谈,造成了不良的后果。慈善被异化了,慈善的公信力被大大地削弱了,慈善组织的发展基础就会动摇。慈善是以利他为特征的,而商业以利己为特征,两者怎么能等同呢? 在抗击疫情期间,慈善组织在分配捐赠物资中,从利己出发,利用职权给"关系户"多发医务防护用品,引发社会舆论的批评。从这一现象中不难发现,把慈善当做商业,将在价值观上走入误区。某些慈善组织以慈善为名,行私利之实,需要从其价值观上找思想根源,并加以扶正。

慈善组织的道德建设需要以法律来规范,以正确的价值观来导向。如何理解价值观的导向? 其中有两个重点问题必须加强研究:一是坚守底线,追求应然的问题。由于现实生活的复杂性,慈善价值观是多元的,慈善组织的价值取向是多元的。但在慈善的宗旨上,必须坚守非营利的底线。如果没有这条底线,慈善与商业就无法区别,实际上等于取消了慈善。慈善之所以为人类所推崇的高尚事业,是因为它体现了人道、利他的理想主义精神。这种理想主义精神是应然,是慈善发展的精神支柱和价值追求,是慈善组织的灵魂,是须臾不能离开的。二是加强修养,提高道德境界。慈善组织的道德建设是离不开人的,离不开慈善组织人员的道德素质。慈善组织的工作人员从事的工作与一般的工作相比,有着显著的特点。他们更需要一种献身精神、奉献精神。这也就意味着在道德境界方面,他们需要作出更大的努力,而人生观、财富观的教育应该是慈善组织道德建设的必修课。为了当代中国慈善组织的做大做强,一批专业人士加入了慈善组织的行列,这无疑是慈善组织发展的福音。然而,对于加盟的专业人士,不仅要考察他们的专业能力,而且要培养他们与慈善组织发展相适应的职业精神、人生观和财富观,从而开创慈善事业的新局面。

(作者为上海师范大学马克思主义学院教授)

后小康社会中国政治发展
亟须重视党内政治生活质量

王　进

在党的十八大以来党和国家取得历史性成就、发生历史性变革的基础上,党的十九大提出全面建成小康社会决胜期的奋斗目标,要求全党在"两个一百年"奋斗目标的历史交汇期,既全面建成小康社会、实现第一个百年奋斗目标,又乘势而上开启全面建设社会主义现代化国家新征程,向第二个百年奋斗目标进军。习近平总书记在党的十九大报告中指出,经过长期努力,中国特色社会主义进入了新时代,这是我国发展新的历史方位。实现伟大梦想,必须建设伟大工程。这个伟大工程就是我们党正在深入推进的党的建设新的伟大工程。要尊崇党章,严格执行新形势下党内政治生活若干准则,增强党内政治生活的政治性、时代性、原则性、战斗性,自觉抵制商品交换原则对党内生活的侵蚀,营造风清气正的良好政治生态。全面从严治党永远在路上,不断提高党的建设质量。[①]质量,则成为了新时代党的建设新的伟大工程的一个重要词汇。

须知此前,习近平总书记在听取兰考县委和河南省委党的群众路线教育实践活动情况汇报时强调指出,要坚持不懈严格党内政治生活,坚决反对党内政治生活庸俗化,增强党内政治生活的政治性、原则性、战斗性,不断提高党内政治生活质量和水平。[②]在这里,习近平总书记明确提出"党内政治生活质量"这一新概念,具有重要的理论意义和重大的实践价值。因此,"党内政治生活质量"理应成为我们高度关注、认真思考与深入分析的重大的理论问题和深刻的实践问题。然而遗憾的是,社会各界尤其是学界对"党内政治生活质量"这一重大命题给予

---

① 习近平:《决胜全面建成小康社会　夺取新时代中国特色社会主义伟大胜利——在中国共产党第十九次全国代表大会上的报告》(2017 年 10 月 18 日),《人民日报》2017 年 10 月 28 日。

② 《敬终如始一鼓作气善作善成　确保教育实践活动取得实效》,《人民日报》2014 年 8 月 28 日。

177

的关注、思考和分析却远远不够,全面而独到的研究成果也十分缺乏,几乎可说是一个学术空白。①鉴于此,笔者拟借鉴相关研究成果对"党内政治生活质量"问题进行尝试研究,不足之处,敬请同仁批评和指正。

概念问题:怎样界定"党内政治生活质量"

要探讨"党内政治生活质量"的概念问题,我们首先要理解"党内政治生活"的内涵及其表现,这是不言而喻的。作为马克思主义政党的光荣传统和中国共产党的传统优势,中国共产党一贯注重加强和规范党内政治生活,严肃开展党内政治生活。但目前学术界关于党内政治生活的概念仍缺乏一致理解,突出误区在于把党内政治生活限定在组织层面,忽略了党员在党内政治生活中的主体地位,将党内政治生活的概念狭隘化了。须知,"广义上的党内生活泛指马克思主义政党在党内各级组织和党员之中开展的各种教育、管理、监督、服务等活动,狭义上的党内生活指的就是党的组织生活(又称党内组织生活)。广义上的党内生活包括党的组织生活,而又不仅仅是党的组织生活。"②本文的党内政治生活,特指中国共产党党员参与党内各种活动(包括组织对党员的要求、约束以及党员对党内事务讨论、建议等)、处理各种党内关系(党员与党员之间、党员与组织之间)的行为的总和。③需

---

① 目前学界、媒界有关"党内政治生活质量"的成果或报道信息可参见:柳建辉:《核心是全面提高党内政治生活质量》,《学习时报》2017 年 11 月 17 日;甄小英:《提高党内政治生活质量的四个着力点》,《中国党政干部论坛》2015 年第 3 期;甄小英:《健全民主集中制是提高党内政治生活质量的关键》,《党建研究》2015 年第 8 期;张长林:《提高基层党组织党内政治生活质量的调查与思考》,《重庆行政(公共论坛)》2015 年第 3 期;仝尧、武湖:《提高党内政治生活质量关键在健全机制》,《党的生活》2015 年第 10 期;李遵义:《提高党内政治生活质量》,《组织人事报》2015 年 12 月 24 日;王光军:《贯彻"全面从严治党"提高党内政治生活质量》,《战士报》2015 年 4 月 8 日;《开展好批评与自我批评　提高党内政治生活质量》,《泰安日报》2014 年 9 月 5 日;陈智锐:《增强党组织凝聚力——运用教育实践活动经验提升党内政治生活质量的探索与建议》,《梧州日报》2015 年 11 月 30 日;《要努力提高党内政治生活质量》,《西安日报》2015 年 12 月 31 日;黄苇町:《领导干部应带头从谏如流——提高党内政治生活质量,批评与自我批评要敢于出汗红脸》,《惠州日报》2016 年 11 月 23 日等。总体而言,这些文章或新闻报道属于泛泛而谈或浅层论述,并没有对"党内政治生活质量"进行学理性的阐释研究与系统分析。

② 何克祥:《党内生活几个基本理论问题论析》,《探索》2014 年第 3 期。

③ 崔建周:《构建党内政治生活正常化支持保障体系的思考》,《马克思主义研究》2015 年第 4 期。

要指出,党内政治生活所说的活动严格限定在党内,并非说党内政治生活与党的领导和执政没有关系。事实上,在马克思主义政党执政体制下,党内政治生活与国家政治生活具有极为密切的关系,这是显而易见的道理。此外,还需说明的是,"党内政治生活"中的"政治"是党内生活的固有属性和固定用法,不能随意搭配,如不能说"党内经济生活""党内文化生活"等。正因为政治是党内生活的固有属性,因此从事物的性质说,党内生活都是党内政治生活。①换句话说,从狭义而言,党内政治生活是各级党组织、党员按照党章、准则及党的各项规章制度进行的政治活动的总和。从这一界定可以看出,党内政治生活的主体是各级党组织、党员,党内政治生活的依据是党章党规,党内政治生活的空间是党内,党内政治生活的性质是"政治",党内政治生活的载体是活动。从广义来说,党内生活都具有政治性,党内生活都属于政治生活的范畴。②于此需要补充指出,政治生活是由人的政治活动构成的,党内政治生活是由党员的政治活动所构成的。政治生活是特定政治系统、政治组织内的成员进行政治活动的各种观念与行为的总和,这就不可避免会产生成员之间观念和行动上的差异、分歧、碰撞和冲突。马克思主义政党的党内政治生活同样如此。③

具体而言,党内政治生活是党组织教育管理党员和党员进行党性锻炼的主要平台,是通过批评和自我批评等方式解决党内其他各种问题的主要平台,是规范党内各种关系、强化党的政治纪律和政治规矩、贯彻党的民主集中制原则的主要平台。④简言之,党内政治生活是党组织教育管理党员、党员参与组织活动的重要平台,是组织与党员、党员与党员之间发生关系的党内公共领域。正常的党内政治生活能保证党组织有效教育、管理党员,也能保证党员充分行使民主权利、参与党内公共事务,进而提高党员的忠诚度与归属感,提高党组织的凝聚力和战斗力,提高决策的民主化和科学化水平,⑤从而使全党形成"又有集中又有民主,又有纪律又有自由,又有统一意志、又有个人心情舒畅、生动活泼,那样一

---

① 何克祥:《党内生活几个基本理论问题论析》,《探索》2014 年第 3 期。
② 陈金龙:《党内政治生活运行的内在逻辑》,《中共党史研究》2016 年第 11 期。
③ 崔建周:《延安时期党内政治生活正常化的经验与启迪》,《马克思主义研究》2016 年第 4 期。
④ 《关于新形势下党内政治生活的若干准则》,《人民日报》2016 年 11 月 3 日。
⑤ 崔建周:《构建党内政治生活正常化支持保障体系的思考》,《马克思主义研究》2015 年第 4 期。

种政治局面"①。毋庸讳言，党内政治生活是锻炼党性、提高思想觉悟的熔炉。严肃认真的党内政治生活、健康洁净的党内政治生态，是中国共产党区别于其他政党的鲜明标志。②鉴于此，与党内政治生活密切相关的"党内政治生活质量"，则理应成为我们思考和解决党内政治生活中存在的问题，提升全面从严治党实效及提高党的建设科学化水平的切入点与突破口。

众所周知，对于学术研究来说，分清概念是起码的前提。它可以保证不同的研究者使用同一概念所探讨的是同一件事。在"党内政治生活质量"研究中，无论研究者关注的是构建"党内政治生活质量"的指标体系和测量方法，还是关注影响党的各级组织和全体党员特别是党员领导干部"党内政治生活质量"的各种因素，都只有在清楚界定了大家所说的"党内政治生活质量"指的是同一件事物、同一种现象时，这种探讨才有意义。③

需要指出的是，对于"生活质量"这个最基本的概念，国内存在着三种不同的理解。因而在对生活质量的测量和评估上，也相应存在三种不同的方法。那么，什么是"党内政治生活质量"呢？对于这个问题，我们可参照和借鉴学界关于"生活质量"的界定和表述来进行探讨。同样的道理，我们对于"党内政治生活质量"的理解、测量与评估也可尝试运用三种不同的方向或路径与方法。

第一种理解是把"党内政治生活质量"定义为党的各级组织和全体党员客观党内政治生活条件的综合反映。可以说，所谓"党内政治生活质量"，就是指一定时期或阶段之中党的各级组织和全体党员党内政治生活条件的综合状况。换言之，"党内政治生活质量"就是党内政治生活条件的综合反映。这种看法主要从影响党的各级组织和全体党员党内政治生活的客观条件方面来理解"党内政治生活质量"，将其作为反映党的各级组织和全体党员党内政治生活状况、党内政治生活条件、党内政治生活水平，同时也反映全面从严治党与党的建设新的伟大工程推进程度的发展指标；研究者在测量和评估这种意义上的"党内政

---

① 《毛泽东文集》第 8 卷，人民出版社 1999 年版，第 293 页。

② 戴焰军：《严肃党内政治生活是全党的共同任务》，《光明日报》2016 年 11 月 6 日。

③ 风笑天：《生活质量研究：近三十年回顾及相关问题探讨》，《社会科学研究》2007 年第 6 期。

治生活质量"时,主要运用党内政治生活所需物质或东西(包括场所、设备或设施、物品甚而经费等)数量、党内政治生活能力培训次数、党内相关会议次数、党内规章制度条例文件制定数目、党内政治生活主题调查或调研频率、党内政治活动出勤率与参与率等反映党的各级组织和全体党员党内政治生活条件的客观指标。①

第二种理解是把"党内政治生活质量"定义为社会或人们包括党员对于党内政治生活总体水平和各种客观党内政治生活条件的主观评价,看作社会或人们包括党员对党内政治生活的总体满意度以及对党内政治生活各方面的满意度。在这个意义来说,"党内政治生活质量"的定义是对于党内政治生活及其各个方面的评价和总结。这种看法是从人们的主观感受方面来理解"党内政治生活质量"。因而研究者在研究中主要采用反映人们对党内政治生活满意程度的主观指标来测量和评估"党内政治生活质量"。②

第三种理解是将上面两种理解结合起来进行考虑,认为"党内政治生活质量"是由反映党的各级组织和全体党员党内政治生活状况的客观条件和社会或人们包括党员对党的各级组织和全体党员党内政治生活状况的主观感受两部分组成的。"党内政治生活质量"中既包含客观条件,又包含主观评价,因而,在对"党内政治生活质量"进行测量和评估时,应该既有反映党内政治生活条件的客观指标,又有反映党的各级组织和全体党员或个体党员满意程度的主观指标。须知,"客观指标是从产生'党内政治生活质量'的'成因'方面来进行操作化的,是'党内政治生活质量'的'投入';而主观指标是从'党内政治生活质量'的'结果'方面来进行操作化的,是'党内政治生活质量'的'产出'。"③

实际上,这种客观存在的对"党内政治生活质量"概念多种不同理解的现实,是人们对"党内政治生活质量"这一特定领域中的现象在认识上逐步深化、逐步发展过程的一种反映。同时,它也是不同研究者关注这一领域现象中的不同方面的一种反映。我们的任务并不是去评判孰是孰非,而是要在理解这种现实的

①② 风笑天:《生活质量研究:近三十年回顾及相关问题探讨》,《社会科学研究》2007 年第6 期。

③ 卢淑华等:《生活质量主客观指标作用机制研究》,《中国社会科学》1992 年第 1 期。

同时,尽可能梳理出内涵明确、界定清楚的亚概念及其基本内容,使之能既关照到对"党内政治生活质量"现象的不同理解,也有利于不同的研究者明确自己所研究现象的内涵和重点究竟是什么。①

　　同样的道理,我们可以借鉴学界有关"生活质量"概念的界定。一个可行的方式是采用"客观党内政治生活质量"和"主观党内政治生活质量"的概念作为"党内政治生活质量"的亚概念,分别对应于前两种理解的内涵。那么,有关"党内政治生活质量"研究也可以基本上形成与上述三种理解以及测量方法相对应的三大方向:其一是把"党内政治生活质量"的研究重点放在影响党的各级组织和全体党员党内政治生活的客观指标方面,即进行"客观党内政治生活质量"的研究。"客观党内政治生活质量"关注的主要是党向其各级组织和全体党员提供各种物质条件的状况或程度,它既可以作为衡量党的各级组织和全体党员党内政治生活水平、党内政治生活条件的指标,又可以作为衡量党的建设推进程度的指标。其二是偏重于党员的主观党内政治生活感受方面,形成有关党内政治生活满意度和幸福感或获得感的大量研究,这即是所谓"主观党内政治生活质量"的研究。"主观党内政治生活质量"关注的主要是党员对其所处的党内政治生活状况的满足程度或满意程度,它所反映的是党员对党内政治生活条件和状况的主观感受。其三是将客观的党内政治生活条件与党员主观的评价结合起来进行研究,即将"客观党内政治生活质量"和"主观党内政治生活质量"二者结合起来进行研究。其主要依据是,"客观党内政治生活质量"和"主观党内政治生活质量"分别反映的是"党内政治生活质量"内涵中的不同侧面,而二者之间又是紧密相连、相互补充、不可替代的。因此,要全面地、综合地描述、衡量和评价党的各级组织和全体党员的"党内政治生活质量",必须将这两方面的内容结合起来进行。

方法问题:如何分析"党内政治生活质量"

　　在对"党内政治生活质量"的概念界定达成一致后,随之摆在我们面前的问

①　风笑天:《生活质量研究:近三十年回顾及相关问题探讨》,《社会科学研究》2007 年第 6 期。

题就是如何看待与分析"党内政治生活质量",其实我们还可以参考和借鉴学界有关"生活质量"的研究视角、测量指标与理想分类等方面来进行探讨。①

其一,关于"党内政治生活质量"的研究视角。须知,政党是政治性组织,政党的一切活动都是围绕政治而展开的。因此,党内的各种活动都应属于党内政治生活的范畴,主要包括由组织发起的针对党员的教育、监督、管理等活动和由党员发起的针对组织的、参与党内事务的各项活动两个层面,其核心目标是实现党内各种关系协调有序、最大限度发挥组织优势。②对此,一方面,可关注党员客观党内政治生活状况的组织指标研究,另一方面,可关注党员主观感受的党内政治生活满意度研究和幸福感或获得感研究。这两种不同的视角在一定程度上决定和形成了"党内政治生活质量"研究领域中两种不同中心、不同目标的"党内政治生活质量"研究观:一种是以党的各级组织为中心,以衡量党的各级组织发展程度为目标的"党内政治生活质量"研究观;另一种则是以党的各级组织中的党员为中心,以衡量党员的党内政治生活水平、党内政治生活状况、党内政治生活满意程度为目标的"党内政治生活质量"研究观。

具体而言,以党的各级组织为中心的"党内政治生活质量"研究,往往注重宏观的、以整个党的各级组织和全体党员为单位的整体指标,它所涉及的范围包括整个党组织的物质条件、载体形式、政治生态、政治文化、活动开展、教育培训、成员人数等多个侧面,并且通常是以"数量""人数""人均""次数""频率"、"比率"以及"层级"等形式的总体性指标来反映的,这些指标也都是客观指标。虽然我们也可以将这种以党组织为中心的"党内政治生活质量"理解成对党员党内政治生活所依赖的各种客观条件的优劣程度进行的测量和反映,但从其出发点和落

① 学界关于"生活质量"的研究主要集中于社会学、经济学等领域,目前国内外学界在"生活质量"研究方面取得了比较多的学术成果,在此不赘述。具体到研究方法问题,"生活质量"的研究方法可供"党内政治生活质量"参考与借鉴的主要是分析视角、指标体系(包括指数法如建构"党内政治生活质量指数")、统计学分析法、量表法以及科学而理想的分类研究及其涉及的定量与定性分析法、主客观结合分析法等。需要指出的是,因篇幅所限,本文对"党内政治生活质量"的研究方法问题只能做大体上的讨论,详细而深入的探讨则需另外撰文。相关研究可参见余维法:《基层党组织生活质量的现状与建议》,《政治学研究》2011 年第 5 期,等。

② 崔建周:《构建党内政治生活正常化支持保障体系的思考》,《马克思主义研究》2015 年第4 期。

脚点来看,它实际上更偏向于用来测量和反映一个党组织整体的发展状况、发展程度和等级层次。而以党员为中心的"党内政治生活质量"研究,则往往更加重视微观的、以每个党员或每一名党员为单位的指标,并且衡量指标中往往既有客观指标,也有主观指标。其中的客观指标部分,主要涉及党员党内政治生活的各种条件,由于这种条件涉及不同的层面,因而往往容易与前者发生一定的重叠,因此也往往会出现不恰当运用的情况。而其中的主观指标部分,则是以党员为中心的"党内政治生活质量"研究中所特有的指标。

其二,关于"党内政治生活质量"的测量指标。"党内政治生活质量"是衡量党的建设的重要标准之一,而如何评估党的各级组织和全体党员的"党内政治生活质量"甚为重要。在具体的研究实践中,对"党内政治生活质量"的评估通常是通过一系列的指标来实现的。"党内政治生活质量"研究指标是测量"党内政治生活质量"的操作化标准,它为"党内政治生活质量"调查研究提供基本的研究框架,一方面要能测量宏观层面上的党建总体状况或党组织结构变迁,另一方面又要能测量微观层面的党员"党内政治生活质量"或某些特殊的党建问题。①对此,我们可以从以下两个方面来考虑:

(一)"党内政治生活质量"评估及研究具有代表性的指标体系。首先,关于党员个体层面的"党内政治生活质量"指标体系。对此,我们可以参考借鉴世界卫生组织的生活质量指标体系,其涵盖六个领域的综合指标体系,共涉及 24 个方面,每个方面又有 4 个问题,每个问题均以 5 等级进行计分。②与此相对应,个体层面"党内政治生活质量"指标体系的具体内容如下:(1)党内生活客观领域包括:①党内政治生活载体,②党内政治生活活动(如思想理论教育、党性锻炼等)频率、时间,③社会环境等客观因素;(2)政治心理领域包括:①参与党内政治生活积极感受,②政治思想、学习、认知、记忆和注意力及政治诉求,③政治认同及归属感,④政治人格,⑤参与党内政治生活消极感受;(3)独立性领域包括:①作为党内政治生活主体的行动即政治实践,②党员的主体意识,③对党章党规党纪及相关知识的掌握即理论水平,④参与党内事务及党的管理活动能力;(4)党内关系领域包括:①党员与党员、党员与组织之间关系,②所需党组织支持

---

① ② 周长城、刘红霞:《生活质量指标建构及其前沿述评》,《山东社会科学》2011 年第 1 期。

的满足程度,③党的组织生活或党内组织生活;(5)党内政治生态领域包括:①党员权利保障及党员纪律处分与错误纠正,②党内监督体系,③党内政治生活的制度体系,④党员发展服务与组织保障:获取途径与管理,⑤获取党内政治生活新信息、知识、技能的机会,⑥党员对党内政治活动的参与机会与参与程度,⑦党内政治文化(腐败/声誉/党内交往/作风),⑧党内权力体系;(6)社会主义(基本路线、基本纲领)和共产主义精神支柱/马克思列宁主义、毛泽东思想、邓小平理论、"三个代表"重要思想、科学发展观及习近平新时代中国特色社会主义思想或习近平总书记系列重要讲话精神/个人政治灵魂、政治品格、理想信念与党性修养。其次,关于党员群体层面的"党内政治生活质量"指标体系。建构此种指标体系不仅要注重党的建设活动的量多量少,还要关注党的建设情况的公众评价。换句话说,党员群体层面"党内政治生活质量"指标体系既要考虑量化因素也要考量质性因素,将客观分析与主观评议统一起来。

(二)"党内政治生活质量"指标分析中的社会统计学方法论支持。实际上,"党内政治生活质量"测量指标的不断完善和社会科学研究的定量化发展可以很好地结合在一起。社会统计学的发展为社会科学研究的规范化、精确化提供了不可或缺的统计、分析层面的技术支持,可以在推动"党内政治生活质量"研究发展中发挥应有的作用。具体到"党内政治生活质量"研究,可以考虑应用的社会统计学分析方法主要包括:①

一是方差分析(Analysis of Variance)。方差分析是社会科学研究中应用非常广泛的分析方法。它要解决的问题主要是将因变量的变异分解成组内部分和组间部分,然后通过比较这两个部分的大小来判断根据样本数据得到的多元回归模型是反映了总体中真实的变异,还是仅反映了抽样误差的影响。

二是多元线性回归分析(Multiple Linear Regression Analysis)。多元线性回归模型适用于分析一个因变量和多个自变量之间的关系。假设一个回归模型有 $p-1$ 个自变量,即 X_1、X_2、……、X_{p-1},则该回归模型可以表示为:

$$Y_i = \beta_0 + \beta_1 X_1 + \beta_2 X_2 + \cdots + \beta_k X_k + \cdots + \beta_{(p-1)} X_{(p-1)} + \varepsilon_i$$

① 周长城、刘红霞:《生活质量指标建构及其前沿述评》,《山东社会科学》2011 年第 1 期。

这里，Y_i 表示个体 $i(i=1, 2, \cdots, n)$ 在因变量 Y 中的取值，β_0 为截距的总体参数，β_1、β_2、$\cdots$、β_{p-1} 为斜率的总体参数①。应用到"党内政治生活质量"研究中，Y 表示"党内政治生活质量"，X_1，X_2，$\cdots$，X_{p-1} 表示操作化了的、可量化的影响"党内政治生活质量"的各个指标，β_1，β_2，$\cdots$，β_{p-1} 表示各测量指标对"党内政治生活质量"的不同影响程度。

三是因子分析(Factor Analysis)。因子分析是基于不同变量的彼此相关程度而形成因子或聚类的分析方法。每一个因子代表几个不同的变量，而在特定的研究中因子的解释力比单个变量更加有效。采用此分析方法的出发点是用更综合的名称(如一个因子)来描绘彼此相关的变量。在具体运用中，研究人员关心的是具有相关性的研究指标的集成或者组合，这些概念通常是通过等级评分问题来测量的，如利用李克特量表(Likert Scale)取得的变量。每一个指标的集合(或一组相关联的指标)就是一个因子，指标概念等级得分就是因子得分。以上这种分析思路恰好和"党内政治生活质量"多维度的测量指标十分契合，因此，因子分析方法可作为"党内政治生活质量"研究的常用方法之一。

其三，关于"党内政治生活质量"的分类研究。对比和观照学界关于"生活质量"的研究，我们需要警惕的是，在学术研究中，"生活质量"的类似宽泛使用和随意套用却严重影响到了公众和社会对"生活质量"内涵的正确认识和准确判断。其中关键在于忽略了"生活质量"研究中所潜存的理想分类。②鉴于此，我们可以对"党内政治生活质量"进行科学而理想的分类研究：

一是党员个体层面的党内政治生活质量和党员总体层面的党内政治生活质量。"我们党作为一个有 8 800 多万名党员、440 多万个党组织的党，作为一个在有着 13 亿多人口的大国长期执政的党，党的建设关系重大、牵动全局。"③为此，我们既要关注微观层面的党内政治生活质量，也要重视宏观层面的党内政治生活质量。换句话说，我们需要探讨党员个体层面即每个党员的党内政治生活质量，同时还要分析党员总体层面即全体党员的党内政治生活质量。因此，研究者

①　谢宇：《回归分析》，社会科学文献出版社 2010 年版，第 95—113 页。

②　罗教讲、张聪：《当前生活质量研究现状的反思》，《长江论坛》2008 年第 1 期。

③　习近平：《在庆祝中国共产党成立 95 周年大会上的讲话》(2016 年 7 月 1 日)，《人民日报》2016 年 7 月 2 日。

必须明确自己在研究中所处在研究层面。对不同层面的党内政治生活质量研究,所采用的方法和理论依据是有所不同的。如果对党内政治生活质量的评估定位于对被每个党员所关心的事情的测量,即微观层面上,那么其测量党内政治生活质量可考虑运用三种不同的哲学方法。第一种方法是描述受规范或规则或规矩理念主导的党内政治生活质量的特征,这些规范或规则或规矩理念是建立在党章、准则、条例或其他党内制度基础之上的。第二种方法是建立在偏好满意度之上的。第三种方法是根据党员个人的经历和体验来定义党内政治生活质量。如果一个党员体验自己的党内政治生活是良好的或令人满意的,那么他的党内政治生活质量就被认为是比较好的。在这种方法中,像获得感、幸福感、党内政治生活满意度和满足等概念都很重要。①

二是党员干部尤其是高级干部的党内政治生活质量和一般党员的党内政治生活质量。需要指出的是,十八届六中全会突出强调中央委员会、中央政治局、中央政治局常委会组成人员要首当其责,准则和条例对中央层面也作出专门规定。注重"关键少数"是这次全会的一个鲜明特点,就是突出领导干部特别是高级干部这个重点。②鉴于此,我们有必要区分研究特殊群体党员的党内政治生活质量和普通群体党员的党内政治生活质量。一方面,研究高级党员干部的党内政治生活质量,为此要设计、实施专门的调查方案而进行党内政治生活质量指标的测量与研究。也就是说,可以采取谈话分析与问卷分析相结合的方式以更好地反映特殊群体党员的党内政治生活质量。另一方面,研究一般党员的党内政治生活质量,只需按照正常的调查方案而进行党内政治生活质量指标的测量、分析与研究。

三是主观层面的党内政治生活质量和客观层面的党内政治生活质量。实际上,在个体层面上,给出一个十分合理的党内政治生活质量内涵相当不易,因为每个党员的具体党内政治生活感知都存在巨大的差异。可以说,党内政治生活质量既是主观又是客观的。主观领域由党内政治生活满意度领域和满意度与党员个体重要性的加权构成。客观领域由客观幸福及获得与收获的相关文化测量

---

① 周长城、饶权:《政策层面的生活质量指标体系》,《江苏社会科学》2002 年第 1 期。
② 刘云山:《深入学习贯彻党的十八届六中全会精神　把全面从严治党决策部署变为实际行动》,《学习时报》2016 年 11 月 17 日。

构成。由此看到,个体层面的党内政治生活质量测量也是从主观和客观两个方面着手的。主观方面,我们常见的就是使用问卷方式对党员个体的党内政治生活质量满意度进行调查,然后分析党员的主观党内政治生活质量满意度。客观方面,假定党内政治生活质量就像智商等一样,是可以通过客观的标准去加以测量和量化。这种方法使得党内政治生活质量被赋予了有数字化的意义。①

四是定性研究的党内政治生活质量和定量研究的党内政治生活质量。当前,定性研究方法越来越受到学界的重视。这不仅仅是因为传统的测量技术有隐性问题和可能误传信息方面的原因,而且所采取的"客体本位"的研究方法忽视了当事人自身对党内政治生活质量的主观感知。定性研究大多会采取"主体本位"的研究方法,就是试图从当事人的视角理解党内政治生活质量。它为当事人的党内政治生活质量研究提供了与研究者在理论上、认识论上和方法论上的与"专家评价"相同的立足点。这种方法大多采取谈话分析、语义分析、访谈等技术获取当事人的党内政治生活质量认知取向,通过询问有关他们日常和过去的党内政治生活,他们的愿望及担忧,大致了解他们每个人的正面经历和负面经历,即对他们而言的自身的党内政治生活质量和价值。定量的研究方法要求研究设计能很准确地反映所建构的党内政治生活质量理论模型,也就是说,研究设计和问卷设计等要达到党建研究所要求的信度和效度测量。②

意义问题：为何研究"党内政治生活质量"

历史表明,社会大变革的时代,一定是哲学社会科学大发展的时代。当代中国正经历着我国历史上最为广泛而深刻的社会变革,也正在进行着人类历史上最为宏大而独特的实践创新。这种前无古人的伟大实践,必将给理论创造、学术繁荣提供强大动力和广阔空间。这是一个需要理论而且一定能够产生理论的时代,这是一个需要思想而且一定能够产生思想的时代。③具体到新形势下党的建

①② 罗教讲、张聪：《当前生活质量研究现状的反思》,《长江论坛》2008 年第 1 期。

③ 《结合中国特色社会主义伟大实践　加快构建中国特色哲学社会科学》,《人民日报》2016 年5 月 18 日。

设新的伟大工程以及全面从严治党,既是一场伟大实践,也是一种实践创新。作为党的建设新观点、新思想与新理论,"党内政治生活质量"研究无疑是响应并对接我们的伟大时代和党建实践,具有不可估量的学术意义与现实价值。①简言之,"党内政治生活质量"的重视与提高程度与全面从严治党实效多少、党的建设科学化水平高低及党的建设新的伟大工程效果好坏三者之间成正比关系。下面结合后小康社会推进党的建设实际来具体而详细地阐扬这种意义与价值。

其一,具有"点"的意义与价值,"党内政治生活质量"可揭示全面从严治党的新着力点。全面从严治党,既需要全方位用劲,也需要重点发力。党的十八大之后,党中央研究党的建设如何抓时,就决定从制定实施八项规定切入,以反"四风"为突破口,以点带面、重点突破。党的十八届六中全会以加强和规范党内政治生活、加强党内监督为重要抓手部署全面从严治党,体现了唯物辩证法的两点论和重点论统一。②同样的道理,把全面从严治党决策部署变为实际行动,也要把握好重点、找准着力点。如何找准这个着力点呢? 就是时时紧盯和着力提高党的各级组织和全体党员或每一个党组织、每一名党员的"党内政治生活质量"。搞好"党内政治生活质量"实质上可作为全面从严治党取得实效的新着力点。具体来说,提升"党内政治生活质量"这个新着力点可从以下方面做起:一是注重抓好思想教育。干部队伍过硬,首先是思想素质过硬。必须把加强思想教育作为首要任务,用好思想建党这个传家宝,解决好世界观、人生观、价值观这个"总开关"问题。二是加强思想教育,还要着力培育和

---

① 实际上,"党的建设不仅包括党内政治生活,还包括党的社会活动、领导活动、执政活动等活动。也就是说,党的建设内在地包含党内政治生活。党内政治生活是党的建设的重要载体、重要内容,无论是党的思想建设、组织建设、作风建设,还是党的制度建设、反腐倡廉建设都需要通过党内政治生活来落实和体现。离开党内政治生活,或者党内政治生活不健全不健康不严肃不正常,党的建设必然受到削弱直至失败。"参见何克祥:《党内生活几个基本理论问题论析》,《探索》2014年第3期。同样的道理,党的建设与"党内政治生活质量"紧密相关且密切相连,可以说,党的建设内在地要求应有的"党内政治生活质量"。也可以说,"党内政治生活质量"的高低直接关系党的建设的成败。

② 刘云山:《深入学习贯彻党的十八届六中全会精神 把全面从严治党决策部署变为实际行动》,《学习时报》2016年11月17日。

建设良好的党内政治文化。习近平总书记明确提出，要注重加强党内政治文化建设，不断培厚良好政治生态的土壤。这一重要思想，抓住了党内政治生活最深层、最本质的东西，具有很强的现实针对性。三是注重严明政治纪律。我们党作为马克思主义执政党，最突出的特点和优势，就是旗帜鲜明讲政治，善于从政治上认识和抓好党的建设。四是注重强化自我监督。党要管党，就是要以自我革命的政治勇气，自己监督自己，自己管好自己，自己建设好自己。五是注重明责问责。即理清责任、落实责任。不明责、不尽责、不追责、不问责，再好的制度也会落空。六是注重"关键少数"。要突出领导干部特别是高级干部这个重点。各级领导干部要清醒认识自己岗位的特殊重要性，对照党章党规党纪，及时校正自己的行为，做到心有所畏、言有所戒、行有所止。①可见，只有切实做到做好一个个"着力点"所对应的具体事宜，也即真正提高党的各级组织和全体党员或每一个党组织、每一名党员的"党内政治生活质量"，那么，全面从严治党才会取得实际效果。因此可以说，"党内政治生活质量"其实成为了全面从严治党的新着力点。

其二，具有"线"的意义与价值，"党内政治生活质量"可展示党的建设科学化的新标准。就中国共产党而言，党的建设科学化是在马克思主义为指导的前提下，以现代政党的一般科学理论为坐标，立足中国的客观实际，准确把握和自觉运用共产党执政规律、社会主义建设规律、人类社会发展规律，通过科学的制度和方法进行党的建设，同时在实践中不断形成新的关于政党的科学理论并继续指导党的实践，不断推进党的建设新的伟大工程并最终实现党的宗旨和目标的过程与状态。从这个意义上说，党的建设科学化也就是党的建设的规律化、系统化、模式化和开放化。②实际上，科学与否，总得有一个可供人们参考与评判的标准，党的建设科学化应该有自己相对稳定的评价标准。标准就是价值尺度和界限，党的建设科学化的评价标准就是表明在党的建设中应该重视什么，引领着党的建设前进的方向。严格说来，党的建设科学化涉及党的建设的方方面面，每个具体的方面都有相对应的评价标准。从党的建设全局来看，党的建设科学化

---

① 田改伟：《全面从严治党必先严肃党内政治生活》，《党建》2016 年第 6 期。

② 胡伟等：《走向科学建党的自由王国：中国共产党建设的科学化研究》，上海人民出版社 2011 年版，第 14 页。

的评价标准,可以从党的意识形态现代化、执政方式科学化、党内关系民主化、党员对党忠诚度和人民群众对党的认同感等方面来加以探讨。①在遵循党的建设规律的基础上,探讨并建立一个科学合理、操作可行、效果明显的党的建设科学化评价指标体系,这也是提高党的建设科学化水平的重要途径。②可见,开展新形势下党的建设科学化研究,必须理清基本思路,综合运用多种研究方法。具体研究中,应坚持党性与科学性相统一、历史与逻辑相一致、理论与实践相结合的原则,采用文献研究与实证研究相结合、定性分析和定量分析相结合、宏观研究与微观研究相结合、分析研究与综合研究相结合、一般研究与重点难点研究相结合、个案研究和比较研究相结合、以及一般调查研究和典型案例剖析相结合等方法。③而其实,用于提高党的建设科学化水平的科学理论、科学制度、科学方法、科学组织决不能脱离党内政治生活,只有通过党内政治生活才能体现出来,只有以党内政治生活为基本载体才能发挥作用。而党的建设科学化即是否体现时代性、把握规律性、富于创造性,也离不开党内政治生活的体现和检验。因此,党内政治生活是党的建设科学化的重要内容、重要体现和重要载体,也是其重要检验尺度。换言之,党内政治生活是党的建设科学化的晴雨表,在很大程度上人们是通过共产党党内政治生活状况来判断党的建设科学化水平的,可以毫不夸张地说,没有党内政治生活科学化就没有党的建设科学化。④与此同理,"党内政治生活质量"更是党的建设科学化评价的题中之意,没有理应且理想的"党内政治生活质量"就很难实现党的建设科学化。党的建设科学化必然要求重视党的各级组织和全体党员或每一个党组织、每一名党员的"党内政治生活质量",而理应且理想的"党内政治生活质量"则能展示党的建设科学化的新标准。

其三,具有"面"的意义与价值,"党内政治生活质量"可显示党的建设伟大工程的新气象。"什么叫问题? 问题就是事物的矛盾,哪里有没有解决的矛盾,

---

① 谢忠平:《党的建设科学化的评价标准探析》,《理论与现代化》2011 年第 3 期。

② 徐茂华:《党的建设科学化评价指标体系研究》,《辽宁大学学报(哲学社会科学版)》2013 年第 1 期。

③ 丁俊萍:《逐步深化新形势下党的建设科学化研究》,《理论学刊》2010 年第 5 期。

④ 何克祥:《论提高党的建设科学化水平必须反对党内生活庸俗化》,《探索》2011 年第 5 期。

哪里就有问题。"①"问题是事物矛盾的表现形式,我们强调增强问题意识、坚持问题导向,就是承认矛盾的普遍性、客观性,就是要善于把认识和化解矛盾作为打开工作局面的突破口。"②在解决矛盾和问题中不断推进事业发展,是我们党治国理政的重要方法,也是全面从严治党及党的建设新的伟大工程的内在要求。若要推进党的建设新的伟大工程取得新实效,必须坚持问题导向,聚焦问题、对症下药、精准施策,也即切实提高党的各级组织和全体党员的"党内政治生活质量"。质言之,不理想、不合格的"党内政治生活质量"是党内存在问题的根源,也是推进党的建设新的伟大工程所要正视的不利因素。那么,提高党的各级组织和全体党员的"党内政治生活质量"即要认真对待、切实解决推进党的建设新的伟大工程方方面面的"矛盾和问题"。新形势下这些方方面面的"矛盾和问题"有哪些呢? 总体而言即为党内政治生活不严肃不正常、党的领导弱化、党的建设缺失、全面从严治党不力,党的观念淡漠、组织涣散、纪律松弛,管党治党宽松软问题。具体来说则为一些党员共产主义远大理想和中国特色社会主义共同理想不明确不坚定;一些地方和部门对党在社会主义初级阶段的基本路线贯彻有折扣;一些地方和部门维护党中央权威、保证全党令行禁止不够坚决;一些地方和部门纪律不够严明且执行纪律宽松软;一些党员甚至干部不能够时时处处坚持全心全意为人民服务的根本宗旨、保持党同人民群众的血肉联系;一些地方和部门民主集中制坚持不够完好,存在压制党内民主、破坏党内民主现象;一些地方和部门正确选人用人导向有时坚持不力甚至有误;一些地方和部门党的组织生活活力不够,党的意识及党员第一身份意识不够强;一些地方和部门及领导干部批评和自我批评坚持开展不力;有的地方和部门存在以言代法、以权压法、徇私枉法现象;个别领导干部特别是高级干部没能很好地带头践行社会主义核心价值观;有些党的组织或党员不能牢固树立政治意识、大局意识、核心意识、看齐意识;一些党组织和领导干部丧失党性意识、党性原则;一些党组织和领导干部在行动上与思想上都不能与党中央

---

① 中共中央党史研究室第一研究部编:《共产国际、联共(布)与中国革命文献资料选辑(1938—1943)》(第21卷),中共党史出版社2012年版,第218页。

② 《坚持运用辩证唯物主义世界观方法论 提高解决我国改革发展基本问题本领》,《人民日报》2015年1月25日。

保持一致,等等。①毫无疑问,唯有解决这些方方面面的"矛盾和问题",党的各级组织和全体党员的"党内政治生活质量"才可得到全面改善与大幅提升,与此相对应,党的建设新的伟大工程方可展现一片新气象。

结　语

如期全面建成小康社会,是中华民族伟大复兴征程上的一座重要里程碑,彰显人类社会迈向文明进步繁荣发展的中国智慧和中国贡献。我们全面加强党的领导,大大增强了党的凝聚力、战斗力和领导力、号召力。我们应该站在完成党执政兴国使命的高度,把提高党的执政能力、保持和发展党的先进性,都围绕全面建成小康社会这个大局来加强党的建设,党的建设的每项决策都要放在全面建成小康社会的全局中来谋划,党的建设的每个举措都围绕全面建成小康社会的进程来展开,从而为全面建成小康社会提供坚决的组织保证和人才支撑。与此同时,党的建设也在全面建成小康社会的实践中经受检验,获得动力,得以提高。进入后小康社会,党的建设必须继续加强,既要善于借鉴以往党的建设的有效经验,也要善于创新党的建设理论及其实践。尤其要重视提炼和打造党的建设的新思想新理论新概念。

诚如习近平总书记所指出,在解读中国实践、构建中国理论上,我们应该最有发言权,但实际上我国哲学社会科学在国际上的声音还比较小,还处于有理说不出、说了传不开的境地。要善于提炼标识性概念,打造易于为国际社会所理解和接受的新概念、新范畴、新表述,引导国际学术界展开研究和讨论。要提倡理论创新和知识创新,鼓励大胆探索。②是故,以党的实践为研究起点,并以党的建设为分析中心,从全面从严治党的实践中挖掘新材料、发现新问题,并对党的建设新的伟大工程实践进行系统分析与研究阐释,从而提炼并努力打造新时代党建领域的一个标识性概念——"党内政治生活质量"。进入新时代及后小康社会,面对坚定不移全面从严治党以及不断推进党的建设新的伟大工程,

---

① 《中共十八届六中全会在京举行》,《人民日报》2016 年 10 月 28 日。

② 习近平:《在哲学社会科学工作座谈会上的讲话》,《人民日报》2016 年 5 月 19 日。

特别是新形势下加强和规范党内政治生活，"党内政治生活质量"成了一个亟须党内党外理解、接受和发扬的新概念、新范畴、新表述甚而新工具。"党内政治生活质量"，有望成为新时代及后小康社会推动党的建设及其伟大工程研究的新进路。

　　（作者为华东师范大学马克思主义学院暨中国特色社会主义研究中心研究员）

面向小康社会幸福目标的中国性别统计制度创新研究

——基于数字政府环境视角*

刘淑妍　王湖葩

一、 问题的提出

随着第四次工业革命的到来,大数据技术、区块链、人工智能等新兴技术的交互共生,为数字政府的构建与实践奠定了坚实的技术基础。2015 年 9 月,《促进大数据发展行动纲要》(国发〔2015〕50 号)率先提出要"大力推动政府部门数据共享"。2016 年 3 月,中央政府工作报告明确提出要求"大力推行'互联网+政务服务',实现部门间数据共享"。2016 年 12 月,《"十三五"国家信息化规划》(国发〔2016〕73 号)将"推动信息跨部门跨层级共享共用"列入重点任务分工清单。2019 年 11 月,党的十九届四中全会通过的《中共中央关于坚持和完善中国特色社会主义制度、推进国家治理体系和治理能力现代化若干重大问题的决定》明确指出"推进数字政府建设,加强数据有序共享"。当前,部门间的"信息孤岛"林立、数据共享困难已经成为推进数字政府建设的首要难题。

另一方面来看,数字政府的建设不仅对于提升政府行政效率、促进政府职能转变具有重要作用,而且对于实现政府制度创新、提升数字政府能力具有更加深远的意义。我国的性别统计目前尚未成立专门的统计调查制度,因而性别统计的相关数据需要从各政府职能部门中零散获取,然而传统的"条块结合"的行政体系导致数据资源始终在封闭的内部流通循环,从而形成了"信息孤岛"。在撤销了作为性别统计制度"替代品"的《妇女儿童状况综合统计报表制度》后,我国

* 项目支持:"新时期进一步加强和完善国家性别统计制度研究":2020 国家妇儿工委办委托项目,负责人:包蕾萍;"城市交通治理现代化理论研究":2018 国家自然科学基金重点项目,负责人:汪光涛。

性别统计工作的进程甚至出现回溯的窘境。因而，在数字政府的浪潮下，通过大数据中心的数据共享能否解决性别统计的制度困境？如何顺利打破部门之间的"信息孤岛"？这将是本文所要研究的重点。

二、 当前公共服务领域性别统计监测实践与现状

性别统计是通过对男女两性在社会经济发展中地位、权利、作用以及发展状况等方面的分析对比，找出解决男女发展不平衡的原因，提出政策建议的社会统计方法。中国的性别统计始于 20 世纪 80 年代后期，1995 年国家统计局编辑出版了第一版面向非专业人员的《中国社会的女人和男人：事实与数据》统计手册，围绕该出版物的编辑出版所作的一系列工作，标志着中国性别统计制度的初步形成。进入 21 世纪，从 2006 年建立"中国妇女发展纲要和中国儿童发展纲要性别统计重点指标目录"，2008 年以来每年出版《中国妇女儿童状况统计资料》，到 2011 年以来每年发布中国妇女发展纲要统计监测报告，我国构建起了以"妇女发展纲要"目标监测为核心的性别统计体系。然而，实践中显示，从国家制度层面落实《中国妇女发展纲要》性别统计的目标监测推进力度依然不够。以"妇女发展纲要"内确定的七个发展领域的目标监测数据进行统计分析，可以发现，环境领域中完全不体现性别统计指标。健康、教育、经济、决策与管理、社会保障以及法律这六个分项发展领域中，也都存在着无性别统计指标。图 1 显示了 2018 年《中国妇女儿童状况统计资料》对各领域性别统计具体指标的监测情况，只有

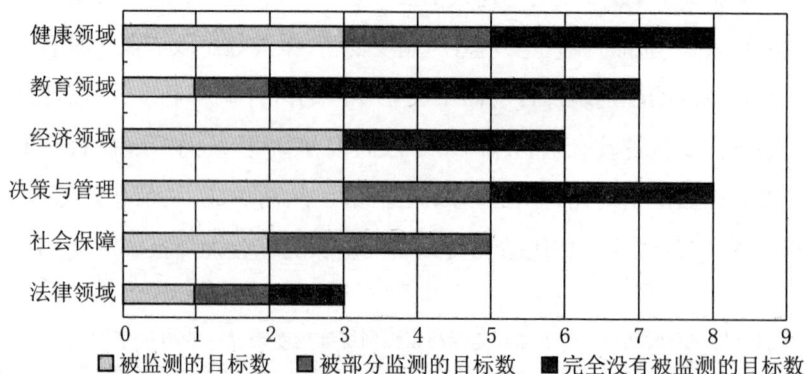

图1 "妇女发展纲要"各发展领域性别统计指标被监测情况

1/3 左右(37 个中的 13 个)的目标有监测数据,近 1/4 的目标有部分的监测数据,尚有四成的目标到目前为止没有可供监测的数据。

此外,在地方上的分性别监测工作同样没有按照《中国妇女发展纲要》所规划的普遍开展。据相关材料分析可知,目前仅有上海、广东、江苏、安徽、山东等省市开展了妇女儿童状况的监测统计工作,其余各地仍未贯彻实施该项监测工作。并且在 2019 年底,为了避免数据多头重复报送,减轻基层工作负担,国务院妇女儿童工作委员会宣布不再恢复《妇女儿童状况综合统计报表制度》来收集统计监测数据,相关数据可从国家统计局《部门综合统计报表制度》中获取。但这其中存在很大的指标缺口,并不能实现性别统计数据的妥善衔接。不仅如此,性别统计的专项调查制度被取缔,意味着性别统计的数据需要从不同政府部门的调查制度、行政记录数据等口径中获取,"条块分散"的部门数据亟待"资源整合",以提高性别统计的效率,降低政府的行政成本。

最后,现行的法律体系中缺乏性别统计的立法依据。《中国妇女发展纲要》中规定:在国家立法中要充分体现社会性别意识,将社会性别意识纳入法律体系和公共政策,规范影响妇女发展的社会行为,但是在《统计法》《统计法实施条例》《人口普查法》《妇女权益保障法》等主要法律中,涉及性别统计的条例少之又少,性别统计在立法层面仍然缺乏支撑,《纲要》所发挥的作用比较薄弱。

三、 制度困境:数字政府信息统计与共享的难题

"数字政府"与"数字家庭""数字国家"等一样,来源于 1998 年美国前副总统戈尔所提出的"数字地球"概念①。信息时代的网络化特征催化了数字社会的迅速形成,信息技术构成当代公共管理变革的根本推动力②,促进政府治理理念逐渐由"管制"向"服务"转变,由"条块思维"向"资源整合"转变③,"数字政府"

① 徐晓林:《"数字城市":城市政府管理的革命》,《中国行政管理》2001 年第 1 期。
② 陈振明、薛澜:《中国公共管理理论研究的重点领域和主题》,《中国社会科学》2007 年第 3 期。
③ 齐丽斯:《智慧城市发展对我国政府管理创新的影响》,《人民论坛》2015 年第 8 期。

概念及实践探索应运而生。总体而言，"数字政府"即"政府通过数字化思维、数字化理念、数字化战略、数字化资源、数字化工具和数字化规则等治理信息社会空间、提供优质政府服务、增强公众服务满意度的过程"，是一种新型政府管理和服务形态，其核心目标在于推进以公众为中心的公共服务，提高管理效率、改善服务体验，促进公众与政府的良性互动，实现政府的社会公共服务价值①，是信息社会实现城市政府善治的新思路②。

从目前政府信息共享的研究议题来看，不少学者将研究对象与内容聚焦在交通、旅游、文化、医疗、卫生、环境等方面的政府数据开放共享方面，尚缺少专门针对性别统计数据共享的研究。在研究政府数据信息共享的设计与实现方案时，主要集中于地理空间信息等基础数据领域的共享及利用方面③④，对于涉及各职能部门核心权力及利益不补偿的相关内容，关注较为欠缺。文章从数字政府的信息共享视角，探讨影响性别统计数据共享的制度性难题主要有：

（一）共享主体的体制壁垒

在政府数据共享的实践过程中，以下两个因素会削弱共享主体的积极性和主动性：一是对政治绩效和经济利益的追求，二是对公共责任的规避。

1. 对政治绩效和经济利益的追求。根据布坎南的公共选择理论，政府同样具有"理性经济人"的特性，存在追求个人/部门利益最大化的倾向。对于应该提供共享的数据信息，有的部门却将其"私有信息"作为寻租的筹码，以相应的经济收益作为提供这部分信息的前提要求。上级政府或大数据中心要掌握这些能为部门创收的信息需要消耗巨大的成本，通常上级政府不愿意花费巨大成本进行信息的收集和辨别，而且上级政府的实际监督能力也不足以能核查出地方政府

---

① 戴长征、鲍静：《数字政府治理——基于社会形态演变进程的考察》，《中国行政管理》2017年第9期。

② 徐晓林、刘勇：《数字治理对城市政府善治的影响研究》，《公共管理学报》2006年第1期。

③ 胡建伟、许岩岩：《美国信息共享模式对我国地理信息共享机制的启示》，《地域研究与开发》，2009年第2期。

④ S.M.Fletcher-Lartey & G. Caprarelli, Application of GIS Technology in Public Health: Successes and Challenges, *Parasitology*, Vol.143, No.4, 2016, pp.401—415.

各部门是否存在造假行为,因此,理性的上级政府一般选择不核查,即处于"理性无知"的局面。而在上级政府不核查、大数据中心不强制的情况下,地方政府各部门对性别统计数据共享要求的理性选择自然是不执行、选择性执行或者虚假性执行。因此,在政府各部门横向之间的增量合作中,各部门的个体理性行为导致了集体非理性行为,部门数据往往被封闭在内部进行循环,即产生了"零和博弈"和"数据内卷化"的体制壁垒。

2. 对风险责任的规避。提供共享数据的部门对于自己发布的数据信息始终存在着信息失准甚至错误、信息涉密甚至危及国家安全等诸多风险,在行政问责机制日趋严密的今天,"少做少犯错、不做不犯错"自然成为大多数行政机关的优先之选。根据囚徒困境模型,在博弈双方面临损失风险或者责任追查时,对于其中的一个部门而言,无论其他部门采取什么策略,选择不共享数据信息都是最优的决策,从而形成当前各政府部门不愿意进行数据共享的局面。比如上海市大数据中心,目前公开的数据仍然只有上海市大数据中心2020年度、2019年度财政支出项目绩效目标,除此以外并没有其他数据公开。诸多地方政府涉及性别统计的数据也不在该政府网站上公开,而是直接上报至国家统计局或者国务院各部委,在中央层面进行数据计算、处理、加工后再公开,从而规避了自己的直接责任。

(二) 数据共享的技术壁垒

1. *数据准确度不高。* 不同政府部门之间存在重复统计的"交叉数据"。其统计口径及调查方式并不能够保证一致性与标准性,且数据的多头报送容易给使用者造成分歧。比如,卫健委发布的《全国妇幼卫生调查制度》与国家统计局的年度数据中均包含"孕妇死亡率"这一项数据,教育部颁布的《教育事业统计调查制度》与人社部颁布的《人力资源与社会保障统计报表制度》中均包含了"事业单位工作人员(教学人员)的男女人数",部门之间何不实现数据的共享从而避免重复统计带来人财物的耗费,更为关键的是,两者统计结果的不一致会给数据使用者造成很大的困扰,也在一定程度上降低了统计数据的可信度和政府部门的权威性。

2. *数据匹配率低下。* 不同政府部门之间的信息共享存在"数据分歧"。目前,上海市大数据中心作为数据存储和处理中心,负责组织协调一个市属所有政府部门公共数据的管理工作。若各委办局要进行数据的共享,则需通过"三清单"的程序来开展:由需求部门将数据的"需求清单"提交至大数据中心,由大数据中心进行判断其可行性与可得性,然后将"需求清单"转告负责相应的数据的委办局,若委办局确认可行,则变为其"责任清单",完成"责任清单"之后将数据递交至大数据中心,再由需求部门自行提取。在这个过程之中也难免存在着弊端,比如供需双方不直接交流,而是通过大数据中心这个第三方来进行数据交换,那么在提供数据需求的过程中,关于数据的统计口径、范围、标准很有可能产生分歧,导致最终提供的数据并不符合需求。

3. 数据生产和需求脱节。脱节的共享数据导致部分数据的性别敏感度不高,无法准确反映出数据使用者所期望的性别差异情况。性别统计不仅是单纯的分男女统计结果,而是要反映出社会发展的性别差异情况。比如,就业率只能反映出男女的就业比率,对于更为重要的分行业就业差异、职位晋升差异、岗位差异、地区差异的分性别情况,我们往往不得而知。由于缺乏了数据生产者与使用者的协商对话机制,面对全国范围内的不同地区与特殊情况,中央层面各部门的指标定制往往趋于笼统与抽象,数据收集则趋于简化与统一,因而无法满足使用者更具体、更详尽、更敏感的需求。

(三)数据共享的管理壁垒

在我国,政府部门的信息具有三种性质——完全开放、可开放、不开放,信息的保密或公开,对于个人利益、社会经济发展和国家安全休戚相关。就目前而言,由于法律法规的不完善,在可开放信息与不开放信息的共享和使用上存在着一些界限问题,而涉及性别、妇女等个人隐私的"特殊数据",政府部门之间的共享则是难上加难,形成了纵强横弱的信息共享格局,数据的生产与使用也缺乏协商对话机制。

1. 信息共享"符号化"的尴尬处境。当前我国关于信息共享的相关的法律条文过于原则化,缺乏可操作性,语言的模糊性和任意性使信息共享流于形式。例如,在政府数据信息的保密和共享之间的界定就存在模糊性。一方面,《中华人民共和国政府信息公开条例》对政府数据信息共享过程中所应遵循的原则、数据信息共享的范围作出了规定;另一方面,《中华人民共和国保守国家秘密法》中对政府信息的保密范围又进行了严格的限制。在共享与保密之间,我国尚未完全理顺其中的边界问题,容易导致保密或定密的范围过大而造成信息共享的困境。

2. 存在大量的"信息孤岛"。信息共享在实践中发展不平衡,形成了纵强横弱的基本格局。因为具有行政和业务上的隶属关系,纵向信息共享相对来说比较容易实现,但在跨系统的横向信息共享中,政府部门拥有的信息往往被封闭在内部进行体内循环,形成一个个孤岛。比如,国家统计局作为中央级别的政府机构,对各类涉及性别统计的调查制度报表和统计报表能够在纵向上延伸到地方政府各部门,数据层层上报是合法规范的行政过程,因此上级政府获取数据则较为便捷有效。然而,上海市大数据中心的等级和其他市属政府部门相等,在跨部门、跨系统的横向数据共享中,共享主体的积极性和主动性难以被调动。

3. 数据的生产者和使用者之间缺乏协商对话机制。从多源流理论的视角来看,自20世纪80年代开始,我国性别统计历程的推进主体一直是中央层面的国务院妇儿工委、全国妇联及相关部门,虽然性别平等在社会各界获得了日益高涨的关注度,但此项议程的问题源流仍出于掌握决策权的政府之手;相较于广泛征询社会意见和专家建议,国家统计局及相关政府部门往往更多地按照法律法规和自身制定的统计调查制度展开数据的生产过程,政策源流更多地体现为政府内部制定决策的封闭性;然而,在政策法规及部门统计调查制度制定的过程中,以妇女问题研究专家、妇女研究组织、高校专家教授等数据使用者为主体的政治源流,无法与政策制定者进行有效的协商对话,亦无法将性别统计数据的使用者需求告知生产者,政治之窗与政策之窗始终无法建构起沟通交流的对话机制,导致数据的生产与需求相互脱离。

四、 制度创新:基于性别平等视域的统计数据共享新思路

(一)将性别统计充分纳入国家发展的总体战略规划中

1. 建立完善的性别平等数据标准体系。将性别统计与国家发展战略对接起来,加强性别统计的重要性,从而在根源上增强制度创新的变革动力,才能尽快推动性别统计指标体系的建立。因此,从中央层面来制定性别统计工作的制度

规范(上层的政治权威),结合全面建成小康社会的国家战略,才可能打破原先的"一套表制度"的路径依赖,进行性别统计的制度创新。

性别平等和妇女发展是全面建成小康社会的题中之义和重要内容,但目前尚未进入政府统计和主流研究的视野。按照党的十九大报告的精神,全面建成小康社会不仅应以经济发展为目标,更要包含政治文明、社会进步尤其是削减社会不平等现象等多方面的内容和诉求。从性别平等和社会公正的立足点,研究性别平等和妇女发展指标及监测评估,并将其作为全面建成小康社会指标体系中的有机组成部分,在社会发展综合评价体系中更好地体现性别平等和两性协调发展,是性别研究服务和支持于全面小康社会建设进程的重要任务。将性别平等和妇女发展纳入全面小康社会目标是中国性别平等事业发展的必然要求。新中国成立以来,性别平等作为专门性的问题被给予了特殊的关注:建立了专门机构——各级妇女儿童工作委员会;制定了专门的政策措施——《妇女权益保障法》和《中国妇女发展纲要》等等。毋庸置疑,妇女发展专门政策的施行对于中国性别平等问题的解决起到了关键性的推动作用。但是,从社会优先发展问题中性别平等的缺位、性别统计进程的缓慢等方面折射出一个普遍的现实问题——没有纳入就不被计算;没有计算进去,就不起作用。中国目前正处于性别平等事业发展的一个关键转折期,只有突破原先的"专门问题""特殊问题"的路径依赖,将性别平等纳入整个社会发展战略的主流体系,将性别统计纳入社会发展基本评价指标体系之中,使性别平等成为全面建成小康社会不可分割的有机组成部分,才能有效推进性别统计的政策演进与制度创新。

2. 系统考虑与国际化标准的衔接。在涉及性别统计的指标设计中要系统考虑与国际化标准衔接的步骤与内容。在立足国情与历史的基础上,尝试与国际接轨,增强性别统计指标的精确度,提高性别平等决策的科学性势在必行。比如国际劳工组织公布的职业分类办法中,共包含 11 类职业,但是中国的职业分类大典仅包含 8 类职业,两者无法相互映射和衔接,指标的适用范围仅限于国内,则无法得知国内与国外的发展差距及优势劣势。因此,要结合国际化标准及国内实际情况,对于抽样调查制度的指标进行筛选、修正和增改,从而提高指标的问题映射能力,真正促进和展示性别平等治理的世界性。

（二）推进数据共享立法进程

制度层面的平衡是实现现实权力(利)平衡的基础。①在利用大数据中心推进性别统计进程的背景下,非常有必要进一步完善数据共享的相关立法,通过法律法规来规范数据资源共享过程中的各种行为,为数据共享的安全性、合法性、规范性保驾护航。

首先,应该加强数据信息保密的立法。政府部门的数据具有三种属性——完全开放、可开放、不开放,对于可开放和不开放的两类数据信息,尤其需要重视其保密性和安全性。在大数据中心的数据共享过程中,通过数据信息保密立法,能够有效防止数据的泄密和滥用,使政府的基本信息权益得到保障。此外,对于保密范围、保密原则、保密条件等立法内容的确定,也使得数据的共享内容更加明确,可操作性更强。

其次,加强对数据标准化的立法。大数据中心的建设,对于性别统计而言是一个制度创新。由于目前尚未出台专门的性别统计制度,作为其"替代品"的《妇女儿童状况综合统计报表制度》也在 2019 年底被废除,因此性别统计不存在一套标准化的指标体系。然而,政府数据共享是要把来自不同空间、时间,不同技术发掘、不同格式的数据信息统筹整合到一起,并通过政府部门的相互联系、大数据中心的统筹协调来实现自由流动和数据共享,其中数据的不匹配、不标准、不规范会导致共享效度被极大削弱。因此,应通过对数据标准化的立法,将性别统计以往存在的各种差异化信息进行联系和衔接,有效解决部门间的"信息孤岛"问题,避免重复收集"交叉数据",减少产生"数据分歧"和"数据空地",从而提高政府的数据共享水平。

再次,运用法律对数据共享过程中的利益分配和补偿进行规范。通过立法以明确数据信息共建共享行动经费在国家信息基础设施建设经费中的合理比例及增长速度,明晰拨款渠道、支配权责、分配原则等,为数据共享夯实良好的基础。尤其对于数据信息丰富的部门和地区而言,比如民政局、教育局、公安局即拥有丰富的性别统计数据信息,通过数据立法能够使这些数据输出方得到适当的利益补偿,从而提高他们在数据信息共享中的积极性。

---

① 郭艳:《公开与保密:政府信息制度战略平衡研究》,《情报杂志》2018 年第 5 期。

（三）加大数据共享监督力度

"公共选择理论认为,政府必须能够保持相对独立,同时它是作为理性经济人的角色而存在的。"在现实生活中,则体现为政府"实有机能"出现膨胀,而"应有职能"过分萎缩。①不论是出于追求自身利益的智猪博弈,还是对于规避风险责任的囚徒困境,政府最优的决策选择都是减少应该的数据共享甚至不共享,②因此有必要对政府数据共享的机制和运作进行监督。

首先,设置数据共享的监督部门,严格监督数据共享的全过程。一是对政府各部门开展数据共享工作的积极性进行监督,核查其在参与建设大数据中心的性别统计信息共享系统过程中,是否符合统一的标准及规定,防止因失误而导致"信息孤岛"的悲剧;二是对政府跨部门之间的数据共享过程进行监督,依据其建设发展程度来判断数据共享工作是否有效,在监督的过程中提高政府行政效率;三是对各部门数据共享投入的资金进行监督,即资金的使用和分配是否规范合理。根据处理成本经济理论,资金和利益的分配及补偿对于跨部门的横向政府数据共享具有至关重要的驱动作用。③政府部门若想获取更多的数据信息,则必然需要投入足够的人财物来支撑,若部门无法得到相应的资金保障,那么他们难免会产生消极态势,影响数据的共享。

其次,完善数据共享绩效评估指标体系也是实现良好监督的途径。大数据中心信息资源共享的绩效评估,即评估主体运用科学合理的标准和程序,对大数据中心信息资源共享的服务质量、责任、任务完成度等各方面进行客观综合的评价,对其执行过程当中的投入、产出所映射出来的绩效进行评价。④一是要完善绩效评估指标体系,使其具备科学性、合理性、综合性和可操作性。但也应该注意,各部门对于评估工作的意见可能不一致,因此在制定评估指标的过程中应该综合考虑各部门的意见及建议,遵循统一性、综合性、可行性、有效性及可操作性

---

① 陈国权、李院林:《政府自利性:问题与对策》,《浙江大学学报(人文社会科学版)》2004年第1期。

② 王奇、梅建明、韩旭:《基于博弈论的公安情报共享研究——从"囚徒困境"到"智猪博弈"的策略选择》,《情报杂志》2017年第7期。

③ Theresa A. Pardo, Giri Kumar Tay, Interorganizational information integration: A key enabler for digital government, *Government Information Quarterly*, No.4, 2007.

④ 何振:《电子政务信息资源的共建和共享研究》,中国社会科学出版社2009年版。

等原则。二是成立专门的绩效评估小组,对各部门的数据共享工作进行定期考核。根据绩效评估结果,针对性地指导各部门的工作细节,帮助其改进不足之处,逐步提高政府跨部门的横向数据共享能力,改善"纵强横弱"的格局。

(四)完善数据共享平台建设

大数据中心的建设,可以在很大程度上解决目前性别统计遇到的工作协调机制难题。大数据中心可以作为一个中转站,或者沟通的桥梁,为使用者提供需求的输入、数据分析和挖掘、数据处理和数据反馈,为生产者提供精准化的数据生产标准、采集导向与需求信息,在数据使用者和生产者之间搭建起沟通的桥梁,减少供需的不匹配,提高数据利用的有效性及数据质量的可靠性。

1. 将性别统计指标纳入大数据中心建设内容

(1)性别统计大数据采集网络:围绕《妇女发展纲要》的各领域主要目标,包括健康、教育、经济、决策与管理、社会保障、法律、家庭(待增加)七大领域,依托现有的信息技术,建立交叉、立体、融合的性别统计大数据采集网络。研究深层网络数据采集关键技术,建立基于涉及性别主体爬虫技术的网络数据采集系统;建立各部门之间、省市区之间的横向和纵向交互联通的数据采集系统;建立基于移动互联的智能数据采集系统,动态采集涉及性别统计的女性就业状况、家庭暴力事件、女性人身权利受害事件等数据。此外,明确每一项数据的统计口径、统计标准及统计范围,减少数据误差率和传输误差率,避免数据的供需脱节。

(2)性别统计大数据存储平台:在大数据中心内部打造一个专门存储性别统计数据的平台。以云计算的技术架构和开放的应用体系为支撑,研究适用于性别统计大数据的按需分配、动态更新、配置自动化、负载平衡等需求的海量存储技术,实现海量性别统计数据的资源统一接入、存储和高效处理,为性别统计大数据中心的海量数据提供优质的存储服务。在大数据存储方面,构建统一高效的性别统计大数据管理平台,建立基于分布式技术的海量非结构化数据存储系统,实现图片、文档、视频、数据等资源的规范化管理;建立基于分布式云架构的海量结构化数据存储系统,提供数据的高校检索服务;研究数据资源的集成、共享、融合等关键技术,推进性别统计大数据的开放共享。

(3)性别统计大数据处理平台:大数据处理平台主要用于对海量性别统计数据的处理,根据数据模式、统计口径、调查方式的不同,可以分为批量数据处理、实时数据处理、关系型数据处理等。其中,关系型数据的处理需要注意数据的可加工性、可推论性,提高数据的二次利用率,增强数据的供需衔接度。

(4) 性别统计大数据共享平台:在上述三个平台的基础上,性别统计大数据共享平台要增强其数据的直接可得性,避免出现数据在各部门之间的线下来回中转而导致数据产生分歧以及人财物的消耗。简化部门向大数据中心申请数据的程序,只需提供数据的要求及标准,充分沟通以降低误差,提高工作的效率。同时,建议大数据中心提高数据的脱敏化程度,使得数据在政府各部门之间、专业研究机构之间甚至对公众能够做到透明化、公开化、实时化,为各部门之间的统计工作提供极大的便利,为专业研究人员提供极大的帮助。

2. 性别平等视域中的大数据中心应用前景

随着大数据中心平台的建设和完善,大数据技术带领性别统计信息化的革命大数据时代已势不可挡,对性别统计领域的各个方面都将产生革命性的影响。大数据中心在未来的性别统计工作中也具有广泛的应用前景。

首先,大数据中心可以提供精准化的性别平等决策支持服务。决策分析是性别统计工作体系中的核心环节,也是终端应用环节,往往需要融合健康、教育、经济、决策与管理、社会保障、法律、家庭(待增加)七大发展领域,进行最新数据处理甚至实时数据处理,为性别平等决策的科学化提供支撑。利用大数据中心的处理分析技术,以及"一网通办""一网统管"的部门间数据共享模式,突破原先的部门隔阂、线下传输、数据分歧、高密度数据处理技术等方面的不足,为性别平等决策过程提供精准、实时、高效、可靠的辅助决策。

其次,大数据中心能够对性别平等状况实施监测与评估,搭建性别平等红线的监测预警机制。妇女发展状况监测与评估系统属于复杂大系统,贯穿性别统计信息获取、数据传输与网络通信、数据融合与智能决策、专家系统、监测与评估等整个流程,能够为性别平等红线提供监测和预警机制,及时、准确地为决策者提供决策优化、矫正的方向。

五、 总 结 与 展 望

随着信息技术的飞速进步,人类社会迎来了前所未有的变革,当代政府的公共管理变革也随之卷入浪潮。数字政府、数字治理便是对时代变革的一种回应，现代政府能力建设体现在利用现代信息技术的发展以提升政府行政效能，从而建设人民满意的服务型政府和高效能政府。其建设内容不仅体现在政府决策科学化、公共服务高效化和社会治理精准化，更体现在对制度缺陷的补充完善和创新升级。因而，在亟待完善和补充的性别统计领域，我国的数字政府建设对其制度创新具有举足轻重的影响。将性别统计的指标数据纳入国家总体发展战略中，建立数据共享的标准体系，加强数据共享的立法，增强数据共享的监督力度，通过大数据中心的搭建、"一网统管"的实施，能够有效地打破部门之间现有的"信息孤岛"，拔掉数据烟囱，通过政府各部门数据在横向之间的互联互通，最终实现数据有序共享。信息孤岛的桎梏，固然有信息技术发展初期标准规范缺失的客观原因，但更在于政府管理理念的导向、部门利益考虑等主观原因。因此，数字政府的建设不仅是政府职能的转变和运行机制的优化，更是政府制度的革新升级。在这一基础之上，性别统计与数字政府的叠加共生，能够打破"信息孤岛"的制度困境，推进性别统计制度的变革与创新。

（第一作者为同济大学教授，第二作者为同济大学硕士研究生）

强化政协委员责任担当的制度建设

程竹汝　丁长艳

一、政协委员责任担当的基本要求

在中国政治体系中,政协委员是一个极其独特的政治角色。这一角色的内涵或"职责"是随着人民政协功能定位的变化而变化的。改革开放以来,人民政协的功能定位随着实践发展不断有所拓展。习近平2019年9月总结说:"人民政协作为统一战线的组织、多党合作和政治协商的机构、人民民主的重要实现形式,是社会主义协商民主的重要渠道和专门协商机构,是国家治理体系的重要组成部分,是具有中国特色的制度安排。"[①]显然,这一关于人民政协性质和地位系统化的理论概括中,贯穿着两个基本理论维度:一是人民政协在我国政治体系中的地位即人民民主的重要实现形式、国家治理体系的重要组成部分和具有中国特色的制度安排;二是人民政协功能特色即统一战线的组织、多党合作和政治协商的机构、社会主义协商民主的重要渠道和专门协商机构。人民政协的功能特色蕴含着政协委员角色要求或"职责"的全部内涵。

人民政协在当代中国政治体系中的多重制度与功能定位,对政协委员的角色内涵或"职责"具有决定性作用。新时代条件下,人民政协的统一战线组织和专门协商机构新定位对政协委员履职有着更高要求。2015年3月3日,习近平总书记在全国两会党员负责人会上强调,政协委员要"守纪律、讲规矩、重品行";在参加全国政协十二届三次会议民革、台盟委员联组会时,要求政协委员要"懂政协、会协商、善议政"。此后,习近平总书记多次将"懂政协、会协商、善议政,守纪律、讲规矩、重品行"作为一个整体,形成对政协委员队伍责任担当的总体

---

① 习近平:《在中央政协工作会议暨庆祝中国人民政治协商会议成立70周年大会上的讲话》,新华网,http://www.xinhuanet.com/politics/leaders/2019-09/20/c_1125020851.htm。

要求。

理论上,组织行为是由组织角色承担的,关于人民政协组织行为的新要求,必然要传递到政协委员的履职行为上。党的十九大报告指出:"人民政协工作要聚焦党和国家中心任务,围绕团结和民主两大主题,把协商民主贯穿政治协商、民主监督、参政议政全过程,完善协商议政内容和形式,着力增进共识、促进团结。"①长期以来,团结和民主构成人民政协功能展开的两大主题。统一战线组织和专门协商机构性质和功能的双重表达就是人民政协适应团结、民主两大主题时代发展的必然逻辑。"就团结和民主内在的统一性而言,人民政协统一战线组织性质较多循着从团结到民主、寓民主于团结之中的逻辑;而专门协商机构则不同,它显然更多循着从民主到团结、寓团结于民主之中的逻辑。"②就此而言,虽然"懂政协、会协商、善议政,守纪律、讲规矩、重品行",是对政协委员责任担当的总体要求,但相对于人民政协统一战线组织和专门协商机构的机构性质,相对于团结、民主两大主题,这些要求对政协委员履职行为针对性还是有所不同的。显然,统一战线的首要价值是团结,政协委员要发挥团结作用,就必须"守纪律、讲规矩、重品行";专门协商机构的首要价值是协商民主,政协委员要发挥协商民主的作用,就要"懂政协、会协商、善议政"。

人民政协统一战线组织性质——团结的组织功能,要求政协委员必须具备"守纪律、讲规矩、重品行"的角色内涵。这就要求政协委员首先,要在内心世界上坚信、坚守中国共产党的领导,坚信中国特色社会主义制度,紧密地团结在中国共产党周围;其次,要认真学习、宣传马克思主义中国化的理论成果,学习、传播中国共产党的路线、方针、政策,团结各界别群众,聚焦党和国家的中心任务;第三,要遵纪守法、崇尚道德。政协委员是社会各界别有影响力的人物,其行为对凝聚社会具有重要作用。"政协委员作为各党派团体和各族各界代表人士,由各方面郑重协商产生,代表各界群众参与国是、履行职责。这是荣誉,更是责任。广大政协委员要坚持为国履职、为民尽责的情怀,把事业放在心上,把责任扛在

---

① 本书编写组:《党的十九大报告(辅导读本)》,人民出版社 2017 年版,第 37—38 页。

② 程竹汝:《试论人民政协作为专门协商机构的意蕴》,《中共福建市委党校学报》2016 年第 5 期。

肩上，认真履行委员职责。"①

人民政协专门协商机构性质——协商民主的组织功能，要求政协委员必须具备"懂政协、会协商、善议政"的角色内涵。

所谓"懂政协"，首先，要求政协委员深刻理解人民政协在我国政治体系中的独特地位和作用。充分认识到人民政协虽不是国家机构，但却是正式的政治机构；它没有公共事务的决策权，不是决策机构，但却是常态化、机制化的政策表达机构。我国政策过程的特色很大程度上就是由人民政协的地位和作用所引起的。着力强化人民政协影响政策的作用是新时代国家治理的一个显著特征。其次，政协委员须把握协商的事务范围和协商的形式。委员协商的事务范围主要涉及四个部分，即"国家大政方针和地方的重要举措以及政治、经济、文化和社会生活中的重要问题，各党派参加人民政协工作的共同性事务，政协内部的重要事务，以及有关爱国统一战线的其他重要问题等"。②这四个部分从大到小、从外而内分别对政协委员协商议题与范围进行了明确。政协委员参与协商的形式是多样化的，提案和参加会议是委员履职的基本形式。会议有"政协全体会议、专题议政性常委会会议、专题协商会、双周协商座谈会、对口协商会和界别协商、提案办理协商"等。

所谓"会协商、善议政"，即为履行协商职责积极做好准备和充分运用协商体制机制发挥政协委员的能动作用。首先，要求政协委员应具备密切联系群众的能力。联系群众是"会协商、善议政"的基础。政协委员产生于界别并代表界别履职，这要求他们必须"深入基层、深入界别群众，及时反映群众意见和建议，深入宣传党和国家方针政策。"③其次，要求政协委员深入基层，开展有意义的调查研究。调查研究是"会协商、善议政"的基本方法。缺乏深入的调查研究，不了解第一手情况，协商就缺失前提。第三，要求政协委员具备理性建言、合作共事的素养。合作共事是"会协商、善议政"的导向。协商须从合作共事的愿望出发，而

---

①③ 习近平：《在中央政协工作会议暨庆祝中国人民政治协商会议成立 70 周年大会上发表重要讲话》，新华网 http://www.xinhuanet.com/politics/leaders/2019-09/20/c_1125020851.htm，2019 年 9 月 20 日。

② 中共中央办公厅印发：《关于加强人民政协协商民主建设的实施意见》，中华人民共和国中央人民政府网 http://www.gov.cn/xinwen/2015-06/25/content_2884343.htm，2015 年 6 月 25 日。

不是从"语不惊人死不休"出发。政协委员在履职中要"做到言之有据、言之有理、言之有度、言之有物,真诚协商、务实协商,道实情、建良言,参政参到要点上,议政议到关键处"。①

二、 地方政协委员履职担当的制度与实践

理论上,任何公共角色职责的规范、有效履行,都必须依赖必要的制度保障。在我国政治体系中,相对其他公共角色如人大代表、政府公务员等,政协委员职责的制度化程度是较低的和不够的。这同人民政协不具有政权机构的性质相关,也与人民政协适应国家治理现代化的职责实践性(高度弹性)相关。近年来,许多地方政协围绕政协委员履职管理和服务的制度建设,聚焦充分发挥委员主体作用,调动委员履职的积极性与创造性,不断开创政协工作新局面,推进地方政协工作的制度化、规范化、程序化。

(一)委员学习与培训机制的制度化探索

重视学习既是人民政协的优良传统,也是人民政协履职实践适应时代发展的现实需求,更是委员形成规范履职、有效履职自觉性的基本途径。全国政协章程规定:"中国人民政治协商会议全国委员会和地方委员会推动委员自觉学习马克思列宁主义、毛泽东思想、邓小平理论、'三个代表'重要思想、科学发展观、习近平新时代中国特色社会主义思想,组织学习时事政治,学习交流业务和科学技术知识,增强政治把握能力、调查研究能力、联系群众能力、合作共事能力。"②实践中,将政协委员的学习、培训与教育常态化与制度化地结合起来,已经成为增强政协委员责任担当自觉性的重要举措。③

1. 学习内容的系统化

各地实践中,政协委员的学习内容逐渐形成系统化与层次化的特点。除了

① 习近平:《中国共产党和广大统一战线成员一起划好桨》,新华网 http://www.xinhuanet.com/politics/2016-01/30/c_1117944795.htm, 2016 年 1 月 30 日。
② 《中国人民政治协商会议章程》,新华视点 http://jnews.xhby.net/waparticles/10/6WGJyJnWf8Lkh4WW/1, 2018 年 3 月 27 日。
③ 如《政协上海市奉贤区委员会委员学习培训制度》(奉协〔2020〕6 号),从委员的学习内容、学习形式等方面有明确的指导性规定和操作性规定。

学习关于党的路线方针政策、党和国家领导人对人民政协工作方面的重要论述、关于宪法法律法规方面的基本内容和最新进展之外,学习的内容具有明显的系统和层次构成:重心之一是政协章程以及统一战线理论与人民政协理论,以提供委员履职的思想基础;重心之二是将全国政协、上海市政协与地方政协的工作部署结合起来,并将政协的工作部署与地方党委/政府的决策部署结合起来学习,以为地方工作的全局贡献委员的智慧与力量;重心之三是学习委员履职的一些新理念、新方法、新知识,以增强委员履职的能力。

2. 学习形式的多样化

积极探索委员学习与培训多样化的形式,各地的实践主要包括:(1)委员集中培训。依托全国政协、地方政协、地方党校、地方社会主义学院等立体化学习平台和培训资源,每年定期举行委员学习培训班,集中对政协常委、专门委员会负责人、界别活动召集人、委员联络组组长、政协工作联络员、优秀政协委员和政协机关干部等进行履职培训。一般每年两期,要求政协委员,届内至少参加集中培训1次。(2)委员学习日。每年举办若干次(多为两次)委员学习日活动,围绕政协理论以及区域经济社会发展情况,邀请人民政协理论专家、地方领导进行专题讲授,为进一步提升委员履职、知情明政和专业协商能力提供基础。(3)委员讲堂。根据"委员讲、委员听、委员议"的组织与学习原则,根据不同议题通过开设专题讲座等方式,探索不同形式、不同空间的委员讲堂。委员讲堂或在政协机关的"委员之家"开展,或定期在街镇层面开展"委员讲堂",每位委员选择性参与。拓展委员与民众互动空间。(4)线上学习。一般以每月、每个季度或是半年为周期,利用政协各类线上平台,组织委员开展类似"学习园地"的线上学习活动。

3. 委员学习组织工作的制度化

地方政协党组将委员学习培训工作放到非常重要的位置,大多都制定有关于委员学习的规范性文件。在学习的保障机制方面,一般由地方政协分管副主席牵头,由政协文化文史和学习委员会等工作部门共同承担组织工作;每年年初党组或常委会制定委员全年的学习培训计划,由相关政协部门和委员会做好实施工作,确保学习效果;对委员学习形成规范要求,严格请假制度,保证学习的参与率;经费保障上,许多地方将委员学习培训经费纳入年度预算。同时,许多地方政协还积极探索打造委员的学习平台,建设委员新的学习机制,如上述"委员讲堂"等。

(二)委员提案和参与协商的制度创新

提案和参与组织化的协商是委员履职的集中体现。是否形成了提案、或是否形成高质量的提案,以及是否能够有效地参与各种组织化的协商如专题协商、对口协商等,是衡量政协委员规范履职、有效履职的关键标志。在这一履职的关键方面,许多地方政协展开了非常有意义的探索。

1. 委员提案履职的量化管理

一般的做法是将提案纳入政协委员年度履职统计的基本项,并对委员提案数量进行量化管理,比如加权计分等。同时,与提案具有类似政治功能的反映社情民意,作为委员履职的重要方式也被纳入量化管理之中。提案和社情民意的形成和收集,必须建立在委员深入基层社会的实际之中。为此,一些地方政协进行了针对性的探索,将委员履职与政协组织的触角下沉至基层社区。例如,奉贤区政协在村居、生活驿站、商务楼宇设立 400 多个社情民意征集点,并及时形成社情民意报告,这些社情民意报告还常常转化为委员的提案。

2. 政协委员参与组织化协商的实践探索

除了参加政协的各种会议,大部分委员参与对口协商、专题协商等的机会有限,为此,一些地方政协在推进社会主义协商民主广泛、多层、制度化发展的导向下,开拓政协委员在联系基层社区方面探索新机制。这集中体现为建立"政协委员工作室"的做法,为政协委员参与基层协商提供组织化形式。例如,奉贤区政协从 2017 年 9 月开始,由区委授牌全覆盖成立 11 家街镇(社区)政协委员联络组,区政协委员结合界别优势和专业特长,实现委员联系群众在基层落地。同时,在基层创设流动性的"协商议事厅"机制和建立"一界别一委室"机制,目前为止,该区政协已经先后成立 27 家"政协委员工作室"。这些实践探索都为政协委员参与基层协商提供了组织化与制度化的支持。

(三)委员职责履行的管理与评议制度

实践中,政协委员来源广泛、身份独特、职责内涵弹性很大。同时,政协委员规模较大,以上海市为例,市级政协委员人数在 900 位左右,区级政协委员规模各区一般在 200—400 人。结构复杂与规模较大相叠加,极大地增加了委员履职管理的难度。政协委员通常是通过会议形式集体履行职责的。因此,有关规定要求政协"严格会议请假制度,委员出席会议和参加活动的情况书面通知本人并在一定范围通报;探索建立委员每届任期内就履职情况向本级政协报告的制度"。①理论上,激励和约束是委员责任担当制度化建设必然逻辑。针对实践中委员履职存在的管理相对松散,委员履职热情不高,履职效果有限等现实问题,地方政协在实践中形成了许多新的探索,形成了激励与约束相结合、服务与管理相结合、定性管理与定量管理相结合的制度化特征。其中,委员履职定位与要求的细化与量化管理具有一定普遍性。

1. 政协委员履职的平台搭建与激励机制创新

第一,搭建委员履职的组织化平台。近年来,地方政协高度重视发挥政协委员的主体作用,为委员履职搭建了两类组织化平台:一是传统的组织化平台,充分开发政协内设机构的组织化作用,加强与委员的联系、沟通、服务与管理;二是搭建新兴的技术化平台。借助互联网的平台与技术优势,许多地方政协建立了委员履职的信息化管理与服务平台,实现政协委员履职的电子化、档案化和台账化。例如,开发政协委员履职的手机 APP 系统,为委员的履职、学习、服务与管理提供了信息化平台,委员可以通过电子化的履职系统参会、签到、参与、学习、发言等。

第二,建立政协委员相互间联动履职机制和制度。中央要求,"探索建立政协党组成员联系相关界别党员委员、党员委员联系党外委员制度,探索建立联系无党派人士界、宗教界委员机制"。②许多地方政协建立了"主席联系常委、常委联系委员"、"中共党员委员联系对外委员"的制度,出台了相关文件。③这些机制和制度诉诸中共党员的履职带头作用,对人民政协形成积极良好的履职氛围具有明显现实意义。

---

①　中共中央办公厅印发:《关于加强人民政协协商民主建设的实施意见》,中华人民共和国中央人民政府网 http://www.gov.cn/xinwen/2015-06/25/content_2884343.htm, 2015 年 6 月 25 日。

②　《中共中央办公厅印发〈关于加强新时代人民政协党的建设工作的若干意见〉》,新华网 http://www.xinhuanet.com/2018-10/14/c_1123556794.htm, 2018 年 10 月 14 日。

③　如:《中共静安区政协党组、中共静安区委组织部、中共静安区委统战部关于新时代发挥中共党员政协委员先锋模范作用的实施意见》《静安区政协关于中共党员委员联系党外委员的办法(试行)》。

第三,创新委员履职的制度化管理方式。积极完善政协委员履职的积分制管理,用积分记录委员参与、衡量委员功能、评定委履职情况,构建起以"激励为主、约束为辅"的机制化考核管理机制。从政协委员日常履职的任务看,主要聚焦两类履职形式的制度建设,一是政协委员参会、培训、学习、调研等履职情况;二是政协委员提交提案或反映社情民意的履职情况。

其一,政协委员履职参加会议的管理和服务。主要重点是抓委员的参会率与参与率,这是强化政协委员责任担当的关键起点。参加会议是政协委员履职的基本方式之一,会议形式主要包括政协全体会、学习会、调研会等重要会议。其中,政协常委会与政协大会的参会率是委员履职的两大基本面。管理重心主要是完善和严格请假制度,有的政协规定专委会成员如不能参会必须向主席请假,委员必须向专委会主任请假。如果没有请假,履职系统中会扣除积分。调研中,我们发现即使如此,一些政协常委会的出席率也仅能够达到60%—70%。除了政协常委会和政协大会之外,其他形式的履职活动如专题协商会、对口协商会、协商座谈会、情况通报会、政协工作联络组活动、年度课题调研、专项监督活动等,都赋予政协委员履职参与相应的分值。还有部分委员在街镇组建和开展常态化工作的委员工作室的,也计入委员个人履职的统计。

其二,委员提交提案与反映社情民意的管理和服务。提案是委员履职的重要内容。有的政协要求委员每年至少提交2件提案或社情民意信息,并且将该部分记分放在委员履职的基本板块,占到基本部分分值的30%。提案被列为重点提案、或被评为上年度优秀提案的,均可计入委员个人提案履职统计,同时对联名提案的分值也进行量化管理;委员反映的社情民意信息被上级领导批示或采用或报送市政协的均予以加分激励。

2. 委员履职情况的组织化评议机制

根据政协委员在履职系统中的积分表现,统计委员履职情况,每年定期汇总分析,将委员履职情况在政协内部通报,或向同级党委组织部、党委统战部通报,或向委员推荐部门和所在单位以及委员本人通报,并作为优秀委员评选、届中调整和换届时是否继续提名的重要依据。

第一,激励"优秀"政协委员,激发委员履职的责任动力。评选年度优秀政协委员和年度优秀提案是许多地方政协采用较多的激励方法。如奉贤区政协每年评选"十佳政协委员"、20名"优秀政协委员"。年度优秀政协委员和优秀提案获得者在每年的政协全会上进行公开表彰。一些政协尝试将履职优秀的委员向相关部门推荐,或者向党委组织部门推荐作为后备干部人选,或者将向下一届政协推荐为连任委员。

第二,约谈"后进"政协委员,形成委员履职的鞭策效应。地方政协差异化地探索委员的考核与约谈机制。有的政协建立了"政协主席约谈委员制度",对年度考核位于后面的委员,由政协主席进行专门约谈。目的在于对履职尽责意愿不强、活动参加较少的委员主动联系、开展谈心谈话,及时提醒批评,支持和促进其履职。对年度考核较差或履职缺陷明显的委员,多数政协都形成了"柔性化的"提示与提醒的做法。

(四) 委员管理中退出机制的新探索

基于政协委员责任担当的政治要求与履职要求,地方政协探索形式多样的政协委员履职的管理办法。目前来看,实践中的政协委员履职管理中,主要集中在上述的学习培训、出席会议及提案、职责评议等方面。但一些地方政协也在尝试政协委员责任承担方面的制度探索。应该说,责任承担是强化政协委员责任担当制度及其重要的环节。没有有效的责任承担与约束制度,政协委员履职管理就难以形成有效的"闭环"。根据人民政协制度建设"建立委员履职档案,实行委员履职情况统计,将委员履职情况作为换届时继续提名的重要参考"①的要求,循着"履职情况"与委员身份的必然联系,一些地方政协在探索不适格委员的退出机制。

政协委员的退出机制主要表现为三类情形:一是政协委员的正常换届,二是政协委员因违纪违法按照法定程序退出的情形,三是政协委员履职不合格被"约谈"或"劝退"的。前两种类型是委员退出的常见方式,第三种类型是强化委员责任担当的新探索。因履职原因而发生的委员退出,有两种情形:一种是届中不能履职而主动提出辞职的,另一种是因为履职评议严重不合格被劝退的。委员因履职不合格被退出的情况目前尚极为少见,但就委员责任担当的制度建设的内在要求而言,已实属必然。如奉贤区某届政协已有两名委员因履职严重不合

---

① 中共中央办公厅印发:《关于加强人民政协协商民主建设的实施意见》,中华人民共和国中央人民政府网 http://www.gov.cn/xinwen/2015-06/25/content_2884343.htm, 2015年6月25日。

格,经过政协主席约谈后,以区委名义劝其退出。

三、 强化政协委员履职担当制度建设的对策建议

人民政协的独特功能是由作为工作主体的委员承担的。政协委员的集体作用构成人民政协独特功能的现实体现。因此,强化政协委员履职担当的制度建设是新时代推进政协工作的核心内容。政协委员履职的责任担当体现在参与政协工作的全过程中。强化政协委员责任履职责任担当,要从建立健全委员履职的各项工作制度与程序入手,明确委员的履职要求、程序规范、保障措施和协调机制等,着力构建结构合理、层次清晰、科学规范的履职制度体系。

(一) 塑造政协委员"职责自觉"的自律基础

"职责自觉"的形成既与政协委员各自的社会历练和实践相关,也与委员政治性和专业性的学习、培训进而获取履职知识的程度相关。对人民政协而言,重要的是围绕后者展开工作。为此,应进一步优化政协委员学习与培训的制度体系。中央要求,"坚持和创新学习制度,以政协党组理论学习中心组学习为引领,主席会议集体学习、常委会会议集体学习、委员学习培训等相配套,形成内容丰富、方式多样的学习制度体系,推动实现以党员领导干部为重点的学习全覆盖"。①

首先,稳定委员政治学习与培训的占比,在计划安排中对政治性和专业性的学习内容予以相对固定。从培训内容看,政协委员的学习与培训分为政治性与专业性两部分。长期以来,政治学习在委员培训内容中占据比较重的分量。因为,"政协委员来自方方面面,对一些问题的看法和认识不一定相同,但政治立场不能含糊、政治原则不能动摇。要学习贯彻党的基本理论、基本路线、基本方略,不断增进对中国共产党和中国特色社会主义的政治认同、思想认同、理论认同、情感认同"。②与政治性的内容相比,在委员履职专业方面的学习与培训上,还有

① 《中共中央办公厅印发〈关于加强新时代人民政协党的建设工作的若干意见〉》,新华网 http://www.xinhuanet.com/2018-10/14/c_1123556794.htm, 2018 年 10 月 14 日。

② 《习近平在中央政协工作会议暨庆祝中国人民政治协商会议成立 70 周年大会上发表重要讲话》,新华网 http://www.xinhuanet.com/politics/leaders/2019-09/20/c_1125020851.htm, 2019 年 9 月 20 日。

很大的空间可以挖掘与提升。

其次,结合以往委员学习和培训实际,应围绕委员履职的需要稳定学习与培训的基本内容,提升委员学习与培训内容的针对性。学习与培训内容应重点围绕委员履职进行选择。党的统一战线理论和社会主义协商民主理论,以及人民政协制度在中国特色社会主义制度中独特地位和作用,是委员履职的认识论前提,应有针对性地加强这一方面的学习和培训。并在以往经验基础上凝练学习与培训的基础教材。

第三,探索差异化的学习和培训工作,提升学习与培训的有效性。政协委员来源具有广泛性、多元性等特点,其他界别的委员的组织化则呈现较大的差异性分布。与此相关,不同界别委员对人民政协制度的认识也存在一定差异。因此,学习与培训的组织工作,应关注委员的界别与群体化特点,开展有差异和有针对性的学习与培训。

（二）探索政协委员"履职激励"的制度条件

学习与培训制度的目标在于塑造政协委员的职责自觉。但这一履职自觉必须与履职激励和履职评价等制度结合起来,才能形成委员履职可持续的规范、有效状态。履职激励的相关制度构成强化政协委员责任担当制度中的基础性制度。

理论抑或实践中,所谓激励的制度设计无外乎物质激励和精神激励。由于政协委员的公共角色性质和特征,其履职情况自然不适应物质激励方式。因此,探索政协委员履职激励的制度条件,重点应聚焦精神激励方式及其有效途径方面。这与政协委员在中国政治体系中独特的政治地位和荣誉性相适应。从地方政协的实践看,政协委员履职激励的方式集中体现为政协机关对委员的正向激励与反向鞭策,手段上主要是荣誉性激励与弹性化约束相结合,性质上主要是一种柔性鼓励,结果上更多是一种履职的鼓励导向,实际效果有限。虽然评选年度优秀委员和优秀提案是各地政协较普遍的做法,但要使这种普遍做法能够充分产生履职激励的实效,仅诉诸评优是不够的,更重要的还必须建立履职评议的结果与委员荣誉的扩散和发展空间的联系。

第一,建立委员履职情况与其荣誉扩散的制度性联系。委员履职情况在政协内部适度公开、通报是许多政协由来已久的做法,也是常见的将委员履职情况与其荣誉扩散形成联系的做法。实践中还有一些探索是值得肯定的,即有些政协将委员履职情况特别是被评选为年度优秀委员的履职情况通报委员的工作单位或所属界别。这一做法基于荣誉扩散而对委员履职所产生的激励作用可能更大更有效。进一步完善这一激励措施应聚焦以下两方面:一是通报内容、发往单位的选择应围绕有利于委员荣誉的扩散,必要时可征求委员本人的意见;二是通报内容、被通报委员的范围,应在实践基础上逐渐形成制度。

第二,探索将优秀政协委员向党委有关部门进行干部推荐的制度。政协委员来源广泛,身份独特,大都是在某个领域有一定影响力的人士。其中的一些佼佼者经由政协组织向党委有关部门进行干部推荐,既是党的干部路线之要求,也是通过个人发展空间的扩大对委员履职的激励之策。

第三,强化政协党组或政协常委会在委员产生过程中的影响力。实践中,政协作为委员的"管理单位",在政协委员产生过程中的影响力与话语权有限,这也限制了政协对委员履职激励的实现程度。政协作为"用人"单位,对委员履职实践及其合格情况有着"第一线"判断力,因此,在任期届满委员的连续任职方面,地方党委应切实重视政协党组或常委会基于委员履职情况而形成的委员连任推荐名单。

(三)健全政协委员"履职评议"的他律制度

人们行为的规范性,一方面取决于外在的影响和压力;另一方面取决于内在智慧和德行的引导。外在的影响和压力越有效,内在的引导越有力和可靠,人们行为的规范性程度就越高。因此,他律的有效性和自律的可靠性常常被看作是保障公共角色充分履行职责的基本规律。显然,政协委员职责的规范、有效履行也不例外。

1. 大力提升政协委员履职内容、方式的规范化程度

实践中,地方政协通常聚焦委员履职内容的两大基本项:一是委员的参会率,在委员参会率上,地方政协做了很多有效的规范化探索。保证了政协各类型会议的出席率。二是委员提交提案、参加调研与反映社情民意。通过规范化建设,数量上,提交提案与反映社情民意两方面都有较大提升;但质量上,提案内容和社情民意的提炼概括仍与实际工作需要存在一定差距。因此,必须"着力提高调查研究质量,坚决克服重调查轻研究的现象,坚决防止图形式、

走过场"。①总的看来,各地人民政协在委员履职内容、方式的规范化建设方面都开展了积极的探索,形成了大量的关于委员履职的文件。②但这些探索"碎片化"现象明显,集约化、系统化的程度不高,亦即规范化程度有待提高。调研中,有观点提出应由市政协或者最好是由全国政协形成一份关于政协委员履职内容、方式的指导性文件。我们认为这一观点是应该予以特别重视的。关于委员履职内容、方式的一般性规范是人民政协制度中的基础性制度。它是人民政协制度"成熟和定型"不可或缺的构成部分。

2. 优化政协委员责任担当的履职评议机制

政协委员履职的制度化管理,已经成为地方政协强化委员责任担当的重要方式与手段。许多地方政协就此形成了较系统的操作性规定。③履职评议是"他律"制度的基础性环节。总体而言,这一基础性制度目前尚处于探索性阶段。政协委员身份独特,其职责内涵、履职方式都极具弹性,极不易通过"一刀切"的量化方式达到目标。结合实践情况,目前特别要聚焦以下两方面的工作。

第一,进一步探索委员履职评议的科学方式。积分量化和履职台账档案是目前委员履职评议采用较多的方法。针对履职实践中长期存在的"挂名委员""名片委员""哑巴委员""举手委员"等问题,部分地方政协探索建立委员的履职档案和台账,实行一人一档,一年一表,如实记载委员的履职情况,政协机关根据委员每年的履职情况表,对委员的履职进行考核。考核方式上实行政协委员在一定范围进行个人述职。从政协委员来源广泛、身份独特、职责内涵及履职方式极具弹性且不拘一格对履职评议的要求看,进一步探索委员履职评议的科学方

① 《中共中央办公厅印发〈关于加强新时代人民政协党的建设工作的若干意见〉》,新华网 http://www.xinhuanet.com/2018-10/14/c_1123556794.htm, 2018 年 10 月 14 日。

② 如奉贤区制定了《政协上海市奉贤区委员会委员学习培训制度》《奉贤区委员会政协委员联络组、政协工作联络员工作规则(试行)》《政协上海市奉贤区委员会关于加强和改进凝聚共识工作八法(试行)》《政协上海市奉贤区委员会强化政协委员责任担当更好履职尽责工作规则(修订)》《奉贤区政协委员工作室工作制度》等;静安区政协分别制定了《静安区政协关于主席会议成员联系常委联系委员的办法(试行)》等。

③ 例如,奉贤区分别制定了《政协上海市奉贤区委员会委员履职工作规则(试行)》《奉贤区政协委员退出机制的规定》、《政协上海市奉贤区委员会委员履职考评办法(2020 版)》;静安区政协制定了《政协上海市静安区委员会委员履职工作规则(试行)》等。

式应围绕优化"结构性评议"方式展开。所谓结构性评议的基本内涵即将委员职责分为"基本"和"非基本"两类。前者如参加会议、提案等,后者如专题调研、专业性活动等。这一探索理论上符合普遍性与特殊性相结合的原则;实践上则更加适应政协委员履职的复杂情况,特别是有利于部分有专业特长的委员发挥专业作用。

第二,切实重视委员履职考核结果的运用。就"他律"的有效性而言,委员考核结果的恰当运用是十分关键和重要的。委员履职考核结果的运用主要表现为:将考核结果以书面形式向委员本人、委员所在单位进行反馈;部分政协采取向全体会议上进行通报,强化委员履职的公开性和透明度,以形成履职的影响和压力;向地方党委组织部、统战部上报备案,作为地方政协委员评优、评先的参考依据;作为届终时确定推荐委员是否留任的依据等。考核本身就意味着必须应"有进有出",进而倒逼委员的产生机制的变革。实践中应切实重视"奖优"(即委员的连任、升迁)和("劣汰"即委员的退出)与考核结果的关联度,以形成良性的委员履职氛围。

(四)夯实政协委员"履职责任"的底线保障

在强化委员责任担当方面,地方政协探索"履职责任"的基本思路是本着"引导为主、约束为辅"的原则展开的。然而,决定和影响政协委员履职状态的因素是多方面的,除了政协工作之外,还特别与委员的产生过程相关。因此,政协委员的责任担当制度建设本质上是一个系统工程。

第一,委员的遴选阶段就应重视人选的责任感状态。应努力把具有强烈的政治责任感、社会使命感和热爱政协事业的优秀人才吸收到政协委员队伍中来。"入口"关失守,所产生的后果是不言而喻的。战略上看,夯实政协委员"履职责任"的底线保障,需要将委员履职的要求与委员产生机制联动起来,"改进委员产生机制,严把委员素质关,真正把代表性强、议政水平高、群众认可、德才兼备的优秀人士吸收到委员队伍中来。"[1]

第二,进一步探索不合格委员恰当的退出机制。实践中,有的地方政协探索

---

[1] 中共中央办公厅印发:《关于加强人民政协协商民主建设的实施意见》,中华人民共和国中央人民政府网 http://www.gov.cn/xinwen/2015-06/25/content_2884343.htm, 2015 年 6 月 25 日。

主席以书面形式或以当面约谈方式,"处理"履职不称职或不合格的政协委员,有的地方政协机关会同党委统战部门一起劝退不合格政协委员。目前,政协委员的退出机制的探索仅是个别政协一种弹性化的软性约束。政协委员退出情形与数量都比较少见。总体上,探索中的不合格委员的退出机制实践中常常处于"高高举起,轻轻放下"状态,力图起到一定的鞭策激励的效果。我们强调政协委员的责任担当,进而强调委员对职责的充分履行,其内含着委员退出机制的必然逻辑。应充分认识到退出机制构成委员责任担当制度有效性的"底线"保障。

总之,把好政协委员的"入口关"和"出口关",形成一个从选拔、履职到结果的联动"闭环",是强化委员责任担当制度建设的治本之策。只有如此,才能将政协委员锻造成坚持为国履职、为民尽责,把事业放在心上,把责任扛在肩上的合格的公共角色。

(第一作者为中国政治学会副会长、中共上海市委党校教授,第二作者为中共上海市委党校副教授)

"设区的市"在区域交通一体化中的立法协作

陈书笋

"设区的市"是中国城市群发展战略中的关键点,2015 年《立法法》修正案正式通过,"设区的市"第一次从法律意义上普遍性地获得了地方性法规和地方政府规章的制定权,其立法权限涵盖城乡建设与管理、环境保护、历史文化保护等方面。这标志着我国"设区的市"的立法迎来了蓬勃发展的新契机。

一、"设区的市"立法权的演变与权限范围

对于中国"设区的市"的立法权,经历了一个从无到有的发展历程。从法律角度上看,中国"设区的市"获得立法权的过程可以分为三个阶段。第一阶段是省会城市和经国务院批准的"较大的市"拥有立法权,第二阶段是扩展到更大范围的"较大的市"拥有立法权,第三阶段是所有"设区的市"获得立法权,成为最广泛的地方立法主体。这一系列发展伴随着《地方各级人民代表大会和地方各级人民政府组织法》(以下简称《地方组织法》)、《立法法》的修改而展开,也显示了"设区的市"的立法权在不同历史时期的鲜明特征。

(一) 第一阶段:"较大的市"拥有立法权

从 1982 年《地方组织法》修正后到 2000 年《立法法》实施前的这一时期,是中国"较大的市"获得立法权的初始阶段。"较大的市""设区的市"都是中国行政区划制度和立法制度中的核心概念。在 2015 年《立法法》修改前,"较大的市"的概念在法律意义上出现频率较高,它同时具有行政区划上和立法制度上的双重意义。通过考察中国立法史可以发现,"较大的市"的概念最早只具有行政区划上的意义。早在新中国第一部宪法——1954 年《宪法》中就规定,"较大的市分为区"。此后,1978 年《宪法》第三十三条、1982 年《宪法》第三十条都规定,"直辖市和较大的市分为区、县"。可见,"较大的市"首先是宪法所规定的行政

区划制度层面的概念,其规范内涵仅局限于拥有划分区、县的权力。

1982 年《地方组织法》修正,对"较大的市"的地方立法权作了开创性的规定,第一次赋予了"较大的市"另一个层面即立法制度上的意义,该法第二十七条第二款赋予了"较大的市"人民代表大会常务委员会依法享有拟定地方性法规草案的权力,①第三十五条第一项赋予了"较大的市"的人民政府制定政府规章的权力。从法律规定来看,"较大的市"人大常委会的"拟定权"只是一种立法建议性质的权力,其最终仍需由省级人大常委会予以审议制定。此时,"较大的市"还不具有完整的地方立法权力。但这是中国城市一级的人大和政府首次获得立法权,可以认为是设区的市立法权的起源。1986 年修正的《地方组织法》规定,省、自治区人民政府所在地的市(以下简称省会市)和经国务院批准的较大的市的人大及其常委会可以制定地方性法规,报省、自治区人大常委会批准后施行。一方面,修改了"较大的市"的地方立法权性质,将"拟定权"修改为制定权;另一方面,扩大了立法主体的范围,从原来的"较大的市"的人大常委会扩充为"较大的市"的人大及其常委会,同时,将享有立法权的"较大的市"的范围确定为省会市和国务院批准的较大的市。《地方组织法》赋予"较大的市"立法权,与当时的国情是相适应的。在该阶段,国家正处于改革开放初期,城市化整体水平不高,赋予"较大的市"立法权,在政策上予以优待扶持,使这些城市能够通过地方自主立法因地制宜地规范引导当地的经济社会发展,成为推动全国经济社会发展的领头羊,有助于实现国家先富带动后富的战略目标。

需要指出的是,在 2000 年《立法法》出台之前,"较大的市"有着十分明确的外延,与 2000 年《立法法》中"较大的市"的概念相比,是狭义上的"较大的市",仅指"经国务院批准的较大的市",即国务院前后四次批准的 19 个具有地方立法权的"较大的市"。②因此,在这一阶段,"较大的市"这一概念之前都有"经国务

① 该法第二十七条第二款规定:"省、自治区的人民政府所在地的市和经国务院批准的较大的市的人民代表大会常务委员会,可以拟定本市需要的地方性法规草案,提请省、自治区的人民代表大会常务委员会审议制定,并报全国人民代表大会常务委员会和国务院备案。"

② 从 1984 年至 1993 年间,国务院共分四次批准了 19 个"较大的市",分别为:唐山市、吉林市、大同市、包头市、大连市、鞍山市、抚顺市、齐齐哈尔市、无锡市、淮南市、青岛市、洛阳市、重庆市(1997 年直辖后不再是"较大的市")、宁波市、邯郸市、本溪市、淄博市、苏州市、徐州市。其中,重庆市后来升格为直辖市而不再是"较大的市",目前国内实际存在的经批准的"较大的市"为 18 个。

院批准"这样的修饰字样。因此,"较大的市"总是与"省、自治区人民政府所在地的市"并列出现。随着立法实践的不断发展,"较大的市"的外延也不断扩大,2000年《立法法》将其明确统一为包含三种类型的城市,即广义上的"较大的市"。

(二) 第二阶段:拥有立法权的"较大的市"的范围扩展

"较大的市"立法权发展的第二个阶段是从2000年《立法法》制定后至2015年《立法法》修正前这一时期。2000年国家制定《立法法》,对立法工作进行了全面的规范,标志着中国的立法工作进入了新阶段。《立法法》对"较大的市"的立法权作了更为全面和系统的规定,[1]同时,又赋予了经济特区所在地的市地方立法权,将"较大的市"的外延确定下来,即包括以下三种类型:(1)省、自治区的人民政府所在地的市;(2)经济特区所在地的市;(3)经国务院批准的较大的市。[2]至此,拥有地方立法权的"较大的市"的范围有了一定幅度的扩大,包括27个省、自治区人民政府所在地的市,18个经国务院批准的较大的市,[3]以及4个经济特区所在地的市,共计49个。与此形成对比的是,当时行政规划意义上的"较大的市"中,尚没有地方立法权的有235个,两者在数量上反差明显。可见,立法制度意义上的"较大的市",仅仅是行政区划意义上的"较大的市"的特例,两者在外延上并不重合。获得"较大的市"地位意味着拥有地方性法规和地方政府规章的立法权。而在"较大的市"的三种类型中,省会市、经济特区所在地的市的数量相对固定,若要获得"较大的市"的地位,只能通过申请国务院批准这一通道。1993年之后,国务院再未批准过"较大的市"。可见,这一阶段,地方立法主体资格在"设区的市"的层面是一种稀缺资源。

---

① 该法第六十三条、第六十四条、第六十九条、第七十三条、第八十条、第八十九条中对"较大的市"的人大及其常委会、政府的地方立法权的权限、立法事项范围、效力以及批准、公布、备案等程序性内容作出了系统的规定。

② 《立法法》第六十三条第四款规定:"本法中的较大的市包括三类:经国务院批准的较大的市,经济特区所在地的市和省、自治区的人民政府所在地的市。"《立法法》第六十五条规定:"经济特区所在地的省、市的人民代表大会及其常务委员会根据全国人民代表大会的授权决定,制定法规,在经济特区范围内实施。"

③ 从1984年至1993年间,国务院共分四次批准了19个"较大的市",其中,重庆市1997年直辖后不再是"较大的市",目前国内实际存在的经批准的"较大的市"为18个。

（三）第三阶段:"设区的市"普遍获得立法权

从 2015 年《立法法》修正实施到现在,是中国"设区的市"立法权得到普遍发展的新阶段。2015 年 3 月 15 日第十二届全国人民代表大会第三次会议通过《关于修改〈中华人民共和国立法法〉的决定》,删除原条款"本法所称较大的市是指省、自治区的人民政府所在地的市,经济特区所在的市和经国务院批准的较大的市",第七十二条、第八十二条赋予"设区的市"地方立法权。自此,中国"设区的市"作为新的城市立法主体首次普遍获得地方立法权。享有地方立法权的城市主体范围从 49 个"较大的市"扩展到了全部的 284 个"设区的市"以及东莞市、中山市、嘉峪关市和三沙市这四个不设区的市。《立法法》的修正满足了"地方对立法权的迫切需求,进而扩大地方自主权,使地方在进行经济、文化和民主法制建设等方面有更大的自主权"。①

2015 年 8 月 29 日,第十二届全国人民代表大会常务委员会第十六次会议通过《关于修改〈中华人民共和国地方各级人民代表大会和地方各级人民政府组织法〉、〈中华人民共和国全国人民代表大会和地方各级人民代表大会选举法〉、〈中华人民共和国全国人民代表大会和地方各级人民代表大会代表法〉的决定》,将第七条第二款、第四十三条第二款、第六十条第一款中的"省、自治区的人民政府所在地的市和经国务院批准的较大的市"修改为"设区的市"。2018 年 3 月十九大高票通过《宪法修正案》,赋予"设区的市"制定地方性法规的权力,这是我国首次由根本法赋予"设区的市"立法权。②自此,"设区的市"的概念在《宪法》和《立法法》层面完成了统一。

由于"设区的市"在范围上比"较大的市"扩大了很多,所以此次《立法法》修正实际上是将拥有立法权的市级层面的立法主体进行了大幅度的扩张,弥合了地方立法权意义上的"较大的市"同"设区的市"之间外延上的错位,而且消解了"设区的市"之间地方立法权的不平等配置。③立法主体范围的扩大,有助于"设

---

① 蔡定剑:《宪法精解》,法律出版社 2006 年版,第 410 页。

② 根据 2018 年通过的《宪法修正案》,《宪法》第一百条第二款规定,设区的市的人民代表大会和它们的常务委员会,在不同宪法、法律、行政法规和本省、自治区的地方性法规相抵触的前提下,可以按照法律规定制定地方性法规,报本省、自治区人民代表大会常务委员会批准后施行。

③ 郑磊、贾圣真:《从"较大的市"到"设区的市":地方立法主体的扩容与宪法发展》,《华东政法大学学报》2016 年第 4 期。

区的市"因地制宜制定适应改革和地方发展需要的地方性法规、规章,灵活有效地服务于区域经济社会发展和城市建设。

在立法主体范围扩张的同时,《立法法》又限制了"设区的市"地方立法权可以规范的事项范围。其第七十二条第二款规定:"设区的市的人民代表大会及其常务委员会根据本市的具体情况和实际需要,在不同宪法、法律、行政法规和本省、自治区的地方性法规相抵触的前提下,可以对城乡建设与管理、环境保护、历史文化保护等方面的事项制定地方性法规,法律对设区的市制定地方性法规的事项另有规定的,从其规定。设区的市的地方性法规须报省、自治区的人民代表大会常务委员会批准后施行。"第八十二条第三款规定:"设区的市、自治州的人民政府根据本条第一款、第二款制定地方政府规章,限于城乡建设与管理、环境保护、历史文化保护等方面的事项。已经制定的地方政府规章,涉及上述事项范围以外的,继续有效。"从规定中可见,"设区的市"地方立法权可以规范的领域包括城乡建设与管理、环境保护、历史文化保护等三个领域。

需要说明的是,由于《立法法》将"较大的市"这一概念替换为"设区的市",因此,对于原来的"较大的市"来说,其地方立法权的具体行使范围与之前相比反而是受到了"限制"。《立法法》第八十二条第三款规定,"较大的市"在《立法法》修正前制定的涉及城乡建设与管理、环境保护、历史文化保护三大领域之外的政府规章,继续有效。同时,第六款规定,没有上位法的依据,地方政府规章不得减损行政相对人权利或增加其义务。随之而来的问题是,当此类规章出现不适应行政管理需求的情况时应当如何处理?是直接予以废止,还是进行修订?如果予以废止,可能不利于社会管理的一贯性,将是行政管理部门所不愿意接受的;如果进行修订,因为其超出了规章立法三大领域的范畴,因此修法行为必然是越权的;如果不予修订,则存在恶法继续有效的嫌疑。对此,《立法法》并没有给出解决方案。密尔曾说:"法律的每个条款,必须在准确而富有远见地洞察到它对所有其他条款的效果的情况下制定,凡制定的法律必须能和以前存在的法律构成首尾一贯的整体。"①因此,为了维护法制统一,确保法律体系的和谐一致,有必要对原"较大的市"现行有效的地方立法进行梳理,并针对现行地方政府规章

---

① [英]密尔:《代议制政府》,汪瑄译,商务印书馆1984年版,第76页。

中存在的超越立法权限的情形,积极探索与地方性法规相衔接的创制路径。

二、 城市交通:"设区的市"立法空间相对充分的领域

城市交通不仅关系到广大人民群众的生产、生活,还与城市运行和经济社会发展密不可分。出于促进经济社会可持续发展、改善群众居住环境和基本出行权益的考虑,通过立法来推动城市交通的稳步发展,就显得尤其重要了。"设区的市"获得地方立法权之后,可以通过行使该权力制定规则,进而为包括城市交通在内的城市经济、社会、文化发展提供法律依据。

《立法法》将"设区的市"地方立法权可以规范的事项范围限定在城乡建设与管理、环境保护、历史文化保护三个领域。其中,对于"城乡建设与管理"领域的具体范围,全国人大法律委员会《关于立法法修正案(草案)审议结果的报告》进行过说明:"城乡建设与管理、环境保护、历史文化保护等方面的事项,范围是比较宽的。比如,从城乡建设与管理看,就包括城乡规划、基础设施建设、市政管理等;从环境保护看,按照环境保护法的规定,范围包括大气、水、海洋、土地、矿藏、森林、草原、湿地、野生生物、自然遗迹、人文遗迹等;从目前49个较大的市已制定的地方性法规涉及的领域看,修正案草案规定的范围基本上都可以涵盖。"①该说明被学界视为是对"城市建设与管理"的权威解读。此外,2015年12月24日印发的《中共中央国务院关于深入推进城市执法体制改革改进城市管理工作的指导意见》中进一步明确了"城市管理"的范围,该意见指出:"城市管理的主要职责是市政管理、环境管理、交通管理、应急管理和城市规划实施管理等。具体实施范围包括:市政公用设施运行管理、市容环境卫生管理、园林绿化管理等方面的全部工作;市、县政府依法确定的,与城市管理密切相关、需要纳入统一管理的公共空间秩序管理、违法建设治理、环境保护管理、交通管理、应急管理等方面的部分工作。"通过上述文件可以看出,城乡建设与管理的范畴可以涵盖公共设施建设与管理、公共秩序、交通环境、应急管理等事项。

---

① 参见《第十二届全国人民代表大会法律委员会关于〈中华人民共和国立法法修正案(草案)〉审议结果的报告》,载中国人大网 http://www.npc.gov.cn/wxzl/gongbao/2015-05/07/content_1939079.htm。

需要引起注意的是,在立法实践中,"设区的市"立法对上述三类事项特别是城市建设和管理事项,基本上都按照扩大解释的思路进行立法活动,把整个行政法规范的范畴都纳入城市建设和管理事项中。例如,某市人民政府制定的2017年政府规章立法计划时,将人口和计划生育、商标认定和保护也归为城市建设和管理事项,属于明显的对"城市建设和管理事项"的扩大解释。立法权限范围的划分,主要目的是为了科学而合理的确定立法事项的不同归属,确定各类立法主体在整个立法体制中的地位和相互关系。《立法法》规定上述三类事项的目的是对"设区的市"的地方立法范围进行适当限制,对于这三类事项之外的事项,应当由法律、行政法规或者省级地方性法规进行立法规范。这种扩大解释是否合理,应当在多大范围内进行扩大解释,直接关系到《立法法》的立法初衷能否实现,也关系到"设区的市"是否能够合法有效地运用好地方立法权。因此,全国人大常委会应当适时对此进行解释,同时列举哪些事项不属于上述三个事项的范畴。

城市交通属于"城乡建设与管理"事项,因此"设区的市"可以就该事项进行地方立法。随着交通行业的快速发展,城市交通以"设区的市"为立法主体的情况将会是一个普遍现象。同时,随着区域一体化交通运输体系的逐步建立健全,"设区的市"在处理本地区的具体交通管理事务时,将面临更多的新问题,而这些问题往往是中央立法的空白地带,需要各"设区的市"进行先行立法,这对"设区的市"的立法能力和水平提出了非常高的要求。"设区的市"的地方立法权需要经过一个从法律层面授权到实践层面运行的成长过程,为了确保"设区的市"的立法质量,需要做好立法监督工作,防范并控制"设区的市"在行使立法权时可能存在的风险。

三、"设区的市"在区域交通一体化中的立法协作

推进区域交通一体化是带动区域经济发展、建设具有国际竞争力的城市群的现实要求,对于推进国家现代化建设进程具有重要意义。从世界范围来看,区域交通一体化已成为当今区域共同发展的重要战略手段之一。区域一体化发展过程中涉及产业结构升级、空间功能统筹、生态环境保护、公共服务协同等诸多

方面的问题，由于各城市经济发展水平不同，制度规则的具体内容不同，并且各城市都有自身的利益考量，因此在一体化发展过程中，如何避免因行政过多主导而影响市场配置资源的有效性，如何避免制度规则的冲突而导致的区域协同失调，如何打破地方行政壁垒等一系列问题，就成为区域一体化发展中需要重点关注的问题。而在区域交通一体化领域，这些问题同样存在甚至矛盾更为突出。要解决上述问题，需要调动区域内各城市进行立法协作。从现实情况看，区域交通一体化发展中，宜在"设区的市"层面开展立法协作，因为这些城市拥有一定的地方立法权，可以更好地通过制度设计来协同解决区域交通一体化发展中的问题。因此，本节主要围绕"设区的市"在区域交通一体化中的立法协作问题展开探讨。

（一）"设区的市"在区域交通一体化中立法协作的必要性

一是实现区域内各地共同利益的需要。习近平总书记强调，"要着力构建现代化交通网络系统，把交通一体化作为先行领域，加快构建快速、便捷、高效、安全、大容量、低成本的互联互通综合交通网络"。①互联互通的综合交通网络不仅可以为人们提供方便快捷的出行方式，而且能够推动城市之间的资源有效配置，优化产业结构，改善城市基础设施建设，因此体现了一体化区域内各城市的共同利益。区域交通一体化发展的核心就是各城市之间的利益平衡问题，要解决好这一问题需要区域内各城市的人大和政府平台上通过立法协作，实现各城市的利益平衡。一方面，各城市需要清理各自阻碍区域交通一体化发展的政策规则，另一方面，各城市通过协作共同建构促进交通一体化协调发展的制度体系，促进区域交通一体化格局的形成。

二是实现交通一体化改革创新的需要。立法协作既是引导区域交通一体化发展的依据，也是区域交通一体化改革的保障。党的十八届四中全会要求立法要与改革决策相衔接，重大改革应当于法有据，立法也要主动适应改革和经济社会发展需要，实践证明行之有效的，要及时上升为法律。区域交通一体化的发展需要各城市在多方面进行改革创新，这就需要进行协作立法以确保区域内相关

---

① 《习近平主持召开座谈会听取京津冀协同发展工作汇报》，载中央政府门户网站 http://www.gov.cn/ldhd/2014-02/27/content_2624901.htm。

改革有充分的法律依据。从国际上看,很多国家和地区都将区域发展规划上升到法律层面。例如,英国政府 1946 年制定《新城法》,并在该法的基础上开展新城计划,即在大城市周边建立一系列卫星城,将大城市的部分人口及经济活动安置到卫星城,以缓解大城市的交通、环境等压力;日本 1966 年制定《中部圈整备法》(2005 年修订),规定国土交通大臣对东京都区域及政令规定的周边地区以一体化形式进行规划发展,政府每年要向国会汇报首都圈整顿计划的制定及实施情况,并必须向社会公开。①这些法律为区域协调发展提供了强有力的制度保障。在中国的区域交通一体化发展过程中,也需要此类法律进行统筹和支持。这类法律可以由国家层面进行专门立法,也可以由区域内各城市之间通过立法协作进行立法。

(二)"设区的市"在区域交通一体化中的立法协作目的

一是需要通过立法协作打破区域间的行政壁垒。我国长期实行以行政区划为单位的地方发展模式,区域交通一体化建设涉及多个城市的行政区划问题,有些城市可能属于同一个省级行政区划内,有些城市可能分属于不同的省级行政区划;在涉及直辖市时,还会存在非同级城市的关系,因此呈现出一种错综复杂的关系。各城市基于各自的地方发展需求和维护自身利益的目的而制定不同的法规、规章和政策,这就形成了区域交通一体化发展的行政壁垒。区域交通一体化的立法协作相对于区域内各城市间的管理协同而言,是一个更高层面的协同合作,更加有利于区域交通一体化工作的有效推进。以京津冀协同立法为例,2015 年 3 月,京津冀三地的人大常委会联合制定《关于加强京津冀人大协同立法的若干意见》,明确提出京津冀采取协同立法的模式,以避免不同区域的法规与规章出现冲突。同年 8 月,京津冀交通一体化领导小组通过《关于推进京津冀交通一体化政策协调创新的指导意见》,倡导区域内三地协同创新交通一体化政策,实现交通管理与政策的一致性。2017 年,京津冀三地人大常委会主任会议通过了《京津冀人大立法项目协同办法》,规定京津冀三方围绕有序疏解北京非首都功能这一核心,在交通一体化、生态环保、产业升级转移等重点领域,选择关联

---

① 《东京 2040》系列解读之四:东京的城市交通规划——面向未来、自由出行、促进交流的城市交通规划(下),载搜狐网 https://www.sohu.com/a/340476327_651721。

度高的重要立法项目进行协作。可见,京津冀交通一体化发展中,已经有了一些协同立法的法律文件和指导意见。

二是需要通过立法协作明确交通一体化发展中的重大问题。交通一体化发展中,需要各城市在交通管理的体制机制等重大问题上达成共识,并通过立法形式固定下来。如果没有立法上的明确规定,就极易导致交通一体化建设过程中缺乏有约束力的协作。目前中国形成了一批跨行政区划的区域,这些区域因功能定位、一体化程度等方面存在差异,在区域一体化发展中形成了各具特色的立法协作模式,但其主要目标是一致的,就是通过立法协作对区域内的重大问题进行综合性统筹设计,通过立法协作予以法律化、制度化。例如,通过立法明确区域交通一体化协调机构的地位和职能,实现各城市交通行政部门的职能协调统一,进而解决组织保障问题;通过立法解决各城市之间标准不统一、规则不一致、平台不衔接等问题,为联合执法监管排除障碍;通过立法明确协同机制,规范区域内各城市的规划协同、管理协同、执法协同的问题。以规划协同的法制化为例,我国 2015 年修订的《城乡规划法》并没有确定跨行政区域的规划制定主体,也没有规定跨行政区域规划实施的相关制度。在这方面,美国的立法经验值得借鉴。美国 1962 年制定《联邦资助公路法》,以立法形式确立了交通规划的综合性、合作性和连续性原则(comprehensive, cooperative & continuing, 3C)。该法要求大都市区交通规划中有关机构必须秉承综合性、合作性和连续性的规划原则,以克服过去各种交通方式单独规划,且交通规划与土地利用、经济发展及环境保护脱节,各政府机构缺少合作协调机制,以及由于政府换届导致长期规划所必需的连续性被忽视等问题。①

(三)"设区的市"开展区域交通一体化中立法协作的路径选择

1. 区域立法协作的模式选择

交通一体化发展区域的立法选择路径受到其战略定位和跨行政区划等因素的影响。如果其涉及国家整体战略部署,那么其立法协作就不仅仅是地方立法问题,而是需要选择中央立法与地方立法相结合的路径。从国家整体战略的角

---

① 程楠、荣朝和、盛来芳:《美国交通规划体制中的大都市区规划组织》,《国际城市规划》2011年第 5 期。

度来看,如果交通一体化中涉及超越地方立法权限或立法范围的事项,则需要由国家进行授权立法;从跨行政区划的角度看,如果交通一体化的相关事项不涉及中央事权,从节约立法成本和提高立法效率的角度出发,可以优先由区域内市级层面进行协作立法。在区域立法协作中,若交通一体化区域内对相关的机构设置、执法内容等事项存在统一性要求的,就应当进行区域协作立法;若与交通一体化合作发展内容没有关联的领域,则各城市可以维持现有的法律规定,不需要进行区域协作立法。此外,区域立法协作应反映区域交通一体化发展的特点和现实需要,与区域内的执法体制和司法体制的框架相衔接,与执法内容和执法标准的统一性要求相衔接。

2. 区域立法协作的方式选择

协作立法有两种方式,一是文本协作方式,即针对某一交通行政管理领域或具体管理事项,由区域内各城市的人大或政府在协商一致的基础上确定示范性文本,各城市在示范性文本的基础上因地制宜地进行个性化表述,最终形成各自的立法文本。二是条款协作方式,即针对某一交通行政管理事项,由各城市的人大或政府在协商一致确定统一标准的基础上,对各自既有立法中的核心条款进行调整并实现核心条款内容的统一,而其他条款不变。需要指出的是,在区域内各城市开展协作立法的过程中,无论采取文本协作还是条款协作的方式,都应当保持法律文本属性的一致性,即各城市要么都制定地方性法规,要么都制定地方政府规章。

(作者为上海市行政法治研究所副研究员)

行政体制改革中的法律先行问题研究

关保英

中共十九届四中全会对我国治理体系和治理能力现代化作了顶层设计①，其中有关行政体制改革的构想占了一定篇幅。行政体制改革是治理体系现代化的题中之义，行政体制改革也是我国历来在治理体系的制度构设中首先考虑的问题。而历次行政体制改革既取得了一定的成效②，同时也遗留了一定范围内的问题，我们可以以行政体制改革中的不断反复和不断重构作为佐证。之所以会形成这种行政体制改革不能够一次到位的格局，其主要原因在于我们没有处理好行政体制改革与依法治国的关系。行政体制改革不能被简单地视为一种行政行为，它更是一种法律行为，作为法律行为就要求行政体制的改革应当法律先行，就是依法对行政体制改革进行顶层设计，并在法治的轨道上促成行政体制的完善。那么，行政体制改革中法律先行究竟应当有什么样的理论基础，应当沿着什么样的轨道和以什么样的逻辑而为之，这些基本问题都需要予以澄清。本文将对行政体制改革中法律优先的若干理论和实践问题予以具体探讨，并希望对

---

① 2019 年 10 月 31 日，中共第十九届四中全会发布了《中共中央关于坚持和完善中国特色社会主义制度、推进国家治理体系和治理能力现代化若干重大问题的决定》，该决定是对我国新时代治理体系和治理能力现代化的顶层设计。正如该决定的说明中所指出的："我们刚刚庆祝了中华人民共和国成立 70 周年。新中国 70 年取得的历史性成就充分证明，中国特色社会主义制度是当代中国发展进步的根本保证。从党和国家事业发展的全局和长远出发，中央政治局决定这次中央全会专题研究坚持和完善中国特色社会主义制度、推进国家治理体系和治理能力现代化问题。"由此可见，治理体系和治理能力现代化是我国新时代治理体系全局性和长远性的问题，这个设计是一个高屋建瓴的问题。

② 以 1998 年国务院的行政机构改革为例，我们首次将国务院的行政机构作了较为科学的、类型上的划分，第一类是宏观调控部门，第二类是专业经济管理部门，第三类是综合事务管理部门，第四类是国家政务部门。这样的划分使国务院的行政机构存在于一定的行政目标之下，有了职能上的科学性和技术性。而 2018 年在国务院职能机构的改革中就增加了生态环境部、应急管理部、农村农业部等新的职能机构。可以说每一次的行政机构改革都取得了新的成效。（参见：关保英：《行政法学》，法律出版社 2018 年版，第 214 页。）

我国正在进行的行政体制改革在治理体系和治理能力现代化的视野下发挥法治的积极作用。

一、 行政体制改革的法律属性

（一）改革主体的公法资格

行政体制改革所涉及的当然主体是行政主体。在我国传统的行政体制改革中,我们将这些主体视为政治机制的组成部分,视为国家行政权的承载者,我们的改革所凸显的是这些主体资格的行政性和政治性。从政治机制的角度来看,虽然具有它的合理性。但是放在法治的视野考量,行政系统以及行使行政权的相关主体首先具有公法人的资格,它们的权力和义务都是以公法为依据:"国会制定之法律对行政组织而言,一直都扮演着独特的、从不完全确定的角色。尽管行政的本质非常有赖其组织以自我呈现、从而不受广泛的外来操控,但行政组织而无法与之建构性与安定性功能是不可能的,而法律在此也是透明度的担保即民主正当性之中介。法律对于行政组织的操控方式有二:直接地将国会的特定组织决定呈现出来,以及间接地创设可以产生民主正当性的决定。"①例如,宪法有关行政系统的职权规定就使得相关的行政系统具有了公法主体的资格,政府组织法有关行政职权的规定就使得行使该职权的主体具有了公法主体的资格。行政体制改革中主体资格是我们面对的第一个问题,如果将这些公共机构以公法主体的资格予以认知并以公法主体的资格确定其身份,就会使这些在传统上具有政治性和行政性的机关或者机构取得法律人的资格,就会使作为公法主体资格最为本质的特征是稳定性和规范性。在法治发达国家中哪怕对行政机构的微弱调整都是从公法主体资格的角度进行的:"在法治行政原则之下,行政机关的设立均应具有合法的依据,其种类不一,而以个别机关本身的组织法规为其依据,各该机关即依据其组织法规组合而成。"②这已经不仅仅是一个理论问题,更是行政体制改革和完善的实践问题。

---

① ［德］施密特·阿斯曼:《秩序理念下的行政法建构》,林明绖译,北京大学出版社 2012 年版,第 239 页。

② 张家洋著:《行政法》,三民书局 1998 年版,第 295 页。

（二）改革内容的公法范畴

行政体制改革所涉及的内容是比较宽泛和丰富的，例如我们经常提到的行政体制中的"条条与块块"都是行政体制改革所要处理的问题。具体地讲，改革涉及行政组织问题、行政职能问题、行政管辖问题、行政决策问题、行政处置问题、行政监督问题等等，在行政学的视野中这些问题似乎都是行政体制改革中要处理的客观事项、要解决的具体问题，然而上列若干内容无疑不是公法范畴的问题。以行政组织为例，它必须以行政组织法为前提条件，如果离开了行政组织法，这些组织就会变得碎片化和变幻无常。而行政管辖问题则是行政程序法所调整的问题，还如行政决策在当代行政法治中也有了专门的法律定位①。

行政改革中职能的划分与行政执法勾连在一起，但它实质上既与行政组织法有关，也与行政程序法有关。由于我国在以前的行政体制改革中以政策导向和规制的路径较多，人为地淡化了这些内容的公法属性，将它们从公法范畴中不适当地游离了出去，而这从本质上都不能够否定这些关键内容的公法属性。现代法治发达国家的公法所解决的也主要是这些问题，以美国行政法为例，其在行政组织法中就有这样的内容："作为整体的政府部门内集权与分权，是指政府之间，也就是说在大的管理区域和那些较小的管理区域之间权力的纵向分配。这种分配在宪法上是联邦学说固有的并且是政府内部关系的实践特征。"②行政机构的改革是对行政系统若干要素的整合和优化，相关的要素都有着充分的公法依据，都在公法中有着自己独特的地位，这是行政体制改革法律属性的第二个方面。

（三）改革过程的公法主导

我国自改革开放以来，有关行政体制的改革进行了很多次，由于我国行政机构的建构缺少完整的行政组织法和行政编制法，这便使得我们在改革过程中常常通过行政手段乃至于公法外的手段而为之。而且对改革后的相关成果缺少严

---

① 2019年4月20日国务院发布了《重大行政决策程序暂行条例》，第1条规定："为了健全科学、民主、依法决策机制，规范重大行政决策程序，提高决策质量和效率，明确决策责任，根据宪法、地方各级人民代表大会和地方各级人民政府组织法等规定，制定本条例。"这便使得在我国重大行政决策已经被纳入了法治的轨道。

② ［英］戴维·米勒等：《布莱克维尔政治学全书》，邓正来译，中国政法大学出版社2002年版，第104页。

格的法律保障,这便使得在改革和法治的关系上,我们将重点放在了改革上而疏忽了公法对改革过程的主导。近年来,改革开放已经进入了深水区和攻坚期,改革过程中的政策运作和法外运作已经不能够适应新的历史时代,所以任何一个关系到行政机构的改革,包括行政机构的设立、行政机构的撤销、行政机构的归并都应当通过公法予以主导。深而论之,改革行为本身就具有公法的属性,它不是法律之外而为之的法律行为,而改革中相关机构的设立、废止、归并都应当先形成成文法,而且要有正当的法律地位和法律程序,通过法治率先予以规范进而使改革的整个运作具有了法律上的正当性。公法对改革的主导在 2014 年我国有关依法治国的系统规定中就有明确要求:"依法治国,是坚持和发展中国特色社会主义的本质要求和重要保障,是实现国家治理体系和治理能力现代化的必然要求……全面深化改革、完善和发展中国特色社会主义制度,提高党的执政能力和执政水平,必须全面推进依法治国。"①这从深层次上蕴含了改革的过程也是实现依法治国的过程。

(四)改革后果的公法效力

行政体制改革是对当下行政体制的审视,通过审视将行政体制中合理的、积极的部分予以保留,将不合理的、阻滞经济与社会发展的部分予以剔除,并在这样的基础上设立新的行政机构的体制机制。例如,在 2018 年党和国家机构改革中就有一系列新的改革的方案,如在综合执法领域就形成了"大行政执法"的新的执法体制:"深化行政执法体制改革,统筹配置行政处罚职能和执法资源,相对集中行政处罚权,是深化机构改革的重要任务。根据不同层级政府的事权和职能,按照减少层次、整合队伍、提高效率的原则,大幅减少执法队伍种类,合理配置执法力量。一个部门设有多支执法队伍的,原则上整合为一支队伍。推动整合同一领域或相近领域执法队伍,实行综合设置。完善执法程序,严格执法责任,做到严格规范公正文明执法。"②

我国历次的行政机构改革并不是每一次都不成功,换言之,历次改革中成功的部分是客观存在的。而我们对这些成功的改革往往缺失后续的法治保障,时

---

① 《中共中央关于全面推进依法治国若干重大问题的决定》,人民出版社 2014 版,第 2—3 页。
② 《深化党和国家机构改革方案》,人民出版社 2018 年版,第 46 页。

过境迁之后即便是成功的改革也不复存在。所以在新的历史时代下,行政体制改革所取得的任何一个新的成果,所形成的任何一个新的制度体系和运作机制都应当具有公法上的属性。例如,有些程序上的有效运作就可以体现于行政程序法之中,而有些体制机制上的优化组合就可以得到行政组织法的认可。改革成果的公法效力是极其关键的,它既涉及行政体制改革的严肃性问题,也涉及行政体制改革的成效问题。

二、 行政体制改革中法律阻滞的分析

行政体制改革与法治的关系在我国经历过不同的历史阶段,1999 年宪法第十三条修正案出台之前,我们尚未有法治国家和法治行政的意识,所以在行政体制的构建和整合中行政公权起主导作用,诸多行政机构的改革都是由行政系统通过单方面的行政行为而为之的①。而 1999 年宪法第十三条修正案确立了法治国家的治国理念,在该理念之下,行政权必须受到法律的严格规范,行政体制的改革也就必须依法而为之,即任何一个行政职能的整合都应当纳入法律行为的范畴;2000 年《立法法》关于行政系统制定法律文件的规定、2003 年《行政许可法》关于行政许可设定的规定都印证了行政机能完善中的法治化道路②;2014 年我们形成了依法治国的新的理念和制度,形成了法治体系的新的概念:"形成完备的法律规范体系、高效的法治实施体系、严密的法治监督体系、有力的法治保障体系,形成完善的党内法规体系。"③而且我们要求改革开放和依法治国要保持正当的逻辑关系,即改革开放必须依法而为之,改革开放成果必须得到法律的规范和巩固。行政体制改革属于改革开放的范畴,它当然要和依法治国保

---

① 1955 年 2 月 10 日国务院常务会议通过了《国务院和国务院所属部门行文关系的暂行规定》,其中对各部、各委员会之间的联系和协作等职能划分问题都作了很好的规定,其内容相当规范,而后来我国有关行政机构的改革则没有采取该文件相对科学的做法,是比较遗憾的。(参见张培田主编:《新中国法治研究史料通鉴(第三卷)》,中国政法大学出版社 2003 年版,第 2922—2924 页。)

② 例如,《行政许可法》第十五条:"本法第十二条所列事项,尚未制定法律、行政法规的,地方性法规可以设定行政许可;……其设定的行政许可,不得限制其他地区的个人或者企业到本地区从事生产经营和提供服务,不得限制其他地区的商品进入本地区市场。"

③ 《中共中央关于全面推进依法治国若干重大问题的决定》,人民出版社 2014 年版,第 4 页。

持正当的逻辑关系,尤其在我国对治理体系和治理能力现代化作出顶层设计以后,行政机构的改革也必然会受到法律的保护。我国行政体制改革与法治的关系虽然在理论和制度层面上已经有所明晰,但就历次的行政机构改革而论,行政体制改革还没有得到法律的很好规范,在某些环节上法律还处于阻滞状态。笔者认为,导致这些阻滞状态的主要有下列一些因素,而且这些因素还依然存在。

（一）传统因素所导致的法律阻滞

在我国国家治理和社会治理的过程中,政府系统长期以来起着非常重要的作用,有人将此称为行政高权的主导,也有人将此称为政府推动型,这都反映了我国国家治理和社会治理中的行政所发挥的重要作用,以及行政在此方面的高效率性。行政高权与政府推动在有些环节上是适合中国国情的,也有它积极性的一面。而从另一面分析,行政高权与政府推动则反映了行政与法治的关系具有一定的非理性状态,即政府行政系统对职能的强化甚至对结构的调整常常会游离于法律规范之外。在目前的行政机构改革中这种状况虽然是非常态的,但它还是客观存在的。换言之,传统的行政高权与政府推动作为一种惯性还在影响着行政体制的改革,它们不同程度的阻滞了行政机构改革中法治功能的发挥。

（二）文化因素所导致的法律阻滞

在政府行政权力的行使模式中有多种治理文化,例如,西方有些国家就崇尚控权的治理文化,所谓控权的治理文化是指:"行政法所主要关注的并不传达任何形式的国家意志。就其最基本的表现形式来看,它关注的乃是对行使这种意志所做的限制。"①该文化强调政府行政权力在实现社会调控的过程中其本身必须是有限度的,它要受到社会公众的控制和约束,要受到立法机关的控制和约束,也要受到司法机关的控制和约束。行政治理中的控制文化也被视为是西方行政治理和行政法治的主流,而我国是什么样的治理文化呢? 由于我国在新中国成立后吸收了苏联的治理模式,而苏联的治理模式被认为是管理文化,对于该文化有学者作过这样的描述:"行政法规范还规定作为管理对象的企事业单位和

---

① ［美］博登海默:《法理学:法哲学及其方法》,邓正来等译,华夏出版社 1987 年版,第 353 页。

组织的建立、变更和撤销的程序，调整它们与国家管理机关的相互关系，调整管理对象许多方面的活动。"①我国行政管理体系形成的初期吸收了苏联模式，所以我国行政权行使的文化与苏联的管理文化是完全契合的，该文化与我国传统上凸显行政高权有一定的关联性，行政系统在该文化的主导下，在社会治理和国家治理中大包大揽，对公众生活和社会过程进行全面干预。行政体制改革在当下虽然强调服务意识和给付精神，但不可否认的是，行政管控的万能性仍然充斥到行政体制改革过程中，它淡化了改革过程中法治应当发挥的作用，更淡化了改革的最终目的就是要使行政系统少些行政高权的管控，多些行政给付精神的体现。

（三）政策因素所导致的法律阻滞

不可否认，我国行政体制的调控中，政策起到了非常重要的作用。以行政编制为例，诸多关于编制的规范都是由作为党和机构的组织部门颁发的，如《中共中央办公厅、国务院办公厅关于调整住房和城乡建设部职责机构编制的通知》《陕西、黑龙江、四川、海南测绘地理信息局职能配置、内设机构和人员编制规定》②等等。这些丰富的编制规则作为政策对我国行政系统中的行政编制、干部编制起了非常大的作用，尤其在我国尚未制定出严格的行政编制法的情况下，这些政策规范同时也是法律规范。我们注意到，我国行政机构改革中用政策进行调控似乎是一种常态，此次行政体制改革中共中央明确强调要走法治化的道路，就是依法主导和引领行政体制改革的过程，依法设计新的行政体制机制，依法巩固行政体制改革的成果等等。但即便在此次改革的过程中，政策的痕迹还是非常明显的。从我国国情考量，行政体制改革肯定不能没有政策的指导和引领，但是如何将政策和法律的关系处理好则是我们必须面对的问题。我国历次改革的经验都告诉我们，政策的作用应当有限度，相关政策的精神应当通过法律规范予以确认。

---

① ［苏联］瓦西林科夫主编：《苏维埃行政法总论》，姜明安等译，北京大学出版社1985年版，第1页。

② 参见《中共中央办公厅、国务院办公厅关于调整住房和城乡建设部职责机构编制的通知》（厅字［2018］85号），《陕西、黑龙江、四川、海南测绘地理信息局职能配置、内设机构和人员编制规定》（自然资党发［2019］36号）。

（四）利益因素所导致的法律阻滞

行政体制的改革不仅仅是行政系统内部的问题，更为重要的是它也涉及行政系统之外的利益关系的整合问题。当然公共选择理论也将行政系统作为相对独立的自利系统来看待，就是说行政系统本来就是一个与利益勾连在一起的系统，当行政系统或者行政公职人员在作出决策时它们会在一定的范围考量自身的利益。而行政机构改革也涉及对不同社会群体利益的整合，对不同社会主体利益关系的整合等等。行政机构改革面临着不同的利益选择，甚至面临着对不同利益的重新整合，而在我国当下诸多行政主体在对行政系统进行调整时，它常常也将经济利益的最大化作为首要行政的因素，我们常常提到的部门保护主义、行业保护主义、地方保护主义等都是利益因素对行政的影响。利益因素的影响也从一个侧面淡化了法治和法律的功能，因为法治所追求的是公平和效率，而利益所追求的则主要是公益。

三、 行政体制改革法律的废止

我国规范行政体制的法律规范尚不够完善，尤其涉及条块关系中的行政法规范时，至少有这样一些法典类型：一是行政组织法，如国务院组织法和地方政府组织法。其对我国政府行政系统的组织体系作了初步规定，行政体制中条块关系的一些内容就是由行政组织法所规定的。二是行政编制法。我国没有较高层次的行政编制法典，但有关编制的政策性规定，有关编制的行政规范性文件还是大量存在的，它们也对行政法中条条与块块的内容作了一些规定。三是部门行政管理法。我国有很多的行政管理部门，每个管理部门都有一些重要的行政法典，如土地管理领域的《土地管理法》，草原管理领域的《草原法》，环境保护领域的《环境保护法》等等。这些部门行政法规范在确立职能部门的同时，也有一些地域上的管理权能区分，我国行政体制中绝大多数的条块关系都是通过部门行政法予以规范的。四是其他行政法规范，如有关行政程序法，甚至有关行政救济法都或多或少地涉及了行政体制中的条块关系问题。目前关于条块关系的行政法规范缺乏系统性和结构性，更缺乏相应的科学性。例如，在行政职能的划分中，我们很少通过目标分解与综合的原理对行政职能做出科学上的界分，没有使不同的行政目标集中于总体的行政目标之下,这便导致了职能交叉和权责模糊不清等。在行政体制改革中,我们应当对上列涉及条块关系的行政法典和行政法规范予以审视。

（一）废止行政体制中的恶法

"所谓恶法,是指在法律体系中缺少合法性和正义性的那些法律典则和法律规范。"①从这个定义可以看出,恶法是对那些阻滞社会发展,或者在社会发展中起到消极作用的法律规范的总称。在我国行政系统中也存在着一些恶法,它们对行政法治体系的构建没有起到积极作用,它们使行政法治游离于法治大系统之外,在这些恶法中有一部分就涉及行政体制问题。在我国行政机构体系中就有一些行政机构不能够契合行政治理与社会发展的关系,有些行政机构人浮于事,有些行政机构重复设置。我们知道,我国行政体系内部就存在着大量的临时性的管理机构,而有些临时性的管理机构在设立时具有临时性,但是它并没有随着社会的发展而予以终止,有些临时机构甚至存续数十年的时间,这些临时性的机构并不是完全没有依据,那么在行政体制改革中我们就应当废止设立此类临时性机构的行政法规范。在行政法典中还有一些恶法的情形,如果这样的法典导致机构重叠,导致职能的相互交叉,这样的规范就应当予以废止,行政体制改革首先要做的就是废止这些恶法。

（二）废止行政体制中的低位阶法典

我国《立法法》对我国的法律位阶作了明确规定,宪法作为根本大法的地位自不待言,处于法律位阶的顶端②;全国人民代表大会及其常务委员会制定的法律是第二位阶的法律规范,这其中涉及的行政法典有诸多部;第三位阶的则是国务院制定的行政法规,它们所涉及的是国家行政管理的事项,其中也包括低层次行政机构的设置;第四位阶的应当是地方性法规,就是由地方人大制定的管理规范性文件,它们中的有些内容是针对地方行政机构的③;第五个位阶则是政府规

---

① 关保英:《恶法非法论》,《学术月刊》2017 年第 11 期。

② 《立法法》从第二章开始一直到第四章是对我国法律位阶的规定,在这个规定中虽然没有明确指出宪法处于第一位阶,但在总则部分的第 3 条规定了所有立法都应当遵循宪法的基本原则,这实质上凸显了宪法在我国法律体系中处于第一位阶的地位。

③ 参见《上海市城市管理行政执法条例》第 3 条、第 4 条、第 11 条等。

章,包括部门规章和地方政府规章两个方面。行政机构是行政法治中的核心内容之一,因为它涉及行政权的行使主体,涉及行政法上的行政主体资格。所以在法治发达国家,行政机构的设立都是通过上位法典而为之的,如中央行政组织法或者中央行政程序法等。而在我国行政体系的设计中有一些机构则是通过较低位阶的行政法典而为之的①,例如有些地方政府规章也能够对有关行政机构的事项作出规定②。在行政机构改革中下位法规范行政体制的情形应当予以终止,换言之,我们应当废止相对较低位阶的行政法规范设置行政体制的情形。这个范畴的法律废止要具体问题具体分析,有些地方行政机构也许只能通过地方性的行政法典予以规范,而在地方性的行政法中有地方性法规和地方政府规章,遇到此种情形我们可以保留地方性法规对地方行政机构的规范,而废止地方政府规章对地方行政机构的规范。

(三)废止行政体制中的规范性文件

行政规范性文件是指规章以下对行政事项做出规定的、具有抽象性、能够反复适用的那些行为规则③。我国《立法法》没有确认行政规范性文件的立法地位,而近年来随着行政法治的发展,行政规范性文件引起了学界和实务部门的重视,2018 年国务院专门发布了《国务院办公厅关于全面推行行政规范性文件合法性审核机制的指导意见》,其中规定:"(五)规范审核程序。各地区、各部门要根据实际情况确定规范性文件合法性审核程序,明确起草单位、制定机关办公机构及审核机构的职责权限,严格执行材料报送、程序衔接、审核时限等工作要

---

① 2016 年 9 月 18 日司法部颁发了《司法部关于进一步加强公证便民利民工作的意见》,该意见有这样的规定:"司法行政机关主要负责同志要对本地区加强公证便民利民工作负总责,分管领导和公证管理部门负责具体组织实施。各地公证协会要将加强公证便民利民工作作为一项重要任务,按照职责分工开展工作。"这个规定涉及了一定范围内的行政职权问题,而这个规定仅仅是一个行政规范性文件。

② 2010 年河南省人民政府颁布了《河南省规范性文件制定规定》,该规定关于行政规范性文件制定中的职权划分作了非常具体的规定,在这些规定中有关行政规范性文件制定中的职权划分,尤其上下级的相关关系都作了设计,而这个设计实质上涉及行政体制问题。

③ 《上海市行政规范性文件管理规定》第 2 条规定:"本规定所称的行政规范性文件(以下简称'规范性文件'),是指除政府规章外,由行政机关依照法定权限、程序制定并公开发布,涉及公民、法人和其他组织权利义务,具有普遍约束力,在一定期限内可以反复适用的公文。行政机关内部执行的管理规范、工作制度、机构编制、会议纪要、工作要点、请示报告、表彰奖惩、人事任免等文件,以及规划类文件和专业技术标准类文件,不纳入规范性文件管理范围。"

求。……除为了预防、应对和处置突发事件，或者执行上级机关的紧急命令和决定需要立即制定实施规范性文件等外，合法性审核时间一般不少于 5 个工作日，最长不超过 15 个工作日。"①这实质上使我国已经确立了行政规范性文件的法律地位，也确立了行政规范性文件的备案审查制度。行政机构牵扯到行政主体资格，在通常情况下，行政规范性文件不能就行政机构作出相应的规定，我国诸多地方所颁布的行政规范性文件程序规定也将设立行政机构作为行政规范性文件的禁止事项②。而在我国行政法传统中还存在着通过行政规范性文件调整行政体制问题的情形，有的规范性文件直接对行政机构体系作出规定或者对行政职权作出规定。因此，行政体制改革中行政规范性文件不应当再承担对行政机构的调整功能，凡涉及行政机构和行政职能的行政规范性文件都应当予以废止。

（四）废止行政体制中的相关政策

对我国行政机构体系作出规定的有相当一部分是政策性文件。上文已经提到，我国有关行政编制的相当一部分规则都体现在政策层面上，这些政策中有些属于地方党的机构颁布的，绝大多数临时性机构的设立、法外机构的设立等等都是通过政策而为之的，例如曾经存在于我国一些地方政府中的"馒头办""西瓜办""生猪办"等协调机构。还有一部分则是行政系统的行政政策。在一些特定的历史阶段，行政系统为了完成该阶段的行政任务便下意识的设立一些行政机构，下意识的设立一些行政职能，这样的政策性文件也非常多见③。我们认为，

① 参见：《国务院办公厅关于全面推进行政规范性文件合法性审核机制的指导意见》（国办发〔2018〕115 号）。

② 例如，2011 年 6 月 10 日民政部发布了《民政部规范性文件制定与审查办法》，在第 9 条对行政规范性文件不得设定的事项作了规定，除禁止规范性文件设定行政处罚、行政许可、行政审批、行政强制、行政事业性收费等之外，还禁止行政规范性文件对机构编制作出规定。在《徐州市行政规范性文件制定办法》中也有类似禁止规定。

③ 改革开放以后，尤其我国由计划经济转入市场经济机制以后，为了搞活经济，为了招商引资的方便，诸多城市或者地方都设立了开发区，而与开发区相联系的就是开发区的行政管理机构，如管委会等机构。这些新设立的行政机构有些级别非常之高，但是设立这些机构的依据常常都是一些政策性文件，而没有严格的行政组织法。例如，《国务院办公厅关于促进开发区改革和创新发展的若干意见》中规定："各省（区、市）人民政府要根据开发区总体发展规划和当地经济发展需要，稳步有序推进开发区设立、扩区和升级工作，原则上每个县（市、区）的开发区不超过 1 家。限制开发区域原则上不得建设开发区，禁止开发区域严禁建设开发区。对于按照核准面积和用途已基本建成的现有开发区，在达到依法、合理、集约用地标准后，方可申请扩区。发展较好的省级开发区可按规定程序升级为国家级开发区。"

党的政策和行政政策在行政机构的设立上具有一定的导向是合乎情理的,甚至确立一定的原则也是正当的,但涉及行政机构的设立问题,涉及行政机构的具体职能问题则必须依法为之。所以,行政体制改革中也要对调整行政机构和行政职能的行政政策予以废止,这是行政机构改革中处理法律与政策关系所必须的。

四、 行政体制改革的法律设计

行政体制改革在治理体系和治理能力现代化之下应当依法先行,在这个问题上不应当再有所争议和迟疑。即是说,我们应当通过行政实在法对新的行政体制进行设计,这涉及对行政组织法的完善,对行政程序法的完善,对部门行政管理法的完善,对有关行政执法行为规范的完善等[①]。通过对涉及条块关系的行政典则和规范的完善,设计新的行政体制机制,这些设计主要涉及下列范畴。

(一)依法设计行政组织

我国行政组织的设计已经形成了基本的体系和结构,一方面,我国宪法第八十九条和第一百零七条分别对中央行政组织和地方行政组织作了框架性的体系设计。另一方面,我国也制定了国务院组织法和地方政府组织法,它们都对中央和地方行政组织有较为详细的规定,这些行政组织的设计虽然已经成为体系,但它们都是计划经济的产物,都是以计划经济作为机构设立背景的。近年来,有关行政组织法修改的呼声不断高涨,有不少学者都呼吁要对地方政府组织法进行修改,如学者们都主张将地方政府组织法独立出来,即不将人民代表机关的组织和行政机关的组织放置在一个法典之中,此次行政体制的改革就提出要整合并形成新的结构[②]。笔者认为,为了使行政体制改革,尤其条块关系适合新的治理

---

① 这些重要的能够对条块关系作出规范的行政法典则在我国都不够完善,例如,我们缺少统一的行政组织法、统一的行政编制法、统一的行政程序法。而部门行政管理法则更加混乱,我们现在还没有建构起部门行政法的学科体系,更没有部门行政法的严格的规范体系。而这都是条块关系规范化和科学化的制约因素。

② 参见《中共中央关于深化党和国家机构改革的决定》,人民出版社 2018 年版,第 35—36 页。

体系,就应当通过法典设计新的行政组织,这是行政机构改革的首要环节,也是条块关系处理的首要环节。

(二) 依法设计编制规则

行政编制与行政组织的关系极其密切,行政编制涉及行政组织构成中的技术问题,行政组织构成中的科学问题,行政组织构成中的量化标准问题等。所谓行政编制是指:"行政机关编制是国家机关编制的重要组成部分,是指由行政法规范的行政机关内部机构的设置及职责权限,工作人员配备的比例和定员等。"①该定义实质上赋予了行政编制相对独立的属性,就是说行政编制的规则在一定意义上独立于行政组织的规则,它超越了行政组织的规则。我国行政机构在长期的改革中有恶性循环的状况,即精简、膨胀再精简、膨胀,之所以会出现这样的恶性循环,就是因为我们缺失行政编制规则,或者说我们诸多的行政编制规则是柔性化的。笔者曾经提出,行政编制规则应当刚性化,行政编制规则应当设置制裁条款,就是对违法设置编制的行为予以制裁。此次行政机构应当使行政机构有更高的效率和更加科学的人员定位和职能定位,使合格的人能够被运用到恰当的位置上,我们通过法律典则设置科学的编制规则,包括设置规则的科学化、刚性化和后续的相应制裁条款等。

(三) 依法设计行政职能

行政职能在行政法中是一个非常重要的问题,它涉及行政机构的设立,涉及行政机关的职权范围,甚至涉及行政职权的领域。在行政法治实践中,我们究竟要确立哪些行政管理领域一直是一个认知上处于盲点的问题,在我国行政法治中还没有一部行政法典对行政管理的范围作出严格规定。目前有关行政管理范围的规定仅仅有一个司法解释,就是最高人民法院《关于行政案件案由的通知》,其中关于行政案件案由分为公安行政管理、城乡建设行政管理、工商行政管理、计划生育行政管理、商标行政管理、质量检验检疫行政管理、卫生行政管理、农业行政管理等四十多个范畴②,这些范畴既与行政体制中的条块关系联系在一起,也与每一个行政机构的职能联系在一起。毫无疑问,通过一个司法解释要将复

---

① 应松年:《应松年文集》(上卷),中国法制出版社 2006 年版,第 266 页。
② 参见 2004 年 1 月 14 日最高人民法院发布的《最高人民法院关于规范行政案件案由的通知》。

杂的行政职能梳理出来是不科学的,也是不严肃的。行政机构改革尤其条块关系的科学处理必然与行政职能联系在一起,基于此,我们应当依法设计新的行政职能,通过新的行政职能的设计将行政机关的职权、行政执法的范畴梳理出来。如果能够作出梳理,那条块关系中的复杂问题就迎刃而解了。

(四) 依法设计主体资格

在行政法治中能够行使行政权的机构实体都必须有法律上的主体资格,有人将这样的主体资格叫做法律人格。在当代行政法学理论中,人们用行政主体或者公务法人统一称谓行使行政权的机构或者组织:"公务法人是以公务为基础的分权行使,对中央集权是一种限制。法律规定某种公务脱离一般行政组织,具有独立的管理机构和法律人格,能够享权力、负义务,这种公务组织就成为法人。"①而令人遗憾的是,在我国行政法治中行政主体仅仅是一个理论问题。即是说,我国行政法治实践中行政主体还没有成为法律用语,我国若干行政实在法,如《行政处罚法》《行政许可法》《行政强制法》等都用行政机关的概念表述行使行政权的机构实体,这是有缺陷的。因为行政机关既可以是行政学上的概念,也可以是政治学上的概念。我们注意到,法治发达国家的行政法典几乎都用行政主体的概念来指称行使行政权的机关或者组织。新的行政机构改革首先要让能够行使行政权的机构实体取得法律上的名分,即不再将它们视为政治机构,或者简单地视为行政机构,而要让它们成为法律上的主体。而要做到这一点,我们就要通过行政法典对行政主体的资格作出设计。在行政法治实践中行使行政权的机关或者组织有很多个或者很多类型,如职权机关、授权机关、委托机关,甚至还包括综合执法机关等,这些机关名分的混乱也是导致其行为失范的原因。我们对其主体资格进行确认便可以让存在于行政系统的行政机关具有法律人的资格,具有严格的法律属性,这利于它们履行法治职能和承担后续的法律责任。

(五) 依法设计执法方式

行政管理、行政职能、行政执法、行政行为等措辞在我国行政管理和行政法治实践的运用中表现出一些混乱:一是概念的解读极其分散,没有一个统一

---

① 王名扬:《法国行政法》,北京大学出版社 2007 年版,第 100 页。

的认知①;二是它们之间究竟是什么样的逻辑关系,我们既缺乏正当的理论认知,也缺乏在行政法治实践中的界定和规范。而近年来,我国一些地方专门制定了行政程序规则对行政执法进行界定,对行政执法的方式进行规范。例如,《黑龙江省行政执法程序规定》就作了这样一些规定,第二条规定:"本省行政区域行政执法单位及行政执法人员从事行政许可、行政处罚、行政强制、行政给付、行政征收、行政确认、行政调解、行政裁决、行政检查、行政收费等行政执法活动,适用本规定。"第三条规定:"行政执法单位应当遵守法定程序,不得在程序上减损公民、法人或者其他组织的权利或者增加其义务。"第四条规定:"行政执法单位应当公正行使行政执法职权,公平对待公民、法人或者其他组织。行政执法单位实施行政执法行为,采取的措施和方式应当必要、适当,并与行政管理目的相适应。"②

　　行政法治中的条与块都与行政执法有一定的关联性,此次机构改革中所构型的若干领域的大行政执法就证明了这一点,如我们在市场监督管理领域就整合了工商、质量监督、食品药品监督等管理环节。这次机构改革一个重要任务就是对执法进行整合,对特点领域的条块关系进行新的构型,这样的改革行为同样应该回归到法治之中,那就是通过行政法规范对新的行政执法方式作出设计。例如,如综合执法的概念是否还有存在的必要,如果有必要存在,那么综合执法的科学含义究竟是什么。毫无疑问,用传统的联合执法来替代综合执法是不科学的。再则行政执法也是困扰我国行政法治的一个问题,近年来出现的诸多非理性的行政执法,如钓鱼执法、选择执法、圈套执法、"贼喊捉贼式"执法都降低了行政法治的公信力。因而,如果有一个统一的行政体制规定,那就会纠正这些非理性的行政执法并使条块关系具有新的时代内容。

(作者为上海政法学院教授)

---

　　① 在国家治理体系和治理能力现代化的视野之下,上列概念应当在法律上有一个明确的界定和规范,不能使这些概念离开法言法语,避免既有政治学的色彩,又有行政学的色彩,更有社会学的色彩等。相关概念的法律定性和定位是比较重要的,只有将它们从法律上予以统一,才能够将整个行政过程纳入行政法治的轨道。

　　② 参见《黑龙江省行政执法程序规定》,该规定于 2019 年 1 月 2 日通过,自 2019 年 2 月 15 日起施行。

协助决定取代成年监护替代决定

——兼论民法典婚姻家庭编监护与协助的增设*

李 霞

在《中华人民共和国民法典》中,监护(含儿童监护和成年监护)没有出现在婚姻家庭编中实为一大遗憾。我国作为《联合国儿童权利公约》和《联合国残疾人权利公约》的批准加入国,在婚姻家庭编缺乏监护一章的设计是需要斟酌的。因为《民法总则》中仅由17个条文组成的监护制度(以下全文简称新制度),与以前的《民法通则》相比,虽然明显距离法制文明进了一步,但仍有重大问题和续法的必要。先不提儿童监护和成年监护混用同一套规则不符合两个公约的相关规定,单说成年监护制度,与联合国有关公约的新范式有巨大差距,对我国市民社会残障者的诉求关注不够,对司法实践提炼出的成熟经验吸收不及时,且满足不了当前严峻少子老化时代失能的2.6亿人的对制度的渴望。本文仅就成年监护一节在婚姻家庭编中的不当缺席和增设展开论述,并就学界对成年监护理论基础的认识做简单商榷。

一、 新制度评估与《联合国残疾人权利公约》第12条

(一) 成年监护与《联合国残疾人权利公约》

成年监护为什么要与《联合国残疾人权利公约》(以下全文简称《公约》)相连? 因为《公约》确立的新范式是用来评估我国成年监护法正当性和是否及格的评卷标准。这在2008年就为全国人大常委会所承认和确立的。

成年监护制度的潜在使用者是罹患精神疾病、心(理)智力迟滞和痴呆的成

* 本文系国家社科基金项目"老年人意定监护制度研究"(17BFX211);司法部国家法治与法学理论研究项目"民法典·老龄监护措施替代机制研究"(16SFB2032)的阶段性成果。

年人,以及我国学界和实践中主张的肢体和感官盲聋哑者残障者,在《联合国残疾人权利公约》中,统称残疾人。①其中,由于各国的肢体和感官残障者联盟等组织,强烈反对"被监护",要求归还自治权并声明未经本人许可的监护即侵犯了其权利,已成国际共识,②故成年监护的使用者,是《公约》所指的精神、心(理)智残障和痴呆老者。③这三类人在医学上同属认知功能受到损伤从而影响了意思的形成、判断或者表达,在残障和医学领域统称心智残障者或认知障碍者。显然,"心智残障者或者认知障碍者"与民法成年监护的使用者系同类人,故在下文的民法语境中也使用"心智残障者(或认知障碍者)"。④

我国现行对心智残障者民事权利和义务的规定,由《民法总则》17个条文为主,并分散在婚姻家庭、继承、收养、民事诉讼、老年人权益保障、残疾人保障、精神卫生系列法规法释所组成的行为能力和成年监护制度,它与《公约》第12条相对应。

《公约》于2008年对我国生效,生效的标志是2007年由全国人大毫无保留地批准加入该《公约》。不仅如此,我国作为《公约》首批20个签署国之一,在公约生效后便积极履行公约,并于2010年就开始向公约委员会首次提交《关于中国履行〈公约〉情况的报告》。同年全国人大又发布《〈残疾人保障法〉立法后评估报告》并出版。自2014年始我国自觉履行每四年向公约委员会提交一次《中国履约报告》)⑤。

中国作为《公约》缔约国,基于缔约国的履约义务,对与《公约》第12条相关的国内成年人民事行为能力和成年监护立法作出修改,以符合《公约》第12条的

---

①　《联合国残疾人权利公约》第1条:残疾人包括肢体、精神、心智或感官长期受损伤者。至2014年5月,有包括中国在内的147个国家对《公约》予以批准,中国是最早的20个签署国之一。

②　参见《2010年第一届世界成年监护法大会〈横滨宣言〉》第15条。

③　在临床医学上,痴呆与智力心理残障者同属于认知功能受损,归为心智残障或认知障碍,通常以60岁以上的长者居多。

④　感官肢体残障,对意思决定能力上存在的损伤,随着科技发展和科技手段的运用是可以克服的(如已故霍金教授)障碍,而精神或心智残障者却没有科技级手段所替代的可能性,从而可能成为最后且唯一的残障。

⑤　参见全国人大内务司法委员会:《〈中国残疾人保障法〉立法后评估报告》,华夏出版社2012年版。2007年,全国人大常委会批准我国加入该公约。不仅如此,我国积极履行公约,目前20个国家首次履约报告审议结束,其中就有我国。

要求。换而言之,《公约》第 12 条是评估我国在内的缔约国成年监护法是否及格的标准,对此,2014 年于澳大利亚堪培拉举办的《第三届世界成年监护法大会》上,也再次确认这一点。

此外,依照法理,在中国生效后的《公约》不能直接适用,须转化为国内法。作为与《公约》第 12 条相对应的国内成年监护法,按照《公约》确立的新范式并转化为当前正在编纂的民法典中的成年监护立法,便有了正当性基础。

(二)《公约》第 12 条确定的新范式

《公约》第 12 条"法律面前人人平等",要求缔约国确保残疾人在法律面前的人格获得平等承认,并采取适当措施,在必要的时候提供协助,以确保残疾人在与他人平等的基础上行使法律能力。第 12 条确立了对待心智残障者法律能力的立法理念、原则和标准,[1]标志着"范式转变"。[2]"如果说《公约》将心智残障者作为'主体'而不再是'客体'看待是一场革命,那么,第 12 条是这场革命的核心。"[3]此外,为对第 12 条的进一步理解强调,2014 年残疾人权利委员会作为有权解释公约的唯一权威机构,发布了针对第 12 条的《残疾人权利公约第 1 号一般性意见(2014 年)》(以下简称《公约 1 号意见》),对第 12 条作出了更加具体的解释和说明,该《公约 1 号意见》和《公约》第 12 条合成了一个有机法律文件,统一指导各个缔约国对新范式的理解和解释。

---

① 《公约》第 12 条:(1)缔约国重申残疾人拥有在法律面前的人格在任何地方均获得承认的权利。(2)缔约国应当确认残疾人在生活的各方面享有与他人平等的法律能力。(3)缔约国应当采取适当措施,便利残疾人获得他们在行使其法律能力时需要的协助。(4)缔约国应当确保,与实施法律能力有关的一切措施,均依照国际人权法提供适当和有效的防止滥用保障。这些保障应当确保与行使法律能力有关的措施尊重本人的意愿和选择,无利益冲突和不当影响,适应本人情况,适用时间尽可能短,并定期由一个有资格、独立、公正的当局或司法机构复核。提供的保障这些措施应当与影响个人权益的程度相称。(5)在符合本条的规定的情况下,缔约国采取一切适当和有效的措施,确保残疾人享有平等权利拥有或继承财产,掌管自己的财务,有平等机会获得银行贷款、抵押贷款和其他形式的金融信贷,并应当确保残疾人的财产不被任意剥夺。

② Shih-Ning Then, "Evolution and Innovation in Guardianship Laws: Assisted Decision-Making," *Sydney Law Review*, Vol.35, 2013, p.133.

③ Gerard Quinn, "Resisting the 'Temptation of Elegance': Can the Convention on the Rights of Persons with Disabilities Socialize States to Right Behavior", in Arnardottiretal, eds., *United Nations Convention on the Rights of Persons with Disabilities: European and Scandinavian Perspectives*, Brill: *International Studies in Human Rights*, 2009, p.49.

新范式的理念旨在使心智残障者在他人的支援协助下融入社会,从而自主决定和掌控个人生活。①即从旧范式的否认或限制心智残障者的法律能力和监护排除在自治以外,转向承认心智残障者"有法律能力"的协助支持其行使法律能力以达到自治。这个理念在 2018 年 10 月的首尔"第五届世界成年监护法大会"上以"与认知障碍者一起生活在社区"为主题被再次强调。

新范式的原则和标准如下:第一,承认心智残障者享有与其他人平等的法律能力(legal capacity)。《公约》第 12 条提出了一个鲜明的立场,即所有心智残障者的法律能力都应当和其他人平等地得到法律的承认。这里的"法律能力"(legal capacity)的《公约 1 号意见》公认解释是②:法律能力这一概念包含两个方面:拥有权利和行使权利的能力(capacity to be a holder of rights and an actor under the law)③。不仅指"权利能力"(capacity for rights),而且包含"行为能力"(capacity to act)。④从而心智残障者"享有与其他人平等的法律能力"的内涵是有"行为能力"和"权利能力"。法律能力这一概念的范围和内容在公约的起草过程中是经过了激烈的讨论后才达成一致的,⑤"法律能力是赋予所有人、包括残疾人的一项固有权利,它包括两个方面:第一个方面是持有权利并且作为法人在法律面前得到承认的法律地位;第二个方面是就这些权利的行使行为是得到法律承认的法律权利。残疾人经常被剥夺或减少的是这个部分,例如,法律可能允许残疾人拥有财产,但不一定始终尊重残疾人的买卖行为。法律能力意味着:所有人,包括残疾人在内,仅凭其做为人而拥有法律地位和法律权利的行使。因此,要实现法律能力,必须承认法律能力的两个方面,它们如同一个硬币的两面,

---

① *A New Paradigm for Protecting Autonomy and the Right to Legal Capacity*: *Advancing Substantive Equality for Persons with Disabilities through Law*, Policy and Practice, Law Commission of Ontario, 2010.

② 《残疾人权利公约第 1 号一般性意见(2014 年)》(以下简称《公约 1 号意见》),是专门为指导《公约》第 12 条的准确理解而颁布的权威性法律文件,由联合国残疾人权利委员会制定。

③ Committee on the Rights of Persons with Disabilities, "*Convention on the Rights of Persons with Disabilities General Comment No.1*(2014): *Article 12*: *Equal Recognition before the Law*", CRPD/C/GC/1 para 13, 2014.

④ Robert Dinerstein and Esme Grant Grewal, eds, "Emerging International Trends and Practice in Guardianship Law for People with Disabilities", Vol.22, *ILSAJ. Int'l & Comp*, 2016, p.435.

⑤ Gerard Quinn, *Personhood & Legal Capacity*, *Perspectives on the Paradigm Shift of Article 12 CRPD*, HPOD Conference, Harvard Law School, 2010.

是不可分的。"①

在我国现行法律体系中,并没有与"legal capacity"完全对应的概念,但存在着"权利能力"和"行为能力"两个概念,故可以将"心智残障者拥有法律能力"转化成民法的表述:"心智残障者拥有行为能力和权利能力。"又因权利能力在中国国内民法上人人俱有,故心智残障者拥有法律能力可以转化成为"心智残障者享有行为能力"或者"心智残障者是有行为能力人"。这一修辞的转换没有改变实质内涵,因而为便于理解,在大陆法系和我国法的语境中,②可用"行为能力"替换"法律能力"。

第二,协助决定(support decision-making/support in exercising legal capacity)。③虽然强调心智残障者与其他人平等地"拥有行为能力",然而倘若实际上缺乏足够的意思决定能力怎么办?《公约》第 12 条第 3 款给出的答案并不是采用传统民法的成年人监护,而是"缔约国应当采取适当措施,便利心智残障者获得他们在行使其法律能力时可能需要的协助"。这里的"协助"(support)以及"协助决定制度"(support decision-making),共同标志着从监护替代决定到协助决定的"范式转变"。④

协助决定制度,与"替代决定制度"(substituted decision-making)相对应。替代决定的主要形式是监护,因监护人对被监护人的保护措施是以代理权——代为或代受意思表示这种替代决定。新范式在倡导以协助决定制度取代替代决定制度,要求废止替代决定制度包括成年监护法(至少是完全监护)等法律和实践。⑤

---

① 《残疾人权利公约第 1 号一般性意见(2014 年)》第 14 自然段。

② 王竹青:《成年人监护中行为能力认定域外考察》,《法律适用》2017 年第 11 期。

③ 公约的中译本将其译为"行使其法律能力时可能需要的协助",而《第 1 号一般性意见》的中译本用"协助"及"辅助"来翻译 support,同时《审议结论》及《第 1 号一般性意见》中均使用了"协助决定制度"一词,是目前学术讨论中常用的与 support in exercising legal capacity 通用的术语。下文将使用协助决定制度或协助两种表述。

④ Gerard Quinn, *Personhood & Legal Capacity Perspectives on the Paradigm Shift of Article 12 CRPD*, Harvard Law School, HPOD Conference, 2010.

⑤ 参见联合国残疾人权利委员会:《残疾人权利公约第 1 号一般性意见(2014 年)》,第 26 条;联合国残疾人权利委员会:《委员会第八届会议(2012 年)就中国初次报告通过的结论性意见》(中文),第 21 条。

　　第三，"尊重残疾人的意愿和选择"，这是为了更好地协助心智残障者行使法律能力做出决定，即第 12 条第 3 款增加的具体协助规则。《公约 1 号意见》对此的解释为：倡导以协助决定制度取代替代决定制度，要求立即废止替代决定制度包括成年监护法（至少是完全监护）等法律和实践，①而这个解释的权威性得到了包含我国在内国际实践和学术讨论的广泛承认。

　　心智残障者拥有与其他人平等的"法律能力（行为能力）"原则，是《公约》第 12 条最具变革性的核心，即"残疾"本身不能成为剥夺、限制或否认公民民事权利能力及行为能力的理由。②根据《公约 1 号意见》的解释，法律可以在一定的情况下否认或限制公民的法律能力，但必须遵循所有人一律平等的原则，即这种否认或限制公民法律能力的情形必须平等适用于所有人③，如根据相关法律，限制一定年龄以下的儿童的法律能力，或犯罪人被剥夺部分法律能力。新范式颠覆了长期以来存在于法律制度中的错误理念和假定：心智残障者需要的是法律保护而不是权利④，他们不需要自尊，只能是接受慈善和医疗的客体。这个僵化的假定导致民法以保护他们之名，剥夺了他们的法律能力（行为能力）。法律能力是一个人参与社会的闸门，但长久以来对心智残障者处关闭着。民法通常采取"否定或排除"的范式，在民法中设置标准，定义精神、心智残障者应当被剥夺或限制的那些行为能力，并进一步通过监护，剥夺他们自主决定的机会。所有心智残障者，都有可能因残障就被剥夺法律能力或置于监护下而实际不享有法律能力，从而被隔离排除出民商交易乃至所有的社会生活。民法对心智残障者的法律能力（行为能力）的剥夺，⑤是针对心智残障者设置的法律制度上的障碍及来自民法的歧视。正是因为这种由来已久的、普遍存在的对残障者法律能力的歧视性剥夺，以及其背后深植于社会和人们观念中的对残障者的偏见及刻板印象，

---

　　① 　参见联合国残疾人权利委员会：《残疾人权利公约第 1 号一般性意见（2014 年）》，第 26 条；联合国残疾人权利委员会：《委员会第八届会议（2012 年）就中国初次报告通过的结论性意见》（中文），第 21 条。

　　② 　黄裔：《〈残疾人权利公约〉第十二条对成年人民事行为能力及监护制度的反思与挑战》，载《中国法学会婚姻法学研究会首届全国成年监护法专题研讨会论文集》，2017 年，第 1—8 页。

　　③ 　《残疾人权利公约第 1 号一般性意见（2014 年）》，第 32 自然段。

　　④ 　参见汪志刚：《生命科技时代民法中人的主体地位构造基础》，载《法学研究》2016 年第 6 期。

　　⑤ 　参见《残疾人权利公约第 1 号一般性意见（2014 年）》，第 26 条。

第 12 条才需要以一个非常鲜明和强硬的立场来对其进行纠正,并不再为任何隐性的对残障者法律能力的歧视性剥夺留有余地。这是《公约》第 12 条的条文背后所要传递的意图和目标,亦是一切张力和矛盾之下最基本的共识。

二、 我国新成年监护制度受到的挑战

简而言之,新范式在成年人民事行为能力和监护制度上的国内立法提出了以下三重挑战。

(一) 剥夺心智残障者行为能力:与新范式的原则性冲突

由于传统民法将剥夺行为能力和监护相关联,新范式反对将心智能力和行为能力(法律能力)相关联,"精神病、心智不全、痴呆这些歧视性标签"不是法律剥夺一个人的部分或者全部法律能力的正当理由。各缔约国应废除其国内法的相关规定①。

而我国民法立法和司法实践恰恰是将精神和心智的残障,作为否认或者限制一个人行为能力的理由。如,"不能辨认或不能完全辨认自己的行为"中的"不能辨认"能力,就是认知功能受损(精神和心智残障)。在《民法总则》第 21、22、23 条中明显体现。即使删去了"精神病人"的表述,第 24 条却继续规定:法院认定恢复一个人行为能力时,可以参考智力和精神健康状况。

新范式则认为:"辨认自己的行为"这类心智能力与"法律能力"是两个不同的概念。②心智能力(mental capacity)是指,"一个人的决定技能,因天生禀赋而因人而异,同时由于许多不同因素,包括环境和社会因素也因人而异"③,并且"心智能力的概念本身有很大争议。通常认为心智能力不是一个科学和自然发生的现象,心智能力依社会和政治环境而定"④。

此外,新范式还强调,法律能力所包含的民事权利能力和民事行为能力,本来是不可分割的两个部分,剥夺或限制其中的任何一部分都势必会克减另一部

① 参见《残疾人权利公约第 1 号一般性意见(2014 年)》,第 26 条。
② 参见《残疾人权利公约第 1 号一般性意见(2014 年)》,第 24 条。
③ 参见《残疾人权利公约第 1 号一般性意见(2014 年)》,第 13 自然段。
④ 参见《残疾人权利公约第 1 号一般性意见(2014 年)》,第 14 自然段。

分。所以,残疾(包括心智障碍)不能成为剥夺、限制公民民事权利能力及行为能力的理由或部分理由。

由于民法长期混同上述概念,导致实践中常见发生的如下现象:某人一旦疑似罹患精神障碍的事实,或者使其他人感到外观上存在心智能力缺陷时,就常常有可能被其他人假"监护"之名,理所当然地替代该疑似患者本人做出医疗决定,如强制送医和强制治疗(限制和剥夺其人身自由的场所),继而径行替代本人管理其财产和财务(尤其在本人财产数目可观时)。这种立法的运行实践显示,这类径行自诩为监护人或者监护人滥用监护权的情形常常发生,心智残障者的财产被随意侵夺的案例随处可见,侵害残障者人身自由和基本权利的情况不胜枚举。而在心智残障者的权利被侵害后,又因其行为能力(诉讼能力)不被法律承认,以致得不到与其他人平等的司法救济,继而更加剧了心智残障者权利的受侵害状况。

由此看出,我国民法将"心智残障"作为否定或限制一个成年人的法律能力(行为能力)的理由,貌似剥夺的仅仅是心智残障者的民事行为能力,其实它严重的侵犯了心智障碍者作为人的权利能力。恰恰是由于民法最初的——因心智残障就剥夺行为能力,才纵容了其他法律的恶性循环的。[①]这种立法理由是不正当的,与新范式存在根本冲突,必须予以纠正。

(二)对成年人的完全监护:新范式的强硬反对

成年监护,主要是完全监护,因其侵害了心智残障者的基本权利和自由,受到了新范式的激烈反对并被要求由"协助决定制度"取而代之,首先,完全监护不能有效地确保能力不同者做出的决定符合自己的意愿。由于在立法技术上粗暴

---

① 我国《民事诉讼法》第57条,欠缺行为能力人不具有参与诉讼的能力;《母婴保健法》第19条,无行为能力人不具有实施终止妊娠或结扎手术等人身医疗事务的能力;《广告法》第33条,欠缺行为能力人不具有行使相应人格权利的能力。《慈善法》第16条第1款,欠缺行为能力人不能称为慈善机构负责人;《民办教育促进法》第4条,欠缺行为能力人不具备设立民办学校的能力。此外,若将考察范围再行扩大,《行政诉讼法》第30条及《劳动争议仲裁调解法》第25条统一限制了欠缺行为能力人的诉讼能力;《公证法》第20条、《注册会计师法》第13条第1款、《律师法》第7条第1款、《执业医师法》第15条第1款以及《农民专业合作社法》第14条,欠缺行为能力人不具备取得公证行业、会计师行业、律师行业、医师及农民专业合作社成员资格的能力;《村民委员会组织法》第18条、《全国人民代表大会和地方各级人民代表大会法》第49条第7款,无行为能力人不具有行使相应政治权利的能力。

简单,它错误地假设人的能力是"要么全有要么全无"的,非黑即白的一刀切式划分。即心智残障者在某一项事务或领域缺乏意思决定能力,就被简单粗暴地推定为,他/她在所有事务或领域上都没有意思决定能力自我决定,并且终生无法重新获得。①完全监护在立法方面忽略了两个普遍原理:一是"残障人的意思能力,在不同时间和生活中的不同领域、不同环境中往往是有区别的,这一规律对所有正常人也同样适用";②二是,"人的能力是有差异的,并且是随着诸多因素而变化的;每个人在实施每个法律行为所需要的行为能力也是不同的。"③在新监护制度立法的背后依然暗含着这样的旧逻辑:只有理性的人才能够行使其行为能力并具有法律效力,心智障碍者是不理性的,所以应当限制甚至剥夺他们的法律能力后替代自我决定。

但日常实际生活显示,大部分非残疾人(正常人)也不都是完全理性的、是需要依赖他人的。而法律和司法实践却并不因此就去剥夺这些非残疾人(正常人)的法律能力。相反,当他们无能力做决定时,反而都能获得所需的协助,比如银行会为缺乏金融决定能力的客户提供理财顾问的协助;当非残障者为自己不理性的行为感到后悔的时候,通常也能得到协助。比如越来越多的商店允许顾客在一定期限内无条件退货(撤销法律行为)。如何解释上述这一社会和法律的悖论,是我国新监护制度需要解答的。而旧监护法在很大程度上忽略了社会中人的依赖性以及脆弱性:每个人都不是完全理性的人这一事实④。唯有"协助决定制度"则揭示了这种日常生活的实际情况,并据此提出了崭新的制度解决方案。

其次,过度介入与保护过度造成被监护人的意愿得不到法律认可和尊重。

① Rebekah Diller, "Legal Capacity for All: Including Older Persons in the Shift from Adult Guardianship to Supported Decision-Making", *Fordham Urb. L.J.*, Vol.45, 2016.

② Terry Carney, "Clarifying, Operationalising, and Evaluating Supported Decision Making Models", *Research and Practice in Intellectual and Developmental Disabilities*, Vol.1, 2014.

③ G. Quinn, "Resisting the 'Temptation of Elegance': Can the Convention on the Rights of Persons with Disabilities Socialise States to Right Behaviour", Arnardottir et al. eds., *United Nations Convention on the Rights of Persons with Disabilities: European and Scandanavian Perspectives*, Brill, International Studies in Human Rights, 2009, p.49.

④ 玛莎·法曼:《自治的神话:依赖性理论》,中国政法大学出版社 2014 年版。

过度介入表现在,完全监护下的被监护人,在没有监护人替代决定的情况下不允许参与社会生活,不允许自己决定在哪里居住、和谁结婚、如何花钱、投票给谁、是否接受和放弃医疗等。这些基本权利都被剥夺或限制。而保护过度表现在超过了制度目的,成年监护制度的设计主旨是"保护本人并兼顾交易安全",但在实践中监护制度沦为保护交易的工具,颠倒了制度的价值序位。①

再次,完全监护在各国的运行实践中备受诟病,如,在英国,其运行结果是宣告了一个人的"民事死亡"②;在美国,被冠以"除死刑外最严酷的民事惩罚措施"③;在爱尔兰,它从"参与社会角度的角度看,被监护人实质上处于私法上的行尸走肉状态"④;在德国,它的名声是"这种一刀切的极端立法将所有精神心智残障者置于监护下,剥夺了自主参加任何民事活动的权利"⑤。因此,这种传统的法律能力——监护制度的立法模式及实践是应当被改良的,且改良的呼声由来已久。

完全监护,自 20 世纪 50 年代在缔约国内立法即被陆续废除,因为人们愿意更多地适用部分监护⑥,继之到新世纪"协助决定制度"则为法律行为立法与实践的改良提供出了新的方案。这里需要澄清一种普遍的误解——获得监护就是获得法律的保护。如"中国已经进入老年化时代,这样的修订是一个亮点,有益于社会"⑦。《民法总则》增加成年监护的条文数目是亮点,但未必于社会"有益",有时候监护是一把双刃剑,反而剥夺了人在处于心智残障状态时的人权。

---

① 李霞:《成年监护制度的现代转向》,《中国法学》2015 年第 2 期。

② Gerard Quinn, "Civil Death: Rethinking the Foundations of Legal Personhood for Persons with a Disability", *Irish Jurist*, Vol.56, 2016, pp.286—325.

③ *Chairman of the Subcommittee on Health and Long-Term Care of the House Select Committee on Aging*, *Abuses in Guardianship of the Elderly and Infirm: A National Disgrace*, 100ᵗʰ Congress, Comm. Print, 1988, p.4.

④ *Report on Guardianship and Human Rights in Russia-Analysis of Law Policy and Practice*, Mental Disability Advocacy Center, 2007; E. Miller et al., *A Life Apart*, J. Morris, *Citizenship and disabled people: A scoping paper prepared for the Disability Rights Commission*, 2005.

⑤ Shtukaturov v. Russia, App. No. 44009/05, 27th March 2008, not yet reported; MDAC reports confirm that this is the situation in other countries including Serbia, the Czech Republic, Hungary, Bulgaria.

⑥ 玛莎·法曼:《自治的神话:依赖性理论》,中国政法大学出版社 2014 年版。

⑦ 李适时:《新时代立法工作的新成就、新特点》,《中国人大》2018 年第 1 期。

还需要阐明的是,新范式当前强烈反对的是替代决定中的成年完全监护,而不排斥部分监护;①反对的是成年完全监护而不是儿童完全监护,因成年监护一直与儿童监护混用未成年监护的法律家父范式,如儿童监护人对儿童行使的财产管理权、惩戒权、住所指定权和教育权等。②

(三) 由协助决定取代替代决定:艰难而遥远

新范式的要求是:摒弃或至少大幅度削弱完全监护,优先适用及增强协助决定制度。协助决定制度主要适用于认知能力残障的长者,是为解决人类老化的情势而创新的制度。"协助",其文意显示,在任何情况下主角是受协助者,协助者是从属的,协助者的义务是增强受协助人的现有能力并为本人赋能。而协助决定,则是一个协助和适应的过程。

所谓民法协助决定制度,是由一系列的民事协议、民事关系、民事实践或者民事安排等形式组成,是指成年人处于心智残障时(老年失智),能够得到他人的协助支持下表达自己的意愿,自主作出决定,包括日常生活决定,医疗救治决定及财产管理决定,并就这些决定与他人进行沟通,他人不能替代本人的自我决定。在目的上,协助决定是替代监护制度的适用,它是一项具有开创性的新模式③。

"协助决定制度"主要有以下三个特征:(1)被协助者(心智残障即认知障碍者)本人的法律能力始终受到法律承认,这不同于监护剥夺本人的决定权后全部交于监护人行使的情形;(2)本人始终是决定者且处于决定的核心,其他协助人只是提供辅佐而不具有决定权,协助决定制度是在协助者的支援或协助下,由被协助者本人对自己的事务做出决定,这不同于替代决定制度中是以其他人(监护人)为心智残障者做决定的监护制度;(3)协助决定制度下的决定完全尊重本人意愿和选择,即使无法确定本人意愿和选择时也必须在最大程度上符合,这不同

---

① 新范式在很多方面都与传统的法律能力——监护制度存在激烈冲突。目前各缔约国的履约情况及学术讨论都表明,新范式立即引入国内法,势必会对国内的相关法律造成颠覆性的改变,故新范式的要求是现阶段先废止完全监护。

② [意]彼德罗·彭梵得:《罗马法教科书(2017年校订版)》,黄风译,中国政法大学出版社2018年版,第103页。

③ Kristin Booth Glen, "Piloting Personhood: Reflections from the First Year of a Supported Decision-Making Project", Cardozo Law. Review, Vol.39, p.502.

于替代决定制度中遵循的"最大利益"原则。①"协助"或"协助决定"似乎是颠覆了传统监护，但它是符合日常生活的实际情况的。它促使人们反思这样两个问题：既然所有人都不是完全理性（心智不完全）的人，且都在一定程度上依赖他人，为什么只有心智残障者因此被剥夺法律能力并被安排在监护制度之下呢？另一方面，如果认为心智残疾者可能需要更多的协助，为什么在生活中他们恰恰是最难获得协助的？为什么连一个外国人因其不具备意思表达能力，在商店里进行交易时都可以获得语言翻译的协助，而一个同样不具备此能力的残障人就很难得到手语翻译的协助？再如，大部分"正常人"在冲动购物后（契约行为）都有权退货（撤销法律行为），而心智残疾人却可能连"理性地"去买一瓶化妆品的机会都不被法律赋予，而得由监护人替代决定？

由此可见，监护与协助是两个根本不同的制度。简而言之，监护是"剥夺心智残障者行为能力的替代决定"，协助是"始终承认心智残障者行为能力的协助决定"。

当下，有观点将协助制度认成监护制度的一种②，这是误解，必须刻不容缓地加以澄清：协助或协助决定制度绝不是监护替代决定的种类之一，而是一种独立崭新的法律制度。

至于协助决定制度的具体协助措施，目前在各个缔约国运行成熟的包括：持续代理权委托（durable powers of attorney）、医疗预先指示（advance directives）、生前预嘱（living will）、医疗代理（health care proxies）等，还有诸如亲友协助（natural supports）协议、代表人协助（representatives supports）等③。

《民法总则》的新监护体系，基本上承袭了被大陆法系 20 世纪中期就陆续废弃的禁治产（无行为能力）监护制度，④依旧延续了典型的替代决定制度，具备了新范式反对的完全监护的以下所有特征：

① Robert Dinerstein, "Implementing Legal Capacity Under Article 12 of the UN Convention on the Rights of Persons with Disabilities: The Difficult Road from Guardianship to Supported Decision-Making", *Hum. Rts. Brief.*, Vol.19, 2012, p.9.

② 王竹青：《论成年人监护制度的最新发展：支持决策》，《法学杂志》2018 年第 3 期。

③ A. Frank Johns, "Legal Capacity: Fundamental to the Rights of Persons with Disabilities", *J. Int'l Aging L. & Pol'y*, Vol.9, 2016, p.1.

④ 李霞：《论禁治产人与无行为能力人的当代私法命运》，《法律科学》2008 年第 5 期。

（1）监护仍是以"剥夺或限制一个人的行为能力"为前提的。如《民法总则》第 21 条、第 22 条、第 23 条与第 24 条第 1 款的规定，第 21 条"不能辨认自己行为的成年人为无民事行为能力人，由其法定代理人代理实施民事法律行为"、第 23 条"无民事行为能力人、限制民事行为能力人的监护人是其法定代理人"的规定。

（2）完全替代本人决定，一个人一旦处于监护下，其监护（代理）人的候任者范围和顺序是法律家父无视本人的意愿来替代决定的。如第 28 条规定了候任监护人的顺序。此外还有第 24 条、第 31 条对监护人确定有争议的规定等等，都排除了本人参与选择监护人的意愿和机会。在监护事务上，本人的财产管理、医疗救治以及人身照顾事务，一概由监护人替代决定"代理"。监护人对本人的上述全部民事事务拥有代理权、同意权、撤销权、财产管理权。

（3）无需尊重被监护人本人的意愿。《民法总则》在第 30、33、35 条出现了"应当尊重被监护人的真实意愿""应当最大程度地尊重被监护人的真实意愿"的表述，但这三个规范的前提都是同一个：先行剥夺残障者的行为能力，这与协助的前提，承认残障者"有行为能力"根本不同，故本质仍是替代决定。

在此需要讨论的两个问题：（1）既然完全监护是替代决定，我国《民法总则》存在部分监护吗？若存在部分监护，是替代决定吗？有观点认为：《民法总则》采无民事行为能力与限制行为能力的划分，尤其在限制行为能力层级中，个人可以依据其智力和精神状况处理相应的事务，实为部分监护。[1]

这种观点有其进步意义，它有助于防治监护人替代决定时滥用权限，有助于将决定权部分还给本人，但是该观点对替代决定的特征和本质认识不够。新制度无论是全面监护还是部分监护，都是先剥夺一个人的全部或者部分行为能力，在被剥夺的范围内，个人都失去了自主决定权由监护人代为实施法律行为（替代决定）。因而即便是部分监护还是属于替代决定制度。

（2）《民法总则》第 33 条是否属于协助决定？[2]该条设计的生效要件是"丧失或部分丧失"行为能力时，即先剥夺一个人的法律能力。这与被协助者本人始

---

① 杨立新：《〈民法总则〉制定与我国监护制度之完善》，《法学家》2016 年第 1 期。

② 《民法总则》第 33 条：具有完全民事行为能力的成年人，可以与其近亲属、其他愿意担任监护人的个人或者组织事先协商，以书面形式确定自己的监护人。协商确定的监护人在该成年人丧失或者部分丧失民事行为能力时，履行监护职责。

终拥有法律能力之协助决定的基本特征不同,显然还是替代决定。不过,该条又强调尊重本人意愿所选择的监护(代理)人,透出了协助决定的光亮和碎片,对协助决定的诞生产生了积极的作用。对此条加以细化,继而扩充内容,作为一个条文规定在婚姻家庭编仍为可行。

综上分析,我国新监护体系属于替代决定制度中的完全监护,"如果一个国家仅仅提供完全监护,并且没有其他制度为残疾人提供决定过程中所需的协助,那么,这个国家的法律就明显地违背了《公约》第 12 条"①。

2012 年残疾人权利委员会对中国履约情况的《审议结论》中给出的结论是——"民法通则中的成年监护制度不符合公约第 12 条的规定",以及中国"完全缺乏一套承认残疾人有权自行作出决定、且其自主性、意愿和喜好有权得到尊重的协助决策措施"②。遗憾的是《民法总则》中并没有改善这个问题。③尽管协助决定在新制度中有形式表征,但缺乏实质内容,尚有巨大的努力空间去丰富。

三、 全球协助决定立法和实践的转型经历

协助决定制度在全球已经运行了 20 多年,它始于芬兰④、后至加拿大,继而陆续传至英国、爱尔兰、美国、澳大利亚、荷兰、瑞士、挪威、冰岛、德国⑤。至 2014 年,147 个批准加入《公约》的国家都完成了向协助决定的立法转型⑥。下文仅以德国、奥地利和瑞士,日韩诸国的转型为例作对比分析说明。

---

① *The Montreal Declaration on Intellectual Disabilities*, Pan—American Health Organization and World Health Organization, Montreal, Canada, adopted October, 2004.

② 参见联合国审议中国履行《残疾人权利公约》的《审议结论》,第 21 自然段。

③ 参见联合国审议中国履行《残疾人权利公约》的《审议结论》,第 21、22 条。

④ Stanley S.Herr and Lawrence O.Gostin, eds., *Self—Determination, Autonomy and Alternatives for Guardianship in The Human Right Of Persons With Intellectual Disabilities: Different But Equal*, Oxford University Press, 2003.

⑤ Klaus Lachwitz, *President, Inclusion International, Legal Representation and Supported Decision Making for People with Disabilities in Germany*, 2011.

⑥ Robert Dinerstein and Esme Grant Grewal, eds., "Emerging International Trends and Practice in Guardianship Law for People with Disabilities", *ILSAJ.Int'l & Comp.L*, Vol.22, 2016, p.435.

（一）德、瑞、奥的新范式转型经历

德国早在 1992 年即开始大幅度修订《监护法和成年人保佐法》，改革幅度波及民法总则、亲属编、继承编、民诉法、程序法、民事收容法、精神健康法、户籍法等三百多项法律。①1992 年之后，分别于 1998 年、2005 年、2009 年、2015 年以及 2016 年频繁修订《照管法》，持续完善协助决定的措施。

1992 年实施《关于改革监护法和成年人保佐法的法律》（中国大陆留德学者照文义译为"照管法"，台湾地区留德学者则照目的译成"辅助法"②，本文赞成后者并以之为准）是对成年监护制度具有里程碑意义的改革。这次改革的后果是辅助的理念和原则与未成年监护严格切割。在成年监护法的变革是对传统民法具有颠覆性的四个挑战：一是废除了自普鲁士民法以来运行二百余年的无行为能力（禁治产）制度。这意味着所有年满 18 周岁的心智残障者，与其他人平等地都被推定为"有行为能力人"；二是将行为能力缺乏与辅助两个制度切割，即使心智残障者处于辅助之下，依然是"有行为能力人"；三是选择可能加重法院审判负担的（实际上证实是可以用制度解决的），确立了在个案中由法院为被申请人量身定制（tailored）"辅助"内容的价值选择，协助人的协助范围和权限由法院在个案中为被协助者具体判断，而非原来的先由民法先行剥夺心智残障者行为能力后由监护人（保佐人）替代决定；四是"协助决定"的首次出现，协助决定的出现是透过辅助的"必要性"和"补充性"原则折射出来的。

根据"必要性"原则，是否将心智残障者交付辅助、选择何人担任辅助人、辅助人的数量、辅助的事务范围（人身照管、医疗救治还是财产管理）、辅助的期间（终身还是定期审查）、辅助的措施（照管人有同意权还是代理权）等，都应以最少损害被辅助人的基本权利和自由为标准。③这一原则实则是对"完全监护"的否定。"补充性"原则是指辅助的适用是处于次要地位的，优先适用的是本人设置的民事安排或者民事协议。在本人处于心智残障或者暂时失去能力时，如果本人有亲朋好友的事实协助，或者本人已经选任了任意辅助人且辅助的

---

①② 戴瑀如：《初探德国成年辅助法》，《月旦法学杂志》2009 年总第 174 期。

③ 王竹青：《德国从成年人监护制度到照管制度的改革与发展》，《北京科技大学学报（社会科学版）》2005 年第 2 期。

效果与辅助人相同时,则法院须尊重残障者的决定,不得强行为其设定辅助。补充性原则反衬了协助决定的主要和优先适用地位,而辅助成为最后适用措施。

1992 年的修订可称为成年监护的第一轮改革,其重点是缩小"完全监护"的适用,推广适用"有限监护",但两者均属于替代决定。因此,1998 年后的几次频繁改革都归于第二轮,因其重点都是逐步缩小替代决定的适用,推广协助决定适用。为强调协助决定的实践,2016 年德国又以判例的形式确立了协助决定措施。德国的立法例也影响了瑞士 2012 年的改革与奥地利的 2016 年的改革。三国的方向一致,都是因循废除无行为能力制度;无行为能力和辅助(照管)切割;本人即使处在辅助下仍保有行为能力;协助决定措施的优先适用;辅助仅作为最后手段;协助决定措施,如预先授权(代理权)和医疗预先指示逐步完善,并强调无论在协助还是辅助中都以尊重本人的意愿优先。①可以看出,上述诸国的修订均瞄准"推定有行为能力、优先适用协助、尊重本人意愿"为靶心的协助决定范式。

由于德国的改革积累了文明先进的法制经验,2016 年 9 月柏林举办了为期三天的"第四届国际成年监护法大会"②,其中一半时间就专门用来与各国分享协助决定在入会国家中的立法和实践经验。

(二) 韩国 2012 年成年人监护制度的转型弯路

韩国的成年监护制度改革始于 2004 年,2013 年实施的《民法修正案:成年人监护制度》是改革的总成绩。新制度总体上移植了日本 2000 年实施的新成年后见制度,因而在立法理念和立法技术上没有多大突破。韩国新制度的主要内容概括如下:

一是废止了民法总则中否认心智残障者行为能力制度,保留了承认残障者有部分行为能力(限制行为能力);二是对残障者限制其部分行为能力后,先对其

① Lana Kerzner, *Paving the way to Full realization of the CRPD's rights to Legal Capacity and Supported Decision—Making*: *A Canadian Perspective, in From the Margins*: *New Foundations for Personhood and Legal Capacity in the 21st Century*, Vancouver: University of British Columbia, 2011, pp.31—33.

② 2018 年 10 月由韩国承办第五届。前三届分别 2014 年澳洲堪培拉、2012 年美国华盛顿、2010 年日本横滨。

受限制行为的法效果上予以了小幅度的改革,由原来的限制能力人实施的法律行为由"无效"改为"可以撤销",然后采完全监护、部分监护;三是另增设残障者有行为能力的两种新措施——特定监护、任意监护(协助决定)。①其中韩国的完全监护因其仍采剥夺本人部分行为能力后赋予监护人"代理权"的替代决定模式,立法上没有体现出残疾人参与决定过程的内容,被批评为"总体上,新制度改革是失败的",因为它仍然赋予监护人替代被监护人做决定的权利,也没有落实《公约》第12条要求的协助决定。②为此,韩国于2018年10月举办第五届国际成年监护法大会,用以表明韩国政府学习对制度纠错的诚意。

观察韩国的改革,新制度废除了剥夺残障者行为能力的无行为能力制度,增加了协助决定内容的任意监护,且对残障者赋予了剥夺其部分能力的后果是"可以撤销",用以替代旧法上的"无效"。可以撤销替代原来的无效,是消除民法对心智残障者设置的法律障碍的前进一步,相较于中国2017年开始实施的《民法总则》中否认残障者行为能力和完全监护替代决定的新制度,明显地超越了一步。但韩国法仍因保留了完全监护替代决定的技术手段③便遭到负责各国立法评估的联合国人权委员会的负面评价,那么与之相比,我国新制度若与原民法通则、与当代文明制度分别比较,莫非是"进一步退两步"了?

(三)中国心智残障者和司法实务的协助决定实践

与民事立法的滞后相比,协助决定在市民社会的实践活跃而持续,时间和观念上都超越了立法④。从2008年《公约》在中国生效开始,公约的新范式得到中国残障者的拥护和支持,为了防止"被民法无能力"和"被监护",⑤全国各地的残障者民间互助组织繁荣生长,如:"全国精障者协会"、北京"一加一残障人公益集团""全国心智残障者家长联会"、广州的"残障融合组织"、深圳的"精障者自倡议组织"等,这些社会组织自创自倡了系列的民事协议、安排规划等具有协助决

---

① See Cheo lung Je, *Recent Developments in Korean Adult Guardianship Law*, 2016 Int'l Surv. Fam. L. 481 (2016).

② 参见朴仁焕:《成年监护制度和残疾人人权论坛网络杂志》,2013年第26号。

③ 参见冈孝:《21世纪的成年监护法:东亚各国的比较》,载《第三届东亚成年监护法国际会议》论文集,2016年,第56页。

④ 李红:《我的生活谁做主? 民法总则偷走了哪些权利》,《有人》2016年卷。

⑤ 解岩、蔡聪:《中国残障人观察报告》(2014—2015),中国言实出版社2016年版,第175页。

定特征的实践项目。如"渡过""陪伴者计划"等，①再如，借鉴医疗指示并加以改良的、十五年前出现于互联网上且现仍风靡盛行的"生前五个愿望"②。早在2015年《民法总则（草案）》征求意见稿由全国人大向社会发布征求意见时，针对其中的成年监护的设计，全国残障互助组织和心智障碍者家长总会等就发出了"没有我们的参与，不要做有关我们的决定"的呼吁③。2016年7月，在民法总则（草案）二审稿向社会征集修改意见时，"我的生活谁做主？""民法总则偷走了我们的哪些权利？"等声音强烈发出，由七千多名全国心智者家长签名的《关于民法总则成年监护修改意见书》递交立法机构、中国法学会、中国法学会婚姻法学会、民政部和残疾人联合会。其中，"深圳心智家长总会"向人大法工委《民法总则征求意见稿》提交的意见里，发表了对新成年监护制度的反对声明。在该声明中，深圳心智家长总会联合"全国残疾人父母总会"共同提出了"废止成年监护类型、全面废止财产交易及身份关系上的能力限制、在监护审判程序上保障残疾人的程序权利，并建构相应支援制度，优先构建权利支援和拥护体系"等主张。

此外，上海、南京、成都、哈尔滨等地的公证部门，近几年开始适用持续性代理权委托和监护信托的探索，以满足长者对将来失能失智的预先规划和安排，这些实践已经取得了良好的反响。上海普陀公证处开发出的协助决定措施——意定监护公证模式，被司法部作为典型，并于2018年开始在全国推广。④这个模板的特征就是委托人（本人）选择监护（代理）人并订立协议，再经公证加以证明其有效，将来协议生效后受托人（监护人）和本人（委托人）开始履行协议内容，依照协议委托的事务行使代理权或者监护人的全部权限，而委托人（本人）依然有行为能力，有权决定自己的事务。

四、 民法典婚姻家庭编成年监护及协助的增设

当前有《公约》第12条的新范式为标准，加之上述缔约国如德、日、加、瑞、奥

---

① 精神疾病临床治愈者或康复者发起的协助项目。
② 参见：http://www.xzyzy.com/xzyzy/sqyz/tyzwgyw.aspx。
③ 解岩、蔡聪著：《中国残障观察报告》（2016），社会科学文献出版社2018年版，第92页。
④ 参见李辰阳：《老年人意定监护的中国公证实践》，《中国公证》2017年第6期。

协助决定取代成年监护替代决定

和韩国的最新立法例可资借鉴,利用国内立法的良机推进协助决定并逐步废止完全监护等立法行动是恰逢其时的。

（一）婚姻家庭编增设监护一章的总体立法

在婚姻家庭编收养一章之后设立监护一章(含成年监护和儿童监护)。[1]并在成年人监护中细分监护和协助。其中监护(以下全文指成年监护)一节,在不改变《民法总则》监护框架的基础上,增设系列新规则补充漏洞,即增设监护的严格适用规则、监护和协助的适用顺序,将之作为废除完全监护的过渡性措施;增设心智残障者诉权保障、监护人执行职务的标准;增设同意权型特定监护。在协助一节,对《民法总则》第33条继续细化,即增设持续性代理委任协议和医疗预先指示。此外,立法技术的条目编排上,借鉴其他国家运行成熟的开放式编码。如此,基本上可以暂时解决上文提及的所有问题,为逐步废除无能力完全监护,最终转向协助决定预留技术空间。

（二）《婚姻家庭编》中成年监护的增设

1.“最后监护”原则和“最小监护”原则

在第一节成年监护增加如下规范:适用监护时,须优先适用本人先前的意愿和安排。

监护为最后适用手段,既符合新范式,也是公约其他缔约国立法和实践的普遍承认的规则。如《德国民法典》第1896条规定辅助的适用是以“必要性和补充性”原则;奥地利2017年生效的《普通民法典》第268条第2款、第370条第2款的法定监护的作用是“补充性原则”,即只有穷尽了协助决定的措施后,最后适用监护。

最小监护原则亦称最小限度监护原则、最小侵害原则。该原则的设立旨在最大程度降低剥夺行为能力的完全监护替代决定对心智残障者基本权利的限制。逐渐切割行为能力和完全监护替代决定的绑定,从而把监护因过度介入而对残障人基本权利的侵害降到了最小范围。最后走向完全监护的架空乃至取消。

---

① 儿童监护在婚姻家庭编设置的必要性不做展开论证,详细可见《中国法学会婚姻法学会提交中国法学会〈民法典婚姻家庭编〉专家建议稿附理由书》;夏吟兰:《民法典婚姻家庭编(草案)的重大疑难问题》,载《2018年中国民法学会会议论文集》(未出版),第467—472页。

2. 心智残障者本人的诉权保障

（1）成年人，即使处于监护下也有权提起诉讼，并有永久的监护人更换请求权；（2）成年监护应每四年审查一次，由监护监督人和法院为之。审查时应对监护措施设置的必要性、范围、期限、监护撤销和更换予以评估，有必要的须及时予以调整。

此项规定保证本人有权参与自己选择监护人，以免落入被精神病、被完全监护替代决定所有事务、被剥夺行为能力等系列基本权利受侵害后无法获得救济的处境。必须确保和承认心智残障者本人参与所有程序的程序保障权，并增设被监护人对监护人滥用监护权的申诉机制。

3. 同意权型特定监护的设立

成年人因疾病、残疾、年老或其他原因而针对特定事务或特定时间需要辅助决定的，经本人或者其他相关人员申请，由法院予以审理和裁决。特定监护下的本人是有行为能力人，特定监护人仅有"同意权"。①

设立特定监护的理由如下:首先，新范式现阶段强烈反对的是完全监护并不反对替代决定其他形式，而特定监护是不受反对的；其次，借鉴德国的辅助、加拿大育空省的共同决定型协助、日本新制度的同意权型辅助等国的立法。这种赋予辅助人同意权而没有代理权型措施，基本上是协助决定的形式。它仅适用于残障者本人对特定事项或者特定期间，因意思决定能力的残障有必要受协助才可以做出决定的情形。需说明的是，这种特定监护可以和本人预先安排的协助决定协议并存适用。

4. 尊重本人意愿原则

这是针对监护人执行职务而设。监护人在（代理）决定被监护人的事务时，必须咨询本人的意见并询问本人意愿和爱好，尽力了解本人之价值观。唯有在无从获知本人喜好和意愿时，始得适用最佳利益原则。②理由如下:

成年监护与儿童监护主要区别在于是"尊重本人意愿"还是"最大利益"原则。成年监护人若在作出努力后，仍无法确定个人意愿和选择，必须以"对本人

---

① Cheo lung Je, "Recent Developments in Korean Adult Guardianship Law", *Int'l Surv. Fam. L.*, 2016, pp.481—497.

② Uniform Guardianship and Protective Proceedings Act § 314 cmt., 8a U.L.A. 370, 2003.

意愿和选择的最佳"解释来取代"最大利益"解释。对成人而言,"尊重本人意愿和选择"而不是套用儿童监护的"最大利益"原则是符合《公约》第 12 条及《公约 1 号意见》范式的。缔约国应为个人行使法律能力提供协助。若在作出重大努力后,仍无法确定个人意愿和选择时,必须以"对意愿和选择的最佳解释"来取代"最大利益"解释。对成人而言,"最大利益"原则并不是符合第 12 条的保障措施。而是尊重本人"意愿和选择"才可确保残障人享有与其他人平等的行为能力。

成年监护人执行职务时应以"尊重本人意愿"为标准。《民法总则》的确增加了不少应尊重被监护人意愿的表述,尤其在第 35 条用"不得干预"这样的强硬修辞语句。但第 35 条"最大利益""最大尊重""最低干预"三个原则无顺序地规定在一起,没有解决三个原则的序位关系,则这样的原则性条文便是沉睡中的,随着新制度的实施将会带来实务上的诸多困扰。美国法治经验中,其先经历了"最佳利益原则",至 1997 年《统一监护与保护程序法》进展为"最佳利益原则"与"尊重本人意愿"并列,最后转向以优先"尊重本人意愿"的发展历程。①

(三)婚姻家庭编协助决定制度的增设

在监护章第二节"协助"增设持续性代理协议和医疗预先指示两个新规范:(1)持续代理权协议是指委托人可通过书面委任协议,将医疗救治、财产、人身照顾等事务的代理(决定权),授予受托人②;(2)协议应载委托人丧失能力时生效或者协议订立后代理权永久持续有效;(3)协议的设定不应影响本人的行为能力;(4)协议生效前可以随时撤销;(5)代理人在代理委托事务中应遵循尊重本人意愿和保护本人利益原则,应当听取本人意见,委托事务应与受托人的事务相

---

① Ursula K. Braun et al., "Reconceptualizing the Experience of Surrogate Decision Making: Reports vs Genuine Decisions", *Annals Fam. Med.*, Vol.7,2009, p.249. Daniel P. Sulmasy, "Substituted Interests and Best Judgments, *J. Am. Med. Ass'n*, Vol.304, 2010, p.1946. Lawrence A. Frolik & Linda S. Whitton", The UPC Substituted Judgment/Best Interest Standard for Guardian Decisions: A Proposal for Reform, *U. Mich. J.L. Reform*, Vol.45, 2012, p.739.

② *Draft Explanatory Report to Recommendation on principles concerning continuing powers of attorney and advance directives for incapacity*, Working party No. 2 on the Committee of Experts on Family Law on Incapable Adults, Strasbourg, 12th June 2008.

分离;(6)本人可以同时委托第三人予以监督。

医疗预先指示,是指成年人预先对自己的医疗救治事务作出安排并选择自己的医疗救治事务决定权(代理)人。当本人无能力表达愿望的时候(如手术麻醉中、失能时、失智时),预先表达的意愿和选择就生效(如,是否选择放弃维生系统的使用、过度医疗等)。增设两项制度的立法理由如下:

第一,持续性代理协议和医疗预先指示,系中国和台湾地区学界和公证实践中所指称谓的"意定监护"①,是对《民法总则》第33条的细化。也是全球运行成熟的两种协助决定措施,意定监护协议包括对人身照顾、财产管理和医疗三项事务,可以拆分后分别通过协议单独授予相对人代理权。持续性代理权授予协议和医疗预先指示,如同菜单提供了多个选择项,可以合并使用,也可单独使用。共同的功能是对解决当下面临的少子老龄的严峻社会现实,且老龄人的认知能力逐渐丧失的普遍现象是有效制度应对,更重要的是适用于所有成年人为预防意外不测事故而导致的失能失智时,如处于手术床上的麻醉状态下,地震、海啸和车祸等,同样也可以尊重本人预先的意愿做出的安排和管理个人事务,作为完全监护的替代措施而优先适用。持续性代理制度在德国民法典中称(Vorsorgevollmacht,其来自英国的 lasting power of attorney),②该制度的设立理由已有详尽论述。③

意定监护的最新立法动向来自我国台湾地区,其"行政院"2018年9月27日公布了"'民法'亲属编(意定监护)"部分条文修正草案(以下简称"意定监护法草案")。这是自2008年成年监护修法以来的又一次重要修法。其"民法"亲属编第四章监护新增"成年人之意定监护"一节,主要包括六个条文,即"民法"第1113条之2至7。概因我国台湾地区感于意定监护制度制定的必要性,其"法务部"在2011年组织草案起草工作④,于当年草案送交"行政院"审查。并于

---

① 本文不赞成因不恰当的概念易误入替代决定的旧范式,不符合《公约》第12条承认有行为能力的协助决定的新范式,

② 最初的中译本中称"防老授权",中国大陆和台湾地区的学界称其为"意定监护"。

③ 李霞:《意定监护制度论纲》,《法学》2012年第4期。

④ 研究成果为邓学仁教授领衔的《"法务部""意定监护制度之研究"委托研究案研究成果报告书》,下载链接:https://www.moj.gov.tw/HitCounter.asp?xItem=264888&ixCuAttach=74953。

2016 年公布、2018 年 9 月 27 日台湾"行政院"通过,进入下一个程序等待"立法院"的批准。

第二,将预先医疗指示新增到婚姻家庭编,倡导所有人预先进行计划或安排,对自己将来可能丧失能力时的医疗事务的决定(代理)权预先做出的安排。预先指示在何时生效(或失效)应由本人决定,不得取决于对此人心智能力的评估。当个人在失去能力无法表达意愿时,其先前表达的意愿应当得到亲属或者医护人员的遵从。例如,对自己对缓和医疗、维生医疗系统的预先愿望或安排等。

预先指示在民事立法史上早有先例,如果说当时的先进设计对世人而言还稍显陌生,那么在有了《民法总则》第 33 条后,婚姻家庭编中出现该条文,既有正当的规范基础也延续传承了既有法秩序的稳定。另外,预先指示吸收了我国民间实践运行成熟的"五个愿望"的经验,同时借鉴了德国法、瑞士法、奥地利法。德国于 2009 年生效《辅助法修改法第三号》(也称《预先指示法》),增加家庭编第 1901a 条,并修改了第 1904 条,均是相关立法实践。[1]另外,奥地利《预先指示法》继受了德国的《预先授权法》于 2017 年 7 月生效。[2]同时,奥地利《普通民法典》第 284f 条、第 284g 条、第 284h 条亦有相关规定。此外还有瑞士于 2012 年修订的民法典第 377 条至第 381 条,做了相同规定。[3]这些丰富成熟的立法例以其良好的实施效果成为我国可借鉴的现成模板。

五、结　　语

根据在我国已经生效的《残疾人权利公约》第 4 条:缔约国有义务"采取包括立法在内的一切适当措施,以修订或废止构成歧视残疾人的现行法律、法规、习

---

[1]　台湾大学法律学院、台大法学基金会编译:《德国民法典》,北京大学出版社 2017 年版,第 891 页。

[2]　Michael Ganner, "Austria Guardianship Law-Status 2016 and Upcoming Reform", *Journal of International Aging, Law & Policy*, Vol. 5, 2017, pp.41—56.

[3]　Ingeborg Schwenzer & Tomie Keller, "A New Law for the Protection of Adults", *The International Survey of Family Law*, 2013.

惯和做法"。对心智残障者剥夺行为能力的完全监护,是对其基本权利和自由的实现所设置的法律障碍,是无可辩驳的歧视性制度,应予以废止。如果说《公约》第12条是"写在纸上"的,那么现在就到了废止剥夺行为能力完全监护并尽快转向协助决定的时候了。

(作者为华东政法大学教授)

中国法治政府建设的价值基础

蒋传光　刘　悦

　　中共十八大以来,坚持依法治国、依法执政、依法行政共同推进,法治国家、法治政府、法治社会一体建设,成为全面推进依法治国总目标的具体内容之一。其中法治政府建设是实施依法治国基本方略的核心内容,也是法治国家建设的主体,没有法治政府的建成,法治国家建设只不过是一句口号。对如何进行法治政府建设,中共十八大以来通过的重要法治文献,特别是中共十八届四中全会通过的《关于全面推进依法治国若干重大问题的决定》,确立了法治政府建设的指导思想、总体目标、基本原则、主要任务和具体路径、举措。价值追求是法治建设的灵魂,也是法治政府建设的灵魂。中办、国办印发的《关于进一步把社会主义核心价值观融入法治建设的指导意见》提出,"社会主义核心价值观是社会主义法治建设的灵魂",进一步把社会主义核心价值观融入法治建设,必须"把社会主义核心价值观融入法治国家、法治政府、法治社会建设全过程"。①把社会主义核心价值观融入法治政府建设,是社会主义法治建设的必然要求,也是在法治建设中践行社会主义核心价值观的必然要求。本文拟对社会主义核心价值观与中国法治政府建设价值基础的关系谈一点认识。

一、 法治政府的内涵及在法治建设中的地位

(一)法治政府的内涵

　　随着国家治理体系和治理能力现代化目标的提出,法治政府建设成为法治国家建设的主体,并赋予了新的时代内涵。法治政府的内涵是不断丰富和完善

---

① 《中办、国办印发〈关于进一步把社会主义核心价值观融入法治建设的指导意见〉》,《人民日报》2016 年 12 月 26 日。

的。自近代法治原则确立后,对法治政府内涵的认识渐趋一致,即通过法律的约束实现对政府权力行使范围的控制,"政府所有的一切权力,既然只是为社会谋幸福,因而不应该是专断的和凭一时高兴的,而应该是根据既定的和公布的法律来行使"。①在现代社会,随着法治政府建设成为法治国家建设的主体与关键,涉及法治政府建设的实践活动日益丰富,因而其内涵也不断丰富和具体。

从一般意义上讲,法治政府是指政府的设立、变更、运作的整体流程都必须依据法律,并且政府的组织和其行为上也应遵循合法化、规范化、程序化的理念原则。无论是政府的整体行为还是个体行为都应是合法与规范的,其中"政府整体行为"主要是指政府抽象行政行为和政府决策的合法与规范;"政府个体行为"主要指政府具体执法行为的合法、规范。建设法治政府既是人类社会追求、奋斗的目标,又是政府实现其自身建设目标过程中,能够达到的最为合理的政府权力的运行以及对其进行制约的合理高效途径。②

(二) 法治政府建设是法治(中国)建设的关键

自中共十五大提出依法治国基本方略之后,作为依法治国的重要组成部分,全社会对依法行政、建设法治政府的要求也越来越高。2004 年国务院发布《全面推进依法行政实施纲要》,首次确立了"全面推进依法行政,建设法治政府"的目标。③2013 年 2 月,在十八届中央政治局第四次集体学习时的讲话中,习近平提出,要"坚持依法治国、依法执政、依法行政共同推进,坚持法治国家、法治政府、法治社会一体建设",④并被写入当年召开的中共十八届三中全会通过的《关于全面深化改革若干重大问题的决定》,成为"推进法治中国建设"的重要内容和目标。法治政府是国家实力的象征,是现代国家政治文明的重要标志。建设法治政府是全面依法治国的关键环节,没有法治政府,就无法落实依法治国各项要求,也不可能建成法治国家和法治社会,更谈不上国家治理体系和治理能力现

---

① [英]洛克:《政府论》(下篇),叶启芳、瞿菊农译,商务印书馆 1993 年版,第 16 页。
② 参见王勇:《法治政府理念的标准探析》,《科学社会主义》2011 年第 5 期。
③ 《全面推进依法行政实施纲要》(2004 年 3 月 22 日),载《时政文献辑览》(2004.3—2006.3)(上),人民出版社 2006 年版,第 115 页。
④ 习近平:《在十八届中央政治局第四次集体学习时的讲话》(2013 年 2 月 23 日),载《习近平关于全面依法治国论述摘编》,中央文献出版社 2015 年版,第 3 页。

代化。①在法治国家、法治政府、法治社会一体建设的过程中,法治政府建设扮演着的重要的角色,居于尤为重要的地位。这不仅因为政府是法律的主要实施者,是公权力的代表者,也因为政府工作与人民的日常生活联系最为紧密,直接影响人们对法治的感受与认同度。

1. 法治政府建设推动法治社会建设

法治社会是构筑法治国家的基础。这个基础的具体表现就是全社会法治文化氛围的形成。法治文化具有多方面的特点,诸如良法善治、有效的权力制约模式、理性规则之治、公民的人权和法定权利的有效保障、自觉的规则意识和契约意识、全社会法治思维的确立等。②

法治政府建设与法治文化建设在内容上具有高度的契合性。政府机关及其工作人员的行为对社会具有引领和表率作用,尤其是各级领导干部在推进依法治国方面肩负着重要责任,因而,社会法治文化建设有赖于政府及其工作人员的行为法治化的引导与推进,有赖于领导干部"带头尊崇法治、敬畏法律,了解法律、掌握法律,遵纪守法、捍卫法治,厉行法治、依法办事,不断提高运用法治思维和法治方式深化改革、推动发展、化解矛盾、维护稳定的能力,做尊法学法守法用法的模范,以实际行动带动全社会尊法学法守法用法"。③2004 年国务院发布的《全面推进依法行政实施纲要》中提出政府依法行政的基本要求,即合法行政、合理行政、程序正当、高效便民、诚实守信、权责统一。④这些要求中的合法、合理、程序正当、诚实守信,同时也是法治社会中公民行为的基本要求。只有政府行为严格遵循和达到了这些要求,才有可能带动全社会民众形成讲法、讲理、讲公正、讲诚信的社会文化氛围,从而为法治国家建设提供良好的文化基础和社会的环境。

政府作为法治社会的指导者和推动者,主要通过行政法规、规章与规范性文件的制定和行政执法、行政指导等行为的作出,来实现对法治社会建设的指导与推进。而政府要实现这一目的,就必须首先使自己的这些行为法治化,严格依法

① 马怀德:《新时代法治政府建设的意义与要求》,《中国高校社会科学》2018 年第 5 期。
② 参见蒋传光:《法治文化的概念及其特点》,《人民法院报》2012 年 9 月 21 日。
③ 习近平:《加强党对全面依法治国的领导》,《求是》2019 年第 4 期。
④ 参见《全面推进依法行政实施纲要》(2004 年 3 月 22 日),载《时政文献辑览》(2004.3—2006.3)(上),人民出版社 2006 年版,第 116 页。

行政,确立法治思维,并通过保障社会公平正义的方式来实现社会治理中的善治。因而,法治政府建设对形成全社会尊法、信法、守法、用法、护法的法治文化氛围和法治社会建设起着重要的推动作用。

2. 法治政府建设是法治国家建设的主体

在法治政府建设和法治国家建设的逻辑关系上,法治国家建设是法治政府建设的目标前提;法治政府建设是法治国家建设的主体。

法治政府建设必须以法治国家建设目标为前提,没有法治国家建设目标的确立,也不可能有法治政府建设目标的实现。法治政府依法行政所依据的"良法"的产生有赖于法治国家的科学立法、民主立法、依法立法的机制。同时,法治政府必须是权力受监督制约的责任政府,因此必须有来自诸如国家权力机关、司法机关的监督,在这种监督机制上也离不开法治国家的建设。

法治国家建设同样离不开法治政府建设,没有法治政府建设目标的实现,法治国家建设就是一句空话,因为法治政府建设是法治国家建设的主体和关键。政府作为国家机关中规模最大、职权最广泛、公民接触最频繁、最直接的机关,其建设的目标与任务的实现,直接关系到法治国家建设的目标、任务的实现。此外,政府承担着管理国家内政外交的职能,国家治理的法治化,也离不开国家内政外交事务管理的法治化,因此法治政府的建设,是实现国家内政外交事务管理法治化的唯一途径。从法治国家建设的目的上来说,其目标的实现,很大程度上最终要落实在法治政府建设目标的实现上。法治政府建设成功与否是衡量法治国家建设成功与否的最重要的指标。

从法治政府与法治社会、法治国家的关系可以看出,法治政府建设是法治中国建设的关键,因此对法治政府建设过程中出现的挑战与任务也必须积极应对。

3. 法治政府建设面临的压力和挑战

法治政府的内涵及其在法治建设中的地位表明,法治政府建设是实现规范和约束行政权力,落实全面依法治国基本方略的重要环节。目前我国法治政府的建设进程中,取得了较为突出的成绩,中共十八届四中全会提出的"坚持法定职责必须为、法无授权不可为","推行政府权力清单制度"①的理念得以确立。

---

① 《中共中央关于全面推进依法治国若干重大问题的决定》,《人民日报》2014年10月29日。

但同时要看到,法治政府建设也面临着来自社会利益冲突、社会价值观多元化、政府公信力受到质疑等诸多压力和挑战。

(1) 社会矛盾急剧增多

我国目前正处在社会转型的重要时期,经济社会发展迅速,改革也进入了攻坚区和深水区,"改革发展稳定、内政外交国防、治党治国治军各方面任务之重前所未有,我们面临的风险挑战之严峻前所未有"①,伴随而来的诸如因贫困差距、环境保护、劳动就业、社会保障、教育医疗、土地征用和拆迁、社会重大公共安全等利益问题引发的社会矛盾也不断增多,而对社会矛盾解决进行的利益诉求表达方式也出现了一些极端化和暴力化倾向。加之民众借助互联网和新兴媒体对自己的不满进行积极的表达,产生出很多的无形抗争等。这都属于法治政府完善其自身建设过程中出现的相关新挑战。

面对各类社会矛盾突出和不断增多的压力,我国政府机关及其工作人员,尤其是各级领导干部不善于运用法治思维和法治方式解决社会矛盾和防范各类风险,或者说对法治手段重视不够,过于依赖行政手段,"以致很多体现出一定复杂性和尖锐性的社会矛盾的处理主体为党委政府,对其进行处理的方式也体现为行政化的相关方式",②形成一种"信访不信法,信权不信法"的社会现象,长此以往,依法办事演变成了依批示办事,这种以行政手段为主导的解决方式最终只能造成对国家法治的权威尊严与统一的损害。因此,法治政府的建设过程中面临的一个重大挑战就是如何有效预防和化解不断增多社会矛盾,防止矛盾的聚集与严重化。

(2) 社会价值观多元化

当下的中国,在统一的政治基础上,随着"市场经济体制改革目标的确立,社会的转型,经济成分和分配方式的多元,区域经济发展的不平衡,社会阶层的多元,必然带来了社会利益的多元,社会价值观的多元等"③。多元化必然会存在

---

① 习近平:《关于〈中共中央关于坚持和完善中国特色社会主义制度、推进国家治理体系和治理能力现代化若干重大问题的决定〉的说明》,载《〈中共中央关于坚持和完善中国特色社会主义制度、推进国家治理体系和治理能力现代化若干重大问题的决定〉辅导读本》,人民出版社 2019 年版,第 53 页。

② 马怀德:《法治政府建设:挑战与任务》,《国家行政学院学报》2014 年第 5 期。

③ 蒋传光:《依宪治国、依宪执政:全面推进依法治国的基石》,《上海师范大学学报》2015 年第 3 期。

各种矛盾和利益冲突,带来社会秩序不稳定的风险。

在社会思想和利益多元,尤其是社会价值观多元化的格局下,如何把各种不同的利益诉求主体、各种不同的社会价值观统合起来,这对政府在预防和解决这些不稳定因素时选择何种治理手段提出了要求;同时还要求政府在制定政策时需要对社会主流价值观予以重视,要把社会主流价值观融入政策制定与执法过程之中,从而在社会多元价值观并存的背景下,提供共识性的社会价值衡量标准。

(3)政府公信力受到质疑

在改革过程中,政府所推行的公共政策涉及利益结构调整时,可能会存在社会利益分配不均衡的现象,由此会带来社会民众对政府能力和政策有效性的质疑,使政府公信力受到很大的挑战。政府决策是政府权力运行的起点,也是法治政府建设的重点。政府决策质量的高低,决策程序的完善与否直接关系到政府公信力的水平。随着民众民主意识的增强,对政府如何执政、如何提高自己的公信力提出了更高的要求。

近年来,一些地方政府在有关民生与环保的投资建设项目与社会事业项目在建设过程中,抵制项目的群体性事件时有发生;一些重大公共事件发生后的信息披露,受到社会广泛质疑,甚至出现了政府辟谣后群众更信谣言的怪现象。其中一个重要原因就是,决策程序不符合科学民主依法决策的标准,没有为公众有效参与营造良好氛围,提供有效信息,失去了增进互动、凝聚共识的良机,导致群众不知情、不理解、不支持,这样既给国家和社会造成重大经济损失,也使政府形象受损,使政府及社会的公信力下降,导致在政府行为中出现了"塔西佗陷阱"现象。[1]《中国法治政府评估报告(2018)》中也显示,在"在城市信用方面的排名情况"满分为10分的情况下,各城市平均得分为3.26分,得分率仅为32.6%,[2]也反

---

[1]　塔西佗陷阱,得名于古罗马时代的历史学家塔西佗。塔西佗曾出任过古罗马最高领导人——执政官。这一概念最初来自塔西佗所著的《历史》,是他在评价一位罗马皇帝时所说的话:"一旦皇帝成了人们憎恨的对象,他做的好事和坏事就同样会引起人们对他的厌恶。"他的见解后来被西方政治学称之为"塔西佗陷阱",即当政府部门或某一组织失去公信力时,无论说真话还是假话,做好事还是坏事,都会被认为是说假话、做坏事。在网络时代,"塔西佗陷阱"正随着传播方式的变迁成为日常社会管理中需要频繁面对的挑战。

[2]　中国政法大学法治政府研究院:《中国法治政府评估报告》(2018),社会科学文献出版社2018年版,第213页。

映出我国一些地方政府的公共政策的公信力下降的情况。民众对政府公信力的不信任,往往来自于政府的决策不民主、不科学,信息公开透明化程度不高,以及懒政、怠政,失职、渎职等行为。

(4) 法治政府建设价值目标实现中面对的问题

法治政府建设的难点在基层,越是基层政府其要处理的行政事务就越具体越繁琐,其工作量也就越大,如果仅单纯注重政府"高效"价值目标的实现,一旦缺乏切实有效的监督,依法依程序办事往往就显得奢侈且多余。因而,在基层政府的具体行政行为中,往往存在诸多与法治政府价值目标相背离的现象。

一是政府制定公共政策价值目标不明确导致冲突。一些地方政府在公共政策制定与行政决策时,由于缺乏民主化、科学化、规范化的程序,未能充分实现公共政策和社会利益的良性互动,造成公共政策制定与行政决策与局部利益或个人利益冲突,导致不稳定事件出现。

二是公正文明执法缺失导致冲突。在行政执法实践中,不文明执法甚至暴力执法的现象仍不乏出现。法治政府本应通过公正文明执法来实现控制权力,进行人权保障,但实际情况中仍存在类似忽视执法方式,甚至野蛮执法的现象。即使是在一些符合法律内容和程序的行政执法行为中,仍存在把握不好自由裁量的标准,忽视运用法、理、情相融的调解疏导手段的情况,这主要表现在城管执法、土地征用拆迁、食品安全执法、环保执法等领域。即使是在法律框架内行事,但如果忽视了对行政相对人权益的保护,对公民的私有财产造成损害,则会导致对公平正义的法治价值理念的违背,往往无法收到良好的执法效果与社会效果。

(三) 法治政府建设的价值引领

深入推进依法行政,加快建设法治政府,前文所分析的当前在国家治理过程中面临的各种压力和挑战,都对法治政府建设提出了新的要求。如何建设法治政府,建设什么样的法治政府,可以从不同的视角进行评判,但核心价值衡量标准只有一个,就是实行良法善治。这就要求在社会治理中,政府要以社会主流价值观为引领,通过体现"正义、道德、公平、正当程序、个人权利和尊严的理念"良法①的实施,采取具有合法性、合理性的行政措施,运用法治思维和法治方式化

---

① 参见蒋传光:《十八大以来依法治国理论的创新和发展》,《学习与探索》2016 年第 6 期。

解社会矛盾和纠纷,确立规则意识和契约意识,使社会矛盾在源头上能够得到减少,以维护社会秩序的稳定和谐,实现善治。因而政府在面对各种压力和挑战,履行国家治理职能,实现法治政府建设目标时,除了提高决策的科学化民主化法治化水平,严格规范约束公权力的行使之外,离不开符合时代要求与中国国情的价值观念与价值目标的引导,确立价值目标是法治政府建设的核心任务。

中共十八届四中全会对深入推进依法行政,加快建设法治政府进行了部署,提出了法治政府建设的目标定位,指出:"各级政府必须坚持在党的领导下、在法治轨道上开展工作,创新执法体制,完善执法程序,推进综合执法,严格执法责任,建立权责统一、权威高效的依法行政体制,加快建设职能科学、权责法定、执法严明、公开公正、廉洁高效、守法诚信的法治政府。"①实现上述目标,除了完成依法全面履行政府职能、健全依法决策机制、深化行政执法体制改革、坚持严格规范公正文明执法、强化对行政权力的制约和监督、全面推进政务公开等任务外,明确法治政府建设的价值目标,也是其中的一项重要任务。

政府在实施依法治理,履行法定职责的过程中,在对政府治理能力进行引导、评判和影响时,价值引领发挥着重要的作用。因此明确法治政府建设的价值目标、培育正确的价值取向,也是完善法治政府建设,提升政府治理能力现代化的必然要求。一般来说,"价值追求是治理体系的灵魂,决定着国家治理的方向与成效",在国家治理中,维护社会稳定是初级价值目标,而"立足于有利于激发社会活力,有助于扩大人民民主,有助于实现社会公平正义与提升人民福祉等"则是更高层面的价值追求。②针对当前中国处于价值多样化和复杂化的突出现实,在法治政府建设的过程中,一方面要制定使各方面都能适应的社会总体治理体系,另一方面要通过强化社会价值的合理性和实施有效的价值取向,来"引领社会向着更加健康的方向转型和发展"③。

确立法治政府建设的价值目标也是对法治政府建设水平做出评判的主要尺度。目前我国所采用的政府治理评价体系,往往倾向于借助法治指数等工具标准来加以衡量,但价值尺度在评判政府治理成效中的主导作用也不应忽视。对

---

① 《中共中央关于全面推进依法治国若干重大问题的决定》,《人民日报》2014年10月29日。
② 参见赵中源:《增强国家治理体系改革的战略定力》,《政治学研究》2014年第2期。
③ 参见欧阳康:《强化国家治理研究中的价值自觉与善治导向》,《光明日报》2015年4月22日。

法治政府的具体实施的成效进行考察,应从两个层面来进行,一是"治标"层面,即对政府在实施治理行为过程中的具体工具理性进行反映。二是"治本"层面,主要是反映政府治理行为所体现的价值理性。培育正确的价值取向在某种程度上是法治政府责任意识的集中体现。

二、 法治政府建设的价值目标追求

马克斯·韦伯说过:"任何一项事业的背后,必然存在着一种无形的精神力量。尤为重要的是,这种精神力量一定与该项事业的社会文化背景有着密切的渊源。"①探讨法治政府建设价值目标的意义在于,在建设法治政府过程中,确立何种价值目标,坚持怎样的价值取向,是关系到法治政府建设目标是否能真正实现的关键,对整个法治政府建设过程起到宏观上的引领和指导作用。由于文化具有共通性和民族性,既具有共性和个性的特征,作为文化组成部分的法治文化也具有共性和个性的特征。通过对法治政府建设的历史考察可以看出,不同国家具有不同的法治政府建设实践,其中既有对法治精神的共同理解,又有民族性和文化性的个性特征的体现,表现在法治政府建设价值目标的追求上,既具有共性价值也具有个性价值。

(一) 法治政府建设的共性价值目标

法治政府建设的价值目标特征可以从不同角度进行概括,如有限政府、诚信政府、责任政府、服务政府、透明政府、廉价政府②等。中共十八届四中全会对深入推进依法行政,加快建设法治政府提出了目标要求,即"加快建设职能科学、权责法定、执法严明、公开公正、廉洁高效、守法诚信的法治政府"。③结合十八届四

---

① [德]马克斯·韦伯:《新教伦理与资本主义精神》,黄晓京、彭强译,四川人民出版社 1986 年版,第 3 页。

② 廉价政府是指一种精简的、低成本的、不浪费社会资源的政府,并以追求政府运行成本最小化为目的。其思想最早见亚当·斯密的《国富论》中。马克思主义经典作家也很早提出了降低政府成本、追求廉价政府的问题。马克思和恩格斯在对资本主义国家进行广泛研究和总结巴黎公社经验的基础上,就明确提出过"廉价政府"的主张,强调政府只应该具有"为数不多的重要职能"。参见《马克思恩格斯选集》第 3 卷,人民出版社 1995 年版,第 58 页。

③ 《中共中央关于全面推进依法治国若干重大问题的决定》,《人民日报》2014 年 10 月 29 日。

中全会精神,本文认为法治政府建设的共性价值目标体现在以下方面。

1. 政府权力来源的合法性

关于政府权力的来源,有一种"人民委托赋予"的学说,即政府的权力是由人民委托或赋予的。虽然这些依托西方理论的学说只是一种假设,但其的确为政府权力的合法性提供了解释基础,更为关键的是,这些假说在之后有关法治政府的实践中成为制定法律的依据,从而成为一种"真实"来源。这种对权力来源的认识在法治政府建设过程中会形成一种价值引领与导向作用,即使政府自觉认识到其权力来自人民的授权,从而真正做到"权为民所用,利为民所谋"。

2. 政府权力的有限(适度)性

法治政府权力的有限(适度)性要求其作出的各种行为要接受法律的约束,有限(适度)政府必然是在法律规定的范围内进行活动的政府。因而法治政府建设要实现有限政府这一价值目标,必须通过法律明确规定政府各部门之间的权力边界,同时明确上下级政府之间的权力限度。

法治政府建设的核心是依法对政府权力进行规制,实现政府权力与权利的均衡。[1]一方面要确保政府依法全面履行其职能,即政府要在其职能框架内履行职责,行政机关要建立政府责任清单,坚持法定职责必须为、法无授权不可为,杜绝法外设权现象,在不得已作出减损公民、法人和其他组织的合法权益或者为其新设义务的决定时,即使是依据法律法规也要慎重而为。另一方面则要确保加强对行政权力的制约和监督。在实现对权力运行科学有效制约与合力监督体系的基础上,强化政府内部权力的约束,完善政府内部层级监督和部门监督,改进上级机关对下级机关的监督方式,最终建立常态化的监督制度与较为完善的纠错问责机制。

3. 政府依良法而治

从法治政府的理论与实践上来看,法治政府所涉及的"依法而治"或明确或隐含地是指一种"依良法而治"的思想。良法是指法律的制定要以正当性价值理

---

[1] 费维明、胡宗兵:《有限政府:早期资产阶级的政府观念与政制设定》,《政治学研究》1998年第1期。

念为基础,即所制定的法律能够遵循公平正义、保障人权和尊严、符合道德和程序公正等理念,通过现实的法律制定和法律实践加以贯彻落实。①在当下中国,"良法"就是要以社会主义核心价值观为指导,能够体现社会主义核心价值观要求的法律法规。对所依据法律良善和正当性的认识和把握是法治政府进行价值目标选择的前提。只有在认定良法的条件下,政府的"依法而治"才有意义,而如果法律本身是缺乏正当性的恶法,即使是实现依法而治的政府也不是法治政府。法治政府建设过程中依据的法律法规,是否符合人民的利益,在实践中的影响和效果如何,直接关系到法律的尊严和政府的威信。因此,法治政府建设过程中首先要解决其所依法律的正当性的问题,才能在依据良法的前提下实现依法而治的目标。

4. 政府守法诚信

守法诚信包括守法和诚信两个层面。政府守法,严格依法行政,是建设法治政府的前提。政府守法的衡量标准,即"政府职能依法全面履行,依法行政制度体系完备,行政决策科学民主合法,宪法法律严格公正实施,行政权力规范透明运行,人民权益切实有效保障,依法行政能力普遍提高。"②具体而言,各级政府事权要做到规范化、法律化,宏观调控、市场监管、社会管理、公共服务、环境保护等职责依法全面履行;提高政府立法质量,构建系统完备、科学规范、运行有效的依法行政制度体系;行政决策要制度科学、程序正当、过程公开、责任明确,严格落实决策法定程序,提高决策质量,保证决策效率,减少并纠正违法决策、不当决策、拖延决策;严格规范公正文明执法,建立健全行政裁量权基准制度,细化、量化行政裁量标准,规范裁量范围、种类、幅度,严格执法责任和责任追究机制;形成科学有效的行政权力运行制约和监督体系,健全惩治和预防腐败体系,保障人民群众的知情权、参与权、表达权、监督权;政府工作人员特别是领导干部要恪守合法行政、合理行政、程序正当、高效便民、诚实守信、权责统一等依法行政基本要求,做尊法学法守法用法的模范,提高法治思维和依法行政能力。

① 参见蒋传光:《良法、执法与释法》,《东方法学》2011年第3期。
② 中共中央、国务院印发《法治政府建设实施纲要(2015—2020年)》的详细内容,参见《人民日报》2015年12月28日。

　　诚信要求政府机关和政府官员行使职权时遵守信赖保护原则,对已作出的行为或承诺不能随意改变或撤销,如因客观情况的变化或公共利益的需要而必须改变其行为或承诺时,应当给予受损失相对人公正的补偿。

　　诚信政府的价值理念来源于私法上的诚实信用原则,以德国为代表的大陆法系国家将这一原则从私法扩展至了公法领域。第一次世界大战前,德国行政法院的一些裁判中就出现了诚信原则,但在第二次世界大战之后才作为行政法的原则被普遍接受,并出现在了德国的《行政程序法》《联邦建设计划书》等法律中,诚信原则自此实现了从私法领域向公法领域的转变,成为"所有法律关系的最高指导原则"①。在现代国家中,政府作为给付和服务主体,提供公共服务,增进社会福利,逐渐成为其基本职能和任务。同时,人民对政府的伦理性要求也进一步强化,对政府所怀有真诚、善意、守信、公平等道德期待,这些价值理念会对政府产生重要的制约和引导作用。政府因此需要提高公信力,尤其是通过维护法律秩序的安定,保护人民基于信赖所产生的合法利益。

　　5. 政府活动公开透明

　　政府活动公开透明,其价值体现在通过建立一种政府信息公开,公民参与政务活动的政府行政方式和行政制度来实现对政府权力的监督控制。政府活动依法公开透明,为公民依法参与政务提供了保障,使政府处在社会监督的"阳光"之下,督促其在机构建制、公共决策以及权力行使上不断增强公开透明程度。这不仅是法治国家建设的需要,也是实现法治政府建设目标的必要途径。

　　"阳光是最好的防腐剂",只有政府活动公开透明,公众才有监督政府的机会和条件。2016 年 2 月 17 日,中共中央办公厅、国务院办公厅印发《关于全面推进政务公开工作的意见》指出:"公开透明是法治政府的基本特征。全面推进政务公开,让权力在阳光下运行,对于发展社会主义民主政治,提升国家治理能力,增强政府公信力执行力,保障人民群众知情权、参与权、表达权、监督权具有重要意义。"②进一步体现了阳光政府是法治政府应坚持的价值取向之一。同时也是对政府在信息公开和决策民主化、科学化、规范化方面提出了要求。

---

　　①　刘丹:《论行政法上的诚实信用原则》,《中国法学》2004 年第 1 期。
　　②　《关于全面推进政务公开工作的意见》,《人民日报》2016 年 2 月 18 日。

6. 服务型政府

"服务型政府"的提出并非舶来品,而是"中国学者在 21 世纪初提出的一个全新概念,也是中国学者面对新的国际和国内环境而对新的政府管理模式的一次大胆探索"①。2004 年 2 月 21 日,温家宝在中央党校省部级主要领导干部"树立和落实科学发展观"专题研究班结业式上的讲话中,提出全面履行政府职能,其中一个重要内容,就是"为社会公众生活和参与社会经济、政治、文化活动提供保障和创造条件,努力建设服务型政府"②。第一次明确提出要"建设服务型政府",并明确了服务型政府的职能。在《法治政府建设实施纲要(2015—2020年)》中也将建设服务政府作为实现建设法治政府的重要内容,提出"实行法治政府建设与创新政府、廉洁政府、服务型政府建设相结合"③。

马克思在其著作《法兰西内战》,恩格斯在其所写的《法兰西内战导言》中,在总结巴黎公社革命实践经验时,对如何建设服务型政府的精神和理念进行了阐释,他们提出一切公职人员都是人民的"公仆",是"社会的负责任的勤务员",是"为了服务于组织在公社里的人民"④。为了防止"国家和国家机关由社会公仆变为社会主人",恩格斯特别强调人民必须真正享有罢免权,工人阶级"应当保证本身能够防范自己的代表和官吏,即宣布他们毫无例外地可以随时撤换"⑤,"一切职位交给由普选选出的人担任,而且规定选举者可以随时撤换被选举者"⑥。同时提出巴黎公社应遵从"廉价政府"原则,"对所有公务员,不论职位高低,都只付给跟其他工人同样的工资"。这样就"能可靠地防止人们去追求升官发财了"⑦,使巴黎公社真正"实现了所有资产阶级革命都提出的廉价政府这一口号"⑧。可见,马克思所预见的无产阶级的未来政府就具有服务政府的

① 井敏:《构建服务型政府理论与实践》,北京大学出版社 2006 年版,第 6 页。
② 温家宝:《提高认识统一思想牢固树立和认真落实科学发展观》,《人民日报》2004 年 2 月 22 日。
③ 中共中央、国务院印发《法治政府建设实施纲要(2015—2020 年)》的详细内容,参见《人民日报》2015 年 12 月 28 日。
④ 《马克思恩格斯选集》第 3 卷,人民出版社 1995 年版,第 57 页。
⑤ 《马克思恩格斯选集》第 3 卷,人民出版社 1995 年版,第 12 页。
⑥⑦ 《马克思恩格斯选集》第 3 卷,人民出版社 1995 年版,第 13 页。
⑧ 《马克思恩格斯选集》第 3 卷,人民出版社 1995 年版,第 58 页。

性质。

政府一般被认为是"国家进行阶级统治，政治调控，权力执行和社会管理的机关"①，带有明显的强制性，与服务所体现的自愿性相矛盾。但实际上，政府并不是一个天生的控制和统治的机构，服务和强制性也并不绝对矛盾，只是不同历史阶段政府服务和强制的对象有所不同。在民主社会里，服务型政府的价值取向体现在为大多数社会成员服务而对少数不遵守法律规则与社会秩序的人进行强制，并且这种强制本身也是服务的体现，从而保证大多数人的合法利益不受侵害。尤其是随着政府对"管理行政"的实现与超越，政府更加注重公共服务与公众参与，政府为人民服务的价值取向进一步凸显。

服务型政府追求的是公共利益的实现，在民主法治国家中，公共利益最集中、最典型的表达就是法律。服务型政府是在法治框架内运行的政府。政府只有严格依法办事，在法定职权和程序范围内行使政府职能，才能真正实现公共意志，建设真正意义上的服务型政府。这使得建设服务型政府不仅成为法治政府建设所要实现的价值目标，也成为法治的内在需求在政府领域内的必然表达和要求。

（二）法治政府建设的个性价值目标

法律制度的构建及其运行，法治体系建设体现出民族性或者说文化性，已成共识，也为不同法系的存在所证明。法治政府建设的价值目标中所体现的个性价值，实质上是由于各国历史文化传统的不同，反映在法治政府建设及其价值目标实现过程中所特有的文化性和民族性特征。

1. 个性价值目标体现为价值观的民族性

历史法学派的代表人物萨维尼认为，法是由各民族历史发展所决定的民族共同意志，或者说是民族共同信念、民族精神的反映。他曾说："在人类信史展开的最为远古的时代，可以看出，法律已然秉有自身确定的特性，其为一定民族所特有，如同其语言、行为方式和基本的社会组织体制。不仅如此，凡此现象并非各自孤立存在，它们实际乃为一个独特的民族所特有的根本不可分割的禀赋和取向，而向我们展现出一幅特立独行的景貌。将其联结一体的，乃是排除

---

① 谢奎全：《当代中国政府与政治》，高等教育出版社 2003 年版，第 8 页。

了一切偶然与任意其所由来的意图的这个民族的共同信念,对其内在必然性的共同意识。"①历史法学派的理论虽然存在一定的局限性,但其把一个民族的法律同该民族发展的状况和特点结合起来考察,有其合理性,对于解释不同民族法律的差异性富有启发意义。在全球化背景下文化交流日益密切的今天,各国之间对法律移植和法治文明的借鉴也日益增多,在法律制度建构和法治运行机制上表现出一定的趋同性或相似性,然而民族性仍然是各国法律制度的重要特征。

在世界不同历史时期曾存在着各种不同的法治模式,有学者认为,古代的法治模式比较单一不成型,而近现代资产阶级的法治主要有英国的"法的统治"(rule of law)和德国的"国家依法进行统治"(Rechsstaat)两种模式;当代的法治模式则包括"经过加工"的西方法治模式与前苏联法治模式;而中国法治模式又可以概括为"具有中国特色的社会主义法治"②。由于不同国家和民族在经济、政治、文化、社会生活等方面的差别很大,因此其所选择的法治道路、模式等也具有多样化。即使选择相同的法治道路与模式,也会因为各自的具体情况不同而各具特色,体现出鲜明的民族性,这也就在一定程度上决定了法治政府建设的价值目标必然具有民族性。

2. 中国特色法治政府建设遵循的个性价值观

中国特色法治政府建设的个性价值目标特征,就体现在法治政府建设所遵循的价值观具有显著的中国特色民族性特征。具体而言,中国法治政府建设的价值目标,就是在遵循共性价值目标的同时,立足于中国的国情,立足于中国的文化,对中国法治政府建设遵循的价值观进行具有民族性与时代性的阐释,形成中国特色法治政府建设的价值目标。当下具有中国特色法治政府建设的价值目标,就是在遵循坚持中国共产党的领导,坚持人民主体地位,坚持公民在法律面前的平等地位,坚持依法治国和以德治国相结合,坚持从中国实际出发等基本原则的基础上,践行具有全社会共识性的社会主义核心价值观。

---

① [德]萨维尼:《论立法和法学的当代使命》,许章润译,中国法制出版社 2001 年版,第 7 页。
② 李龙:《法治模式论》,《中国法学》1991 年第 6 期。

　　社会主义核心价值观的提出，体现了"与中国特色社会主义发展要求相契合，与中华优秀传统文化和人类文明优秀成果相承接"①，凝聚了全党全社会价值共识。习近平指出："富强、民主、文明、和谐是国家层面的价值要求，自由、平等、公正、法治是社会层面的价值要求，爱国、敬业、诚信、友善是公民层面的价值要求。这个概括，实际上回答了我们要建设什么样的国家、建设什么样的社会、培育什么样的公民的重大问题。中国古代历来讲格物致知、诚意正心、修身齐家、治国平天下。从某种角度看，格物致知、诚意正心、修身是个人层面的要求，齐家是社会层面的要求，治国平天下是国家层面的要求。我们提出的社会主义核心价值观，把涉及国家、社会、公民的价值要求融为一体，既体现了社会主义本质要求，继承了中华优秀传统文化，也吸收了世界文明有益成果，体现了时代精神。"②社会主义核心价值观的提出，不仅吸收了人类文明史上一切有价值的思想和精华，体现了时代精神，顺应了时代潮流；更重要的是社会主义核心价值观是中国特色社会主义实践经验在观念上的反映，立足于中国优秀传统文化的基础之上。"中华优秀传统文化积淀着中华民族最深沉的精神追求，包含着中华民族最根本的精神基因，代表着中华民族独特的精神标识，是中华民族生生不息、发展壮大的丰厚滋养。"③社会主义核心价值观充分体现了对中国优秀传统文化的继承和弘扬。

　　《关于进一步把社会主义核心价值观融入法治建设的指导意见》提出："推动社会主义核心价值观建设既要靠良法，又要靠善治。社会治理要承担起倡导社会主义核心价值观的责任，注重在日常管理中体现鲜明价值导向，使符合社会主义核心价值观的行为得到倡导和鼓励，违背社会主义核心价值观的行为受到制约和惩处。"④这些"强化社会治理的价值导向"，理所当然是法治政府建设应遵循的价值导向；"社会主义核心价值观是社会主义法治建设的灵魂"，也理所当然是法治政府建设的灵魂。

　　①③　《中共中央办公厅印发〈关于培育和践行社会主义核心价值观的意见〉》，《人民日报》2013年12月24日。

　　②　习近平：《青年要自觉践行社会主义核心价值观》，《人民日报》2014年5月5日。

　　④　《中办、国办印发〈关于进一步把社会主义核心价值观融入法治建设的指导意见〉》，《人民日报》2016年12月26日。

三、社会主义核心价值观是我国法治政府建设的价值基础

任何社会的法治建设都与主流价值观的践行有着密切联系。如果没有价值观的引领,法律的运行就会迷失方向或失去正当性。法治建设不可能做到与价值无涉,法治政府的建设也需要体现社会主流价值观的要求。

党的十七届六中全会提出社会主义核心价值体系建设之后,在实践的基础上,党的十八大报告概括提炼了"富强、民主、文明、和谐,自由、平等、公正、法治,爱国、敬业、诚信、友善"这一得到广泛认同的社会主义核心价值观。"社会主义核心价值观是社会主义核心价值体系的内核,体现社会主义核心价值体系的根本性质和基本特征,反映社会主义核心价值体系的丰富内涵和实践要求,是社会主义核心价值体系的高度凝练和集中表达。"①把社会主义核心价值观作为法治政府建设的价值基础,是在法治建设中践行社会主义核心价值观的必然要求,也是巩固全体人民团结奋斗的共同思想道德基础的必然要求。

(一)社会主义核心价值观涵括了主流意识形态和社会主流价值观

法治政府建设以社会主义核心价值观作为价值基础,与坚持马克思主义法治指导思想的主流意识形态地位及体现社会主流价值观并不矛盾。因为社会主义核心价值观作为社会主义核心价值体系的概括与凝练,与主流意识形态和社会主流价值观具有高度的一致性。

1.社会主义核心价值观涵盖了主流意识形态

我国法治建设的指导思想是马克思列宁主义、毛泽东思想、邓小平理论、"三个代表"重要思想、科学发展观、习近平新时代中国特色社会主义思想,是我国的主流意识形态。而坚持马克思主义指导地位,则是社会主义核心价值体系建设的首要内容。社会主义核心价值体系建设的内容是,坚持马克思主义指导地位,坚定中国特色社会主义共同理想,弘扬以爱国主义为核心的民族精神和以改革

---

① 《中共中央办公厅印发〈关于培育和践行社会主义核心价值观的意见〉》,《人民日报》2013年12月24日。

创新为核心的时代精神,树立和践行社会主义荣辱观。①上述内容,集中体现了中国特色社会主义的指导思想、发展方向和共同理想、团结奋斗的精神动力和时代精神、社会道德基础等。社会主义核心价值体系作为我国文化软实力的核心内容更是具有引领社会思潮、凝聚社会共识,增强中华民族向心力和归属感,巩固民族团结的精神纽带。"社会主义核心价值体系是兴国之魂,是社会主义先进文化的精髓,决定着中国特色社会主义发展方向。"②

社会主义核心价值观是社会主义核心价值体系的精髓与灵魂。"社会主义核心价值观是社会主义核心价值观体系的内核,体现社会主义核心价值体系的根本性质和基本特征,反映社会主义核心价值体系的丰富内涵和实践要求,是社会主义核心价值体系的高度凝练和集中表达。"③在社会主义核心价值体系中,马克思主义指导思想居于首要位置。因此,在实现法治政府建设价值目标的过程中,融入社会主义核心价值观,与坚持社会主义核心价值体系,坚持马克思主义的指导地位的主流意识形态,是完全一致的。

2. 社会主义核心价值观彰显社会主流价值观

我国的法治政府建设在坚持正确的指导思想之外,在价值理念和目标追求上,还必须贯彻我国的社会主流价值观,这就是社会主义核心价值观。因为社会主义核心价值观,作为社会主义核心价值体系的概括和凝练,体现了社会主义核心价值体系的本质要求,反映了我国社会主义基本制度在精神和价值层面的本质要求,渗透于经济、政治、文化、社会、生态文明建设的各个方面,在所有社会主义价值目标中处于统摄和支配地位。

习近平总书记指出:"人类社会发展的历史表明,对一个民族、一个国家来说,最持久、最深层的力量是全社会共同认可的核心价值观。"④中共十八大提炼社会主义核心价值体系的精神实质,在总结我国理想信念教育和道德建设实践

①②　参见《中共中央关于深化文化体制改革推动社会主义文化大发展大繁荣若干重大问题的决定》,《人民日报》2011 年 10 月 26 日。

③　《中共中央办公厅印发〈关于培育和践行社会主义核心价值观的意见〉》,《人民日报》2013 年 12 月 24 日。

④　习近平:《青年要自觉践行社会主义核心价值观——在北京大学师生座谈会上的讲话》,《人民日报》2014 年 5 月 4 日。

的基础上,提出了简明扼要的 24 字社会主义核心价值观,确立了我国不同层面的价值目标追求,"富强、民主、文明、和谐是国家层面的价值目标,自由、平等、公正、法治是社会层面的价值取向,爱国、敬业、诚信、友善是公民个人层面的价值准则"①。社会主义核心价值观的提出,不仅明确了国家发展目标,彰显了社会核心价值理念,确立了公民的基本价值遵循,同时也起到了凝聚全党全国各族人民的思想的重要作用,从而彰显了社会主流价值观。

(二) 社会主义核心价值观契合了法律的价值目标追求

建设法治政府,严格依法行政,确立良法之治是核心。社会主义核心价值观则为良法的制定提供了价值基础。在法治政府建设的过程中,实现法的价值是其重要目标之一。社会主义核心价值观作为主流意识形态和社会主流价值观,其与法律价值目标具有高度的一致性,可以说,"富强、民主、文明、和谐,自由、平等、公正、法治、爱国、敬业、诚信、友善"的理念,既是社会主义核心价值观的构成要素,也是法律价值的基本构成要素。从一般意义上说,上述要素是现代社会立法追求的目标,或者说上述要素在实践中的实现,都应是现代法治国家建设、法治政府建设的题中应有之义。

从国家层面上来讲,"富强"集中反映出人民对国家强大的期许,国家综合国力的强大是法治建设和法治政府建设的基础。"民主"作为人类的共同政治理想,也是法治政府建设实现其"透明政府""服务政府"价值目标的基础。"文明"体现在政府治理与建设过程中,对政治文明与法治文明的追求,是法治政府建设理应实现的状态。"和谐"自古以来就是中华民族遵循的核心价值理念,也是法律价值目标之间最终要实现的一种理想状态。

从社会层面上讲,"法治"本身就是法律价值目标实现的方式手段,"自由""平等""公正"也都是法律追求的最基本价值目标。"自由"是法律的精神内核和价值追求,法治政府建设的价值目标中"有限政府""责任政府"的精髓体现的就是对自由维护和保障。"平等"则是政府保证公民权利平等、机会平等和实现社会规则平等的必然要求,政府只有平等处理与公民间的关系,才能自觉实现控

---

① 《关于培育和践行社会主义核心价值观的意见》于 2013 年 12 月 23 日由中共中央办公厅印发。

制其自身权力,达到"有限政府"的目标。"公正是法治的生命线"①,一个诚信、透明、负责任的政府,必然是能够保护人民群众的各项权利不受侵犯,维护公民在社会生活、社会参与等各方面的权利得到有效落实,因而也必然是"公正"的政府。

从公民个人层面上讲,"爱国、敬业、诚信、友善"既是社会主义道德的基本规范,也是公民的法律义务,在我国宪法、法律相应条款中都有明确规定。法治政府建设的过程是双向互动的,在其价值目标实现的过程中,不仅需要政府自身进行控权,依法有效实现其职能,还需要社会成员、社会组织的有效参与。道德建设是法治建设的根基,"深入开展道德领域突出问题专项教育和治理,依法惩处公德失范、诚信缺失的违法行为,大力整治突破道德底线、丧失道德良知的现象,弘扬真善美、贬斥假恶丑"②,被视为推进多层次多领域依法治理的重要途径。可见加强道德建设,惩处有违公德、背离诚信的现象也是政府实现维护社会秩序,实现法治价值目标的必要手段之一。

社会主义核心价值观与法治政府建设过程中的价值目标与价值取向相契合,既为法治政府的建设提供了价值支撑,也引领着法治政府建设的根本方向。用社会主义核心价值观引导法治政府建设,有利于全社会法治观念和法治意识的确立,有利于社会主义法治精神的弘扬,也有利于社会主义法治文化的建设。

（三）社会主义核心价值观融入法治政府建设的逻辑必然

基于前述对法治政府建设面临的挑战和困境的分析,以及社会主义核心价值观融入法治政府建设的正当性基础论证,把社会主义核心价值观融入法治政府建设,既是实现法治政府建设目标的自身内在需求,也是实现国家治理体系和治理能力现代化的逻辑必然。

1. 实现法治政府建设目标的自身内在需求

（1）有助于法治政府建设对实质法治的现实要求

实现社会公平正义是人们对法治政府建设的必然要求。在政府建设层面,

---

① 《中共中央关于全面推进依法治国若干重大问题的决定》,《人民日报》2014年10月29日。

② 《中办、国办印发〈关于进一步把社会主义核心价值观融入法治建设的指导意见〉》,《人民日报》2016年12月26日。

法治政府建设和社会主义核心价值观具有一致性的社会价值追求,为政府保障社会公平正义的实践提供了有益的价值指导。社会主义核心价值观所体现出的价值理念本质上与实质法治的要求是相吻合的。在我国当前的法治进程中,人民群众更加期待一个能够实现公平正义的政府,这折射出现代社会对法治建设的更高要求。因而法治政府建设就是要让人民感受到并享有公平正义,这就需要将维护社会公平正义作为其首要的价值追求。

法治政府的建设要达到实效,实现良好的治理效果,需要得到人民的认同与拥护。一旦与民愿相违背,与人民的现实需求相分离,政府行为就很难得到人民的认同。社会主义核心价值观作为人民最根本诉求的集中反映,代表着中国广大人民群众的根本利益。把社会主义核心价值观融入法治政府建设,能够提高政府治理的科学性与合理性,促进社会公平正义与民主和谐,同时社会主义核心价值观强大的社会凝聚功能,可以有效地增强人民对政府行为的认同感与向心力。

(2) 有助于价值多元化背景下政府公信力提升

政府是国家和社会治理现代化的重要参与者与执行者,其自身良好信誉形象的建立维护,是国家政策有力贯彻与法律法规公正实施的重要保障,因此政府的公信力必须借助一定的观念传播在社会成员之间树立起来,而社会主义核心价值观作为影响社会成员最持久、最深层的社会主流价值观,正是政府建立公信力所必须凭借的。

在当前我国社会利益多元化的势态下,在思想观念上的反映,就是一元化指导思想与多样化的社会意识并存,本土文化与外来文化之间、传统思想与现代观念之间互相碰撞融合,这些都使得社会的价值观呈现出多样化的特点。社会主义核心价值观则是将目前社会主义意识形态倡导的基本理论、思想观念和价值取向系统凝练地整合在一起,反映了我国社会主义基本制度在精神和价值层面的本质要求和主流的价值观。①社会主义核心价值观作为主流价值观,对监督政府行为,保证政府依法行政,对政府行动和理念偏离法治轨道的纠偏,防止政府

---

① 参见蒋传光:《关于推动社会主义核心价值观入法入规的思考》,《学习与探索》2017 年第8 期。

因恣意行政导致公信缺失,将提供价值衡量标准。

2. 法治政府建设坚持人民主体地位的观念基础

中国特色社会主义政治体系秉承一切权力来源于人民的根本信念,坚守人民当家作主的逻辑原点。实际上,坚持人民主体地位不仅是"一切权力属于人民"的具体体现,还是政府依法行政,实现其自身建设的重要保障。社会主义核心价值观本质上是处于主人翁地位的人民群众在实践中提炼总结的行为方式、价值观念与整体信念,是坚持社会主义本质属性及人民主体性地位的原点价值;以人为本、尊重人民群众的主体地位,也是培育和践行社会主义核心价值观的首要原则。

我国社会主义制度优越性的集中体现,就是一切以人民的利益为出发点。落实到法治政府的建设中,尊重并保障基本人权,保证人民平等参与、平等发展的经济利益与政治权利,就成为政府依法实现其职能的最终目的。只有把"人民满意"当作检验法政政府建设效果的基准,才能真正调动人民群众的积极性和创造性。社会主义核心价值观体现了人们共同的价值追求和对美好生活的无限向往。关注人民群众的利益诉求与价值愿望、促进人的自由和全面发展,是培育和践行社会主义核心价值观应遵循的最基本的原则。法治政府建设和社会主义核心价值观共享以人民为中心的发展理念形成了二者共同的理念基础。

3. 实现国家治理体系和治理能力现代化的逻辑必然

"推进国家治理体系和治理能力现代化,要大力培育和弘扬社会主义核心价值体系和核心价值观,加快构建充分反映中国特色、民族特性、时代特征的价值体系。"[①]社会主义核心价值观作为社会治理的"首要法则",告诉人们什么才是良好的治理即善治,同时要充分地运用价值理性尽可能避免出现坏的治理,从而真正实现政府治理体系和治理能力现代化。社会主义核心价值观作为引领政府治理的价值要求,不仅应体现在社会治理的各个环节中,也体现在政府治理的环节之中。历史和现实表明,核心价值观作为治理体系和治理能力的重要组成部分,关系社会的和谐稳定和国家的长治久安,能够有效整合社会意识,促进社会系统的正常运转、有效维护社会秩序。[②]

---

① 《习近平谈治国理政》第二卷,外文出版社 2014 年版,第 106 页。
② 同上书,第 163 页。

社会主义核心价值观融入法治政府建设,与社会治理手段相结合,可以丰富社会主义核心价值观培育传播的方式手段,为扩大社会主义核心价值观的社会号召力与社会影响力,获得人们的广泛认同与支持,增强其践行力度,提供可靠的组织、技术支持与法律制度保障。

四、 社会主义核心价值观融入法治政府建设的路径

我国法治政府建设以社会主义核心价值观为价值基础,就是要把社会主义核心价值观融入法治政府建设的全过程,向社会传导正确价值导向。以社会主义核心价值观引领法治政府建设,就是要把社会主义核心价值观的理念体现在法治政府建设的各个环节,将社会主义核心价值观融入政策、法规制定的全过程,提升政策法规的公平正义内涵,弘扬彰显法治信仰和法治正义;同时将自由、平等、公正、法治等价值融入政府的行政及决策的过程,推动政府行政权力的规范化,进而发挥政府在增进全体社会成员福祉,促进社会稳定和谐方面的作用,依靠推动社会主流价值体系的形成,实现法治国家、法治政府、法治社会的一体化建设。中共中央办公厅、国务院办公厅印发的《关于进一步把社会主义核心价值观融入法治建设的指导意见》,在要求"强化社会治理的价值导向"时,对如何把社会主义核心价值观融入法治政府建设,提出了一系列举措,诸如严格规范公正文明执法,强化严格依法履行职责观念、法律面前人人平等观念、尊重和保障人权观念;着眼维护健康市场秩序和公平市场环境;着眼保护人民群众合法权益,健全利益表达、利益协调、利益保护机制;加强文化市场综合执法;依法加强网络空间治理;完善执法程序,改进执法方式等。①基于此,社会主义核心价值观融入法治政府建设的路径,应体现在以下方面。

1. 提升行政立法的科学性、公正性

推动社会主义核心价值观建设既要靠良法,又要靠善治。把社会主义核心价值观融入法治政府建设,就是要使政府依法行政所依据的是良法,实行良法之

---

① 参见《中共中央办公厅、国务院办公厅印发〈关于进一步把社会主义核心价值观融入法治建设的指导意见〉》,《人民日报》2016 年 12 月 26 日。

治。因而,将社会主义核心价值观融入法治政府建设,首先要求制订的法律应该以核心价值观为基础并与核心价值观相一致,"更好体现国家的价值目标、社会的价值取向、公民的价值准则"①。由于核心价值观是"国家的德、社会的德",必须防止制定的行政法规、规章制度出现违背社会主义核心价值观的内容,从而制定出确立和维护公平正义的良法。

把社会主义核心价值观融入行政立法活动之中,要把握好行政立法的价值导向,使社会主义核心价值观的要求与行政立法的格局和思路在整体上相符。具体到立法实践来说,应当结合社会生活的实际情况,将对社会主义核心价值观的倡导和鼓励体现在立法过程之中,不仅要使其价值理念体现在行政立法程序之中,而且还可将相关内容转化为具有刚性约束力的法律规定,例如通过行政立法确立国家荣誉、国家奖励等制度,有针对性地对践行爱国、敬业、诚信、友善等价值观的行为进行弘扬表彰等。

目前,部分地方政府制定的规范性法律文件仍存在立法质量不高,无法满足人民群众对社会公平正义期许的情况,这种与社会主义核心价值观相背离的情况,实质上是多元利益、多种价值之间矛盾冲突的反映。面对这种情况,首先需要以社会主义核心价值观为标尺,对利益间的平衡实现充分衡量与考虑,体现社会主义核心价值观在行政立法中的指引、宣示作用,并以此引导社会主流价值取向;其次还应着重加强规范性文件备案审查的制度和能力建设,形成规范性文件颁布前价值观审查机制。②对其中涉及价值判断的内容,更要以社会主义核心价值观作为衡量标准,保证所制定的规范性文件符合社会主义核心价值观的要求。

"善治就是使公共利益最大化的社会管理过程。善治的本质就在于它是政府与公民生活的合作管理,是政治国家与公民社会的一种新颖关系,是两者的最佳状态"③。善治首先是政府依良法治理。法治政府所依之良法就是体现社会主义核心价值观要求的宪法、法律、行政法规、规章和公共政策等。依法治理意

---

① 《关于进一步把社会主义核心价值观融入法治建设的指导意见》,《人民日报》2016 年 12 月 26 日。

② 马怀德、孔祥稳:《把社会主义核心价值观融入法治政府建设全过程》,《光明日报》2017 年 2 月 4 日。

③ 俞可平:《治理与善治》,社会科学文献出版社 2000 年版,第 8—9 页。

味着政府全面行政,将权力关进制度的笼子,从根本上约束和限制官员的权力。依法治理还意味着"把保障人民安居乐业作为根本目标"①,依法保障民生、维护全体社会成员的基本权利。

2. 营造安全的社会环境

社会安全感是人民美好生活需求的重要内容。行政执法是行政机关履职尽责过程中最能体现出与民众密切接触的环节,同时也是营造安全的社会环境,确保法律实施的有效保障。在行政执法阶段融入和贯彻社会主义核心价值观,在提升公民对社会主义核心价值观的接受与遵守的同时,也有助于推进严格规范公正文明执法,避免"暴力执法""随意执法""过度执法"等痼疾损害政府公共形象,从而实现执法过程中要求与形式的统一,使执法效果产生良好的社会效应。

要重视执法方式与执法手段的创新。在执法方式上,通过推动行政执法与信息网络的结合,依法建立起守法诚信褒奖、违法失信惩戒等机制,逐步实现行政相对人的自我约束机制,并逐步形成行业自律的社会效果。当政府的行政相关信息和行为公布在网上时,使公民可以及时便捷地了解,自然可以起到好的监督作用,同时还可以减少腐败,避免人工操作中寻租空间的存在。在行政执法手段上,应当重视在行政执法的同时,综合运用教育、调解、规劝、疏导等多种手段,由对行政相对人的刚性约束,逐渐转化为对其进行价值观念的引导与约束。同时通过积极运用行政指导、行政合同等软性手段,缩短执法者与相对人的距离,使相对人能够真正理解执法者所追求的价值目标②,主动尊法、守法,减少执法过程中的问题纠纷。

3. 保障公民的合法权益

在进行法治政府建设的过程当中,融入和践行社会主义核心价值观,最主要的是要加强对权力进行的监督和制约,防止其对公民合法权益的侵害。尽管目前各级政府围绕"健全行政权力运行制约和监督体系"作了大量工作,在制度和理念上不断深化权力制约,但一些地方和部分领域权力的行使不够透明,法外用

---

① 《关于进一步把社会主义核心价值观融入法治建设的指导意见》,《人民日报》2016年12月26日。
② 马怀德、孔祥稳:《把社会主义核心价值观融入法治政府建设全过程》,《光明日报》2017年2月4日。

权以及滥用职权的现象仍然不断发生。要消除这种情况，就需要通过坚持自由、平等、公正、法治原则，倡导诚信理念，"坚持决策权、执行权、监督权的相互制约、相互协调"，把权力装进制度的笼子，从而实现对公民合法权益的有效保障。

要通过社会主义核心价值观的指引实现对政府权力进行监督的有效性、真实性，就必须坚持政府行为透明、公开、法治的原则，实现政府的阳光透明，把政务公开作为建设法治政府的一项重要制度，并且贯彻在政务运行的全过程之中。要通过法治渠道对民主的选举、管理、监督、决策进行积极的保障，在此基础之上，使公民的表达权、参与权、知情权、监督权等相关权利能够得到有效落实。除此之外，还应通过核心价值观的引领和导向作用，对公民的权利意识以及产生的监督热情加以保护和积极的引导，通过对网络新媒体的运用，实现对具有全面性、及时性的监督制度的构建，使地方各级党政领导干部都能够得到有效的监督。

同时，不能忽视政府自身的督查与政务监督。① 督查部门是政府必备的职能机构，行政机关的督查已经成为促进各级行政机关依法全面履行职能、保证政令畅通的重要抓手和"利器"。通过督查问责和整改，促使行政机关依法全面履行职能，尤其是对懒政怠政等不作为行为的及时发现、严肃问责，最终形成有效的内部监督。

4. 增进全体社会成员福祉

政府的每一项重大决策都关乎人民的切身利益和福祉，因而对政府重大决策行为进行规范，推进行政决策科学化、民主化、法治化，既是规范行政权力的重点，也是法治政府建设的重点。政府在作出重大行政决策时，以社会主义核心价值观为引领，既要做到决策程序的完善，做到依法决策，还应注重决策质量的提高，以增进全体社会成员的福祉为追求目标。在重大决策的程序上，要完善公众参与、专家论证、风险评估、合法性审查和集体讨论等法定程序等。在决策内容上，对涉及基础设施建设、民生领域等重大决策，应当体现国家富强、人民幸福等目标导向；对决策产生的社会效果及其对社会道德风尚的引导作用予以重视，对与社会主义核心价值观相悖的行政决策，不仅要果断制止，还应建立和完善决策

---

① 张骏生：《公共政策的有效执行》，清华大学出版社 2006 年版，第 36 页。

后的评估机制,尽可能减少与社会主义核心价值观相悖的行政决策。

5. 促进社会的和谐稳定

在当下社会转型时期,随着社会利益的多元化,社会矛盾纠纷也呈现出数量增多,参与主体多元化和有组织化的状况,使得矛盾的表达宣泄方式呈现出极端化、暴力化、网络化的特征,这在很大程度上影响了社会的和谐与稳定。尽管部分矛盾可以通过行政手段甚至是行政负责人员的个人意志得加以解决,但这样的解决方法实质上破坏了纠纷解决的权威性与公正性,埋下了更多的社会隐患,不利于维护社会和谐稳定。

因此,在化解社会矛盾的过程中,要改进社会矛盾处理方式,以社会主义核心价值观为引领,形成和健全公正、高效、便捷、成本低廉的多元化矛盾纠纷解决机制,充分发挥行政机关在预防、解决行政争议和民事纠纷中的作用,大幅提升通过法定渠道解决矛盾纠纷的比率,通过行政复议、行政诉讼等法治化的争议解决渠道,引导公众通过正当、理性的合法化程序,平等、自由、充分的表达其诉求,使纠纷解决得方法获得公众信赖,避免因纠纷解决不当升级成更剧烈的抗性冲突,[1]推动行政争议的实质性解决,从而及时化解社会矛盾,促进社会和谐稳定。

6. 增强政府工作人员法治意识

政府工作人员的法治思维水平和依法行政能力,直接关系着法治政府建设的成效。通过弘扬社会主义核心价值观,提高政府工作人员的法治意识,不仅要抓紧普通干部这个"普遍多数",还要重视领导干部这个全面依法治国的"关键少数"。各级行政机关的领导干部作为法治工作队伍中的"关键少数",要做培育和践行社会主义核心价值观的模范。[2]无论是在推进法治政府建设的进程中,还是在培育和践行社会主义核心价值观的过程中,党政机关的主要负责人都需要发挥带动示范作用,不仅要做法治建设的践行者,更要成为推动者。

行政机关工作人员尤其是各级领导干部在依法履职的过程中,应以社会主义核心价值观为引领,自觉培养法治意识和提高法治素养。目前,已建立了常态化的领导干部学法制度,通过开展法治专题培训班、法治专题讲座等一系列活动

---

① 马怀德、孔祥稳:《把社会主义核心价值观融入法治政府建设全过程》,《光明日报》2017 年 2 月 4 日。

② 参见中共中央办公厅印发的《关于培育和践行社会主义核心价值观的意见》。

来提高领导干部的法律知识水平与法律素养,并且建立起了相应的考核指标体系。然而,在目前相应的考核指标体系中,多是注重对法律知识的考查,这样固然有助于加强政府工作人员学法制度保障,但仅仅通过知识的提升不足以证明法治意识增强的成效。

因此,除了在制度上确保政府工作人员学法用法,提高法治意识外,更应当推动社会主义核心价值观的教育学习活动与领导干部学法制度相结合。不仅要提高政府工作人员的法治意识和法治素养,还应当提高其道德水准与道德追求,推动政府工作人员尤其是领导干部真正理解、践行社会主义核心价值观,从而保证政府工作人员有能力、有行动将其融入和贯彻到法治政府建设的各个环节。

(第一作者为上海师范大学教授,第二作者为北京嘉观律师事务所律师)

论与实践行动,对中国具有较大的借鉴意义。但在行政管理和社会治理实践中,因政府机构设置的"科层官僚体制"特性,决定了部门间职能重复交叉、部门利益化、利益部门化、体制僵化以及政出多门、分头管理、信息阻隔、好事抢着管、坏事没人管的治理碎片化成为一种常态。在高度关联性、复杂化的社会面前,这种多部门各自为政、泾渭分明的碎片化治理体制已经走到了尽头。重构多职能部门之间关系,推行跨部门、协同式合作治理,解决碎片化治理困境,必将成为超大城市社会治理体制改革的战略方向。

3. 社会力量与民间资源的不可或缺性。超大城市借助多元性、异质性优势,更容易孵化形成各类社会组织或民间团体的集中成长。良好的社会治理离不开政府、市场、社会等多元主体的共同、协商、协作治理,不是各自独立的治理。吸纳社会组织、企业、公众等社会力量参与,构筑"小政府、大社会"体系,形成共建共治共享格局,是任何一个国家或城市社会治理的基本要求,更是帮助城市政府扩大社会服务供给、缓解城市贫困、促进社会公平等目标的重要合作伙伴。如以纽约为例,2015 年纽约总共有 34 622 个非营利组织,慈善捐赠额达到 3 732.5 亿美元,超过纽约市 GDP 的 2%。这表明,超大城市面对极其复杂多元的社会需求和社会问题时,离不开市场企业、民间资源和社会力量的支持参与,只有建立了跨公私合作伙伴关系,才会收到良好的社会治理效果。

4. 跨界、跨行业发展成为社会经济发展的新常态。近年来,随着现代信息技术尤其是互联网技术的快速发展,人类社会进入了一个全新的数字时代。以社交媒体、互联网金融、平台经济、共享经济等为代表的各类新兴产业、新模式、新业态、新经济运行模式日新月异,以大数据、"互联网+"引领的跨界、跨行业融合发展成为社会经济发展的主流趋势。当治理客体发生数据化、融合化的转变时,超大城市社会的有效治理模式也必须向整体化、合作化、联动化、智能化等综合方式,尤其是新型网络空间或平台社会的崛起,对政府多部门协同共治提出更高要求。

二、 超大城市社会跨界治理的基本理论内涵

超大城市作为国家治理体系中的一个特殊空间单元,在全球化、市场化、网

络化、多样化、复杂化、不确定性的新时代,社会治理呈现的外部化和跨界性诉求,挑战着传统行政区的界线和政府条块分隔的权力格局。因此,按照跨地域、跨层级、跨部门治理的思维,积极构建一套全新的社会跨界治理模式,是超大城市实现社会治理现代化的重要改革方向。超大城市社会跨界治理体系主要包括跨区域治理、跨层级治理、跨部门治理和跨公私合作伙伴治理四个维度(图1),这种治理的基本内涵如下:

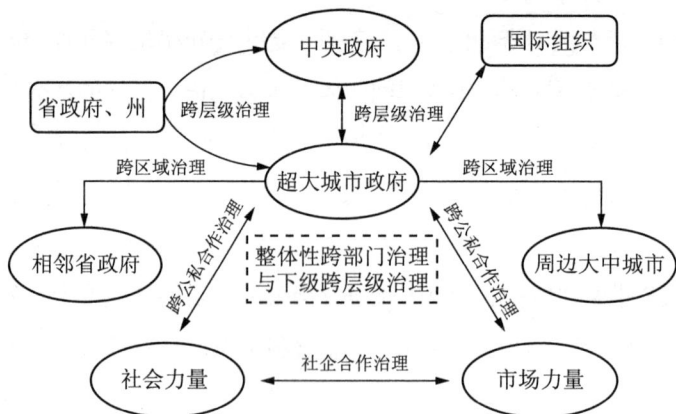

图1 超大城市社会跨界治理的四个基本维度示意图

1. 超大城市社会跨区域治理

超大城市社会的跨区域治理是指在以超大城市为核心的大都市圈区域内,针对行政区划边界对有效解决跨界犯罪、环境污染、传染病、公共安全、公共服务均等化等跨域性社会公共事务造成的刚性约束和地域分割,积极设置跨区域联合共治平台,完善多个政府共同治理机制,协同处理跨区域社会公共问题的集体行动与合作过程。实质上就是通过区域政府间关系的重塑,推动行政区社会治理转变为跨区域社会共治,提升整个大都市区社会多元共治的集体行动能力①。这在纽约、伦敦、巴黎等世界超大城市,积累了比较成熟的治理运作模式②,如美国一些超大城市参与的州际协定、州政府理事会③、湾区地方政府协会等。

---

① 陶希东:《跨界治理:中国社会公共治理的战略选择》,《学术月刊》2011 年第 8 期。
② 陶希东:《全球城市区域跨界治理模式与经验》,东南大学出版社 2014 年版。
③ [美]查尔斯·A·比尔德:《美国政府与政治》(下册),朱曾汶译,商务印书馆 1987 年版。

2. 超大城市社会跨层级治理

对超大城市而言,构建合理的上下层政府关系,实施跨层级治理,是创新社会治理、有效解决社会问题的重要选择和基础保障。超大城市社会跨层级治理有两个含义:一方面是指市政府最大程度地争取国家和上级政府的支持,采取国家和城市的合作治理,获取更多的治理资源,破解社会治理中的政策和权力瓶颈;另一方面,按照集权与分权相结合的原则,建立健全公共财政市级统筹机制,构建科学、高效的政府上下级关系(市与区、区与社区、中心城区与郊区等),合理划分市、区、县、基层政府之间的公共职责、财权和事权,财力和事权相匹配,社会资源公平配置,提升基层社会治理的能力和水平①。

3. 超大城市社会跨部门治理

超大城市社会的跨部门治理,就是政府在面对社会复杂性、不确定性、关联性日趋上升的态势,对于一些相互关联性、渗透性较强的社会问题,由政府多个职能部门,按照产业链、价值链或服务链的原理,遵循社会活动及监管流程的流动性、连续性、整体性,以互联网为支撑,实行跨越部门职能边界的分工协作与相互配合,整合资源、信息共享,构筑"无边界管理"或"无缝隙管理"的运行机制,破解政出多门、多头管理、监管空白等治理困境,最终实现协同解决社会问题、提供整体性公共服务的协作性管理过程。在实践中,跨部门治理的形式有大部制、临时性或常设性的部际委员会(联席会议)、专门工作组等。

4. 超大城市社会跨公私合作伙伴治理

公私合作伙伴(Public Private Partnership,简称PPP)是发源于英国、广泛应用于西方发达国家的一种新型治理模式②,不仅包括公共产品和服务的生产与提供方面的公私合作,更是一种公共决策机制,在公共政策领域发挥着重要作用③。超大城市社会的跨公私合作伙伴治理,就是指政府为了应对日趋扩大和多样化的民生服务需求,通过财政拨款、税收优惠、购买服务等形式,让社会组织(包括慈善组织、志愿组织、社会服务机构等)或市场给特定群体提供更有专业

---

① 龚维斌:《社会治理创新需要调整央地关系》,《党政干部论坛》2015年第11期。
② [英]达霖·格里姆赛、[澳]莫文·K·刘易斯:《公私合作伙伴关系:基础设施供给和项目融资的全球革命》,济邦咨询公司译,中国人民大学出版社2008年版。
③ 张远凤、赵丽江:《公私伙伴关系:匹兹堡的治理之道》,《中国行政管理》2011年第9期。

化、多样化、高端化的公共服务或公共产品,以满足社会民众多元化、多层次的服务需求,从而解决公共服务短缺、质量不高的问题。在此进程中,政府必须要把自己打造成一个精明的服务购买者和强有力的事中事后监管者,防治公私合作伙伴关系中的委托代理风险。

三、 超大城市社会跨界治理的基本条件及运行机制

超大城市社会的跨区域治理、跨层级治理、跨部门治理和跨公私合作伙伴治理四种模式,在实践应用中,会根据现实需要,要么单独运行,抑或同步运行。跨界治理实质上就是一个由各级政府(中央政府、省市政府、区县政府、基层街镇)、政府内部职能部门、社会组织、市场企业、公民等多元治理主体,借助正式或非正式手段,构建纵横交错的网络化合作治理体系,进而实现满足社会服务需求、降低社会风险,促进社会包容可持续的目的。在此过程中,每一类治理机制不尽一致,都会面临一个集体行动的困境问题。为了保障跨界治理的有效运转,需要一些共同的基本条件及运作机制(图2),主要包括如下几个方面:

图2　超大城市社会跨界治理的初始条件与运行机制

1. 资源互赖。资源相互依赖理论表明,任何一个国家、城市、地区抑或企业、团体等组织,无法同时拥有权力、人力、财力、物质、信息等所有资源,为了谋求发展,必须与更多拥有互补性资源的多元主体建立外部关系,在相互依赖、互动交换中实现自己的发展目标。同理在社会治理中,面对各类跨域性社会公共事务,没有多元治理主体之间的相互合作,任何一方都无法完成既定的治理目标①。超大城市社会的跨界治理,不论是跨区域治理的地方政府之间、跨层级治理的上下级政府之间、跨部门治理中的职能部门之间,还是跨公私合作伙伴治理的政府、企业、社会组织之间,都是基于各自拥有的权威、信息、财力、人力、技能等各自优势基础上的相互依赖、资源互补与协作过程,通过一加一大于二的方式,共同提供社会公共产品或服务,满足社会服务需求的日趋增长和复杂化应对。可见,资源相互依赖与整合,既是跨界治理的基本物质条件,也是跨界治理有效运转所依赖的首要机制。

2. 相互信任。超大城市社会的跨界治理,实际上是一个多元治理主体之间围绕某个问题或目标而进行持续谈判、协商、互动、博弈乃至联合行动的过程,需要在政策、规制、服务供给和监督等层面上取得一致②、达成共识、建立信任,这是实现跨界治理的核心和关键,尤其是地方政府之间、职能部门之间、政府与社会组织之间的相互信任,是多主体走出合作囚徒困境、降低交易成本、联合执行政策的根本保障。西方国家的整体政府理论认为,把具有不同性质、目标、管理模式和动力机制的组织整合起来的关键既不是行政命令,也不是市场竞争,而是信任③。从这个意义上说,超大城市社会的跨界治理需要新型治理文化和丰厚社会资本的支撑,注重培养牢固而统一的价值观、团队建设、组织参与性、信仰、以价值为本的管理、合作、加强公务员培训和自我发展等意识,更有必要在公共部门内重建"公共道德"和"凝聚性文化"④。

3. 权力共享。权力是一种让会关系,是指任何主体只要能够运用其拥有的

① 孙涛:《社会治理体制创新中的跨部门合作机制研究》,《云南民族大学学报(哲学社会科学版)》2016年第2期。

② 曾维和:《后新公共管理时代的跨部门协同》,《社会科学》2012年第5期。

③ 解亚红:《"协同政府":新公共管理改革的新阶段》,《中国行政管理》2004年第5期。

④ 孙迎春:《国外政府跨部门合作机制的探索与研究》,《中国行政管理》2010年第7期。

资源,对他人发挥强制性的影响力、抑制力,促使或命令、强迫对方按权力者的意志和价值标准作为或不作为的能力。权力通常也要求得到权力所及的共同体范围内成员的认可,从而具有合法的权威基础①。从这一视角看,超大城市社会跨界治理就得需要一套保障权力共享的机制,实现多主体之间集权与分权的相对平衡,实现资源的优化配置。具体而言,在超大城市社会跨区域治理中,超大城市和周边省市要让渡部分权力给跨区域协调共治机构,确保跨区域协调机构的权威性,努力破解成员城市之间因行政等级差异导致的各种运行障碍。在跨部门治理中,要围绕特定的社会问题,调整分散在不同部门之间的权力关系,既要做到职责边界清晰,又要做到相互制约、相互监督、相互依赖、相互负责,协同解决共同面临的社会公共问题。在跨公私合作伙伴治理中,继续深化简政放权和转变职能,加大对市场、社会、公民、社区的分权力度,赋予市场和社会应有的独立自主权,"市场能办的多放给市场,社会做好的就交给社会"②,最大程度地激发企业、社会组织、个人、媒体、社区等参与社会公共事务治理的动力,激发社会参与的活力。

4. 信息共享。在大数据时代,在任何一项公共政策和公共治理活动中,打通和整合不同治理主体之间各自为政、不同标准的信息数据库,实现设施联通、信息互通共享,是提高社会治理效能的重要条件。针对超大城市社会跨界治理而言,不论是单个超大城市治理,还是整个大都市区治理,都要注重促进数据开放、联通、共享的法律法规建设,搭建政府信息共享平台或载体,依法破除不同区域、不同职能部门之间的信息孤岛、数据割据,实现相关业务信息系统互联互通、政务信息资源集中共享,加强基于信息共享的业务流程再造和优化,创新社会管理和服务模式,提高信息化条件下社会治理能力和公共服务水平。

5. 利益共享。从政治学角度来看,利益共享是政府依据公正的价值理念,经过群体间的协商与合作对社会共同利益进行配置的制度安排,它是化解社会矛盾和冲突、平衡社会利益结构、保证社会公平正义、保障社会共同利益创造者共享社会发展成果的现实要求,是构建和谐社会的价值定位和机制保障③。超大

① 郭道晖:《社会权力与公民社会》,译林出版社 2009 年版。
② 李克强:《市场能办的多放给市场　社会做好的就交给社会》,载凤凰财经 2013 年 3 月 17 日。
③ 何影:《利益共享的政治学解析》,《学习与探索》2010 年第 4 期。

城市社会跨界治理作为一个复杂性巨系统,具有利益主体众多、利益诉求分异大、矛盾冲突多元等特征,建立健全包括财政、税收、金融、服务等领域的全方位利益跨界共享机制,满足不同政府、不同部门、不同社会组织等多主体的正常利益诉求,努力实现地方与区域、部门与整体、经济与社会等多种利益关系的有机统一,保障多元主体共赢,才是跨界治理真正有效运行的根本动力和基础保障。

6. 责任共担。除了强调不同主体的基本权益外,基于利益共同体和安全共同体,更注重多元主体在协同行动中的主体责任,建设人人有责、人人尽责、人人享有的社会治理共同体,是社会跨界治理的关键所在。为此,超大城市在跨区域、跨部门、跨层级、跨公私合作伙伴治理中,不同治理主体实现利益共享的基础上,需要围绕公共安全、服务供给、社会保障、信息维护等领域,形成多元主体之间公平的责任配置,实现责任共担、风险共担,共同解决超大城市多元社会、复杂社会、风险社会存在和面临的诸多社会公共问题。

四、 超大城市社会跨界治理的配套政策保障

为了实现超大城市跨界治理模式的有效运行,需要共同性、配套性的政策措施加以保障,主要包括如下几个方面:

1. 法律保障。完善相关法律法规,依法明确多元治理主体的权力和责任,是实施跨界治理的首要保障。具体而言,根据前文四个维度的跨界治理,重点需要完善以下法律体系的建设:一要制定《政府间关系法》,依法明确不同层级政府、同级政府内部不同部门之间的行政权、财权、事权等,建立健全共同治理的激励和约束机制,根治在社会跨界治理中的相互推诿、各自为政问题。二要制定《政府与社会关系法》,依法制定社会跨界治理中政府的权力清单、负面清单、责任清单,界定职能边界,赋予市场和社会明确的自治权,建立健全政府购买服务机制和流程,全面构建信用、公平、高效的社会治理环境。

2. 体制保障。超大城市社会跨界治理的关键,就是要顺应现代网络社会发展的趋势和要求,改革创新传统管理体制,建构适应性的社会治理新体制,为解决社会问题提供制度保障。具体而言,一要重点推行以整合分散化、碎片化格局的大部门、委员会、政府协会、联席会议等管理体制,为全方位实行整体性、系统

性、无缝隙跨界治理提供政府管理新体制。二要顺应互联网社会和共享经济发展大趋势,全面创建有助于广泛吸纳民意、满足公众参与权和表达权、促进数据开放共享的社会治理新平台和新载体,推动超大城市从单向管理转向双向互动、从线下转向线上线下融合、从单纯的政府监管向更加注重社会协同治理转变。

3. 财税保障。科学合理的财税体制是促进社会资源优化配置,促进社会公平,实现国家长治久安的重要制度。跨界治理强调多元治理主体之间的协同和集成,这势必对传统的政府预算管理制度、财政支出结构、税收制度等带来新挑战。因此,加大财税制度改革创新,建立健全满足跨界治理需求的新型财税制度,是超大城市社会跨界治理的必要条件之一。重点需要完善以下财税体制:一要增强市场意识、契约精神、法治意识和适度合理的财政保障理念,增强财政体制安排的法治性、权威性、稳定性和透明度,为多治理主体依法履行各自承诺和职能提供基础性激励作用。二要加快推进预算管理制度,加强相关职能部门公共预算间资金的统筹安排和有机衔接,探索围绕政府跨部门协同解决社会公共事务的预算与资金整合使用机制,为跨界治理提供充足、灵活的财政支持。三要积极探索和完善社会组织税收政策体系和票据管理制度,改进和落实公益慈善事业捐赠税收优惠制度①。四要健全中央和地方各级政府间事权与支出责任相适应、财力与事权相匹配的财政体制;完善不同层级政府间的财政统筹和转移支付制度,为实现公共服务均等化和跨区域社会问题的合作治理提供有效的经费保障。

4. 人力资源保障。社会治理创新的关键在体制机制,核心在于人,尤其是在跨界治理体系中,更需要一大批拥有跨界思维和跨界组织能力的社会治理人才队伍。重点需要打造以下三支队伍:一要培养一批具有跨界领导力的党政干部队伍。在中央部委、省市政府、基层政府等多个层面,加大领导干部的跨界治理专项培训,除了提高其分管工作的专业化水平外,更要具备对现实社会多样化、复杂性和不确定性的认知,掌握社会公共事务运行的逻辑关系和基本流程,从而树立"超前一步、主动合作"的跨界治理思维,提高跨组织交流、谈判、互动与协商能力,在协调与配合中有效治理复杂多元的社会问题。二要培养一批具有社会

---

① 柴新:《社会组织发展再获财税政策"红包"》,《中国财经报》2016 年 8 月 24 日。

资源整合能力的社会组织领军人才队伍。在全面推动社会工作者职业化、专业化、社会化发展的基础上,建立健全社会组织领军人才的培养机制、选拔机制和激励机制,形成"一个领军人才带动一个示范性社会组织,一个示范性社会组织带动一个专项服务,多个示范性社会组织联手服务于一个完整的社会领域"的发展格局,通过不断优化社会组织人才队伍结构,提高社会组织的社会资源配置和提供公共服务的能力。三要培养一批用创新和市场运行来满足社会需求的社会企业家人才队伍。要从专业教育、金融支持、创业扶持、技能培训、政治参与等多方面采取综合措施,吸引热衷于社会创新的有志青年投身于社会企业创业行列之中,帮助青年社会企业家们获得所必备的能力和素养,知识与资源,促进优秀社会企业家人才不断发展壮大。

(作者为上海社会科学院社会学研究所研究员)

社区协商、共同体营造与基层社会治理创新

——以上海市普陀区"同心家园"为例

罗　峰

一、社区"共同体"营造视角下基层社会治理的嬗变

过去的几十年里,在传统的单位体制下,中国社会形成了一种基于"单位共同体"的特殊社会管理传统。①而伴随着中国社会的转型,尤其是城市单位制的改革,在瓦解了"单位共同体"的同时,也催生了城市社区这一独特的现实社会场域,并使之逐步成长为城市居民日常生活的主要空间。由于城市社区体现了单位制解体后,国家为解决城市社会整合与社会控制问题,保障与基层社会的良好沟通以及实施社会控制和整合,塑造国家政治建设和政治发展积极资源的努力,而成为国家基层治理的有效单元②;更作为城市居民日常生活共同体③的物理承载空间,上演着城市居民生老病死、喜怒哀乐的戏码。

时至今日,城市社区的现实意义已然得到了政府和学界的一致认可。早在2000 年,中共中央办公厅转发的《民政部关于在全国推进城市社区建设的意见》中就已明确将城市社区化为共同体的范畴,意见指出,"社区是指聚居在一定地域范围内的人们所组成的社会生活共同体"。而从学界的讨论来看,当前的人们口中的"共同体",早已不再局限于滕尼斯、涂尔干、韦伯、雷德菲尔德、鲍曼等人笔下的概念,而是成为了一个融入权力组织、社会网络、社会资本等多种新元素的共同体,也因此成为了具有多种功能的功能性的共同体。④纵观当前对于社区层面的共同体的研究,基本上将其定义为:一定地域界限范围内,由一定的生产

---

① 田毅鹏、胡水:《单位共同体变迁与基层社会治理体系的重建》,《社会建设》2015 年第 2 期。
② 林尚立:《社区:中国政治建设战略性空间》,《毛泽东邓小平理论研究》2002 年第 2 期。
③ ［德］滕尼斯:《共同体与社会》,林荣远译,商务印书馆 1999 年版。
④ 李慧凤、蔡旭昶:《"共同体"概念的演变、应用与公民社会》,《学术月刊》2010 年第 6 期。

312

或社会关系组织起来的,从事一定社会活动的一定数量的群体。此外,一定的治理结构或机制体系、相应的生活方式以及一定的认同感也不可或缺。而社会的急速转型,导致了传统的熟人社会赖以维系纽带和运作机制失灵,社区建设和社区治理日渐浮现出诸如社区治理重心转移、社区公共道德面临重构、社区整合能力弱化等问题,①都使得后单位制时代的城市社区面临着"共同体"危机。诚然,当前的城市社区已经无法也无必要回到特尼斯所描述的那个"传统的,诗一般的田园生活"状态,但是对于一个"包含了舒适感、识别感、安全感、交流感、成就感等精神和生活的意义"的理想型社区②的向往却是人类永恒的追求。现实困境与理想期望,开始公共呼唤社区作为一种生活和精神"共同体"的功能性复归。③始于 20 世纪 80 年代中期的中国社区建设,使社区不仅成为城市基层社会的基本组织形式,同时开启了现代社区共同体构建的步伐。而处在"行政化困境"和"功利化困境"之间的城市社区,其共同体的构建面临着十分艰巨的任务——为社区共同体成长提供良好的外部体制环境;在"家园意识"和社区公共文化的培育中提升社区共同体的凝聚力;推进广泛的社区民众参与,增强社区居民的共同生活体验等等。④近年来党和政府关于社会治理创新的全面战略部署——例如,2000 年,中办文件首次提出,要"努力建设管理有序、服务完善、环境优美、治安良好、生活便利、人际关系和谐的新型现代化社区"。2007 年,中共中央明确提出要在社会建设进程中,"把城乡社区建设成管理有序、服务完善、文明祥和的社会生活共同体"等等——正是力图解决当前社区面临的新问题,回应民众对于理想型社区追求的现实举措。

二、 社区协商:基层社会治理的创新举措

作为西方理论界传统的三大民主模式之一⑤,协商民主(Deliberative Democ-

① 何绍辉:《场共同体:陌生人社区建设的本位取向》,《人文杂志》2015 年第 4 期。
② 丁元竹:《滕尼斯的梦想与现实》,《读书》2013 年第 2 期。
③ 姜方炳:《共同体化:城市社区治理的功能性转向——走出社区治理困境的一种可能思路》,《中共天津市委党校学报》2015 年第 2 期。
④ 高亚芹:《"共同体"概念的学术演进与社区共同体的重构》,《文化学刊》2013 年第 3 期。
⑤ 三大民主模式包括自由主义民主、共和主义民主和协商民主。

racy)兴起于20世纪80年代,起源于美国学者约瑟夫·M·毕塞特在1980年发表的《协商民主:共和政府的多数原则》一文。罗尔斯的重叠共识和公共理性、哈贝马斯的沟通理性和批判主义,以及吉登斯的结构二重性和话语意识等提供了理论贡献,在西方的现实实践中也积累了丰富而成功的经验,①而在中国,不仅"庙堂之上"的社会主义民主组成部分包括"政治协商会议、行政听证会、民主恳谈会、社区议事会"这样丰富的、多层次的体现协商民主特征的社会主义民主制度和政治实践。②在"江湖之远"的社会基层——无论是农村、城市还是国有企业等——也充满了协商民主的宝贵经验。③协商民主的前提在于承认并接受社区利益主体多元化及不同利益主体之间存在的差异和分歧;其核心在于强调基于理性的协商,即客观、冷静、审慎地讨论、审议、对话和交流,从而取得共识;其本质就是要充分体现并维护利益主体的诉求和权益。而社区协商正是社区利益主体基于理性的协商取得共识,以消除彼此之间的分歧,维护各自的权益的民主形式,④是宏观的国家政治架构下的一种民主形式在微观社区运行中的一种体现。

　　党的十八届三中全会首次提出了将"推进国家治理体系和治理能力现代化"作为全面深化改革的总目标。而社区作为国家治理体系中最基层的有效治理单元,其治理成效无疑具备举足轻重的地位。正如有学者指出的,社区是中国政治和社会的基石,是国家治理中的基础性关键性环节:社区是社会稳定的基本保障,是社会公德的主要来源,是实现民主的最佳场域,是弥补和平衡科层体系的有效途径。⑤而身处加速转型的城市社会之中,兼具治理单元、市民空间以及日常生活共同体三重性特征的城市社区开始面临前所未有的挑战,⑥必须进行基层社会治理创新才能有效应对现实带来的挑战,而协商民主正是有效的创新途

---

① 闵学勤:《社区协商:让基层治理运转起来》,《南京社会科学》2015年第6期。

② 易承志:《协商民主、国家建设与国家治理》,《学术月刊》2016年第3期。

③ 乔纳森,安戈,陈佩华等:《中国的基层协商民主:案例研究》,《国外理论动态》2015年第5期。

④ 吴猛:《社区协商民主:理论阐释与路径选择》,《社会主义研究》2011年第2期,第99—101页。

⑤ 陶元浩:《国家治理中的社区定位及衰落》,《求实》2016年第5期。

⑥ 黄锐:《城市社区的三重性及其危机:兼论建构何种社区治理秩序》,《人口与社会》2016年第1期。

径之一。

面对城市社会治理的中的问题,基于协商民主而衍生的社区协商,作为我国基层社会治理的重要创新举措,开始受到重视。尽管当前,中国的协商式治理还处在顶层设计大于基层实践的阶段,但是这场"潜在"的变革,却有望成为中国城市社区中社会治理创新的活力源泉。因此,党的十八大报告首次提出了"社会主义协商民主是我国人民民主的重要形式",进而对"健全社会主义协商民主制度"进行规划和部署。为了进一步推动协商式治理的优势,2015年2月中共中央印发的《关于加强社会主义协商民主建设的意见》,对协商民主建设作出了顶层设计和全面部署,制定了清晰的路线图。而为了从基层强化协商制度,2015年7月由中共中央办公厅、国务院办公厅发出的《关于加强城乡社区协商的意见》规定了协商内容、确定协商主体、拓展协商形式、规范协商程序、运用协商成果等,并将城乡社区协商定义为"基层群众自治的生动实践,是社会主义协商民主建设的重要组成部分和有效实现形式",并明确提出了"发展基层民主,畅通民主渠道,开展形式多样的基层协商,推进城乡社区协商制度化、规范化和程序化"的要求。

在这样的历史背景下,协商民主作为一种基层社会治理的新模式,在社区层面获得了广泛推进,并且焕发出蓬勃的生命力,其独有的优势也逐渐展现。正是基于此,在2014年上海市委一号课题——《关于进一步创新社会治理加强基层建设的意见》公布以后,上海市基层社会治理被提升到历史高度的当下,上海市普陀区选择了以社区协商,来统领"同心家园"建设这一基层社会治理创新的举措,并在社区共同体的营造上取得了相当的成效。

三、 营造共同体:上海市普陀区 "同心家园"的社区协商实践

实际上,通过基层协商民主的各项举措得以实现社区公共性的重建,已为某些学者从理论上详细论证,[1]而上海市普陀区的"同心家园"建设则从基层的社

---

[1] 肖林,《协商致"公"——基层协商民主与公共性的重建》,《江苏行政学院学报》2017年第4期。

区协商过程中践行了这一点。2016年以来,普陀区多层面开展基层协商民主实践,通过"三务"公开、"三会"议政等社区协商的实践,全区各街道镇共开展"同心家园"建设项目447个,其中不乏社区协商项目。这些工作深化了社区协商议事制度探索,丰富了社区协商议事实践,初步实现了"社区事情居民议,居民事情居民定,居民事情居民办"的基层民主格局。总体而言,普陀区的社区协商按照"公众参与—协商议事—公共咨询—民主决策—决策实施—评议监督"的思路,探索形成"知、议、询、决、行、督"的运作模式,创新了在区域化党建引领下,社区共治与社区自治协同发展,多元主体协同治理的善治局面。

(一) 发挥党建力量,实现共同体营造的党的领导

具体而言,普陀区按照区委部署,将区域化党建工作分为区级、街镇和居民区三个层面实施。区级层面区域化党建工作通常以联席会议形式进行组织实施,其成员单位代表通过申请或推荐协商产生。街道镇层面党建则创立了以街道镇党(工)委为核心、居民区(村)党组织为基础、区域内其他党组织为结点的"1+2+2+X"区域化党建新机制。居(村)层面建立以居民区(村)党组织为领导核心,社区民警、业委会、物业公司、驻区单位、社会组织等方面的党员代表参加的区域化党建组织网络。同时,在共治平台的建设上,普陀区下辖10个街镇先后各自建立了以党建为核心的各种形式的党建共同体,诸如曹杨街道的"筑梦曹杨"区域化党建联盟、甘泉街道的"幸福甘泉"区域化党建工作联席会议以及长征镇的"红色力量"联盟区域化党建工作平台等等,以及面向社区全体成员的社区代表会议。此外,很多街镇还根据各自的实际情况成立了诸如城市网格化平台、"同心家园"领导小组会议、现场办公会等共治平台。上述举措将社区协商的开展牢牢地把握在了党的引领之下,同时进一步增强了协商工作的实效。

(二) 搭建协商体系,提供共同体营造的制度保障

为了形成社区共同体营造的制度保障,普陀区在进一步强化了协商议事的选题形成及实施机制。首先普陀区在推进"同心家园"建设过程中,重视协商议事选题项目的申报与审核工作。例如,2016年全区汇总形成了447个工作项目,这些项目中有相当一批需要转化成协商议题,拿到社区共治或自治协商平台上进行商议,以便推动落实。本着"社区事情居民议,居民事情居民定,居民事情居民办"的工作思路,普陀区坚持自下而上的方式,围绕社区共治和自治平台,制定年度协商计划的如下工作流程:(1)议题征集;(2)议题遴选;(3)汇总初稿;(4)征求意见;(5)议题确定。这个过程中,充分注意了围绕协商议题征求意见的过程中,坚决体现民意优先的原则,充分保障居民的知情权,会前提供与议题相关的背景资料,或事先组织协商参与人员开展调查研究,切实做到问计于民;对于居民和有关方面申报的、但未被列入协商计划表的议题,则要求做好说明和解释工作,保护居民和有关方面参与协商的积极性;顺应时代特点和居民生活方式、议事渠道的变化,坚持与时俱进,创新运用网络平台、微信公众号、QQ 群、手机 APP 等现代信息平台和手段,开展社区协商议题的征集和意见征询工作。而在协商议事的具体实施过程中,则对共治议题及自治议题进行了进一步细分。对于共治议题①,社区共治协商议题由社区委员会下设的专业委员会负责组织实施。目前,普陀区各街道的社区委员会均设置了专业委员会,基本覆盖社区事务的方方面面,且与街道相关科室对口联系,得到职能科室的支持。具体包括:社区建设和公共管理专委会、社区公益事业和公共服务专委会、社区平安和公共安全专委会、居民自治与公众参与专委会、社区规划与发展专委会以及社区文化宣传和公共关系专委会等等。协商议事的具体过程的关键在于协商会议的组织以及会后监督执行。因此,对于专业性、技术性较强的议题,优先邀请专家学者、专业技术人员、第三方机构参加协商会议;街道党工委、办事处领导对协商各方的意见建议及时作出回应;需要后续办理落实的事项,则明确议题办理的分管领导、职能科室和办理时限,根据协商会议纪要拟订落实意见等等。全面而细致的协商体系,则从制度上确保了协商议事的及时有效推进。

(三) 落实协商效果,提升共同体营造的多元参与

为了进一步落实协商效果,普陀区在社区协商主体的培育和参与度上,花了很大的功夫。首先,普陀区在确保社区党组织对于协商议事的领导核心地位的同时,大力推动各类社区组织和机构积极参与到社区协商议事中来,培养了居民对居(村)委会、物业公司、业主委员会、社区党组织等社区协商议事主体接受度的同时,积极推动各类兴趣小组、志愿服务机构、社区服务站的成长,从而实现了

---

① 根据上海市及普陀区有关文件精神,区域化党建工作联席会议和社区代表会议已经建立了较为完善的工作流程和操作方式,因此社区代表会议闭会期间,社区委员会和专业委员会开展的各类共治议题的协商活动才是工作的重点。

普陀区社区协商议事主体的培育与发展逐步实现了从政府主导向社会组织和服务机构参与过渡，各类企事业单位、社会组织不断承接政府行政体制改革所剥离出来的社会职能，有力地推动社区功能的重建与拓展。同时，普陀区还积极响应上海市的号召，积极搭建政协委员联系社区工作平台。普陀区试点建立的委员联系点由街道镇党（工）委领导，设组长一名，由担任区政协委员的街道镇领导担任，副组长2名，从委员中推选产生，联络员由街道镇负责统战工作的科室工作人员担任。联系点成员由工作或居住在本街道镇或对相关社区工作有兴趣的委员组成。主要工作内容是：参与社区相关事务、收集社情民意、参与社区建设。由于居民自治议题的协商，是社区协商中最经常、最灵活的协商种类，对于加强社区协商民主建设具有重要意义。所以普陀区在居民区层面一共搭建三个自治协商平台——居民区联席会议、"三会"（社区评议会、社区协调会、社区听证会）、居民自治组织——以进一步落实协商成效，并将居民代表、居（村）委会、居民小组、业委会、物业公司、驻区单位、社区社会组织，以及其他利益相关方共同纳入协商主体，并切实做到协商过程由居民全程参与，协商结果由居民"说了算"。此外，普陀区还先后形成了"一品香泉""同心圆楼组"等特色自治平台。不少社区在"同心家园"推进过程中也自发创立了一系列个性化议事平台，成为自治协商平台的重要载体，通过制度化、规范化、程序化上深耕细作，形成社区协商议事的特色品牌，在社区治理中发挥更加重要的作用。可以说，随着协商效果被居民所切身体会，进一步加强了居民参与的积极性，从而形成了社区协商的崭新格局。

四、 社区协商何以推动社区共同体营造？

从前文的分析中可以看出，从当前普陀区的"同心家园"建设中，社区协商的创新实践业已表现出来的特征来看，能够对社区共同体存续的功能性、精神性和社会性三个基本特质施加相当正面的影响，从而推动社区共同体的营造。

首先，共同体功能性存续推动了社区共同目标的确立。作为共同体的一种，城市社区的目标往往区别于一般功能体，是以满足共同体内部需求为导向的，具体表现为对于社区公共利益的关注而维系的共同行动目标。但是由于当前城市居民内部的个体化趋势不断彰显,因此,共同目标的确立也就面临着前所未有的困难。而社区协商议事则从源头上使得明确目标成为可能。从而弥补社区选举民主的不足,强化对决策者与管理者的约束,提高社区公共决策的民主性、科学性、合法性。

其次,共同体精神性存续推动了社区认同感的建构。城市社区居民的认同感相对于传统社区以及单位共同体而言,存在着一定的天然劣势,因此,就更加需要通过多元主体对于社区事务的协同参与,围绕基层民主,发展出了"党建引领,多元共治"的社区协商体系。协商民主在基层治理的社会化过程中,理性的政治参与有助于公民意识的养成,实现多元化与社会化的合拍;有效的利益表达有助于基层民主的发展,实现社会化与制度化的契合;科学的民主决策有助于政治文明的涵养,体现民主政治与协商民主的一致性。应发挥协商民主在基层治理中的信息聚合、利益协调、社会稳定、服务大局等社会整合功能,推进国家治理体系和治理能力现代化。[1]从而达成培育社区参与意识,促进社区共同体形成的治理目标。

再次,共同体社会性存续推动了社区人际交往的维系。共同体的营造需要全体居民的广泛沟通,社区协商则通过长期的过程性来推动这一点。总之,社区协商的过程不仅是社区居民表达诉求的过程,也是不断发现新的信息,论证自己的偏好诉求,或者倾听他者的诉求、倾听他者论证自己的诉求并可能转变自己原来的诉求的过程,还有可能是通过论辩发现新的信息并放弃自己原来的主张而提出新的主张的过程,这是一个相互争论、彼此说服的过程,这个过程本身也是社区居民自我管理、自我教育、自我锻炼和自我服务的过程。[2]最终实现社区矛盾和冲突的解决,推动社区和谐。

综上所述,在中国城市基层社会治理创新的浪潮中,社区协商日渐受到重视,并且通过社区共同体的营造,有效地推进了社区的和谐与稳定,在很大程度上实现了城市社区的"善治"。但是需要看到的是,城市的社区协商在取得了重大成就的同时,依旧面临着一定的改进空间。例如,如何进一步扩大社区各种类

---

① 陈海燕:《协商民主在基层治理中的社会化过程与社会整合功能探析——基于社会化的视角》,《广西社会科学》2016 年第 3 期。

② 张洪武:《在社区协商中实现社区自治》,《求实》2016 年第 1 期。

型的人群参与到社区协商中来;如何在保持党建引领的基础上进一步明确社区协商的议事范围以及各主体的权责范围;如何在社会治理创新的过程中更好地融入科学技术的创新等等。这些问题都有待广大基层社会治理的实践者和研究者去探寻,从而更好地发挥社区协商的现实价值,笔者也乐观的相信,社区协商将成为后续破解城市基层社会治理这一重大历史性命题的重要入手点。

（作者为华东师范大学助理研究员）

中华文明信仰与当代中国心态秩序

李向平

一、问题的提出

党的十九大报告提出"加强社会心理服务体系建设,培育自尊自信、理性平和、积极向上的社会心态"的要求,说明当代中国特色的社会主义建设与民族复兴事业已经进入一个新时代,社会、文化的发展已到一个更高层级的历史方位,人们的价值观与社会心态也处于日益变化之中,因此,在面对人民群众日益增多的利益诉求和不断凸显的社会矛盾时,如何努力涵养人心,凝聚人心,培养民众积极健康、乐观进取的良好心态,对于掌舵社会航向的执政党与新时代的中华文明复兴而言,无疑是摆在面前的一项重要课题。而探讨、分析当代中国社会多元融合的价值秩序与中华文明复兴对当下社会心态的影响,及其对当代中国社会、文化建设的意义,并在理论与实践上推进当代中国的社会心态、大国心态的研究,实乃十分迫切、非常重要的理论问题与现实问题。

2015年,"人民论坛"问卷调查中心,通过深入调查采访和梳理提炼,初步整理出多种社会公众所反映的多种社会病态。其调研结果显示,超过八成受调查者认为当前社会处于亚健康状态,"信仰缺失""看客心态""社会焦虑症"位列当今社会病态前三项,同时,有超过八成的受访者认为当前中国社会正处于亚健康状态。

另外,近年来社会各界也围绕中国作为一个大国的建设与发展的"大国心态"的讨论非常热烈,见仁见智。其中的问题关键是,究竟该如何看待"大国心态"? 又该如何与时俱进地培育和涵养"大国心态"? 随着中国综合国力的不断增强,国际影响力的不断扩大,中国正在逐步成为世界大国。大国心态能够形成什么样的心态秩序,反映的无疑是中国国民在日常生活中特别是面对重大事件或者突发事件时所普遍呈现的一种反映大国特征的认知、情感、意志和行为倾向。

二、 中华文明信仰与当代中国心态秩序

中华文明信仰无疑是我们理解当代中国社会心态与价值秩序的一个必要的范畴，也是现代中国学术的关键词之一。

一般而言，中华文明信仰体系乃由儒、释、道及其民间信仰所构成，即使在其中包涵着对某些神灵的祭拜，但也不局限于对神灵的祭拜。因为，中华文明对于宗教及其信仰的定义方式就不同于其他一神教对宗教及其信仰的定义方式。

在此体系之中，中华文明信仰的核心实际上并不以"成神"为目的，而是以成圣（仁道）、成佛（菩萨道）、成仙（仙道）为宗旨。在此体系之中虽然建构了"凡圣"与"神俗"之别，但中华文明信仰有关"神圣"的定义及其内涵，并不完全集中于宗教及其信仰等表述，而以成圣、成佛、成仙为过程，最终落实在"修身"与"成己"的核心层面。这就倾向于把中华文明信仰偏向于成己及其修持的功夫与过程。为此，中华文明信仰方式能够直接构成一种心态的体现方式，直接以修身、成己等修持功夫、修持程度、修持过程表达为文明秩序等关系、要素，或直接演变为中华文明秩序的基础。

与此同时，中华文明信仰使人与人、群体与群体之间的交往认同成为可能，它作为是一种具有当下中国社会平等交往特征的价值共同体，是人们理解社会关系的一种重要方式，也是人际交往、相互联系的重要方式，进而塑造人们理解中华社会价值世界、国家心态的重要方式，并能为这种理解方式赋予意义的方式和象征。换言之，以修身、成己为核心的中华文明信仰体系始终是人们认识当代中国心态秩序发生机制的一个核心范畴。它虽然呈现在各种不同的信念结构之中，但却是大众社会、日常生活的重要部分，是全体社会成员在心态秩序层面上的最大公约数。

中华文明信仰及其"集体框架恰恰就是一些工具"，以更多体现现实面向的"社会共识"（common sense），形成为当代中国的心态秩序。尤其基于中华文明信仰格局的心态秩序，实际上即是以中华文明信仰与当前中国作为一个大国建设中亟须拥有的国家心态秩序为问题意识，并基于费孝通有关心态秩序的思考，

拓展社会学、尤其是中华文明信仰研究的社会学理论方法,以形成研究与论述中华文明信仰与国家心态秩序的重大理论体系。

"心态秩序"概念,作为费孝通晚年学术反思的学术遗产,也是实现"美美与共、天下大同"美好社会设想的实践进路,同时也是渗透了费孝通终身关怀的概念工具。费孝通在他接近一个世纪的个人生涯中亲身体验了两次虽有间隔但朝向一致的现代社会转型:1911 年的革命和 1978 年的改革。这两场大转型在改变中国社会的历史命运的同时,也带来了对原有社会秩序的猛烈冲击,甚至带来了"更为迫切的心态秩序的危机"。①提倡"心态"研究,正是这位中国社会学"先知"对当下中国越来越感同身受的"问题"或"危机"所做的一种预前警示。

重新审视费孝通"差序格局"与"心态秩序"概念,能够在重新检视家国观念、个体与社会关系,乃至公共性建构的层面上,感受到费孝通强调文化自觉的现实意义与理论价值。这不仅是对社会变化的心态反应,它指出了中国社会学本土文化如何面对外来文化的冲击,同时也指出强势文化如何面对弱性文化,文化之间应当相互理解,每种文化都有其独创性和充分价值。中外文化只有在"和而不同"的新心态秩序下才能进行平等对话。

作为对"中华文明秩序何以可能"问题的回应,"心态秩序"概念至少需要梳理或讨论当代中国如下问题:使心态成为当代中华文明秩序成为可能的本土资源是什么? 心态秩序能够在哪些领域,通过何种机制产生效能? 在中华文明家国结构的基础上,以中国社会学、宗教社会学的视角检视或讨论心态秩序概念,不仅是对心态秩序概念的延展,也构成学术界对建构当代中华信念结构及其文明交往、心态文明及其内在机制的追问。其中,最主要的问题是如何能够从那种深深嵌入在华夏文化结构、运作机制,乃至生活方式中的文明信仰关系里面,抽象、提炼出一些有关文明信仰秩序、国家心态秩序得以构成的普遍性问题,打破文明信仰与国家心态秩序之间那种带有决定与被决定特征的论述架构,最后形成一个能够适用于文明信仰、不同信念结构与文明心态秩序的理论架构,解决当代中华文明复兴中中国作为一个大国之心态秩序的学术难点,实现其应有的理论关怀。

---

① 费孝通:《中国城乡发展的道路——我一生的研究课题》,《中国社会科学》1993 年第 1 期。

三、"心态秩序"及其学术研究史

"心态"概念,源自费孝通老师史禄国的"心智复合体"(Psycho-mental Complex)概念,融合了潘光旦"位是安其所、育是遂其生"的"人人各育其位"的"中和位育"秩序观。但社会心态的研究不仅是这几年许多人意识到社会转型既向中国社会心理学提出了挑战,同时也提供了前所未有的良机①,不少中国学者多年来也一直敏锐地从"社会心态"(social mentality)及其相关领域入手,欲图为有关转型的社会心理学研究独辟蹊径。当下30年中,与"社会心态"一词相关的学术论文不断增多就是一例明证。费孝通的这一想法,后来生发成拓展中国社会学研究传统界限的主张②,与当下中国社会科学、社会学话语体系重建的时代要求不谋而合。

正是社会学家费孝通先生最早意识到"社会心态"危机。他在1993年香港中文大学作了题为《中国城乡道路发展》的演讲,首次提出在对生态秩序研究之外,社会学应该研究心态秩序。他当时提出,中国人能否做到"安其所,遂其生"?必须要意识到整个社会转型带来原有社会秩序的猛烈冲击,以及心态危机。因此,"心态秩序"的概念包含着费孝通的终身关怀,能够联结个体、社会、国家乃至国际政治的概念工具。因此,基于费孝通的"心态秩序"概念,能够重新检视家国观念、个体与信念结构复杂关系,乃至国家系统秩序及其公共性建构等重大问题。华夏文明以家国结构为文化信仰基础,从历史的角度给定了中国社会有关国家心态秩序的历史文化背景,并成为当代中国回应"华夏文明秩序何以可能"这一问题的重要解释路径之一。从宗教社会学的角度看,讨论华夏文明的心态秩序及其内在机制,则首先需要在以中华文明信仰为基础的国家心态秩序的构成与实践机制。

---

① 方文:《转型心理学:以群体资格为中心》,《中国社会科学》2008年第4期;周晓虹:《中国人社会心态60年变迁及复杂趋势》,《河北学刊》2009年第5期;王俊秀、杨宜音主编:《2011年中国社会心态研究报告》,社会科学文献出版社2011年版。

② 赵旭东:《超越社会学既有传统——对费孝通晚年社会学方法论思考的再思考》,《中国社会科学》2010年第6期;费孝通:《试谈扩展社会学的传统界限》,《北京大学学报》2003年第3期。

涂尔干曾说,"集体心态(group mentality)并不等于个人的心态,它有其固有的规律"。①实际上,"心态史本质上是一种涂尔干式的研究观念的方法",它"强调集体的态度而不是个人的态度"。②学界的相关讨论也认为,因为受特定时期社会文化变迁的影响,这一社会心理状态是动态的,或者说是变动不居的。"社会心态是(在)一定时期的社会环境和文化影响下形成并不断发生着变化的。"③"社会心态是一段时间内弥散在整个社会或社会群体/类别中的宏观社会心境状态,是整个社会的情绪基调、社会共识和社会价值观的总和。"④

在涂尔干看来,个体表征作为一种心理事实是个体心理学研究的对象,而集体表征作为一种社会事实则恰恰是社会学的研究对象。只是一方是"群体"或"社会",另一方是"个体",这就会成为社会转型时期所关注的焦点或问题之所在,集体表征与个体认同,实际上即是社会心态的形成机制,即作为集体表征之社会心态研究的最主要问题,成为社会学、中华文明信仰社会学的心态秩序研究对象。

诚然,"心态秩序"可谓"心态"与"秩序"两个范畴的整合。此所谓心态是指对事物发展的反应和理解表现出不同的思想状态和观点;秩序则是一个恒常的、古老的话题,任何社会的存在与发展都离不开秩序。古典汉语中,"秩"和"序"含有常规、次第的意思。就中华文明信仰方式而言,中国的社会学研究应当在人文生态层次之外,研究心态层次的问题,"必须建立的新秩序不仅需要一个能保证人类继续生存下去的公正的生态格局,而且还需要一个所有人均能遂生乐业、发扬人生价值的心态秩序"。⑤

为此,心态秩序作为一种解析性概念,它是一种分析性定义,可以偏重于社

① Durkheim, Emile, *The Rules of Sociological Method*. Trans, by Sarah A.Solovay & H.John Mueller. New York：The Free Press, 1966.

② ［英］伯克·彼得:《法国史学革命:年鉴学派1929—1989》,刘永华译,北京大学出版社2006年版。

③ 王俊秀:《社会心态理论——一种宏观社会心理学范式》,社会科学文献出版社2014年版;马广海:《论社会心态概念辨析及其操作化》,《社会科学》2008年第10期。

④ 杨宜音:《个体与宏观社会的心理关系:社会心态概念的界定》,《社会学研究》2006年第4期。

⑤ 费孝通:《中国城乡发展的道路——我一生的研究课题》,载《费孝通文集》第12卷,群言出版社1999年版。

会文化信仰方式上的使用,但是,心态秩序的概念亦能作为中华文明信仰社会学研究的概念而加以使用。

其一,心态秩序的概念,其功能能呈现在国家文明秩序的制度或组织层面;

其二,如何使它成为价值和信仰领域的一种实践方式;

其三,心态如何建构成为秩序的问题,心态文明与理想秩序的构成关系。

对于心态秩序此类特征与功能的讨论,能在中华文明信仰层面把文化心理、情感方式、思维特征、信仰方式与中国社会各种关系予以整合,使中华文明心态及其建构方式成为当代中国社会的共同信仰,从中孕育、建构出当代中国社会亟须的心态文明、理性秩序,乃至文化自信、社会公正等要素。

在此,中华文明信仰关系不但能为当下大众社会心态秩序的合理构成提供神圣基础,而且还能为具有同一种中华文化身份、同一种心态秩序的社会成员资格,在"信念结构""命运共同体"及"心态秩序"等层面上整合一体,共同建构当下中国社会的文明心态、理性秩序的基本要素,将中华文明信仰关系、文化自信要素与心态秩序的建构紧紧整合为一个神圣格局。

四、 当代中国心态秩序的若干层级

中华文明信仰与当下中国社会大众的国家心态、价值秩序的建设关联,至今虽有直接的、富有成效的研究论著,尤其是集中在社会心态等社会心理学问题的领域之中,但中华信仰与国家心态秩序的构成等相关问题,却应直接成为中华民族复兴过程中的主要问题,社会学、宗教社会学的社会心理学的研究目标之一。

通过对中华文明信仰的"信念结构与心态秩序"之间的关系,能够讨论不同信念结构之心态秩序建构机制,讨论中华文明信仰、不同类型的信念结构及其心态秩序的构成形式,以及这些构成形式与社会信任、文化自信、社会公平等层面的互动关系,当代中华信仰作为社会文明命运共同体,如何成为建设当代中国国家心态、基层社会所亟须的价值秩序的各种形成机制。依据上述的分析和梳理,当代中国心态秩序重建的问题拟分为如下四个方面加以理解,或如下四个层级:

1. 中华文明信仰与心态秩序关系的理论研究;

2. 心态秩序的集体表征与个人表征;

3. 中华文明信仰关系与心态秩序类型;

4. 文明心态、理性秩序与五大信念信仰类型的内在关系。

首先,中华文明信仰与心态秩序关系的理论研究,重点在于理论层面的讨论与建构。包含有中华文明信仰结构之中有关文化秩序、心态秩序、价值秩序与权力秩序的相关理论的综述与讨论。其中,既有中外信仰观的比较研究,亦有心态秩序理论的相关讨论,特别是不同文明信仰体系之间的比较研究。

其次,心态秩序的集体表征与个人表征。它说明当下中国心态秩序的构成与表达,需要集体与个人表征方式。为此,心态秩序或中华文明信仰的"集体表征"或"个人表征",乃承载中国社会心态秩序,表达文化自信、国家认同、社会信任的基础。

此类表征体系,或知识分子,或文化团体,或民间社会组织,甚至是政府代表,同时也可能是文化精英,也可以民间乡贤。他们也可能是有名的宗教文化领袖,也可能是灵性上被大多数人边缘化的群体。表征体系也可以是某个世代,代表着与旧世代对立的年轻一代的观点与兴趣,代表着一个变迁中的社会秩序,特定的社会部门或组织与其他信仰关系乃至不同信念结构中如何表达国家心态秩序和睦相处或者是对立。这种表征集体或表征个人,乃是文明信仰及其社会心态的具体基础。它能够将具体的历史情境、象征资源以及制度结构加诸的限制与机会,在一定价值秩序中整合起来,通过表征关系而表现出来的"象征连接",从而具有一定的心态秩序和价值秩序构成的可能性。

再次,中华文明信仰关系与心态秩序类型之构成。在此,主要体现了中华文明信仰关系如何与心态秩序类型的建构形成某种内在关系。它的最基本问题是,中华文明信仰或其他信念结构有无能力提供一个稳定的可以预见的心态秩序,或者它只能是一个未完成的建构过程。因为,一个文明信仰体系也许可以唤起多重意义,一个意义也会被多重信仰关系所唤起。

换言之,一个文化信念结构可以是一种有组织的信仰规则,为国家的心态秩序提供理由和说明。而信仰也是一种社会整合机制,信仰者、承载群体和制度的惯常行为能够通过集体的或个人表征机制,以一种心态秩序的国家方式与善、价值、规范范畴产生联系。从社会学的角度来看,文化与行动、秩序、制度的关系非常重要,在信仰者、规范、制度、行动之间,如何使用心态秩序这样的概念来体现或实践中华文明信仰。

如果说，文明信仰乃是一个社会心态秩序基本核心的话，那么，当代中国社会中不同的信仰类型或信仰实践方式，它们之间的信仰关系如何处理、如何协调，无疑就是文明心态、理性秩序得以构成的基本内容。其中的重要问题是，究竟是什么文明信念决定何种心态，何种心态又直接建构不同的秩序的不同？究竟是什么信仰主导了价值秩序的最后构成，决定了一个民族大国、国家的意义共享系统？

最后，文明心态、理性秩序与五大信念信仰类型的内在关系。就文明信仰的表达机制而言，其信念结构中所有成员倘若身处同一信仰系统，他们便会在表达其集体表征、群体认同感之际，吸收一组相同的符号资源，以获得相应的成员资格。这就不仅仅是与认同的其他形式相匹敌的一种认同形式，而且还是塑造社会认同的一种共同手段。为此，只要是这些成员拥有身处同一个共同体的体验，同时也在以同一种方式解释他们所共同面对的社会世界。①他们就能基本构成一个信念结构的心态秩序、共同体的成员资格及其神圣认同。

在此神圣结构之中，"国家心态秩序的文明信仰基础""心态秩序的集体表征"及"心态秩序的个人表征"等问题，作为中华文明信仰与中华文明心态秩序建构中的各种构成要素及其培育和发展，无疑能促成当代中国文明心态、理性秩序的逐步构成，建构为作为一个大国的国家心态秩序的必然关联。

如同费孝通所说："社会学对于精神世界的理解，应该是把它和社会运行机制联系起来，但不是简单地替代，不是简单地用一般社会层次的因素去解释精神层次的活动。当然，最理想的，是在社会学研究中真正开辟一个研究精神世界的领域。"②其中，最基本的问题就是当下日益显得重要的心态秩序等相关问题。所以，文明信仰结构及其"心态秩序"的研究，即为社会学中国话语体系的讨论与学术界限的拓展，无疑也为从中华文明信仰社会学的研究，检视当代中国社会"心态秩序"的延展性及其内在逻辑提供了契机。

---

① ［英］阿兰·芬利森：《想象的共同体》，载［英］凯特·纳什、阿兰·斯科特主编：《布莱克维尔政治社会学指南》，李雪等译，浙江人民出版社 2007 年版。

② 费孝通：《试谈扩展社会学的传统界限》，《北京大学学报》2003 年第 3 期。

五、 建立中国社会学"心态秩序"概念

作为一种学术反思,"心态秩序"概念的提出,应当就承担着构建当代中国社会文化信仰共同体的现实使命。它与个体层面有关信仰、意义、情感与国家、社会公共秩序的命题紧密联系,同时也与信念结构层面的理性对话及其平等交往、文明信仰体系在国家社会层面的公共性建构问题紧密联系,同时还能上升到作为全球化后果之一民族国家之间的交往与对话方式。

中华文明信仰体系与当代中国心态秩序的构成机制,这是社会学界应当及时回应的重大理论问题与现实问题。在中华文明信仰格局及其展开的不同信念结构中的国家心态秩序的研究,梳理出中华文明复兴过程中具有大国责任、大国自信的心态秩序,建构一种富有文明开放、自信和谐的文明心态与神圣秩序——作为全球化背景下命运共同体各种国家、民族、信念结构之间交往结构的基本方法,全球化交往中一个特有的解释与评价范畴。对此,本文尝试作出如下梳理:

其一,在个体行动者层面,中华信仰系统与当代中国心态秩序的关系主要体现在各种信念结构中的内部交往,以及信仰者与自己内心的交通。

各个信念结构自身的组织稳定性和行动效能,与其内部的秩序构成联系密切。而信念结构内部秩序将在相当大层面与其内部交往相关。信念结构内部层级与关系的顺畅,决定了内部沟通的效率和秩序的实现可能。尽管信念结构可以被理解为"经由共同信仰某一信念的人群,为达成其信仰目标、实现其信仰实践而形成的有一定层级、组织性和统一行动指向的信仰共同体",然而基于信念方式的多样性和当前中国社会中不同信念结构的主要特点,信念结构主要体现为信仰实践的不同组织方式。这些不同形式的信念结构往往彼此区别很大,而其成员可能互有交集,进而经由不同心态形成不同秩序。

在神圣资源获得的层面,信念结构内部的神圣资源,有些是通过占据人神交流的中介位置,有些是通过对于神圣问题的解释权等获得。在其他资源类型的层面,则往往与其个人位居信念结构中的特别位置,及其能够在其社会网络中获得的资源、关系的多寡有关。而这些因素则常常与个人魅力、身世背景、现实权力等紧密相关。这些要素往往能够改变或强化其对神圣资源等控制能力,而对

神圣资源等占有和操控,也能够通过符号再生产,转换为神圣资源以外的各类资源的获取,并可能体现在信念结构中的地位、角色的转换上。在此,神圣—现实资源的互相转换,构成了以关系为核心的内在驱力,促使其心态拥有神圣心态的某些特征。

行动者在信念结构内部的自我反思中,也会从个体心性的意义上,制约着信念结构层面的心态及其行动秩序构成。在信念结构中,信仰实践者同时面临着神—人关系、神圣资源—世俗资源两类方面,彼此介入、相辅相成,甚至在同一类方面绝非泾渭分明,而是你中有我、我中有你的交互状态。比如在神—人关系的层面,通常信仰实践形式上的神—人关系之外,交汇了以“关系”作为中华文明信仰方式特征的人际人伦特征,并且以神—人关系为基础,表达出神—他人—公己/私己的层级状态。这种表达特征,实际上为神圣资源—世俗资源的分配逻辑与获取方式提供了结构性要素。不同信念结构中神圣关系层面的偏颇与公正,公己与私己的整合与调适,无疑会构成个体层面建立心态及其行动秩序的内在逻辑。

其二,文明信仰与当代中国心态秩序的关系主要体现在不同信念结构之间的互动方面。

一般而言,当代中国心态秩序主要体现在不同信念结构(也包括不同组织与制度)之间的互动关系层面。不同制度与组织的交往也主要体现在不同信念结构的交往互动上,如同个体与社会、国家与家庭、政治与心理、道德与正义、身份与理想,均为不同信念结构在社会实践机制层面的具体体现。其小至家庭内不同文明信念者有关家庭秩序、祭祖方式、丧葬安排等方面的求同存异;其中观层面,可至村落乡镇中民间文化信仰与基层权力组织之间的交往关系;其宏观层面,可至有关传统如何转换为当代文化心态、外来文明信念之中国化与当代中国社会信仰秩序主从关系的调整与定义。

其三,在信念结构与国家、社会关系的角度,信念结构与心态秩序的关系主要体现在不同信念结构与所处社会的交往上。社会公共参与的差异原因不在于其教义来自何处,同时也在于信念结构的组织化程度。停留在心性、个体层面的文明信仰,大多会成为从属于自我中心主义的信仰实践与私人神秘体验,而难以获得团体特征、公众特性进而成为“共同的善”(common good)的可能。信念结构与外部社会环境的关系层面,直接制约着经由个人心态形成理性秩序,甚至会由不同秩序左右社会成员各自不同心态的形成,不同心态的神圣特征。

其四,不同信念结构如何成为民族国家的主导价值秩序,此类问题直接关联于文明信仰与国家心态秩序,甚至会体现在国家交往之间的理性秩序。

纵观当前的国际政治,文明信仰等价值系统已成为影响国家关系与国际政治转向的一类重要因素,并可能形成一类国际政治中的社会思潮。"儒佛信仰为主体的华夏民粹主义、基督教原教旨教派与底层白人的基督教民粹主义等,在一定程度上形成了全球化民粹宗教思潮,促成'神权民主'及其'民众神圣',导致具有新国家主义特征的'绝对国家'及忠诚于国家等特征出现,从而深刻影响到国际政治关系,乃至能够强化、左右当下国际政治思潮。"[1]风云变幻的国际政治之下,不同国家之间文明有序的交往秩序何以构成,可说是国家心态秩序所集中关注的重大问题之一。

这正是在中国社会学话语体系重建的理论方法基础上,从重建当代中国文明信仰神圣结构的视角,讨论与研究中华民族复兴过程中中国社会心态秩序的现实意义与理论价值。

(作者为华东师范大学社会学系教授)

---

① 李向平:《"神权民主"与"新国家主义"——当代国际政治中的"民粹宗教"》,《国际政治研究》2017 年第 5 期。

土地确权与农地流转

——基于财富效应视角的考察*

何东伟　张广财

一、引　言

自 20 世纪 80 年代以来,以农村集体所有制为主要特征的联产承包制度得以确立。联产承包责任制很好地适应了当时中国经济的形势,并极大地推动了中国农业的快速发展(Lin, 1992;冀县卿和黄季焜,2013)。随着中国工业化和城镇化的快速发展,农业劳动力逐渐向城市大规模流动。尽管农民的承包经营权不断地被确认与强化,但是在城镇化的巨大作用下,农民与土地的关系逐步松动。长期以来实施的家庭联产承包责任制造成了农村土地零碎分割,土地经营规模狭小,难以实施农业专业化和适度规模经营。随着越来越多的农村劳动力从农业中转移出去,人口老龄化问题也变得越发严重,农村土地的"撂荒"现象时有发生。在中国农村,"弱者种地、差地种粮"的现象已非常普遍,农业被边缘化的倾向也越来越严重(罗必良和胡新艳,2015;罗明忠等,2017)。为了实现农业的发展转型,自党的十七届三中全会以来,政府加大了农村土地流转的政策力度,推动了农村土地流转和规模经营的进程。

农村土地得以高效流转的前提是农地产权和使用权能够清晰界定并受到政府的有力保护。然而,农村土地产权残缺和产权不稳定一直是中国农地制度安排的重要特征,导致了很高的土地流转交易成本。农地产权界定的不清晰使得土地流转过程存在着不可预知的风险,限制了土地流转的范围和规模,降低了农村土地资源的配置效率,甚至会导致农民的利益在土地流转过程中受到损害(周

　　*　基金项目:国家社科基金重大项目"共享发展理念下的我国新型城乡土地制度体系构建研究"(项目编号:16ZDA019)、国家自然基金重点项目"气候变化背景下低碳农林业发展战略及政策研究——基于作用、潜力和成本效益的分析"(项目编号:1333010)。

其仁,2013;程令国等,2016)。土地确权是土地流转的前提和基础。为了推进土地流转的顺利进行,农业部于2011年发布了《关于开展农村土地承包经营权登记试点工作的意见》,首次明确要求对农户承包的土地进行确权登记并颁发证书。该意见提出"把承包地块、面积、合同、权属证书全面落实到户","确认和保障农民的土地物权,以明确土地承包经营权归属、形成产权清晰、权能明确、权益保障、流转顺畅、分配合理的农村集体土地产权制度"。

农村土地确权会对土地流转带来什么样的影响?土地确权对土地流转的影响是否存在财富效应,如果存在,财富效应又是如何对土地流转产生影响的?为了考察以上两个问题,我们使用北京大学中国健康与养老追踪调查(CHARLS)数据,从财富效应的视角对土地确权对土地流转的影响进行了定量研究。本文的其余内容安排如下:第二部分回顾了相关文献,第三部分介绍了研究的数据和研究方法,第四部分是实证结果和分析,第五部分是本文总结及政策含义。

二、 制度背景与文献综述

(一)中国土地确权的制度背景

土地问题一直是中国社会改革与变迁过程中的重要话题。中国的土地确权相关政策的实施有着特殊的背景和演变路径。在现有的农村土地产权制度安排中,农村土地的所有权和使用权是分离的。农民只拥有土地的使用权、转让权和相应的收益权,而土地的所有权却只归村集体所有。这种不完全的土地产权制度会造成不稳定的农村土地承包关系,导致农民很难对其所承包的土地进行长期投资。为此,中央政府自20世纪80年代以来,不断制定相关政策,以稳定农村地权。比如,1984年提出"土地承包经营权15年不变"和"大稳定、小调整"的农村土地政策;1993年在一轮承包的基础上提出"土地承包期限30年不变"的二轮承包,并提倡有条件的地方实施"增人不增地""减人不减地"的政策。国家又先后于1998年和2002年修订和出台《土地管理法》和《农村土地承包法》,将稳定农村地权的政策上升为法律。《农村土地承包法》还要求村集体向农户发放土地承包合同和承包经营权证书。2008年中共十七届三中全会提出"现有土地承包关系要保持稳定并长久不变"。该提法在以后的中央1号文件中被多次强调。

在 1988 年的《宪法修正案》和同年修订的《土地管理法》出台之前,农村土地流转是被禁止的。出于避免土地大规模兼并导致农民失去土地资料的"政治正确性"的考量,中央政府对土地流转一直持有非常谨慎的态度。1986 年颁布的《土地管理法》还明文禁止出租或其他任何形式的土地流转。在此情况下,村集体可能会对出租土地的农户通过收回土地的形式作为惩罚(Yang,1997;Holdenand Yohannes,2002;程令国等,2016)。农户在 1988 年之后才开始允许在村集体成员内部流转。随着城市化进程的加快,农民对农业的依赖度逐步下降,中央开始对农村土地流转采取了积极的态度。1998 年的《土地承包法》开始允许农户把土地流转给村外人,并提出在少数具备条件的地区发展农村土地的规模化经营。2002 年的《土地承包法》则进一步规定了农户依法对土地进行转包、出租、互换、转让的权利,并禁止村集体或地方政府加以干预和限制。

随着中央政策对农村土地流转政策的放松,农村土地流转市场得到了迅速发展。1998 年全国八个省市的抽样调查显示,农地流转仅占承包农地总面积的 3%~4%,但 2000 年前后就快速提高到 5%~6%,其中沿海发达地区达到 8%~10%(陈锡文和韩俊,2002)。根据第二次全国农业普查数据推算,2006 年全国农户土地流转率达到 16%(万举,2009)。而据农业部统计,2011 年全国家庭承包耕地流转总面积达到 2.28 亿亩,占家庭承包经营耕地面积的 17.8%。

尽管中央政策出台了一系列稳定土地承包权的政策,土地流转仍然受到现行的土地管理体制下承包权边界模糊和不稳定的影响。虽然稳定农村地权的政策已经出台了相关法律,但是尚未形成对土地承包经营权进行登记管理的产权制度。现有土地承包关系是在一轮承包基础上的延包形成的。由于承包期内土地调整频繁,不可避免地造成地块不实、四至不清、面积不准等问题(程令国等,2016)。早期承包土地要缴纳税费,土地价值较低,土地流转中的土地权属没有得到农户的充分重视。随着工业化进程的加快,农村土地的经济价值水涨船高,因此而产生的农村土地权属纠纷日益增多,导致了农村土地流转的交易成本不断增加。另外,由于土地的所有权理论上是归村集体所有,当家庭人口变动或政府征用集体土地时,经常会带来承包土地的重新调整。根据叶剑平(2010)的调查,从土地联产承包制至今,由于人口变化和征地的原因,63.7%的村集体在二轮承包时进行过调整,34.6%的村在二轮承包后还进行了土地调整。

为进一步稳定农户的土地承包经营权,促进农村土地的流转,农业部在 2009 年开始就选择八个省(直辖市)的部分乡镇进行试点探索。在确权试点工作取得显著进展并积累了较多经验之后,农业部在 2011 年发布了《关于开展农村承包经营权登记试点工作意见》,明确指出承包经营权登记的主要任务是"查清承包地块的面积和空间位置,建立健全土地承包经营权登记簿,妥善解决承包地块面积不准、四至不清、空间位置不明确、登记簿不健全等问题,把承包地块、面积、合同、权属证书全面落实到户,依法赋予农民更加充分而有保障的土地承包经营权"。

2011 年,农业部等六部门正式启动全国范围内的农村土地承包经营权登记试点。首批 50 个试点县(市、区)涉及 28 个省的 710 个乡镇、12 150 个村。2013 年中央 1 号文件明确规定"用 5 年时间基本完成农村土地承包经营权确权登记颁证工作",并确定了 105 个县(市、区)为第二批土地确权登记颁证试点地区,由此确权工作在全国范围内全面开展。2015 年,土地承包经营权登记颁证试点再度扩容。湖南、湖北、江西、江苏、甘肃、宁夏、吉林、河南、贵州等 9 省区被纳入土地确权登记颁证试点范围。

(二)文献综述

土地产权问题的研究已经成为学术研究和政府政策的热点问题。从产权理论的角度来看,土地产权的稳定性和完整性会影响土地流转的交易成本,土地确权可以强化土地产权的安全,能够根本地影响土地在市场中的交易。国内外关于土地确权和土地流转的文献非常丰富,大多文献肯定了土地确权的积极作用(Besleyand Burgess, 2000; Deininger and Jin, 2005; Field and Field, 2006;程令国等,2016; Murtazashvili and Murtazashvili, 2016; Meeks, 2017)。Deininger 等(2003)对尼加拉瓜的研究发现,具有稳定土地产权的所有者更愿意参与土地租赁市场,将自己土地流转出去。Bezabihand 和 Holden(2006)、Deininger 等(2011)对埃塞俄比亚土地登记对土地流转的影响进行了研究,他们发现土地登记能够显著地提高农户土地流转的意愿和规模。Bezabihand 和 Holden(2006)还发现土地流转中的性别效应,即女性户主家庭在土地登记后比男性户主更愿意进行土地流转。

从当前文献来看,对中国农地确权和土地流转进行探讨的研究也有不少。

学者们对 20 世纪 90 年代中农村土地流转市场的研究表明，由于土地产权不明确，存在着流转权的限制，农民出租土地的行为可能会被视为无力耕种土地的信号，导致其土地存在被村集体收回的风险；而且，土地产权的不稳定也增加了土地流转后收回土地的难度（Yang，1997）。北京大学国家发展研究院综合课题组（2010）探究了成都市都江堰土地确权的实践经验，认为土地确权是土地流转的基础，土地确权可以提高农村土地的产权强度，降低土地流转的交易成本，进而促进土地流转的顺利进行。Li（2012）梳理了自 2008 年以来成都土地确权的实践经验，发现农村集体所有土地在确权后，农村居民的收入和财富都显著增加，同时也发现了土地产权强度与土地价格之间的强烈相关关系。林文声等（2016）从生产激励、交易费用、交易价格及要素市场联动四个方面分析了土地确权对中国农地经营权流转的效应。他们的研究发现，土地确权对农地经营权流转的促进和抑制作用并存，土地承包经营权证书颁发率显著影响农地经营权流转，而土地承包合同发放率则显著地抑制了农地经营权的流转。程令国等（2016）建立了一个土地确权与土地流转关系的理论模型，并从实证上检验了该理论模型。他们的研究表明，农村土地确权不仅降低了交易成本，促进了土地流转，同时也通过增强土地的产权强度提高了土地的内在价值。

虽然国内外文献对土地确权和土地流转的研究很多，但是，从财富效应的视角研究土地确权对土地流转影响的研究很少。"财富效应"原指家庭财富的变化对消费的影响，相应的土地流转的财富效应指家庭财富对农户土地流转行为的影响。根据生命周期理论，理性经济人会在综合考量自身经济财富水平的基础上做出经济决策，便于平滑整个生命周期的经济活动以达到效用最大化。作为家庭财富的重要组成部分，我们认为住房财富会对家户的经济决策产生重要影响。对"财富效应"的量化研究最早可追溯至 Ando 和 Modigliani（1963）。住房作为重要的资产其财富价值不言而喻，Elliot（1980）和 Bhatia（1987）较早的研究了住房的"财富效应"，并指出了房产价值的变化对居民消费行为的影响。在此之后，Lehnert（2004）、Disney et al.（2010）、赵西亮（2013）、柴俊国和尹志超（2013）等继续对房价变化及财富效应的影响展开研究，住房财富效应进一步的演进便是对家户经济行为的影响。本文我们借鉴了住房财富对家庭消费决策的影响，将住房的财富效应引入农户的土地流转行为中。劳动力自由流动的背景下，农户面临着承包期内的土地经营权的收益最大化问题,理性农户会在综合考量不同决策下的综合收益后做出决策,随着财富的增加和边际效应递减的影响,农户对农地的流转决策也会相应的有所调整。在农户的经济决策中,财富效应常常作为农户的重要决策变量。考察财富效应在土地确权和土地流转中的作用,无论在理论研究还是经济决策实践中都有着重要的理论和现实意义。

三、 数据与研究方法

本文中所用的数据来源于北京大学中国健康与养老追踪调查(CHARLS)2011—2012 年第一次全国基线调查数据。该数据是由北京大学国家发展研究院主持、北京大学中国社会科学调查中心与北京大学团委共同执行的大型跨学科调查项目,旨在收集一套代表中国 45 岁及以上中老年人家庭和个人的高质量微观数据。CHARLS 全国基线调查于 2011 年开展,覆盖了 150 个县级单位,450 个村级单位,约 1 万户家庭中的 1.7 万人。CHARLS 问卷包含了个人、家庭和社区等三个层面的信息,还包括了村庄确权和家庭土地流转等信息。我们的样本中共包括 4 187 个观测值,样本的描述性统计如表 1 所示。

表 1 样本变量含义与统计性描述

变量名	变量含义	均值	标准差
流转率	流转土地占总农户土地面积的比值	0.069 3	0.233 5
流转面积	流转土地的面积(亩)	0.394	3.180 2
流转价格	流转土地的价格(元/亩)	485.663 2	1 454.758
土地确权	确权=1,未确权=0	0.323 2	0.467 8
教育程度	户主的教育程度	3.416 5	2.364 6
年龄	户主的年龄	59.878 8	10.424 4
住房面积	农户住房的面积(平方米)	121.740 5	71.832
宅基地面积	农户宅基地面积(平方米)	215.959 7	151.765 2
房屋结构	若房屋为钢筋混凝土结构=1,其他=0	0.286 1	0.452
房屋类型	多层房屋=1,单层房屋=0	0.284 4	0.451 2
外来人口比率	外来务工人员占总人口的比例	0.047 6	0.132
外出人口比率	外出务工人员占总人口的比例	0.221 7	0.392 1
距公交距离	村庄距离公交站台的距离(公里)	3.000 5	8.617 1
公交线数量	经过村庄的公交路线数量	1.382 9	2.924

（续表）

变量名	变量含义	均值	标准差
男性平均月工资	男性人员平均余额工资水平(元)	2 607.284	1 371.746
大米价格	大米价格(元/千克)	2.29	0.440 4
老龄化率	村庄的老龄化比率	0.201 9	0.536 5
人均收入	人均收入水平(元)	4 495.742	4 930.37
农业补贴	是否有农业补贴	0.933 8	0.248 58
农业保险	是否有农业保险	0.427 1	0.494 7

为了考察土地确权对土地流转的作用,我们的基准模型设定如下:

$$y_i = \alpha_0 + \alpha_1 titling_i + \sum \beta_i X_i + \varepsilon_i \qquad (1)$$

$$y_i = \alpha_0 + \alpha_1 titling_i + \alpha_2 titling_i * structure_i + \sum \beta_i X_i + \varepsilon_i \qquad (2)$$

其中, y_i 是土地流转程度的变量,分别为:土地流转率、土地流转面积、土地流转价格。在回归中,土地流转面积和土地流转价格都取了对数形式。土地确权变量 titling 是本文的核心解释变量,若村中实施了土地确权, titling 取值为 1,若村庄为实施土地确权, titling 取值为 0。 X 为一系列控制变量,包括家庭层面的控制变量和村庄层面的控制变量。家庭层面的控制变量包括教育程度、年龄、住房面积、宅基地面积、房屋结构等;村庄层面的控制变量包括外来人口比率、外出人口比率、距公交站距离、公交线数量、男性平均月工资、大米价格、老龄化率、人均收入、农业补贴、农业保险等。方式(2)中的交互项 titling * structure 是土地确权变量与房屋结构的交互项,用以考察财富效应对土地流转的影响。对于广大农村地区家庭而言,住房是其非常重要的财富,住房的价值能够较准确地反映农户的财富水平。钢筋混凝土结构的房屋造价很高,一般具有较多财富的农户家庭才会建造。因此,我们在模型中用房屋结构作为农户家庭财富的代理变量。

但是,基准回归模型识别土地确权对土地流转的影响时,可能存在潜在的内生性问题。优先实施土地确权的村庄可能是土地流转水平较高的村庄,政府可能倾向于在流转程度较高的地区较早进行土地确权。因此,基准回归模型的结果存在着反向因果的潜在可能性。为了处理潜在的内生性,我们又进一步采用了 Wooldridge(2015)所发展的控制函数方法(Control Function Method)。控制函

数法分为两步:第一步,我们使用 Probit 模型估计村庄实施土地确权的概率:

$$titling_i = 1\left[Z_i\beta + \varepsilon_i > 0\right] \tag{3}$$

其中,Z 是一系列影响政府实施土地确权的变量,包括距公交站距离、公交线数量、男性平均月工资、大米价格、老龄化比率、人均收入、是否有农业补贴、是否有农业保险,以及城市固定效应。我们方程(3)可以得到广义残差(GR):

$$GR_i = titling_i \lambda\left(Z_i\hat{\beta}\right) - (1 - titling_i)\lambda\left(-Z_i\hat{\beta}\right) \tag{4}$$

其中,$\lambda(\bullet) = \phi(\bullet)/\Phi(\bullet)$ 为逆米尔斯比率(Inverse Mills ratio)。在一定假设下(Wooldridge,2015),我们可以得到第二阶段的回归模型:

$$y_i = \alpha_0 + \alpha_1 titling_i + \sum \beta_i X_i + \gamma GR_i + \varepsilon_i \tag{5}$$

$$y_i = \alpha_0 + \alpha_1 titling_i + \alpha_2 titling_i * structure_i + \sum \beta_i X_i + \gamma GR_i + \varepsilon_i \tag{6}$$

其中 GR 是从式(4)得到的广义残差,其他变量与方程(1)和(2)相同。

四、 实证结果与分析

(一)基准结果

首先,我们考察了土地确权对土地流转的影响。表 1 显示了基准模型方程(1)的结果,其中列(1)—(3)中的结果只包括农户家庭层面的控制变量,而列(4)—(6)的结果不仅包含农户家庭层面的控制变量还包括村庄层面的控制变量。从列(2)的结果可以看出,土地确权的系数为正且在 1% 的水平上显著,表明土地确权能够显著提高农户的土地流转比率。列(2)中土地确权的系数也同样为正且在 1% 的水平上显著,这说明确权后的农户土地流转面积有了显著增加。列(3)给出了土地流转价格受土地确权的影响。列(3)中土地确权的系数为0.246,而且具有 1% 的显著性水平,表明土地确权带来了土地流转价格的提高。上述结果表明,实施土地确权的确可以促进土地流转的进行,提高农户参与土地市场交易的积极性。我们的实证结果也验证了产权的安全稳定对土地价值的增值作用。列(4)—(6)显示了加入村庄层面控制变量后的回归结果,从结果上可以看出,增加控制变量后,土地确权的系数的大小没有发生变化,显著性水平也分别同列(1)—(3)中对应的结果一致。列(4)—(6)的结果表明基准回归的结果是稳健的,土地确权的确可以显著地促进土地流转的进行。

表2 土地确权与土地流转:基准回归结果

	(1)	(2)	(3)	(4)	(5)	(6)
	流转率	流转面积	流转价格	流转率	流转面积	流转价格
土地确权	0.024 9***	0.054 9***	0.246***	0.029 1***	0.067 2***	0.330***
	(0.007 78)	(0.013 9)	(0.080 1)	(0.008 50)	(0.015 2)	(0.087 3)
教育程度	0.001 41	0.002 87	0.030 7	0.000 727	0.002 16	0.015 8
	(0.001 82)	(0.003 25)	(0.018 7)	(0.001 99)	(0.003 57)	(0.020 3)
年龄	0.001 33***	0.001 96***	−9.43e-05	0.001 11**	0.001 69**	−0.001 61
	(0.000 397)	(0.000 711)	(0.004 07)	(0.000 430)	(0.000 770)	(0.004 37)
住房面积	−0.008 52	−0.030 5**	−0.104	−0.010 7	−0.034 5**	−0.066 0
	(0.008 06)	(0.014 4)	(0.083 0)	(0.008 81)	(0.015 8)	(0.089 8)
宅基地面积	0.015 0**	0.054 7***	−0.164**	0.011 6	0.052 2***	−0.153**
	(0.006 67)	(0.011 9)	(0.068 7)	(0.007 26)	(0.013 0)	(0.074 1)
房屋结构	0.035 9***	0.037 3**	0.584***	0.027 0***	0.029 7*	0.396***
	(0.008 55)	(0.015 3)	(0.087 8)	(0.009 55)	(0.017 1)	(0.097 0)
外来人口比率				0.051 3	0.063 9	1.086***
				(0.032 8)	(0.059 0)	(0.331)
外出人口比率				−0.008 20	−0.013 1	−0.232
				(0.013 9)	(0.024 9)	(0.147)
距公交站距离				0.003 50	0.008 86	0.031 2
				(0.005 14)	(0.009 20)	(0.051 8)
公交线数量				−0.005 49	0.000 705	0.281***
				(0.007 17)	(0.012 8)	(0.072 1)
男性平均月工资				−0.009 85	−0.011 7	0.405***
				(0.011 4)	(0.020 4)	(0.116)
大米价格				−0.028 3	−0.056 3	0.777***
				(0.023 0)	(0.041 2)	(0.236)
老龄化率				0.019 5	0.068 7	1.274***
				(0.035 7)	(0.063 9)	(0.405)
人均收入				0.017 2***	0.019 8**	0.265***
				(0.004 84)	(0.008 65)	(0.048 9)
农业补贴				0.035 4	0.033 6	−0.472**
				(0.023 3)	(0.041 7)	(0.234)
农业保险				0.005 80	0.007 58	0.157*
				(0.008 41)	(0.015 1)	(0.085 6)

（续表）

	(1)	(2)	(3)	(4)	(5)	(6)
	流转率	流转面积	流转价格	流转率	流转面积	流转价格
常数项	−0.073 7	−0.180**	5.755***	−0.105	−0.204	−0.243
	(0.048 8)	(0.087 4)	(0.502)	(0.109)	(0.196)	(1.111)
观测值	4 187	4 180	3 995	3 612	3 605	3 487
R^2	0.009	0.010	0.018	0.015	0.015	0.058

注：被解释变量显示在每列的上方，括号中为标准误，***、**、*分别表示1%、5%和10%的显著性水平。

为了考察土地确权和土地流转关系中的财富效应，我们对基准模型中的方程(2)进行了回归分析，实证结果见表2。列(1)—(3)显示了只有农户家庭层面控制变量的结果，列(4)—(6)显示了同时包含农户家庭层面和村庄层面的控制变量后的回归结果。列(1)中土地确权的系数为正且在1%的水平上显著，而交互项确权*房屋结构的系数为负，且在5%的水平上显著。房屋结构反映了农户家庭的财富数量，房屋结构为钢筋混凝土结构的农户往往比其他农户的财富更多。交互项系数为负显著，表明在农户的土地流转决策中存在着显著的财富效应。具有较多财富的农户倾向于更少地参与土地流转，对土地市场的参与意愿更加保守。列(2)和列(3)分别显示了财富效应在土地流转面积和流转价格中的表现。交互项确权*房屋结构在两列结果中都为负，且在列(3)中具有1%的显著性水平。列(1)—(3)的结果表明了土地确权和土地流转中的负的财富效应。列(4)—(6)中为加入村庄层面控制变量后的结果。从结果上看，这些结果与列(1)—(3)基本一致，说明土地流转中的财富效应是明显存在的，而且结果是十分稳健的。

表3 土地确权与土地流转中的财富效应:基准回归结果

	(1)	(2)	(3)	(4)	(5)	(6)
	流转率	流转面积	流转价格	流转率	流转面积	流转价格
土地确权	0.034 1***	0.065 7***	0.592***	0.038 3***	0.078 5***	0.615***
	(0.009 06)	(0.016 2)	(0.092 9)	(0.009 76)	(0.017 5)	(0.100 0)
确权*房屋结构	−0.035 1**	−0.041 5	−1.307***	−0.036 6*	−0.045 4	−1.129***
	(0.017 7)	(0.031 7)	(0.181)	(0.019 3)	(0.034 5)	(0.196)

（续表）

	（1）	（2）	（3）	（4）	（5）	（6）
	流转率	流转面积	流转价格	流转率	流转面积	流转价格
教育程度	0.001 40	0.002 86	0.029 3	0.000 721	0.002 16	0.014 6
	(0.001 82)	(0.003 25)	(0.018 6)	(0.001 99)	(0.003 57)	(0.020 2)
年龄	0.001 34 ***	0.001 98 ***	0.000 148	0.001 12 ***	0.001 70 **	-0.001 36
	(0.000 397)	(0.000 711)	(0.004 05)	(0.000 430)	(0.000 770)	(0.004 35)
住房面积	-0.009 18	-0.031 3 **	-0.128	-0.011 5	-0.035 6 **	-0.090 0
	(0.008 06)	(0.014 4)	(0.082 5)	(0.008 82)	(0.015 8)	(0.089 5)
宅基地面积	0.015 0 **	0.054 6 ***	-0.166 **	0.011 8	0.052 5 ***	-0.149 **
	(0.006 66)	(0.011 9)	(0.068 3)	(0.007 26)	(0.013 0)	(0.073 8)
房屋结构	0.046 4 ***	0.049 7 ***	0.974 ***	0.038 7 ***	0.044 2 **	0.749 ***
	(0.010 0)	(0.018 0)	(0.103)	(0.011 3)	(0.020 3)	(0.114)
外来人口比率				0.051 4	0.064 1	1.086 ***
				(0.032 8)	(0.059 0)	(0.330)
外出人口比率				-0.008 95	-0.014 0	-0.268 *
				(0.013 9)	(0.025 0)	(0.146)
距公交站距离				0.003 11	0.008 39	0.019 2
				(0.005 14)	(0.009 20)	(0.051 6)
公交线数量				-0.005 49	0.000 688	0.282 ***
				(0.007 17)	(0.012 8)	(0.071 8)
男性平均月工资				-0.009 86	-0.011 7	0.408 ***
				(0.011 4)	(0.020 4)	(0.115)
大米价格				-0.033 2	-0.062 3	0.612 ***
				(0.023 1)	(0.041 4)	(0.237)
老龄化率				0.020 9	0.070 4	1.262 ***
				(0.035 7)	(0.063 9)	(0.404)
人均收入				0.016 6 ***	0.019 0 **	0.249 ***
				(0.004 84)	(0.008 67)	(0.048 7)
农业补贴				0.034 0	0.031 9	-0.509 **
				(0.023 3)	(0.041 7)	(0.233)
农业保险				0.006 01	0.007 88	0.161 *
				(0.008 41)	(0.015 1)	(0.085 2)
常数项	-0.074 3	-0.180 **	5.743 ***	-0.095 9	-0.193	0.021 6
	(0.048 8)	(0.087 4)	(0.498)	(0.109)	(0.196)	(1.107)
观测值	4 187	4 180	3 995	3 612	3 605	3 487
R^2	0.010	0.011	0.030	0.016	0.016	0.067

注：被解释变量显示在每列的上方，括号中为标准误，*** 、** 、* 分别表示1%、5%和10%的显著性水平。

（二）控制函数方法的结果

在识别土地确权对土地流转的作用时可能存在着内生性问题。为了克服内生性，本文采用了 wooldridge(2015)发展的控制函数方法。控制函数方法第一阶段的回归结果显示在表 4 中。从表 4 中可以看出距离公交站越远、大米价格水平越高、人均收入越高、具有农业补贴的村庄进行土地确权的可能越小，而男性平均月工资越高、老龄化水平越高、具有农业保险的村庄更可能优先进行土地确权。这表明，在改革开放的不断推进过程中，中国农村人地关系在制度放活及外部经济激励的作用下，正在逐步发生松动，农户与土地开始有条件地参与市场（王常伟和顾海英，2016）。农民开始逐渐意识到土地所有权的重要性，不再局限于以前人人有份、户户务农的传统农地关系。随着生活水平和收入的提高，农民对农业的依赖越来越弱。部分地区的农民不仅在生产上脱离了农业，在生产与生活方式上也逐渐远离农村，不断向城市迁移。

表 4　控制函数方法：第一阶段回归结果

	土地确权		土地确权
距公交站距离	-0.217^{***} (0.063 7)	农业补贴	-1.056^{**} (0.442)
公交线数量	0.024 9 (0.116)	农业保险	0.533^{***} (0.159)
男性平均月工资	0.359^{**} (0.158)	常数项	7.667^{***} (1.443)
大米价格	-4.546^{***} (0.549)	城市固定效应	✓
老龄化率	5.954^{***} (0.605)	观测值	3 685
人均收入	-1.040^{***} (0.083 2)	R^2	0.326

注：被解释变量显示在上方，括号中为标准误，*** 、** 、* 分别表示 1%、5%和 10%的显著性水平。

表 5 显示了土地确权与土地流转关系的控制函数方法的结果。列（1）—（3）是只包含家庭层面控制变量的结果，列（4）—（6）是既包含家庭层面控制变量又包含村庄层面控制变量的结果。从列（1）—（3）的结果中我们可以看到，流

转面积和流转价格模型中,广义残差项分别在10%和5%的水平上显著,说明土地确权的确存在着一定的内生性。列(1)—(3)中土地确权的系数都为正且分别在不同的水平上显著,列(4)—(6)中土地确权的系数也都为正且分别在1%和5%的水平上显著,表明控制函数的结果与基准回归结果是一致的,考虑到内生性问题后,土地确权的确可以促进土地流转的进行。

表5 土地确权与土地流转:控制函数方法

	(1)	(2)	(3)	(4)	(5)	(6)
	流转率	流转面积	流转价格	流转率	流转面积	流转价格
土地确权	0.036 9 ***	0.085 4 ***	0.181 *	0.034 0 ***	0.081 6 ***	0.203 **
	(0.009 74)	(0.017 6)	(0.100)	(0.010 0)	(0.018 0)	(0.102)
教育程度	0.001 05	0.002 71	0.030 4	0.000 767	0.002 28	0.015 4
	(0.001 95)	(0.003 53)	(0.020 2)	(0.001 99)	(0.003 56)	(0.020 3)
年龄	0.001 15 ***	0.001 69 **	0.000 275	0.001 10 **	0.001 68 **	-0.001 49
	(0.000 426)	(0.000 772)	(0.004 40)	(0.000 429)	(0.000 768)	(0.004 36)
住房面积	-0.009 96	-0.034 8 **	-0.064 9	-0.010 8	-0.034 9 **	-0.062 8
	(0.008 65)	(0.015 7)	(0.089 7)	(0.008 79)	(0.015 7)	(0.089 5)
宅基地面积	0.010 5	0.050 2 ***	-0.188 **	0.011 7	0.052 6 ***	-0.159 **
	(0.007 06)	(0.012 8)	(0.073 3)	(0.007 24)	(0.013 0)	(0.073 9)
房屋结构	0.032 0 ***	0.033 8 **	0.528 ***	0.027 2 ***	0.030 4 *	0.390 ***
	(0.009 29)	(0.016 8)	(0.095 8)	(0.009 53)	(0.017 1)	(0.096 7)
外来人口比率				0.003 60	0.009 15	0.029 7
				(0.005 13)	(0.009 18)	(0.051 7)
外出人口比率				-0.005 55	0.000 526	0.283 ***
				(0.007 15)	(0.012 8)	(0.072 0)
距公交站距离				-0.009 54	-0.010 8	0.399 ***
				(0.011 3)	(0.020 3)	(0.115)
公交线数量				-0.025 7	-0.048 6	0.705 ***
				(0.023 1)	(0.041 4)	(0.238)
男性平均月工资				0.015 6	0.057 1	1.391 ***
				(0.035 9)	(0.064 2)	(0.407)
大米价格				0.017 3 ***	0.019 8 **	0.264 ***
				(0.004 82)	(0.008 63)	(0.048 8)
老龄化率				0.035 2	0.033 0	-0.468 **
				(0.023 2)	(0.041 6)	(0.234)
人均收入				0.005 79	0.007 55	0.157 *
				(0.008 39)	(0.015 0)	(0.085 4)
农业补贴				0.050 9	0.062 7	1.100 ***
				(0.032 8)	(0.058 9)	(0.331)

	（1）	（2）	（3）	（4）	（5）	（6）
	流转率	流转面积	流转价格	流转率	流转面积	流转价格
农业保险				−0.006 24	−0.007 36	−0.286 *
				(0.014 1)	(0.025 2)	(0.148)
广义残差	−0.013 5	−0.036 7 *	0.310 ***	−0.010 2	−0.030 1	0.282 **
	(0.010 9)	(0.019 7)	(0.114)	(0.011 2)	(0.020 0)	(0.116)
常数项	−0.032 3	−0.124	5.691 ***	−0.111	−0.222	−0.091 5
	(0.052 6)	(0.095 3)	(0.544)	(0.109)	(0.195)	(1.110)
观测值	3 685	3 678	3 535	3 612	3 605	3 487
R^2	0.009	0.012	0.014	0.089	0.089	0.131

注:被解释变量显示在每列的上方,括号中为标准误,*** 、** 、* 分别表示1%、5%和10%的显著性水平。

表5显示了我们考察财富效应的控制函数模型结果。列(1)—(3)是只包含家庭层面控制变量的结果,列(4)—(6)是既包含家庭层面控制变量又包含村庄层面控制变量的结果。从表5的结果中可以看出,土地确权变量的系数都为正且都在1%的水平上显著,交互项确权*房屋结构的系数都为负,且除列(2)和列(5)外都是显著的。控制函数模型的结果与基准回归结果中财富效应的结果一致,农户的财富效应的确存在,并且财富越多的农户更倾向于较少地参与土地流转。

表6 土地确权与土地流转中的财富效应:控制函数方法

	（1）	（2）	（3）	（4）	（5）	（6）
	流转率	流转面积	流转价格	流转率	流转面积	流转价格
土地确权	0.044 9 ***	0.093 2 ***	0.465 ***	0.041 6 ***	0.090 1 ***	0.467 ***
	(0.010 7)	(0.019 3)	(0.110)	(0.010 9)	(0.019 4)	(0.110)
确权*房屋结构	−0.034 8 *	−0.034 4	−1.220 ***	−0.035 0 *	−0.039 6	−1.208 ***
	(0.019 1)	(0.034 6)	(0.196)	(0.019 3)	(0.034 7)	(0.196)
教育程度	0.001 02	0.002 69	0.028 7	0.000 752	0.002 27	0.013 9
	(0.001 95)	(0.003 53)	(0.020 1)	(0.001 99)	(0.003 56)	(0.020 1)
年龄	0.001 17 ***	0.001 70 **	0.000 547	0.001 12 ***	0.001 69 **	−0.001 18
	(0.000 426)	(0.000 772)	(0.004 38)	(0.000 429)	(0.000 768)	(0.004 34)
住房面积	−0.010 8	−0.035 6 **	−0.092 0	−0.011 5	−0.035 8 **	−0.087 4
	(0.008 66)	(0.015 7)	(0.089 4)	(0.008 80)	(0.015 7)	(0.089 2)

（续表）

	（1）	（2）	（3）	（4）	（5）	（6）
	流转率	流转面积	流转价格	流转率	流转面积	流转价格
宅基地面积	0.010 8	0.050 5***	−0.178**	0.011 8	0.052 7***	−0.156**
	(0.007 06)	(0.012 8)	(0.073 0)	(0.007 24)	(0.013 0)	(0.073 6)
房屋结构	0.042 6***	0.044 2**	0.896***	0.038 3***	0.042 9**	0.766***
	(0.011 0)	(0.019 9)	(0.112)	(0.011 3)	(0.020 3)	(0.114)
外来人口比率				0.051 1	0.063 0	1.104***
				(0.032 7)	(0.058 9)	(0.329)
外出人口比率				−0.007 43	−0.008 68	−0.342**
				(0.014 1)	(0.025 2)	(0.147)
距公交站距离				0.003 20	0.008 71	0.016 3
				(0.005 13)	(0.009 18)	(0.051 5)
公交线数量				−0.005 54	0.000 528	0.284***
				(0.007 15)	(0.012 8)	(0.071 7)
男性平均月工资				−0.009 62	−0.010 9	0.399***
				(0.011 3)	(0.020 3)	(0.115)
大米价格				−0.031 0	−0.054 5	0.505**
				(0.023 3)	(0.041 7)	(0.239)
老龄化率				0.017 9	0.059 7	1.416***
				(0.035 9)	(0.064 2)	(0.406)
人均收入				0.016 7***	0.019 2**	0.247***
				(0.004 83)	(0.008 65)	(0.048 6)
农业补贴				0.033 9	0.031 6	−0.506**
				(0.023 2)	(0.041 6)	(0.233)
农业保险				0.006 00	0.007 82	0.162*
				(0.008 39)	(0.015 0)	(0.085 1)
广义残差	−0.011 4	−0.034 6*	0.386***	−0.007 73	−0.027 2	0.372***
	(0.010 9)	(0.019 8)	(0.114)	(0.011 2)	(0.020 1)	(0.116)
常数项	−0.033 6	−0.125	5.655***	−0.101	−0.211	0.240
	(0.052 6)	(0.095 3)	(0.541)	(0.109)	(0.196)	(1.106)
观测值	3 685	3 678	3 535	3 612	3 605	3 487
R^2	0.010	0.013	0.025	0.092	0.093	0.140

　　注:被解释变量显示在每列的上方,括号中为标准误, *** 、 ** 、 * 分别表示 1%、5%和10%的显著性水平。

（三）对财富效应的稳健性检验

　　前文分别考察了土地确权对土地流转的影响,以及土地流转中的财富效应。在上文中,我们使用房屋结构作为农户财富的代理变量,研究了财富效应在土地确权和土地流转关系中的表现。农户家庭的财富是一个比较难以定量衡量的变量,为了进一步确认财富效应的是否存在,我们又使用一个新的变量作为财富的代理变量,作为对财富效应的稳健性检验。在稳健性检验中,本文选择房屋的类型作为财富的代理变量,若房屋类型为多层则其值等于1,若房屋类型为单层则其值等于0。表7和表8分别报告了财富效应稳健性检验的基准模型结果和控制函数模型结果。

表7　财富效应的稳健性检验:基准模型结果

	(1)	(2)	(3)	(4)	(5)	(6)
	流转率	流转面积	流转价格	流转率	流转面积	流转价格
土地确权	0.035 5***	0.072 2***	0.448***	0.038 6***	0.084 3***	0.492***
	(0.008 91)	(0.015 9)	(0.091 5)	(0.009 63)	(0.017 2)	(0.098 6)
确权*房屋类型	−0.035 4**	−0.057 9**	−0.675***	−0.032 5**	−0.058 9**	−0.561***
	(0.014 5)	(0.025 9)	(0.148)	(0.015 6)	(0.028 0)	(0.160)
教育程度	0.001 40	0.002 85	0.030 5	0.000 723	0.002 16	0.016 0
	(0.001 82)	(0.003 25)	(0.018 6)	(0.001 99)	(0.003 57)	(0.020 3)
年龄	0.001 34***	0.001 97***	6.21e-05	0.001 12***	0.001 70**	−0.001 41
	(0.000 397)	(0.000 711)	(0.004 06)	(0.000 430)	(0.000 770)	(0.004 37)
住房面积	−0.005 05	−0.024 8*	−0.037 5	−0.007 26	−0.028 4*	−0.008 16
	(0.008 18)	(0.014 6)	(0.084 1)	(0.008 96)	(0.016 0)	(0.091 1)
宅基地面积	0.013 2**	0.051 7***	−0.197***	0.009 87	0.049 1***	−0.182**
	(0.006 70)	(0.012 0)	(0.069 0)	(0.007 30)	(0.013 1)	(0.074 4)
房屋结构	0.038 5***	0.041 5***	0.631***	0.030 1***	0.035 3**	0.446***
	(0.008 61)	(0.015 4)	(0.088 2)	(0.009 66)	(0.017 3)	(0.097 9)
外来人口比率				0.046 9	0.056 1	1.014***
				(0.032 9)	(0.059 1)	(0.331)
外出人口比率				−0.006 56	−0.010 1	−0.199
				(0.013 9)	(0.025 0)	(0.147)
距公交站距离				0.002 91	0.007 80	0.021 1
				(0.005 15)	(0.009 21)	(0.051 8)
公交线数量				−0.005 73	0.000 233	0.277***
				(0.007 17)	(0.012 8)	(0.072 0)
男性平均月工资				−0.009 27	−0.010 6	0.418***
				(0.011 4)	(0.020 4)	(0.115)
大米价格				−0.030 6	−0.060 2	0.743***
				(0.023 0)	(0.041 2)	(0.236)
老龄化率				0.017 9	0.065 8	1.266***
				(0.035 7)	(0.063 9)	(0.405)

（续表）

	(1)	(2)	(3)	(4)	(5)	(6)
	流转率	流转面积	流转价格	流转率	流转面积	流转价格
人均收入				0.016 8***	0.019 0**	0.258***
				(0.004 84)	(0.008 65)	(0.048 8)
农业补贴				0.034 3	0.031 5	−0.493**
				(0.023 3)	(0.041 7)	(0.234)
农业保险				0.006 08	0.008 14	0.160*
				(0.008 41)	(0.015 0)	(0.085 5)
常数项	−0.081 9*	−0.193**	5.595***	−0.111	−0.215	−0.381
	(0.048 9)	(0.087 6)	(0.502)	(0.109)	(0.196)	(1.110)
观测值	4 187	4 180	3 995	3 612	3 605	3 487
R^2	0.011	0.012	0.023	0.016	0.016	0.061

注:被解释变量显示在每列的上方,括号中为标准误,*** 、** 、* 分别表示 1%、5%和 10%的显著性水平。

从表 7 的结果中可以看出,土地确权的系数都为正,并且都在 1%的水平上显著。交互项确权 * 房屋类型的系数为负且分别在不同水平上显著。表 7 的结果说明,当我们采用其他财富的代理变量后,依然存在着显著的负的财富效应。财富效应稳健性检验的控制函数模型的结果见表 8。表 8 中土地确权变量的系数为正且都在 1%的水平上显著,而交互项确权 * 房屋类型的系数为负,且分别在 5%或 1%的水平上显著。表 8 的结果是考虑内生性后的稳健性检验的结果,再次说明了财富效应在农户土地流转决策中的存在。

表 8　财富效应的稳健性检验:控制函数方法结果

	(1)	(2)	(3)	(4)	(5)	(6)
	流转率	流转面积	流转价格	流转率	流转面积	流转价格
土地确权	0.046 0***	0.100***	0.362***	0.042 4***	0.096 3***	0.359***
	(0.010 6)	(0.019 2)	(0.109)	(0.010 8)	(0.019 4)	(0.110)
确权 * 房屋类型	−0.033 7**	−0.055 7**	−0.676***	−0.031 6**	−0.055 9**	−0.600***
	(0.015 5)	(0.028 1)	(0.160)	(0.015 6)	(0.028 0)	(0.159)
教育程度	0.001 02	0.002 66	0.029 9	0.000 757	0.002 27	0.015 6
	(0.001 95)	(0.003 53)	(0.020 2)	(0.001 99)	(0.003 56)	(0.020 2)
年龄	0.001 17***	0.001 71**	0.000 548	0.001 11***	0.001 70**	−0.001 26
	(0.000 426)	(0.000 772)	(0.004 39)	(0.000 429)	(0.000 768)	(0.004 35)

（续表）

	（1）	（2）	（3）	（4）	（5）	（6）
	流转率	流转面积	流转价格	流转率	流转面积	流转价格
住房面积	-0.006 58	-0.029 2*	0.003 33	-0.007 45	-0.029 0*	-0.000 465
	(0.008 78)	(0.015 9)	(0.091 0)	(0.008 94)	(0.016 0)	(0.090 9)
宅基地面积	0.008 79	0.047 4***	-0.222***	0.010 0	0.049 5***	-0.190**
	(0.007 10)	(0.012 8)	(0.073 6)	(0.007 29)	(0.013 0)	(0.074 3)
房屋结构	0.034 8***	0.038 3**	0.580***	0.030 2***	0.035 5**	0.443***
	(0.009 37)	(0.017 0)	(0.096 4)	(0.009 64)	(0.017 3)	(0.097 5)
外来人口比率				0.046 8	0.055 4	1.024***
				(0.032 8)	(0.059 0)	(0.331)
外出人口比率				-0.004 99	-0.005 11	-0.258*
				(0.014 1)	(0.025 2)	(0.148)
距公交站距离				0.003 01	0.008 11	0.018 6
				(0.005 14)	(0.009 19)	(0.051 7)
公交线数量				-0.005 78	9.73e-05	0.278***
				(0.007 15)	(0.012 8)	(0.071 9)
男性平均月工资				-0.009 04	-0.009 88	0.412***
				(0.011 3)	(0.020 3)	(0.115)
大米价格				-0.028 3	-0.053 1	0.658***
				(0.023 1)	(0.041 4)	(0.238)
老龄化率				0.014 7	0.055 6	1.398***
				(0.035 9)	(0.064 2)	(0.407)
人均收入				0.016 8***	0.019 1**	0.257***
				(0.004 83)	(0.008 63)	(0.048 7)
农业补贴				0.034 2	0.031 1	-0.490**
				(0.023 2)	(0.041 6)	(0.233)
农业保险				0.006 07	0.008 09	0.160*
				(0.008 39)	(0.015 0)	(0.085 3)
广义残差	-0.011 7	-0.033 6*	0.352***	-0.008 42	-0.026 9	0.321***
	(0.010 9)	(0.019 7)	(0.115)	(0.011 2)	(0.020 0)	(0.116)
常数项	-0.040 5	-0.137	5.524***	-0.116	-0.230	-0.217
	(0.052 7)	(0.095 5)	(0.544)	(0.109)	(0.195)	(1.109)
观测值	3 685	3 678	3 535	3 612	3 605	3 487
R^2	0.009	0.012	0.019	0.090	0.090	0.134

注:被解释变量显示在每列的上方,括号中为标准误,***、**、*分别表示1%、5%和10%的显著性水平。

五、 结论与政策含义

本文采用北京大学中国健康与养老追踪调查(CHARLS)数据,系统地评估了土地确权对农地流转的影响,并且考察了农户在土地流转决策中的财富效应。我们的实证研究结果表明,土地产权的稳定清晰能够显著地促进农村土地的流转,有助于农村土地资源的优化配置。土地确权改革不仅能够提高农户参与土地流转的意愿,还会提高流转土地的价格,使得农业生产效率低的农户更愿意将土地流转出去,将土地集中在那些农业生产效率高的农户家庭,进而推动中国农业机械化和规模化经营的发展。同时,我们也发现了土地流转决策中显著的财富效应。对我们的实证结果发现,家庭财富较多的农户家庭往往倾向于减少土地流转的规模,参与土地流转市场的意愿更低。

在我国城镇化进程速度加快,农村人地分离比例越来越高的背景下,政府为了推进现代农业发展、优化农村土地资源配置、促进城镇化的有序进行,实施了一系列激活农村土地产权的政策。农民是我国社会的主要构成之一,农村土地是农民生活的重要依托。因此,政府在实施相关政策时应当非常谨慎,尊重农民的意愿。在推进农村土地流转的过程中,相关部门应当注意到农户在土地流转决策中的财富效应,富有的农户更倾向于将土地经营权掌握在自己手中。在制定具体土地流转政策时相关部门应当有针对性的考虑财富效应对政策的影响,将土地流转政策的设计与相应的改革措施联动起来。

参考文献

Besley T., and Burgess R., "Land reform, poverty reduction, and growth: Evidence from India", *Quarterly Journal of Economics*, 115(2), 389—430, 2000.

Bhatia K., "Real Estate Assets and Consumer Spending", *Quarterly Journal of Economics*, 102(2):437—444, 1972.

Deininger K., and Jin S., "The potential of land rental markets in the process of economic development: evidence from China", *Journal of Development Economics*, 78(1):241—270, 2005.

Deininger K., Ali D. A., and Alemu T., "Impacts of land certification on tenure security, investment, and land market participation: evidence from Ethiopia", *Land Economics*, 87(2):312—334, 2011.

Disney R., Gathergood J., and Henley A., "House Price Shocks, Negative Equity and Household Consumption in the UK", *Journal of the European Economic Association*, 8(6):1179—1207, 2010.

Elliot J. "Wealth and Wealth Proxies in a Permanent Income Model", *Quarterly Journal of Economics*, 95(3):509—535, 1980.

Field A. J., and Field E., "Globalization, crop choice and property right in rural Peru", *WIDER Research Paper*, 2007/72.

Holden S., and Yohannes H., "Land redistribution, tenure insecurity and intensity of production: A study of farm households in southern Ethiopia", *Land Economics*, 78(4):573—590, 2002.

Murtazashvili I., and Murtazashvili J., "Can community-based adjudication and registration improve household land tenure security? Evidence from Afghanistan", *Land Use Policy*, 55, 230—239, 2016.

Li L., "Land titling in China: Chengdu experiment and its consequences", *China Economic Journal*, 5(1):47—64, 2012.

Lin J.Y., "Rural reforms and agricultural growth in China", *The American Economic Review*, 82:34—51, 1992.

Meeks R., "Propertyrights and water access: Evidence from land titling in Rural Peru", *World Development*, forthcoming, 2017.

Yang T., "China's land arrangements and rural labor mobility", *China Economic Review*, 8(2):101—115, 1997.

Wooldridge J.M., "Control function methods in applied econometrics", *Journal of Human Resources*, 50(2), 420—445, 2015.

北京大学国家发展研究院综合课题组:《还权赋能:奠定长期发展的可靠基础》,北京大学出版社 2010 年版。

林文声、杨超飞、王志刚:《农地确权对中国农地经营权流转的效应分析——基于 H 省 2009—2014 年数据的实证分析》,《湖南农业大学学报》(社会科学版)2016 年第 1 期。

冀县卿、黄季焜:《改革三十年农地使用权演变:国家政策与实际执行的对比分析》,《农业经济问题》2013 年第 5 期。

陈锡文、韩俊:《如何推进农民土地使用权合理流转》,《中国改革》(农村版)2002 年第 9 期。

万举:《农地流转成本、交易体系及其权利完善》,《改革》2009 年第 2 期。

叶剑平、丰雷、蒋妍、罗伊·普罗斯特曼、朱可亮:《2008 年中国农村土地使用权调查研究:17 省份调查结果及政策建议》,《管理世界》2010 年第 1 期。

周其仁:《城乡中国》,中信出版社 2013 年版。

程令国、张晔、刘志彪:《农地确权促进了中国农村土地的流转了吗?》,《管理世界》2016 年第 1 期。

王常伟、顾海英:《城镇住房、农地依赖与农户承包权退出》,《管理世界》2016 年第 9 期。

罗必良、胡新艳:《中国农业经营制度:挑战、转型与创新——长江学者、华南农业大学博士生导师罗必良教授访谈》,《社会科学家》2015 年第 5 期。

罗明忠、刘恺、朱文钰:《确权减少了农地抛荒吗? ——源自川、豫、晋三省农户问卷调查的 PSM 实证分析》,《农业技术经济》2017 年第 2 期。

赵西亮、梁文泉、李实:《房价上涨能够解释中国城镇居民高储蓄率吗——基于 CHIP 微观数据的实证分析》,《经济学》(季刊)2013 年第 1 期。

柴国俊、尹志超:《住房增值对异质性家庭的消费影响》,《中国经济问题》2013 年第 11 期。

(第一作者为上海师范大学商学院讲师,第二作者为上海交通大学安泰经济与管理学院博士研究生)

论我国新时代的金融开放战略

——从局部开放走向全面开放[*]

周 宇

在我国金融开放的进程中,2017 年是一个具有特殊意义的年份。这是因为这一年习近平总书记在党和政府召开的一系列重要会议上反复强调了党中央全面推进金融开放的决心,高度评价了全面提升金融开放水平的重要意义。

2015 年和 2016 年,迫于大规模资本流出和人民币汇率贬值的压力,人民银行采取临时措施加强了对部分外汇交易和资本交易的管理。受此影响,国内外有一种观点认为中国停止了金融开放进程,中国金融开放出现了倒退。在这一背景下,2017 年下半年,在党的十九大召开前后,习近平总书记发表了一系列有关金融开放问题的重要讲话,这些讲话反映了党中央全面提升金融开放水平的政策意向,也提出了新时代金融开放的具体要求。本文将结合习近平总书记一系列讲话的内容和党的十九大有关对外开放的精神,对我国新时代金融开放展开多视角的分析。

一、 新时代金融开放的目标和动因

我国新时代金融开放的目标是推进全面金融开放,这是新时代金融开放与传统金融开放的主要区别之一。党的十九大报告提出为了"建设现代化经济体系",我国要"推动形成全面开放新格局"。从金融开放的视角来看,"推动形成全面开放新格局"的表述包含了推进全面金融开放的新目标。

正如习近平总书记在 2017 年 7 月中央财经领导小组会议上的讲话所强调

    * 本论文为国家社会科学基金重大项目(18ZDA090,《新时代我国金融开放战略研究》)的阶段性研究成果,本作者为该项目的首席专家。

的那样："扩大金融业对外开放是我国对外开放的重要方面。"由此可见，金融开放构成了经济开放的重要内容之一，如果没有金融的全面开放，就不可能形成全面开放新格局。由此我们可以得出的重要结论是：党中央确立了新时代全面实施金融开放的发展战略。

如上所述，"推动形成全面开放新格局"内含了推动全面金融开放的新目标。与以往传统的对外开放相比，新时代"推动形成全面开放新格局"的表述突出了"全面开放"的意向，而全面开放又包括"量"的全面开放和"质"的全面开放，"量"的全面开放意味着业务种类的全面开放，"质"的全面开放意味着完全取消限制。金融领域的"全面开放"同样也包括"量"的全面开放和"质"的全面开放，前者是指所有种类金融业务的开放，后者是指取消跨境金融交易限制。

就新时代金融开放而言，一个需要探究的重要问题是：在我国进入中国特色社会主义新时代之际，党中央为什么会做出加快金融开放速度和全面提升金融开放水平的战略决策？这是因为经过 40 年的改革开放，我国的经济状况、经济结构、经济规模、经济实力和经济发展模式都发生了变化。经济条件的改善，一方面降低了金融开放的风险，另一方面也提升了金融开放的收益，这一变化起到了加速金融开放的作用。具体而言，以下一些因素构成了我国加速金融开放的主要动因：

（一）经济发展水平的提高为金融开放提供了有利条件

从学术界的研究来看，一些实证研究显示：经济发展水平的高低是影响金融开放效果的重要因素之一。如 Edwards 和 Klein and Olivei 等人的研究成果显示：在经济发展水平较高的国家，金融开放具有促进经济增长的作用，而在经济发展水平较低的国家，金融开放抑制了经济增长（Edwards，2001；Klein and Olivei，2008）。另外，通过直观的观察，我们不难发现发达国家都基本上实现了资本项目开放，而经济发展相对落后的发展中国家都在不同程度上维持了资本项目管制，之所以存在这种差异是因为经济发展水平的提高一方面降低了资本项目开放的风险，另一方面也提高了资本项目开放的收益。换一个视角来看，在成熟的市场环境下，金融衍生产品提供了逃避资本管制的有效方法，从而降低了资本管制存在的必要性，而实施资本管制本身又需要付出昂贵的成本，这是发达国家纷纷开放资本项目的主要原因。我国的经济体量已经超过多数发达国家，经济发展水平也接近一部分发达国家,这一变化为我国开放资本项目提供了有利条件。①

(二) 国际收支状况的改善为双向金融开放奠定了基础

首先,我国已经从资本净输入国转化为资本净输出国,从对外债务国转化为对外债权国,跨境资本流动由单向对内投资的格局转化为对内对外双向投资的格局。以上变化为我国实施双向金融开放提供了动力。作为对外债权大国和资本净输出国,为了获得较高的对外资产收益和满足居民多元化的投资需要,我国需要开放对外投资渠道,因此需要从开放资本流入的单向金融开放转向同时开放资本流入和流出的双向金融开放。

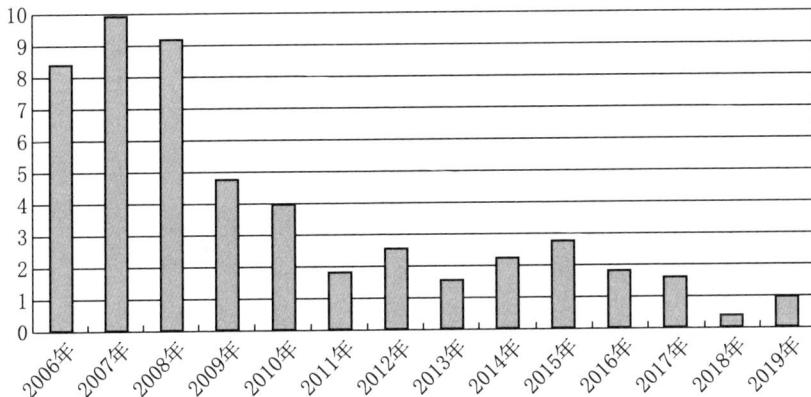

图1 我国经常收支顺差对 GDP 之比(%)

资料来源:IMF: World Economic Outlook Database, April 2020。

其次,国际收支趋于平衡的状况也为我国推进全面金融开放提供了有利条件。在国际收支逆差的情况下,开放资本流出渠道会导致大规模资本外逃,在国际收支存在巨大顺差的情况下,开放资本流入渠道会导致大量资本流入,从而有可能导致本币汇率高估和资产泡沫的发生。在国际收支相对平衡的状态下实施金融开放可以避免跨境资本流动的大进大出,从而达到金融开放效益的最大化。图1的数据显示,我国经常收支顺差对 GDP 之比从 2007 年的近 10% 降低到

---

① 朱隽(2017)认为目前我国是全球第二大经济体,中国金融市场容量的扩大、金融机构实力的增强为金融开放创造了有利条件。

2019 年的 0.97%。另外,同一时期,资本收支也从巨额顺差转为基本平衡的状态,这一变化为我国加速金融开放提供了有利条件。

（三）汇率制度弹性化改革打开了金融开放的空间

从三元悖论的视角来看,汇率制度弹性化改革是我国全面推进金融开放的必要条件之一。这是因为在非弹性汇率制度下,我国推进全面金融开放将会导致货币政策的无效。对于我国这样一个经济大国而言,放弃货币政策的独立性并非属于最优选择。基于这一判断,为了维持货币政策的独立性,我国的金融开放需要以汇率制度的弹性化改革为前提条件。

图 2 的数据显示,2017 年以来,我国外汇储备的变动幅度逐渐缩小,这一变化意味着政府正在降低对外汇市场的干预程度,正因为如此,这一变化也意味着我国汇率制度的弹性化程度日益提高。从三元悖论的视角来看,汇率制度弹性化程度的提高为我国推进全面金融开放提供了有利条件。

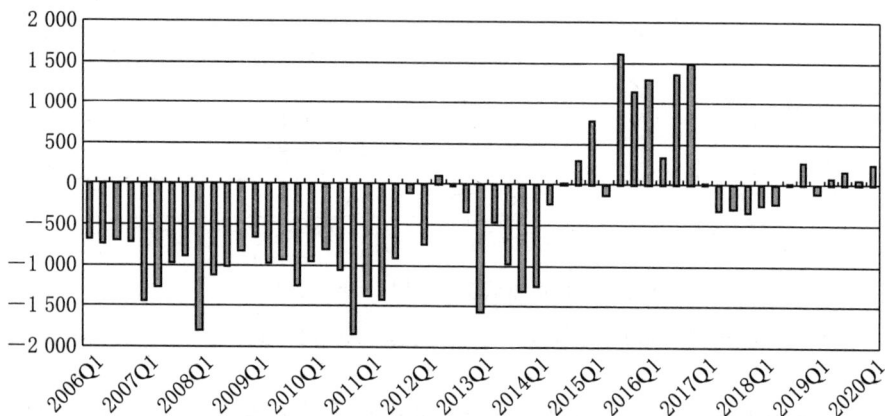

图 2　我国季度外汇储备的变动情况(亿美元)

资料来源:国家外汇管理局数据库;注:外汇储备增加为负值,减少为正值。

（四）金融开放是我国成为金融强国的必要条件之一

作为经济大国,为了获得与我国经济实力相匹配的金融强国的地位,我国需要提高金融开放程度。只有在金融开放的环境下,我国才能在全球范围内调集和分配金融资源,才能拥有真正意义上的全球性国际金融中心。另外,只有在金融开放的环境下,人民币才能成为真正意义上的国际货币。最后,金融开放程度还影响到我国在全球金融治理中的话语权和影响力。金融开放程度越高,我国在全球金融治理中的话语权和影响力就越大(参考张宇燕,2017)。

(五) 通过金融开放为经济转型增加新的发展动能

扩大金融开放可以通过引入来自外部的竞争促进我国金融业的健康发展,为新时代的经济增长提供新的发展动能。[①]这也是党中央提出"推动形成全面开放新格局"的重要理由之一。

通过引入外部竞争,促进金融市场的健康发展是新时代金融开放的主要目的,就这一点而言,新时代的金融开放不同于以引入外资为目的的传统金融开放。习近平总书记在 2017 年 7 月的全国金融工作会议上指出:要"不断扩大金融对外开放,通过竞争带来优化和繁荣"。党的十九大报告也强调指出"开放带来进步,封闭必然落后。中国开放的大门不会关闭,只会越开越大"。

另外,通过对外开放倒逼国内改革是我国发展经济的成功经验之一,这一经验也适合金融对外开放。尤其在既得利益关系妨碍金融改革的情况下,金融开放有助于打破既得利益关系对金融改革的阻扰。

(六) 金融开放的滞后性要求我国加速金融开放

金融开放滞后于经济发展也滞后于其他新兴市场国家的现状要求我国加速金融开放。径山报告课题组(2018)在对我国金融开放现状进行评估的基础上指出,我国金融开放在全球范围内处于较低的水平。作为经济大国,我国的金融开放水平不仅低于发达国家,而且也低于其他新兴市场国家,滞后的金融开放意味着我国与其他国家之间存在不公平金融交易,这一状况有损于我国的大国形象和声誉,改变这一现状是我国面临的重要挑战之一。

二、 新时代金融开放的内涵和次序

在新时代金融开放问题上,党中央明确了金融开放的内涵并强调了重视金融开放次序的重要性。金融开放的内涵反映了金融开放的内容构成,而金融开

[①] Quinn(1997)以及 Andersen 和 Tarp(2003)的研究证明金融开放对经济增长具有促进作用,这一结论也符合中国的情况。

放次序则反映了如何安排不同内容之间的时间顺序。

（一）新时代金融开放的内涵

新时代我国金融开放的内涵包括以下四个方面的内容:即金融业开放、资本项目开放、人民币国际化和汇率形成机制改革,其范围超过了传统的金融开放。

在 2017 年 7 月的全国金融工作会议上,习近平总书记强调指出:"要扩大金融对外开放,深化人民币汇率形成机制改革,稳步推进人民币国际化,稳步实现资本项目可兑换,积极稳妥推动金融业对外开放。"作为新时代金融开放的内涵,中国人民银行前任行长周小川和现任行长易纲都特别强调了以上四个方面的内容(周小川,2017;易纲,2018)。

传统的金融开放主要限定于金融业开放和资本项目开放,属于狭义的金融开放范畴,而新时代的金融开放拓展了传统金融开放的边界,将金融开放的内涵扩展到人民币国际化和汇率形成机制改革,给金融开放赋予了广义的内涵。

人民币国际化之所以属于金融开放因为其本质上属于货币开放的内容,即开放人民币流出和流入渠道,允许人民币在境外的使用。而货币开放构成了金融开放的重要组成部分。另外,人民币汇率形成机制改革与金融开放存在着密不可分的联系,二者之间存在相互牵制和协同发展的关系。将汇率形成机制改革纳入金融开放的内容,从广义的视角构建金融开放的系统工程有助于协调金融开放四大内容之间的关系,进而有助于我国更加有效、更加安全地推进金融开放进程。

（二）新时代金融开放的次序

新时代金融开放研究的一个重要议题是:如何通过合理安排不同金融开放内容之间的次序,提高金融开放的效率和安全性,顺利实现我国从局部金融开放向全面金融开放的转型。

从国内外金融开放的经验和教训来看,金融开放次序正确与否是影响金融开放风险的重要因素之一,因此国内外学术界已经对此进行了大量的研究。一个需要强调的问题是,金融开放次序不存在一成不变的固定模式。在不同的经济发展阶段、在不同的经济条件下,金融开放次序问题的内涵会随着环境的变化而变化。正因为如此,进入新时期后,我国金融开放次序问题的内涵和重点出现了一些新的变化。

首先,鉴于金融开放的重点领域也是优先开放领域,因此如何把握金融开放的重点也构成了金融开放次序研究的重要内容之一。那么什么是新时代我国金融开放的重点呢?习近平总书记在中央财经领导小组第十六次会议上专门强调了这一问题,他指出金融开放要"合理安排开放次序,对有利于保护消费者权益、有利于增强金融有序竞争、有利于防范金融风险的领域要加快推进"。从以上讲话精神来看,"三个有利"构成了我国金融开放的重点内容。

按照"三个有利"的条件进行排序,直接投资开放和金融业开放构成了我国新时代的优先开放领域。在党的十九大召开后,汪洋在人民日报上发表了题为《推动形成全面开放新格局》的文章,其中特别强调了重点推进金融等服务业领域的有序开放(汪洋,2017)。2017 年 8 月,国务院印发《关于促进外资增长若干措施的通知》,提出要进一步减少直接投资的准入限制。2018 年 4 月习近平总书记在博鳌论坛上宣布了一系列金融开放措施,其内容也主要以直接投资和金融服务业为主。以上种种迹象表明,直接投资和金融业是我国新时代的优先开放领域。另外,就直接投资和金融业开放而言,全面实施准入前国民待遇和负面清单原则又构成了其主要内容。

其次,不同金融领域开放的协同性问题也构成了金融开放次序研究的重要内容之一,注重金融开放的协同性也是新时代金融开放的重要特点之一。党中央把人民币汇率形成机制改革也纳入金融开放的内容,这是因为前者与后者之间存在密切的协同关系。在我国,金融开放次序问题主要涉及金融业开放、汇率形成机制改革和资本项目开放三者之间的顺序问题。人民银行行长易纲专门强调了保持三者之间协同关系的重要性,他指出金融业对外开放将与汇率形成机制改革和资本项目可兑换改革进程相互配合,共同推进(易纲,2018)。

西方国家有关金融开放次序的研究更注重不同金融领域开放的前后顺序问题。然而,从我国的现实情况来看,人民银行在推进金融开放的过程中更强调协同性问题。例如,西方学术界认为汇率制度的弹性化改革应该先于资本项目开放,否则在非均衡汇率水平下,资本项目开放会导致资本的大进大出。但是,我国资本项目开放与汇率形成机制改革是同步进行的,资本项目开放程度的逐步提高与汇率制度弹性化的逐步扩大形成了长期的协同关系。由此可见,与资本项目开放与汇率制度改革的先后顺序相比,央行更重视二者的协同关系。鉴于我国金融开放的这一特点,中国人民银行(2012)曾提出"三元悖论非角点选择"的理论,即可以采取资本项目部分开放和汇率机制有限弹性化的选择(中国人民银行调查统计司课题组,2012)。通过以上分析我们不难发现注重协同关系是我国金融开放的重要特色之一。

三、 新时代金融开放的三个特点

我国新时代的金融开放有三个特点,一是双向金融开放;二是金融开放服务"一带一路"倡议;三是金融开放对接国际规则和标准。

(一)双向金融开放

双向金融开放构成了新时代金融开放的重要特点之一。在改革开放的早期阶段,资本和外汇的短缺是我国实施对内单向金融开放的主要原因,单向金融开放的特征是开放资本流入和限制资本流出。随着我国从债务国转为债权大国、从资本净输入国转为资本净输出国,我国对外投资大幅度增加,双向投资成为了常态,在这一背景下,双向金融开放成为了必然的选择。

金融业的双向开放包括金融机构的"引进来"和"走出去",资本项目的双向开放包括开放资本流入和资本流出,人民币国际化的双向开放包括人民币流出渠道和回流渠道的开放。值得强调的是以上内容的双向金融开放代表了一种趋势,但是金融对内开放和对外开放并非等速开放,二者速度的差异和快慢需要根据国内外环境的变化而进行调整。另外,不同金融业务的双向开放具有不同的特点,金融业的双向开放具有相对稳定性,其进程一般不会逆转。资本项目的双向开放有可能因为实施临时性短期资本管制而出现暂停现象。另外,与传统的先开放"进入"后开放"出去"的金融开放顺序不同,人民币国际化具有先开放"流出"渠道后开放"回流"渠道的开放顺序,这是因为人民币在没有流出之前,开放回流渠道没有任何意义。

与双向金融开放相关的一个变化是:随着我国经济和金融实力的大幅度提高,双向金融开放将会提升我国国内金融市场对全球国际金融市场的影响,国内金融风险转化为全球性金融风险的可能性将会明显上升。这是我国新时代对外金融开放的重要变化之一。受这一变化的影响,我国新时代双向金融开放战略的实施不仅需要考虑国际金融市场对国内金融市场的影响,而且还需要考虑国内金融市场对国际金融市场的影响。

(二)金融开放服务"一带一路"

金融开放服务"一带一路"构成了我国新时代金融开放的另一个重要特点,推进"一带一路"倡议为新时代金融开放提供了新的动力。推进"一带一路"五通中的"资金融通"涉及金融开放问题,这是因为金融开放是实现资金融通的前提条件之一。鉴于金融开放与"一带一路"倡议的以上联系,自从"一带一路"倡议提出以来,如何对接金融业开放与"一带一路"、如何对接资本项目开放与"一带一路"、如何对接人民币国际化与"一带一路"、如何对接上海国际金融中心建设与"一带一路"等问题成为了我国金融开放的重要议题。

一般而言,"一带一路"沿线国家的经济发展水平低于我国,其金融开放程度也低于我国,因此我国与"一带一路"沿线国家之间存在非对称性金融开放的问题,这是妨碍我国金融开放服务"一带一路"建设的重要障碍之一。"一带一路"建设是否能够实现"资金融通"在很大程度上取决于是否能够克服非对称性金融开放问题。

(三)金融开放对接国际规则和标准

对接国际规则和标准也是我国新时代金融开放的重要特点之一。只有符合国际规则和标准,我国的金融开放才有可能被国际社会广泛认可和接受。

在如何执行国际规则和标准方面,我国是一个非常特殊的国家,即一方面,我国是全球第二大经济体,另一方面,我国又是典型的发展中国家,这一矛盾的身份为执行国际准则和标准带来一定的困难。国际货币基金组织等国际金融机构对发达国家和发展中国家的金融开放采取了不同的标准。长期以来,我国保持资本项目管理是因为我国遵循了发展中国家的金融开放标准,即可以保留部分资本项目管制。但是随着经济规模的扩大,我国对外经济影响力已经超过了许多发达国家,在这一背景下,国际社会要求我国按照发达国家标准实施金融开放的压力明显上升。另外,为了参与全球金融治理,我国也需要接受较高级别的国际规则和标准,这是新时代我国金融开放需要对接国际规则和标准的主要动因之一。

四、　通过金融监管为金融开放保驾护航

采取"金融开放"和"金融监管"双管齐下的政策是新时代我国对外金融发展的基本战略之一。从金融开放与金融安全的关系来看，党中央反复强调了新时代加强金融监管的重要性，其意图是通过金融监管为金融开放保驾护航，安全高效地推进金融开放进程。具体而言，在如何把握金融监管与金融开放的关系问题上，我们需要注意以下几方面的问题：

（一）准确理解党中央有关金融监管的精神

习近平总书记在 2017 年 7 月的中央财经领导小组会议上指出："扩大金融业对外开放，金融监管能力必须跟得上，在加强监管中不断提高开放水平"，并且要"确保监管能力和对外开放水平相适应"。习近平总书记的这一讲话高度概括了金融开放与金融监管之间的紧密关系。"扩大金融业对外开放，金融监管能力必须跟得上"，该论述反映了金融监管对金融开放的针对性和从属性，首先，就针对性而言，金融监管主要是预防金融开放风险的监管，这是因为金融开放有可能导致系统性风险的发生，该系统性风险的存在要求我国加强金融监管。其次，就从属性而言，金融监管服务于金融开放，即我国实施金融开放是为了促进经济发展，而实施金融监管是为了预防金融开放可能诱发的风险。再次，"在加强监管中不断提高开放水平"反映了金融监管对金融开放的制约作用，即金融开放能走多远还受制于金融监管水平的高低，金融监管水平越高，金融开放的潜力就越大，可开放的程度就越高。最后，"确保监管能力和对外开放水平相适应"反映了金融开放与金融监管之间存在的对等关系，即金融监管能力与金融开放水平要保持一致性，要在同一个层次。

（二）吸取金融开放引发金融危机的教训

从国内外经济发展的经验和教训来看，发展中国家经济成功和失败的案例都与金融开放有关，即所谓成也萧何败也萧何，而金融开放成功与否又与金融监管有着密切的关系。

一方面，发展中国家和地区所有的高速经济增长都受益于金融开放，早期"亚洲四小龙"的高速经济增长、此后的东南亚高速经济增长以及再后来的中国

经济发展奇迹都受惠于金融开放背景下的外资利用。另一方面,发展中国家和地区所有的金融危机也几乎都与金融开放有关,20 世纪 80 年代的拉美债务危机、90 年代中期的墨西哥金融危机、90 年代后期的亚洲金融危机和俄罗斯金融危机都在不同程度上起因于金融开放背景下的大规模资本流出。另外,我国 2015 年至 2016 年发生的大规模资本流出和汇率的波动以及外汇储备的流失也在一定程度上与金融开放有关,因为只有在对外金融相对开放的条件下,才有可能发生如此大规模的资本流出。

从以上经验和教训来看,金融开放是一把双刃剑,为了发展经济,我国需要推进金融开放,但是如果缺乏必要的金融监管,金融开放有可能引发系统性金融风险。鉴于这一可能性,党的十九大确定了金融开放与金融监管两手抓的政策,即一方面,通过金融开放为经济发展注入新的发展动力,另一方面,通过金融监管防范可能出现的金融开放风险。

(三) 防范国内金融风险转化为由资本流出导致的系统性风险

在新时代金融开放环境下,金融监管的重要目标之一是预防国内金融风险转化为由资本流出引发的系统性风险,即金融危机和货币危机。

党的十九大提出:加强金融监管的重要目标是防范系统性金融风险。从国内外经济发展的经验和教训来看,系统性金融风险更容易出现在金融开放进程中,这是因为金融开放有可能把国内金融风险转化为由大规模资本流出引发的金融危机和货币危机,后者属于发展中国家频繁发生的系统性金融风险。从我国的情况来看,金融杠杆率过高、债务水平过高、货币发行过多、银行坏账过多和金融犯罪频发等问题是我国长期存在的国内金融风险,防范这些国内金融风险也是金融监管的重要内容之一,但是在金融封闭的状态下,这些风险并没有转化为系统性风险。然而近几年随着我国对外金融开放程度的提高,国内金融风险成为诱发大规模资本流出的诱因,从而提高了发生系统性金融风险的可能性。如前所述,2015 年和 2016 年我国出现大规模资本流出和人民币贬值,这一系统性金融风险在一定程度上起因于国内金融风险的积累,我国金融开放程度的上升提高了国内金融风险转化为对外系统性金融风险的可能性。

(四) 防范来自外部的金融风险

在新时代金融开放环境下,我国金融监管的另一重要目的是防范来自外部的金融风险。随着我国金融开放程度的提高,我国经济遭受外部金融风险冲击的可能性上升,这也是党中央强调加强金融开放风险监管的重要原因之一。

在外部风险管理方面,正如习近平总书记在 2017 年 4 月政治局集体学习会议上的讲话所指出那样:在经济全球化深入发展的今天,金融危机外溢性凸显,国际金融风险点仍然不少;一些国家的货币政策和财政政策调整形成的风险外溢效应,有可能对我国金融安全形成外部冲击。这一可能性也构成了我国需要加强金融监管的重要理由之一。

在 20 世纪 90 年代末期,我国金融开放还处于较低的阶段,受惠于此,亚洲金融危机对我国经济的冲击相对较小。但是进入 21 世纪后,我国对外金融开放的程度大幅度提高,在此背景下,美国"次贷危机"和欧洲主权债务危机对我国经济的破坏作用明显上升。鉴于以上事实,在金融开放环境下,预防外部金融风险的冲击是我国金融监管的重要内容之一。

五、主要结论

本文结合习近平总书记一系列讲话的内容和党的十九大有关对外开放的精神,对我国新时代金融开放战略展开了多视角的分析,本文的主要结论如下:

第一,新时代我国金融开放的目标是推进全面金融开放,即从局部开放转向全面开放。推进全面金融开放构成了党中央"推动形成全面开放新格局"的重要环节之一。

第二,我国作为经济大国的崛起为全面推进金融开放提供了有利条件。经济实力的增强一方面降低了金融开放的风险,另一方面也提高了实施全面金融开放的必要性。实施全面金融开放是我国成为金融强国的必要条件之一。

第三,我国已经克服了外汇和资本短缺的发展瓶颈,在这一背景下,金融开放的目的已经从引进外资转为引入外部竞争,即通过引入竞争为经济发展提供新的动能。

第四,新时代金融开放的内涵包括以下四大内容:即金融业开放、资本项目开放、人民币国际化和汇率形成机制改革,其范围超过了传统金融开放的范畴。

第五,我国新时代的金融开放有三个特点:一是双向金融开放;二是金融开放服务"一带一路"倡议;三是金融开放对接国际规则和标准。

第六,新时代我国对外金融发展的基本战略之一是采取"金融开放"和"金融监管"双管齐下的政策,通过金融监管为全面金融开放保驾护航。

参考文献

径山报告课题组:《径山报告——中国金融开放的下半场》,中信出版社 2018 年版。

汪洋:《推动形成全面开放新格局》,《人民日报》2017 年 11 月 10 日。

易纲:《遵循三大原则　扩大金融业对内对外开放》,《中国金融家》2018 年第 6 期。

张宇燕:《如何理解推动形成全面开放新格局》,《经济日报》2017 年 12 月 6 日。

中国人民银行调查统计司课题组:《我国加快资本账户开放的条件基本成熟》,《中国金融》2012 年第 5 期。

周小川:《守住不发生系统性金融风险的底线》,《人民日报》2017 年 11 月 22 日。

朱隽:《进一步扩大中国金融业对外开放》,《中国金融》2017 年第 19 期。

Andersen T B, Tarp F, "Financial liberalization, financial development and economic growth in LDCs". *Journal of International Development*, 15(2):189—209, 2003.

Edwards, Sebastian, "Capital Flows and Economic Performance: Are Emerging Economies Different?". NBER Working Paper, No.8076(January), 2001.

Klein M W, Olivei G P, "Capital account liberalization, financial depth, and economic growth", *Journal of International Money & Finance*, 27(6):861—875, 2008.

Quinn, Dennis P., "The Correlates of Change in International Financial Regulation", *American Political Science Review*, 91(September), pp.531—551, 1997.

（作者为上海社会科学院世界经济研究所研究员）

从 CAFTA 到 RCEP：
中国参与地区贸易架构的路径分析

周士新

中国—东盟自由贸易区（CAFTA）是中国谈判、签署、落实的第一个和至今最大的贸易区，也是目前世界上人口最多、发展中国家间最大的自由贸易区。中国在 2000 年向东盟提出建立自由贸易区的倡议，2002 年双方开始早期收获项目，通过谈判达成了多项相关政策文件，到 2010 年 1 月 1 日正式落实中国—东盟自由贸易协定，[①]至今已经 10 年了。值得关注的是，2015 年 11 月 24 日，中国和东盟签署了《中华人民共和国与东南亚国家联盟关于修订〈中国—东盟全面经济合作框架协议〉及项下部分协议的议定书》，[②]并以此为基础开始谈判中国—东盟自由贸易协定升级版，2018 年 11 月 13 日，中国和东盟各国完成了自由贸易协定升级版的所有国内程序，2019 年 8 月 20 日起，中国—东盟自由贸易协定升级版正式落实。在此过程中，中国和东盟及其其他部分伙伴国日本、韩国、印度、澳大利亚和新西兰从 2013 年 5 月开始谈判《地区全面经济伙伴关系》（RCEP），到 2019 年 11 月 4 日，除印度之外的 15 个 RCEP 成员国结束了全部 20 个章节的文本谈判以及实质上所有的市场准入问题的谈判，将在 2020 年签署协定，亚太地区一体化又进入了新的发展阶段。

值得关注的是，在东盟与其对话伙伴国家的自由贸易协定中，中国—东盟自由贸易协定对中国和东盟都具有非常重要的意义。它是中国缔结的最早的贸易协定之一，也是东盟在世界贸易组织多边贸易协定体系之外签署的自由贸易协定之一，体现出地区双边和多边自由贸易协定不断增多的发展态势。也正是如

---

① 商务部新闻办公室：中国与东盟结束自贸区升级谈判并签署升级《议定书》，载中国自由贸易区服务网 http://fta.mofcom.gov.cn/article/chinadongmeng/dongmengnews/201511/29455_1.html，2015 年 11 月 23 日。

② China-ASEAN FTA Upgrading Protocol. 2015.

此,中国与东盟谈判签署自由贸易协定的考虑因素和实际运作无疑对 RCEP 的谈判和落实起到了较大的启示作用。①正如《东盟经济共同体蓝图 2025》所强调的,中国—东盟自由贸易协定和东盟—中国香港自由贸易协定(AHKFTA)及 RCEP 对东盟来说都相当重要,东盟将继续通过与伙伴国的贸易协定,包括中国—东盟自由贸易协定,将地区整合进全球经济之中,并"在可能的情况下,维护东盟在全球和地区舞台上的中心地位"。②

中国推进 CAFTA 谈判的路径溯源

东盟是中国谈判签署自由贸易协定的第一个地区性组织,对双方来说都具有标志性的意义。对中国而言,东盟是中国部分周边结成的松散但有韧性的中小国家集合体,对改善中国周边地区环境具有战略价值,而与东盟成员国发展和增加贸易则具有得天独厚的地理优势。对东盟,特别是其成员国来说,中国是一个不断开放的广阔市场,与中国发展经贸关系不仅有助于增强东盟自贸区建设,而且可以扩展东盟发展自由贸易的能力和信心。而从国际上看,美国相继阿富汗和伊拉克战争,战略资源和关注主要集中在国际反恐上,欧洲一体化取得了突破性成就,而中国已经加入了世界贸易组织,国际贸易和投资自由化便利化成为各国发展对外关系追求的重要目标。在这种双方都没有太大战略压力的情况下,中国与东盟谈判签署自由贸易协定更加灵活而务实。双方都需要进一步开拓具有实际意义的外部市场,而临近地区则是最方便的最值得考虑的对象。这些也让双方推进谈判签署 CAFTA 的进程具有以下几个鲜明特点:

第一,谈判签署的协议是几个政策文件的"连续剧",而不是单一文本。中国—东盟自贸协定采取了阶段性逐步推进的方式,先是在 2002 年达成了

① Nargiza Salidjanova, Iacob Koch-Weser and Jason Klanderman, *China's Economic Ties with ASEAN: A Country-by-Country Analys is*, U.S. -China Economic and Security Review Commissi on Staff Research Report, 17 March 2015, p.4, https://www.uscc.gov/sites/default/files/Research/China's%20Economic%20Ties%20with%20ASEAN.pdf.

② ASEAN, "ASEAN Economic Community Blueprint 2025", Jakarta, Indonesia, November 2015, Paragraph 79, https://www.asean.org/storage/2016/03/AECBP_2025r_FINAL.pdf.

框架协议①,然后在 2004 年分别达成了货物贸易协定②和争端解决机制协定③,在 2007 年达成了服务贸易协定④,并在 2009 年达成了投资协定等⑤。中国—东盟自贸协议是以这种连续几个文件的形式出现的,与国际上一般达成一揽子自由贸易协定的形势具有很大区别,甚至与东盟或中国和其他国家谈判签署的自由贸易协定都不一样。中国签署中国—东盟自由贸易协定时的灵活性有别于《东盟—日本全面经济伙伴协定》。从中国—东盟自由贸易协定来看,中国愿意接受东盟自由贸易区、东盟—韩国自贸区和东盟投资区采用的"框架协议加议定书"和分阶段方式,即从货物到服务再到投资的形式。⑥相比之下,东盟—日本全面经济伙伴协定采取了单一承诺的方式,将货物、服务、投资和经济合作等方面的内容融入一个协议之中。然而,这种阶段性安排并不是相互断裂的,相反,在谈判签署这些协议文本期间,中国和东盟还达成了三项修订《中国与东盟全面经济合作框架》的议定书协议,⑦以及两项修订《货物贸易协定(TIG)》的两个议定书协议。⑧从服务贸易方面来看,尽管已经开始落实自贸协定,但中国和东盟在 2011 年都同意根据《服务贸易协定》达成第二揽子承诺。此外,这种阶段性安排还表现在落实自贸协定的节奏上,在 2010 年 1 月 1 日,东盟老成员国,即泰国、马来西亚、印度尼西亚、新加坡和菲律宾率先与中国落实自贸协定,而东盟新成员国,即柬埔寨、老挝、缅甸和越南等所谓的 CLMV 国家直到 2015 年 1 月 1 日才开

① 《中国—东盟全面经济合作框架协议》,载中国自由贸易区服务网 http://fta.mofcom.gov.cn/dongmeng/annex/xieyizw_cn.pdf, 2002 年 11 月 4 日。

② 《中国—东盟全面经济合作框架协议货物贸易协议》,http://fta.mofcom.gov.cn/dongmeng/annex/hwmyxieyi_cn.pdf, 2004 年 11 月 29 日。

③ 《中国—东盟全面经济合作框架协议争端解决机制协议》,http://fta.mofcom.gov.cn/dongmeng/annex/zhengduanjzxy_cn.pdf, 2004 年 11 月 29 日。

④ 《中国—东盟全面经济合作框架协议服务贸易协议》,http://fta.mofcom.gov.cn/dongmeng/annex/fwmyxieyi_cn.pdf, 2007 年 7 月 1 日。

⑤ 《中国—东盟全面经济合作框架协议投资协议》,http://fta.mofcom.gov.cn/dongmeng/annex/touzixieyi_cn.pdf, 2009 年 8 月 15 日。

⑥ Hidetaka Yoshimatsu, *Domestic Political Institutions, Diplomatic Style and Trade Agreements: A Comparative Study of China and Japan*, New Political Economy, Vol.15, No.3, 2010, p.405.

⑦ 即《修订〈中国与东盟全面经济合作框架〉议定书》(2003 年)、《修订〈中国与东盟全面经济合作框架〉第二议定书》(2006 年)和《修订〈中国与东盟全面经济合作框架〉第三议定书》(2012 年)。

⑧ 即《修订〈中国与东盟全面经济合作框架协议中货物贸易协定〉议定书》(2006 年)和《修订〈中国与东盟全面经济合作框架协议中货物贸易协定〉第二议定书》(2010 年)。

始落实。在此期间,中国单方面向东盟新成员国给予了优惠政策,实施了多项早期收获计划。

第二,部分协议内容遵循了东盟方式,也沿袭了国际通行范式的一贯做法。《东盟投资区框架协定》是谈判《投资协定》的模板。①除了市场准入条款,《投资协定》在很大程度上反映了《东盟全面投资协定》。中国在与东自由贸易协议的几个文件中,包括《货物贸易协定》和《争端解决机制协定》都遵循了东盟的模式,如《争端解决机制协议》采用了与《东盟关于加强争端解决机制的议定书》非常类似的模式。②中国—东盟自由贸易协定对合作的重视主要体现在谅解备忘录等政策文件中。在中国—东盟自由贸易协定中,谅解备忘录的签署有助于促进在标准、技术规范、合规评定及知识产权等领域的合作。另外,《投资协定》在诸如适用范围和利益的拒绝给予等重大问题上对一些东盟国家做出了特殊规定。从覆盖范围上看,《投资协定》仅适用于泰国已经接受的投资,根据国内法和政策经有关部门特别书面批准,才能得到保护。从利益的拒绝给予条款来看,当投资者被非当事方或拒绝方的人控制时,泰国可以拒绝外国投资者享受投资协定所规定的利益保护权利。在泰国,利益的拒绝给予的条件更容易得到满足。根据这项特殊规定,相关部门就没有必要证明涉事法人在中国—东盟自贸协定的任一国家中是否有实质性的经营业务。此外,如果涉事企业投资违反"反规避法(The Anti-Dummy Law)",菲律宾可能拒绝外国投资者根据协议获得相应的收益。菲律宾的国内法成为重要的参考要素。③

第三,功能性合作的选择性和导向性,对促进双方以合作促发展具有更强的针对性。中国在《投资协定》迎合了东盟方面的特殊要求,谅解备忘录反映了双方强调的功能性合作倾向,旨在为信息通讯技术及农业和运输等领域的合作。④

① Huiping Chen, "China-ASEAN FTA: An Investment Perspective", John Wong, et al., *China-ASEAN Relations: Economic and Legal Dimensions*, 2006, p.140.

② Hidetaka Yoshimatsu, *Domestic Political Institutions, Diplomatic Style and Trade Agreements: A Comparative Study of China and Japan*, New Political Economy, Vol.15, No.3, 2010, p.410.

③ 《中国—东盟全面经济合作框架协议投资协议》,http://fta.mofcom.gov.cn/dongmeng/annex/touzixieyi_cn.pdf, 2009 年 8 月 15 日。

④ Hidetaka Yoshimatsu, *Domestic Political Institutions, Diplomatic Style and Trade Agreements: A Comparative Study of China and Japan*, New Political Economy, Vol.15, No.3, 2010, p.411.

这些经济活动都将有中国—东盟自贸区经济技术合作工作组负责，并从中国与东盟合作基金中获得资金。在升级中国—东盟自贸协定的过程中，各方进一步探讨了在更广泛领域，从与贸易有关的问题，中小企业到环境，进一步探讨加强经济合作。①当然，中国与其他国家谈判签署的自由贸易协定中也存在着类似安排。另外，中国与部分东盟国家在农业和投资的早期收获项目等方面也展现出较大的针对性。从农产品贸易自由化方面来看，中国—东盟自贸协定规定，早期收获项目可以降低某些产品的关税。②这个早期收获期可以长达八年的时间。在此期间，2003 年 6 月 18 日，中国与泰国签署了《中华人民共和国与泰王国政府关于在〈中国—东盟全面经贸合作框架协议〉"早期收获"方案下加速取消关税的协议》，简称《中泰加速取消果蔬关税协议》，旨在中国—东盟自贸协议成效前开放两国的农产品市场。③作为早期收获项目的一个重要组成部分，中国向认为无法从早期收获项目中受益很多的东盟国家提供单方面的让步。④中国—东盟自贸协议强调早期收获项目在中国签署的其他贸易协定中并不常见。作为中国采取的一项独特的政策，提供早期收获项目，在正式落实前取消农产品关税，对中国来说可以说是一项非同寻常的决定，因为农业自由化是中国加入世界贸易组织后最重要的政策问题之一。⑤根据中国—东盟自贸协议的早期收获项目，东盟在谈判过程中获得比中国更加优惠的条款。⑥相比之下，中国在于新西兰谈判

---

① 《中华人民共和国与东南亚国家联盟关于修订〈中国—东盟全面经济合作框架协议〉及项下部分协议的议定书》，China-ASEAN FTA Upgrading Protocol Article 7(Ⅱ)(1)(2015)。

② 《中国—东盟全面经济合作框架协议》第 6 条第 1 款，http://fta.mofcom.gov.cn/dongmeng/annex/xieyizw_cn.pdf。

③ 《中华人民共和国与泰王国政府关于在〈中国—东盟全面经贸合作框架协议〉"早期收获"方案下加速取消关税的协议》，http://bgt.mofcom.gov.cn/article/c/d/200306/20030600101994.shtml，2003 年 6 月 18 日。

④ Jiangyu Wang, "Association of Southeast Asian Nations-China Free Trade Agreement", Simon Lester and Mercurio Bryan, *Bilateral and regional Trade Agreements: Case Studies*, 2009, p.196.

⑤ Hidetaka Yoshimatsu, *Domestic Political Institutions, Diplomatic Style and Trade Agreements: A Comparative Study of China and Japan*, New Political Economy, Vol.15, No.3, 2010, p.409.

⑥ Peter K.Yu, "The Incremental Development of the ASEAN-China Strategic Intellectual Property Partnership", Christoph Antons and Michael Blakeney, Intellectual Property Law in Southeast Asia, Edward Elgar Publishing, 2020 *Texas A&M University School of Law Legal Studies Research Paper No.19—20*, 2015, p.3.

关于农业自由化的内容时更加谨慎一些,落实东盟早期收获协议大大增加了东盟国际对中国的水果和蔬菜出口。

第四,渐进性原则的适应性和有限性,为谈判签署升级版留下较大政策空间。在这些协议中,超越世界贸易组织规范的内容其实是非常有限的。中国自贸协定更强调渐进性发展,重点并不是放在对监管的要求上。在收获"唾手可得的果实",如关税消减和以 WTO 规范为基础的内容上,中国—东盟自贸协定类似于中国签署的其他贸易协定。即使在超越 WTO 规范的领域,WTO 规则也是重要的因素。例如,中国—东盟自贸协定①和中国签署的一些其他自贸协定,如中国—新西兰自由贸易协定,②都参考了服务贸易总协定(GATS)第十四条的内容吸收了投资规则的例外条款。③总的来说,中国—东盟自贸协定和中国的其他贸易协定的水平都不是很高。例如,中国与东盟关于知识产权的谅解备忘录并没有推进或改变双方各国关于知识产权机制的立场,④但其中只有第三条除外,即要求"对基因资源、传统知识和民间传说"提供更大的保护。⑤像中国与其他国家达成的协议一样,⑥中国—东盟自贸协议并未就投资预先设定要提供涵盖准入、机制和获得投资的国民待遇。这些协议侧重于保护投资而不是投资自由化。当然,渐进性原则还体现在中国与东盟自由贸易协定是可以升级的。中国—东盟自由贸易协定也是中国第一个得到升级的自由贸

---

① 《中国—东盟全面经济合作框架协议投资协议》第 16 条,http://fta.mofcom.gov.cn/dongmeng/annex/touzixieyi_cn.pdf, 2009 年 8 月 15 日。

② "第十七章:例外,第二百条:一般例外",《中国—新西兰自由贸易协定》,http://fta.mofcom.gov.cn/newzealand/doc/wenben/wenben_cn.pdf。

③ Bryan Mercurio, "Awakening the Sleeping Giant: Intellectual Property Rights in International Investment Agreements", *Journal of International Economic Law*, Vol.15, No.3, 2012, pp.905—906.

④ "Memorandum of Understanding between ASEAN and China on Cooperation in the Field of Intellectual Property", Signed in Cha-am Hua Hin, Thailand on 25 October 2009, https://cil.nus.edu.sg/wp-content/uploads/formidable/18/2009-MOU-Between-ASEAN-and-China-on-Cooperation-in-the-Field-of-Intellectual-Property.pdf.

⑤ Peter K.Yu, "The Incremental Development of the ASEAN-China Strategic Intellectual Property Partnership", Christoph Antons and Michael Blakeney, *Intellectual Property Law in Southeast Asia*, Edward Elgar Publishing, 2020 Texas A & M University School of Law Legal Studies Research Paper No.19—20, 2015, p.6.

⑥ 《中国—东盟全面经济合作框架协议投资协议》第 4—5 条, http://fta.mofcom.gov.cn/dongmeng/annex/touzixieyi_cn.pdf, 2009 年 8 月 15 日。

易协定。

相比东盟与其他国家的协议来看,中国对东盟采取的方式要比日本宽松得多。在与东盟达成自由贸易协定之前,中国就与东盟的一个成员国,即新加坡签署了双边自由贸易协定(CSFTA)。这反映出,中国从一开始就愿意和东盟所有成员国进行谈判。CSFTA 在 2008 年签署,①要比和东盟签署框架协定、货物贸易协定、争端解决机制协定和服务贸易协定晚得多。在东盟—日本全面经济伙伴协定中,日本采取了"分而治之"的方式,日本与东盟 10 个成员国中的 7 个签署了自由贸易协定,才缔结东盟—日本综合经济伙伴关系协议(AJCEP),以避免与东盟集体进行谈判。中国与东盟自贸协议谈判的灵活务实性还反映在一些特定规则中,如逐步降低关税。中国—东盟自由贸易协定规定了经过多年逐渐减少关税的措施,针对不同的东盟国家采取不同的灵活性。2018 年 11 月 5 日,"中国—东盟自贸协定优惠关税系统"在马来西亚上线。②从菲律宾来看,CAFTA 税率从 2012 年至 2018 年都分别列出来了。然而,根据 AJCEP 协议,这两个东盟成员国并没有这种渐进的关税减让安排。③

当然,中国—东盟自贸协定的其他特殊待遇还包括其在中国自贸协定中的独特地位。例如,在关于 WTO"授权条款"、自由贸易协定升级和更高水平的投资国民待遇等,以及对东盟新成员国的特殊安排等方面,中国—东盟自贸协定是中国使用 WTO"授权条款",确保与发展中国家签署与 WTO 保持一致的低标准自由贸易协定的唯一自由贸易协定。从投资后国民待遇情况来看,中国仅给予巴基斯坦和东盟完全的国民待遇,而其他伙伴国则按照"习惯国际法"对待。此外,东盟新成员国也需要中国—东盟自由贸易协定享受一定的灵活性。《框架协定》接受了灵活性的必要性,要求在服务和投资贸易谈判中对东盟新成员国考虑

---

① 《中华人民共和国政府和新加坡共和国政府自由贸易协定》,载中国自由贸易区服务网 http://fta.mofcom.gov.cn/singapore/doc/cs_xieyi_cn.pdf, 2008 年 10 月 23 日。

② 周渊:《"中国—东盟自贸协定优惠关税系统"在马来西亚上线》,载文汇网 https://wenhui.whb.cn/third/yidian/201811/05/222333.html? yidian_docid=0KRAtVHY, 2008 年 11 月 5 日。

③ Annex 1-Schedule of the Philippines under the ASEAN-Japan Comprehensive Economic Partnership Agreement, http://www. asean. org/storage/images/archive/agreements/AJCEP/Annex 1-Philippines.pdf; Annex 1-Schedule of Brunei under the ASEAN-Japan Comprehensive Economic Partnership Agreement, http://www.asean.org/storage/images/archive/agreements/AJCEP/Annex1-Brunei.pdf.

特殊安排的灵活性。《货物贸易协定》对东盟新成员国也具有特殊的有差别的待遇和灵活性。

CAFTA 与 RCEP 谈判的路径选择

自提出以来，东盟就一直高度重视并积极推进 RCEP 的谈判进程，以挽回自己失去的发展机遇，并努力维持自己在地区合作中的中心地位。在与部分伙伴国谈判签署自由贸易协定的过程中，东盟一度担心自己低弱的竞争力无法与这些伙伴国抗衡，可能会在自由贸易过程中受到损失，因此在谈判签署东盟+3 自贸协定过程中表现得相当消极，并拒绝置评和接受日本提出的东亚全面经济伙伴关系（CEPEA）的倡议，导致地区一体化进程受到严重迟滞。然而，随着美国奥巴马政府提出"重返亚洲"，积极参与主导跨太平洋伙伴关系谈判，并得到了包括部分东盟成员国在内的地区国家的支持和参与，对东盟始终强调并努力维护的在地区架构中的中心地位构成了严重挑战，引起了部分东盟国家，特别是印度尼西亚、泰国和马来西亚的警觉，从而从东盟的角度提出了与日本倡议基本上完全一致的地区全面经济伙伴关系，并游说东盟成员国和部分伙伴国参加谈判，避免了在地区一体化中被边缘化的风险，也维持住了东盟处于地区架构中心地位的主动作用。

进一步来看，东盟希望利用谈判、签署和落实 RCEP，影响地区经济法律秩序的进程，增强以自己为中心的经济多边主义和地区主义之间的纽带与联系。可以说，东盟始终实在试图牢牢掌控 RCEP 的主要议程和进程，让 RCEP 成为东盟精心设计的地区一体化规划。在此情况下，作为一个以东盟为中心的协定。东盟想让 RCEP 为其实现两大战略目标：促进东盟内部进一步融合和深化东盟经济共同体建设，以及协调和增进东盟及其自由贸易协定伙伴的经济关系。[①]作为这些战略措施中不可或缺的一部分，东盟寻求向外交显示其在发展对外部经济关系上采取的是"一种更具战略性和连贯性的方法"，要达成一项能满足企业需求的现代、全面和高质量的贸易协定，从而能吸引更多伙伴国积极参与地区一

---

① Jeffrey J.Schott & Lu Zhiyao, "Asia-Pacific Regionalism after the TPP", Adam S. Posen and Ha Jiming, *US-China Cooperation in a Changing Global Economy*, June 2017, *PIIE Briefing*, p.137.

体化进程,大力支持地区多边贸易体系。①毕竟,无论从形式和本质上,对东盟来说,RCEP 提供了一个与 CPTTP 差异较大的巨型 FTA 模式,并可能影响地区其他多边或双边 FTA 谈判的样式。

在这一过程中,中国与东盟及其成员国无论是在目标设定和进程推进等方面都是高度一致的,这也让中国在推进 RCEP 谈判过程中做出了较积极的努力,提供了较多的公共产品,增强东盟进一步推动谈判 RCEP 的能力和信心。当然,早已经开始落实,并对中国和东盟经济发展和融合发挥重要作用的中国—东盟自由贸易协定对 RCEP 的谈判进程也做出了积极贡献。毕竟,RCEP 是建立在以东盟为核心的与澳大利亚和新西兰、中国、日本、韩国及印度等 6 个伙伴过的 5 个自贸协定,甚至可能包括 AHKFTA 的基础之上的,任何一个双边性的自贸协定都可能对 RCEP 提供一定程度的参考作用。CAFTA 和 AHKFTA 和东盟的其他自由贸易协定,为东盟"在可能的情况下,保持其在参与全球和地区事务中的中心地位"奠定了坚实基础。②从中国的角度来看,中国—东盟自贸协定升级议定书也为 RCEP 谈判,甚至可能为 FTAPP 的可行性研究和谈判进程取得进展作出了贡献。③

鉴于中国与东盟大多数国家都属于发展中经济体的身份,且在全球和地区多边机制的利益更具一致性,CAFTA 对促进中国和东盟国家间达成越来越多的共识,一直是维持东盟谈判签署 RCEP 信心的基石,更是 RCEP 内容的首要参考之一,双方合作推进 RCEP 谈判中的协调也更为顺畅。中国和东盟都支持多边贸易体系,而 CAFTA 在很大程度上遵循了 WTO 规范。东盟与其他国家谈判签署自由贸易协定的模式与中国的"发展中国家"FTA 模式极为相似,都高度强调监管合作而非单边的监管权。④在一些特定领域,中国与东盟自贸协定升级议定

---

① ASEAN, "ASEAN Economic Community Blueprint 2025", Jakarta, Indonesia, November 2015, Paragraph 80, https://www.asean.org/storage/2016/03/AECBP_2025r_FINAL.pdf.

② ASEAN, "ASEAN Economic Community Blueprint 2025", Jakarta, Indonesia, November 2015, Paragraph 79, https://www.asean.org/storage/2016/03/AECBP_2025r_FINAL.pdf.

③ 商务部新闻办公室:中国与东盟结束自贸区升级谈判并签署升级《议定书》,载中国自由贸易区服务网 http://fta.mofcom.gov.cn/article/chinadongmeng/dongmengnews/201511/29455_1.html, 2015年11月23日。

④ Christopher M. Dent, "Free trade agreements in the Asia-Pacific a decade on: evaluating the past, looking to the future", 10 International Relations of the Asia-Pacific, Vol.10, 2010, p.201.

书设想了货物贸易自由化、产品特定规则和投资自由化和保护等方面的未来工作，①其中，货物和投资贸易是重中之重。这反映了中国和东盟在促进地区经济一体化可能愿景方面的一致性，推进双方在谈判 RCEP 这些方面的过程中一直保持着密切合作。从货物贸易上看，中国和东盟在诸如贸易便利化问题上也开展了较为实质性的合作。根据近年来举行的东盟峰会主席声明来看，东盟一直强调贸易便利化，并将其作为需要处理的（八个）优先事项之一，而《东盟贸易便利化框架》也得到了优先落实。②中国近年来也高度支持贸易便利化，促进中国产品的出口，满足中国快速增长的工业生产能力的需要。从投资方面来看，中国近年来投资协定实践所反映的政策立场在很大程度上与东盟的实践是一致的。例如，中国和东盟在限制经济贸易框架（FET）义务范围方面具有非常相似的立场。③当然，RCEP 的谈判反过来也促进了 CAFTA 升级的方向和具体内容。

然而，CAFTA 对 RCEP 的贡献也面临着挑战、限度和不确定性。CAFTA 在许多方面与 RCEP 存在着本质上的不同。首先，相较于 RCEP，CAFTA 的覆盖范围非常有限。RCEP 是一个原本涉及 16 个国家的巨型贸易协定，即使印度退出，其规模依然相当可观。对中国来说，RCEP 有助于其发展新的合作伙伴，特别是日本和印度。因此，可以说，RCEP 的进展不能完全由东盟和中国来决定，其他各方也发挥着重要作用。东盟需要与其 6 个伙伴国协调谈判 RCEP。RCEP 谈判进展缓慢的原因也正是在于东盟很难促进中日韩印之间在谈判过程中在一些敏感和关键性问题上取得实质性突破，毕竟，印度还没有参加过高标准的贸易协定。④印度并不愿意

---

① 商务部新闻办公室：中国与东盟结束自贸区升级谈判并签署升级《议定书》，http://fta. mofcom.gov.cn/article/chinadongmeng/dongmengnews/201511/29455_1.html，2015 年 11 月 23 日。

② ASEAN，"Chairman's Statement of the 28th and 29th ASEAN Summits"，6—7 September 2016，http://asean. org/storage/2016/08/Final-Chairmans-Statement-of-the-28th-and-29th-ASEAN-Summits-revfin.pdf.

③ Mark Feldman, Rodrigo Monardes Vignolo, and Cristian Rodriguez Chiffelle, "The Role of Pacific Rim FTAs in the Harmonisation of International Investment Law：Towards a Free Trade Area of the Asia-Pacific"，in Julien Chaisse, Tomoko Ishikawa, Sufian Jusoh, *Asia's Changing International Investment Regime：Sustainability, Regionalization, and Arbitration*，Springer, Singapore, 2017, pp.177—205.

④ Meredith Kolsky Lewis, "The ASEAN-Australia-New Zealand FTA（AANZFTA）"，in Simon Lester and Bryan Mercurio, *Bilateral and Regional Trade Agreements：Case Studies*，Cambridge：Cambridge University Press, 2015, p.131.

根据 RCEP 对国内经济体制机制进行重大改革。①澳大利亚和日本等已经加入 CPTTP 的国家则希望 RCEP 使用更高标准，而这与印度的立场存在着质的不同。

其次，CAFTA 和 RCEP 的性质不同。尽管东盟是由 10 个成员国组成的，但 CAFTA 在本质上是一个双边自由贸易协定。这种双边性质不仅体现在中国与东盟的关系上，而且体现在中国与东盟国家之间的关系上。毕竟，中国—东盟自贸协定的落实还主要取决于东盟成员国。从另一方面来说，中国当初提议建立 CAFTA 的主要原因是，需要缓解东南亚国家对"中国威胁"的担忧，②在很大程度上存在着地缘政治的考虑。东盟国家希望看到中国与自己发展更紧密关系的诚意，弥补因美国将重要战略资源投注到中东地区而造成的失落感。因此，CAFTA 并没有规定所谓的"准入条款"等方面的内容。这与中国当时已经加入世界贸易组织，而部分东盟新成员国还不是世界贸易组织成员有关。

再次，CAFTA 难以成为地区经济一体化的代表，对谈判 RCEP 并没有太强的示范性作用。CAFTA 和东盟的其他 FTA 之间存在的差异相当大，在部分条款上尤为明显，RCEP 谈判进程非常复杂。在某些问题上，东盟其他 FTA 要比 CAFTA 更加自由。例如，CAFTA 侧重于保护投资而不是日本与东盟但各成员国之间的 EPA 投资保护和自由化。③可以看出，CAFTA 是一项基本的贸易协定，除了货物运输需要的减少关税和原产地原则等要求外，其他几乎没有什么要求。④然而，在某些方面，与其他东盟贸易协定相比，CAFTA 的贸易自由化程度反而更高一些。例如，与日本和东盟的贸易协定相比，中国使用不同的基础下调进口关税。这类似于东盟—韩国自贸协定中提出的方法，双方都采取了"进口价值"和

① Jeffrey J. Schott & Lu Zhiyao, "Asia-Pacific Regionalism after the TPP", Adam S. Posen and Ha Jiming, *US-China Cooperation in a Changing Global Economy*, June 2017, *PIIE Briefing*, p.137.

② Yuzhu Wang and Tong Sarah Y, "China-ASEAN FTA Changes ASEAN's Perspective on China", *East Asian Policy*, 2010, Vol. 2, No.2, p.47.

③ Julien Chaisse, "The Shifting Tectonics of International Investment Law—Structure and Dynamics of Rules and Arbitration on Foreign Investment in the Asia-Pacific Region", *George Washington International Law Review*, 2015, Vol.47, No.3, pp.615—616.

④ Nargiza Salidjanova, Iacob Koch-Weser and Jason Klanderman, China's Economic Ties with ASEAN：A Country-by-Country Analysis, U.S.-China Economic and Security Review Commissi on Staff Research Report, 17 March 2015, p. 9, https：//www. uscc. gov/sites/default/files/Research/China's%20Economic%20Ties%20with%20ASEAN.pdf.

"进口物品数量"的措施，作为计算消减关税百分比的基础，而 AJCEP 仅采用价值基础，允许其消减市场自由化的范围，并排除某些农产品。①此外，《货物贸易协定》中的负面清单方式，即除了在附件清单中列出的货物，其他所有货物的关税一般都会减少，与东盟—印度及新加坡—日本自贸协定采取正面清单方式，仅对列在名单上的货物降低关税的做法形成了鲜明对比。②负面清单法适用于例外规定的所有产品。通常情况下，这要比正面清单法在消减关税方面会更加有效。

最后，CAFTA 与 RCEP 要达成高质量协定的目标并不太吻合。③CAFTA 在监管要求、非贸易关注和新领域等方面并不能与中国的其他 FTA 相比。在中国的自由贸易协定中，CAFTA 相较于中国与新西兰、瑞士、韩国及澳大利亚等国的贸易协定等寻求在某些限定的领域促进改进监管，仍处于较低的水平或标准。中国—韩国自贸协定的特点是扩大了覆盖范围，突出了服务和投资重点，增加了对竞争和环境等非贸易问题，并增强了良治规范。④中国—澳大利亚自由贸易协定不仅关注通过市场自由化促进贸易和投资便利化，而且关注精心设计的良治规范。⑤中韩自贸协定已经开始着手解决非贸易问题。

总的来说，中国在 CAFTA 中的灵活性要远远大于 RCEP。中国—东盟自贸协定的方式有别于中国与其他国家的自贸协定。CAFTA 侧重于市场自由化，比中国的一些 FTA，如中澳自贸协定，所包含的新监管义务要少很多。在与东盟签

① Hidetaka Yoshimatsu, Domestic Political Institutions, Diplomatic Style and Trade Agreements: A Comparative Study of China and Japan, New Political Economy, 2010, Vol.15, No.3, p.406.

② Jiangyu Wang, "Association of Southeast Asian Nations-China Free Trade Agreement", Simon Lester and Mercurio Bryan, Bilateral and regional Trade Agreements: Case Studies, 2009, p.199.

③ "Joint Leaders' Statement on the Regional Comprehensive Economic Partnership (RCEP)", 8 September 2016, Vientiane, Lao PDR, https://asean.org/wp-content/uploads/2016/09/56-RCEP_Joint-Leaders-Statement_8-September-2016.pdf; "Joint Leaders' Statement on the Regional Comprehensive Economic Partnership (RCEP)", 4 November 2019, Bangkok, Thailand, https://asean.org/storage/2019/11/FINAL-RCEP-Joint-Leaders-Statement-for-3rd-RCEP-Summit.pdf.

④ Heng Wang, "The Features of China's Recent FTA and Their Implications: An Anatomy of the China-Korea FTA", Asian Journal of WTO & International Health Law and Policy, 2016, Vol.11, No.1, p.115.

⑤ Heng Wang, "An Assessment of the ChAFTA and Its Implications: A Work-in-Progress Type FTA with Selective Innovations?" In Colin Picker, Heng Wang and Weihuan Zhou, The China Australia Free Trade Agreement: A 21st Century Model, Hart Publishing, 2018, http://www5.austlii.edu.au/au/journals/UNSWLRS/2019/24.pdf.

署的贸易协定中,中国仅仅使用了一次授权条款来确保 WTO 与发展中国家的低标准 FTA 保持一致,就充分说明了这一点。关于升级议定书所设想的未来工作计划,知识产权和非贸易问题等都不是重点。从新领域来看,CAFTA 似乎并没有像中韩自贸协定和中澳自贸协定那样重视这些领域。中韩和中澳自贸协定远远超出了 CAFTA 的规定,在某些特定领域,如信息技术和零售服务等方面,提供了进入中国市场的优先准入条件。①鉴于 RCEP 要涉及更多方面的内容,中国在 RCEP 中尽管步子迈得更大一些,但也表现得也更加谨慎一些。

中国推进地区 FTA 的路径分析

对东盟及其成员国来说,中国—东盟自贸协定,甚至 AHKFTA 都是极其重要的贸易协定。对双方来说,CAFTA 是最重要的南南自由贸易协定之一,而 AHKFTA则是东盟近 8 年时间才签署的第一份自由贸易协定。②然而,对双方来说,这些 FTA 的落实仍存在着许多挑战,其中两点尤为值得关注:其一,出于各种各样的内外影响因素,东盟每个成员国落实 CAFTA 的情况是不同的。这些因素既包括东盟成员国之间存在着不同的发展水平,各自落实 CAFTA 的时间表,也包括不同东盟国家在与中国双边贸易中存在着顺差或逆差等不同情况等,都可能影响双边继续落实自由贸易协定的意愿。尽管贸易赤字和 CAFTA 之间的因果关系仍需进一步观察,③但在 2015 年东盟对中国的货物贸易已经从顺差变成日益增加的逆差,④已经不可避免地成为影响双方谈判自贸协定的关键因素

①　Nargiza Salidjanova, Iacob Koch-Weser and Jason Klanderman, *China's Economic Ties with ASEAN: A Country-by-Country Analysis*, U.S.-China Economic and Security Review Commission Staff Research Report, 17 March 2015, p.9.

②　"ASEAN, HK to sign free trade agreement", *China Daily*, 10 September 2017, http://www.chinadaily.com.cn/china/2017-09/10/content_31798251.htm.

③　Nargiza Salidjanova, Iacob Koch-Weser and Jason Klanderman, *China's Economic Ties with ASEAN: A Country-by-Country Analysis*, U.S.-China Economic and Security Review Commission Staff Research Report, 17 March 2015, p.3, https://www.uscc.gov/sites/default/files/Research/China's%20Economic%20Ties%20with%20ASEAN.pdf.

④　ASEAN, "ASEAN Economic Community Chartbook 2016", Jakarta, ASEAN Secretariat, October 2016, https://www.aseanstats.org/wp-content/uploads/2016/11/AEC-Chartbook-2016-1.pdf.

之一,未来可能会成为落实 RCEP 的重要问题。这也是印度退出 RCEP 的重要考虑因素之一。其二,中国—东盟自贸协定在落实过程中还存在着一些实际性的障碍,如 FTA 使用率较低,中小企业的使用率更低,[①]尽管这在当前亚太地区的许多自由贸易协定相当普遍。

首先,和其他贸易协定一样,CAFTA 可能对贸易伙伴过的某些部门产生负面影响。落实 CAFTA 的一个主要挑战是对工业发展,特别是劳动密集型工业的发展可能产生的影响,因为中国和东盟国家的贸易,如农业产品,被认为是更具有竞争性而不是互补性。由于 CAFTA 可能导致来自进口产品的强劲竞争,CAFTA 在某些行业,如钢铁、石化、化妆品和草药等,已经引起了相关国家的注意和担忧。[②]据观察,CAFTA 的落实对提升印尼经济的竞争力并不能产生具有实际意义的经济利益。同时,CAFTA 的落实受到地区政治和经济形势变化,特别是地区各国将促进国内经济发展作为国家建设优先方向的影响。例如,印度尼西亚在管理地区经济一体化机遇和挑战方面并不十分积极和认真,在落实 CAFTA 过程中面临着较多的内部制约。[③]无论如何,对受到 CAFTA 负面影响的部门或行业能够提供足够的支持是至关重要的。

其次,CAFTA 的利用率依然难以得到实质性提高。根据 WTO 的一份报告,东盟国家对 CAFTA 的利用率大约为 12%,低于巴基斯坦和新西兰的 20%—30%。[④]这大大影响了东盟国家对中国的出口动力。CAFTA 使用率低的原因可能很多,其中包括可能导致意大利面碗效应的不同的原产地规则(ROO),非关税壁垒(NTB)和 CAFTA 提供的信息不充分等。值得注意的是,确保小型企业和农民从贸易协议中受益也是一项严峻挑战,因为他们通常情况下缺乏利用贸易协定的专门知识和资金。例如,小型企业和小农户非常希望中国和东盟在食品安

---

① Heng Wang, "The Implications of the Trans-Pacific Partnership for SMEs: Opportunities and Challenges", *KLRI Journal of Law and Legislation*, 2016, Vol.6, No.1, pp.65—75.

② Kevin Brown, "Biggest regional trade deal unveiled", *Financial Times*, 1 January 2010, https://www.ft.com/content/823707e4-f6f1-11de-9fb5-00144feab49a.

③ Ignatius Ismanto and Indra Krishnamurti, "The Political-Economy of ASEAN-China FTA An Indonesian Perspective", SECO/WTI Academic Cooperation Project Working Paper Series 2014/05, pp.26—27.

④ Maria Donner Abreu, "Preferential Rules of Origin in Regional Trade Agreements", *Staff Working Paper*, 22 March 2013, p.29, https://www.wto.org/english/res_e/reser_e/ersd201305_e.pdf.

全标准等法规方面加强合作,降低非关税壁垒,帮助他们能够从 FTA 中获得好处。

再次,升级版的自由贸易协定依然包含着一些过时或不充分的义务。一个典型的例子就是电子商务。升级议定书为跨境电子商务合作提供了基础和要求,①如明确了信息共享和其他合作,但却没有非常详细的义务。相较于和韩国及澳大利亚的贸易协定包含有关电子商务的单独章节,②中国与东盟贸易协定的升级议定书的规定还是较少。因此,CAFTA 并没有对促进电子商务进行了充分的准备,因为其包含的规则并不能让相关主题有效处理可能出现的法律问题,如电子商务中的知识产权问题、电子认证、电子签名、无纸交易、在线消费者保护和个人信息保护等。因此,可以说,CAFTA 几乎没有包含超越 WTO 监管法规的内容来解决非关税壁垒的问题。升级议定书取得进展非常有限,如涉及的领域仅有特定产品规则、最低限度规则、操作认定程序、海关程序和贸易便利化、服务贸易自由化、投资促进和便利化、经济技术合作,以及进一步加强贸易和投资条件等方面的承诺。③CAFTA 升级议定书的重点似乎是原产地规则、市场开放和贸易便利化,在非关税壁垒、非贸易问题和投资自由化等方面计划没有规定新的义务。

最后,CAFTA 和 CSFTA 以及其他贸易或投资协定,包括 RCEP 可能会产生意大利面碗效应,相互间的关系仍需要进一步厘清。除了新加坡之外,中国和东盟国家缺乏双边协议,让企业不能分辨从双边协议和 CAFTA 中获得的收益哪个更多。然而,新加坡与中国缔结了双边 FTA,是东盟国家中唯一的。作为东盟成员国与其战略贸易伙伴之间的贸易协定,中新自贸协定与 CAFTA 形成了互补关系。④也就是说,在中国和新加坡之间的贸易中,企业和其他利益相关者需要比较使用

① 解读中国—东盟自贸区升级《议定书》,载搜狐网 http://www.sohu.com/a/43578738_120702,2015 年 11 月 23 日。

② "第十三章:电子商务",《中国—韩国自由贸易协定》,http://fta.mofcom.gov.cn/korea/annex/xdwb_13_cn.pdf。

③ "A Guide to Understanding the ASEAN-China Free Trade Area Upgrade", https://www.mti.gov.sg/-/media/MTI/Legislation/Public-Consultations/2016/Guide-to-the-upgraded-ASEAN-China-Free-Trade-Area-ACFTA/a-guide-to-understanding-the-acfta-upgrade-final.pdf.

④ ASEAN, "ASEAN Economic Community Blueprint 2025", Jakarta, Indonesia, November 2015, Paragraph 79, https://www.asean.org/storage/2016/03/AECBP_2025r_FINAL.pdf.

双边协议和 RCEP，才有可能更充分地找到对自己更有利的条件，实现最大程度的收益。

从趋势上看，AHKFTA 在这方面对 RCEP 的贡献也非常具有启示性。一方面，CAFTA 和 AHKFTA 可能会让香港和新加坡产生竞争。AHKFTA 将为香港利用 CAFTA 提供有效便利，如促进香港货物的暂存和库存，香港公司可以根据 CAFTA 向买卖双方提供第三方发票。①正如新加坡国家发展部部长黄循财（Lawrence Wong）所说的，"新加坡和香港之间的竞争十分激烈，但这并不是一场零和博弈"。②另一方面，CAFTA 也可以让包括新加坡在内的东盟国家获得收益。例如，据报道，菲律宾将会从 AHKFTA 和 AHKIA 中获得巨大好处，因为这两个协议都将增加菲律宾企业的市场准入，从而改善菲律宾与香港贸易和投资关系。③

然而，问题是，相关企业要厘清这些协议之间的关系，仍然存在着许多挑战。特别是，如何处理这些协定之间可能存在的冲突问题。如果双方无法达成共识，就无法确定解决争端的正确平台。CAFTA 不会阻碍当事方享有诉诸其参加的协定的争端解决程序的权利。实际上，这可能取决于投诉方的选择，即是否会选择 CAFTA 规定之外的其他平台。④以新加坡为例，落实 CAFTA 可能会因不同 FTA 的原产地规则而引发意大利面碗效应。对于并没有完全在 CAFTA 区域内生产或获得的产品，货物贸易协定通常只规定了 40%的增值规则，即该产品的含量必须含有来自任何 CAFTA 缔约方的 40%。⑤这是区域价值内容（RVC）规则。如何落实升级议定书和进一步升级 CAFTA，及其与 RCEP 之间的关系等，仍值得继续观察。升级议定书计划并没有规定特别严格的监管要求，也没有阐明经济和技术合作的细节。从趋势上看，CAFTA 需要中国和东盟成员国在维护监管自

---

① ② William Marshall，"ASEAN-HK FTA：What it means for Hong Kong and Singapore"，*The Straits Times*，September 20，2017，http://www.straitstimes.com/opinion/asean-hk-fta-what-it-means-for-hk-and-spore.

③ "ASEAN, HK to sign free trade agreement"，China Daily，10 September 2017，http://www.chinadaily.com.cn/china/2017-09/10/content_31798251.htm.

④ 《中国—东盟全面经济合作框架协议争端解决机制协议》，http://fta.mofcom.gov.cn/dongmeng/annex/zhengduanjzxy_cn.pdf，2004 年 11 月 29 日。

⑤ 《中国—东盟全面经济合作框架协议货物贸易协议》，http://fta.mofcom.gov.cn/dongmeng/annex/hwmyxieyi_cn.pdf，2004 年 11 月 29 日。

主权的同时,还要应对包括进一步取消非关税壁垒等深化贸易自由化与合作的挑战,而 RCEP 在这些方面的挑战可能会更多,也更明显。

结　语

与 CPTTP 和许多发达国家之间达成的多边和双边自由贸易协定相比,CAFTA 并不是一个高水平的现代贸易协定。然而,CAFTA 对中国与东盟,甚至整个亚太地区国家之间经贸关系来说,都具有划时代的意义。中国是第一个与东盟达成并落实自由贸易协定的国家,体现出双方在促进亚太地区贸易投资自由化便利化的战略倾向,也揭开了其他东盟伙伴国主动与东盟谈判、签署和落实自由贸易协定的浪潮。也正是存在着这种高度的标志性意义,CAFTA 要比中国与其他国家谈判签署 FTA 时展现出更加灵活的方式。然而,CAFTA 的落实同样面临着许多挑战。①正是中国与东盟努力妥善处理了一些难题,不断演进和升级的 CAFTA 为 RCEP 的谈判进程做出了较大但依然有限的贡献。毕竟,CAFTA 和 RCEP 在许多方面存在着质的不同。随着中国—东盟自贸协定在落实过程中越来越多地与地区其他协定相互影响,其对 RCEP 和地区贸易投资自由化便利化的贡献也将进一步体现出来。可以想见的是,对中国来说,RCEP 和 AHKFTA 与 CAFTA 的关系会最为密切。AHKFTA 是促进中国与东盟经济关系进一步发展的新动力。东盟国家的企业可以利用 CAFTA 和 AHKFTA 开拓中国的广阔市场。AHKFTA 可以帮助东盟国家的其他企业利用香港作为与中国内地开展业务的门户。当然,在诸如知识产权和服务贸易等关键领域,AHKFTA 确实要比 CAFTA 提供的规则和自由化程度都更高一些。②如果 RCEP、AHKFTA 和《内地与香港关于建立更紧密经贸关系的安排(CEPA)》与 CAFTA 一起整合在一起,形成以中国为主体的地区贸易链体系,则会不仅极大地增强香港的互联互通作用,而且会

---

① 陈剑:高虎城解读中国—东盟自贸区升级《议定书》,载新华网 http://www.xinhuanet.com/world/2015-11/23/c_1117229965.htm, 2015 年 11 月 23 日。

② Phila Siu, "'Hong Kong-Asean free-trade deal to be signed by November': Philippine minister", *South China Morning Post*, 13 July 2017, https://www.scmp.com/news/hong-kong/economy/article/2102420/hong-kong-asean-free-trade-deal-be-signed-november-philippine.

极大地深化中国与东盟贸易关系的密切性。各方如果能够充分利用这些协议，准确理解这些协议的相关规则就显得至关重要，有助于妥善解决落实过程中出现的各种问题。而 FTA 落实中的挑战也应得到妥善解决。因此，从全球视角来看东盟法律的演变进程，包括 CAFTA 的发展及其与其他协定的相互作用，都应引起各方的高度重视。

（作者为上海国际问题研究院亚太研究中心副研究员）

金融如何更好服务实体经济？

——基于金融与经济结构协调发展的视角

唐珏岚

一、 问题的提出

2008 年全球金融危机发生后，学者们就危机产生的原因展开了深入研究，提出了金融监管缺失论①、金融创新过度论②、金融机构过度投机论③、全球经济失衡论④等重要的观点。这些观点都指向一个现象，即金融越来越脱离实体经济⑤。学术界与政府当局从此次危机中得出了一条重要教训，要平衡好经济增长与金融稳定之间的关系，关键在于让金融发展建立于经济发展的基础之上，并更好地服务于经济发展。

在国民经济系统中，经济对金融起着决定性作用，经济是第一性的，金融是第二性的，金融不可能离开实体经济而独自存在。⑥但金融又是与实体经济相对独立的一个子系统。这意味着金融并非实体经济，金融有着自己的运行机制和发展规律，金融发展有可能与实体经济不协调，在某些条件下甚至可能偏离实体

---

① 王自力:《道德风险与监管缺失:美国金融危机的深层原因》,《中国金融》2008 年第 20 期。

② 廖国民:《监管松弛、过度创新与资产泡沫——对美国金融危机的一个分析逻辑》,《国际经贸探索》2009 年第 8 期。

③ [美]杰克·拉斯姆斯、王姝:《投机资本、金融危机以及正在形成的大衰退》,《马克思主义与现实》2009 年第 3 期。

④ 朱月:《全球经济失衡与全球金融危机》,《管理世界》2009 年第 12 期。

⑤ "实体经济"是一个与"虚拟经济"相对的概念。究竟何为"实体经济",学术界尚未形成统一的认识。2008 年全球金融危机发生后,美联储将"实体经济"界定为除了金融业和房地产之外的其他部门。据此,金融业与房地产业属于非实体经济,金融更好服务实体经济,并不是让资金在金融体内循环,更不是让金融资源大量涌向房地产行业。如果没有特殊说明,本文所出现的"经济"均指"实体经济"。

⑥ 李扬:《推进金融供给侧改革六大方向》,《经济参考报》2019 年 4 月 10 日。

经济运行发展的内在要求。①马克思认为,作为一般等价物的货币从商品世界中独立出来后,"作为独立的价值形式同商品相对立,或者说,交换价值必须在货币上取得独立形式"。②货币的出现,使得原先统一的商品世界被分为两极:一极是商品世界,一极是货币世界,"劳动产品分裂为有用物和价值物"。③这为资金"脱实向虚"、金融与经济的失调埋下了伏笔。

我国决策层高度重视金融与经济的协调发展。2017 年第五次全国金融工作会议要求"紧紧围绕服务实体经济、防控金融风险、深化金融改革三项任务,促进经济和金融良性循环、健康发展"。党的十九大报告强调,"增强金融服务实体经济能力"。2019 年 2 月举行的中央政治局第十三次集体学习针对当前金融经济发展的现状明确指出,要"增强金融服务实体经济能力,坚决打好防范化解包括金融风险在内的重大风险攻坚战,推动我国金融业健康有序发展"。在我国经济已由高速增长阶段转向高质量发展阶段,金融与经济协调发展,让金融更好服务实体经济发展,是实现经济高质量发展的题中应有之义。

二、 金融与经济结构失调:一个不容忽视的现象

金融服务实体经济可以从总量和结构两个层面进行分析。从总量层面来看,金融体系的发展必须遵循适度原则,无论是滞后于实体经济需求的金融抑制,还是脱离实体经济的过度金融扩张,都会对一国经济的长期稳定增长产生负面影响。④从结构层面看,随着实体经济转型和产业结构的提升,金融结构必然随之转变,实体经济规模的扩大,必然要求金融部门提供更大规模和更为全面的金融服务。⑤金融更好服务实体经济,不仅需要保持总量上的匹配,还需要结构上的协调。反之,无论是总量上的"失配"还是结构上的"失调",都会对一国实

---

① 王国刚:《金融脱实向虚的内在机理和供给侧结构性改革的深化》,《中国工业经济》2018 年第 7 期。

② 马克思:《资本论》第 3 卷,人民出版社 2004 年版,第 584 页。

③ 马克思:《资本论》第 1 卷,人民出版社 2004 年版,第 90 页。

④ 陈雨露、马勇:《大金融论纲》,中国人民大学出版社 2013 年版,第 572 页。

⑤ Hugh T.Patrick. Financial Development and Economic Growth in Underdeveloped Countries[J]. *Economic Development and Cultural Change*, 1966, 14(2):174—189.

体经济的长期发展产生不良影响。

改革开放以来,我国金融业发展取得历史性成就。金融业机构资产总量由1978年的3 048.3亿元上升至2018年的293.52万亿元,41年间增长了962倍。然而,伴随总量扩张的是当前金融与经济之间的结构失调现象。

(一) 金融业"量高质低"

近年来,我国金融业在总量快速扩张的同时,质量的提升相对滞后,存在着"量高质低"问题。

"量高"主要表现为金融业增长过快,金融业增加值占GDP比重过高。

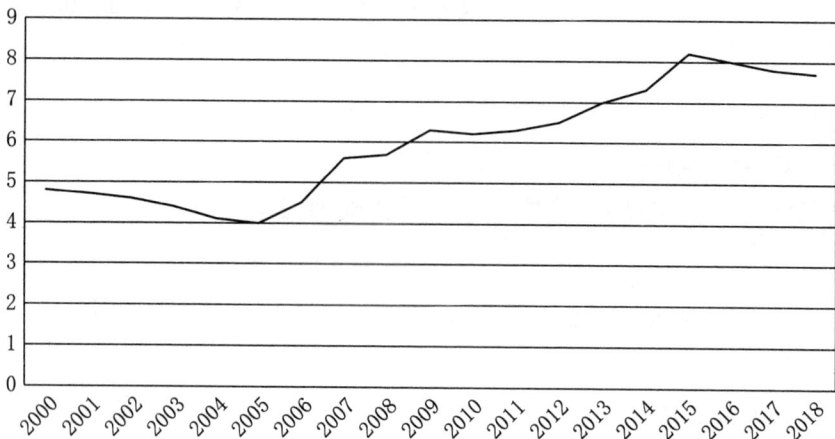

图1 2000—2018年我国金融业增加值占GDP比重(%)

资料来源:中华人民共和国国家统计局网站,http://data.stats.gov.cn/easyquery.htm?cn=C01。

进入21世纪,我国金融业增加值占GDP比重具有明显的波动性,大体可分为三个阶段(见图1):2000—2005年,在这一阶段,由于金融业增加值增速低于同期GDP增速,导致金融业增加值占GDP比重从2000年的4.8%逐年回落至2005年的4%;2006—2015年是金融业增加值占比明显上升阶段,2015年达到8.2%的峰值,比同期美国的比重高出1.3个百分点,比英国高2.0个百分点,比德国和俄罗斯分别高出4.5和4.6个百分点[1];2016—2018年,在金融去杠杆、强

① 汪红驹、李原:《金融业增加值与高质量金融发展关系研究——基于国际比较视角》,《经济纵横》2018年第2期。

监管的背景下,金融业增速远远低于同期 GDP 增速,致使金融业增加值占比再次出现回落,2018 年该比重为 7.7%,与峰值相比回落 0.5 个百分点,但与 2000 年的比重相比,仍高出了 2.9 个百分点。尤其值得关注的是,在 2012—2015 年期间,我国金融业占比的快速上升与工业占比下滑形成鲜明对比,这可以用金融业与工业这两个产业各自的增加值占比、增加值增速进行说明(见表 1)。一是从两个产业各自增加值的占比来看,2012—2015 年金融业增加值占 GDP 的比重稳步提高,由 2012 年的 6.5% 升至 2015 年的 8.2%,而同期工业增加值占比则由38.8% 下滑至 34.1%。二是从增加值增速来看,2012—2015 年,金融业增加值增速明显高于同期工业增加值增速,且远高于同期 GDP 增长速度。例如,2015 年,金融业增加值增速比 GDP 增速高出 9.7 个百分点,比工业增加值增速高出 11 个百分点。上述数据在反映这一期间我国金融业快速增长的同时,也显现了金融发展与实体经济发展之间的失调。

表 1　2012—2015 年中国金融业增加值、工业增加值与 GDP 的相关指标数据

单位:%

指　　　标	2012 年	2013 年	2014 年	2015 年
金融业增加值占 GDP 比重	6.5	7.0	7.3	8.2
工业增加值占 GDP 比重	38.8	37.5	36.2	34.1
金融业增加值增速	9.5	10.6	10.5	16.7
工业增加值增速	8.1	7.7	6.7	5.7
GDP 增速	7.9	7.8	7.4	7.0

资料来源:中华人民共和国国家统计局网站,http://data.stats.gov.cn/easyquery.htm?cn=C01。

"质低"指的是中国金融业发展的质量不够高,金融业总体效率较低。

金融效率是对一国金融体系投入产出关系的测度指标,可分为微观金融效率和宏观金融效率。前者指的是金融业本身的投入产出效率,包括金融机构的运行效率、企业的融资效率;后者是指金融机构发挥金融功能对国民经济发展的作用能力,包括储蓄向投资的转化效率、金融对社会资源的配置效率。[1]微

---

[1]　者贵昌、梁宝幸:《我国宏观金融效率现状的分析与研究》,《当代经济》2011 年第 13 期。

观金融效率与宏观金融效率相互影响、相互作用。研究发现,我国金融业增加值占 GDP 比重的高低与金融效率之间并不存在显著的相关关系。①究其原因,主要在于我国金融发展在很大程度上属于数量扩张型,在金融业增加值快速提升的同时,并未带来金融效率的同步提升;金融发展对经济的作用主要是通过金融资产的扩张,而非通过资源配置效率的提升来实现的。从微观金融效率看,我国以间接融资为主,在金融业增加值中银行的贡献率接近 70%,银行业效率的高低直接决定了微观效率的高低。近年来银行面临有效信贷需求不足、信贷资产质量下降、负债成本提升等问题②,银行业效率的下降导致微观金融效率的低下。从宏观金融效率看,储蓄方式单一、城乡居民储蓄结构失衡、资金配置途径单一、居民投资增长缓慢、投资资金使用结构不合理等问题长期存在,我国储蓄投资的转化效率整体上处于较低水平③,宏观金融效率也不理想。

可见,我国的金融发展主要表现为数量型扩张,金融资产数量的快速增长并未带来金融效率的提升,无论是从微观还是宏观来看,我国金融资源配置效率仍处于较低水平,金融服务实体经济能力不足。

(二)融资结构失衡

我国金融业发展的"量高质低"现象,与融资结构失衡有很大关系。

一是直接融资与间接融资失衡。2018 年我国直接融资的占比仅为 17%(见表 2),G20 国家基本在 65%—75% 之间,美国超过 80%。④我国是间接融资为主的国家,过低的直接融资占比意味着资本市场对实体部门投融资发挥的作用并不大,资本形成效率和质量尚未适应经济结构优化的需要。

---

① 汪红驹、李原:《金融业增加值与高质量金融发展关系研究——基于国际比较视角》,《经济纵横》2018 年第 2 期。

② 郑超:《商业银行同业业务资产配置、资产收益率和渠道成本研究》,《现代管理科学》2015 年第 10 期。

③ 罗超平、张梓榆、吴超、翟琼:《金融支持供给侧结构性改革:储蓄投资转化效率的再分析》,《宏观经济研究》2016 年第 3 期。

④ 祁斌、查向阳:《直接融资和间接融资的国际比较》,《新金融评论》2013 年第 6 期。

表2 2018年末我国社会融资规模存量构成

指 标	绝对额(万亿)	占社会融资规模存量的比重(%)
人民币贷款余额	134.69	67.09
外币贷款余额	2.21	1.10
委托贷款余额	12.36	6.16
信托贷款余额	7.85	3.91
未贴现的银行承兑汇票余额	3.81	1.90
企业债券余额	20.13	10.03
地方政府专项债券余额	7.27	3.62
非金融企业境内股票余额	7.01	3.49
社会融资规模存量	200.75	100

资料来源:中国人民银行:《2018年社会融资规模存量统计数据报告》,中国人民银行网站,http://www.pbc.gov.cn/goutongjiaoliu/113456/113469/3745275/index.html。

二是债券融资与股权融资失衡。直接融资包括股权融资和债券融资。我国直接融资的比重远远低于发达经济体,且直接融资内部主要以债券融资为主,股权融资比例过低。比如,2018年底,股权融资占社会融资规模存量的比例仅为3.49%(见表2)。这样的融资结构在给企业构成较大财务压力的同时,也不利于防范化解金融风险。

三是债券市场结构失衡。债券市场是资本市场的重要组成部分,对于优化金融市场结构、拓宽融资渠道、促进产业结构调整等发挥着重要作用。改革开放以来,我国债券市场的快速发展为资金提供者创设了一个良好的投资场所,同时也为需求者提供了一个融资平台,但以国债为主的融资结构失衡、投资者结构单一且同质性严重、债券期限结构失调且中期债居多等结构失衡问题①也逐渐显露出来。例如,国债、地方政府债和金融债占比较高,公司债和企业债占比偏低,特别是针对民营企业、中小微企业、初创企业和一些高速成长阶段的高科技企业的高收益债市场,基本仍是空白。②结构失衡影响了债券市场功能的充分发挥,制约了资本市场优化资源配置作用的发挥。

---

① 连茂君、支大林、许多:《我国债券市场结构优化问题研究》,《社会科学辑刊》2014年第3期。
② 李佩珈、范若滢:《金融供给侧结构性改革的背景、内涵及影响》,《国际金融》2019年第6期。

(三)金融资源供需结构失衡

我国金融资源在区域之间、经济主体之间的配置也存在明显的结构失衡。

一是金融资源区域配置结构失衡。在我国,金融资源供给的地理结构与实体经济发展需求不相适应。现有的金融资源区域配置存在极强的"马太效应",主要集中于东部沿海地区、经济发达地区与大中城市,而中西部地区、农村地区获取金融服务的难度较大。近年来,在许多大中城市兴起"金融中心热",国家金融资源供给更是加速向领先金融中心城市集聚。中国(深圳)综合开发研究院发布的第十一期"中国金融中心指数"(CDICFCI)指出,2018 年以直辖市和省会城市为主体的 31 个金融中心城市金融业增加值累计达到 3.9 万亿元,贡献了全国金融业增加值的 56%;金融业增加值平均增速为 7.8%,远高于同期全国 4.4%的增长水平。[1]然而与此同时,在工业化和城镇化过程中快速兴起的大量新兴中小城市和偏远地区的金融资源供给明显不足。[2]金融地理结构会影响企业外部资金可得性,失衡的金融地理结构会拉大区域间企业生产效率[3]及城乡、区域发展的差距。

二是金融资源配置领域失衡。从配置领域来看,金融资源过多地流向地方政府融资平台、国有企业和房地产相关领域[4],对小微企业、科技型初创企业、"三农"等领域的支持相对不足。这与"重资产、重抵押"的金融服务模式直接有关,间接融资高度依赖房地产抵押品和政府信用担保,造成大量金融资源投向大型企业、国有企业、基础设施、房地产等领域,而小微企业、具有良好发展前景的科技型初创企业却因信贷制约难以突破成长瓶颈。

三、 金融与经济结构失调的原因分析

金融与经济发展之间的结构失调问题,意味着我国当前的金融供给存在结

---

[1] 郑小红:沪京深穗连续 11 年蝉联中国金融中心指数综合竞争力前四名,载中国新闻网 http://www.chinanews.com/cj/2019/12-19/9038458.shtml。

[2] 李扬:《"金融服务实体经济"辨》,《经济研究》2017 年第 6 期。

[3] 陶锋、胡军、李诗田、韦锦祥:《金融地理结构如何影响企业生产率? ——兼论金融供给侧结构性改革》,《经济研究》2017 年第 9 期。

[4] 彭文生:《金融供给侧结构性改革的亮点与难点》,《债券》2019 年第 4 期。

构性缺陷,难以满足经济高质量发展的需要。究其原因主要有以下几方面:

（一）资金的逐利性

金融机构和投资者的决策往往都是基于利润最大化的动机,投资回报率是一个重要的考量因素。一旦实体经济投资回报率低于虚拟经济时,原本在实体经济中的资金会被吸入虚拟经济领域,并自我循环;随着资产市场规模的加速扩张,资产市场对货币的分流作用日益增强,这样的情况下如果单纯增发货币,在资金的逐利性驱使下,就会有相当部分增发的货币进入虚拟经济,而不是进入实体经济领域。近年来在国家政策层面不断强调大力发展实体经济,要求金融更好服务实体经济,但由于我国经济发展存在着实体经济的供求失衡问题,实体经济的供给质量不能满足人民群众的美好生活需要,导致实体经济部门的投资回报出现大幅降低。[1]再加上货币政策传导机制的梗阻[2],资金进入实体经济的通道不畅,金融活水"精准滴灌"实体经济的体制机制尚未根本形成,而一些金融"不当创新"造成各种金融产品层层嵌套,多种业务模式"叠床架屋",致使大量资金"脱实向虚",与服务实体经济渐行渐远。

（二）金融机构、金融产品的相对单一性

长期以来,我国银行为主导的金融体系、间接融资为主的金融结构,使得股权融资市场发展相对不足。企业在融资需求上高度依赖银行信贷,这不仅加重了企业的融资成本,也使得银行承担着较大的金融风险。而主要实行股票发行核准制的资本市场,实质是在挑选赢家,为了规避风险,审核部门只能挑选成熟型企业,资本市场缺乏真正的价值发现机制,也无法覆盖企业的全生命周期。[3]小微企业、初创型科技企业的融资难、融资贵问题之所以长期得不到解决,根源就在于金融供给与需求结构不协调,即缺乏能与此类企业开展匹配金融服务的金融机构与金融产品。相对单一的金融机构与金融产品不仅抑制了金融资源配置的质量和效率,同时也已成为影响金融稳定的隐患。

（三）资金投向的相似性

以银行为主体的相对单一的金融机构,出于自身利益最大化、风险最小化的

---

① 黄群慧:《论新时期中国实体经济的发展》,《中国工业经济》2017 年第 9 期。
② 李晓西、余明:《货币政策传导机制与国民经济活力》,《管理世界》2000 年第 7 期。
③ 2019 年 6 月 13 日开板的科创板,已开始试点注册制,开启由市场挑选上市公司的新时代。

动因,在整体资金投向偏好上具有极大的相似性,造成货币资金配置机制的结构性错位与行为过程的选择性迷失。①就不同规模的企业而言,金融机构在资金投向上往往偏向于大企业,而具有"五六七八九"特征②的中小企业不易得到所需的资金支持。就资金投入的领域(实体与虚拟)来看,由于近年来实体企业投资收益率下降,特别对于那些投资边际收益率低于市场利率的实体企业,金融机构出于到期难以收回投放到实体企业资金的担忧,或出于对实体企业贷款本息难以如期收回将影响自身后期运作的担忧,往往会减少对实体企业的投资,导致资金进一步滞留于金融面(未进入实体经济领域),而实体企业因感受到从金融机构获得资金难度的加大,出于"现金为王"的考虑,往往又会倾向于"囤积"资金以备后用。③这些都会加重金融与经济之间的结构失调。

需进一步探究的是,资金的逐利性、金融机构与产品的相对单一性、资金投向的相似性,这三点在过去也存在,为何近年来金融与实体经济的结构失调问题显得尤为突出呢? 动员储蓄、促进储蓄转换为投资,以及提高资本配置效率,是金融服务实体经济的作用机制。从中国经济发展的实践来看,改革开放后中国经济奇迹是在中国金融支持下创造出来的。毫无疑问,过去我国的金融发展较好地服务了经济的高速增长,数量扩张性的金融发展较好地适应了要素、投资驱动型经济增长模式,即以往金融服务实体经济主要依靠的是前两个机制作用的发挥——金融资源数量的扩张与大量投入——而在提高资源配置效率上的作用是相对不足的。随着经济进入新时代,处在转变发展方式、优化经济结构、转换增长动力攻关期的中国经济必然会对金融提出新需求,要求从金融供给数量的扩张转化为更加注重金融供给结构的优化、效率的提升,但遗憾的是,我国金融发展的现状还不能很好适应新时代经济高质量发展的需求,从而产生了高货币、高融资(钱多)与实体经济融资难、融资贵(钱贵)并存的"悖论"。

---

① 杜静:《货币"悖象"源自政策"结构性错位"》,《上海证券报》2015年1月23日。

② 我国中小企业具有"五六七八九"特征,即贡献了50%以上的税收,60%以上的GDP,70%以上的技术创新,80%以上的城镇劳动就业,90%以上的企业数。

③ 王国刚:《金融脱实向虚的内在机理和供给侧结构性改革的深化》,《中国工业经济》2018年第7期。

四、 金融供给侧结构性改革:
从"失调"到"协调"的根本途径

中共中央政治局第十三次集体学习指出,要"深化金融供给侧结构性改革,平衡好稳增长和防风险的关系"①,通过解决金融供给侧的问题,特别是金融供给侧的结构性问题,让金融供给更好满足实体经济发展的需求。因此,深化金融供给侧结构性改革是增强我国金融与经济的结构协调性,平衡好稳增长和防范金融风险关系的根本途径。这一改革任务的提出,标志着我国金融业发展将从原先注重总量扩张转向更加注重提高金融供给的质量、效率和水平,所有不能为转变发展方式、优化经济结构、转换增长动力提供有效金融供给的,都是需要改革的内容。

(一) 让金融回归为实体经济服务的本源

金融必须回归本源,这个"本源"即指金融是经济的派生物,经济决定金融,金融必须以服务实体经济为本。

金融是实体经济的血脉,为实体经济服务是金融的天职,是金融的宗旨,也是防范金融风险的根本举措。②在推进我国经济高质量发展的过程中,金融资产总量肯定还需不断增长,金融体系的结构和层次也将不断优化完善,金融产品和服务方式的创新也将持续推进。金融更好为实体经济服务,要求我们在关注金融资产总量增长的同时,更加注重金融资本的投向和金融资产的质量,一方面要尽可能使有限的金融资源更多地流向前景好、潜力大、效益高的产业和企业,从而有效增加单位金融资本的产出效率,优化资源配置,提升金融服务功能;另一方面,对于金融发展过程中各种脱离实体经济和过度金融化的倾向,必须保持高度警惕③,并通过加强审慎管理,及时纠正各种潜在的金融经济失调风险,通过

① 新华社:《深化金融供给侧结构性改革 增强金融服务实体经济能力》,《人民日报》2019 年 2 月 24 日。

② 新华社:《服务实体经济防控金融风险深化金融改革 促进经济和金融良性循环健康发展》,《经济日报》2017 年 7 月 16 日。

③ 陈雨露、马勇:《大金融论纲》,中国人民大学出版社 2013 年版,第 587 页。

加强考核、窗口指导等方式引导资金更多地进入实体经济领域。

金融与经济两者共生共荣,"金融活,经济活;金融稳,经济稳。经济兴,金融兴;经济强,金融强"。实体经济的健康发展是金融繁荣的基石。考虑到资金的逐利性,某种意义上可以说,实体经济的提质增效恰恰是进一步提升金融资源配置效率的前提。因此,金融供给侧结构性改革与实体领域的供给侧结构性改革是相互促进的。只有在实体经济领域真正出清过剩产能、出清"僵尸企业",才能为新技术、新产业、新业态、新模式的成长腾出更大的空间与资源,才能更好培育经济发展新动能,提高实体经济的投资回报率,提高全社会生产效率,实现经济高质量发展,进一步促进金融发展,使金融与实体经济发展之间真正形成良性循环。唯有这样的金融服务实体经济,才是真正具有可持续性的。

(二)以优化金融体系结构为重点

当前我国金融与经济发展的主要矛盾在金融供给侧,金融供给侧的主要矛盾不在于总量,而在于结构,因此,要解决金融与经济的结构失调问题,让金融更好服务实体经济,须构建多层次、广覆盖、有差异的金融市场体系。由于我国金融体系的结构问题主要在于银行为主导、资本市场欠发达,间接融资为主、直接融资比重太低,因此,金融体系结构改革要从金融机构、融资结构、金融产品与服务三个方面切入。

一是合理布局金融机构。要让金融更好服务实体经济,金融机构的布局需满足实体企业多元化、全生命周期的融资需求。当前,民营企业、小微企业、科技型初创企业,以及绿色经济、"三农"等显然是金融服务实体经济的薄弱领域,这是我国以银行为主,银行机构又是以大银行为主的金融机构体系所产生的问题。因此,要满足实体企业个性化、差异化的融资需求,在完善银行机构体系(比如,处理好商业银行与政策性银行的关系,大银行与中小银行的关系等)的同时,还应适当提升非银行类金融机构的比重,使金融机构更好匹配实体经济的差异化需求。金融机构是金融市场的主体,金融机构遵循市场规律进行自主决策是提升金融资源配置效率的前提。当然,在推进金融机构市场化改革的同时,也要充分发挥政策性金融机构对实体经济发展的资金支持作用,鼓励政策性金融机构利用财政贴息、担保风险补偿等手段建立实体投资风险分散分担机制,发挥其"四两拨千斤"的功能,吸引更多的资金流向实体经济。这是"让市场在资源配置中起决定性作用和更好发挥政府作用"在金融体系改革中的体现。

二是优化融资结构。优化融资结构的重点是大力发展资本市场,提高直接融资比重。资本市场具有"风险共担,收益共享"的特征,一方面可使承担高风险的投资者分享高收益,进而吸引更多投资者与资金的进入;另一方面股权的分散化和流动性有助于分散投资风险。应逐步完善包括主板、中小板、创业板、科创板、新三板以及场外股权交易市场等在内的多层次资本市场体系,建立适应企业各发展阶段融资需求的资本市场,满足企业融资需求。①改革完善资本市场基础性制度,建设一个规范、透明、开放、有活力、有韧性的资本市场,使其真正成为支持实体经济发展的工具。

三是创新金融产品与服务。过度的金融创新不仅脱离实体经济的发展需要,甚至可能造成实体经济的不振与萎缩,但与实体经济紧密结合的、适度的金融创新将促进一国实体经济的长期发展。例如,科创板允许尚未盈利的科技型初创企业上市,这有利于优质科技型初创企业借助国内资本市场成长,也有利于增强科技创新对经济的驱动力。因此,金融更好服务实体经济,要求我们在优化现有金融产品的基础上,以实际需求为导向,研究推出新型金融产品和金融服务,满足新的融资需求,补齐金融服务的短板,为更多实体企业提供匹配的融资服务。

(三) 以社会信用体系建设为抓手

信用是金融的生存之本。通过完善社会信用体系,尤其是打造统一的信息服务平台,可改变长期困扰资金供需双方的信息不对称状况。以备受关注的小微企业融资难融资贵为例,尽管近年来政府密集出台各种措施,银行的资金大门似乎也一直向小微企业敞开着,但这一问题至今仍未得到有效解决。主要原因在于这类企业"缺抵押""缺信用""缺信息",很难从金融市场获得资金或者需要付出更高的成本才能获得资金。要破解这一难题,倡导金融机构加大对小微企业的服务力度固然重要,但补齐中小企业自身短板、尤其是信用信息短板,才是真正的治本之策。

---

① 张鹏、施美程:《金融市场化,所有制差异与融资渠道——基于世界银行中国企业投资环境调查的实证分析》,《经济学家》2016 年第 11 期。

　　完善社会信用体系需要政府、企业和金融机构通力合作，建立长效信息合作机制。其一，在完善金融机构与企业信息对接机制的同时，政府还应完善征信体系，在人民银行征信数据库基础上，广泛纳入税务、工商、海关等多方面数据资源，完善企业数据库，并使其成为面向全社会的信用数据平台，为金融机构授信评估提供依据；其二，小微企业应不断提升自身管理能力，规范财务管理，提高信息的真实性、可靠性和透明度；其三，金融机构可通过互联网大数据的应用为小微企业的信用精准"画像"，利用供应链金融围绕核心企业支持上下游小微企业，让那些实实在在为其他实体企业提供配套服务的小微企业获得更多的资金支持与更好的金融服务。

（作者为中共上海市委党校经济学部教授）

全球疫情下国际金融中心的新内涵和发展趋势

徐美芳

一、 国际金融中心研究新视角：制度金融学

（一）相关文献述评

制度金融学是 21 世纪前后出现的理论。中国学者比西方学者更早关注到它。1999 年，中国学者江春从金融产权角度正式提出"（新）制度金融学"概念，2005 年，美国经济学家莫顿和博迪从金融功能角度也定义了"制度金融学"。时至今日，一种被称之为"制度金融学"的全新理论框架已渐趋成形[①]。

1. 核心观点：金融制度是内生的

莫顿和博迪是西方第一位正式提出制度金融学概念的学者。他们认为金融制度是内生化的，是实现金融功能、减少交易费用和行为障碍的重要因素，并明确提出不同的金融制度和组织结构会实现不同的金融资源配置结果，即金融功能是有差异的[②]。斯蒂格勒茨则从信息角度提出货币经济学"新范式"，认为金融制度具有内生性和积淀性，不同金融制度之间很难相互替代或简单移植[③]。张杰认为金融制度具有"有机"性质，每一位有血有肉的"人"都能够参与其中并促使其"内生"寻常机制建立[④]。

2. 关键变量：信息和信用

斯蒂格勒茨认为，为经济社会提供和记录信用依据、判断当事人的还款承诺以及确保所贷资金合理使用的银行，减少了资金融通过程中的逆向选择或

[①] 张杰：《制度金融理论的新发展：文献述评》，《经济研究》2011 年第 3 期。

[②] Merton R.C., Bodie Z. "Design of Financial Systems: Towards A Synthesis of Functional and Structure", Journal of Investment Management, 2005, 3(1), pp.1—23.

[③] Stiglitz, Joseph E. and Greenwald, Bruce, *Toward a New Paradigm in Monetary Economics*, Cambridge: Cambridge University Press, 2002.

[④] 张杰：《金融分析的制度范式：制度金融学导论》，中国人民大学出版社 2017 年版，第 10—15 页。

道德风险,更有效地促进了资金流通。但信贷价格是对未来支付的承诺,由于未来履行具有不确定性,信息难题也会更多。另外,如果银行预期企业违约,其金融行为就越显得保守,则企业的信贷承诺越是趋于软化,违约越易变为现实。因此,信贷链条十分脆弱又具有自我强化的特征,该市场成为"有限竞争"市场,信贷配给成为该市场重要特征,政府积极干预也成为顺理成章事情①。杨小凯通过"分工均衡"货币分析认为,信用含量不同是商品货币与信用货币的一个基本区别。前者自身具有价值,因此经济交易双方对其具有较低的信用需求。但使用这种低信用含量货币的交易成本相对较高,如生产、储备、磨损等,还受制于与之挂钩的商品数量和质量。因此,高信用含量的货币注定成为分工经济的"新宠",但"信用因素"替换货币"自身价值",除了基本信任之外,还需要以法律和政府制度作为保障。因此,信用货币的出现和使用,使得政府和法律更加重要②。

3. 基本前提:金融产权必须明确

早在 1999 年,中国学者就明确提出金融产权是"新制度金融学"的核心内容,金融的实质并不是资金的借贷活动或融通活动而是财产权利的交易活动。因为只有清晰划分产权边界才能有效降低金融过程中的交易费用③。作者还提出货币功能是推动产权交易的发展和财产的积累、金融实质是一种交权交易活动,是产权的跨时交易活动④。另有学者把它概括为金融交易费用、金融产权和金融制度变迁⑤。秘鲁经济学家索托则进一步揭露了货币转换成资本的秘密,即正规的所有权制度提供了把资产体现为活跃的资本所需的过程、形式和法律⑥。

---

① Stiglitz, Joseph E. and Greenwald, Bruce, *Toward a New Paradigm in Monetary Economics*, Cambridge: Cambridge University Press, 2002.

② Borland, J. and Yang, X., 1992, *Specialization and money as a medium for exchange*, Seminar Paper, Department of economics, Monash University.

③ 江春:《论金融的实质与制度前提》,《经济研究》1999 年第 7 期。

④ 江春:《新制度金融学探索》,《经济学动态》2002 年第 6 期。

⑤ 王煜宇、何松龄:《制度金融学理论与中国金融法治发展:理论述评》,《经济问题探索》2017 年第 4 期。

⑥ [秘鲁]赫尔南多·德·索托:《资本的秘密》,王晓冬译,江苏人民出版社 2001 年版,第 37 页。

4. 方法论：金融分析制度范式

该范式从货币"信用解"出发，力图为政府因素重新定位或恢复市场身份。一方面，该范式通过金融中介先行假说突出金融企业家（如银行家）的作用，主张金融中介创设成本的"一次预付"方式更接近于金融演进历史。政府则是"一次预付"方式的主要推动者及实践者。另一方面，该范式认为货币是一种初始金融权利，货币找到合适的资产对象，即货币转换为资本，才能完成金融资源配置流程，推动经济增长。该范式指出货币持有人与需求者之间的信任是金融制度发挥作用的关键，在政府与市场联袂出演的"二人转"中，政府信用加快货币转换为资本。在此过程中，中国货币金融制度的长期演进与经济改革以来的金融制度表现尤其值得关注①。

从上可见，中西方学者在制度金融学这个领域已进行了卓有成效的探索。与空间经济学重视金融产业集聚不同，制度金融学注重信息、信用、政府的作用。尽管现有研究并没有对金融机构和金融市场的功能作严格区分，且以银行体系为主，但关注了市场与政府、部分与整体之间的关系，还高度重视时间维度。事实上，国际金融中心与所在地周边城市、与本国社会经济的关系，已引起业界内外的高度关注。运用制度金融学可以更加清晰地分析全球疫情后的国际金融中心本质特征、内涵和发展趋势。

（二）制度金融学下的国际金融中心

1. 由"有血有肉"的金融主体组成

制度金融学认为，新古典金融学假定交易主体是同质或充分多样性的情形是不存在的，参与金融市场交易的主体并没有新古典金融学想象的那样众多、达到充分多样性程度，每个主体拥有多种多样的效用函数和价值取向（经济的、社会的、文化的等）。因此，这种异质的、甚至是千差万别的市场主体组成的整体——国际金融中心必也是"有机"的，具有"生命气息"。

一方面，这些加总成整体的市场主体必然具有某种"行为能力"或者"组合能力"的，是金融中心形成和发展的参与者；这意味着市场并不是外生因素，而是由市场主体参与其中的"内生"事物。因此，包括金融工具、金融机构、政府甚至

---

① 张杰：《制度金融理论的新发展：文献述评》，《经济研究》2011 年第 3 期。

金融消费者在内的市场主体都是国际金融中心的创造者或推动者,而不仅仅是市场的结果。国际金融中心所在国或所在城市拥有不尽相同的金融市场主体,由此形成的国际金融中心必然也是千差万别。例如,政府推动形成的国际金融中心,明显体现政府发展战略,税收优惠相对较多。反之,金融机构数量相对较多且比较完善的国际金融中心,通常容易形成为金融机构服务的金融市场。另一方面,这些市场主体也不能脱离金融中心而存在,它们自身带有某些行业内在功能外,在整体中还将得到进一步培育、锤炼和展现。

2. 信息生产、交易机制更加重要

产业集聚的一大优势是信息溢出效应,但传统理论认为这种信息溢出主要来自金融业内部,即金融机构、金融人员之间的信息交流和溢出效应,而制度金融学显示,这种优势除了产生于金融产业集聚之外,还来自于金融业与其他产业之间的交流、沟通。国际金融中心至少有三方面的信息优势,一是外部规模经济效应,提高了信息流动性,为精准定价和产品、服务创新提供了可能,能更有效地抑制道德风险和逆向选择[1]。二是面对面交流、观察对方言行、了解对方性格的机会,能提高对其是否履行合同可信性判定[2]。三是直接联系(direct link)形式弥补了内部信息不易横向传播和公共信息网络失效的缺陷,提供信息传播功能的同时因其获得的信息是一手的,精准度更高[3]。诸如此类的信息优势,是以伦敦为代表的国际金融中心转型发展的动力,即使计算机在部分程度上分散中心功能,但整体而言反而增强了国际金融中心的集聚度,尤其是在一级市场上表现更为突出[4]。

3. 并不是国内金融中心在区域上的简单延伸

早期研究认为,国际金融中心是国内金融中心在区域上的延伸[5]。近期研

---

[1][4]　E. P. Davis, International Financial Centers: Concepts, Development and Dynamics, *International Financial Centers—An Industrial Analysis*, Richardson Roberts, (ed), England: Edward Elgar Publishing Limited, 1994, p.7.

[2]　Reed, H.C. *The Pre-eminence of International Financial Centers*, New York: Praeger Publishiers, 1981, p.68.

[3]　Reed, H.C. *The Pre-eminence of International Financial Centers*, New York: Praeger Publishiers, 1981, pp.66—67.

[5]　如 Kindleberger(1974), Dufey. G., & Ian H. G.,(1978)。

究则认为国际金融中心可以越过国内金融中心直接发展而成。持后者观点的学者，以银行存款或资产作为切入点，认为对于国内金融中心而言，银行存款或资产非常重要，是衡量该中心市场规模和能力的重要指标，但对国际金融中心而言，银行存款或资产仅代表一种潜力，银行国际化水平、收益回报率及政治稳定和监管环境等因素才是衡量指标①。换言之，国内金融中心依赖资金盈余和投资机会，而国际金融中心的发展受资金调节机制影响更大，资金赤字者也可成为国际金融中心，关键是这种调节能为金融机构本身提供服务②。例如，资金盈余可解释伦敦、纽约和东京成为国际金融中心的原因，但无法解释伦敦的转型、纽约的发展，因为这两个国际金融中心是与其初期发展、声誉、开放及可获得性等有关③。有折中观点认为，20 世纪 60 年代以前，国际金融中心是金融机构集聚中心，是国内金融中心的延伸，20 世纪 60 年代以后，伴随信用交易的日益国际化，国际金融中心无须单纯依靠国内资本净供应，而以国际金融服务中心或离岸金融中心的形式出现④。

可见，现在研究高度关注国际金融中心与国内金融中心的关系，尚未能定论，"国际金融中心"并不能简单理解成"国内金融中心"在空间上延伸，更不能简单地运用基于"规模报酬递增"的新经济地理学解释、分析。但依赖条件的转变却导致两个结果，一个是国际金融中心与所在国城市的关系出现脱节现象，另一个是推动了以生产者服务中心为主要特征的次级金融中心的形成和发展⑤。而从国内城市体系来看，城市规模越大，所处等级越高，能集聚的金融资源越多，

---

① Reed, H.C. *The Pre-eminence of International Financial Centers*, New York: Praeger Publishers, 1981, p.13.

② Sir David Scholey, "Essential Features of International Financial Centers, in International Financial Centers: Structure, Achievements and Prospects", *Proceedings of the 40ᵗʰ International Banking Summer School*, Interlaken, 5—18, July, 1987, pp.11—24.

③ Lee, R., & U.Schmidt-Marwede, "Interurban Compitition? Financial Center: the Direct Employment Effects", *Journal of Banking and Finance*, 12, 43—50, 1993, p.500.

④ Dufey. G., & Ian H.G., Financial Centers and External Financial Markets, in Appendix 2 of The International Money Market, Englewood Cliffs, NL, Princeton-Hall, 1978, pp.35—47.

⑤ Lee, R., & U.Schmidt-Marwede, "Interurban Compitition? Financial Center: the Direct Employment Effects", *Journal of Banking and Finance*, 12, 43—50, 1993, p.499.

对金融集聚的非线性影响特征也越明显①。

4. 整体竞争力实现提升

整体来自个体加总,但有两种可能结果,一是整体大于个体之和,另一是整体小于个体之和。还有些情况下,整体来自于"涌现"现象。例如成熟国际金融中心的声誉,并不是由单个个体简单加总而成的,它需要历史、文化的沉淀和积累。又如金融作为一种权力,一种资产,先有整体后有个体的逻辑值得重视,因为货币发行权、资产定价权,不仅是一种权利象征,而且将决定货币以何种方式、何种速度流入不同的群体。显然,国际金融中心需要的是前者或"涌现"现象。有研究认为,随着国际金融中心发展,国际金融中心的竞争力更多的是依靠中心的创造力,而不是区位优势,这种创造力来源于金融与中心所在城市之间的、建立在信息、信用/流动性和熟练劳动基础上的良好关系②。另外,信贷链条的自我强化特征,也是传统金融中心向金融服务类型的中心成功转型的一个关键点。为了实现前者目标,国际金融中心需要实现演化发展,需要开放和创新。

二、 全球疫情下国际金融中心新内涵

较长时期内,"国际金融中心是'全球化'的部分结果"③;"伴随市场化在全球推广和全球价值链构建,不仅增加了金融服务贸易而且加剧了金融服务在某些区域集中,推动金融中心格局出现新变化④",似乎已成一种共识。区位优势、金融机构集聚、政府支持等因素也被认为是国际金融中心起源或发展的最重要条件。"全球化的经济基础将经历一次深刻的改造、进一步的'经济区域

---

① 王如玉:《金融集聚与城市层级》,《经济研究》2019 年第 1 期。

② Lee, R., & U.Schmidt-Marwede, "Interurban Compitition? Financial Center: the Direct Employment Effects", *Journal of Banking and Finance*, 12, 43—50, 1993, p.498.

③ Sir David Scholey, "Essential Features of International Financial Centers, in International Financial Centers: Structure, Achievements and Prospects", *Proceedings of the 40ᵗʰ International Banking Summer School*, Interlaken/Basle: Swiss Bankers Association, 1987, p.11.

④ Lee, R., & U.Schmidt-Marwede, "Interurban Compitition? Financial Center: the Direct Employment Effects", *Journal of Banking and Finance*, 1993, 12, 43—50, pp.493—495.

化'极有可能取代现有的全球产业布局和分工,成为全球化未来的经济基础和形态"①。无疑,全球疫情下的国际金融中心,必须面临世界经济新秩序。如果说20世纪60年代以前和以后的国际金融中心,分别属于第一代、第二代国际金融中心,那么,疫情将加快推动第三代国际金融中心建设。

第三代国际金融中心,不是国内金融中心在区域上的简单延伸,而是由拥有多种多样的效用函数和价值取向的金融主体共同参与组成的,由政府与市场共同发挥作用的有机系统。面对"全球化"与"去全球化"不断再平衡,"去中心化"和"中心化"双重集中和分散趋势,既是一个金融产业集聚的区域,也是一个由各种经济关系构成开放系统。

(一)具有"有机"性质,市场和政府相互借力

国际金融中心是由"有血有肉"的金融主体组成,它们对国际金融中心的形成和发展起着决定性作用。如有研究甚至认为国际金融中心所在城市竞争力与金融中心建设之间存在负相关关系,是因为出口贸易引致的金融需求,主要由进口地所在城市的金融机构或市场满足,并不会促进本地金融业发展②。

疫情后的国际金融中心,"有机"性质仍然存在。一方面,国际金融中心所在城市或地区,相关利益集团的干预和寻租行为可能加强或削弱当地的吸引力③。另一方面,金融服务业个性化特征,进一步加剧金融业在20世纪末以来出现"双重集中和分散的趋势"④。

与此同时,市场与政府相互借力推动国际金融中心建设。众所周知,信用与货币相互融合是金融业在20世纪70年代得到快速发展的重要原因。同样,国际金融中心的形成与信用在世界范围内的扩张也有着密切联系。早期的信用,是以君王私人关系为基础的。现在则以国家信用为主,国际金融中心成为提供

---

① 崔洪建:《疫情对世界格局变化的双重作用》,澎湃新闻,2020年5月19日。

② Michael A.Goldberg, Robert W.Helsley and Maurice D.Levi, On the development of international financial centers, Richardson Roberts, (ed), *International Financial Centers: Concepts, Development and Dynamics*, England: Edward Elgar Publishing Limited, 1994, pp.81—95.

③ Blattner, N., Competitiveness in Banking, Recent Contributions and Research Priorities, Blattner, N., Genberg, H., & A.Swoboda(eds), 1992, pp.13—26.

④ Lee, R., & U.Schmidt-Marwede, "Interurban Compitition? Financial Center: the Direct Employment Effects", *Journal of Banking and Finance*, 12, 43—50, 1993, p.498.

资金流动、进行资金清算的场所，复杂、但有效推动资金流动的中介体系、证券化或纸币信用扩张成为国际金融中心发展的关键。金融中介集聚，也成为国际金融中心建设的结果而不是先决条件①。其中，国际金融中心所在国政府的信用及所在城市形成的一种金融素养最为重要。例如，关键世界货币所在国的国际金融中心通常具有独特的优势，不仅可以吸引更多的各种类型的金融机构，而且在这些国际金融中心落户的金融机构在信息、管理等方面会有更强势表现。因此，国际金融中心的"有机"性质，也要求市场与政府互为借力。

（二）具有"活序"性质，有机联系凸显信息尤其重要

面对全球疫情后的国际经济新秩序，国际金融中心的三大信息优势仍然存在，但信息覆盖的范围及生产、传播形式会发生变化。一方面，各金融主体之间能不断生产、交流、传播信息，推动形成更加公平、透明的市场（价格），另一方面，政府通过信息实现对市场的"间接"调控，达到有效的、积极的干预的效果。这种有机联系，通常有两种渠道。一是，金融产业集聚产生促进金融机构、金融人员交流，形成信息溢出效应，即有机联系来自金融业内部；二是，金融供给者与需求者之间的交流、沟通，特别是面对面交流。因此，国际金融中心所在城市通常不仅有大量的金融机构，而且还拥有众多的生产者单位。随着科技的发展和交通基础设施的完善，国际金融中心所在城市周边地区的生产者单位也成为有机联系的对象。例如，区域化经济加强的影响下，区域间的直接联系可能增加，金融业与其他产业之间的交流、沟通将进一步加强，甚至推动所在城市的金融业与周边地区的其他产业共同发展。

可见，具有"有机"性质的国际金融中心发展，必然是各金融主体之间有机联系的结果。其中，信息起着至关重要的作用。这种有机联系不仅提高了量，而且也提升了质，具有"活序"性质，即各市场主体之间以有机联系保证结构的存在和发展，又因有机联系而不可装卸。

（三）是个高度开放性的系统

全球化与信息化交互作用带来的世界城市体系发生了根本性变化，即出现

---

① Sir David Scholey, "Essential Features of International Financial Centers, in International Financial Centers: Structure, Achievements and Prospects", *Proceedings of the 40th International Banking Summer School*, Interlaken/Basle: Swiss Bankers Association, 1987, pp.11—24.

了基于网络结构的全球化城市——全球城市、崛起中的全球城市以及卷入全球化的一般城市。其中,崛起中的全球城市与全球城市一样,在世界城市体系中具有重要的地位,彼此之间有着广泛的交流和相互依赖;而一般城市则既是全球的也是地区的,与本地经济联系更为密切。一般说来,城市的成长与发展是建立在联系扩展的基础上的,衰退的城市,其联系也在减少。当一座城市与周围没有联系时,也就意味着死亡①。国际金融中心是全球城市最重要的经济功能之一,特别是构成了最高等级的全球城市的主要功能。因此,国际金融中心的发展也必有赖于对外开放,是一个动态平衡过程。这也是国际金融中心"活序"性质的不可缺少的要素条件。

疫情后的世界,将面临去全球化的新挑战,不利于城市间的建立更广泛的全球联系,但提供了与本地区的联系的机会。因此,全球城市和崛起中的全球城市,都有必要加强与一般城市的联系,一般城市在全球化网络城市格局的地位也将提升。国际金融中心势必也将重视与所在城市及周边城市建立起良好的互动关系,是一个对内对外双向开放的系统。

(四) 是个非线性发展的过程

作为一个有机主体组成的开放系统,国际金融中心的发展必然是非线性发展的过程。全球疫情加剧国际金融中心的竞争,非线性发展只会增强不会削弱。

非线性有两种作用——破坏和建设,两种后果——瓦解和创新。前者是整体小于部分之和,后者是整体大于部分之和。国际金融中心发展也可能面临这两种可能,前者如过度金融化后导致的金融危机,后者则将更有效地促进金融服务实体经济。无疑,发挥后者作用是国际金融中心建设的初衷和使命。为了达到整体大于部分之和的效果,首先,高度重视部分整体来自于"涌现"现象。例如成熟国际金融中心的声誉,并不是由单个个体简单加总而成的,它需要历史、文化的沉淀和积累。又如金融,既是一种机制,也是一种资产,需有先整体后个体的逻辑。其次,高度重视科技的力量,让"金融+科技"真正为经济发展赋能、为金融创新提供第一动力。疫情期间,线上新经济出现大发展,金融科技和科技金融

---

① 周振华:《崛起中的全球城市——理论框架及中国模式研究》,格致出版社 2017 年版,第59—65 页。

同样也发挥了重要作用。以央行数字货币、天秤币(LIBRA)为代表的代用币等创新形式的出现,彰显金融业在科技的推动下将出现前所未有的新变化。因此,疫情后的国际金融中心,必将是一个高度重视金融与科技结合的中心城市。另外,国际金融中心仍将继续发挥人的作用,促进人的能动性真正成为金融经济创新的内生动力,这是历史也已证明且将继续证明的经济规律。

三、 全球疫情下国际金融中心的发展趋势

从上分析可见,制度金融学视角下的国际金融中心,不是国内金融中心在区域上的简单延伸,而是由拥有多种多样的效用函数和价值取向的金融主体共同参与组成的,发挥政府与市场双重力量的开放系统。因此,全球疫情影响下的国际金融中心发展也将出现新趋势。

(一) 纽约、伦敦和上海"三足鼎立"新格局将加快形成

疫情发生之前,对国际金融中心的未来发展趋势,先后出现三种不同的声音——国际金融中心分散化、国际金融中心地位得到进一步巩固、全球国际金融中心格局将出现新的调整。另外,有一种基本共识,即:伦敦和纽约仍然是当今世界最发达的国际金融中心,亚太地区金融中心地位将不断提升。

疫情后的国际金融中心格局无疑将加快调整,发展重点也将有所变化。首先,亚太地区金融中心地位将进一步提升。亚太地区金融中心的地位不仅与亚太地区经济发展息息相关,而且与亚太地区的区位优势不可分割。疫情后全球经济出现区域化趋势,将加快速亚太地区金融中心地位提升。其次,上海国际金融中心的地位有望加快提升。当前,东京、上海、新加坡、香港等城市在国际金融中心排名中位次较前。早在疫情发生前,多家国际机构评价结果就显示,上海是崛起中的国际金融中心,是全球成长性最快的金融中心。如 2020 年 3 月发布的全球金融中心指数(GFCI)显示,上海已上升到第四位。基于中国的大国经济地位以及在 2020 年疫情防控中的突出表现,上海逐鹿亚太国际金融中心的优势也越来越明显。因此,上海加快国际金融中心建设也将成为亚太地区经济早日走出低迷的重要保障。纽约、伦敦和上海"三足鼎立"的新格局将加快形成。

(二) 国际金融中心发展仍是不可逆转的历史趋势

疫情严重影响全球经济健康发展也成为不争事实。生产、消费甚至社交模式出现新调整，也成为极大可能性。但加强资金流动、国际金融合作仍将是必然趋势。一方面，向受疫情影响的严重的国家或地区提供经济和金融支持是全球携手应对这场公共卫生事件的重要手段，另一方面，国际金融中心在全球经济和金融合作中积累的经验和资源可以发挥关键作用。因此，国际金融中心发展是不可逆转的历史趋势，但其发展重点和方向会有所调整。如，20 世纪 60 年代以来，金融市场国际化成为国际金融中心发展的一大特点。疫情后，金融机构与金融市场的作用将同样受到重视。

1. 金融服务更加多元化，全球金融治理新体系将进一步完善

国际金融中心通常拥有大量的国际金融机构、跨国金融机构和金融业专业咨询服务公司等金融机构，也会积极建设各类金融市场。疫情后，面对金融需求的显著增加，考虑到实体经济融资需求及各国金融制度的异质性，国际金融中心提供的金融服务也将更加个性化、专业化，市场规模也将不同程度地得到扩大。

疫情对金融业的冲击不小，金融市场波动、债务违约风险明显增多。但疫情后的经济，更需要金融的支持，许多国家或地区金融业对外开放的步伐并不会因此而停顿。因此，疫情后的国际金融中心竞争将更加激烈，竞争层级也会更高。国际金融中心的竞争，从金融业范围扩展到经济范围、政治范围。主权货币背后的政府信用也显得前所未有的重要，并在很大程度上重新调整了金融效应在全球的布局。如有研究指出，随着政府在国际金融中心建设中发挥的作用越来越大，国际金融中心建设战略的提出，将有效促进中心建设，但因存在"消息冲击"效应，如果相关战略没有如期实现，则金融中心建设的速度将迅速下降[①]。总之，疫情后的国际金融中心的发展，必须高度重视信用问题。

国际金融中心作为金融机构和金融市场的空间集聚区，不仅是全球金融治理体系完善的重要力量，也将受到全球金融治理体系调整的影响。因此，国际金融中心不仅需要拥有大量全球功能性金融机构或金融市场，而且还需要构建透明、公平、公正的、便于金融机构交易的基础性金融制度。否则，全球资金流动难

---

① 王宇:《关于金融集聚与国际金融中心建设的理论研究》,《经济学季刊》2014 年第 10 期。

以在国际金融中心实现，金融业服务中心所在区域实体经济的效率也将大打折扣。这种属性特征，不是一般意义上的投资环境或环境，而是更深层次的国际金融治理规则和金融共识。因此，疫情后，政府主导型国际金融中心和市场主导型国际金融中心有可能相互转换、取长补短，全球金融治理新体系也将进一步完善。

2. 信息要素加快流动，信息交流、交易机制更加有效

推动信息要素的有效流动，是国际金融中心促进金融业与经济、科技、文化、生态、社会深层次融合发展的前提和优势。疫情后，国际金融中心信息要素流动仍将依赖市场和政府两种力量，聚焦于公共信息和专业信息两大交流机制。对于公共信息，除了为市场主体提供各种网络化平台、沟通机制外，金融要素平台、金融业基础设施、媒体力量也将进一步受到重视。在此过程，政府可以发挥较多力量。如，推动征信管理工作部门合作、探索跨境信用信息共享试点、规模信用激励和失信惩戒机制，等等。对于专业信息，除了促进功能性全球金融机构与实体经济企业建立良好的沟通机制外，企业间直接联系将发挥越来越重要作用，国际金融中心作为信息、管理中心的地位也将更加突现。另外，这些机构或平台的存在意义，不仅是为金融业提升服务能力和水平，而且要进一步完善各类交易、交流和组织的社会网络，让更多的主体享受正规金融服务、提升金融中心所在城市的全球竞争力。总之，疫情后的国际金融中心，将更加重视"自我保持"的发展动力。

3. 区域金融融合发展，国内国外双向开放

开放是系统保持活力、实现演化发展的重要保障。过去，国际金融中心所在城市的全球联系显著增强，已体现了金融中心的开放性。未来，国际金融中心所在城市还要进一步加强与国内城市群的联系，推动区域金融融合发展。事实上，部分高层级金融中心周边已出现了多个小金融中心，表明部分金融服务仍需要面对面，当前的金融科技还不能完全满足金融业发展需求。经济转型发展过程中，仍需要国际金融中心能提供更多的支付、结算、价值贮藏及风险管理、资产定价、宏观调控等功能。这也是"全球化"面临历史挑战时，各国经济对金融业的需求以及各国金融业自身发展的需要。

区域金融融合发展的一个标志是区域内金融要素的自由流动和合理配置，

同时发挥差异性优势。因此疫情后的国际金融中心,仍将具有集聚和辐射效应,但区域协同创新从政府主导型向市场主导型的转变,强调创新发展路径。

4. 微观主体受到尊重,整体效应将进一步提升

国际金融中心的发展,归根到底是为了让金融更好地服务实体经济、为了让更多的人共享金融成果、努力消除贫困和不公平。这就要求国际金融中心发展不能以个别群体或地区的利益为主,而是要注重金融中心整体效应。为此,需要充分发挥市场和政府两种力量。一方面,政府应为个体加总大于整体创造良好的环境,并尽可能间接干预各种退化现象出现,让更多的世界货币发挥稳定金融波动的作用,约束少数世界货币采取"薅羊毛"手段,另一方面,将引领金融业与经济、社会、文化等领域广泛联络,合理进行资产定价,并促进全球金融业创新,实现各种"涌现"现象。总之,不管是基于"有限竞争市场"的原因出于还是"信用货币体系"的要求,国际金融中心建设将进一步发挥市场主体的作用,更加重视"金融+科技"的作用。

(作者为上海社会科学院副研究员)

经济周期与"稳就业":中国企业的社会责任[*]

顾　研　周强龙

一、引　言

近年来,受国内外政治经济形势影响,我国经济面临较大下行压力。2018 年
7 月 31 日,针对当时经济形势,中共中央政治局召开会议提出,做好"稳就业、稳
金融、稳外贸、稳外资、稳投资、稳预期"的"六稳"工作。2020 年以来,新冠肺炎
疫情对全球经济社会造成严重冲击。2020 年 4 月 17 日,中共中央政治局召开会
议强调,加大"六稳"工作力度,保居民就业、保基本民生、保市场主体、保粮食能
源安全、保产业链供应链稳定、保基层运转。从"六稳"到"六保",就业问题始终
被放在首位。

有意思的是,中国就业市场表现似乎一直很稳健,城镇登记失业率常年维持
在 4% 左右,与其他国家和地区失业率动辄两位数的表现大相径庭,这一现象甚
至被视为"中国失业率稳健之谜"。对此,目前的研究主要有两种解释:一是认为
目前公布的城镇登记失业率不能真实反映中国就业市场表现,中国真实失业率
远高于此(张车伟,2003;胡英,2009;任栋,2013)。二是认为中国的劳动力市场
结构不适用"奥肯定律","奥肯定律"只适用已经完成劳动力转移的国家,而改
革开放以来中国一直在经历农村劳动力向城镇转移的过程,一旦考虑劳动力跨
地区、跨行业转移,违背"奥肯定律"就能得到合理解释(黎德福,2005;卢锋等,
2015)。

诚然准确估计失业率是此类研究的一大难点,但中国失业率保持稳健低水
平也应是事实。一是理论上在中国 M 形组织架构下,地方政府官员通过 GDP 竞

---

* 本文为复旦大学—金光思想库 2020 年度研究课题"经济周期、企业社会责任与'稳就业':理论
与现实"(项目编号:JGSXK2011)的阶段性成果。

争取更多资源和晋升机会(周黎安,2007；Xu,2011),社会稳定也是考核官员业绩的一个重要标准(Gu等,2018),这使中国的经济政策天然有着保就业动机。二是数据上2018年我国开始公布与国际接轨的城镇调查失业率,对比已经公布的城镇调查失业率和同期城镇登记失业率,前者并未明显高企,城镇调查失业率数据仍然支持中国失业率保持稳健低水平的结论。

排除完全由统计因素决定后,对"中国失业率稳健之谜"要考虑经济逻辑上的解释。就业市场同时受供求双方影响,基于劳动力市场结构的分析只考虑了供给方的影响,忽视了需求方企业的影响。而且,目前探讨中国就业市场的研究主要采用DSGE等宏观模型进行数值模拟(马轶群和李晓春,2011;刘宗明和李春琦,2013)或基于时间序列、空间面板等模型进行计量检验(邱嘉锋和董直庆,2010;赵旭杰和郭庆旺,2018),缺少直接基于微观企业的经验研究。

鉴于此,本文以中国上市公司为样本实证考察微观企业的就业市场行为。结合官员锦标赛的中国政治经济理论,本文提出并证实了中国企业承担"稳就业"社会责任的基本事实,在此基础上,基于构建的承担"稳就业"社会责任测度指标,进一步探讨了承担"稳就业"社会责任对我国企业和宏观经济的影响。本文从劳动力市场需求方企业的视角为"中国失业率稳健之谜"提供了新的解释,研究结论对维护我国就业稳定、降低企业负担等具有较强的现实指导意义。

二、典 型 事 实

基于美国经济数据,奥肯(Okun,1962)指出,失业率每上升1%,GDP将下降约3%。失业率与实际产出的负向关系也被称为"奥肯定律"。此后,"奥肯定律"进一步得到了其他国家和地区数据的支持(Berger和Everaert,2008;Freeman,2011)。

但是,欧美许多工业国家都成立的"奥肯定律"在中国似乎失灵了(邹沛江,2013;卢锋等,2015)。为了更直观地展示这一现象,我们以中国加入世界贸易组织(WTO)以后的2002—2015年作为样本期,这段时间中国恰好经历了一个完整的经济周期,将这一时期的失业率和实际GDP增长率数据绘成图1。可以看到,中国的GDP增长率与失业率基本不相关。

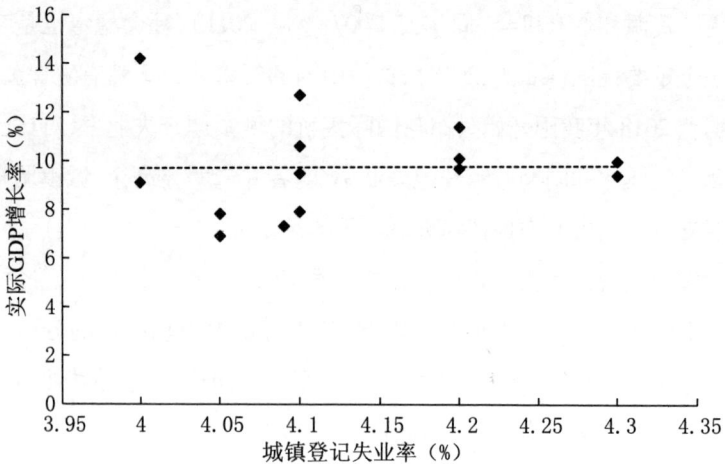

图1　中国实际GDP增长率与城镇登记失业率

同时,中国企业行为很大程度上受到当地政府影响(Chen 等,2011),出于维护社会稳定的政治动机,中国政府很可能会影响企业的就业市场行为。顾等(2018)研究发现,当企业销售额下降时,政府会限制企业的裁员行为。同样我们也对中国企业雇佣行为和宏观经济表现做了初步描述分析,图2报告了实际GDP 增长率与员工人数增长率的关系,后者采用上市公司年平均数据。可以看到,中国实际GDP 增长率与员工人数增长率负相关,这一结果支持企业受政府影响"稳就业"的政治经济理论预期。考虑到国企比非国企更容易受到政府影

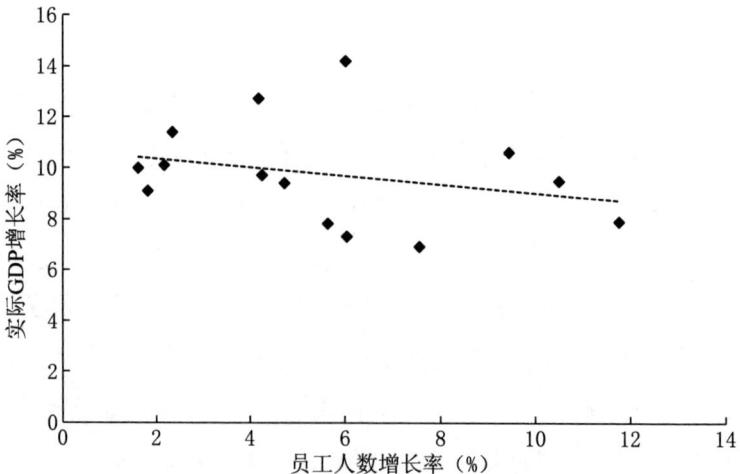

图2　中国实际GDP 增长率与员工人数增长率

响,我们进一步区分国企(图3)和非国企(图4)分别做了描述。可以看到,在国企样本中实际 GDP 增长率与员工人数增长率负相关十分明显,但在非国企样本中两者几乎不相关。

典型事实揭示,中国企业很可能存在逆周期"稳就业"行为,这虽与有效市场理论预期不符,但更适合有中国特色的政治经济特征(周黎安,2007)。为进一步明确此事实,接下来我们将通过微观企业数据进行实证检验。

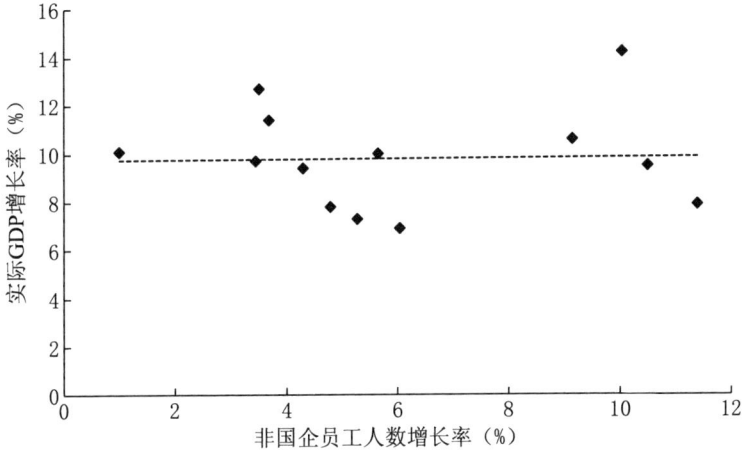

图3 中国实际 GDP 增长率与非国企员工人数增长率

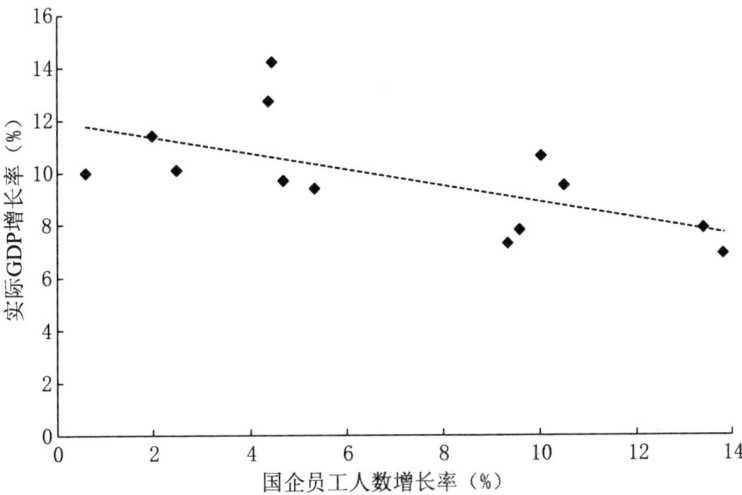

图4 中国实际 GDP 增长率与国企员工人数增长率

三、 企业承担"稳就业"
社会责任的实证检验

(一) 研究设计

1. 样本选择与数据

我们以2003—2015年我国沪深A股市场的全部上市公司为初始样本,这一期间正好涵盖一个完整的宏观经济周期。按照研究惯例,我们对初始样本执行以下筛选程序:(1)剔除金融行业样本;(2)剔除资产负债率大于1样本;(3)剔除主营业务收入为负样本;(4)剔除基准回归变量数据缺失样本,最终得到21 724个年度—企业观测值。本文所有数据都来自国泰安CSMAR数据库,行业分类参考证监会2001年颁布的《上市公司行业分类指引》。为排除极端值影响,我们对所有连续变量在1%和99%水平上做极端值处理。

2. 实证模型与变量

我国不同地区经济发展往往存在较大差异,企业行为也更容易受当地宏观经济影响。因此,我们根据注册地址定位企业所在城市,并考察企业所在城市的宏观经济周期对企业就业市场行为的影响,实证模型如下:

$$EmployeeR_{ijt} = \beta_0 + \beta_1 CityCycle_{jt} + \beta_2 Size_{ijt} + \beta_3 Leverage_{ijt} \\ + \beta_4 ROA_{ijt} + \beta_5 Growth_{ijt} + \mu_i + \nu_t + \bar{\omega}_l + \varepsilon_{it}$$ (A)

其中,被解释变量为企业员工人数净增长率,采用企业员工人数净增长率减去企业所在城市当年就业人数增长率。解释变量为城市宏观经济周期,采用城市GDP增长率定义。控制变量包括:企业规模(总资产自然对数)、资本结构(总负债除以总资产)、总资产回报率(净利润除以总资产)、销售收入增长率(当期销售收入减前一期,差值除以前一期),以及年份、行业和企业固定效应。根据前文分析,我们预期解释变量——城市GDP增长率的回归系数显著为负,表1报告了主要变量的描述统计结果。

表1　主要变量描述统计

	均　　值	中位数	第一四分位数	第三四分位数
EmployeeR	0.014	−0.010	−0.112	0.104
CityCycle	0.124	0.123	0.088	0.166
Size	21.65	21.49	20.78	22.32
Leverage	0.460	0.466	0.303	0.619
ROA	0.042	0.036	0.012	0.071
Growth	0.121	0.113	−0.030	0.261

（二）实证结果与分析

1. 基准回归

表2 报告了基准回归结果。其中,第 1 列仅控制行业和年度固定效应,第 2 列加入企业层面控制变量,第 3 列进一步加入企业个体固定效应,所有回归系数标准误均做了城市层面聚类处理。可以看到,无论采用何种控制变量设定,解释变量城市 GDP 增长率系数均为负,且至少都在 5% 水平上显著,系数大小也彼此接近,与预期结果完全一致。说明面对宏观经济的周期性波动,我国企业确实存逆周期"稳就业"行为。

表2　基准回归

	(1)	(2)	(3)
	EmployeeR	*EmployeeR*	*EmployeeR*
CityCycle	**−0.035** ***	**−0.037** **	**−0.032** **
	(0.012)	**(0.018)**	**(0.014)**
Size		0.020 ***	0.062 ***
		(0.002)	(0.006)
Leverage		0.008	0.068 **
		(0.015)	(0.032)
ROA		0.603 ***	0.640 ***
		(0.052)	(0.072)
Growth		0.241 ***	0.203 ***
		(0.015)	(0.016)
Year	*Yes*	*Yes*	*Yes*
Industry	*Yes*	*Yes*	*Yes*
Firm	*No*	*No*	*Yes*
R-Squared	0.031	0.120	0.105
Obs	21 724	21 724	21 724

注:括号内为聚类到城市层面的稳健型标准误, *、** 和 *** 依次表示 10%、5% 和 1% 水平显著,余下同。

2. 稳健性检验与内生性处理

在基准回归基础上,我们进一步做了以下稳健性检验:

(1)被解释变量用城市 GDP 增长率对企业员工人数增长率定义。(2)剔除上市公司高管,被解释变量仅基于普通员工人数定义。(3)解释变量采用城市人均 GDP 增长率定义。(4)基于潜在产出定义经济周期,潜在产出采用卡曼滤波模型计算,以实际 GDP 与潜在 GDP 的差距定义解释变量经济周期。(5)考虑行业差异,根据第一、第二、第三产业分别匹配企业和对应的城市—行业经济周期。(6)控制其他宏观因素影响,控制变量进一步加入城市人均 GDP、城市信贷、城市产业结构等宏观因素。表3 报告了上述稳健性检验结果,结论保持不变。

由此,我们基本证实我国存在企业逆周期"稳就业"的现象,但要确认企业这一表现确是有意为之,还须解决内生性干扰。内生性问题的产生主要有三方面原因:遗漏变量、测量偏误和反向因果。前文我们已经控制了可能的共同影响因素,不会出现严重的遗漏变量问题,对关键变量采用多种方法定义也尽可能减少了测量偏误问题。但上述讨论并未涉及反向因果问题,这里我们采用工具变量模型进行处理。

表3　稳健性检验

	(1)	(2)	(3)	(4)	(5)	(6)
	EmployeeR	EmployeeR	EmployeeR	EmployeeR	EmployeeR	EmployeeR
CityCycle	−0.014***	−0.033**	−0.401*	−0.159*	−0.032**	−0.028**
	(0.005)	(0.014)	(0.222)	(0.091)	(0.014)	(0.012)
Size	0.061***	0.059***	0.062***	0.063***	0.062***	0.066***
	(0.006)	(0.006)	(0.006)	(0.006)	(0.006)	(0.007)
Leverage	0.052**	0.096***	0.071**	0.069**	0.068**	0.056*
	(0.023)	(0.036)	(0.033)	(0.033)	(0.032)	(0.030)
ROA	0.630***	0.512***	0.655***	0.645***	0.641***	0.692***
	(0.066)	(0.079)	(0.074)	(0.073)	(0.072)	(0.077)
Growth	0.205***	0.186***	0.204***	0.204***	0.203***	0.205***
	(0.012)	(0.015)	(0.015)	(0.016)	(0.016)	(0.015)
CityGDPP						−0.001
						(0.002)
CityLoan						−0.006
						(0.018)

（续表）

	（1）	（2）	（3）	（4）	（5）	（6）
	EmployeeR	EmployeeR	EmployeeR	EmployeeR	EmployeeR	EmployeeR
CityInd2						−0.020
						(0.351)
CityInd3						0.164
						(0.417)
Year	Yes	Yes	Yes	Yes	Yes	Yes
Industry	Yes	Yes	Yes	Yes	Yes	Yes
Firm	Yes	Yes	Yes	Yes	Yes	Yes
R^2	0.097	0.076	0.107	0.106	0.105	0.108
Obs	21 724	21 053	21 724	21 528	21 724	19 631

鉴于中国劳动力市场与国际市场高度分割,我们以城市对外开放度(当年 FDI 自然对数)与外部经济周期(美国 GDP 增长率)的交互项作为工具变量。显然,一个城市对外开放度越高,越可能受到国际经济周期影响,但是企业只会根据当地的经济周期承担"稳就业"社会责任,表4第1、2列报告了工具变量检验结果。可以看到,第一阶段工具变量系数显著为正,第二阶段城市 GDP 增长率系数显著为负,与预期完全一致,模型不存在识别不足和过度识别问题。为进一步验证工具变量只通过关键解释变量影响被解释变量,我们在基准回归中直接加入工具变量,表4第3列报告的结果显示,解释变量城市 GDP 增长率仍然显著为负,工具变量不显著,进一步验证了工具变量影响被解释变量渠道的排他性。

表4　工具变量回归

	（1）	（2）	（3）
	IV		OLS
	IV1	EmployeeR	EmployeeR
CityCycle		−0.591*	−0.030**
		(0.342)	(0.013)
IV1	1.029***		−0.577
	(0.144)		(0.511)
Size	−0.006**	0.060***	0.063***
	(0.002)	(0.006)	(0.006)

（续表）

	（1）	（2）	（3）
	IV		OLS
	IV1	EmployeeR	EmployeeR
Leverage	0.022 **	0.082 ***	0.070 **
	（0.011）	（0.027）	（0.033）
ROA	0.017	0.662 ***	0.652 ***
	（0.023）	（0.055）	（0.074）
Growth	0.003	0.203 ***	0.201 ***
	（0.004）	（0.009）	（0.016）
Year	Yes	Yes	Yes
Industry	Yes	Yes	Yes
Firm	Yes	Yes	Yes
R^2	0.103	0.056	0.106
Obs	21 361	21 361	21 361
识别不足(P 值)	0.000		
弱工具变量(F 值)	51.05		
10%临界值	16.38		

3. 异质性分析

典型事实揭示,国企与非国企在承担"稳就业"社会责任上很可能存在较大差异。同时,企业承担"稳就业"社会责任主要是分担政府维护社会稳定压力,投桃报李,政府很可能对承担"稳就业"社会责任的企业提供支持,考虑到中国融资体系中银行信贷的重要地位,鼓励银行贷款应是一种重要方式。因此,我们预期国有企业和获得银行贷款更多的企业可能承担更多"稳就业"社会责任。实证策略上,我们采用交互项模型进行识别,表 5 报告了对应的结果。可以看到,城市 GDP 增长率与国有股比例交互项系数显著为负,城市 GDP 增长率与银行贷款规模交互项系数显著为负,而城市 GDP 增长率与企业规模、资本结构、总资产回报率、营业收入增长率等变量交互项系数不显著,说明国有企业和银行贷款确是促使企业承担更多"稳就业"社会责任的两个重要原因。

表5 异质性分析

	(1)	(2)	(3)	(4)
	EmployeeR	*EmployeeR*	*EmployeeR*	*EmployeeR*
CityCycle×State	−0.367**		−0.350**	−0.334**
	(0.151)		(0.149)	(0.153)
CityCycle×Bankloan		−0.236**	−0.217**	−0.384**
		(0.111)	(0.109)	(0.170)
CityCycle×Size				0.005
				(0.017)
CityCycle×Leverage				0.153
				(0.107)
CityCycle×ROA				0.182
				(0.301)
CityCycle×Growth				0.064
				(0.059)
State	0.117***		0.113***	0.110***
	(0.031)		(0.031)	(0.031)
Bankloan		0.039	0.050	0.072
		(0.044)	(0.045)	(0.049)
CityCycle	−0.022	−0.004	0.003	−0.176
	(0.019)	(0.017)	(0.018)	(0.356)
Size	0.059***	0.063***	0.059***	0.059***
	(0.006)	(0.006)	(0.007)	(0.007)
Leverage	0.067**	0.0641*	0.056	0.037
	(0.031)	(0.037)	(0.038)	(0.041)
ROA	0.656***	0.652***	0.669***	0.646***
	(0.076)	(0.076)	(0.077)	(0.088)
Growth	0.206***	0.202***	0.205***	0.197***
	(0.014)	(0.014)	(0.014)	(0.015)
Year	*Yes*	*Yes*	*Yes*	*Yes*
Industry	*Yes*	*Yes*	*Yes*	*Yes*
Firm	*Yes*	*Yes*	*Yes*	*Yes*
R^2	0.107	0.105	0.107	0.107
Obs	20 710	21 642	20 631	20 631

四、承担"稳就业"社会责任的经济后果分析

（一）"稳就业"社会责任的指标构建

一旦明确中国企业承担"稳就业"社会责任的事实，接下来就要探讨承担"稳就业"社会责任会有怎样的后续影响。在实证检验"稳就业"社会责任经济后果之前，我们要先对企业承担"稳就业"社会责任程度构建测度指标。

基于前文实证分析，我们能够确定中国企业整体以及部分群体是否承担了"稳就业"社会责任。但不同企业在不同年份承担的"稳就业"社会责任程度很可能不同。为解决这一计量难题，我们借鉴公司金融领域一类常见测度指标构建方法，结合对不同特征企业的异质性影响，加权得出每个企业每年对应的影响程度。具体做法如下。

首先，检验企业承担"稳就业"社会责任的基准模型为

$$EmployeeR_{ijt}=\beta_0+\beta_1 CityCycle_{jt}+\beta_2 Size_{ijt}+\beta_3 Leverage_{ijt}+\beta_4 ROA_{ijt} \quad\text{（B）}$$
$$+\beta_5 Growth_{ijt}+\mu_i+\nu_t+\bar{\omega}_l+\varepsilon_{it}$$

以此为基础，假设企业承担"稳就业"社会责任程度与控制人性质、获得贷款规模等因素有关：

$$SE\_CSR=\alpha_0+\alpha_1 State_{it}+\alpha_2 Bankloan_{it}+\cdots \quad\text{（C）}$$

将方程（3）带入模型（2），得到：

$$EmployeeR_{ijt}=\beta_0+(\alpha_0+\alpha_1 State_{it}+\alpha_2 Bankloan_{it}+\cdots)CityCyle_{jt}$$
$$+\beta_2 Size_{ijt}+\beta_3 Leverage_{ijt}+\beta_4 ROA_{ijt}+\beta_5 Growth_{ijt} \quad\text{（D）}$$
$$+\mu_i+\nu_t+\bar{\omega}_l+\varepsilon_{it}$$

回归模型（D）得到系数 α_0、α_1、α_2 等，带回方程（C），从而得到不同企业不同年度承担"稳就业"社会责任的程度。针对构建的"稳就业"社会责任测度指标是否有效，我们进行以下两方面检验。

第一，中国企业承担"稳就业"社会责任的主要动机是帮助政府维护社会稳

定。一旦政府换届,当地企业将面临较高的政治不确定性,承担"稳就业"社会责任的动机也会削弱,毕竟换届年份承担更多"稳就业"社会责任未必能得到新任官员的认可,不如等到换届完成后再行承担,可以得到更多认可和政治资源。对此,我们比较企业在当地政府换届和不换届年份承担"稳就业"社会责任是否存在明显差异,表6报告了对应的结果。可以看到,企业在换届年份承担"稳就业"社会责任水平显著低于不换届年份,结果符合预期。

第二,2008年我国开始实施《中华人民共和国劳动法》2008年版(劳动法2008年版),劳动法2008年版明确规定国家实行最低工资保障制度,用人单位支付劳动者的工资不得低于当地最低工资标准,这使企业用人成本向下刚性更强,进而提高企业承担"稳就业"社会责任的经济成本。对此,我们首先检验劳动法2008年版实施后,资本市场对企业承担"稳就业"社会责任的反应。我们依据2007年中位数将样本分为承担"稳就业"社会责任多和承担"稳就业"社会责任少两组,取2008年1月1日劳动法2008年版实施之日的前后20个交易日、前20后40个交易日、前20后60个交易日,分别计算公司股票的超额累积回报收益率,并比较承担"稳就业"社会责任不同样本的股票表现差异,表7报告了对应的结果。可以看到,相比承担"稳就业"社会责任少的企业,承担"稳就业"社会责任多的企业的超额累积回报收益率明显更差,而且新劳动法实施后的样本期越长,差距越明显,结果与预期完全一致。

在此基础上,我们以新劳动法实施作为准自然实验,以事件发生前一年(2007年)企业承担"稳就业"社会责任程度作为连续分组变量,2008年及以后为事后,2008年以前为事前,构建双重差分模型,检验承担"稳就业"社会责任对企业经营绩效的影响,表8报告了对应的结果。可以看到,无论是前后一年、三年还是五年样本期,承担"稳就业"社会责任更多的企业在新劳动法实施后的业绩表现更差,与预期一致。

综上所述,无论政府换届还是新劳动法,基于构建的"稳就业"社会责任测度指标的实证结果都与预期完全一致,从而验证了构建的"稳就业"社会责任测度指标有效。接下来,我们将基于此指标检验"稳就业"社会责任的经济后果。

表6　政府换届与"稳就业"社会责任

		GovermentChange		
		Yes	No	Yes-No
Responsibility	Mean	0.111	0.145	−0.034 *** (0.000)
	Median	0.069	0.122	−0.053 *** (0.000)

注:括号内为 p 值,表7同。

表7　新劳动法、"稳就业"社会责任与股票市场反应

		Responsibility		
		High	Low	High-Low
CAR	$[-20:20]$	0.085	0.110	−0.025 *** (0.007)
	$[-20:40]$	0.155	0.181	−0.026 ** (0.018)
	$[-20:60]$	0.132	0.172	−0.040 *** (0.002)

表8　劳动法 2008 年版、"稳就业"社会责任与企业经营业绩

	(1)	(2)	(3)
	$[-1:1]$	$[-3:3]$	$[-5:5]$
	ROA	ROA	ROA
Responsibility×After	−0.052 ** (0.026)	−0.084 *** (0.019)	−0.093 *** (0.016)
After	−0.015 *** (0.005)	0.017 *** (0.003)	0.022 *** (0.003)
Responsibility	−0.029 (0.025)	−0.020 (0.017)	−0.004 (0.014)
Industry	Yes	Yes	Yes
R^2	0.080	0.055	0.051
Obs	2 553	7 775	13 868

(二)"稳就业"社会责任对企业的影响

首先,我们检验承担"稳就业"社会责任对企业经营的影响。根据利润最大

化基本原则,企业配置劳动、资本等要素应有最优解。但帮助政府维护社会稳定将使企业的劳动要素配置偏离最优解,从而降低企业经营效率。对此,我们从全要素生产率、投资效率和创新产出三个维度检验承担"稳就业"社会责任对企业经营效率的影响,全要素生产率采用半参数 LP 方法估计,投资效率采用理查德逊(Richardson, 2006)模型计算,创新产出采用专利申请数量自然对数定义,表 9 报告了对应的结果。可以看到,承担"稳就业"社会责任显著降低了企业的全要素生产率、投资效率和创新产出,说明承担"稳就业"社会责任确实降低了企业的经营效率。

表 9 "稳就业"社会责任与企业经营效率

	（1）	（2）	（3）
	TFP	*Invest_E*	*Innovation*
Responsibility	**−0.447** ***	**0.038** ***	**−0.638** ***
	（0.093）	**（0.009）**	**（0.176）**
Size	0.639 ***	0.005 ***	0.544 ***
	（0.025）	（0.001）	（0.032）
Leverage	0.105	0.011 **	−0.121
	（0.070）	（0.005）	（0.139）
ROA	0.669 ***	0.153 ***	−0.063
	（0.114）	（0.013）	（0.207）
Growth	0.367 ***	0.006 ***	−0.058 *
	（0.015）	（0.002）	（0.035）
Tang	0.298 ***	−0.017 **	0.337 **
	（0.078）	（0.008）	（0.150）
Listage	0.126 ***	−0.010 ***	0.081 *
	（0.016）	（0.002）	（0.043）
Year	*Yes*	*Yes*	*Yes*
Industry	*Yes*	*Yes*	*Yes*
Firm	*Yes*	*Yes*	*Yes*
R^2	0.637	0.084	0.361
Obs	20 343	17 979	12 587

其次,我们检验承担"稳就业"社会责任对公司治理的影响。管理层忙于日常经营管理往往精力有限,一旦还要考虑政府、社会等非经营性因素影响,有限的精力将被分散,导致公司治理效率下降。对此,我们从财务信息质量、会计稳

健性和财务困境风险三个维度检验承担"稳就业"社会责任对公司治理的影响,财务信息质量采用应计盈余管理绝对值度量,会计稳健性采用汗和沃兹(Khan和 Watts,2009)提出的 Cscore 度量,财务困境风险采用 Altman-Z 值度量,表 10报告了对应的结果。可以看到,承担"稳就业"社会责任显著降低了企业的财务信息质量和会计稳健性,显著提高了企业的财务困境风险,说明承担"稳就业"社会责任确实降低了企业的治理效率。

表 10 "稳就业"社会责任与公司治理

	(1)	(2)	(3)
	ABSDACC	*Cscore*	*Zscore*
Responsibility	**0.022****	**−0.116*****	**−1.370*****
	(0.009)	**(0.017)**	**(0.516)**
Size	−0.005***	−0.009**	−1.857***
	(0.002)	(0.004)	(0.157)
Leverage	0.046***	0.044***	−10.49***
	(0.006)	(0.014)	(0.575)
ROA	0.123***	−0.038	7.134***
	(0.017)	(0.025)	(0.892)
Growth	0.013***	−0.005	0.040
	(0.002)	(0.004)	(0.131)
Dual	0.004*	0.003	−0.140
	(0.002)	(0.004)	(0.130)
MSH	0.019	0.021	−2.611***
	(0.015)	(0.014)	(0.781)
Indep	0.009	−0.003	2.779***
	(0.014)	(0.026)	(0.971)
Board	−0.000	0.000	0.028
	(0.001)	(0.001)	(0.033)
Year	*Yes*	*Yes*	*Yes*
Industry	*Yes*	*Yes*	*Yes*
Firm	*Yes*	*Yes*	*Yes*
R^2	0.039	0.440	0.323
Obs	16 133	17 464	17 308

第三,我们检验承担"稳就业"社会责任对外部利益相关者的影响。以上分析显示,承担"稳就业"社会责任一定程度上影响了企业的经营和治理效率,企业的外部利益相关者对此会如何反应,我们从分析师、机构投资者以及供应商—客户不

同方面进行研究。具体我们检验承担"稳就业"社会责任对分析师关注度、机构投资者持股以及商业信用的影响,表 11 报告了对应的结果。可以看到,承担"稳就业"社会责任显著降低了分析师关注度和机构投资者持股比例,显著降低了企业获得的商业信用,说明外部利益相关者对企业承担"稳就业"社会责任普遍反映负面。

表 11 "稳就业"社会责任与外部利益相关者

	(1)	(2)	(3)
	Inst	*AF*	*TC*
Responsibility	**−0.851*****	**−0.561*****	**−0.140*****
	(0.028)	**(0.177)**	**(0.015)**
Size	0.036***	0.732***	−0.005**
	(0.005)	(0.032)	(0.003)
Leverage	0.096***	−0.736***	0.258***
	(0.016)	(0.142)	(0.009)
ROA	0.280***	2.741***	0.105***
	(0.034)	(0.269)	(0.016)
Growth	−0.005	−0.236***	0.019***
	(0.005)	(0.027)	(0.002)
Return	0.028***	−0.064***	0.000
	(0.003)	(0.010)	(0.001)
ST	−0.041***	−0.318***	−0.021***
	(0.007)	(0.082)	(0.005)
Year	*Yes*	*Yes*	*Yes*
Industry	*Yes*	*Yes*	*Yes*
Firm	*Yes*	*Yes*	*Yes*
R^2	0.534	0.496	0.216
Obs	19 533	15 986	20 229

最后,我们检验承担"稳就业"社会责任对企业融资和政府补贴的影响。考虑到承担"稳就业"社会责任对企业的负面影响,而政府又是直接受益者,应对企业做出一些"补偿"。由于我国融资体系以银行主导的间接融资为主,国有银行又是最重要的主导力量,政府很可能授意银行为承担"稳就业"社会责任的企业提供获得更多融资支持,使企业在劳动配置效率受损时,获得一定的资本补偿。具体我们检验承担"稳就业"社会责任对企业融资成本和融资约束的影响,融资成本采用利息支出除以借款规模定义,融资约束采用阿梅达(Almeida 等,2004)

提出的现金—现金流敏感性模型检验，表12第1、2列报告了对应的结果。可以看到，承担"稳就业"社会责任显著降低了企业的融资成本，降低了企业的现金—现金流敏感性，即降低了企业面临的融资约束，说明承担"稳就业"社会责任企业确实在融资上获得了银行支持。此外，我们还检验了承担"稳就业"社会责任对政府补贴的影响，结果不显著（表12第3列），说明政府没有通过补贴支持企业承担"稳就业"社会责任。

表 12　"稳就业"社会责任与企业融资和政府补贴

	(1)	(2)	(3)
	CostofDebt	*DCash*	*Subsidy*
Responsibility	**−0.080****	0.027*	**−0.000**
	(0.033)	(0.014)	**(0.001)**
Responsibility ×*CFO*		**−0.322*****	
		(0.110)	
CFO		0.480***	
		(0.019)	
Size	−0.008	0.003	−0.002***
	(0.005)	(0.002)	(0.000)
Leverage	0.235***	−0.484	0.003***
	(0.040)	(0.411)	(0.001)
ROA	−0.076*	−0.257***	0.012***
	(0.045)	(0.021)	(0.002)
Growth	−0.002	−0.027***	−0.001***
	(0.006)	(0.004)	(0.000)
TobinQ		0.505	
		(0.413)	
Dstd		0.236***	
		(0.010)	
Dnwc		0.488***	
		(0.014)	
Expend		−0.007	
		(0.016)	
Year	*Yes*	*Yes*	*Yes*
Industry	*Yes*	*Yes*	*Yes*
Firm	*Yes*	*Yes*	*Yes*
R^2	0.021	0.546	0.026
Obs	17 954	20 541	15 126

(三)"稳就业"社会责任对宏观经济的影响

宏观上看,企业承担"稳就业"社会责任是要帮助政府维护社会稳定,这一目标是否达成? 这里我们检验企业承担"稳就业"社会责任的宏观经济影响。我们将样本期内企业承担的"稳就业"社会责任在城市层面加总,同时计算城市样本期的 GDP 波动率,即城市 GDP 增长率的标准差,将两者绘制成二维散点图,详见图5。可以看到,城市累积"稳就业"社会责任与城市 GDP 波动率负相关,说明如果一个城市的企业承担了更多"稳就业"社会责任,长期会使这个城市的经济波动程度更低,经济增长更为平稳。

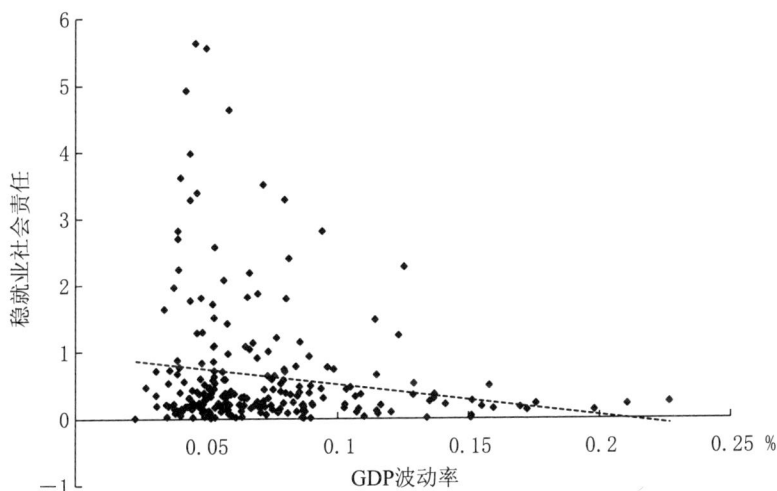

图5 城市层面"稳就业"社会责任与 GDP 波动率

表13 "稳就业"社会责任与宏观经济波动

	(1)	(2)
	CityGDPVol	*CityGDPVol*
CityResponsibility	**−0.006*****	**−0.006****
	(0.001)	**(0.003)**
CityGDPRate		−0.276*
		(0.157)
CityPeople		0.104
		(0.253)
CityLoan		0.009
		(0.018)

（续表）

	(1)	(2)
	CityGDPVol	*CityGDPVol*
CityWage		−0.001
		(0.008)
R^2	0.027	0.058
Obs	238	238

为进一步明确此关系，我们用城市层面的"稳就业"社会责任对城市 GDP 波动率进行回归，表 13 报告了对应的结果。可以看到，城市累积"稳就业"社会责任系数显著为负。这一更严格的回归分析结果表明，城市层面的"稳就业"社会责任确实与城市 GDP 波动率负相关，表明企业承担更多"稳就业"社会责任确实有利于宏观经济的平稳发展。

五、结　论

当前面对宏观经济下行压力，"稳就业"成为保障民生和维护社会稳定的首要目标。但欧美多数工业国家成立的"奥肯定律"在我国长期失效。对此，本文在已有研究仅关注劳动力市场结构这一供给端影响的基础上，进一步考察了劳动力市场需求方企业的影响。基于中国上市公司样本，本文发现了中国企业承担"稳就业"社会责任的重要事实。承担"稳就业"社会责任显著降低了企业的经营和治理效率，外部利益相关者对此也有负面反应，但企业融资成本会降低，面临融资约束程度也更轻。长期来看，企业承担"稳就业"社会责任有利于宏观经济的稳定。

本文从劳动力市场需求方企业的视角为"中国失业率稳健之谜"提供了新的解释，结论对在经济下行期如何维护就业市场稳定也有重要启示。一方面，作为就业市场需求方，中国企业长期承担了"稳就业"的重要责任，企业为此付出了一定成本，但保障了整个宏观经济的稳定，对这一正外部性行为政府应当鼓励并提供支持，在经济下行期通过减税、宽松货币政策等措施降低企业经营和融资成本。另一方面，中国企业承担的"稳就业"社会责任核心在于保障经济下行期的就业率,虽由此大概率导致用工成本增加,但后者既非"稳就业"目标,更不是必然结果,通过鼓励灵活就业,放松最低工资、社保等标准,加强培训等措施,可以降低经济下行期企业"稳就业"的用工成本,从而实现保就业和保企业的双赢局面。

参考文献

胡英:《2000—2008 年中国城镇、乡村经济活动人口数量估计》,《中国人口科学》2009 年第 6 期。

黎德福:《二元经济条件下中国的菲利普斯曲线和奥肯法则》,《世界经济》2005 年第 8 期。

刘宗明、李春琦:《劳动交易成本、选择性路径依赖与劳动就业动态》,《管理世界》2013 年第 2 期。

卢锋、刘晓光、姜志霄、张杰平:《劳动力市场与中国宏观经济周期:兼谈奥肯定律在中国》,《中国社会科学》2015 年第 12 期。

马轶群、李晓春:《中国劳动力转移的波动性研究——基于实际经济周期模型的实证检验》,《中国人口科学》2011 年第 5 期。

邱嘉锋、董直庆:《经济增长和就业增长周期波动关联效应——来自时域和频域的经验证据》,《经济学动态》2010 年第 4 期。

任栋:《调查失业率与登记失业率之差异辨析》,《中国人口科学》2013 年第 2 期。

张车伟:《失业率定义的国际比较及中国城镇失业率》,《世界经济》2003 年第 5 期。

赵旭杰、郭庆旺:《产业结构变动与经济周期波动——基于劳动力市场视角的分析与检验》,《管理世界》2018 年第 3 期。

周黎安:《中国地方官员的晋升锦标赛模式研究》,《经济研究》2007 年第 7 期。

邹沛江:《奥肯定律在中国真的失效了吗?》,《数量经济技术经济研究》2013 年第 6 期。

Almeida H., M.Campello, M.S.Weisbach. (2004), "The Cash Flow Sensitivity of Cash", *Journal of Finance*, 59(4):1777—1804.

Berger T., G.Everaert. (2008), "Unemployment Persistence And The Nairu: A Bayesian Approach", *Scottish Journal of Political Economy*, 55(3):281—299.

Chen S., Z. Sun, S. Tang, D. Wu. (2011), "Government Intervention and Investment Efficiency: Evidence from China", *Journal of Corporate Finance*, 17(2):0—271.

Freeman D.G. (2001), "Panel Test of Okun's Law of Ten Industrial Countries", *Economic Inquiry*, 4(39):511—523.

Gu Z., S. Tang, D. Wu. (2018), "The Political Economy of Labor-Employment Decisions: Evidence from China", *SSRN Working Paper*.

Khan M., R.L. Watts. (2009), "Estimation and Empirical Properties of a Firm-year Measure of Accounting Conservatism", *Journal of Accounting and Economics*, 48:132—150.

Okun, A.M. (1962), "Potential GNP: Its Measurement and Significance", *American Statistical Association*, Proceedings of Business and Economics Section.

Richardson S. (2006), "Over-Investment of Free Cash Flow", *Review of Accounting Studies*, 11:159—189.

Xu C. (2011), "The Fundamental Institutions of China's Reforms and Development", *Journal of Economic Literature*, 49(4):1076—1151.

（第一作者为复旦大学泛海国际金融学院高级研究助理,第二作者为中国金融期货交易所研究员）

互联网的使用缩小了城乡青少年的
幸福感差距吗?

龙翠红

一、引　言

数十年来,户口与公众的医疗、社保、教育、工作、住房等社会经济资源获取紧密挂钩,不可避免地形成了城乡二元化(Chen 和 Lu, 2015)。随着 20 世纪 70 年代末改革开放的不断推进,中国农村地区的适龄打工人群大规模流向城市以寻求更好的经济机会,而未成年人却因户口和基础教育挂钩无法进城。中国农村的水电、医疗、教育等公共资源与城市相比均存在着较大差距,农村青少年所享有的各项社会经济资源也不及城市同龄人,形成了在个体成长早期的幸福感感知差异(Kahneman 和 Deaton, 2010)。然而,相对于城乡差异较大的医疗、教育等资源,互联网的使用并未与户籍制度挂钩,具有较高的普适性,而且也赋予了互联网使用者很高的自主性。

近年来,互联网在中国实现了迅速的发展。截至 2019 年 6 月,中国网民已达 8.54 亿,而在中国网民群体中,学生最多,占比 26.0%①,功能丰富的互联网对青少年产生了广泛的影响。一方面,互联网拓宽了获取信息的渠道、丰富了学习知识的方式,使交流、购物等更加便捷,而且自主性更强(Castellacci 和 Tveito, 2018),这会提升青少年的主观幸福感;另一方面,伴随互联网而来的易成瘾的网络游戏、电信诈骗和网络暴力等会使得青少年产生抑郁、焦虑等负面情绪(Elhai 等,2020; McDool 等,2020)。

Bessière 等(2008)概括了互联网影响心理健康的三种假说:(1)社会增加假说(social augmentation hypothesis),使用互联网交流可以通过增加社交渠道、拓

---

① 数据来源于中国互联网络信息中心《第 44 次中国互联网络发展状况统计报告》。

宽社交网络以增加互联网用户的社会资源,对心理健康起到改善作用;(2)社会取代假说(social displacement hypothesis),互联网的使用会挤出使用者与家人和朋友更有价值的交流时间,从而对其心理健康产生负面影响;(3)社会补偿假说(social compensation hypothesis),对于初始社会资源匮乏的互联网用户,他们可通过互联网结识新的网友,参加新的组群活动,以补偿他们线下缺失的社会资源。同时,Bessière 等(2008)的研究发现,有着更少社会资源和更低社会支持感知的群体在使用互联网与家人和陌生人交流时均不会对心理健康产生负面影响,而相对拥有更多社会资源的互联网用户则在与陌生人交流时会增加其抑郁的倾向。由此可见,互联网的使用对初始社会资源匮乏的用户更加友好。

那么,在中国城乡二元化的大背景下,互联网的使用会对中国城乡青少年的幸福感产生了怎样的差异性影响呢? 是会进一步有利于城市青少年从而拉大城乡青少年的幸福感差距,还是会更多提升农村青少年的幸福感进而缩小城乡青少年的幸福感差距? 又是通过怎样的渠道进行呢? 对上述问题的回答有利于加深理解互联网对发展中国家青少年的幸福感的影响,也为缩小城乡差距提供了新的思路。

为丰富互联网对青少年幸福感的研究,本文借助 2018 年中国家庭追踪调查(2018 wave of China Family Panel Studies,以下简称 CFPS 2018)的数据,综合运用混合效应回归、结构方程模型、RIF 分解、延伸回归模型和似不相关回归等方法,细致考察了互联网的使用对中国城乡青少年主观幸福感的差异性影响。

二、 文 献 综 述

Maiti 和 Awasthi(2020)从 5 个方面探讨了互联网提升其使用者幸福感的机制:节约出的时间(time saving),创新和传播(innovation and diffusion),交流(communication),获取信息(access to information),人工智能自动化(automation with artificial intelligence)。然而,也有一些学者发现互联网的使用对幸福感带来了负向的影响,如 Çakir 和 Çetinkaya(2020)发现上网时间和青少年的孤独感显著正相关,这与前文提到的社会取代假说相呼应(Bessière 等,2008)。McDool 等(2020)发现互联网的使用虽然总体上会对英国青少年的心理健康产生负向影响,但关于地区异质性的分析表明,英国农村青少年的心理健康并未受到互联网的负向影响。很多学者进行了互联网对其使用者幸福感感知影响的异质性分析,周广肃和孙浦阳(2017)发现互联网对居民幸福感的提升作用主要存在于社会资本少的群体中。冷晨昕和祝仲坤(2018)对中国农村居民的研究发现,互联网对年轻群体的幸福感提升作用相对于中年、老年人来说更为明显。彭希哲等(2019)的研究发现,即使农村互联网基础设施不如城市完备,和城镇老年人相比,互联网使用对农村老年人的幸福感改善作用也更为明显。Li 等(2014)聚焦于中国大学生的研究认为,在线下生活中不善表达的大学生从互联网的使用中获益更多。而在聚焦于互联网使用对青少年影响的文献中,更多学者则强调了父母参与度、亲子关系的中介效应(郑素侠,2013; Malamud 等,2019; Zhang 等,2020),鉴于中国的户籍制度,Wang 等(2019)指出中国有大约 4 100 万的农村留守儿童,与父母一方或双方生活在一起的青少年有着更好的精神健康,鉴于城乡青少年所拥有的各种社会资源有着较大差异,据此,本文提出如下假设:

假设 1:互联网的使用会对中国城乡青少年的幸福感产生不同的影响。

如果互联网的使用对中国城乡青少年的幸福感产生了不同的影响,那么影响的异质性是通过何种渠道形成的呢? Asakawa 和 Csikszentmihalyi(1998)发现,受集体主义文化影响较深的亚裔群体在专注于做利于他们达到长远目标的事情时幸福感较高;而受个体主义文化影响较深的西方人在做使得他们当下享受的事情时幸福感较高。刘保中等(2015)认为,对自己受教育水平的期望可促进中国青少年积极谋取学业上的成功,利于青少年长远发展。赵西亮(2017)的研究发现,更高的受教育程度有利于中国的农村学生克服户籍制度的障碍,获得更高的教育回报率。而且更高的受教育程度能提升群体对自由、平等的支持(Campell 和 Horowitz,2016)和对性少数群体的包容(La Roi 和 Mandemakers,2018)。这些都与个人幸福感息息相关。而互联网的迅速发展也对青少年的学习生活带来了多元的影响,一方面,近年来许多学习类网站及平台在中国得到了广泛的应用,如作业帮、菁优网、慕课等,可以减少传统教育的时间和空间的限制,使得学习更为灵活(Koruku 和 Alkan,2011; Panigrahi 等,2018)。另一方面,互联网也会使得青少年的社交、游戏娱乐等活动更加便利,社交媒体和网络游戏也有着较强的成瘾性(Keles 等,2020),这很可能会挤占青少年的学习时间,降低青少年教育期望。而且有学者指出,中国的城乡二元化带来了数字鸿沟,城乡互联网的普及率和城乡居民对互联网的使用偏好都存在着较大差异(曹丹丹等,2018)。杨钋和徐颖(2017)的研究表明,虽然互联网为社会流动提供了新的机遇,但打破户籍制度下的城乡教育差异还很困难。那么互联网对中国城乡青少年教育期望的影响也很可能会有所不同。

Selkie 等(2020)聚焦于美国 15—18 岁有过性别转换的青少年的研究发现,互联网为他们提供的社交平台构建了无法替代的支持,他们把互联网社交媒体所提供的支持归为三种:情感支持(Emotional Support),可以降低孤独感;评估支持(Appraisal Support),可以通过浏览社交媒体上关于性别转换的相关内容而得到的自我肯定;鼓励支持(Affirmation Support),可以通过收到简单的点赞和正面评论获得他人肯定。这些支持感知都很可能会对青少年的幸福感起到改善作用。然而,王相英(2012)、张岩等(2015)的研究却揭示了互联网使用对年轻人人际关系的负面影响。这与前文提到的社会取代假说相呼应(Bessière 等,2008)。考虑到互联网环境的复杂性,一方面,青少年可通过使用互联网学习、获取有益信息从而感知到更多的社会支持,以形成对大多数人品格的正面评价;另一方面,青少年在进行线上交流时也可能会遭遇网络暴力或者电信诈骗,从而对大多数人的品格产生负面评价,这都会进一步影响青少年群体的幸福感感知。鉴于中国城乡青少年的成长环境、初始社会资源以及社会支持感知都有所差异,本文提出如下假设:

假设2:互联网的使用可通过对中国城乡青少年的教育期望以及对其他人品格评价产生不同的影响,进一步对幸福感产生不同的影响。

互联网作为一种科技资源,对不同使用者产生的影响也会因该资源的宏观分布以及微观层面上具体使用方式的不同而产生异质性。本文注意到互联网的使用并不与中国的户籍制度挂钩,赋予了其使用者较高的自主性,陈纯槿和顾小清(2017)指出,如果家庭处境不利的学生养成使用互联网学习的习惯,则会缩小学习成绩的差距,基于互联网自主学习带来的成绩上升有助于提升学习者的幸福感。张济洲(2018)在探讨互联网对城乡青少年的教育公平时阐述了两种理论:(1)功能论,互联网的普及为农村学生带来更多资源,是缩小城乡差距、促进教育公平的利器;(2)冲突论,在社会分层结构尚未消失时,互联网带来的信息资本会与其他资本形式相互转化,不断强化既有社会分层。如果说基于功能论的互联网普及可能会减少城乡青少年的幸福感不平等,那么基于冲突论的互联网普及则可能加剧这一幸福感不平等。根据以上讨论,本文提出如下假设:

假设3:互联网在中国城乡间的分布差距会加剧城乡青少年的幸福感不平等;而城乡青少年使用互联网对幸福感的回报率差异会缓和幸福感不平等。

通过梳理相关文献,我们发现,还没有研究互联网使用及其使用方式和偏好对中国城乡青少年幸福感影响差异的研究,本文的主要贡献在以下三个方面:第一,相对于住房、医疗、教育等公共资源,互联网的使用不与户口挂钩,其使用的自主性和灵活性也更强,本文在已有文献的基础上,探究了互联网的使用对中国9—18岁城乡青少年幸福感的差异性影响,除了最常使用的综合指标自评主观幸福感以外,本文还选用了以自我评价衡量的自尊指数和日常情绪感知来度量幸福感,使研究更加丰满;第二,除了已有文献最常使用的"是否使用互联网""互联网的使用时长"以外,本文还选用了使用互联网学习、社交、娱乐的频率作为关键自变量,使得机制分析更加细致;第三,本文利用最新的 CFPS 2018 数据,在主体上使用混合效应回归、结构方程模型等方法的基础上,还辅助使用了 RIF 分解、延伸序次回归模型等方法使得研究更加精细。

三、 数据来源、变量选取与计量模型

（一）数据来源

本文借助 CFPS 2018 数据中的个人问卷,展开实证分析。CFPS 重点关注中国居民的经济与非经济福利,以及包括经济活动、教育成果、家庭关系与家庭动态、行为和精神状态、主观态度、健康状况等在内的诸多研究主题,是一项全国性、大规模、多学科的社会跟踪调查项目。CFPS 样本覆盖 25 个省/市/自治区,目标样本规模为 16 000 户,调查对象包含样本家户中的全部家庭成员。CFPS 由北京大学中国社会科学调查中心（ISSS）实施,采用计算机辅助调查技术开展访问。CFPS 的问卷中包含了中国居民使用互联网的相关问题,如是否使用互联网,使用互联网学习/社交/娱乐的频率等,同时也包含了中国居民的主观态度、行为与精神状态、健康等变量,非常适合本文所进行的研究。本文根据对 CFPS

2018 中的问题"目前就读学校所在地"的回答来区分城市和农村青少年。表 1 展示了本文所选取关于中国 9—18 岁青少年的主要变量的描述性统计。

表 1　主要变量的描述性统计(9—18 岁)

变　量	定　义	观测值	均值	标准差	最小值	中位数	最大值
农村	目前学校所在地,农村=1,城镇=0	3 352	0.48	0.500	0.00	0.00	1.00
幸福感	你觉得自己有多幸福,0=最低,……,10=最高	3 552	8.04	2.043	0.00	8.00	10.00
自尊指数	青少年的自尊指数,由对 10 个具体问题的回答所构成,Cronbach α=0.734 2, overall KMO=0.810 1	1 314	70.87	11.293	0.00	72.50	100.00
负面情绪指数	青少年的负面情绪指数,由对 7 个具体问题的回答所构成,Cronbach α=0.771 2, overall KMO=0.777 4	3 549	3.03	15.480	0.00	12.04	100.00
使用互联网	是否使用互联网,1=使用,0=不使用	3 553	0.68	0.466	0.00	1.00	1.00
使用互联网学习	使用互联网学习的频率有多高,0=从不,1=几个月一次,2=一月一次,3=一月 2—3 次,4=一周 1—2 次,5=一周 3—4 次,6=几乎每天	3 553	2.40	2.294	0.00	3.00	6.00
使用互联网社交	使用互联网社交的频率有多高,0=从不,1=几个月一次,2=一月一次,3=一月 2—3 次,4=一周 1—2 次,5=一周 3—4 次,6=几乎每天	3 553	3.02	2.613	0.00	4.00	6.00
使用互联网娱乐	使用互联网娱乐的频率有多高,0=从不,1=几个月一次,2=一月一次,3=一月 2—3 次,4=一周 1—2 次,5=一周 3—4 次,6=几乎每天	3 552	3.20	2.510	0.00	4.00	6.00
教育期望	您期望的受教育程度,即您认为自己最少应该念完哪种教育程度? 0=不必念书,3=小学,4=初中,5=高中/中专/技校/职高,6=大专,7=大学本科,8=硕士,9=博士	3 528	6.28	1.297	0.00	7.00	9.00
乐于助人	你觉得大部分人是乐于助人的还是自私的? 1=乐于助人,0=自私	3 544	0.81	0.393	0.00	1.00	1.00
使用手机	是否使用手机,1=是,0=否	3 553	0.61	0.487	0.00	1.00	1.00
年龄	受访者在 2018 年的年龄	3 553	13.77	2.571	9.00	14.00	18.00
女性	性别,女性=1,男性=0	3 553	0.47	0.499	0.00	0.00	1.00
现阶段学校	现在在上哪个阶段的学校,1=托儿所,2=幼儿园/学前班,3=小学,4=初中,5=高中/中专/技校/职高,6=大专,7=大学本科,8=硕士,9=博士	3 355	3.80	0.829	3.00	4.00	7.00

变 量	定 义	观测值	均值	标准差	最小值	中位数	最大值
公立学校	就读的是否是公立学校? 1=是,0=否	3 256	0.91	0.284	0.00	1.00	1.00
班级人数	目前所在的班级有多少人?	3 298	48.03	15.583	2.00	48.50	119.00
学生干部	是否担任学生干部? 1=是,0=否	3 340	0.34	0.473	0.00	0.00	1.00
信任父母	对父母的信任程度,0=非常不信任,……,10=非常信任	3 552	9.34	1.342	0.00	10.00	10.00
父母照顾	身体不舒服时或生病时最主要是父母来照顾吗? 1=是,0=否	3 553	0.72	0.451	0.00	1.00	1.00
人缘	你认为自己人缘有多好? 0=最低,……,10=最高	3 550	7.09	1.990	0.00	7.00	10.00
课外辅导	是否参加过或正在参加辅导班,1=是,0=否	3 303	0.21	0.410	0.00	0.00	1.00
才艺培养	是否参加过或正在参加才艺培养班(如琴、棋、书、画、体育、唱歌、跳舞等),1=是,0=否	3 302	0.10	0.304	0.00	0.00	1.00
学习压力	觉得自己学习上的压力有多大? 1=没有压力,……,5=有很大压力	3 353	2.94	1.101	1.00	3.00	5.00

如前文所述,由户籍制度造成的城乡二元化使中国城市和农村之间在诸多方面存在着较大差距。在开始实证分析前,本文先以图示的方式展现了城乡青少年在有关幸福感的变量间的差异。首先,本文选择综合幸福感评分来定义青少年的主观幸福感,这是一个非常常用的指标(Maiti 和 Awasthi,2020;周广肃和孙浦阳,2017;Campell 和 Horowitz,2016)。同时,本文注意到,Kahneman 和 Deaton(2010)将幸福感分为评价幸福感(evaluative well-being)和享乐幸福感(hedonic well-being)。接下来,本文结合 CFPS 2018 问卷中的相关问题及现有文献,挑选出具体指标来衡量幸福感,使研究更加丰满,结论更加稳健。本文对应评价幸福感和享乐幸福感将主观幸福感分为自尊指数和个人日常情绪指数(Çakir 和 Çetinkaya,2020;Panigrahi 等,2018;Allcott 等,2020)。在具体操作上,本文首先选择 10 个具体问题进行迭代公因子的主因子法,旋转出自尊因子(Cronbach α=0.734 2, overall KMO=0.810 1);对下列问题的同意程度(1=十分不同意,……, 5=十分同意)(1)我不比别人差;(2)我有许多好的品质;(3)我是一个失败者;(4)我能把事情做好;(5)我值得自豪的地方不多;(6)我对自己持肯定态度;(7)我对自己是满意的;(8)我希望赢得尊重;(9)我毫无用处;(10)我

自认一无是处。使用迭代公因子的主因子法可以找出最佳地解释了变量间相关模式的潜在维度(Hamilton,2012)。在因子旋转后,本文参考 Liu 等(2020)的做法,将相关因子转化为代表受访者自尊的 0—100 的连续性自尊指数,其中更高的值代表更高的自尊水平。接下来,本文选择 7 个具体问题:过去一周内各种感受发生的频率(1 = 不到一天,2 = 1—2 天,3 = 3—4 天,4 = 5—7 天),(1)情绪低落;(2)做任何事都很费劲;(3)愉快;(4)孤独;(5)生活快乐;(6)悲伤难过;(7)生活无法继续。同样进行迭代公因子的主因子法,并在因子旋转后(Cronbach α = 0.771 2, overall KMO = 0.777 4)将其转化为 0—100 的负面情绪指数,其中更高的值代表更高的负面情绪。如图 1 所示,其中类别变量以点图表示,连续变量以箱线图表示,不难发现,我国农村青少年的幸福感不如城市青少年,尤其是幸福感位于中位数以下的部分。同时,相比城市青少年,农村青少年在自尊指数方面也存在劣势,只有在负面情绪方面未呈现出明显的城乡差异。

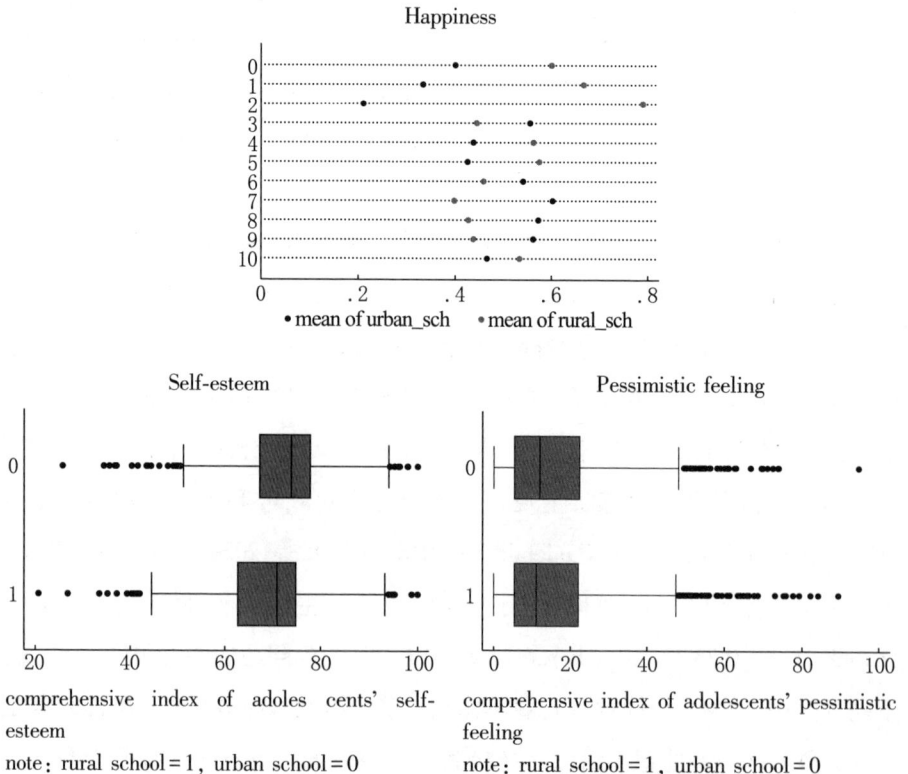

图1　城乡青少年的主观幸福感相关变量的对比

由图 1 不难看出,我国农村青少年的幸福感相较于城市青少年往往处于劣势,那么随着近年来互联网的不断普及,互联网的使用是会加剧还是缓和这种幸福感感知的不平等呢? 得益于 CFPS 2018 中丰富的关于互联网使用的指标,我们可以观测到互联网具体使用方式和偏好的幸福效应,这为进一步探索互联网对青少年幸福感影响的机制提供了一定的支持。

(二) 模型设定

本文首先选择综合性指标对幸福感的打分作为被解释变量,鉴于这是一个 0—10 的序次变量,本文同时使用普通最小二乘法(OLS)①,序次 logit 回归(ordered logit)和序次 probit(ordered probit)来观测互联网使用对中国城乡青少年幸福感的影响。式(1)中,"$Happiness_i$"代表第 i 位受访者对自己幸福感的打分,"$Internet_i$"为第 i 位受访者是否使用互联网,"$controls_i$"代表控制变量,"ε_i"代表误差项。

$$Happiness_i = \alpha + \beta\, Internet_i + \phi\, controls_i + \varepsilon_i \qquad (1)$$

首先,本文选择是否使用互联网作为关键自变量(是 = 1,否 = 0)。主要的控制变量包括:年龄、性别、现阶段受教育情况作为人口学控制变量;是否就读于公立学校、班级人数、是否担任学生干部作为学校相关控制变量;对父母的信任程度、生病时是否有父母照顾作为度量和父母关系的控制变量;人缘;是否参加课外辅导、及是否参加才艺培养作为度量家庭经济状况的控制变量;学习压力感知。

如表 2 所示,第(1)列使用互联网的系数在 10%的水平上显著为正,第(2)列该系数在 5%的水平上显著为正,且绝对值提升了 52.0%;而在第(3)列和第(5)列中,城市青少年使用互联网的系数均不显著,第(4)列和第(6)列中农村青少年使用互联网的系数均在 10%的水平上显著为正,且绝对值相较第(3)(5)列分别提升了 88.5%、30.9%,说明使用互联网对农村青少年的幸福感有着较强的改善作用。这与前文提到的社会补偿假说相一致(Bessière 等,2008),相对于城市青少年,农村青少年往往有着更匮乏的初始社会资源与更低的社会支持感知,使得他们更倾向于受益于互联网的使用。关于控制变量,本文发现,城市青少年

---

① 本文此处借助 STATA 命令 reghdfe 进行回归,利用 abs(province)选项吸收了省份层面的固定效应。

的年龄系数并不显著,而农村青少年的年龄系数在1%的水平上显著为负,这说明,随着农村青少年的逐渐成长,相较城市同龄人,他们可能会感受到更多的生活压力,从而导致更低的幸福感。性别为女性的系数在城市和农村两组中分别在1‰和1%的水平上显著为正,说明女性青少年相比男性往往有着更高的幸福感感知。对父母的信任度,和人缘的系数均在1‰的水平上显著为正,这与常识相符合,与父母还有同龄人建立更好的关系有利于提升青少年的幸福感。

表2　互联网使用对青少年的幸福感效应

变　　量	(1) ols_城市	(2) ols_农村	(3) ologit_城市	(4) ologit_农村	(5) oprobit_城市	(6) oprobit_农村
	幸福感	幸福感	幸福感	幸福感	幸福感	幸福感
使用互联网	0.177+ (0.106)	0.269* (0.106)	0.104 (0.125)	0.196+ (0.107)	0.094 (0.072)	0.123+ (0.063)
年龄	0.012 (0.038)	−0.114** (0.040)	0.010 (0.044)	−0.112** (0.040)	0.011 (0.025)	−0.067** (0.023)
女性	0.281*** (0.081)	0.278** (0.094)	0.344*** (0.093)	0.256** (0.094)	0.213*** (0.054)	0.170** (0.055)
现阶段学校	−0.245* (0.120)	0.196 (0.145)	−0.434** (0.139)	0.004 (0.143)	−0.251** (0.081)	0.027 (0.084)
公立学校	−0.061 (0.123)	−0.192 (0.228)	−0.082 (0.141)	−0.379 (0.242)	−0.045 (0.083)	−0.187 (0.140)
班级人数	−0.006+ (0.003)	0.004 (0.004)	−0.008* (0.004)	0.003 (0.004)	−0.005* (0.002)	0.002 (0.002)
学生干部	0.166+ (0.086)	0.160 (0.103)	0.113 (0.098)	0.146 (0.102)	0.080 (0.058)	0.076 (0.061)
信任父母	0.473*** (0.032)	0.398*** (0.035)	0.536*** (0.039)	0.393*** (0.036)	0.281*** (0.021)	0.207*** (0.020)
父母照顾	0.211* (0.093)	0.156 (0.112)	0.275** (0.105)	0.151 (0.110)	0.141* (0.062)	0.076 (0.065)
人缘	0.330*** (0.022)	0.347*** (0.023)	0.432*** (0.030)	0.391*** (0.026)	0.233*** (0.016)	0.207*** (0.014)
课外辅导	−0.060 (0.098)	0.210 (0.152)	−0.147 (0.112)	0.134 (0.151)	−0.081 (0.066)	0.112 (0.091)
才艺培养	0.180 (0.133)	0.347+ (0.178)	0.255 (0.159)	0.483* (0.188)	0.128 (0.091)	0.267* (0.110)
学习压力	−0.125** (0.039)	−0.002 (0.041)	−0.205*** (0.047)	−0.005 (0.043)	−0.116*** (0.027)	−0.002 (0.024)

440

（续表）

变　　量	（1） ols_城市	（2） ols_农村	（3） ologit_城市	（4） ologit_农村	（5） oprobit_城市	（6） oprobit_农村
	幸福感	幸福感	幸福感	幸福感	幸福感	幸福感
常数项	2.369 ***	2.209 ***				
	(0.471)	(0.539)				
省份虚拟变量	吸收	吸收	控制	控制	控制	控制
样本量	1 644	1 582	1 644	1 584	1 644	1 584
R-squared	0.286	0.268				

注:括号内为标准误, *** p<0.001, ** p<0.01, * p<0.05, +p<0.1。

（三）机制性分析

接下来,本文将关键自变量由是否使用互联网替换为使用互联网学习/社交/娱乐的频率,进一步探究使用互联网对城乡青少年产生不同幸福感效应的机制。在这一部分,考虑到中国幅员辽阔,互联网的使用对不同地区的青少年可能会产生不同的幸福效应,所以,本文选择混合效应回归,纳入随机斜率,使本文的实证结果更加具有普适性。混合效应回归包含了青少年所在不同地区每一取值的随机斜率。因此,我们得到互联网使用相关变量对幸福感的总效应,是固定效应和每一地区在随机效应上变异的组合。本文同时通过图示的方法直观展现了互联网不同使用方法和偏好对城乡青少年幸福感影响的差异。在式(2)中,关键自变量"$Internet\mathrm{mode}_i$"代表第 i 个受访者使用互联网学习/社交/娱乐的频率,其他变量保持不变。

$$Happiness_i = \alpha + \beta\, Internet\mathrm{mode}_i + \phi\, controls_i + \varepsilon_i \qquad (2)$$

如表 3 所示,第(1)列中城市青少年使用互联网学习频率的系数不显著,而在第(2)列中,农村青少年使用互联网学习频率的系数在 1% 的水平上显著为正,说明通过互联网学习能够更好地改善农村青少年的幸福感。虽然之前很多研究表明城乡间的数字鸿沟使教育资源的分配和渠道都更偏向于城市青少年(Keles 等,2020;徐小琪等,2018),但近年来,有关学习的网站和平台应用日益广泛,利于教育资源相对匮乏的农村青少年更便捷地下载试卷、提问问题等,这在一定程度上缓和了城乡间教育资源的不平等,提升了农村青少年的幸福感。在第(3)和

(4)列中,虽然使用互联网社交频率的系数都不显著,但是城市青少年组的负值在农村青少年组中变成了正值,这与前文提到的社会补偿假说相一致(Bessière 等,2008)。第(5)列中,城市青少年使用互联网娱乐频率的系数不显著,而在第(6)列中,农村青少年使用互联网娱乐频率的系数在5%的水平上显著为正,这表明,使用互联网娱乐可以更好地改善农村青少年的幸福感,考虑到大多数与娱乐相关的服务业(如电影院,KTV,舞厅等)多集中于城市,城市青少年进行娱乐活动的渠道更加丰富多样,因此,使用互联网娱乐相对来说也更能丰富农村青少年的生活,从而更好地提升农村青少年的幸福感。

表3　互联网使用不同方式对青少年的幸福效应(包含随机斜率)

变　量	(1) 城市 幸福感	(2) 农村 幸福感	(3) 城市 幸福感	(4) 农村 幸福感	(5) 城市 幸福感	(6) 农村 幸福感
使用互联网学习	0.016 (0.019)	0.070** (0.022)				
使用互联网社交			−0.013 (0.020)	0.030 (0.020)		
使用互联网娱乐					0.005 (0.019)	0.049* (0.020)
控制变量	是	是	是	是	是	是
样本量	1 644	1 584	1 644	1 584	1 644	1 583
组别数	26	27	26	27	26	27

注:括号内为标准误, *** $p<0.001$, ** $p<0.01$, * $p<0.05$, +$p<0.1$。

接下来,本文分别选择教育期望和对他人的品格感知作为中介变量(intervening variable),构建结构方程模型(structural equation model),更深入探讨不同互联网使用方式或偏好对城乡青少年幸福感影响差异的机制。式(3a)和(3b)中,"$mechanism_i$"为中介变量,分别代表教育期望和对他人品格感知。

$$Happiness_i = \alpha + \theta\, mechanism_i + \beta_1\, Internet mode_i + \phi\, controls_i + \varepsilon_i \quad (3a)$$

$$mechanism_i = \alpha + \beta_2\, Internet mode_i + \phi\, controls_i + \varepsilon_i \quad (3b)$$

如前文所述,已有较多文献指出中国城乡间存在数字鸿沟(Malamud 等,2019;杨钋和徐颖,2017),除了互联网的普及率不同外,学者们指出,城市青少年

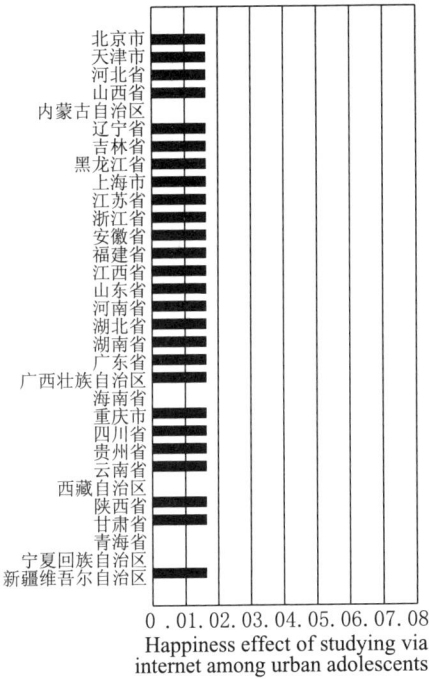

0 .01 .02 .03 .04 .05 .06 .07 .08
Happiness effect of studying via
internet among urban adolescents

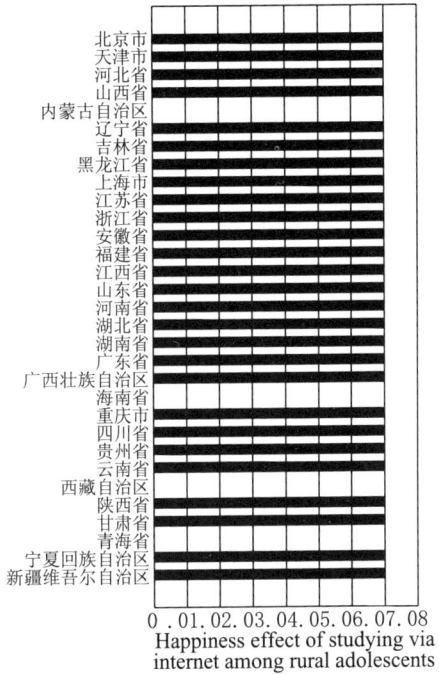

0 .01 .02 .03 .04 .05 .06 .07 .08
Happiness effect of studying via
internet among rural adolescents

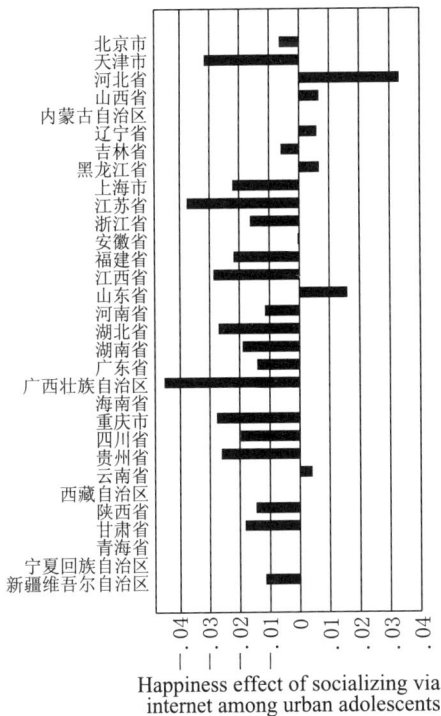

Happiness effect of socializing via
internet among urban adolescents

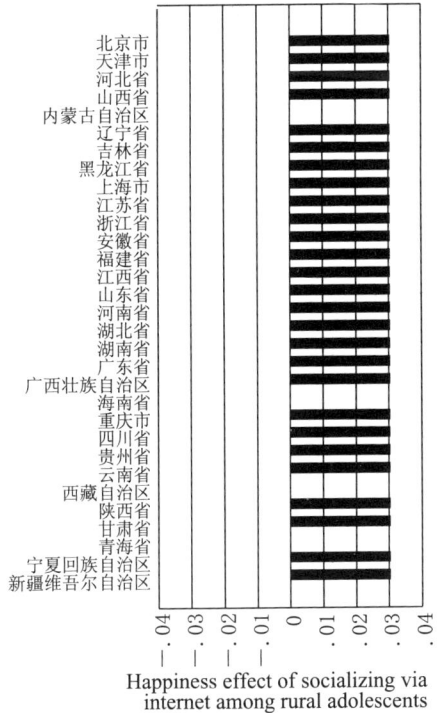

Happiness effect of socializing via
internet among rural adolescents

443

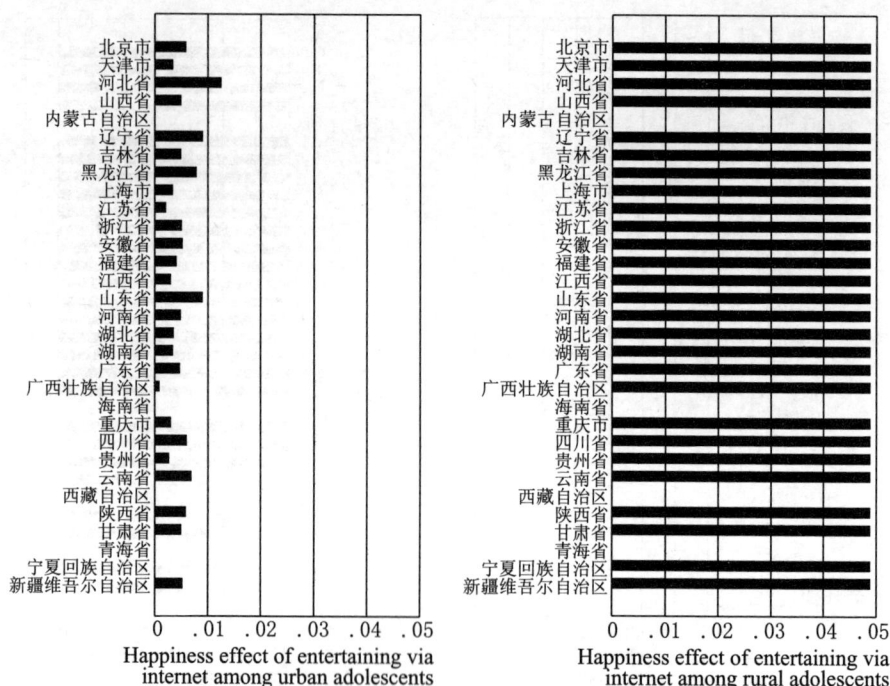

图 2　使用互联网学习/社交/娱乐对城市(左)农村(右)
青少年幸福感的总效应(=固定效应+随机效应)

更倾向于利用互联网学习和获取有用的信息,而农村青少年会更倾向于使用互联网娱乐,长此以往,不同的互联网使用偏好势必会带来城乡青少年不同的学业表现和教育期望,而教育期望可以促进青少年积极谋取学业上的成功,有利于青少年的长远发展(刘保中等,2015),使青少年对未来更加充满希冀,进而提高青少年的幸福感。本文首先选择青少年的教育期望作为结构方程的中介变量,来自 CFPS 2018 问卷中的问题"您期望的受教育程度,即您认为自己最少应该念完哪种教育程度?"(0=不必念书,……,9=博士)。如表 4 所示,在第(1)(5)(9)列中,教育期望的系数在 1%的水平上显著为正,在第(3)(7)(11)列中,教育期望的系数在 1‰的水平上显著为正。这说明教育期望对城乡青少年的幸福感都有显著的正向作用,而且农村青少年组中教育期望系数的绝对值和统计显著性都表现更好,说明教育期望可以更好地预测农村青少年的幸福感,更高的教育水平有利于农村青少年迈过户籍制度的门槛(赵西亮,2017),从而对未来更有信心。有趣的是,与现有文献不同,本文的实证结果表明互联网的使用会对城市青

表 4　青少年对自己的教育期望作为中介变量的机制性分析

变量	(1) 城市 幸福感	(2) 教育期望	(3) 农村 幸福感	(4) 教育期望	(5) 城市 幸福感	(6) 教育期望	(7) 农村 幸福感	(8) 教育期望	(9) 城市 幸福感	(10) 教育期望	(11) 农村 幸福感	(12) 教育期望
教育期望	0.120^{**} (0.037)		0.206^{***} (0.036)		0.118^{**} (0.038)		0.211^{***} (0.036)		0.122^{**} (0.038)		0.208^{***} (0.036)	
使用互联网学习	0.019 (0.018)	-0.009 (0.012)	0.064^{**} (0.022)	0.023 (0.016)								
使用互联网社交					-0.004 (0.018)	-0.046^{***} (0.012)	0.033 (0.020)	-0.009 (0.014)				
使用互联网娱乐									0.012 (0.019)	-0.055^{***} (0.012)	0.049^{*} (0.020)	-0.002 (0.014)
控制变量	是	是	是	是	是	是	是	是	是	是	是	是
样本量	1 642	1 642	1 572	1 572	1 642	1 642	1 572	1 572	1 642	1 642	1 571	1 571
RMSEA	0.000		0.000		0.000		0.000		0.000		0.000	
CFI	1.000		1.000		1.000		1.000		1.000		1.000	

注:括号内为标准误,*** $p<0.001$, ** $p<0.01$, * $p<0.05$, $+p<0.1$。RMSEA 代表 root mean squared error of approximation, CFI 代表 comparative fit index。

少年的教育期望产生更大的负向作用,这与前文提到的社会补偿假说相一致。在第(2)列中,城市青少年使用互联网学习频率的系数是负的,而在第(4)列中,该系数转为正,说明使用互联网学习可能会更好地提升农村青少年的教育期望,进而改善农村青少年的幸福感。在第(6)和(10)列中,城市青少年使用互联网社交/娱乐的系数在1‰的水平上显著为负,这表明,使用互联网进行社交或娱乐活动会显著降低城市青少年对自己的教育期望,进而降低他们的幸福感。而在第(8)和(12)列中,农村青少年使用互联网社交/娱乐的系数均不再显著,并且绝对值相对城市组有了大幅下降,这说明,使用互联网社交或娱乐并未挫败农村青少年对自己的教育期望。从而,互联网的使用会对农村青少年的幸福感产生更有利的影响。

本文接下来将中介变量替换成对他人品格的感知再次构建结构方程模型。该变量是一个二值变量,如果认为大多数人是乐于助人的,则赋值为1,如果认为大多数人是自私的,则赋值为0。学者们已充分研究了互联网使用对社会福祉(social well-being)的影响,如社会资本(social capital),社会接受(social acceptance),社会融入(social integration),社会支持(social support)等(Ellison等,2007;Wangberg等,2007;Bekalu等,2019)。冷晨昕和祝仲坤(2018)将社交满意度作为中介变量分析互联网对中国农村居民幸福感的机制。鉴于本文所聚焦的群体是青少年,因此,选用青少年对他人的品格感知作为中介变量进一步完善机制性分析。如表5所示,在第(1)(3)(5)(7)(9)(11)列中,认为大多数人乐于助人的系数均在1‰的水平上显著为正,这表明,认为他人乐于助人与城乡青少年的幸福感感知都有着显著的正相关关系。在第(4)列中,使用互联网学习频率的系数在5%的水平上显著为正,说明使用互联网学习可通过改善农村青少年对他人的品格感知进而改善幸福感。而在第(2)列中,使用互联网学习频率的系数不再显著,且绝对值大幅下降,说明线上学习并未改善城市青少年对他人的品格感知。如前文所述,相比城市青少年,农村青少年的学习资源更为匮乏,得益于互联网的便捷性,他们能够更有效地获取知识和有益的信息,因此,互联网所带来的帮助可能会改善农村青少年对他人的品格感知,进而提升个人幸福感。在第(6)列中,使用互联网社交频率的系数在5%的水平上显著为负,这说明线上社交会使得城市青少年倾向于认为他人是自私的,这与前文所提的社会取代假说相

表5 青少年对他人品格感知作为中介变量进行机制检验分析

变量	(1) 城市 幸福感	(2) 乐于助人	(3) 农村 幸福感	(4) 乐于助人	(5) 城市 幸福感	(6) 乐于助人	(7) 农村 幸福感	(8) 乐于助人	(9) 城市 幸福感	(10) 乐于助人	(11) 农村 幸福感	(12) 乐于助人
乐于助人	0.490^{***} (0.104)		0.453^{***} (0.119)		0.489^{***} (0.104)		0.478^{***} (0.119)		0.491^{***} (0.104)		0.477^{***} (0.119)	
使用互联网学习	0.017 (0.018)	0.001 (0.004)	0.064^{**} (0.022)	0.012^{*} (0.005)								
使用互联网社交					-0.005 (0.018)	-0.009^{*} (0.004)	0.031 (0.020)	-0.003 (0.004)				
使用互联网娱乐									0.009 (0.018)	-0.004 (0.004)	0.050^{*} (0.020)	-0.003 (0.004)
控制变量	是	是	是	是	是	是	是	是	是	是	是	是
样本量	1 645	1 645	1 581	1 581	1 645	1 645	1 581	1 581	1 645	1 645	1 580	1 580
RMSEA	0.000	0.000	0.000	0.000	0.000	0.000	0.000	0.000	0.000	0.000	0.000	0.000
CFI	1.000	1.000	1.000	1.000	1.000	1.000	1.000	1.000	1.000	1.000	1.000	1.000

注:括号内为标准误,*** $p<0.001$,** $p<0.01$,* $p<0.05$,$^{+}p<0.1$。RMSEA 代表 root mean squared error of approximation,CFI 代表 comparative fit index。

一致,相较于农村青少年,城市青少年有着更好的初始社会资源和更高的社会支持感知,通过互联网社交会取代他们与家人、朋友更有价值的交流,这可能会对社交支持感知产生负面影响,并进一步削弱他们的幸福感。而在第(8)列中,农村青少年使用互联网社交频率的系数不再显著,且绝对值下降了66.7%,这说明线上社交并没有使农村青少年认为他人是自私的,这与前文提到的社会补偿假说相一致,通过互联网结识新朋友或参加在线聚会只会降低那些拥有更高社会支持感知的人的福利,而有着更匮乏社会资源的农村青少年没有受到线上社交的负面影响。

接下来,本文使用 RIF 分解(recentered influence function decomposition)来观察不同互联网使用偏好是加剧了还是缓和了城乡青少年的幸福感不平等。

$$\Delta v = (v_{urban} - v_{counterfactual}) + (v_{counterfactual} - v_{rural}) = \Delta_{structure}^{v} + \Delta_{composition}^{v} \tag{4}$$

在式(4)中,v 代表被解释变量幸福感的累积分布函数的泛函,$\Delta_{composition}^{v}$ 反映了因为解释变量分布不同而带来的差异,属于特征效应(composition effect),$\Delta_{structure}^{v}$ 反映了被解释变量幸福感方程结构的改变,属于参数效应(structure effect)(Firpo 等,2018)。如图 1 所示,城乡青少年最明显的幸福感差距位于中位数以下,所以,本文选择 20%分位数来定义用于分解分析的分布统计量。如表 6 所示,在第(2)列中的可解释部分,使用互联网学习频率的系数在 1%的水平上显著为正,说明互联网学习频率分布的城乡差异会加剧城乡青少年之间的幸福感差距。而在第(3)列中的不可解释部分,使用互联网学习频率的系数在 5%的水平上显著为负,说明城乡青少年之间互联网学习频率对幸福感回报率的差异可以缩小二者的幸福感差距。又因为不可解释部分的系数绝对值大于可解释部分,换言之,负的参数效应超过了正的特征效应,所以总体上,使用互联网学习缓和了城乡青少年幸福感的不平等。正的特征效应表明,互联网学习频率的不同分布加剧城乡青少年之间幸福水平的不平等,这意味着户籍制度造成的数字鸿沟可能会更不利于农村青少年的主观幸福感,允许农村青少年进入城市,获得与城市青少年类似的使用互联网学习的机会,可以在某种程度上抵消这种正的特征效应,而负的参数效应则表明,利用互联网学习可以更好地改善农村青少年的幸福感。在第(5)和(6)列,第(8)和(9)列中,使用互联网社交/娱乐频率的可解

表6 城乡青少年幸福感差异的 RIF 分解

变量	q20_学习			q20_社交			q20_娱乐		
	(1) 总体	(2) 可解释部分	(3) 不可解释部分	(4) 总体	(5) 可解释部分	(6) 不可解释部分	(7) 总体	(8) 可解释部分	(9) 不可解释部分
使用互联网学习频率		0.208** (0.066)	-0.522* (0.206)						
使用互联网社交频率					0.082 (0.076)	-0.179 (0.237)			
使用互联网娱乐频率								0.115+ (0.064)	-0.275 (0.237)
控制变量	是	是	是	是	是	是	是	是	是
城市幸福感	7.189*** (0.071)			7.189*** (0.071)			7.189*** (0.071)		
农村幸福感	6.570*** (0.145)			6.570*** (0.145)			6.568*** (0.145)		
差异	0.619*** (0.162)			0.619*** (0.162)			0.621*** (0.162)		
可解释部分	1.096*** (0.199)			1.063*** (0.199)			1.070*** (0.199)		
不可解释部分	-0.477* (0.210)			-0.443* (0.211)			-0.449* (0.210)		

注:括号内为标准误，*** p<0.001，** p<0.01，* p<0.05，+p<0.1。

释部分和不可解释部分的系数讲述了同样的故事。

（四）内生性问题、异质性分析和稳健性检验

在完成机制性分析后，本文选择是否使用互联网作为关键自变量进行异质性分析。如表 2 所示，使用互联网对农村青少年的幸福感影响更为显著，当我们将关键自变量换为使用互联网的具体方式或偏好时，表 3 显示同样的情况，所以，本文将聚焦于农村青少年进行异质性分析。除了常用的年龄、性别外，本文还将与父母的关系以及青少年的人缘纳入回归模型进行异质性分析。如表 7 所示，本文并未发现互联网使用对不同年龄、性别的异质性，而在第（3）列，使用互联网与对父母信任度的交互项系数在 10% 水平上显著为正，说明与父母关系更好的农村青少年更能获益于对互联网的使用。在第（4）列，使用互联网与人缘交互项的系数在 5% 的水平上显著为负，这与前文提到的社会补偿假说相一致，有着更低社会支持感知的青少年更倾向受益于互联网的使用。

表 7　农村青少年关于年龄、性别、父母信任度和人缘的异质性分析

变　　量	（1）年龄异质性 幸福感	（2）性别异质性 幸福感	（3）父母信任度异质性 幸福感	（4）人缘异质性 幸福感
使用互联网	−0.054 (0.637)	0.255+ (0.134)	−0.922 (0.632)	0.932** (0.328)
使用互联网×年龄	0.028 (0.050)			
使用互联网×女性		0.083 (0.188)		
使用互联网×信任父母			0.131+ (0.067)	
使用互联网×人缘				−0.091* (0.045)
控制变量	是	是	是	是
样本量	1 585	1 585	1 585	1 585
R-squared	0.256	0.256	0.258	0.258

注：括号内为标准误，*** $p<0.001$，** $p<0.01$，* $p<0.05$，+ $p<0.1$。

在下一部分，本文选择使用延伸回归模型（extended regression model）来缓和潜在的内生性问题。主观幸福感较低的青少年可能更倾向在线学习，或者他们

更可能通过互联网寻求慰藉或认可,或者将互联网视为宣泄的一种手段;主观幸福感较高的人可能希望更频繁地在线分享他们的生活方式,等等。如果这个假设有道理,则可能引发双向因果问题。本文注意到,青少年是否拥有手机主要取决于他们的父母,而近年来,例如作业帮、菁优网等学习软件,微信、QQ 等社交软件,还有各种各样的游戏软件都可以非常方便地下载到手机上使用,所以,本文选择是否使用手机作为工具变量,运用延伸回归模型进一步检验。延伸回归模型不仅允许因变量和内生变量的形式具有更大的灵活性(例如连续,二元,有序,截断等),而且还允许内生协变量以交互项的形式存在,这是 Stata 之前的 ivregress 和 ivprobit 等命令都无法拟合的(StataCorp,2017;Jiang 和 Wang,2020)。

如表 8 所示,在第(2)(4)(6)(8)列,使用手机的系数在 1‰ 的水平上显著为正,说明使用手机对互联网使用及其相关变量的预示性很强,是合适的工具变量。在第(1)(3)(5)(7)列,使用互联网及其相关变量和农村的交互项都为正,而且使用互联网社交/娱乐的频率和农村的交互项的系数分别在 5% 和 10% 的水平上显著为正,说明使用互联网确实可以在一定程度上缓解城乡青少年的幸福感感知不平等。另外,值得一提的是,表 8 中 corr(e.使用互联网,e.幸福感),corr(e.使用互联网学习的频率,e.幸福感),corr(e.使用互联网社交的频率,e.幸福感),corr(e.使用互联网娱乐的频率,e.幸福感)的值均不显著,说明互联网使用及其相关变量的残差项和幸福感的残差项有着极低的相关性,即在之前的回归中,内生性是一个可以忽略的问题,本文之前的实证结果具有较高的稳健性。

在实证分析的最后一部分,本文将被解释变量替换为之前构建的关于个人幸福感的自尊指数①(对应评价幸福感)和负面情绪指数②(对应享乐幸福感),并进行似不相关回归(seemingly unrelated regression),来进行稳健性检验。本文分别选择使用互联网、使用互联网学习/社交/娱乐的频率和农村的交互项作为关键自变量,鉴于我们在图 1 中并未观察到城乡青少年在负面情绪上有明显的

① 本文选择了 10 个可观测变量进行迭代公因子的主因子法,并将生成的因子(Cronbach α=0.734 2, overall KMO=0.810 1)转化为 0—100 的连续性变量作为自尊指数,更高的值代表更高的自尊水平。
② 本文选择了 7 个可观测变量进行迭代公因子的主因子法,并将生成的因子(Cronbach α=0.771 2, overall KMO=0.777 4)转化为 0—100 的连续性变量作为负面情绪指数,更高的值代表更高的负面情绪。

表 8　使用延伸回归模型（erm）缓解潜在的内生性问题

变　量	(1) ERM 幸福感	(2) ERM 使用互联网	(3) ERM 幸福感	(4) ERM 使用互联网学习	(5) ERM 幸福感	(6) ERM 使用互联网社交	(7) ERM 幸福感	(8) ERM 使用互联网娱乐
农村	-0.085 (0.119)		-0.096 (0.101)		-0.073 (0.104)		-0.095 (0.109)	
使用互联网	0.009 (0.151)							
使用互联网×农村	0.196 (0.137)							
使用互联网学习			-0.007 (0.038)					
使用互联网学习×农村			0.060* (0.028)					
使用互联网社交					-0.006 (0.028)			
使用互联网社交×农村					0.040 (0.025)			
使用互联网娱乐							-0.007 (0.029)	
使用互联网娱乐×农村							0.044+ (0.025)	

（续表）

变　量	(1)	(2)	(3)	(4)	(5)	(6)	(7)	(8)
	ERM		ERM		ERM		ERM	
	幸福感	使用互联网	幸福感	使用互联网学习	幸福感	使用互联网社交	幸福感	使用互联网娱乐
控制变量	是	是	是	是	是	是	是	是
使用手机		1.542***		2.030***		2.982***		2.775***
		(0.051)		(0.074)		(0.076)		(0.075)
corr(e.使用互联网,e.幸福感)		0.047						
		(0.045)						
corr(e.使用互联网学习,e.幸福感)				0.028				
				(0.044)				
corr(e.使用互联网社交,e.幸福感)						0.000		
						(0.032)		
corr(e.使用互联网娱乐,e.幸福感)								0.022
								(0.034)
对数似然比	−7 918.268		−13 277.92		−13 399.068		−13 339.442	
Significance of χ^2	<0.001		<0.001		<0.001		<0.001	
样本量	3 232	3 232	3 232	3 232	3 232	3 232	3 231	3 231

注:括号内为标准误,*** p<0.001,** p<0.01,* p<0.05,+p<0.1。前缀 e 代表残差。

453

表9　使用互联网及其相关变量对自尊指数和负面情绪指数的影响

变量	(1) SUR 自尊指数	(2) 负面情绪指数	(3) SUR 自尊指数	(4) 负面情绪指数	(5) SUR 自尊指数	(6) 负面情绪指数	(7) SUR 自尊指数	(8) 负面情绪指数
农村	-3.293** (1.011)	1.192 (1.323)	-2.431** (0.898)	0.097 (1.176)	-3.048*** (0.889)	0.580 (1.165)	-3.003** (0.934)	1.025 (1.222)
使用互联网	-0.943 (1.004)	-0.239 (1.314)						
使用互联网×农村	2.478+ (1.269)	-1.521 (1.660)						
使用互联网学习			0.179 (0.198)	-0.377 (0.259)				
使用互联网学习×农村			0.284 (0.273)	0.145 (0.357)				
使用互联网社交					-0.224 (0.192)	0.039 (0.251)		
使用互联网社交×农村					0.561* (0.254)	-0.072 (0.333)		
使用互联网娱乐							-0.224 (0.189)	0.019 (0.247)
使用互联网娱乐×农村							0.445+ (0.247)	-0.265 (0.323)
控制变量	是	是	是	是	是	是	是	是
样本量	1 216	1 216	1 216	1 216	1 216	1 216	1 216	1 216
R-squared	0.127	0.089	0.128	0.089	0.127	0.087	0.126	0.088

注：括号内为标准误，*** p<0.001, ** p<0.01, * p<0.05, +p<0.1。

差异,而且表9中的第(2)(4)(6)(8)列交互项的系数均不显著,所以,本文聚焦于互联网的使用对城乡青少年自尊水平的影响。在第(1)列中,使用互联网和农村的交互项在10%的水平上显著为正,说明使用互联网可以更好地改善农村青少年的自尊水平,在第(5)和(7)列,使用互联网社交/娱乐的频率和农村的交互项分别在5%和10%的水平上正向显著,同样说明了互联网的使用更利于农村青少年个人幸福感的改善。

四、结 论

本文基于CFPS 2018的数据实证考察了互联网的使用对中国城乡青少年幸福感影响的差异性。研究发现:(1)使用互联网的幸福感效应更利于农村青少年,从而缓和了城乡青少年幸福感感知的不平等,其主要机制体现在使用互联网学习和娱乐上。(2)使用互联网学习、社交、娱乐可通过对中国城乡青少年的教育期望以及对他人品格感知产生差异性影响,进而对幸福感产生不同影响。(3)RIF分解发现,虽然互联网的使用总体上缓和了中国城乡青少年幸福感感知的不平等,但这只体现在互联网使用相关变量的参数效应(structure effect)上,特征效应(composition effect)则加剧了城乡青少年幸福感感知的不平等。(4)异质性分析发现,农村青少年群体中对父母更加信任的更容易通过使用互联网改善其幸福感。

上述研究发现具有重要的政策价值。互联网使用的扩展有助于缓和城乡青少年幸福感感知的不平等。因此,政府应当进一步加强农村地区的互联网基础设施建设,缩小城乡数字鸿沟。Selkie等(2020)聚焦于美国有过性别转换的青少年的研究发现,互联网构建的社交平台为他们提供了不可替代的情感支持,对于有着城乡二元化的发展中国家中国,中国农村青少年和美国的性别转换青少年同处于弱势群体地位,增加一种不与户籍制度挂钩的资源有助于缓和他们和城市青少年的差距。当然,青少年各方面还不成熟,自制力也有待发展,需要家长更多的引导和督促,而亲子关系的优化更能强化互联网所带来的益处。对此,政府应当进一步推动户籍制度改革,弱化户籍限制,使农村青少年在拥有父母陪伴的情况下更多地接触城市同龄人所享有的资源。

参考文献

Allcott, H., L. Braghieri., S. Eichmeyer., and M. Gentzkow, 2020, "The Welfare Effects of Social Media," *American Economic Review*, 110, 629—676.

Asakawa, K., and M. Csikszentmihalyi, 1998, "The Quality of Experience of Asian American Adolescents in Activities Related to Future Goals," *Journal of Youth and Adolescence*, 27, 141—163.

Bekalu, A. M., R. F. Mccloud, and K. Viswanath, 2019, "Association of social media use with social well-being, positive mental health, and self-rated health: Disentangling routine use from emotional connection to use," *Health Education & Behavior*, 46, 69—80.

Bessière, K., S. Kiesler, R. Kraut, and B. S. Boneva, 2008, "Effects of Internet use and social resources on changes in depression," *Information, Community & Society*, 11, 47—70.

Çakir, O., and A. Çetinkaya, 2020, "Time spent on the Internet, blood pressure, and loneliness in adolescents: A cross-sectional study," *Erciyes Medical Journal* 42, 30—36.

Campell, C., and J. Horowitz, 2016, "Does college influence sociopolitical attitudes," *Sociology of Education*, 89, 40—58.

Castellacci, F., and V. Tveito, 2018, "Internet use and well-being: a survey and a theoretical framework," *Research Policy*, 47, 308—325.

Chen, B., and M. Lu, 2015, "How urban segregation distorts Chinese migrants' consumption," *World Development*, 70, 133—146.

Elhai, J. D., H. Yang, J. Fang, X. Bai, and B. J. Hall, 2020, "Depression and anxiety symptoms are related to problematic smartphone use severity in Chinese young adults: Fear of missing out as a mediator," *Addictive Behaviors*, 101, 105962.

Ellison, N. B., C. Steinfield, and C. Lampe, 2007, "The benefits of Facebook 'Friends:' Social capital and college students' use of online social network sites," *Journal of Computer-Mediated Communication*, 12, 1143—1168.

Firpo, S. P., N. M. Fortin, and T. Lemieux, 2018, "Decomposing wage distributions using recentered influence function regressions," *Econometrics*, 6, 28—68.

Hamilton, L. C., 2012, *Statistics with STATA*, Boston, CENGAGE Learning, Version 12, 8th Edition.

Jiang, J. and P. Wang, 2020, "Is linking social capital more beneficial to the health promotion of the poor? Evidence from China," Social Indicators Research, 147, 45—71.

Kahneman, D., and A. Deaton, 2010, "High income improves evaluation of life but not emotional wellbeing," *Proceedings of the National Academy of Sciences*, 107, 16489—16493.

Keles, B., N. Mccrae, and A. Grealish, 2020, "A systematic review: the influence of social media on depression, anxiety and psychological distress in adolescents," *International Journal of Adolescence and Youth*, 25, 79—93.

Koruku, A. T., and A. Alkan, 2011, "Differences between m-learning (mobile learning) and elearning, basic terminology and usage of m-learning in education," *Procedia Social and Behavioral*

456

Sciences, 15, 1925—1930.

La Roi, C., and J. J. Mandemaker, 2018, "Acceptance of homosexuality through education? Investigating the role of education, family background and individual characteristics in the United Kingdom," *Social Science Research*, 71, 109—128.

Li, C., X. Shi, and J. Dang, 2014, "Online communication and subjective well-being in Chinese college students: The mediating role of shyness and social self-efficacy," *Computers in Human Behavior* 34, 89—95.

Liu, J., M. Cheng, X. Wei, and N. N. Yu, 2020, "The Internet-driven sexual revolution in China," *Technological Forecasting & Social Change*, 153, 119911.

Maiti, D., and A. Awasthi, 2020, "ICT Exposure and the Level of Wellbeing and Progress: a cross country analysis," *Social Indicators Research*, 147, 311—343.

Malamud, O., S. Cueto, J. Cristia, and D. W. Beuermann, 2019, "Do children benefit from internet access? Experimental evidence from Peru," *Journal of Development Economics*, 138, 41—56.

McDool, E., P. Powell, J. Roberts, and K. Talor, 2020, "The internet and children's psychological wellbeing," Journal of Health Economics, 69, 102274.

Panigrahi, R., P. R. Srivastava, and D. Sharma, 2018, "Online learning: adoption, continuance, and learning outcome- a review of literature," *International Journal of Information Management*, 43, 1—14.

Selkie, E., V. Adkins, E. Masters, A. Bajpai, and D. Shumer, 2020, "Transgender adolescents' uses of social media for social support," *Journal of Adolescent Health*, 66, 275—280.

StataCorp., 2017, *Stata extended regression models reference manual Release 15*, Texas, Stata Press.

Wang, F., L. Lu, L. Lin, and X. Zhou, 2019, "Mental health and risk behaviors of children in rural China with different patterns of parental migration: a cross-sectional study," *Child and Adolescent Psychiatry Mental Health*, 13, 1—9.

Wangberg, S. C., H. K. Andreassen, H. U. Prokosch, S. M. V. Santan, T. Sorensen, and C. E. Chronaki, 2007, "Relations between Internet use, socio-economic status (SES), social support and subjective health," *Health Promotion International*, 23, 70—77.

Zhang, Y., D. Tan, and T. Lei, 2020, "Parental attachment and problematic smartphone use among Chinese young adults: a moderated mediation model of interpersonal adaptation and self-control," *Journal of Adult Development*, 27, 49—57.

曹丹丹、罗生全、杨晓萍和王文涛,2018,《基于互联网运用的城乡青少年认知能力发展》,《中国电化教育》第11期。

陈纯槿和顾小清,2017,《互联网是否扩大了教育结果不平等——基于 PISA 上海数据的实证研究》,《北京大学教育评论》第15期。

冷晨昕和祝仲坤,2018,《互联网对农村居民的幸福效应研究》,《南方经济》第8期。

刘保中、张月云和李建新,2015,《家庭社会经济地位与青少年教育期望:父母参与的中介作用》,《北京大学教评论》第 13 期。

彭希哲、吕明阳和陆蒙华,2019,《使用互联网会让老年人感到更幸福吗》,《南京社会科学》第 10 期。

王相英,2012,《大学生手机成瘾与孤独感、人格特质的关系研究》,《中国特殊教育》第 12 期。

徐小琪、李燕凌和孙计领,2018,《城乡中小学生使用互联网学习现状的对比分析——基于 CFPS 2016 数据》,《中国电化教育》第 7 期。

杨钋和徐颖,2017,《数字鸿沟与家庭教育投资不平等》,《北京大学教育评论》第 15 期。

张岩、周炎根和裴涛,2015,《大学生孤独感在人际适应性和手机互联网依赖关系中的中介效应》,《中国心理卫生杂志》第 10 期。

张济洲,2018,《隐蔽的再生产——城乡不同阶层家庭学生互联网使用偏好调查》,《开放教育研》第 24 期。

赵西亮,2017,《教育、户籍转换与城乡教育收益率差异》,《经济研究》第 12 期。

郑素侠,2015,《城乡青少年媒介使用的家庭环境差异及其影响因素——基于 2013 年度中国教育追踪调查(CEPS)数据的分析》,《现代传播》第 9 期。

周广肃和孙浦阳,2017,《互联网使用是否提高了居民的幸福感——基于家庭微观数据的验证》,《南开经济研究》第 3 期。

（作者为华东师范大学经济与管理学部副教授）

公共品价格的"双轨制"改革：房地产税在公共产品价格改革中的作用机制探讨[*]

张 平

一、引 言

1984 年,由中青年经济学者组成的"莫干山会议"提出了很多重要的改革思想,为中国经济改革和持续发展做出了重要贡献。价格改革,尤其是价格双轨制就是其中的重要思想。这一思想带来了商品的市场化改革,使市场经济的效率得以迸发并推动经济持续发展。无论是私人消费品还是公共产品,价格都是市场效率和资源优化配置的核心。因此,价格体系和价格体制的改革曾经是市场经济改革的核心和枢纽(张维迎,1984;华生等,1985)。价格改革也成为了当时讨论经济改革的焦点(田源、乔刚,1991;李慧中,1998),价格改革涉及农产品、药品、煤炭、粮食、成品油等几乎所有领域的产品。时至今日,当前社会的主要矛盾是"人民日益增长的美好生活需要和不平衡不充分的发展之间的矛盾",对高质量公共产品的需求是美好生活需要的重要构成。有效的价格是资源优化配置的核心,私人消费品的价格改革已经基本完成,但中国公共产品的价格改革这一主题尚未进行充分研究。已有研究表明,公共产品的价格改革对效率提升和社会公平具有重要意义(Burns & Walsh, 1981; Crane, 1990; Diederich & Goeschl, 2013; Green & Blair, 1995),但在中国的实践中,多数公共产品的供给尚未建立起有效的价格机制。公共产品供给机制的改革对税制改革、户籍制度和地方治理都有直接意义。本文结合房地产税改革探讨公共产品价格改革的思路,分析房地产税在公共产品价格改革中将起到什么样的作用? 公共产品价格改革是否

---

* 基金项目:国家自然科学基金青年项目(71703026)和教育部哲学社会科学研究重大攻关项目(17JZD029)。

可以采取类似"双轨制"或"渐进式"的改革模式,在不同改革路径下会有何种的差异化结果?

公共物品具有消费的非竞争性和受益的非排他性,这一特殊属性使其难以像私人物品那样利用边际成本和边际受益的关系在市场中进行定价;消费者还会对公共品会产生隐藏个人偏好和搭便车的行为,因此公共品不能通过市场化的价格机制进行供给和管理。公共产品的供给往往通过政府介入的方式来进行,但价格机制在其中的作用同样显著。中国经过 40 年的快速经济发展,已经基本建立了以市场决定资源配置方式的社会主义市场经济,而公共产品的供给中,价格机制的作用仍然乏善可陈,在当前阶段更需要对公共产品进行价格改革。无论是从世界各国还是从我国实践来看,义务教育、基本医疗、公共卫生、社会保障、公共文化和公共安全等都被视为最基本的公共服务(项继权、袁方成,2008)。这些往往多属于地区性公共产品,地区间的差异也异常明显。例如,从义务教育来看,2017 年普通小学生均一般公共预算教育事业费,北京约为 30 000 元,广西仅为 7 900 元。①2015 年 11 月,国务院印发《关于进一步完善城乡义务教育经费保障机制的通知》规定了城乡义务教育学校生均公用经费基准定额,也显示各地差异明显。②这一差异主要来源于各地的经济发展和财政收入差距,显然与基本服务均等化的理念不符。从居民权利的角度看,无论生活在哪里,都是中华人民共和国公民,都应享有九年制义务教育的权利,为什么教育服务质量差异如此之大? 居民往往会对各地的公共服务质量差异心存芥蒂,认为这是一种不公平。相反,在私人消费领域,居民在消费和购买私人消费品时,会根据自身的支付能力和偏好选择价格相对较低的普通产品或价格更高的高质量产品。在私人消费品的差异方面,居民并没有觉得不公平,因为每个人都为自己的选择支付了相应的成本(价格不同)。而地区公共品则有所不同,其本质原因是居民并没有为地区公共品支付相应的对价。这就涉及公共产品的供给机制问题。

本文下面的结构安排如下:首先介绍当前公共产品的供给机制;其次,讨论房地产税改革如何作为一个楔子为公共产品供给提供价格机制,进而说明如何

---

① 数据来源:http://www.sohu.com/a/274021895_562215。

② 数据来源:http://xiaoxue.eol.cn/news/201703/t20170313_1497117.shtml。

通过房地产税改革的不同设计达到"双轨制"改革和"渐进式"改革的目的;再次,在此基础上进一步讨论公共产品价格与户籍制度改革之间的关系,说明如何通过理顺公共产品价格体系促进户籍制度改革;最后是本文的结论与讨论。

二、 公共产品的供给机制

从产品属性的角度来划分,凡是满足人们的公共需求、具有"公共品"性质的产品和服务就是公共产品和公共服务。具有外部效应的公共产品无法有效地由私人提供,只能以各级政府为主导进行供给。由于公共产品本身的特性使其缺乏市场定价机制,如何有效提供公共产品是各国所面临的共同问题。

公共产品可以分为农村公共产品和城市公共产品。农村的重要公共产品包括灌溉设施、基础教育、医疗保健等,其供给也经历了宗族制度、制度外筹资、"自上而下"和多元化供给体制等阶段(施威、王思明,2007;樊丽明、石绍宾,2008)。在现代社会,伴随城市化的进程,公共产品的供给越来越多集中在人群聚集地的城市。公共产品根据可受益范围又可分为全国性公共产品和地区性公共产品。全国性公共产品(包括国防、货币稳定、公平分配等)应该由中央政府无偿提供。地区性的公共产品外溢性较小,且受益群体相对固定,属于俱乐部产品范畴(也称作准公共品,具有排他性和非竞争性)。对于这类产品,政府无偿提供将不合理,但由于外部性的存在,私人提供也会造成效率损失,此时建立公共产品供给的价格机制极其重要。因此,本文的讨论限定于城市提供的地区性公共产品,这些公共产品往往是政府最重要最基本的公共产品投入,对整个经济社会效率具有重要意义。

在公共产品的供给机制方面,尽管自身性质、技术条件、政府职能理念、公平效率标准、政府政策倾向、需求状况和私人资本规模都可能导致不同的供给方式(樊丽明、石绍宾,2006),公共产品的性质特征仍然是供给机制的决定因素。根据竞争性和排他性的特征,可以将物品分为四种类型:公共产品(非竞争性和非排他性)、准公共产品(非竞争性和排他性)、共有资源(竞争性和非排他性)和私人物品(竞争性和排他性)。(1)对于纯粹的公共产品(国防、知识等),由于具有较强的正外部性(非竞争性)且容易出现"免费搭便车"现象(非排他性),这一类型公共产品的供给主要由政府提供。(2)对于准公共产品(消防、有线电视等俱乐部产品),由于可以较容易地利用价格机制进行排他,政府和私人均可成为供给的主体;但与人民生活联系紧密的电力、煤气及水等公用事业往往由政府提供。(3)对于共有资源(海洋的鱼、草原、环境等),由于具有竞争性且排他成本较高,容易产生过度使用的现象,因此往往由政府供给并有控制地进行使用或开发。(4)对于私人物品,则主要由市场提供,政府作为监管者角色不过多直接介入。

当前对公共产品定价的研究多数是针对具有排他性的准公共产品(quasi-public goods,俱乐部产品)(Head, 1962、1972),在可以利用价格排他的情况下,聚集于如何确定价格(Baumol & Ordover, 1986; Clarke, 1971; Hellwig, 2007),由谁(政府、非盈利组织、私人部门等)提供更加具有效率(Burns & Walsh, 1981; Hellwig, 2007),以及相关的福利效应(Seneca, 1970)。本文所讨论的城市提供的地区性公共产品,包括道路基础设施、公共安全、社区环境等,更多地具有竞争性和非排他性的共有资源特征。①这一类公共产品,是政府提供的公共产品中体量最大的部分,也是与居民工作生活相关度最大的部分。除了公共教育以外,这类公共产品在名义上不具有排他性,其他城市甚至全国各地的居民都可以来到这个城市,从这个城市的道路基础设施、公共安全等公共产品中受益。但实际上,由于地理距离的限制,城市公共产品的受益主体绝大多数是当地居民,对外地居民来说,这类公共产品具有排他性。

因此,城市提供的地区性公共产品,是具有竞争性(在城市内部)和排他性(对其他城市来说)的一类特殊公共产品。这一类公共产品看似难以利用价格机制进行排他,但其受益范围一般具有明确的地理边界(在不同城市之间有一定的排他性),因而其供给方式往往是一城一策:在一个城市的公共财政收支框架内尽可能兼顾地区内的基本公共服务均等化。如前所述,当前一城一策的公共产品供给方式导致了较多的不满,尤其是对各地之间基本公共服务差异的不公平感较强。但是,由地方政府进行地区性公共产品的供给决策可以发挥地方政府

---

① 公共教育可以较容易地实现排他,同一个城市中也会形成不同教育质量的差异。但由于基本公共服务均等化的要求,同一城市内的不同学校获得的政府投入正逐步趋于均等化。

在信息方面的优势(Oates,1999),一城一策确实有其重要的理论支撑。那么,核心的问题在哪里? 实际上,一城一策无可厚非,其根本的原因是:城市内公共产品的价格机制缺失,不同城市居民并未因为基本公共服务差异支付不同的价格。有人认为,城市是一个劳动力市场,一个城市的财政收入来源于居民缴纳的税收,因此他们享受的基本公共服务差异源于他们的税收贡献。这一观点的问题在于,劳动力市场是一个流动的市场,在当前的户籍制度、税收分享制度框架下,财政收入的贡献者和基本公共服务受益者错位明显。首先,在开放经济条件下,很多产品的市场在全国各地甚至在全球各地,已经很难说财政收入来源于当地居民。其次,在当地就业的居民,由于户籍制度的限制,非户籍人口并不能同等享受基本公共服务受益。最后,以分税制为基础的财政分权也造成了地方政府在提供公共产品时的各类行为扭曲。由于以上问题的存在,城市基本公共服务的公平性问题凸显。

那么,公共产品的价格机制如何实现? 从实践来看,城市中的公用事业普遍采用的是"使用者付费"的方式;但对于多数难以排他具有共有资源特征的公共产品(包括公共安全、社区环境等),仍然是采用税收的方式。由于上述原因,当前主要通过流转税收(和部分转移支付)供给公共品的方式不能将纳税人和受益者匹配,此时我们需要一个可以将收入和支出对应的税种,实现公共产品供给的价格机制。从地方税的讨论来看,房地产税是地方主体税种最好的选择。房地产税用于地方基本公共服务,是一种受益税,其税基不可移动,可以根据征管地域大小和公共服务的受益地理边界将纳税人和受益者较好地匹配到一起。这为城市公共产品提供了一个价格机制:每年的房地产税税额即类似于公共产品的价格。

三、 房地产税改革:公共产品价格改革的楔子

房地产税作为地方公共产品的价格机制将是一次地方治理与税制结构的深刻变革。房地产税的税基是房产,与其他税基(包括直接税和间接税的各个税种)相比,其重要特征是作为生活必需品、不可移动且是家庭财产的重要组成部分。对于居民来说,不同收入群体的消费偏好差异很大。跨入中产以上收入较

高的群体不再满足于基本生活需求,他们往往要求更高质量的公共产品和服务,如高质量的基础教育、道路设施、社区环境等等。通过房地产税征管地域和公共服务受益边界的匹配,可以较好地满足不同群体对公共产品的差异化需求。在城市内的不同地域之间,房地产税税额较高的地区同时也有更高的公共服务支出需求,财权和事责也可以得到天然的匹配。①

以上描述是房地产税作为地方主体税种,成为提供公共产品的主要财源的理想状况。但在房地产税改革初期,受限于纳税能力和纳税意愿(张平、侯一麟,2016、2019),房地产税不可能一步到位成为地方政府主体税种。在起步阶段,潜在房地产税收入平均约为地方一般公共预算收入的22%,在设定较为慷慨减免的情况下,这一比重将下降为4%至7%左右(张平、姚志勇,2019)。房价收入比过高,居民的支付能力有限;房地产税作为公共产品的价格机制,不能一次性达到目标。反观现在居住在高房价小区的居民,高房价部分体现了这些公共服务价值,早期低价购房的居民实际在以低于其成本的方式获取公共服务受益,此时若将公共服务价格显性化这类家庭可能会无法承担。

因此,房地产税作为公共产品的价值机制不可能一蹴而就,而应该存在一个渐进过渡的阶段。也有居民提出,现在没有缴纳房地产税也可以享受公共服务受益,为什么还要开征房地产税用于提供公共服务? 这从另一个侧面说明,房地产税真正成为公共产品的价格机制,无论是从房地产税在纳税能力约束下的收入潜力,还是从居民的心理接受程度,都需要一个循序渐进的过程。从改革的路径来看,当前条件下存在类似"双轨制"和"渐进式"两种不同思路。

(一) 双轨制:商品房与非商品房

开征房地产税面临的另一个重要问题是,中国的房产产权类型多样且复杂。除了一般的商品房外,还有经济适用房、房改房、租赁公房、军产房等多种产权类型,甚至还存在大量"小产权房"等买卖行为未受到法律全权认可与保护的房产。对这些房产,是否需要缴纳房地产税? 首先,由于房地产税是一种财产税,一些

---

① 如果房地产税成为公共品供给的主要收入来源,房地产市场的差距带来的税基不同会导致明显的地区差异,这一差异同样需要转移支付进行调节。公共服务均等化与公共品定价机制之间存在天然的矛盾,从这个角度说,地区性公共产品和服务应该在两者之间取得折中和平衡,除了少部分特殊公共产品外不可能也不应该是完全的均等化,否则将导致极端的低效率。

比较流行的观点是非商品房由于不具有完全产权,法律上不属于业主的财产,所以不应征收房地产税。另外,房地产税未来将具有较大可能性根据评估价值征收,[①]非商品房的市场价格难以确定,这成为非商品房不缴纳房地产税的另一个理由。最后,非商品房的居民一般未对自己的房产支付相应的市场价格,因此可能不具备相应的纳税能力。

在20世纪80年代提出的双轨制价格改革,是源于需要考虑的因素较多,一次性放开会有较多问题。例如,当时采取的是低工资、低价格的福利制度,如果突然价格放开,而工资不会马上上涨,会对城市居民的生活造成困扰。[②]房地产税针对商品房和非商品房的"双轨制"思路,部分原因也可认为是由于非商品房居民并未通过类似商品房的市场化价格购买住房,不具备纳税能力;同时也不拥有类似商品房的产权,不具备纳税的法理基础。房地产税的"双轨制"本质上是因为不同的产权类型,因而实际上也可以是针对多种产权形式的"多轨制"。

如果应用"双轨制"的思路:可以采取商品房缴纳房地产税、非商品房暂不缴纳或少缴纳房地产税的方案。名义上,这样可以减少非商品房的税收负担,也可以规避上面提到的几个问题。但这样带来的弊端也显而易见。其一,公平性的问题。房地产税作为公共产品的定价机制,如若非商品房无需纳税,但住户却可以同等享有基本公共服务,这明显是对商品房持有者的不公平,对非商品房也就丧失了房地产税作为公共产品价格机制的作用。其二,若非商品房不纳税,在同等财政收入需求的情况下,商品房的税率必然会提高,这会产生另一种不公平。其三,"双轨制"思路下会导致商品房和非商品房的房价和租金发生差异,会对购房者和租房人的行为产生扭曲,降低经济效率。其四,"双轨制"下商品房和非商品房的政策差异会降低商品房业主的纳税意愿,这会提高税收征管难度进而提高征管成本。最后,开征房地产税的直接目的是赋予基层政府稳定的自有财源,使之能够充分尽责、为居民提供基本公共服务(侯一麟、马海涛,2016),若非商品房不纳税将会使房地产税成为地方主体税种更加遥遥无期。

---

① 资料来源:肖捷《将按照评估值征收房地产税》,新华网,http://www.xinhuanet.com/money/2017-11/07/c_129734723.htm。

② 资料来源:张维迎《双轨制价格改革,就是承认我们的无知》,https://www.huxiu.com/article/267282.html。

但是,如果不采用"双轨制",上述几个问题又该如何回应? 首先,房地产税作为公共产品的定价机制,实际上可以看作是公共服务税,无论何种产权形式,是否交税的依据是公共服务受益。尽管非商品房与商品房在产权上有差异,但如果享受基本公共服务受益无明显区别,那么两者在房地产税政策方面就不应该区别对待。其次,如果房地产税未来根据评估价值征收,非商品房的评估价值会显著低于商品房,享受同等基本公共服务受益却缴纳更少的房地产税也不公平。针对这一问题可以通过基于租金征收,或通过比较非商品房和商品房的租金进而对非商品房的市场评估值进行调整后作为税基的方法。总之,这在技术上完全可以解决,其核心目的是使得房地产税作为公共产品的价格机制在商品房和非商品房之间达到真正的公平。这将明显有益于发挥房地产税作为公共产品价格机制的作用。最后,针对非商品房的居民可能不具备相应纳税能力的情况,在中国房价收入比偏高的背景下,这一问题在商品房居民中也会普遍存在。此时,更加合适的做法不是采用"双轨制"或是一味免除部分人的税负,而是可以采用"渐进"的改革方式在效率与公平之间取得平衡,并逐步向房地产税改革的最终目标迈进。

(二)渐进式:低税率高减免起步

很多研究结果均表明,房地产税开征会面临居民的纳税能力不足问题。这也是社会普遍认同房地产税开征初期要有一定减免的原因,同时税率的设计也需充分考虑居民的纳税能力(张平、侯一麟,2016)。"保持房地产市场平稳"和"房地产税成为地方主体税种"是中国房地产税改革的两大政策目标,但在高房价收入比背景下,这两个目标相互冲突(张平、姚志勇,2019)。因此房地产税可以从低税率、高减免起步;然后伴随房价收入比收敛,税率逐步提高,减免逐步降低。这一观点论证了在多个政策约束条件下的一种可能的改革路径,但没有论及商品房和非商品房的差异。由于"双轨制"并不能解决当前纳税能力和纳税意愿不高的问题,甚至会导致更多的效率损失和不公平现象,"渐进式"改革可能是更优的一种方案。

从公共产品价格改革的角度看,"渐进式"改革又有哪些优势和问题? 房地产税要成为公共产品的价格机制,其前提是用于公共产品的政府支出全部或多数由房地产税提供。这在房地产税成为地方主体税种后可能会实现,但当前受限于纳税能力和纳税意愿,若采取"渐进式"改革的方式,起初低税率高减免设计下的房地产税收入只占地方一般公共预算收入的 5%左右,随着时间推移这一比例会逐步提高(张平、姚志勇,2019)。在此过程中,公共产品的价格与房地产税的关系也会存在一个渐进变化的过程,这一关系又与房地产税如何使用有直接联系。根据现有对房地产税收入如何使用的相关讨论,这里存在两种可能性。

一种做法是,房地产税可以指定与某一两种公共服务挂钩,这类似于美国特别区(special districts)的做法。例如,起初额度不大的房地产税全部用于社区环境,将社区环境支出完全与房地产税挂钩。该做法将可以在社区环境这一公共产品上快速实现公共产品定价,对社区环境需求不同的居民可以根据需要和承受能力选择偏好的组合。但每一项单一公共产品都有其基本标准,房地产税只用在一两项公共产品或服务上,其价格机制的差异体现相对有限。

另一种做法是,房地产税收入用于多项公共服务。此时,由于房地产税收入有限,被分散到不同公共产品中的数量更少,公共产品的主要投入仍来自于政府的其他财政投入,房地产税自然很难成为这些公共产品的价格机制。但是,房地产税可以作为现有支出结构的增量投入,也就是说,如果维持现有支出结构不变,房地产税可以成为公共产品增量部分的价格机制。区分公共产品的"存量部分"和"增量部分"会带来另一种"双轨制",这种渐进改革中的公共产品"双轨制"价格改革与 80 年代相似度很高,相当于利用了市场经济"双轨制"价格改革的精髓。为表达其重要性,我们另辟一部分专门进行详细阐述。

(三) 渐进改革中的"双轨制"

公共产品价格渐进改革中的"双轨制"基本思路是:已有的公共产品和服务仍由原有的财政投入提供,而增量部分逐步引入价格机制。这一思路对应到房地产税改革,即为:现有的公共产品财政支出架构将维持不变,房地产税收入将由地方政府根据当地居民需求偏好作为增量用于相关公共产品。因此,存量部分仍维持原有的"一城一策"供给体系,而增量部分则具备了相对明确的价格机制。这样存量部分原有的供给体系不影响居民的税收负担,增量部分的价格机制也可以为居民更高质量公共品的差异化需求提供更多的选择。随着时间的推移,由于税率和减免的变化,以及地方财税体系的变革,房地产税在地方财政收入中重要性逐步加强,房地产税将成为地方政府的主体税种。伴随这一过程,公共产品供给中的增量部分的体量越来越大,将逐步成为地方公共产品的主体,公共产品的价格机制将通过渐进改革中的"价格双轨制"方式得到建立。

从改革的推进来看,这类似当时市场经济的价格"双轨制"改革:先实行双轨价格,旧价格用旧办法,新价格用新办法,最后建立全新的替代价格制度。公共产品价格机制的建立与此异曲同工。当然,市场经济中价格"双轨制"的最终结果是价格并轨,也就是最终同样的商品只有一个价格。但地方政府不可能只有房地产税一种收入,那公共产品一直会存在存量和增量两个不同的供给机制吗?公共产品与私人消费品不同,多数公共产品往往具有保障性质,也就不能完全通过价格机制的方式供给。因此,公共产品的保障部分可以制定基本标准,由"一城一策"的供给机制提供,超过标准的部分则基于价格机制由居民通过房地产税支付相应的对价。如此,公共产品价格改革中的"双轨制"将始终存在,这是由公共产品的保障属性所决定,超过标准部分的价格机制则可以很好地起到提高效率的作用。在此框架下,我们一般所说的公共服务均等化是指基本保障标准的均等化;而超过标准的部分则可以由居民支付额外(超额)的税收作为享受更高质量公共产品的价格。就像私人消费品一样,超额的公共产品和服务都需要支付额外的价格,前文提到的认为公共服务质量差异是一种不公平的现象将不复存在。或者说,赋予超额公共产品定价机制将提高公共产品地区间差异的公平性。

公共产品的供给分为保障标准内和超过标准两部分,超过标准的部分应用价格机制,这并不是说未来的房地产税作为价格机制只提供超过标准的部分。超过标准的部分应该只通过房地产税提供,充分应用价格机制的作用。而保障标准内的一部分也可能由房地产税提供。另外,还有一部分则会通过地方政府的其他收入以及政府间转移支付来提供,这其中存在着不同地区或同地区不同群体间的再分配效应,这里限于篇幅不做详细讨论。

综上,房地产税的渐进改革与公共产品的两个部分将很好地进行对接,通过渐进改革的"价格双轨制"实现公共产品价格机制的逐步建立。在居民可以自由迁徙的情况下,政府间会存在税收和公共产品供给的竞争,这里的公共产品无论是哪部分,提供主体都仍然是政府,但价格会由税收负担和公共产品组合形成的"市场"决定。有人会提出,严格的户籍制度是否会影响价格机制的作用呢?下一节的讨论可以说明,这一场景在未来将会逐步实现,进而真正理顺公共产品的价格机制,这与地方财政收支结构的发展趋势也相一致。

四、 公共产品价格与户籍制度改革

长期以来,中国将居民区分为"农业户口"和"非农业户口",这形成了中国户籍管理制度的城乡二元结构,进而演化为与教育、卫生、社会保障、就业等一系列城乡二元经济社会制度安排(胡鞍钢,2014)。公共产品也一直实行城乡二元供给制度,城市居民可以免费享受良好的基础教育、发达的交通、优越的市政设施以及整洁的环境,而农村居民不仅与此无缘,在农村公共产品供给条件远低于城市的状况下,还要为享用这些公共产品交纳费用。联产承包制实施后,国家对农村发展的支持和重视仍然不够,公共产品的绝大部分投入成本仍然由农民代替国家通过货币或劳动的形式承担(施威、王思明,2007)。随后的新农村建设和乡村振兴战略一定程度上缓解了农村公共产品总体供给不足的问题。

但不同城市之间的公共产品供给数量和质量不均等现象仍然明显。由于公共产品没有明确的价格机制,户籍制度被用来界定是否具有公共产品受益的权利,这使得同一城市内户籍人口和非户籍人口能够享受的公共服务受益千差万别。2014 年 7 月 30 日,国务院印发《关于进一步推进户籍制度改革的意见》,标志着全面实施中国户籍制度改革、建立城乡统一户口登记制度。《意见》根据中国城乡区域的差异性,务实地提出了多样化的户口迁移政策,大体有四种不同政策:一是全面放开建制镇和小城市落户限制;二是在城区人口在 50 万—100 万的中等城市有序放开落户限制;三是在城区人口 100 万—300 万的大城市合理确定落户条件,在城区人口 300 万—500 万的大城市适度控制落户规模和节奏;四是在城区人口 500 万以上的特大城市严格控制人口规模,建立完善积分落户制度。

实际上,户籍本身最重要的价值是与其直接挂钩的公共产品权利。大城市往往拥有更好的基本公共服务,这也是为什么越大的城市越难落户的原因。因此可以说,公共产品价格机制将是户籍制度改革的一把钥匙。当公共产品的价格机制建立时,户籍将不再是界定公共服务权利的工具,此时户籍也就失去了重要的价值,户籍制度甚至可以自然退出。当下的趋势已经说明了这一点:现在三四线城市的户籍已基本不具备价值,很容易就可以获得,其本质原因是这些城市的公共产品没有任何超额价值;随着一二线大城市公共产品供给机制的变化,超额价值的部分逐步建立价格机制,一二线大城市户籍的价值也会逐步下降,当公共产品的全部超额价值都需要支付对价时,户籍作为界定公共服务权利的工具也就没有任何价值,户籍制度可以自然取消。这时,每个城市都会提供符合基本保障标准的公共服务权利,而超额公共服务权利的界定方式将通过市场的方式决定。

此时,我们一直所倡导的"租售同权"也就可以成为现实。因为租房人实际上是在通过租金的方式支付超额的公共服务对价。这也将缓解人们的买房热情,并进一步确立租房体系的地位。"租售并举"是中共十九大确定的房地产长效机制核心内容,居民关注的核心依然是公共服务权利的差异,公共产品价格机制的建立将有助于推动这一长效机制的实现。没有户籍制度的束缚,取而代之的公共产品价格机制所带来的公共产品组合的多样化还将提供给居民更多的选择,真正提高整个社会的福利水平。

五、 结 论 与 讨 论

中共十八届三中全会提出,经济体制改革的"核心问题是处理好政府和市场的关系,使市场在资源配置中起决定性作用和更好发挥政府作用"。价格机制是资源配置的一种方式,也是效率最高的一种方式。当然,我们也要同时考虑公平,此时需要政府的介入进而达到效率与公平两者之间的平衡。但无论如何,无视价格机制的分配方式会形成资源配置的扭曲、降低效率,在市场化的条件下不具备可持续性。

2020年初新型冠状病毒疫情期间关于口罩的讨论充分说明一个问题:应该采用什么样的分配机制取决于产品的特性。口罩在平常时期采用完全的市场化机制(价格机制)不是问题,但在疫情时期成为"准必需品"且出现短缺时,产品的特性发生了变化,此时需要政府介入。以此为例,政府提供的基本公共服务是否可以采用市场化的价格机制? 社区图书馆、公园、游泳池或许可以,但教育、医疗、公共安全可能不行。而对教育、医疗、公共安全等公共服务的需求层次又有差异,不可能由政府统一提供同等的供给水平。因此,对这些公共品和公共服务,可以由政府相对低价(或无偿,例如义务教育)提供达到一定基准的供给,超过部分则可以引入价格机制。根据以上讨论,在当前背景下实现公共产品机制的最优方式应该是房地产税。

公共产品具有保障属性,其保障标准内的部分注重的可以不是效率而是公平,在公共服务均等化背景下也将逐步推动"一城一策"的标准化。在标准外的超额部分则可以通过建立完备的价格机制,提高供给效率,也使得本质上更加公平。对社会来说,不同地区的公共服务差异之所以引起普遍不满,是由于缺乏对公共服务最基本的税收定价。房地产税作为受益税,可以很好地在不同的公共服务之间引入不同的消费成本,提高公共服务差异的公平性内涵(张平、任强、侯一麟,2016)。

2016年《国务院关于推进中央与地方财政事权和支出责任划分改革的指导意见》中提出:要逐步将义务教育、高等教育、科技研发、公共文化、基本养老保险、基本医疗和公共卫生、城乡居民基本医疗保险、就业、粮食安全、跨省(区、市)重大基础设施项目建设和环境保护与治理等体现中央战略意图、跨省(区、市)且具有地域管理信息优势的基本公共服务确定为中央与地方共同财政事权,并明确各承担主体的职责。①2018年《基本公共服务领域中央与地方共同财政事权和支出责任划分改革方案》中进一步提到:将教育、医疗卫生、社会保障等领域中与人直接相关的主要基本公共服务事项明确为中央与地方共同财政事权,并合理划分支出责任,同时完善相关转移支付制度,确保更好地为人民群众提供基本公共服务。②楼继伟(2020)认为,在大型经济体中,一般是中央(联邦)定标准、保接续,进行监督并给予资金补助支持,具体的职责划给市县,由其保障具体服务提供,我国就是这样一种体制。因此,共同财政事权中的中央部分可以作为保障标准,地方部分引入价格机制和激励机制,这亦为房地产税成为公共产品的价格机制和竞争机制创造了实现条件。

公共产品价格机制将有助于构建公共产品多元化供给体制,扩展公共产品

---

① 资料来源:中国政府网,http://www.gov.cn/zhengce/content/2016-08/24/content_5101963.htm。

② 资料来源:中国政府网,http://www.gov.cn/zhengce/content/2018-02/08/content_5264904.htm。

的选择集合。由于居民对公共产品供给偏好具有明显的异质性,更多的公共产品选择集合将明显提高居民的福利水平。价格机制的存在同时可以抑制民粹主义对公共产品的过度诉求。福利国家的低效率从价格机制的角度来看,实际上是因为纯粹的福利这一公共品没有价格机制进而扭曲了资源的优化配置,降低了整个经济社会的效率。因此,公共品的供给方式会直接影响社会财富和收入的分配模式,建立一个合理公正的公共产品价格机制极其重要。未来中国的实践将如何推进? 在多久的时间区间内完成? 如何协调"双轨制"过程中各个主体之间的关系? 这些问题值得未来进一步深入研究。

参考文献

樊丽明、石绍宾:《公共品供给机制:作用边界变迁及影响因素》,《当代经济科学》2006 年第 1 期。

樊丽明、石绍宾:《当前中国农村公共品政府供给机制的运行及完善》,《税务研究》第 12 期。

胡鞍钢:《中国户籍制度转轨路径透析》,《人民论坛》2014 年第 24 期。

华生、何家成、蒋跃、高梁、张少杰:《论具有中国特色的价格改革道路》,《经济研究》1985 年第 2 期。

侯一麟、马海涛:《中国房地产税设计原理和实施策略分析》,《财政研究》2016 年第 2 期。

李慧中:《中国价格改革的逻辑》,山西经济出版社 1998 年版。

楼继伟:《坚持现代财政制度主线 完善中央地方财政关系》,《财政研究》2020 年第 2 期。

施威、王思明:《农村公共产品供给机制变迁的历史困境及其突破》,《中国农史》2007 年第 3 期。

田源、乔刚:《中国价格改革研究》,电子工业出版社 1991 年版。

项继权、袁方成:《我国基本公共服务均等化的财政投入与需求分析》,《公共行政评论》2008 年第 3 期。

张平、侯一麟:《房地产税的纳税能力、税负分布及再分配效应》,《经济研究》2016 年第 12 期。

张平、侯一麟:《中国城镇居民的房地产税纳税意愿——基于不同减免方案的模拟分析》,《公共行政评论》2019 年第 2 期。

张平、任强、侯一麟:《中国房地产税与地方公共财政转型》,《公共管理学报》2016 年第 4 期。

张平、姚志勇:《高房价收入比下房地产税渐进改革路径:基于税制要素设计的分析》。

张维迎:《论价格改革》,《内蒙古经济研究》。

Baumol, William J, & Ordover, Janusz A. (1986). On the optimality of public-goods pricing with exclusion devices. *Microtheory*: *Applications and Origins*, 84.

Burns, Michael E., & Walsh, Cliff. (1981). Market Provision of Price-excludable Public Goods: A General Analysis. *Journal of Political Economy*, 89(1), 166—191.

Clarke, Edward H. (1971). Multipart pricing of public goods. *Public Choice*, 17—33.

Crane, Randall. (1990). Price specification and the demand for public goods. *Journal of Public Economics*, 43(1), 93—106.

Diederich, Johannes, & Goeschl, Timo. (2013). To Give or Not to Give: The Price of Contributing and the Provision of Public Goods. *Nber Working Papers*.

Green, Donald P., & Blair, Irene V. (1995). Framing and the Price Elasticity of Private and Public Goods. *Journal of Consumer Psychology*, 4(1), 1—32.

Head, John G. (1962). Public Goods and Public Policy. *Public Finance*, 17, 197—219. doi: 10.1007/978-1-349-15486-9_5.

Head, John G. (1972). Public goods and public policy. In *Readings in Industrial Economics* (pp.66—87): Springer.

Hellwig, Martin F. (2007). The provision and pricing of excludable public goods: Ramsey-boiteux pricing versus bundling. *Journal of Public Economics*, 91(3—4), 511—540.

Oates, Wallace E. (1999). An Essay on Fiscal Federalism. *Journal of Economic Literature*, 37 (3), 1120—1149.

Seneca, Joseph J. (1970). The welfare effects of zero pricing of public goods. *Public Choice*, 101—110.

（作者为复旦大学国际关系与公共事务学院副教授、公共行政系副系主任）

后小康社会的上海新行动

——构建智敏、韧性的应急物资保障体系*

刘文富 周 威 胡志仁 郭 宇 何万篷

这次新冠疫情,对全世界的应急管理物资储备体系都是一个考核和检验。应急物资的储备体系直接关系防控疫情的成败。当前,迫切需要构建国家应急物资保障供应体系,提升全员快速反应能力,这既是保障各类灾害的防控需要,更是后小康社会中国发展中上海应有的新行动。

一、 应对各类灾害灾难,需要物资储备体系

根据当前形势,迫切需要在现代动态风险社会的背景下,探索打造具有全球影响力的、智敏韧性的、系统集成的应急物资储备体系。今年的新冠疫情突如其来,我们不同程度地参与了相关部门的救急和谋远行动,简单而言,从一开始的掘地三尺找医护材料产能、火力全开在全球"买买买",到论证口罩等物资的发放模型,再到后来的促消费、提景气等,某地坊间有句话"应急部门难应急,储备部门少储备,物流部门流不动",其中可探索的问题非常多。

(一) 当前应急物资储备的 VUCA 特征

当前形势下,"VUCA(Volatile 不稳定性,Uncertain 不确定性,Complex 复杂性,Ambiguous 模糊性)"应是准确贴切概括了应急物资保障体系的背景特点。

不稳定性(Volatility),又称"易变性",随着现代化的推进、科技的发展及经济全球化进程的加速,我国进入了一个风险频发的风险社会。这种风险具有整体性、不可感知性、全球性、自反性等传统风险所不具备的特性,应急物资储备问题的偶发因素大大增加。

---

* 本文为上海前滩新兴产业研究院自主性研究课题的研究成果。

不确定性(Uncertainty),是指缺少预见性,缺乏对意外的预期和对事情的理解和意识。政府职能转换还没有完全到位,在某些方面造成社会调控能力弱化,从而影响应急物资的储备与调控。各种灾害的出现,缺少对意外的预见性,管理失灵,缺乏对意外的预期力。

复杂性(Complexity),是指目前应急物资储备问题被各种力量,各种因素,各种事情所困扰。经济发展带来的各种安全问题激增,体制转型期内产生的社会震荡,全球化带来的安全问题激增,都给应急物资储备带来新的挑战。

模糊性(Ambiguity),是应急物资储备管理制度和规则的模糊,当前我国应急管理法律制度还不够健全,法治化水平还不是很高。工作中部门分割、条块分治、综合不够、信息不畅、责任不明和主体单一等问题仍比较突出。公共安全应急管理议事协调机构同政府应急管理办事机构职责重叠、关系不顺的问题仍时有发生。

(二)应急物资储备体系建设的迫切性

2020 年 2 月 12 日习近平总书记在中央全面深化改革委员会第十二次会议上强调,要健全统一的应急物资保障体系,把应急物资保障作为国家应急管理体系建设的重要内容。2020 年 4 月 8 日,上海市《关于完善重大疫情防控体制机制健全公共卫生应急管理体系的若干意见》提出,强化物资保障,加强应急物资和生产能力储备,建设全球采购机制、应急物流服务平台和紧缺物资运输快速通道。这些都是后小康社会物资储备体系建设的重要指导方针。

我国建设物资储备体系,提高应急响应能力,要朝着"全球中心节点"的目标去。就像上海浦东国际机场,在这次疫情中发挥了中流砥柱的强大作用。这应该是后小康社会治理能力和体系现代化的要义,是卓越的全球城市的战略功能模块,是引领长三角一体化的务实抓手,是现代产业生态的"策源"力量。

(三)应急物资储备体系的研究意义

应急物资储备应做到有求必应、有求可得、有求速得、成本可控、质量适配。本研究基于复杂适应系统(Complex Adaptive Systems,简称 CAS)理论,采用国际对标的方法,通过对东京都、纽约市、巴黎大区等国外超大城市的物资储备体系进行研究,旨在为后小康社会上海市存在的具有不稳定性、不确定性、复杂性和模糊性的各类风险危机提供行动建议,助力建立"全时(包括战时、及时和平时)"物资储备体系。

二、CAS 理论为应急物资体系研究提供理论基础

复杂适应系统理论,是将研究对象视为一个复杂系统,并从主体适应性的角度来阐释导致系统复杂性的根源,即"适应性造就复杂性",该系统具有四大特性:多样性、"流"、聚集性、非线性。

正是主体的适应性造就了纷繁复杂的系统复杂性。运用这一理论对于构建智敏、韧性的应急物资体系具有十分重要的理论价值[1]。要求应急物资储备的适应性主体具有智敏感知和主动效应的能力,自身形成有目的性、主动性和积极的"活性",能够与应急处理的环境及其他相关主体随机进行交互作用,自动调整自身状态以适应应急处置的各种环境,并能够与其他相关主体进行有效的合作,形成较为韧性耐久的应急物资储备运转体系。

应用 CAS 理论分析物资系统,我们可以基于该理论的聚集性、非线性、"流"和多样性特点,在应急物资储备的管理体制、响应机制、管理流程、运转模式等方面有新的突破。

(1)多样性的运转模式:指的是在物资储备体系中,存在着多种异质性主体(比如政府、企业、公众等)。复杂适应系统的多样性是一种动态模式,其多样性是复杂适应系统不断适应的结果。每一次新的适应都为进一步的相互作用和新的生态位开辟了可能性。

(2)"流"式的管理流程:指的是在物资储备体系中,信息、物质、人员、资金、组织等以通过"流"的方式体现出来,主体与主体、主体与环境彼此之间又不断产生交互作用。构建"信息流",需要建设一个信息化平台,使得各方面的信息在该平台能够统一呈现。并能够整合应急管理部门、物资储备部门、应急物资生产企业、社会团体等相关信息。我国人口众多,人口流动性和集中度高,一旦发生重大自然灾害和突发公共事件,受影响的人口较多,会形成强大的"人员流"。而应急处理阶段,建立强大的物流体系是十分重要的内容。而可靠的"资金流"是各项应急物质储备、生产、运转的保障。

----

① 陈禹:《复杂适应系统(CAS)理论及其应用——由来、内容与启示》,《系统辩证学报》2001 年第 4 期。

（3）聚集性的管理体制：指的是在应急物资储备管理体系中，同类主体（比如政府、企业）可以形成专业领域更高级的介主体（比如企业联盟），或不同类型主体（比如市、区、县等）组合成介主体（比如多层次的管理架构）。应急、医疗、公安、救灾等有关单位对于物资管理的目标、任务各不相同，各类应急物资分散在各个行业系统储备。

（4）非线性的响应机制：指的是在物资储备体系中，交互作用的复杂性随主体数量的增加呈指数级增长，从而形成不同的动力机制、激励机制、制约机制等。突发事件发生后，由于部门之间、军地之间、地区之间缺乏信息沟通和资源共享，底数不清，难以从整体上对应急物资数量和分布状况准确掌握，且应急物资调度各自为战，难以实现高效统一指挥和有效调度管理。

三、 上海市物资储备系统面临的主要问题

我国在应急物资储备体系建设方面，取得了巨大成绩，强项突出。同时，也有一些软硬约束和短板。就全国而言，共性的问题是三个"不良"：人的不良行为、物的不良状态以及制度的不良结构。

基于 CAS 理论的四大特征，上海物资储备体系目前最核心问题是利益分割造成的"合成谬误"，存在纵向、横向、斜向的制度缝隙，无法实现各功能模块的系统集成，具体见表1。

表1　上海物资储备体系存在的主要问题

特点	约束和短板
多样性	目前大多数企事业单位对应急物资储备重视不够，家庭物资储备几乎是空白。
"流"	1. 资源共享不足，部门之间、军地之间、地区之间缺乏信息沟通和资源共享，底数不清，难以从整体上对应急物资数量和分布状况准确掌握。 2. 在应对突发公共事件中专业性较强的物资储备不足，专业物资与专业队伍衔接不够。 3. 三级政府实物储备体系的储备形态大多都是实物储备，能力、信息、技术等新型储备方式比重较小。 4. 上海市的市级储备处于孤立、缺乏周边支援的状态，专业储备基本依赖于市级物资储备，区及单元储备分布零散。 5. 应急物资供需渠道不畅。政府在紧急采购征用时往往出现资源太多找不准、稀缺资源找不到等情况；在生产企业中，中小微企业占多，由于不了解需求，无法及时提供服务。

（续表）

特点	约束和短板
聚集性	1. 缺少全市统一的应急物资储备信息系统动态管理平台。 2. 尚未形成科学配置体系,对事件类型、级别、阶段等条件与应急物资种类、结构、标准、数量需求的关系,易造成供需错位。 3. 应急、医疗、公安、救灾等有关单位对于物资管理的目标、任务各不相同,各类应急物资分散在各个行业系统储备中。
非线性	应急救援力量难以高效整合,且存在垂直管理过度、地方缺少应急救援队伍、社会救援力量分散等现象。

四、 对标国际先进水平，吸取先进理念与做法

构建智敏韧性的应急物资储备体系,应该是对标"1-3-1"。"1"是东京,"3"是纽约、伦敦和巴黎,"1"是新加坡,包括对照(上位要求)、对接(全情景的需求)、对表(2035)、(拿出)对策。其中,"东京2035"提出"安全安心安定"的理念,日本"Society5.0"专门规定了救灾物资配送的路径和路线,物资储备体现出多元化(政府储备+协议储备+家庭储备)、分权化(以地方治理范畴为主)、(行动)一体化;纽约通过"市长办公室/数据之桥",连通了信息孤岛;伦敦设立了功能性平台"伦敦应急论坛";巴黎在"中央批""储备库"方面很有特色。新加坡,囿于国土面积,更多是通过全球高效集散来保障。不同国家的应急物资储备体系可以说是各有千秋,特点鲜明。

（一）东京都物资储备体系研究

日本的地方自治制度由都道府县与区市町村的双层结构构成。东京都是包括23个特别区、26个市、5个町、8个村的广域地方行政机构。东京都的基本情况包括:人口超过1 300万的首都地区;人口老龄化程度明显;2018年,人口增长率0.7%。2015年,65岁以上人口占比23%;政治、经济、文化等重要功能集中地区。2017年,GDP达到70 340亿人民币,人均GDP达到51.2万人民币。2017年,第三产业占比84%。批发零售业,情报通信业,不动产业,专业、科学和技术活动等为主导产业;铁路、地铁、高速道路等交通网络密集;超高层大楼林立;23个特别区内,木造建筑物密集。

东京都把城市的危机事态大致分为自然灾害和人为灾害,前者主要包括地震、火山爆发、风灾和水灾,后者主要包括核灾害、生物灾害、化学灾害、大规模火灾、爆炸、大规模事故等。东京都灾害物资储备主要为主食、副食品、乳制品和生活必需品。

根据 CAS 理论,对东京都物资储备的体制机制展开探讨。

1. 多样性

(1)"异质性主体"的多样化

主要包括政府(东京都和区市町村)、地方公共团体(如消防学校、防灾航空大队等)、企业、家庭、民众、防灾公园等①。

(2)主体执行对象的充分准备

① 食品、水和生活必需品的平时储备

东京都和区市町村通过事先与商家和有关业界团体进行合作,解决食品和生活必需品等物资的筹措问题。

② 储备仓库和物流据点的平时准备

在储备仓库和物流据点管理方面,东京都和区市町村均负责管理储藏避难者用储备物资的储备仓库。在物流方面,与东京都卡车协会、日本汽车客运站株式会社、普通社团法人全国物流网络协会等签署协议,在物流企业的参与下,完成储备物资的装车、运输、终点卸载和搬运等工作。在救援物资运输方面,对于是否需要救援物资,由东京都和区市町村共同讨论后再做出决定。

2. "流"

为统一物资调配、物资保管、物资运输等整个应急环节,在都灾害对策本部下设立了物资输送调整小组。物资输送调整小组由东京都有关部门(包括总务局、财务局、文化生活、福利保健局、产业劳动局、中央批发市场、港口局等)、有关团体和部分企业组成,相关人员之间可进行必要的信息共享、灵活作业,对储备物资供给模式、谷物调配模式、救援物资处理模式、船舶调用模式、直升机调用模式、燃料供给模式等给出明确的指导和建议,完善物流运输体制,具体参见表 2

① 《東京都防災会議,東京都地域防災計画》,2020-01-05, https://www.bousai.metro.tokyo.lg.jp/taisaku/torikumi/1000061/1000903/1000359.html。

和表 3。另外,东京都负责管理广域运输基地,承担物资的装运、配送等任务。而区市町村负责管理区域内物流据点,承担地区内物资接收、分配等任务,具体参见表 4 和图 1。

表 2　东京都的物流运输体制

主要环节	主要行动
物流协调	储备物资的仓库进出调整、物资筹措调整及物流调整等协调工作,由东京都灾害对策本部下设的物资及输送调整组负责。
物流设备	与东京都卡车协会、都厅运输组合、日本通运、东京巴士协会、关东客船协会、调布机场协议会、东京直升机协议会等签订协议,努力确保车辆、船舶、直升机等运输设备的供应。
物流燃料供应	为稳定石油燃料供应,与石油联盟、东京都石油商业工会以及其他石油制品销售商等签订协议,并每年例行训练。

表 3　恢复阶段物资运输的对策内容及任务分担

机构名	对策内容
都本部	1. 将筹集的物资、国家和其他道府县等通过陆地运输的支援物资输送到区市町村指定的地区内运输据点。 2. 在来自国家和其他道府县等的支援物资中,暂时保管有可能滞留的物资。
都福祉保健局	将筹集的物资、国家和其他道府县等通过陆地运输的支援物资输送到区市町村指定的地区内运输据点。
都生活文化局 都产业劳动局 都中央批发市场	将筹集的物资输送到广域运输基地或区市町村指定的地区内运输据点。
区市町村	从区市町村的地区内运输据点向避难所等运送物资。

表 4　储备仓库及物流据点管理

主要基地类型	运作方式
广域运输基地	接收来自国家和其他道府县的紧急物资等,暂时保管,向地区内运输据点等进行转运、配送的基地。多摩广域防灾仓库、机架终端、码头、机场等。
区域内运输据点	区市町村地区内进行紧急物资接收、分配、向避难所输送等的据点。

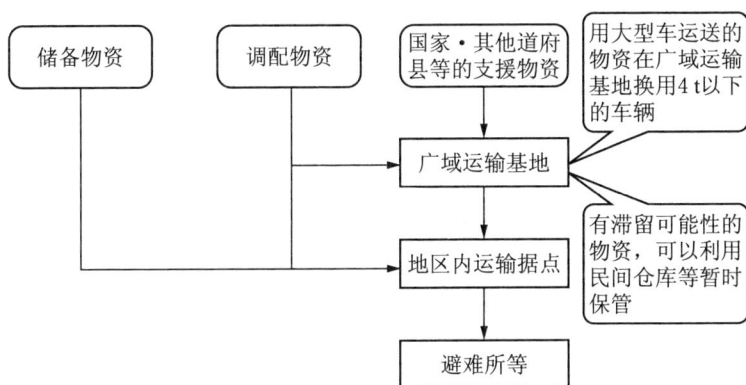

图1 恢复阶段陆地物资运输的主要模式

3. 聚集性

（1）形成多样化的"介主体"

主要包括行业协会、企业联盟、工会等，比如东京都公园协会、石油联盟、东京都石油业合作社、东京都石油商业工会、石油产品销售商等。

（2）制定完备的法规政策

日本《灾害对策基本法》共分10章117条，其中第49条是关于防灾物资准备的规定（防灾所需物资及材料的储备等的义务）。根据国家的《灾害救助法》第37条，东京都必须每年按照在本年度的前三年的地方普通税收额的平均值的千分之五作为灾害救助基金进行累积。日本拥有各类危机管理法律50余部。此外，为确保法律实施到位，日本各级政府也会制订具体的防灾计划（预案）、防灾基本计划等。

（3）各个参与主体在全过程中权责明晰

在物资储备的预防阶段、应急阶段和恢复阶段，各个参与主体的权责明晰。其中，预防阶段主要完成食品以及生活必需品等的确保、饮用水及生活用水的确保、储备仓库及物流据点的管理、物流体制的构建、运输车辆的确保、燃料的确保等；应急阶段主要完成储备物资的供给、饮用水供给、物资调配、接受和分配来自国家或者其他道府县的物资支持、运输设备的确保、船舶的确保、直升机等的确保、燃料的供给等；恢复阶段主要完成多样化需求的响应、煮饭赈灾、水的安全保障、生活用水确保、市场流通的确保以及向消费者及时提供信息情报、物资运输等。

（4）实施"日本灾害食品认证制度"

日本灾害食品学会于 2015 年 1 月 6 日提出"日本灾害食认证制度"，推动认证制度使得灾害食品能够朝向高质量管理，而开发与生产这类食品的厂商也有依循标准。此外，建立此套认证制度后，将使得一般民众在购买、选择储备灾害食品有了选择参考之依据。社团法人健康事业协议会则针对特殊性食品提出灾害食品的认证制度。目前共有四类：①低蛋白质；②特定原料不使用；③性状、形状调整；④水分与电解质补充①。

目前许多厂商已申请日本灾害食认证，甚至有些厂商还设计开发提供多种主动加热方式的灾害食品，让民众在避难期间能够享受热食，不同灾害食品的食用方式需在包装上标记。

4. 非线性

随着外部条件发生改变，东京物资储备体系日益复杂，由东京都灾害对策本部根据灾害情况假设、区市町村的储备现状以及主要物资需求预测将来各类物资的储备数量，并公布在东京都的《防灾基本方针》中（一般在灾害发生后的前三天，依靠自我储备的物资，灾害发生后的第四天开始仰赖救援物质的支持）。

（二）其他国外超大城市物资储备特色实践

1. 纽约市

纽约市是美国第一大城市。纽约市总面积达 1 214.4 平方公里。2019 年，纽约市人口数量 850 万，GDP 总量达 1.1 万亿美元。

（1）多样性

成立志愿者组织"纽约市应急响应小组"。该小组由志愿者组成，主要负责社区工作，具体包括：护送和疏散受灾群众；帮助纽约市居民找回个人物品；搜索失踪人员；为纽约市援助中心提供人员；必要时为受灾人员提供翻译；在停电和供水中断时分发食品；建立社区防灾网络②。

---

① 伊藤愛、峰尾茂、渡辺紀之、別府茂、阿部德義、川井義博、吉田康：《おもいやり災害食認証制度の構築》，《日本災害食学会誌》2017 年第 1 期。

② 美国纽约市应急办公室，NYC CERT，2020-01-06，https://www1.nyc.gov/site/em/volunteer/nyc-cert.page。

健全家庭应急储备体系。纽约市危机管理办公室在 2003 年发起了"纽约准备就绪运动",鼓励居民为纽约市的各种紧急情况做准备。除了一般的《纽约准备就绪指南》,还有针对中小学生、老年人、残疾人、宠物的专门指南①。

（2）"流"

搭建"数据桥（Data Bridge）"。"数据桥"推动了纽约市数据整合。布隆伯格任纽约市长期间,成立了数据办公室。数据办公室的"数据桥"项目整合了全市 20 多个机构的 50 多个实时数据源,将数据向各部门开放,鼓励跨部门使用。"数据桥"项目一方面积极拓展外部数据来源,如国家气象局、电力公司、纽约州数据,另一方面还与纽约大学、哥伦比亚大学等学术机构合作开发和部署数据共享协议和标准。此外,中心针对政府工作人员开设了一系列数据使用课程,旨在提高城市管理者的数据素养以促进数据驱动的决策制定。

（3）聚集性

成立"纽约市应急管理办公室"。纽约市应急管理办公室与警察局、消防局和医疗服务机构合作,设计并实施各种应急方案。城市紧急行动中心由纽约市应急管理办公室管理,在发生重大事件时可进行跨部门协调。居民可直接与城市紧急行动中心联系,了解可用资源,分享所在社区的需求以及社区能提供的资源②。

（4）非线性

实施有效的管理捐赠。对于应急管理机构来说,现金是最好的捐赠物,机构可以用现金购买受灾者需要的物品或让他们自行购买物品。在接收捐赠前,捐赠者应与组织联系,确定受灾地区需要什么、需要多少以及何时需要,确定谁能将物品运送到需要的地方,确保收件人有使用物品的计划等。

2. 巴黎大区

巴黎大区面积达 12 000 平方公里,2019 年人口数量 1 221 万,GDP 总量达 8 660 亿美元。

---

① 美国纽约市政府, Ready NYC, 2020-02-06, https://www1.nyc.gov/site/em/ready/guides-resources.page。

② 美国纽约市政府,A STRONGER, MORE RESILIENT NEW YORK, 2007-04-02, https://www1.nyc.gov/assets/sirr/downloads/pdf/Introduction_Singles.pdf。

(1) 多样性

成立"巴黎团结储备协会(réserve solidaire de Paris)"。2007 年 12 月,巴黎议会设立了名为"巴黎团结储备"的协会,由市政府和巴黎部门的退休人员组成,职能包括:通知民众做好防灾准备;发生灾害时,向民众提供支持援助;做好后勤保障和恢复活动①。

(2) "流"

准备丰富的"应急运输工具"。考虑到不同情况,巴黎市动用不同的应急运输工具向民众提供食物和水,运输工具主要包括:流动指挥部(L'unité mobile de commandement)配备 IT 和远程信息处理手段,车内应急人员可向中央危机管理主任反应现场情况,并根据指示协调工作人员行动;紧急救援车辆(Un véhicule de prestation d'urgence)是提供援助和基本必需品的多用途快速部署车辆;紧急住宿车辆(Un véhicule d'hébergement d'urgence)为重型货车,配备一百张折叠床、桌子、椅子、筛子、清洁容器和矿泉水等。

3. 大伦敦都会区

大伦敦都会区 2017 年有 890 万人口,2018 年 GDP 为 6 532 亿美元,人均GDP 为 67 833 美元,面积为 1 579 平方公里。

(1) 多样性

设立"大伦敦地方应急论坛(Local Resilience Forum)"。大伦敦地方应急论坛打造了地方层面应急管理协调机制,负责宣传和执行区域应急管理总体战略、确保跨机构的计划实施、人员培训等,成员包括伦敦中心市警察署、伦敦急救服务署、伦敦消防总队等公共机构,以及电力供应商、煤气供应商、通信服务供应商等②。

建立红十字会社区储备志愿者平台。在发生灾害时,主要为社区提供基本物资。在洪水或火灾中,社区储备志愿者协助红十字会志愿者准备工具和设备,整理物资。社区储备志愿者平台招收 18 岁以上的公民。公民在网站注册后需

---

① 法国巴黎市政厅,PLAN COMMUNAL DE SAUVEGARDE, 2020-02-26, https://cdn.paris.fr/paris/2020/02/26/084c659298be9e2180978547b1cb3860.ai。

② 万鹏飞:《大伦敦应急管理体系建设及启示》,北京建设世界城市综合应急管理论坛,北京减灾协会,2010 年。

要接受短期的在线培训。

重视社区储备。社区平时对食品进行存储,并通过有效的管理,增强社区应变能力和社区准备能力。

重视商业储备。环境、食品和农村事务部门通过与伦敦食品供应公司合作,确保食品供应。

重视大伦敦市和地方之间的横向合作。通过签订相互援助协议,相邻的地方政府能够协同应对突发事件。

(2)聚集性

地方应急论坛遵循英国《民事紧急状态法》规定的跨部门合作准则。

4. 新加坡

新加坡拥有 570 万人口,面积为 724.2 平方公里。2019 年 GDP 为 3 720.62 亿美元,人均 GDP 为 63 987 美元。

(1)"流"

拥有以数据为支撑的科学治理系统。在"非典"暴发时,新加坡国防部通过风险评估与扫描系统(RAHS),在病毒抵岸前两个月便捕捉到疫情暴发迹象。根据公共卫生事件的爆发级别应对[1]。

五、 强化理论指导实践,建好物资储备体系

在后小康社会,建设智敏韧性的物资储备体系,应以 CAS 理论作为基本理论,将风险识别、需求解析和情景模拟作为基本工具。

后小康社会的应急物资储备体系建设,至少有以下几个要求:(1)是可持续的、不可逆的;(2)是泛在和应景因需的;(3)是"应变"和"预变"的;(4)是"管总"和"总成"的;(5)平战结合、政企结合、与保险等金融手段结合;(6)广泛应用技术手段。对于风险"敞口"极大的超大城市而言,在特殊时间,为特殊目的,以特殊手段,将"活性"物资移动到特殊地点,完成特殊任务,而且做到有求必应、成

---

① 东盟商务理事会:《拥抱数字经济的新加坡》,2020-02-03, http://www.chinaaseanbusiness.org.cn/index.php? m=content&c=index&a=show&catid=6&id=33291。

本可控、质量适配。

针对上海市物资储备系统面临的主要问题，我们提出以下新行动：

（一）建立多样性的响应机制

（1）完善应急物资储备、生产、征用等规范，明确规定市民、市民防灾组织、企事业单位等具体责任，通过政府规制、行政合同、财政补贴、税收优惠等措施，形成政府、非政府组织与相关企业共同参与的应急物资储备体系。像日本倡导的理念那样，让每个市民确立"自己的生命自己保护""自己的城区自己保护"的理念，促进物资储备能力较强的社会和社区的建设。

（2）完善市场和家庭两个储备层次并形成长效机制。提高协议企业数量和产品质量，建立救灾物品的紧急采购制度，使救灾物资在一定区域内能快速筹集、合理调度，又能实现资源共享，避免闲置，提高抗灾救灾的物资储备能力，满足灾区的应急需求。

（3）组建应急志愿者队伍。依托社区、乡村、学校、企业等基层单位及工会、共青团、红十字会等组织，联合登山协会、海上俱乐部、心理辅导机构等民间社会团体，组建一批形式多样的应急志愿者队伍。

（4）提高民众物资储备意识。定期组织各类防灾演练，努力提高民众的防灾意识和自救互救能力，对家庭物资储备及相应的防灾措施做好指导工作。

（5）加强与国外合作。在严格落实"谷物基本自给、口粮绝对安全"的前提下，寻求扩大与粮食及农副产品出口国家合作，用好用活"一带一路"平台优势，加强与产粮大国和地区的农业生产合作，确保农产品供给数量充足。充分利用好每年的中国国际进口博览会这一平台，安排应急物资板块，进一步促进上海与世界各城市在应急物资储备方面的交流。

（二）明确"流"式的管理流程

（1）打造信息技术平台。健全信息沟通机制，运用物联网、5G、AR、VR 等技术预测风险。

（2）强化对储备物资的日常管理。各储备物资管理职能部门，负责对物资的日常监管，包括规范储备物资的库存期限，建立仓库存放标准，管理物资的流动更新。尽快建立物资储备的计算机动态管理系统，对入库物资的生产期限、入库期限、更新时间实施动态监管。建立物资更新审批机制，避免随意动用处置应急物资的现象发生。物资管理职能部门应定期、不定期进行检查、抽检,保障储备物资的质量、数量。

(三) 确立聚集性的管理体制

(1) 制定科学储备标准。根据本地特点,结合自然灾害、社会安全、公共卫生、事故灾害等应急需求,建立应急物资存储目录与库存数量标准,丰富储备品种。在制定储备物资目录时,应充分考虑发生各种灾害的可能性,保证在不同灾害、不同气候条件下对物资的需求。根据储备物资特性,划分各类物品的实物储备和生产能力储备数量,采用多种储备方式,达到既节约资源,又保障救灾需求的目标。

(2) 完善法制体系。建立综合性的防灾和应急管理法规体系。我国应尽快制定《灾害对策基本法》及《自然灾害救助法》。在国家制定法律后,上海市应马上制定相应的条例和实施规则或细则,当然还包括根据上海市本身需要而制定的条例和规则。

(3) 打造区域性基地。建设综合性的区域应急物资储备库,参考国内外选址模型,合理确定救灾物资储备库的规模和布点,遇到灾害发生,能够实现快速、就近调度。学习习近平主席在世界卫生大会视频会议开幕式提出的建议,建立人道主义应急仓库和枢纽。

(4) 建立东部区域卫生防疫应急储备中心。打破目前以省级作为应急储备物资管理的行政区划模式,在上海建立跨省际的东部区域的物资储备管理体系。规划建立物资储备、资金储备和生产能力储备相结合的多元化卫生防疫物资储备制度,增强应对突发事件的能力。此外,通过第三方物流公司代为库存管理、医药供应商代为库存管理等方式,提高对应急物资管理的专业性和有效性。

(四) 建立非线性的运转模式

(1) 强化风险评估,制定减灾防灾计划。建议参考日本制定防灾计划的方式,对上海市的灾害背景、潜在危险开展详细的科学调查,基于预设事件场景评估灾害的规模和后果,尽快制定科学严谨细致的物资储备措施,编制有针对性的应急预案。

(2) 考虑极端情况,补充完善应急预案。在制定应急预案时,应充分考虑到事态也许会发展到预案中没有预想到的极端情况,并构筑相应的应急体系和对策,适时进行超出基准情况的演练。

（3）提高城市风险的准备度。识别"动态风险",在与风险共存当中相对安全。识别风险,提前干预。基于大数据的风险预警系统,主要检测风险和异动。

（4）探索灾难保险制度。前期可尝试采取政府直接购买保险这一暂时性措施,成熟后,探索建立政府主导和商业运作相结合的灾难保险制度。

（5）平战结合,统筹规划。对于无法大量储存、不宜长期储存的应急防护物资,在疫情突发情况下,必须兼顾平战结合需求,积极对接全国一盘棋的生产产业规划和布局,并给予特殊政策支持,确保将规划和布局安排落到实处。

六、结　语

后小康社会的中国发展将面临很多新的挑战。上海理应有更多的担当,更多的奉献,更多的创新。惟愿上海应急物资储备体系建设得更快,更强,能够防御各类应急事件。惟愿全国更安全,世界更安全,共建人类命运共同体。

（作者单位:上海前滩新兴产业研究院）

百年未有之大变局及后小康社会
中国在全球治理中的新方位

叶　江

2017 年 12 月习近平总书记提出了"我们面对的是百年未有之大变局"①的论断,这是对现代世界体系在当今所发生的世界市场体系中的经济动能转换、国际政治体系中的力量对比变化以及与这两者相关的全球治理体系重塑的精辟总结。虽然 2020 年全球爆发了新冠疫情且对国际关系产生了相当的影响,但是,新冠疫情却无法改变当今世界百年未有之大变局的总体发展方向,这也就意味着后小康社会中国将在世界经济动能转换、国际力量对比变化过程中在全球治理体系重塑方面确立新方位、提出新理念和发挥新作用。本文对此将做一些粗浅的分析,以作抛砖引玉之用。

一、 世界经济新旧动能转换是世界市场经济领域中的大变局

习近平主席于 2018 年 7 月 25 日在南非约翰内斯堡举行的金砖国家工商论坛上发表的《顺应时代潮流　实现共同发展》的重要讲话中指出:"当今世界正面临百年未有之大变局。"并且强调:"未来 10 年,将是世界经济新旧动能转换的关键 10 年,是国际格局和力量对比加速演变的 10 年,是全球治理体系深刻重塑的 10 年。"②毫无疑问,不论是世界经济动能转换,还是国际格局和力量对比演变,或是全球治理体系深刻重塑实际上都是现代世界体系之中的巨大变局。现代世界体系由世界市场经济体系与国家为主体的国际政治体系所构成,因此,更具体而言,世界经济新旧动能转换与世界市场经济体系相联,国际格局和力量对

---

① 参见张红:《百年变局迎来关键时期》,《人民日报(海外版)》2018 年 1 月 4 日。

② 《习近平出席金砖国家工商论坛并发表重要讲话》,《人民日报》2018 年 7 月 26 日。

比演变则与国际政治体系相关，而全球治理体系深刻重塑就是这经济和政治两大变局所产生的逻辑归宿。

我们先对世界市场经济体系中的新旧经济动能转换这一大变局做考察。根据著名经济学家约瑟夫·熊彼特（Joseph Schumpeter）的研究，在资本主义市场经济的条件下能形成包括"引进新产品、开辟新市场、引进新技术、引用新的原料、实现企业本身的新组合"等所有因素在内的创新。①并且正是不断地从内部革新经济结构的创造性破坏过程中，缓和世界市场经济内在矛盾，促使现代世界体系得以持续地维持。作为当今世界百年未有之大变局十分重要方面的世界经济新旧动能转换，实际上是与熊彼特所强调的市场经济的创新性相互联系的。作为当今世界百年未有之大变局重要内容的世界经济新旧动能的转换主要是指互联网、物联网、人工智能、云计算、云服务等新一代信息技术所打造出的新技术、新产业、新业态、新模式、新经济、新动能对旧的经济形态、旧的产业业态和旧的发展动能进行全面的替代。

更重要的是，由英特尔创始人之一戈登·摩尔（Gordon Moore）所提出的与信息技术（information technology，IT）紧密相关的摩尔定理——当价格不变时，集成电路（处理器芯片）上可容纳的元器件（晶体管）的数目，约每隔18—24个月便会增加一倍，性能也将提升一倍——正在被超越。继续提高电子技术性能的新技术如复合半导体、量子技术、石墨烯等正在超越摩尔定理而加速信息技术和数字经济的飞跃发展。旧的管理思维习惯、旧的管理方式、旧的管理流程因此而更加易于被新的经济模式、新的管理思维习惯、新的管理方式和流程所取代。原创性技术、高科技产品、数字化商业应用技术、新型物流设施等促使形成全球性的产业链、供应链和服务链，世界经济的新旧动能转换成为当前危机四伏的现代世界体系中的一抹亮色。

更值得注意的是，2020年爆发的全球性新冠疫情一方面对全球经济产生了很大的负面影响，但是另一方面却在相当程度上加速了世界经济新旧动能的转换。首先，新冠疫情加速了近年来已开始出现的经济运作数字化转型。新冠疫

---

① 参见 Joseph A.Schompeter, *Capitalism*, *Socialism and Democracy*, New York：Harper and Row, 1950。

情的全球扩散使得全球经济活动加快转向云协作、虚拟且灵活的团队以及使用大数据——所有这些此前已被大多数企业列为待办事项,而当前疫情使它们变成了必办事项。居家办公的紧迫性将转型时间从几年缩短到了几个月。美国最大的网络电子商务公司亚马逊的创始人和首席执行官杰夫·贝索斯(Jeff Bezos)在2020年4月新冠疫情期间给公司股东们的年度信函中指出:"尽管这是非常困难的时期,但这样的时期提醒我们,作为一家公司,我们所做的事情可以极大地改变人们的生活。客户在那里期待着我们,很幸运的是我们能够向他们提供帮助。凭借我们的规模和快速创新的能力,亚马逊可产生积极的影响并成为进步的组织力量。"①

其次,新冠疫情促使全球企业加速提高自动化水平。未来学家、世界经济论坛工作与就业指导委员会成员瑞文·杰苏萨森(Ravin Jesuthasan)在2020年6月接受美国消费者新闻与商业频道(CNBC)采访时说,"历史告诉我们,每当遇到经济衰退时,我们都会通过更高的自动化程度摆脱困境,而我们现在恰好处于所有衰退之源。"②事实正是如此,新冠疫情的全球蔓延在很大程度上改变着世界各地企业的经营思维和战略方向,尤其是在利用新兴技术提升工业自动化水平方面,企业的态度变得更加积极。一方面,由于企业为应对新冠疫情所带来的一系列问题,比如许多工作需要人们保持社交距离而无接触地完成,因此就使用人工智能和机器人技术来承担人类可能做的事情。就如杰苏萨森所所说的那样,"某位首席执行官曾对我说:'机器不会生病'。"③另一方面,在新冠疫情大流行中出现了大量的企业裁员,而一旦在复工的过程中发现使用机器人的成本比雇

---

① Jeff Bezos, "Annual Shareholder Letter", April 16, 2020. https://www.cnbc.com/2020/04/16/jeff-bezos-releases-amazon-annual-shareholder-letter.html.

② Annie Nova, "Amid the coronavirus pandemic, many companies could replace their workers with robots", Published Sat., Jun 6., 2020. https://www.cnbc.com/2020/06/06/how-companies-plan-to-hire-robots-after-coronavirus-layoffs.html,瑞文·杰苏萨森是全球知名的韦莱韬悦(Willis Towers Watson)咨询公司董事总经理(managing director),并且还是近年来的未来学重要著作《未来的工作:传统雇用时代的终结》(Lead the Work: Navigating a World beyond Employment)的作者之一,该书的中文译本已由机械工业出版社在2016年出版。

③ Annie Nova, "Amid the coronavirus pandemic, many companies could replace their workers with robots", Published Sat., June 6, 2020. https://www.cnbc.com/2020/06/06/how-companies-plan-to-hire-robots-after-coronavirus-layoffs.html.

佣员工更低,许多企业就希望以自动化的方式,也即用机器人替代已经被解雇的工人来解决新冠疫情造成的成本问题,自动化由此而加速发展,并在物流、分销和制造企业中越来越普及,乃至"将以某种方式、形态或形式影响几乎每个行业"①。于是,世界经济新旧动能的转换在新冠疫情中反而提速了。

最后,被称之为"远程移民"(telemigration)的新第三产业工作业态在新冠疫情中迅速扩散增长。所谓"远程移民"是日内瓦国际和发展研究学院国际经济学教授理查德·鲍德温(Richard E.Baldwin)在其2019年推出的著作《全球化与机器人化剧变:全球化、机器人与工作的未来》(*The Globotics Upheaval*: *Globalization*, *Robotics*, *and the Future of Work*)中所提出的一个新术语,其含义是指:在全球化和机器人化(Globoics)的作用下,所形成的身在一个国家但却在另一个国家的办公室里做事的人们,也能通过数字技术使得X国居民能十分容易地从事位于远方的Y国的办公室工作,就像自己已经"移民"到Y国一样。归根结底,"远程移民"实际就是工作尤其是白领工作的全球化。②促使"远程移民"迅速发展的因素一是机器翻译因数字技术的广泛使用而使得准确率不断提高,从而降低了"远程移民"的语言障碍;二是家庭远程工作因两项重要技术的使用而不断地缩小了传统工作与远程工作之间的差距,这两项技术为:由数字技术加工产生的视频形象"增强现实"(Augmented reality, AR)和由计算机和远程交流技术创造出的视听"虚拟现实"(Virtual reality, VR)。③更重要的是,新冠疫情极大地促进了"远程移民"的发展,在亚洲、欧洲和美国,因为疫情的影响许多员工只能居家办公。为有助于提高居家办公的效率,企业投资数字转型,特别是在服务业领域。由于远程办公对很多员工变得可行,企业很快就会决定,为大幅度地降低成本,应该将计算机屏幕前的部分工作外包给低薪国家的"远程移民",从而形成了更新版本的服务业全球化。显然,这样的新版本全球化充分体现出了世界

---

① Annie Nova, "Amid the coronavirus pandemic, many companies could replace their workers with robots".

② 有关"远程移民"(telemigration)的具体讨论参见 Richard E.Baldwin, *The Globotics Upheaval*: *Globalization*, *Robotics and the Future of Work*(Oxford University Press, 2019)第五章"Telemigration and globotics transformation"中的讨论。

③ Richard Baldwin, Rikard Forslid, "Covid 19, globotics, and development", https://voxeu.org/article/covid-19-globotics-and-development, 16 July, 2020.

经济新旧动能的转换。

二、 国际格局和力量对比加速演变是国际政治领域中的大变局

如果说世界经济的新旧动能转换主要是在现代世界体系中的世界市场经济体系中的大变局,那么习近平总书记所指出的国际格局和力量对比加速演变则主要是发生在以主权国家为主体的现代国际政治体系之中的大变局。国际格局一般是指现代国际政治体系的结构,而"结构是全系统范围的组件,它使得将系统(体系)看作一个整体成为可能"[①]。自现代国际政治体系从 1648 年《威斯特伐利亚和约》(Westphalia Peace)[②]签订而形成之后,其结构就是以主权国家为主体单元的国际格局,且随着欧美列强向全世界扩张,全球性国际政治体系在 19世纪末 20 世纪初形成之后,欧美大国因它们的力量,也即通常所言的国家权力的强大而长期以来一直占据着国际政治舞台的中心,主导着国际格局的发展与演变。然而,恰恰自进入 21 世纪之后,过去百余年来由西方欧美大国把持全球性国际政治体系中国际格局权力的时代开始发生重大的变化,非西方国家的权力在新千年之后持续增强,导致国际格局和力量对比加速演变。

新兴经济体的崛起一方面表现在经济增长率超越了美欧日各大国。比如世界主要发达国家 G7 集团 2017 年 GDP 同比增长约 2%,2018 年平均维持在 1.5%左右;印度、巴西、印尼、土耳其等新兴经济体国家增长势头在同一时期则稳超主要发达国家,成为全球经济增长的主要力量之一(参见下表)。另一方面新兴大国的崛起还表现在它们各自在世界经济中的排位上。自 2010 年起中国就已经

---

① [美]肯尼斯·沃尔兹:《国际政治理论》,胡少华、王红缨译,中国人民公安大学出版社 1992年版,第 93 页。

② 《威斯特伐利亚和约》(Westphalia Peace or Peace of Westphalia)也可翻译为"威斯特伐利亚和平"。从 1645 年 6 月起,参与三十年战争的各方在德国威斯特法利亚(Westphalia)境内的闵斯特(Münster)和奥斯纳布鲁克(Osnabrück)两个城市进行停战谈判。1648 年 1 月 30 日荷兰共和国与西班牙王国签订闵斯特和平约定(Peace of Münster)当年 5 月 15 日该约定在闵斯特被正式批准。同年 10月 24 日,各方同时签订《奥斯纳布鲁克条约》(The Treaty of Osnabrück)和《闵斯特条约》(The Treaty of Münster),前者处理神圣罗马帝国和瑞典以及他们的盟邦之间的关系,后者解决神圣罗马帝国和法国以及他们的盟邦之间的问题。所有的这一系列条约合称为"威斯特伐利亚和平"或"威斯特伐利亚和约"。

成为世界第二大经济体,而至 2019 年在国内生产总值(GDP)总量排名前 20 的国家中,新兴经济体国家比重占 35%。从长期来看,新兴经济体国家将会持续增加在全球 GDP 中所占的比重(参见下表1)。

表1 2018—2019 年部分西方国家与新兴市场国家 GDP 总量及增长率①

排名	国家	2018 年 GDP 总量(万亿美元)	2018 年增长率	2019 年 GDP 总量	2019 年 GDP 增长率
1	美国	17.90	3.18	18.32	2.33
2	中国	10.87	6.75	11.54	6.11
3	日本	6.17	0.32	6.21	0.65
4	德国	3.94	1.53	3.95	0.56
5	英国	2.88	1.34	2.92	1.41
6	法国	2.93	1.79	2.97	1.51
7	印度	2.82	6.12	2.96	5.02
8	意大利	2.14	0.80	2.15	0.30
9	巴西	2.32	1.32	2.35	1.14
10	加拿大	1.908	2.01	19.40	1.66
15	墨西哥	1.31	2.14	1.31	−0.15
16	土耳其	1.24	2.83	1.25	0.88
17	印度尼西亚	1.15	5.17	1.20	5.02
18	荷兰	0.95	2.60	0.97	1.81
19	沙特阿拉伯	0.70	2.43	0.70	0.33
20	瑞士	0.67	2.75	0.68	0.93

单位:GDP 总量:万亿美元(2010 年不变价美元);GDP 增长率:百分比。

新兴经济体的崛起对百余年来以西方大国为主导的建构全球性现代国际政治体系的国际格局产生巨大冲击主要体现在以下三点。第一,传统上处于国际格局核心地位的美欧西方大国再也不能运用所掌握的权力完全主导现代国际政

① 图表的资料来源:世界银行官网(2020 年 7 月 1 日更新),详见:https://data.worldbank.org.cn/indicator/NY.GDP.MKTP.CD?end=2019&most_recent_year_desc=false&start=2008 及 https://data.world-bank.org.cn/indicator/NY.GDP.MKTP.KD.ZG?end=2019&most_recent_year_desc=false&start=2008。

治体系的发展演变。第二,原先处于现代世界体系边缘或半边缘的新兴大国在马克思所称的世界历史①发展演变五百余年后,尤其是在列宁所提出的"一些最大的资本主义国家已把世界全部领土瓜分完毕"②从而形成了全球性的国际政治体系的百年之后,第一次走向世界舞台的中央。尽管新兴大国并没有因此而取代传统上的西方大国,但是却已经与现存的西方大国一起共同运用自己的权力(力量)推动国际格局加速演变,影响着现代国际政治体系乃至整个现代世界体系的发展和演变;第三,随着当代国际格局中力量对比发生新的变化,西方大国为维护其传统的强势地位,一改自二战后所采取的亲市场、亲资本、开放和自由的内外政策,纷纷推行以本国、本民族利益为上的所谓"再国家化"新方略,其中英国的"脱欧"与美国特朗普政府的"美国第一"政策就是这方面最明显的反映。

在很大的程度上,新冠疫情加剧了以上当今世界百年未有之大变局在国际格局方面的变化。一方面,新冠疫情对世界各国,尤其是对欧美发达国家的冲击,导致西方大国更难以在全球性的国际政治体系中维护自身的中心地位,新兴大国不断走向世界舞台中央的趋势,也即国际格局中力量对比所发生的巨大变化更为难以扭转。根据2020年7月30日美国政府公布的数据,美国当年第二季度的经济按年率计算环比萎缩32.9%,为二战以来最急剧的收缩,其原因自然与新冠疫情紧密相关。与此同时,欧洲最大经济体德国的经济也在2020年第二季度收缩10.1%,为1970年以来的最大降幅。③虽然,新冠疫情对新兴经济体的冲击也十分强烈,但是,与欧美大国形成对照的是,作为新兴经济体代表的中国则按计划进入全面小康社会,并继续保持经济大局的稳定。根据2020年7月中国经济半年报的数据,经过第一季度的经济收缩之后,2020年第二季度中国国内生产总值同比增长3.2%,环比一季度增长11.5%。由此,整个2020年上半年中国GDP同比下降仅为1.6%。④由此可见,新冠疫情在对世界经济造成重大负面影

---

① 《马克思恩格斯选集》第一卷,人民出版社1995年版,第86页。
② 列宁:《帝国主义是资本主义的最高阶段》,《列宁选集》第2卷,人民出版社2012年版,第651页。
③ 《美国经济二季度创纪录萎缩 复苏前景不明》,载新华网 http://www.xinhuanet.com/world/2020-07/31/c_1126309525.htm。
④ 《2020年中国经济半年报呈七大亮点》,载新华网 http://www.sh.xinhuanet.com/2020-07/16/c_139217431.htm,2020年7月16日。

响的同时,却在继续延续之前已经开始形成的国际格局中力量对比的加速演变。

另一方面,新冠疫情在一定程度上加剧了现代世界体系中发达国家的"再国家化"。早在 2008 年和 2009 年国际学术界就开始讨论与全球化和区域化潮流相背的"再国家化",日本京部大学教授中西辉政当时在日本的《呼声》月刊撰文称:"在我们不得不面对全球化带来的混地局面时……我们只有寻求让'国家'再次走到前台。也就是说,我们只能通过'再国家化'的方式'澄清'全球化造成的'混沌',让'国家'出面承担解决问题的重担。"①德国马歇尔基金会学者约瑟夫·伍德(Joseph R.Wood)则在题名为《欧洲的(再)国家化》一文中指出:"有证据表明,欧洲关键领域的政策再国家化的趋势正在加速。这种趋势给欧洲和美国既带来危险也带来机遇。"②西方发达国家的"再国家化"引起全球关注而成为当今世界百年未有之大变局的重要方面,则与 2016 年英国全民公投决定"脱欧",以及宣称"美国第一"的特朗普当选美国总统相互关联,而 2020 年爆发的新冠疫情无疑明显地推动着西方大国乃至现代国际政治体系中各国不同程度地通过"再国家化"或"内向化"来应对全球化的挑战。正如美国对外关系委员会会长理查德·哈斯(Richard Haass)所言:"我认为,新冠疫情危机至少在未来几年内将导致大多数国家的政府向内转向,将注意力集中在其境内发生的事情,而不是其境外发生的事情。"③

三、 大变局之下后小康社会中国在
全球治理体系重塑中的新方位

当今世界百年未有之大变局之下的"世界经济新旧动能转换"和"国际格局和力量对比加速演变"都必然会进一步促使"全球治理体系深刻重塑"。作为在

---

① 《呼声月刊:世界面临全球化向"再国家化"转变》,载中国网 http://www.china.com.cn/international/txt/2008-07/03/content_15949383.htm。

② Joseph R.Wood, "[Re] Nationalization in Europe", August 21, 2009, The German Marshall Fund, https://www.gmfus.org/publications/renationalization-europe.

③ Richard N.Haass, "The Pandemic will accelerate history rather than reshape it", *Foreign Affairs*, March/April, 2020.

2020 年已经进入全面小康社会的中国①将在全球治理体系重塑中确立自身的新方位、提出新理念和发挥新作用。

全球治理的理念肇始于 20 世纪冷战终结之际,最先由社会民主党国际主席、国际发展委员会主席、德意志联邦共和国前总理威利·勃兰特(Willy Brandt)在 20 世纪 90 年代初提出并倡导,美国已故著名国际关系学学者詹姆斯·罗西瑙(James N.Rosenau)等在 1992 年出版的专著《没有政府的治理:世界政治中的秩序与变革》则从学理的层面提出了全球治理的理念。罗西瑙强调全球治理是"通过运用控制手段追求具有跨国影响之目标的所有人类活动层面——从家庭到国际组织——的规则体系";②新自由制度主义理论的代表人物罗伯特·基欧汉(Robert O.Keohane)和小约瑟夫·奈(Joseph S.Nye, Jr.)则认为:全球治理是在全球化不断发展的条件下,当代国际体系中"正式和非正式的指导并限制一个团体集体行动的程序和机制"③。劳伦斯·芬克尔斯坦(Lawrence Finkelstein)认为,"全球治理是对超越国家边界的关系进行治理的无主权权威活动"④。而由勃兰特所倡导成立的全球治理委员会在 1995 年提出的报告《天涯成比邻——全球治理委员会报告》中指出:"治理是或公或私的个人和机构管理其共同事务的诸种方式的总和。它是使彼此冲突的或各不相同的利益得以调和并联合采取行动的一个持续的过程……从全球角度来说,治理过去一直被视为政府间的关系,而现在必须看到它还与非政府组织、公民社会运动、跨国公司以及全球资本市场有关。"⑤

---

① 习近平主席在 2019 年 12 月 31 日的 2020 年新年贺词中说,2020 年是具有里程碑意义的一年。我们将全面建成小康社会,实现第一个百年奋斗目标。转引自《习近平:2020 年将全面建成小康社会,实现第一个百年奋斗目标》,载新华网 http://www.xinhuanet.com/politics/leaders/2019-12/31/c_1125410017.htm。

② James N.Rosenau, "Governance in the Twenty-first Century", *Global Governance*, Vol.1, No.1, 1995, p.13.

③ [美]约瑟夫·奈,约翰·唐纳胡主编:《全球化世界的治理》,王勇等译,世界知识出版社 2003 年版,第 10 页。

④ Lawrence S.Finkelstein, "What is global governance", *Global Governance*, Vol.1, No.3, 1995, p.369.

⑤ The Commission on Global Governance, *Our Global Neighbourhood—The Report of the Commission on Global Governance*, Oxford University Press, 1995, pp.2—3.

　　毫无疑问，在这一系列的全球治理新理念的推动之下，全球治理的实践在冷战终结之后的世界中全面展开，在很大程度上全球治理的实践对冷战终结之后的一系列由全球化所带来的全球性问题起着相当的作用。然而必须指出的是，作为针对冷战终结后全球政治、经济、社会和环境等事务新变化而形成的全球治理理论与实践，其本身就是随着全球化的不断发展变化而变化的。在进入 21 世纪的第一个 10 年之后，当世界面临百年未有之大变局之时，全球治理的理论、实践以及全球治理体系必然将进行深刻的重塑，新冠疫情也在这方面扮演相当重要的角色。更为重要的是，已经进入全面小康社会的中国将在百年未有之大变局中对全球治理体系的重塑作出新的贡献。通过前述的简要分析，我们已经了解到，新冠疫情加速了百年未有之大变局中当前国际格局和力量对比的演变——以中国为代表的新兴大国不断走向世界舞台中央，而西方大国更难以维护自身的中心地位，同时，发达国家的"再国家化"趋势也日益明显。毫无疑问，在新冠疫情作用下现代世界体系中百年未有之大变局的如此发展既亟须全球治理体系深刻重塑，又促使新兴大国，其中尤其是后小康社会的中国在全球治理体系重塑中扮演重要的角色。

　　首先，新冠疫情对世界经济造成巨大的损害需要通过全球经济治理体系的重塑来予以修复。全球经济治理体系的重塑就是以平等为基础建构起更好地反映新冠疫情之后世界经济格局新现实、增加新兴市场国家和发展中国家代表性和发言权的经济治理体制和机制，从而确保世界各国在新冠疫情之后的国际经济合作中权利平等、机会平等、规则平等。在这方面，后小康社会的中国已经开始积极行动并作出表率。正如习近平主席在新冠疫情期间的二十国集团领导人特别峰会上的发言中所呼吁的那样："二十国集团成员采取共同举措，减免关税、取消壁垒、畅通贸易，发出有力信号，提振世界经济复苏士气。"[1]在很大程度上，后小康社会的中国将积极推动世界经济新旧动能转换这一当前世界百年未有之大变局在世界经济领域内的重要发展。在新冠疫情之下，中国努力给全球经济治理体系的重塑提供有利的条件，促进互联网、人工智能、云计算等打造的新

---

　　① 习近平：《携手抗疫　共克时艰——在二十国集团领导人特别峰会上的发言》，人民出版社 2020 年版。

技术、新产业、新业态、新经济等,推动全球经济治理在新冠疫情之后向以共享为目标,提倡所有人参与,所有人受益,不搞一家独大,实现参与者共赢的方向发展。①

其次,国际格局在新冠疫情冲击之下,致使西方大国的"再国家化"日益严重,这将导致现代世界体系中的各种矛盾变得更为尖锐以致传统的全球治理体系难以应对。因此,全球治理体系重塑在新冠疫情之后成为当务之急。众所周知,为解决世界市场失灵及环境污染、气候变化、能源安全、国际恐怖主义等全球性问题,国际公共物品的提供成为当务之急,而这恰恰是全球治理至关重要的环节。近年来西方大国因右翼民粹主义兴起而形成了"再国家化",导致传统大国自身以及通过国际机制提供国际公共物品的意愿日益下降,全球治理因此而面临严峻的挑战。更有甚者,为应对新冠疫情,西方大国不仅强化国家的内向化,而且在"再国家化"的过程中舍弃国际合作而强调国家间的零和竞争,其中尤以美国特朗普政府所推行的退出全球治理机制,以及与新兴大国中国实行"脱钩"政策为甚。正因为如此,全球治理体系的重塑在新冠疫情的影响之下成为促进国际合作、缓和国家与市场矛盾、维护现代世界体系和平稳定发展的必然途径。后小康社会的中国为此而在各种场合大声疾呼"重塑全球治理体系"。

最后,正是由于新冠疫情强化了百年未有之大变局中国际格局力量对比的变化,在很大的程度上促使以中国为首的新兴大国更为坚实地站立于世界舞台的中央,全球治理体系重塑因此而具有了坚实的基础。一是以后小康社会中国为首的新兴大国在自然资源、人口、市场潜力、对外经济贸易等方面具有明显的优势,且拥有负责任和法治化的强政府,这显然有助于它们参与全球治理并为全球治理体系的重塑作出积极的贡献。二是以后小康社会中国为首的新兴大国已经在涉及政治、经济、安全、发展、文化等多方面的区域及全球合作机制建构方面取得了明显的成就,诸如上海合作组织、亚洲基础设施投资银行、金砖国家开发银行等区域和全球性的治理机制均已经提升了新兴大国在全球治理中的影响力与话语权。三是以中国为首的新兴大国通常采取稳定、渐进、有序的多边渠道和

---

① 习近平主席在 2016 年二十国集团工商峰会开幕式上所作的主旨演讲中对此有全面的阐述,参见《习近平在二十国集团工商峰会开幕式上的主旨演讲》,载新华网 http://www.xinhuanet.com/world/2016-09/03/c_129268346.htm。

对话沟通来推进全球治理和重塑全球治理体系,并且并不挑战本已经占据世界舞台中央数百年的西方大国及其中的霸权国家,同时坚持以开放的多边主义姿态参与全球治理,提供全球治理所必需的国际共同物品,为建构人类命运共同体作贡献。

习近平总书记在中国共产党第十九次全国代表大会上的报告中指出:"中国秉持共商共建共享的全球治理观,倡导国际关系民主化,坚持国家不分大小、强弱、贫富一律平等,支持联合国发挥积极作用,支持扩大发展中国家在国际事务中的代表性和发言权。"①后小康社会的中国将在国际格局力量发生深刻演变的百年未有之大变局的过程中,与不断步入世界舞台中央的新兴大国一起以此为准则,在新冠疫情之后不断地推进全球治理体系的重塑。事实也正是如此,2020年5月18日,习近平主席在第73届世界卫生大会视频会议开幕式上的致辞中庄严承诺:"中国新冠疫苗研发完成并投入使用后,将作为全球公共产品,为实现疫苗在发展中国家的可及性和可担负性作出中国贡献。"②这既十分清楚地凸显出中国在新冠疫情之中和之后积极参与全球公共卫生治理的担当,也从一个侧面显示出后小康社会中国将与现代世界体系中的新兴大国以及守成大国一起积极地重塑全球治理体系,为人类的和平和发展作出实质性的贡献。

要之,后小康社会的中国将以新的姿态在新冠疫情之中及之后、在当前世界百年未有之大变局的发展过程中,继续推动"世界经济新旧动能转换""国际格局和力量对比加速演变",并在"全球治理体系深刻重塑"的过程中确立自己的新方位,作出自己的新贡献。

(作者为上海国际问题研究院研究员)

---

① 习近平:《在中国共产党第十九次全国代表大会上的报告》,人民出版社 2017 年版。
② 习近平:《在第 73 届世界卫生大会视频会议开幕式上的致辞》,载中国政府网 http://www.gov.cn/xinwen/2020-05/18/content_5512708.htm。

论基于市场、政府和社网的 "三位一体" 全球化治理架构[*]

论基于市场、政府和社网的 "三位一体" 全球化治理架构*

田素华　李筱妍　王　璇

　　新冠疫情全球蔓延及其造成的经济损失与经济全球化密不可分,全球经济联系太过紧密,经济全球化发展速度过快和各国经济发展不平衡都导致了新冠疫情全球扩散和世界经济暂时性停摆。英国经济学家约翰·邓宁(1996)指出:"除非有天灾人祸,经济活动的全球化不可逆转。"疫情作为"天灾"暴露了一系列的全球经济问题。IMF 首席经济学家吉塔·戈皮纳斯认为,新冠疫情带来的真正风险是个人和公司原始且自发的远离全球化的想法会被贸易保护主义者利用,进入要素流动限制和逆全球化时代。全球经济正面临百年大变局。但是,经济全球化的负外部性早已深深地根植于经济全球化的发展进程中,全球经济大变局早已开始,新冠肺炎疫情只是加速了大变局,并对全球化重构和全球治理新框架提出了迫切要求。

　　从中国经济发展来看,中国经济四大赶超意味着中国正经历并推动着世界经济百年大变局。21 世纪以来中国经济经历了 GDP 全球赶超、进出口贸易全球赶超、利用外资和对外直接投资全球赶超和 500 强企业数量全球赶超。世界银行的数据(World Bank Open Data)显示,1999 年至 2004 年中国 GDP 总量分别超过英国、法国和德国,2009 年中国 GDP 超过日本,仅次于美国;2007 年中国商品与服务进口量超过英国,2013 年中国商品与服务出口量超过美国。根据UNCTAD 统计,2015 年后中国吸引外资和对外直接投资均位列全球前三位。2019 年中国入选《财富》世界 500 强的企业数量首次超过美国,位列全球第一。

　　从世界经济发展来看,全球经济增长低迷和逆经济全球化浪潮的兴起,暗示

　　* 本文为国家社科基金重大项目(项目批准号:16ZDA043)的阶段性研究成果,并受到上海市哲学社会科学规划智库专项课题(2020TCT001)资助。

——

了世界经济正处于变局和动荡中。2007年以来，世界经济经历了次贷危机、全球金融危机和欧洲主权债务危机。2016年6月23日，英国举行全民公投支持英国脱离欧盟，拉开了新一轮逆经济全球化序幕。2017年特朗普上台后多次退群，先后退出《跨太平洋伙伴关系协定》、伊核协议、联合国人权理事会、联合国教科文组织和巴黎气候协定等。2018年3月8日，特朗普签发总统文告，对美国进口的钢铁产品加征25%关税，对铝产品加征10%关税；2018年4月3日美国贸易代表办公室根据"301调查"结果，发布建议加征关税的自中国进口商品清单。美国发起对全球特别是对中国的大规模贸易摩擦，从经济领域的摩擦到其他领域的阻击和对抗，显示了逆全球化背后的真实动因。

在新的国际局势下，如何复苏全球经济，如何避免世界经济开放大幅度倒退，以及如何在下一次全球性危机到来前做好联防联控等，都迫切要求建立新的全球治理框架。全球经济大变局背景下，经济全球化面临的本质问题是政府和市场双重失灵与全球化治理滞后于经济全球化发展，我们认为社会联系是解决开放经济下政府和市场双重失灵问题的重要工具，并基于社会联系的讨论提出全球治理新框架，给出中国参与和引导全球治理的战略取向。

一、经济全球化与逆全球化

国际货币基金组织（IFM）认为，经济全球化是指跨国商品与服务贸易及国际资本流动规模和形式的增加，以及技术的广泛迅速传播使世界各国经济的相互依赖性增强。联合国贸易和发展会议（UNCTAD）认为经济全球化是指生产者和投资者的行为日益国际化，世界经济由一个单一市场和生产区组成，而不是由各国经济通过贸易和投资流动连接而成，区域或国家只是分支单位。经济合作与发展组织（OECD）认为，经济全球化可以被看作是一种过程，在这一过程中，经济市场、技术与通讯形式都越来越具有"全球性"的特征，民族性或地方性特征减少。不论是哪种定义，"经济全球化都使得地球上的人们成为风险承担的共同体，有着无法回避的集体命运"①。

① ［德］哈贝马斯等：《全球化与政治》，王学东、柴方国等译，中央编译出版社2000年版，第207—208页。

在世界经济发展史中,经济全球化与逆经济全球化总是交替出现。极端全球主义者坚信,经济全球化是一种必然,并最终会解构传统的民族国家,构建出新型的社会组织(Ohmae,1995;Abrow,1996)。怀疑论者认为,经济全球化程度被人为地夸大了,经济全球化加深了世界经济的不平等和等级差异,民族国家也不愿意受制于国际规则(Hirst,1997;Hungtington,1996);变革论者认为要动态地、开放地理解全球化的发展方向,这是一个长期的历史进程,需要全球范围的政府和社会调整自己来适应新的世界趋势(Giddens,1990;Castells,1996;Mann,1997)。①

经济全球化已经从 1.0 时代发展至 3.0 时代,并急需开辟全球化 4.0 时代,即包括经济全球化在内的全面全球化。经济全球化和逆经济全球化的发生有其内在的动因与机制。新冠疫情暴露了经济全球化发展进程中的负外部性,充分实现全球治理滞后于经济全球化发展。

(一)经济全球化的历史演进

保罗·斯威奇(1997)认为,经济全球化是一种已经持续了很长时间的过程,从四五百年前资本主义作为一种活生生的社会形态在世界上出现以来,经济全球化过程就开始了。经济全球化并不是一个工业革命以来的新现象,它只是一个用于形容早就开始的、漫长发展的人类经济活动的新词汇(赫贝尔·杰尔施,1998)。经济全球化与全球化是两个不同的概念,全球化的范畴远大于经济全球化,全球化是一种不断强化的网络化(于尔根·弗里德里希斯,1997)。

全球化发展历程可分为 4 个阶段:全球化 1.0 时代(贸易全球化)、全球化 2.0 时代(贸易+国际直接投资+金融全球化)、全球化 3.0 时代(贸易+国际直接投资+金融全球化+全球经济治理)、全球化 4.0 时代(全面全球化)(参见图1)。②全球化的 1.0 时代、2.0 时代和 3.0 时代均以经济全球化为主,但 2020 年新冠肺炎

---

① [英]赫尔德等:《全球大变革:全球化时代的政治、经济与文化》,杨雪冬等译,社会科学文献出版社 2001 年版,第 2—14 页。

② 金碚(2016)以第二次世界大战为界,将 19 世纪到 20 世纪中叶之前称为第一次经济全球化,或经济全球化 1.0 时代;将 20 世纪中叶直到当前称为第二次经济全球化,或经济全球化 2.0 时代;认为世界正在兴起第三次经济全球化浪潮,进入经济全球化 3.0 时代。戴维赫尔德(2001)则将全球变革的历史可以分为四个阶段:前现代时期(1500 年以前)、现代早期(1500—1850 年)、现代时期(1850—1945 年)和当代时期(1945 年以来)。

疫情的全球蔓延和扩散放大了世界各国对包括经济、文化、社会和公共卫生安全等全面全球化的迫切需求。

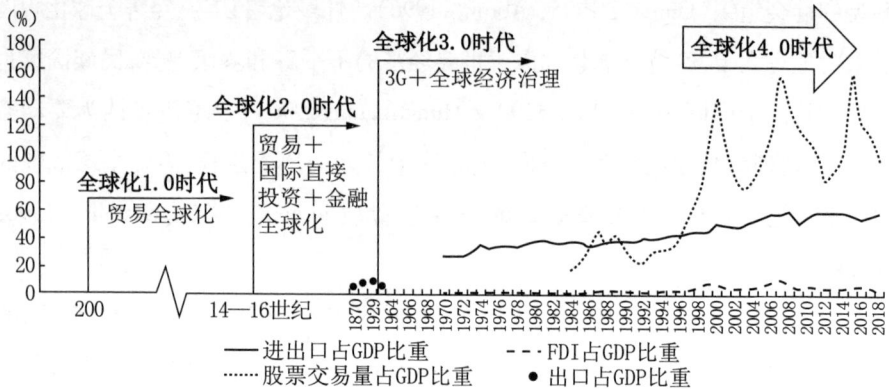

图1 全球化的四个阶段

说明:(1)1870年至1950年世界出口占GDP比重数据来自《世界经济千年史》(安格斯·麦迪森,2003)第360页;(2)1970年至2018年世界进出口占GDP比重、FDI占GDP比重和股票交易量占GDP比重来自世界银行,其中FDI占GDP比重为国际直接投资流入量和国际直接投资流出量之和占GDP比重。

经济全球化的第一阶段即全球化1.0时代,是指贸易全球化(Trade Globalization)。广义的贸易全球化可追溯到公元前3000年,美索不达米亚开始进口原材料时期。公元前500年,古希腊开辟东西贸易通道;到了公元200年汉朝派遣张骞出使西域,开通了横跨亚欧大陆的丝绸之路。[①]工业革命成功后,各国交通运输成本降低,贸易保护减少,使得国际贸易蓬勃发展。1876年至1928年发达经济体间国际贸易额占全球贸易总量的40%—45%,发达经济体与发展中经济体间的贸易流动约占50%(参见表1)。两次世界大战期间,世界贸易崩溃,但随后贸易全球化的深度和广度都得到了大幅度提高。世界银行的统计数据显示,全球商品和服务进出口贸易额占全球GDP比重从1970年的27%上升至2018年的60%。

经济全球化的第二阶段即全球化2.0时代,是指贸易全球化、金融全球化(Finance Globalization)和企业投资全球化(Foreign Direct Investment Globaliza-

---

① Deng(1997)提到中国长距离的土特产贸易显示了一种国际贸易系统,并认为在前现代的亚洲存在着以中国为中心的贸易系统。

tion)。金融全球化从 14 世纪便已开始,14 世纪佛罗伦萨商人银行 Peruzzi 公司就是有组织的国际金融交易银行;从 16 世纪开始,欧洲大量进口贵金属以支持与亚洲的贸易,欧洲和亚洲的货币条件逐渐交织在一起;18 世纪荷兰阿姆斯特丹和英国伦敦开始发展高级金融市场。1717 年物理学家艾萨克·牛顿在担任英国铸币局局长期间将每盎司黄金的价格固定在 3 英镑 17 先令 10.5 便士,金本位的提出标志着全球金融体系的出现。从布雷顿森林体系到牙买加体系,随着金融市场管制降低和互联网技术变革,国际金融网络和国际金融流量的广度和强度日益提高。

表 1　1876 年至 1928 年的国际贸易流向

年份	发达经济体	发达经济体与发展中经济体	发展中经济体
1876	45%	51%	4%
1913	43%	52%	5%
1928	40%	49%	11%

说明:资料整理自 Kuznets(1967)。

企业投资全球化可追溯到 16 至 18 世纪,东印度公司、哈德逊湾公司和大英皇家非洲公司都是在此期间跨大洲建立的国际直接投资公司。19 世纪企业海外投资从原料和冶炼业等初级工业部门拓展到农业、林业和牧业等部门,第二次世界大战后跨国公司遍布全球,国际直接投资增长迅速。2018 年全球对外直接投资存量占 GDP 的比重约为 10%,全球人均 OFDI 存量约为 14 000 美元,发达国家对外直接投资存量占 GDP 的比重超过 50%(参见图 2)。

经济全球化的第三阶段即全球化 3.0 时代,是指贸易全球化、金融全球化、企业投资全球化和全球经济治理。第二次世界大战后,各国合作建立了职能不同的区域性或国际性经贸组织和经贸协议,以维持全球经济金融秩序,保证世界经济平稳增长,比如国际货币基金组织、世界银行、关贸总协定、欧洲共同体、世界贸易组织等(参见表 2)。2008 年全球金融危机后,对全球经济治理和国际组织在全球经济中发挥作用的研究越来越多(裴长洪,2014;Broner 和 Ventura,2011;Grossman 和 Helpman,2015;Nicita 等,2018)。现阶段的全球经济治理集中在扩大财政、货币和汇率政策的合作范围,改革 IMF 和 WTO 等国际组织,建立全球金融监管体系和建立全球宏观经济监控指标。①

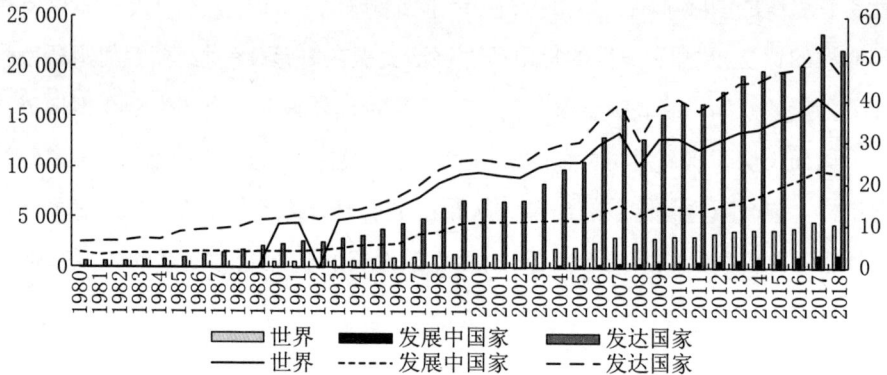

图2 1980 年至 2018 年人均 OFDI 存量和 OFDI 存量占 GDP 比重

说明:(1)左轴为人均国际直接投资流出(OFDI)存量,单位为美元;(2)右轴为国际直接投资流出(OFDI)存量占 GDP 比重,单位为百分比;(3)资料来自 UNCTAD,其中 1980—1989 年和 1992 年世界数据缺失。

表2 第二次世界大战以来的区域性或国际性经贸组织

成立时间	经贸组织名称
1944 年	国际货币基金组织
1945 年	联合国
1947 年	关贸总协定
1951 年	欧洲经济共同体
1964 年	联合国贸易和发展会议
1975 年	洛美协定(46 个发展中国家和欧洲经济共同体 9 国共同签订)
1975—1976 年	七国集团(美、英、德、法、日、意、加)
1991 年	《马斯特里赫特条约》
1993 年	欧洲联盟
1992 年	《北美自由贸易协定》
1995 年	世界贸易组织
1999 年	二十国集团
2002 年	《跨太平洋伙伴关系协定》发起
2013 年	美国与欧盟在华盛顿展开《跨大西洋贸易和投资伙伴关系协定》首轮谈判
2013 年	中国提出建设"新丝绸之路经济带"和"21 世纪海上丝绸之路"的合作倡议

---

① 周宇:《全球经济治理与中国的参与战略》,《世界经济研究》2011 年第 11 期。

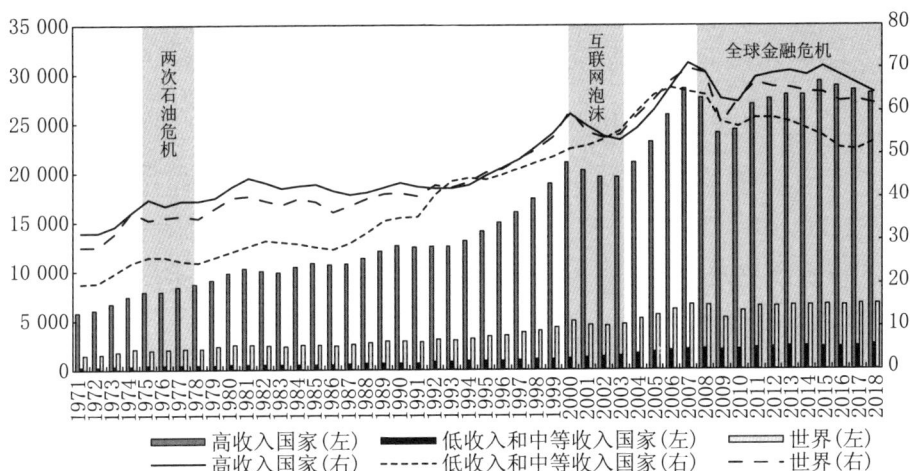

图3 1971年至2018年不同收入水平的国家的经济开放度

说明:(1)经济开放度的计算公式为:(当年商品与服务贸易进口额+当年商品与服务贸易出口额+当年IFDI流量+当年OFDI流量)/GDP,人均经济开放度的计算公式为:(当年商品与服务贸易进口额+当年商品与服务贸易出口额+当年IFDI流量+当年OFDI流量)/总人口;(2)左轴为人均经济开放度单位为美元/人,右轴为经济开放度单位为百分比;(3)资料来自世界银行公开数据库。

(二) 经济全球化与逆全球化总是交替出现

经济全球化和逆经济全球化总是交替出现(参见图3)。20世纪70年代的两次石油危机、21世纪初的互联网泡沫和美国"911"事件、2008年全球金融危机和2020年新冠疫情大流行,都一次次阻滞了经济全球化的发展进程。2008年全球金融危机爆发后,世界经济复苏缓慢,贸易保护主义和民粹主义抬头,2008年至2018年世界各国经济对外开放水平整体呈下降态势,其中低收入国家和中等收入国家的对外开放水平下降幅度最大,从2007年的60%下降至2018年的50%。

亚当·斯密等古典和新古典经济学家认为,经济全球化是世界资源的优化组合,绝大多数国家将在经济全球化过程中得到长远的比较利益。经济全球化不是国际组织设计出来的,也不是哪些国家领导人倡导的,它主要是由企业带来的,是从上而下的一种微观经济行为(欧曼,1996)。马克思和恩格斯认为,只有在各地区、各民族广泛分工的基础上形成世界市场,才意味着从根本上消灭了各地区、各民族相对孤立的发展状态,从而最终形成相互依赖、相互制约的、统一的世界市场。①马克思主义者认为当今的全球化是资本主义的全球化,经济全球化的实质就是西方文明、西方体制、西方观念等的全球性扩张。

经济全球化发展过程中造成的各国之间利益分配矛盾、发达国家内部失业率上升、发达国家和发展中国家收入差距扩大等现象诱发了一次又一次贸易保护主义和逆全球化浪潮。波拉尼认为逆全球化是市场力量释放和社会冲突累积"双向运动"的结果。罗德里克基于经济全球化与逆全球化交替出现的事实,提出了全球化的不可能三角。他认为超级全球化、国家主权和民主政治不能同时满足,为了保证国家主权和全球化就要牺牲民主政治,为了实现民主政治和全球化就要使国家政策和国家主权受限,为了获得国家主权和民主政治就要逆经济全球化。经济全球化是技术进步的结果,反复出现的逆全球化意味着全球经济运行的复杂性和全球风险的复杂性无法用传统方法来调控和规避,治理预期和治理结果总是存在很大差异。

2020 年新冠疫情全球蔓延及其造成的经济损失与经济全球化发展密不可分。通过计算新冠肺炎累计确诊病例前 10 位国家的经济开放度可以看到(参见表3),前 10 位国家累计确诊病例数占比高达 77%,其中大部分国家经济开放度超过 100%,德国、英国和法国的人均经济开放度超过 70 000 美元,新冠肺炎感染人数与经济开放度正相关。全球经济联系太过紧密(Too Close)、经济全球化发展速度过快(Too Rapid)和经济发展不平等(Too Unequal)都导致了新冠肺炎的大面积扩散和世界经济暂时性停摆。新冠疫情大流行暴露了现阶段经济全球化发展的一大本质问题,即全球化治理滞后于经济全球化发展。

(三) 逆全球化与实施全球化治理的迫切性

2020 年的新冠疫情暴露了经济全球化的诸多负外部性。第一,疫情期间产业链全球分布对需求端和供给端造成了负向冲击,医疗物资和器械面临超额需求和供给短缺,邮轮业、航空业和旅游业等因各国禁航限制导致需求萎缩,汽车行业、机械行业和半导体行业等因各国停工停产导致零部件和原材料供给不足。

---

① 参见 1848 年《共产党宣言》:"资产阶级,由于开拓了世界市场,使一切国家的生产和消费都成为世界性的了……过去那种地方的民族的自给自足和闭关自守的状态被各民族的各方面的互相往来与各方面的相互依赖所代替了……随着贸易自由的实现和世界市场的建立,随着工业生产以及与之相适应的生活条件的趋于一致,各国人民之间的民族隔绝和对立日益消失。"

第二,政府间抗疫的国际协调困难。因医疗物资紧缺,2020 年 3 月 9 日德国海关拦截了 24 万只瑞士进口的防护口罩,4 月 7 日美国拦截了德国柏林市政府在中国订购的 FFP2 型和 FFP 型口罩。第三,全球扩张性的财政政策和货币政策使政府债务危机风险上升。2020 年 3 月,世界各国为降低新冠疫情对金融市场和经济基本面的冲击,纷纷采取扩张性的财政政策和货币政策。但财政政策和货币政策的政策空间都有上限,2020 年 4 月 19 日,阿根廷经济部长古斯曼接受采访时表示,阿根廷处于"事实违约"状态,无力偿还债务,申请全面债务重组。第四,人员跨国流动造成疫情反复传染,禁航使全球同步复工协调困难。特朗普在 2020 年 4 月 21 日白宫疫情简报会上宣布,颁布为期 60 天的行政令,暂停受理外国公民赴美移民,以帮助失业的美国人。第五,贸易保护主义和种族主义抬头。新冠疫情成为了贸易保护主义和种族主义发动逆全球化的借口。2020 年 1 月 30 日,美国商务部长罗斯接受美国福克斯新闻网采访时表示,中国发生的新型冠状病毒疫情将有助于加速制造业回流美国;4 月 10 日,美国白宫首席经济顾问库德洛向全美呼吁,在中国的美国公司应考虑撤离中国。

表 3　新冠肺炎累计确诊病例的国别特点与经济开放度

国　家	GDP(万亿美元)	人口(亿)	累计确诊人数(人)	累计病死人数(人)	确诊率(每1 000人)	病死率(%)	经济开放度(%)	人均开放度(美元)	GDP排名
美国	21.5	3.3	6 144 138	186 663	18.50	3.0%	105.9%	68 716	1
印度	3.1	13.7	4 113 811	70 626	3.01	1.7%	59.3%	1 329	5
巴西	1.8	2.1	4 092 832	125 521	19.39	3.1%	76.0%	6 532	9
俄罗斯	1.7	1.5	1 025 505	17 820	7.03	1.7%	99.1%	11 551	11
南非	0.4	0.6	636 884	14 779	10.88	2.3%	161.2%	9 682	38
墨西哥	1.3	1.3	623 090	66 851	4.88	10.7%	145.7%	14 441	15
西班牙	1.4	0.5	498 989	29 418	10.68	5.9%	165.9%	49 038	14
阿根廷	0.5	0.4	461 882	9 685	10.31	2.1%	57.3%	5 769	28
英国	2.8	0.7	344 168	41 549	5.08	12.1%	207.3%	86 170	6
沙特阿拉伯	0.8	0.3	319 932	4 049	9.34	1.3%	110.9%	24 867	18
法国	2.7	0.7	300 515	30 546	4.46	10.2%	155.0%	62 245	7
土耳其	0.8	0.8	278 228	6 620	3.33	2.4%	90.1%	8 232	19
意大利	2.0	0.6	276 338	35 534	4.56	12.9%	110.7%	36 470	8

（续表）

国　家	GDP(万亿美元)	人口(亿)	累计确诊人数(人)	累计病死人数(人)	确诊率(每1 000人)	病死率(%)	经济开放度(%)	人均开放度(美元)	GDP排名
德国	3.8	0.8	249 985	9 325	2.99	3.7%	158.6%	72 541	4
印度尼西亚	1.1	2.7	190 665	7 940	0.70	4.2%	63.1%	2 645	16
加拿大	1.7	0.4	131 124	9 141	3.50	7.0%	220.2%	102 006	10
中国	14.2	14.3	90 517	4735	0.06	5.2%	63.4%	6 295	2
日本	5.1	1.3	71 419	1 357	0.56	1.9%	75.4%	30 272	3
澳大利亚	1.4	0.3	26 207	748	1.04	2.9%	137.9%	76 581	13
韩国	1.7	0.5	21 177	334	0.41	1.6%	117.5%	38 157	12

说明:(1)经济开放度的计算公式为:(当年商品与服务贸易进口额+当年商品与服务贸易出口额+当年 IFDI 存量+当年 OFDI 存量)/GDP,人均经济开放度的计算公式为:(当年商品与服务贸易进口额+当年商品与服务贸易出口额+当年 IFDI 存量+当年 OFDI 存量)/总人口;GDP、总人口、进出口和 FDI 数据来自 UNCTAD 数据库;(2)确诊率为累计确诊人数占总人口比重,病死率为累计病死人数占累计确诊人数比重,新冠肺炎累计确诊人数和累计死亡人数来自世界卫生组织 2020 年 9 月 7 日每周疫情报告。

邓宁(1996)指出:"除非有天灾人祸,经济活动的全球化不可逆转。"新冠肺炎疫情正是一种"天灾人祸",在暴露经济全球化负外部性的同时,也加速了世界各国对新全球治理模式的探寻。为了防止新冠疫情加剧逆经济全球化,急需找到此次疫情期间经济全球化负外部性产生的本质原因。

新冠疫情的全球经济负外部性显示,全球治理落后于经济全球化,而全球治理落后的本质原因是现阶段缺少能同时解决开放经济下市场失灵和政府失灵的全球治理框架。要走出市场和政府双失灵困境的关键在于找到社会和经济运行中的第三种机制,即社会联系。

二、 社会联系的资源配置作用

(一) 社会联系的范畴

社会联系是指在共同的物质和精神活动过程中结成的相互关系的总称,即人与人之间的一切关系。马克思认为,劳动生产是劳动者个体与自然物之间的物质变换的过程,由这些个体结成社会关系,在这种社会的生产关系之上,又进一步形成了整个的社会关系,故个人总是处于社会联系之中,不是孤立的个体。社会联系包括个人之间的关系、个人与群体(企业)之间的关系、群体(企业)与群体之间的关系、个人与国家之间的关系、群体(企业)与国家之间的关系和国家与国家之间的关系等诸多范畴。社会联系根据联系密切程度可分为首属关系和次级关系。首属关系是指建立在感情基础上的社会联系,包括血缘关系、亲缘关系、朋友关系等;次级关系是指建立在事缘基础上的社会联系,包括同行关系和上下级关系等。

社会联系不同于社交网络。社会网络是一种基于"网络"而非"群体"的社会组织形式,社交网络分析侧重于将个体置于一个特定群体中,以个人或企业所在的"网络"为研究对象。而社会联系大于个体范畴但小于社会网络范畴,社会联系以个体和个体间的节点为研究对象,研究不同类型的结点对社会经济运行的影响。

社会联系不同于市场。市场以价格为调节机制,但社会联系不需要使用价格作为调节机制。以亲密的血缘关系为例,在血缘关系中通过互相帮助和互欠人情来维系着人与人之间的合作与互助。"在亲密的血缘社会中商业是不能存在的。这并不是说这种社会不发生交易,而是说他们的交易是以人情来维持的,是相互馈赠的方式。"①社会联系的出现远早于有效的市场运行,社会联系为个体与个体之间提供了风险共担的渠道。现代社会中,即使市场经济蓬勃发展,社会联系也会在关键时刻发挥作用,比如 20 世纪 90 年代中国下岗潮中很多失业工人靠着家族关系或家族企业重新找到了工作岗位。

(二) 社会联系的学养渊源

1967 年,哈佛大学心理学教授 Stanley Milgram 利用连锁信实验描绘了局部的人际关系网络,发现了重要的"六度分隔"现象,即"你和任何一个陌生人之间所间隔的人不会超过六个人"。1978 年《Social Networks》创刊时,Pool and Kochen(1978)发表了社交网络文章,提出"小世界"(Small World)的概念,指出人与人发生社会联系后直接缩小了世界的物理空间。随着信息技术的发展,微博等网络媒体、微信等网络即时通信工具不断推出,显著缩短了人与人之间的距

---

① 费孝通:《乡土中国》,上海人民出版社 2006 年版,第 111 页。

离,"微信群""网络博主"等新兴网络让经济主体更加紧密地联系在一起,社会联系不再仅局限在亲戚或者熟人之间的网络中。居民之间、企业之间、地区之间在更大的范围内被联系在一起。经济主体不再是独立的存在,他们的选择行为在与其他参与者的交互中被改变。

不同特征的个体通过某种联系联合在一起,形成社交网络,通过特定联系结合在一起的群体与其他群体相比,有自己的属性和特点。若将居民、企业或者地区当做独立的经济主体进行分析,会忽视这些特质,使得分析的结果不够准确,也难以发现同一影响因素对不同群体作用的异质性,很容易对政策因素的作用效果产生错误的评估。

市场通过价格机制调节生产者、消费者等的经济行为,优化资源配置。政府通过行政行为影响居民和企业行为,弥补市场调节可能存在的不足之处。但是在市场和政府之外,往往还存在非政府且非市场的因素,比如大自然的环境约束,居民的道德约束,以及政府等正式契约之外的非正式契约。这种非正式契约多存在于人际关系网络、企业社会关系网络、国家联结网络等各种社交网络当中。资源、知识、信息等在社交网络中传播,基于社会联系影响市场和政府的经济调节能力,并改变经济主体的具体活动。我们着重分析社会联系对政府行政功能和市场价格机制的补充作用,突出政府、市场和社会联系三者的协同关系。

(三) 社会联系、社会关系和社交网络

1. 联系与社会联系

对联系的讨论早就有之。《公有法典》中提及"'自然界'一词指的是一切事件的永恒而普遍的联系,是生物和运动的始因,即我们并不掌握的原因"①。《论平等》中提到:"无论是精神世界或是物质世界,一切事物都是相互联系着的。"②从哲学上,马克思主义中也提及了社会联系,"为了进行生产,人们便发生一定的联系和关系;只有在这些社会联系和社会关系的范围内,才会有他们对自然界的关系,才会有生产。"社会联系作为重要的历史哲学概念,长期较为稳定地存在于经济活动之中,它难以通过机制设计在短时间内改变。"如一个集团已有广泛的

---

① [法]泰·德萨米:《公有法典》,黄建华、姜亚洲译,商务印书馆1982年版,第245页。
② [法]皮埃尔·勒鲁:《论平等》,王允道译,肖厚德校,商务印书馆1988年版,第46页。

社会基础,则争取其自身利益并不十分困难;但在此情况下这一集团必须利用其社会联系为其成员创造足够大的利益,使他们在缴纳会费之后仍然有净收益。至于要建立新的社会联系,则困难大得多,而且必然耗费时日。"①

表4　社会联系的分类

分类标准	社会联系类型
根据联系的主体	个人联系、企业联系、国家联系、不同层级主体之间
根据是否通过第三者联系	直接联系、间接联系
根据联系媒介	信息联系、资金联系、知识联系等
根据联系的发展	静态联系、动态联系等
根据联系的紧密程度	强联系、弱联系等
根据联系的基础	亲戚联系、地域联系、业务联系等

说明:弱联系指生活中不常见的人相互之间构成的联系。

社会联系(Connection)定义广泛,事物和事物之间、人和人之间都存在这种关联,既有关系的存在基础也有联通的行动选择。人与人之间通过亲属、校友等关系形成直接联系,也通过亲戚、朋友等介绍,同某些陌生人形成间接联系。后者更加松散,但也扩大了人的社交圈,形成个人社交网络。当主体为企业时,我们不再从"Relation"出发,而是从"Connect"的事实出发。"Con"意为together,"nect"意为"bind",强调两个主体之间的联结状态。从企业和企业之间的业务关系、企业和政府之间的政企关系等方面,讨论企业的社交网络。这种联系可从股权、业务、人员、地区或者产品等多个方面展开。

2. 何谓社会关系?

相对于社会联系,社会关系(Relation)通常指由血缘等构成的联系。对社会关系的研究可以追溯到史前时期。《圣经》中已经有谱系的概念,但这种社会关系存在于家族等亲缘关系方面,不同种族或者不同阶层之间很难产生联系。《自由主义》一书中提到:"无论什么时候,人总是生活在社会里,每一种社会组织都

---

① [美]曼库尔·奥尔森:《国家兴衰探源:经济增长、滞胀与社会僵化》,吕应中、陈槐庆、吴栋、孙礼照译,吕应中校,商务印书馆1999年版,第46页。

以亲属关系和简单的邻居关系为基础。"①这里的社会关系范畴局限在地方和家族血统之中。马克思在《关于费尔巴哈的提纲》中的第六条提出"人的本质并不是单个人所固有的抽象物。在其现实性上,它是一切社会关系的总和"。当社会逐渐发展,人的社交圈逐渐增大,这种社会关系从亲缘关系,扩展到了朋友关系。校友关系等各种方面,并可分为强关系和弱关系。由社会关系结合人力资本等进而形成个人独特的社会资本。

社交网络是描述行动者相互之间联系事实的网状方法,以人和人之间、企业和企业之间、国家和国家之间的联系为基础。②我们常用社会关系和社会联系来描述两者之间的直接或者间接联系,当我们将多个人之间的复杂联系结合到同一个框架下,就构成了社交网络。社交网络分析是研究一组行动人的社会学关系分析方法。有节点和联系两个基本要素,节点是网络中的行动者,节点可以是个人、企业或者国家,联系代表节点和节点之间的联结,可以刻画人与人之间的熟人关系,企业之间的持股联系,国家与国家之间的贸易关系或者债权债务联系等。社交网络从不同节点之间的社会联系出发,在不断发展中衍生出多种理论,包括联结强度理论、社会资本理论、结构洞理论等。

在史前史和《圣经》之中,人们已经开始关注人与人之间的社会网络关系即社会联系,但还未形成完整统一的研究框架。直到 20 世纪 30 年代精神病学家 Jacob L.Moreno 和心理学家 Helen Jennings 开创了现代社会网络分析方法(Freeman, 2004)。1930—1970 年全世界共建立了 16 个社交网络研究中心,主要分布在美国和欧洲。

20 世纪 90 年代,以 Watts and Strogatz(1998)对小世界的关注、Barabasi and Albert(1999)对于度数分布的关注为开端,物理学家开始进入到社交网络领域,对社交网络关系的研究内容也分为子群和节点两个部分。通过优化算法等方式对子群进行研究,在大型社会网络关系下分解出各种具有特点的小网络。随着计算机科学的发展,重叠派系和退火算法等都被运用于子群分析。

---

① ［英］霍布豪斯:《自由主义》,朱曾汶译,商务印书馆 1996 年版,第 1 页。
② 已有文献多将这种经济主体之间的联系集合称为社会联系。在本文中,我们这里讨论的社会联系是同市场价格、政府行政相平行的一个范畴,将各种社会联系形成的整体使用"社交网络"概念来表达。社交网络与市场、政府属于同一层次的范畴。

同时开始关注个体在社交网络中的位置,比如个体处在网络的核心位置还是边缘位置,个体是否处于网络结构的中心等。社会关系、社会联系和社交网络三者构成了统一的整体。社会关系是构成社会联系的基础,但并非所有的社会联系都通过社会关系形成,社会联系比社会关系的范围更加广泛。社会联系通过社交网络发生作用,社交网络作为节点和社会联系的结合体,也是社会联系的载体。

(四) 社会联系的经济调节机制

社会联系作为经济活动的重要调节机制,往往因经济学关注个体选择而被忽略。本部分试图在经济学框架中加入社会联系因素,分析社会联系作为经济学的重要概念对现有经济学理论框架的补充和发展。

1. 社会联系的自我规制和自我惩罚机制

社会联系缺乏法制等强制约束力,也无市场中明确的市场秩序,但是作为非正式契约,有着自我规制、自我约束和自我惩罚机制。Besley(1995)提出非正式契约中的惩罚机制分为两种,一种是自我约束力,如果有人钻了组织中非正式合同中的空子来获利,即使约定的合同中并没有条约被违反,这个人依然会被其他人惩罚,另一种是意味着在一个工作和生活相对固定的地区,一旦在互助组织中违反协定,违约付出的代价就是之后无限期的禁入。这两种惩罚表明社会联系看似松散,内部却因为各个主体之间相互之间的关系形成紧密的团体,除明确的规章制度等合约条例外,隐形约束需要这个联系网络中的每个人遵守。正因为社会联系的动态性,是人和人、企业和企业、国家和国家交往过程中长期博弈的结果,若不遵守社会联系下隐含的契约规则,使得社会联系断裂,那么原有信息、资源都会变成内部信息和资源,不可再获得。Lin(2001)从马克思对资本的论述出发,认为社会资本是依托于社会关系中的一种资源,社会联系限制或者促进了行动者对社会资本的使用,同时他强调了选择的意义,即使是两个社会联系相似的行动者,处在同一网络中,若两个行动者的决策不同,对社会资本的利用不同,也会造成不同的结果。

2. 降低经济活动的不确定性

个人在寻找新工作、企业在寻找新的合作伙伴,国家在签署新的双边或多边协议时,总是面临新环境众多的不确定性。这种不确定的产生一部分可以通过个体的自我学习过程而降低,如个人在找工作过程中搜集资料,企业的前期市场调研等,一部分需要经济主体进入这个市场后才能学习到,但是还有一部分信息是经济个体自身无法单独获得的,他必须通过和其他主体的联系作用才可以获得。社会联系越丰富,越利于个体降低不确定性,如企业对新市场的认知,对新伙伴的认知,因社会联系,将更全面的信息通过社会网络联结到本企业中,这种提供信息的可能是边燕杰和张文宏(2001)强调的强关系,也有可能是Granovetter(1973)提出的弱关系,强关系通过深度内部信息极大地降低不确定性,弱关系则为企业带来了来源更广泛的内部信息。

经济主体的社会联系网络是在时间中长期形成的,经济个体在进行确定性或者重复性决策时,主要通过已有知识进行决策,社会联系基本不发挥作用,只有当危机发生或者机会出现时,这种不确定性大大增加,作为风险厌恶的经济主体会寻求外部帮助,此时社会联系作为重要的调节机制,改变了经济主体的选择行为,在和他人的交互过程中调整自己的预期,从而使经济主体拥有更为准确的判断。

三、 社会联系、政府行政和市场价格三者之间的协同作用

(一) 社会联系对市场价格调节经济的补充作用

亚当·斯密在《国富论》中指出:"在这场合,像在其他许多场合一样,他们是受着一只看不见的手的指导,促进了他们全不放在心上的目的,他们不把这目的放在心上,不必是社会之害。他们各自追求各自的利益,往往更能有效地促进社会的利益;他们如真想促进社会的利益,还往往不能那样有效。"[1]"看不见的手"不以人的意志为转移,是社会科学中客观存在的规律。在以利己主义为前提的条件下,个人在不断追求利益最大化的过程中达到社会的均衡。

市场并非万能,市场失灵的例子比比皆是。灯塔的搭便车问题,蜜蜂和农场主的外部性问题,标准石油和美铝的掠夺性行为,郁金香的投机性泡沫等,都属于市场失灵的典型案例。社会联系作为市场价格的补充,可以帮助调节经济活

---

① [英]亚当·斯密:《国富论(下)》,郭大力、王亚南译,译林出版社 2011 年版,第 24 页。

动。斯蒂格利茨认为:"不完全信息和不完备市场会产生类似外部性的作用,而这种作用不能被厂商轻易地内部化。因此就需要某种形式的政府干预。"①政府在某些方面可能也难以弥补市场的信息不完全。在并购双方中,因双方信息不完全,很有可能造成交易的失败,从而错失了两个公司并购后新的发展机会,社会联系作为重要的信息传递渠道,会极大地减少并购双方的信息不对称,弥补市场的不完全信息问题。

再比如 2013 年华谊收购银汉科技的案例。华谊选择跨界收购银汉科技游戏公司,和华谊的股东腾讯密不可分,马化腾和刘炽平不仅是王中军生活中的朋友,也是华谊的重要股东(李善民等,2015)。"这些年他们在互联网这块确实给我们很多的启发,但今年银汉的增长速度他们也没有想到,刘炽平评价说几乎是'掌上明珠'让我们买到了。"腾讯作为华谊和银汉科技的股东,作为信息连接的桥梁,通过两方社会联系弥补了华谊在游戏市场上的信息劣势。正是腾讯对游戏市场的了解,使得深耕电影市场的华谊能够通过同朋友、股东之间的社会联系,了解到跨行业的信息,进而促成了收购完成。

(二) 社会联系对政府行政功能的补充作用

国家干预经济的理论并非凯恩斯首次提出,在亚当·斯密、穆勒等古典经济学家的论述中,都未完全抛弃政府的作用,但他们都是在市场价格完全弹性的前提下强调有限政府作用,凯恩斯则在价格、利率等向下调整刚性的前提假定下,提出政府应使用财政政策和货币政策解决有效需求不足的问题。

腐败、寻租和利益集团的出现会造成政府失灵。比如 2013 年 5 月至 9 月,韩国核电腐败案涉案人员达到 100 人;2011 年美国陆军工程兵团技术顾问兼合同项目经理等 16 人将数十亿的军方合同承包给"关系户",5 年共侵吞 3 000 多万美元资产;2010 年印度电信腐败案中信息技术与通讯部长 2008 年发放的 122 个牌照中有 85 个不合格;2014 年米兰世博会招标贿赂;2014 年西班牙官商勾结侵吞国有资产等。美国选举委员会(Federal Election Commission)的统计表明,2019 年 1 月 1 日至 12 月 31 日,选举委员会的开支为 14.8 亿美元,其中候选人开

---

① [美]约瑟夫·E·斯蒂格利茨:《社会主义向何处去——经济体制转型的理论与证据》,周立群、韩亮、余文波译,吉林人民出版社 1998 年版,第 229 页。

支为 5.32 亿美元,大量的财富被消耗在游说和被游说之间,不同的利益集团之间为了达到自身目标,不断地进行寻租等非生产性的活动,直接造成经济资源的浪费。因为政府官员的有限理性,政府缺乏竞争等特点,利益集团总是在相互博弈中产生一系列问题并导致政府行政失败。

加大政府部门与基层群众、社会组织之间的联系,既是集思广益更好地实施政府政策的基础,也是在透明监督机制下更好地发挥政府作用的重要途径。2019 年中国"两会"期间,格力集团董事长对光伏直驱技术应用的关注,360 董事长对网络安全的关注,贝达药业、九州电气、康恩贝、58 同城等企业的董事长或者CEO 积极参与了"两会"讨论。他们从公司业务出发,为国家发展提出建议,为本行业或者类似企业谋发展。通过公司和政府这种公开渠道的联系,弥补了政府官员的知识局限性,同时加强了对政府的监督,有助于减少行政腐败问题。

(三) 社会联系、政府行政和市场价格三者之间的协同作用机制

市场价格的自发调节机制优化了资源配置,但价格黏性、市场信息不完全或者外部性等问题使得市场调节失灵。寻租、腐败和机制设计不合理等又成为了政府失灵的重要原因。在政府弥补市场的不足,市场解决政府失灵的经济运行机制中,市场机制和政府政策等正式制度之外还存在非正式制度的补充调节作用。作为非正式制度的一种重要表现形式,我们认为社会联系作为长期发展过程中形成的慢变量,对市场和政府有直接的补充作用,可能是发挥着调节经济运行的第三只手的作用。

在原始社会缺少市场和政府的经济运行机制,各部落以宗族或者群落的方式聚集谋求生存,他们之间有初步的分工和协作,但还未形成正式的市场自发调节机制,更没有现代意义政府的出现,此时维系社会正常运转靠的是人与人之间的亲缘关系,这种联系通过血缘直接构成,并通过人的生殖和繁衍代代传承下去,从而使得社会联系越来越紧密,经济得以正常运行。此时没有市场也没有政府,人和人依靠血缘关系建立起的社会联系网络形成特殊的部落运作形式。

社会联系同样会改变政策作用的效果。当政府实施某些政策试图弥补市场不足或者矫正市场失灵时,往往需要先评估政策实施作用效果,从而决定政策实施的强度和频率。政策直接作用在部分企业,这些政策也会经由股权关系、董高监联系和业务联系传导到市场中的其他企业中,造成政策二次作用效果和政策

外溢。若政策作用只考虑对直接作用企业的影响,缺少对企业之间相互联系事实的分析,可能会错误评估政策作用效果。充分考虑企业之间的联系效应,有助于我们正确评估政策实施效果,有助于我们在政策制定和实施时考虑企业的真实反应,有的放矢地正确矫正市场失灵。

政策实施效果的差异改变了经济主体的福利效应,单一政策使得部分企业生产扩大、收入提高、利润增加,但是通过联系效应可能加剧其他企业的竞争,甚至部分企业在这种竞争中退出市场或者相反地盲目扩大生产,政策总体实施的福利效应产生不确定性。忽略企业联系,可能会对政策福利效应估计过小或者过大,导致政策实施强度不够或者过强。在社会联系的分析框架中重新考察企业,有助于正确评估政策实施后的福利效应。

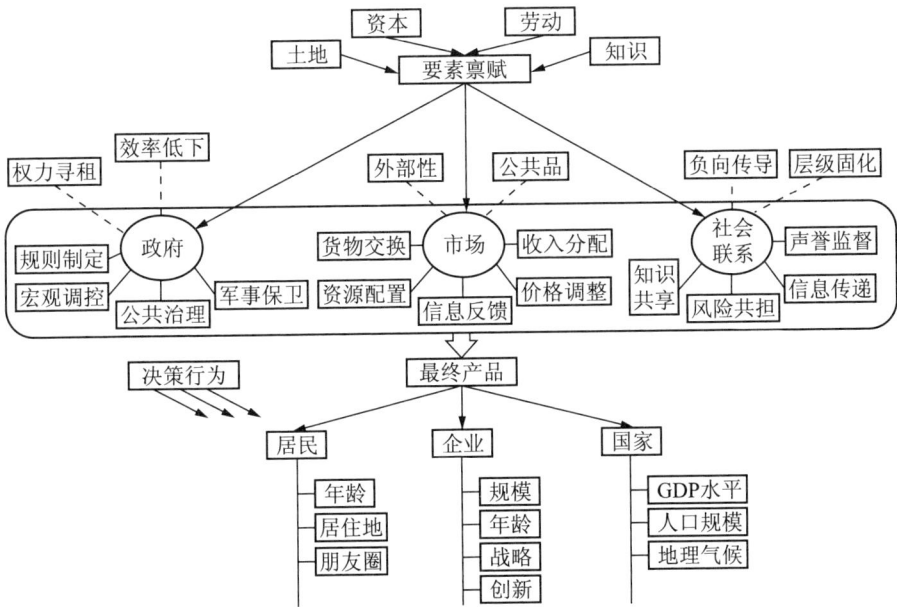

图4　经济系统中的市场、政府和社网

图4给出了政府、市场和社交网络三者之间的协同作用。当要素禀赋进入到生产过程时,靠政府、市场和社会联系的单一机制调节具有各自的缺点,单靠政府作为可能产生权力寻租和效率低下问题,市场调节面临外部性和公共品等问题,社会联系又面临负向情绪过度传导或者阶层固化等问题,即使在传统的市

场加政府框架下,忽略社会联系的作用,可能也会忽略经济主体相互紧密联系中决策行为的改变。只有通过三者的协调关系,才能更好地发挥政府的引导、市场的主导和社会联系的调节作用。相对于快速变化的市场,选举换届的政府,社会联系作为非正式制度的一种重要表现形式,具有长期稳定的特点,这种稳定的关系在居民找工作初始、企业发展早期等发挥重要作用。作为决策主体的居民、企业和国家三种主体,既是最终产品的生产者同时也是消费者,他们各自特点不同,在政府、市场和社会联系的调节下,三者共同参与到经济活动中,形成可循环的经济闭环。

市场无形之手和政府有形之手总在相互博弈中,从古典经济学、新古典经济学中强调市场的自发作用到宏观经济学中强调政府的需求管理,政府和市场的讨论此消彼长,但市场失灵和政府失败也常常存在,经济活动是否还需要第三方机制来辅助市场和政府需要我们给出解答。

在发展中国家市场自发调节机制还不完善,政府的法律法规建设还在逐步加强的过程中,社会联系作为非正式契约有利于补充市场和政府的作用。市场、政府和社会联系并不是孤立存在的,在不同的历史时期、不同的经济历史条件下,三者力量作用的强弱不同,但同时在现代社会中调节着经济的运行。联系作为重要的第三方契约,弥补了部分市场信息的不足,延伸到市场和政府无法覆盖的角落,同时也有可能起到反作用的效果(Fisman,2001),不利于经济发展,这种第三只手到底是产生阻碍还是调节作用,在多大程度上能产生阻碍或者调节市场、政府之外的作用还有待我们继续进行探索。

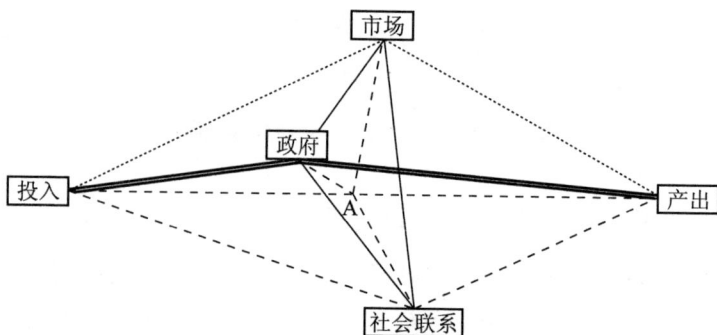

图5　社交网络对经济活动的调节作用

投入到产出的路径有四条(参见图 5)。在接近完全竞争的市场上,投入经过市场价格机制的作用直接到产出,这条路径中市场的资源配置效用和价格机制完全发挥作用,基本不存在市场失灵,也不需要政府政策补充。另一种投入和产出的传导路径适用于公共品等领域,如电路等基础设施等领域,巨大的前期投入阻拦了民营企业的进入,政府为公共福利考虑,深度参与到经济当中,促进投入转变成产出。第三条路径投入经由社会联系转变为产出,这种社会联系可能有媒介作用,也可能有私密信息作用,如一个试图国际化的企业缺少国际化的渠道信息,若和其相关联的上游或者下游企业有类似的出口经历或者对外直接投资经历,则可以帮助这个企业将比较优势的投入转化为产出或者收入,获得收益(Chaney,2014)。第四条路径则是经由政府、市场和社交网络的三方作用使得要素投入最终转变为产出。政府、市场和社交网络三者构成稳定的三角形,在经济运行中缺一不可,大部分的要素投入转变成最终成果的过程中需要三方的参与,生产过程需要符合政府制定的各类规章制度。市场决定了产品的成本和售价,社会联系决定了其他隐藏的条件,市场、政府和社网三者关系的作用强度具有不确定性,不同类型的投入产出、不同时间点或者不同地域的投入产出最终三者力量的作用强度不同。

四、 市场价格、政府行政与社会联系的功能辨析

(一) 对经济活动的作用机制比较

"国际层面的治理不存在一个国内意义上的中央政府,政府、市场、社会三者之间的对话与协调更加复杂,且具有不确定性。……全球治理是全球化、全球问题的伴生物,其主体不再仅仅是国家,同时包括市场(私人企业、跨国公司)和社会。在国际治理阶段,市场与社会是被管理的对象、治理的客体,而在全球治理阶段,市场与社会既是治理的客体,又是治理的主体。"[1]

市场、政府和社会作为三个全球治理的主体,在世界经济运行中发挥着不同的作用。市场以价格手段调节经济运行,政府通过供给需求管理调控经济运行,

---

[1] 蔡拓:《全球治理与国家治理:当代中国两大战略考量》,《中国社会科学》2016 年第 6 期。

社会联系以风险免疫机制辅助经济运行。在开放经济条件下,社会联系可有效解决市场和政府双失灵问题,可以弥补市场和政府够不到的经济运行部分。

以价格机制主导经济运行。自由主义经济学家认为,自由市场制度包含充分有效的激励,政府应充当守夜人的角色,过度的政府干预会违反大多数人幸福最大化的原则,利益集团、行政腐败和政治包容等都会导致政府失败。亚当·斯密认为,君主或国家的第三种义务就是建立并维持某些公共机关或公共工程。李嘉图认为,政府对社会经济的干预无论是积极的还是消极的,都会违反最大多数人最大幸福的原则。哈耶克认为,自由市场制度能够推动个人最有效地利用其拥有的专有性知识。[1]

政府通过供给需求管理调控经济运行。凯恩斯学派认为,市场由于垄断、外部性和有限理性等因素会出现失灵,需要由政府对市场中的供给和需求进行管理,以达到稳定经济运行的目的。庇古指出,自由市场经济中的利己主义行为并不能达成全社会福利最大化,市场会造成贫富差距扩大,因此希望政府能使用管制某种经济力量的活动,以促进经济福利,从而促进全体总福利。斯蒂格里茨认为,由于市场参与者不能得到充分的信息,市场的功能是不完善的,政府和其他机构必须巧妙地对市场进行干预,以使市场正常运作。[2]总之,市场可以主导经济运行,但市场不是万能的,政府应对宏观经济进行及时和适当的管理和调控以解决市场失灵问题。

社会联系以风险免疫机制辅助经济运行。社会联系是个体与个体间的不完全契约,个体与个体之间通过社会联系建立起跨期的风险共担和风险免疫机制。例如个体 A 对个体 B 的一次非市场的无偿帮助是下一次个体 B 对个体 A 帮助的不完全契约,在面对外部冲击时,社会联系较为紧密的个体之间会形成互帮互助的风险共担和风险免疫机制。

我们可以用 IS-LM 模型展示市场、政府和社会联系在经济运行中的不同作用(参见图 6)。市场机制通过调节价格使产出和利率沿着 IS 线和 LM 线方向移

---

① [英]亚当·斯密:《国民财富的性质和原因的研究》,郭大力、王亚南译,商务印书馆 2015 年版;[奥]哈耶克:《通往奴役之路(修订版)》,中国社会科学出版社 2013 年版;[英]大卫·李嘉图:《政治经济学及赋税原理》,郭大力、王亚南译,商务印书馆 1962 年版。

② [美]约瑟夫·斯蒂格利茨:《政府为什么干预经济》,中国物资出版社 1998 年版。

动,IS 线和 LM 线斜率保持不变,且位置不发生平移。政府通过货币政策和财政政策调控经济运行,使 IS 线和 LM 线向左或向右平移,但线的斜率不变。社会联系通过为个体之间提供风险免疫机制辅助经济运行,具体表现为改变 IS 线和 LM 线的斜率,使经济在面临冲击时可以更快地收敛回平稳运行的状态。

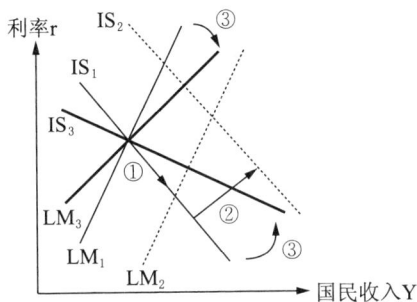

图 6　市场、政府和社会联系在经济运行中的作用

说明:①为市场价格机制,②为政府宏观调控手段,③为社会联系风险免疫机制。

(二)市场价格和政府行政双失灵与社会联系的补充作用

2020 年新冠疫情暴露了开放经济条件下市场与政府的双失灵困惑。疫情蔓延造成的停工停产、禁航禁运和部分商品供需缺口扩大,使得市场的价格调节机制无法在短期发挥作用,市场力量也无法在短期内迅速进行资源有效配置。各国政府纷纷出台扩张性的财政政策和货币政策,但因劳动供给不足,刺激性政策无法有效控制疫情,进而也无法迅速恢复经济。市场与政府双失灵的原因是开放经济下市场与政府的边界不仅有限而且还会产生冲突。

市场和政府的权限(作用)边界有限。开放经济下市场边界表现为以下五类:第一,市场存在政治的边界,市场与政治民主之间并没有直接的联系;第二,市场不能覆盖分配的边界,市场本身不能保证公平分配;第三,市场存在社会化的边界,企业只关心消费者的短期直接需求,对长期的经济发展不一定感兴趣;第四,市场存在伦理的边界,负责医疗保险、公共卫生、种族平等、和平共处等机构的建立是社会互助的人道原则在起作用,而不是市场原则在起作用;第五,市场存在生态环境的边界,市场的负外部性决定了生态环境问题不能交给市场来解决。①

---

①　李其庆:《法国学者勒努阿谈市场与市场经济的效益和局限》,《国外理论动态》1992 年第 41 期。

开放经济下政府的边界表现为以下三类:第一,政府存在公正性的边界,寻租、贪污腐败、政治选举诉求等,都会使得政府只考虑特定群体利益,而不关心整体经济福利;第二,政府存在效率的边界,政府政策实施和跨国政府协调存在时滞性;第三,政府决策存在边界,政府决策者并非是理性人,也无法获得完全的市场信息,政府决策也可能会出现错误。

在开放经济下市场和政府的边界容易产生冲突。跨国公司的全球生产经营活动、生产要素的全球自由流通和国际经济合作势必要突破传统的国家疆域和政府主权边界。主权国家政府为了继续调控属于本国的经济行为,会不断地扩张政府的边界,①但是在全球市场上主权国家间的权力冲突使得政府很难像在国内一样统揽所有事务,也很难完全有效控制全部的经济社会活动。此外,政府权力和国家利益的国际竞争往往会造成经济摩擦和区域性战争冲突,政府的边界也会限制市场的边界。

丹尼·罗德里克指出:"市场不是自我创造出来的,它不能自我监管,不能自我稳定,也不能自我合法化。市场经济要顺利运作就要把政府和市场,把自由放任政策与政府干预结合起来。"②开放经济下市场和政府都不是自我创造出来的,不能自我监管、自我稳定和自我合法化,经济要顺利运作就要把市场、政府和社会联系结合起来,把市场自发的价格机制、政府宏观干预和社会个体间的联系结合起来。经济运行不仅可以通过自由放任的市场和强制性的宏观调控政策完成,也可以通过不完全契约手段来完成。③在市场和政府双失灵的情况下(参见图7),我们需要社会联系来管控负向外部冲击,提高经济活动的韧性。

在封闭经济下,政府可以有效弥补市场失灵。在开放经济下,当市场和政府同时失灵时,用"失灵的政府"去干预"失灵的市场"会使失灵的市场进一步失灵,由于市场和政府存在边界,需要社会联系来弥补市场与政府够不到的边界,保证经济稳定运行(参见图8)。新冠疫情期间社会防疫物资的自发捐赠就是社

---

① Rodrik(1998)研究发现随着一国经济开放程度越高,政府支出占 GDP 比重越大,更开放的经济带来了更大的政府。

② [美]丹尼·罗德里克:《全球化的悖论》,廖丽华译,中国人民大学出版社 2011 年版,第17页。

③ [美]弗雷德·E·弗尔德瓦里:《公共物品与私人社区——社会服务的市场供给》,郑秉文译,北京经济管理出版社 2007 年版。

会联系发挥作用的典型案例。Georg 和 Fernando(2018)研究发现,只有当社交网络变得全球化时,全球经济互动才能稳定地持续下去,并且社会联系需要长期地内生产生,才能成为经济运行的有效凝聚力。

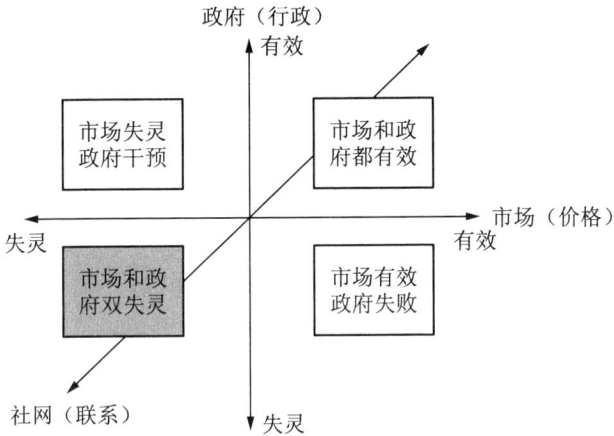

图7　市场政府双失灵与社交网络

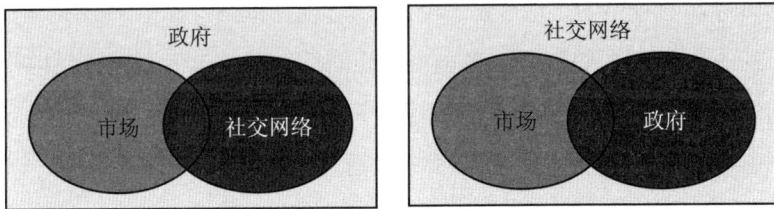

图8　封闭经济和开放经济下市场、政府和社网的边界

说明:左图为封闭经济下政府可以弥补市场失灵和社交网络无法发挥作用的部分,右图为开放经济下社会联系弥补市场和政府够不到的边界。

五、 基于社会联系的全球化治理框架

正如前文所述,全球化经历了三个时代,分别为全球化 1.0 时代(贸易全球化)、全球化 2.0 时代(贸易+企业全球投资+金融全球化)和全球化 3.0 时代(国际贸易+企业全球投资+国际金融+经济治理全球化),这三个时代都属于经济全球化时代。但全球化不只是经济全球化,还是市场的全球化、文化的全球化和安全的全球化。经济全球化、文化全球化、政治全球化和技术全球化是多维共存的。

全球化发展进程中长板和短板并存是常态。在当前阶段，经济全球化是长板，公共卫生安全全球化和其他全球化是短板，在升级与重构全球化时不能只考虑经济全球化，还要考虑公共卫生全球化和教育全球化等社会、文化和政治等配套的全球化。尽快补全全球化短板，发挥社会联系在经济运行中的作用，重构并升级全球化治理，才能更好地实现经济全球化和增进全人类共同福利。

（一）没有全球化治理就没有经济全球化

全球化与经济全球化是两个不同的概念。经济全球化是全球化的一部分。戴维·赫尔德认为，全球化体现了社会关系和交易活动的空间组织变革的过程，可以根据它们的广度、强度、速度和影响来衡量全球化，产生了跨大陆或区域间的流动以及活动、交往和权力实施的网络。罗兰·罗伯特认为，全球化指不断增长的具体的全球相互依赖的事实和全球整体的意识，不仅指全球经济日益增长的相互联系的种种客观事实，而且也指文化和主观上相互联系的事实。

2020年新冠疫情的全球蔓延和经济全球衰退揭露了经济全球化的发展速度远快于其他全球化发展的事实，各国疫情期间的禁航禁运和新冠疫情时期的产业链回流等，意味着没有超越经济范畴的全球治理就没有经济全球化。我们必须对当前阶段的全球化和全球治理模式进行升级与重构。

（二）建立全球化 4.0 时代

全球化是多维的，不只是经济全球化。彪恩迪亚（1995）把全球化过程描述为三个主要趋势，即市场的全球化、文化的全球化和安全的全球化。吉登斯（1999）认为，全球化是政治的、文化的，也是经济的，是各领域共同发展的一个过程。全球化从 1.0 时代到 3.0 时代的发展都是以市场的全球化为主导，我们需要建立起经济以外的文化、安全和技术等领域的全球化 4.0 时代。

全球化 4.0 时代是指全面全球化。全球化治理不能只考虑经济全球治理，还要考虑文明冲突、地缘政治和公共安全等全球治理。新冠疫情表明，没有公共卫生安全的全球联动治理就没有繁荣发展的经济全球化，2020年5月底美国爆发的反种族歧视抗议运动蔓延至巴西和日本等国家表明，没有文明和文化的全球治理就没有市场经济的平稳运行。全球经济同步复工，以及增强全球经济应对未来风险的韧性,都要求我们建立全球化 4.0 时代,发挥市场、政府和社会联系在全球经济运行中的作用,重构全球治理框架。

(三) 引入社会联系的全球化治理框架

全球化的过程不是别的,而是一种不断强化的网络化。[①]"新冠疫情的大流行给创造新的方式和机构以应对苦难打开了机会窗口"[②],基于前文分析,我们给出的引入社会联系的全球治理框架包括三个方面。

第一,建立长期的全球性疫情防控体系。在当前的超级全球化和价值链分工背景下,人口要素和商品大规模跨境跨国流动,使得病毒很容易跨越地理边界传播到世界各地,突发性全球公共卫生疫情在短期很难被有效控制在特定的地理边界范围内,这很难靠个别国家单独解决。随着人类活动范围扩大,新的疫情还会出现,人类社会需要在全球范围内构建疫情防控长效体系。疫情防控不是单一国家和地区的事务,已经成为区域性甚至全球性事务,所有国家都需要主动承担协调防控突发性国际公共卫生事件的责任,维护人类社会共同安全。

第二,基于社会联系建立区域性合作联盟。重视社会联系在经济运行中的作用,国与国、企业与企业、居民与居民的跨国界合作,都应重视建立经济合作之外的其他联系。对原有的区域性合作联盟建议加入经济合作之外的其他领域合作,共同建立卫生联防联控机制,促进合作区内居民的往来与交流,减少种族冲突和文化歧视。

第三,改革国际组织,建立国际组织间的联防联动机制。"新冠病毒危机强烈地提醒人们,基本的政治和经济部门仍然是民族国家……各国必须竭力在利用全球化与必要的自力更生之间取得更好的平衡。"[③]短期内成立超越主权国家权力范围的新国际组织较为困难。且全球治理不仅仅是经济的全球治理,还有社会、文化、政治和安全的全球治理,我们应重视建立起国际组织间的社会联系,增加经济、社会、文化、政治和军事安全等国际组织间的合作与互动,以共同应对

---

① [德]于尔根·弗里德里希斯:《全球化:概念与基本设想》,《联邦德国议会周报副刊:政治与现代史》,1997 年第 33—34 期合刊。

② 2013 年诺贝尔经济学奖获得者罗伯特·希勒在 2020 年"How the Economy will Look After the Coronavirus Pandemic"会议上的发言。

③ 参见 2001 年诺贝尔经济学奖获得者约瑟夫·斯蒂格利茨在 2020 年"How the Economy will Look After the Coronavirus Pandemic"会议上的发言。

负向冲击，共同协调全球社会经济运行，促进全人类福利持续增长。

六、　中国的全球化治理战略

　　世界百年未有之大变局对中国而言既是挑战也是机遇。中国需要积极参与全球化治理，在发挥中国特色和中国优势的同时，使中国的经济体制更加适应参与制订全球规则的需要，不断提高对全球公共品的供给能力。中国需要抓住全球化治理危机与变革契机，促进中国与世界的良性互动，成为完善全球化治理体系的倡导者、设计者、塑造者和引领者，积极承担推动新型全球化时代到来的历史使命，为中华民族伟大复兴创造更好的国际环境。中国特色全球治理战略分为短期和长期两个阶段。在短期，中国应积极参与新冠疫情期间的全球公共卫生治理和全球经济治理，包括以下三个方面。

　　第一，积极推动全球产业链供应链协同复工。我们不但要实现中国企业尽快有序复工、复产，也要营造有助于中国经济复工、复产、复市的全球环境，实现中国企业和全球价值链相关企业及时、有序、安全、同步复工。我们需要提升疫情防控信心，多语种同时及时发布中国疫情防控最新进展，分享疫情防控经验，充分营造新冠疫情全球防控舆论。逐渐压缩疫区范围，实现疫区由面到线收缩，再收缩到若干点，直至全面消灭疫情。

　　第二，借力全球经济互联互通机制，创新企业线上线下混合复工模式。疫情期间线上教学、线上医疗、线上娱乐特别是线上办公得到了跳跃式发展。我们需要提升线上线下结合能效，充分利用云技术、大数据、网络联系、5G 手段，利用互联互通的全球经济联系，提升全球产业链供应链对突发疫情的免疫能力。我们可以鼓励由 2020 年中国入选世界 500 强的 120 家跨国企业，摸索在全球范围内的线上线下生产办公模式和分享疫情防疫经验，引领和引导全球价值链同步复工、复产。数字化和智能化技术的发展不仅在短期有助于全球经济增长，避免因疫情诱发经济危机，对世界经济长期增长的推动和经济模式的转变也有重要作用。

　　第三，建立全球长效疫情防控体系，积极应对人类社会未来的公共卫生事件冲击。人类健康状况持续改善是全球经济稳定发展的基础，人类健康状况的持续改善离不开有效的国际协调,新冠疫情凸显了全球长期疫情防控体系和人类命运共同体建设的合理性、必要性以及迫切性。建立全球长期疫情防控体系的关键是,在疫情暴发时期,及时发布疫情和病毒信息,统筹全球疫情防控和物资协调,包括临时组织生产调整;在无疫情时期,WHO 等国际组织应增加商品生态标准检测,协调各国建立和完善国内疾控体系,普及疾病防控知识。

在长期,中国应利用社会联系,基于"一带一路"倡议,积极构建经济合作、文化合作和公共卫生合作等区域性合作协议。

第一,发挥中国特色的政府、市场和社会联系在重构全球化中的作用。中国经济社会发展得益于贸易全球化、投资全球化和金融全球化,全球化重构需要中国调整传统发展模式,全面做好应对全球化重构准备,在经济、社会、政治、文化等诸多方面尽快适应全球化重构,特别是引领全球化重构。中国可以在国际分工中引领全球市场规则建立,树立政府服务典范,使营商环境成为全球化治理标杆,同时利用跨国公司网络建立全球联系中心。基于国际分工与国内分工的差异,探索基于经济全球化的市场功能机制和政府服务机制,在中国部分地区建设全球高端要素集聚中心、全球思想与知识产权中心、全球新产业引领中心、全球化治理中心,特别是建设全球市场化机制试验中心与全球化治理政府服务职能创新中心。

第二,拓展与"一带一路"国家的合作领域。中国的"一带一路"倡议是 21世纪促进全球化发展走向健康合理的重大行动方案,现阶段与"一带一路"国家的合作重点在经济金融领域,我们建议将与"一带一路"国家的合作拓展到文化、社会和安全领域。这不仅能为发展中国家和地区的繁荣稳定和世界经济的新增长提供动力,也可以从文化软实力方面促进中国与这些国家更深层次的交流,缓解恐怖主义、种族主义和逆全球化浪潮。此外,与"一带一路"国家建立风险共担和风险联防联控机制,有助于在遇到新一轮全球冲击时,增强中国经济和世界经济的抗风险能力。

第三,积极推进与日本和韩国的东亚合作区。美国、欧盟(英国)、日韩等重要经济体,会在经济社会安全与经济全球化效率之间进行权衡,重新布局本土产业架构,同时积极参与全球化重构与治理,抢占全球化治理主动权和话语权,将自身利益诉求于全球化治理。基于货币关系和社会经济联系,全球化治理需要首先从区域一体化治理方面积累经验,比较可行的路径是率先形成美国主导、欧盟(英国)主导、中日韩主导的三大全球化治理联盟。中国应抓住疫情发生后的经济复苏窗口期,推进与日本和韩国的全方位合作,推动发展东亚地区的全球化治理联盟。

第四,积极参与国际组织的改革与重构。2008 年全球金融危机后世界经济复苏缓慢,再加上特朗普上台后多次"退群"和全球经济摩擦加剧,联合国、世界贸易组织和世界银行等国际组织在协调全球经济运行中发挥的作用受到了限制和质疑。新冠疫情暴露了世界卫生组织的全球防疫协调能力不足,且不能很好地与其他经济组织合作,指挥全球范围内同步抗击疫情和复工复产。国际组织只是协调机构,只能呼吁,不能强制要求各国执行,很多国家并不从国际组织呼吁的全球协调角度进行决策,而是从本国自身利益出发进行选择。因此,有必要对国际组织进行改革与重构,在新一轮的国际组织改革中中国应积极参与重构过程,抓住国际组织中的话语权,提高中国的国际地位,推动全球经济和平有序可持续发展。

参考文献

Bailey M, et al. "The Economic Effects of Social Networks: Evidence from the Housing Market", Journal of Political Economy, vol.126, no.6, 2018, pp.2224—2276.

Broner F and J Ventura, "Globalization and Risk Sharing", *Review of Economic Studies*, 2011 (78):49—82.

Deng G, "Foreign Direct Investment in Developing Countries and Growth", *Journal of History Review*, 1997. 19(2).

Georg D and V R Fernando, "Social Networks and the Process of Globalization", *Review of Economic Studies*, 2018(85):1716—1751.

Grossman G M and E Helpman, "Globalization and Growth", *The American Economic Review*, Vol.105, No.5, papers and proceedings of the one hundred twenty-seventh annual meeting of the American economicas sociation(May 2015), pp.100—104.

Nicita A, M Olarreaga, P Silva, "Cooperation in WTO's Tariff Waters?", *Journal of Political Economy*, vol.126, no.3, 2018, pp.1302—1338.

Rodrik D, "Why Do More Open Economies Have Bigger Governments?", *Journal of Political Economy*, vol.106, no.5, 1998, pp.997—1032.

Sweezy Paul M, "More (or Less) On Globalization", *Monthly Review*, September 1997, p.341.

[英]安格斯·麦迪森:《世界经济千年史》,伍晓鹰、许宪春译,北京大学出版社 2003 年版,第 360 页。

蔡拓:《全球治理与国家治理:当代中国两大战略考量》,《中国社会科学》2016 年第 6 期。

[英]大卫·李嘉图:《政治经济学及赋税原理》,郭大力、王亚南译,商务印书馆 1962 年版。

[美]丹尼·罗德里克:《全球化的悖论》,廖丽华译,中国人民大学出版社 2011 年版。

费孝通:《乡土中国》,上海人民出版社 2006 年版,第 111 页。

[美]弗雷德·E·弗尔德瓦里:《公共物品与私人社区——社会服务的市场供给》,郑秉文译,北京经济管理出版社 2007 年版。

[德]哈贝马斯等:《全球化与政治》,王学东、柴方国等译,中央编译出版社 2000 年版,第 207—208 页。

[奥]哈耶克:《通往奴役之路(修订版)》,中国社会科学出版社 2013 年版。

[英]赫尔德等:《全球大变革:全球化时代的政治、经济与文化》,杨雪冬等译,社会科学文献出版社 2001 年版,第 2—14 页。

金碚:《论经济全球化 3.0 时代——兼论"一带一路"的互通观念》,《中国工业经济》2016 年第 1 期。

李其庆编译:《法国学者勒努阿谈市场与市场经济的效益和局限》,《国外理论动态》,1992 年第 41 期。

裴长洪:《全球经济治理、公共品与中国扩大开放》,《经济研究》2014 年第 3 期。

[英]亚当·斯密:《国民财富的性质和原因的研究》,牛津大学 1880 年版中译版,郭大力、王亚南译,商务印书馆 2015 年版。

[美]约翰·H·邓宁:《全球化若干反论之调和》,《国际贸易问题》1996 年第 3 期。

[美]约瑟夫·斯蒂格利茨:《政府为什么干预经济》,中国物资出版社 1998 年版。

[德]于尔根·弗里德里希斯:《全球化:概念与基本设想》,《联邦德国议会周报副刊:政治与现代史》,1997 年第 33—34 期合刊。

周宇:《全球经济治理与中国的参与战略》,《世界经济研究》2011 年第 11 期。

（第一作者为复旦大学经济学院教授）

江南文化传统与上海文化建设[①]

杨剑龙

一、 江南文化的概念与历史传统

说到江南,就想到白居易《忆江南》中的"日出江花红似火,春来江水绿如蓝",就想到杜牧《江南春》中的"千里莺啼绿映红,水村山郭酒旗风"。江南总与山、水、花、酒有关。江南丝竹的柔媚,江南水乡的秀丽,江南美食的可口,江南烟雨的朦胧,成为江南的某种意境和象征。

江南,在地理学上是以长江以南为范畴,也特指长江中下游以南地区。江南常常对应着北方,在不同历史时期有着不同的地域范畴。春秋时期,江南仅仅指楚国郢都对岸的东南地区。战国时期江南的范围向东南扩展到武昌以南和湘江流域。先秦时期,江南属于百越之地,被称为"吴越"。据《吴越春秋·勾践伐吴外传》记载:"周元王使人赐勾践,已受命号去,还江南,以淮上地与楚,归吴所侵宋地,与鲁泗东方百里。当是之时,越兵横行于江淮之上,诸侯毕贺。"[②]此处的江南指东周时期吴国越国等诸侯国区域,大约包括现在浙江、江苏、安徽等一带。《史记·秦本记》中记载:"三十年,蜀守若伐〔楚〕,取巫郡及江南为黔中郡。"[③]此处的江南,指现今湖南省和湖北南部、江西部分地区。秦至西汉时期,江南与黄河中下游的中原地区比较,显得相对落后。司马迁在《史记》中写道:"楚越之地,地广人稀,饭稻羹鱼,或火耕而水耨,果隋蠃蛤,不待贾而足,地埶饶食,无饥馑之患,以故呰窳偷生,无积聚而多贫。是故江淮以南,无冻饿之人,亦无千金之

① 该文为 2018 年上海市哲学社会科学规划"江南文化研究"系列课题之一"江南文化与上海文化建设"阶段性成果。

② 《吴越春秋译注》,赵晔撰、薛耀天译注,天津古籍出版社 1992 年版,第 395 页。

③ 司马迁:《史记本纪》,三秦出版社 2008 年版,第 141 页。

家。"①班固在《汉书》中也指出:"江南地广,或火耕水耨。民食鱼稻,以渔猎山伐为业,果蓏蠃蛤,食物常足。故呰窳偷生,而亡积聚,饮食还给,不忧冻饿,亦亡千金之家。"②说明当时的江南地广人稀,虽然"不忧冻饿",却并非富庶之地。

西晋末年的永嘉之乱后,开始了大规模的移民南渡浪潮,使得长江流域南方地区的人口结构发生了变化。为了躲避战乱,大批皇亲国戚、氏族大姓纷纷南逃,给江南的发展带来了某种契机。从公元 317 年东晋建都建康(今南京),直至公元 589 年,北方氏族偏安江南,使江南社会得到了充分的发展。杜佑称:"永嘉以后,帝室东迁,衣冠避难,多所萃止。艺文儒术,斯之为盛。"③钱穆在《国史大纲》中总结"东晋南渡,长江流域遂正式代表传统的中国。"④到隋朝,隋炀帝登基以后重新依靠江南士族,他曾任扬州总管"前后十年,以北方朴俭之资,熏染于江南奢靡之俗,重以北塞宁晏,库府充实,遂沉湎不能自拔"⑤,认为江南"衣冠人物,千载一时。及永嘉之末,革夏衣缨,尽过江表此乃天下之名都。自平陈之后,硕学通儒,文人才子,莫非彼至"⑥。不过,当时的江南有时仍指湖南、湖北一带。

唐朝贞观元年(627 年),唐太宗分天下为 10 道:关内道、河南道、河东道、河北道、山南道、陇右道、淮南道、江南道、剑南道、岭南道。江南道又分为江南东道、江南西道和黔中道三个监察区。公元 733 年设的江南东道包括苏州(辖地为今江苏省苏南地区)、上海市、浙江省全境,福建省大部分地区以及安徽省徽州市。江南西道包括洪州(今南昌市),辖地为今江西省(婺源县、玉山县除外)全境,安徽的宣城市(绩溪县除外)、芜湖市、马鞍山市、铜陵市、池州市,湖北的鄂州市,湖南的岳阳市、长沙市、衡阳市、永州市、道县、新田县、江永县、宁远县、江华瑶族自治县、郴州市、邵阳市以及广东的连州市。黔中道包括黔州(今重庆市彭水苗族土家族自治县)、今四川部分、重庆东南、两湖西部以及贵州大部。乾元元年(758 年),撤销江南东道,重新设置浙江东道节度使、浙江西道节度使和福建

① 司马迁:《史记·货殖列传》,中华书局 1959 年版,第 3270 页。
② 班固:《汉书·地理志下》,颜师古注:《汉书》,中华书局 1962 年版,第 1666 页。
③ 杜佑:《通典·州郡十二·风俗》,王文锦等点校,中华书局 1988 年版,第 4850 页。
④ 钱穆:《国史大纲》,商务印书馆 1994 年版,第 237 页。
⑤ 岑仲勉:《隋唐史》,河北教育出版社 2000 年版,第 40 页。
⑥ 严可均辑:《全隋文》卷五,商务印书馆 1999 年版,第 116 页。

观察使,此后不再设置江南东道;撤销江南西道监察区,在原江南西道区域设置江西观察使(基本等于今江西省地域)。安史之乱后,"天下衣冠士庶,避地东吴,永嘉南迁,未盛于此"①。

至宋朝改道为路,江南路分为江南东路与江南西路,包括江西全境与皖南部分地区。江南东路包括宣州、池州、太平州、徽州、饶州(今鄱阳)、信州(今上饶)、抚州、洪州(今南昌);江南西路包括袁州(今宜春)、吉州(今吉安)、江州(今九江)、虔州(今赣州)。公元1127年,靖康二年四月,金军攻破东京(今开封),俘虏了宋徽宗与宋钦宗,徽钦父子及赵氏皇族、后宫妃嫔与贵卿、朝臣等三千余人,被押解北上,东京城中财物被洗劫一空。金朝统治中国北方百余年,南宋王朝偏安临安(今杭州)一隅,给江南地区带来了繁盛。北方移民南迁人数剧增,短短十余年,江、浙、湖、湘、闽、广,西北流寓之人不断增长。至北宋末年,江南的人口已从西汉占全国的十五分之一,增长为占全国人口的一半以上②。

元朝开始的官修地理志中,江南一词不再被用于行政区划,但江南越来越被指称为富庶的南方地区,尤其指称原先的"吴"地。明朝江南的日益兴盛,王世贞描述道:"今天下之称繁雄郡者,毋若吾吴郡;而其称繁雄邑者,亦莫若吴邑。吴固东南大郡会也,亡论财赋之所出,与百工淫巧之所凑集,驵侩诪张之所倚窟。"③清朝顺治二年(1645年),将明朝的南直隶改为江南省,辖区包括今江苏、上海、安徽三省市,两江指称江南省与江西省,文化意义上的"小江南"特指传统的江浙地区。在经历了不同年代的历史变迁,经历了多次区域合并和重组,以长江下游的南部地区为中心的"江南"概念逐渐得到人们的认同。

关于江南的地理区域,从春秋、先秦到西晋、隋朝,从唐朝、宋朝到元、明、清,江南在不同朝代有不同的范畴,但是总体上看江南的地理范畴不断向东南沿海地区集中,在约定俗成中江南成为一个交通发达、经济繁荣、文化发展的地区,成为代表着中华民族发展趋势的文化与文明集聚地。李伯重认为:"在不同的历史

---

①　李白:《为宋中丞请都金陵表》,《李白集校注》,瞿蜕园、朱金城校注,上海古籍出版社1980年版,第1511页。

②　陈正祥:《中国文化地理》,生活・读书・新知三联书店1998年版,第9页。

③　王世贞:《送吴令湄阳傅君入觐序》,《弇州山人续稿选》,台湾文海出版社1970年版,第1664—1665页。

时期,'经济区域'的内涵与外延都会有所不同。就明清时代而言,作为一个经济区域的江南地区,其合理范围应是今苏南浙北,即明清的苏、松、常、镇、宁、杭、嘉、湖八府以及由苏州府划出的沧州。这个范围,与本来意义上的长江三角洲地区大致相若。"①按照此界定,江南应该包括明清时期的苏州、松江、常州、镇江、江宁、杭州、嘉兴、湖州八府及后来由苏州府划出的太仓直隶州,现在的江南应该为北至江苏境内长江之南,西至南京,东至上海,南至浙江,大致为今天的江浙沪长三角地区。

周振鹤在《释江南》一文中曾提出:"江南不但是一个地域概念——这一概念随着人们地理知识的扩大而变易,而且还有经济意义——代表一个先进的经济区,同时又是一个文化概念——透视出一个文化发达区的范围。"②在经历了千百年的历史积淀和传承的过程中,逐渐形成了具有地域特点、民族风范和历史内涵的江南文化,构成了与北方中原文化不同的特性。有学者把江南文化的形成分为江南文化的发轫期(商周以前)、成型期(春秋战国)、过渡期(秦汉)、转型发展期(魏晋南朝隋唐),认为"江南文化有着悠久的历史,在远古时期就创造了灿烂的文明,春秋战国时期江南文化开始崛起,成为当时重要的区域文化。秦汉时期,江南文化在与中原文化日渐融合的基础上有了新发展。东晋以后到隋唐江南文化开始转型,进入快速发展的新时期,在文学艺术方面取得了极其突出的成就"③。江南文化在其形成和发展过程中,融入了河姆渡文化、马家浜文化、崧泽文化、良渚文化、马桥文化、吴文化、越文化等因素,形成与巴蜀文化、东北文化、湖湘文化、岭南文化、燕赵文化等不同的文化内涵与特性。有学者将江南文化与海洋特性联系起来,认为江南文化具有如下特性:灵活变通:江南文化的海洋性格;开放包容:江南文化的海洋心态;开拓创新:江南文化的海洋精神④。这是从海洋的开放角度谈论江南文化的特性。

经过千百年的历史变迁和文化积淀,江南文化大致形成了如下特性:

(一)务实理性的开拓精神。由于传承了儒家文化经世致用的传统,也受到

① 李伯重:《简论"江南地区"的界定》,《中国社会经济史研究》1991 年第 1 期。
② 周振鹤:《释江南》,《中华文史论丛》1992 年第 49 辑。
③ 景遐东:《江南文化传统的形成及其主要特征》,《浙江师范大学学报》2006 年第 4 期。
④ 陈国灿:《略论江南文化的海洋特性》,《史学月刊》2013 年第 2 期。

西方科学精神的濡染，江南文化中形成了务实理性的开拓精神，不虚张声势，不浮夸张扬，脚踏实地，切切实实，讲究实际、注重实效、推崇实学。明代著名思想家王阳明便出生在浙江余姚，他确立的心学倡导"知行合一"，从自己内心中去寻找"理"。"理"全在人"心"，"理"化生宇宙天地万物，人秉其秀气，故人心自秉其精要。在知与行的关系上，强调要知，更要行，知中有行，行中有知，所谓"知行合一"，二者互为表里，不可分离。知必然要表现为行，不行则不能算真知。明末清初大儒顾炎武被誉为"清学"开山始祖，他主张"经世致用"，注重归纳的考据方法，强调学术的探索精神，开启了朴实学风的路径。有学者把江南文化称为"稻作文化"，认为"除了从考古学和自然科学上研究水稻主体和它生产上有关的一些技术问题，以及它的起源、流变等等之外，还包括由于水稻生产而影响所及的民间生活方式和生产中的种种习俗，稻区人的性格、爱好以及文化心态等等。一句话，包括由于水稻生产发生出来的社会生活的一切方面"[1]。在江南以稻作文化引领的社会生活中，推崇精耕细作的务实精神，强调理性的生活态度。由于江南毗邻海岸的地理位置，人们往往有着不断进取不断开拓的精神，走出国门走向世界成为江南人的一种传统，在不同的历史时期，江南文化中的开拓进取精神始终成为人们奋斗的传统。

（二）开放包容的创新精神。江南作为中国的富庶之地，承担着诸多田赋。顾炎武引丘濬《大学衍义补》曰："韩愈谓'赋出天下而江南居十九'。以今观之，浙东浙西又居江南十九，苏松常嘉湖五府又居两浙十九也。"[2]经历了历史的战乱和修整，长期以来江南成为人们的向往之地，"上有天堂，下有苏杭"成为对于江南的代表性赞誉，也就吸引更多移民来到江南。江南作为富庶之地，作为沿海地区，形成了一种开放包容的气度，不仅向江南以外的地区开放，也向世界开放，不仅包容国内不同区域的文化，也包容世界各国的文化，在吸纳和融汇各种不同文化的基础上，凝聚成一种创新的精神，形成江南文化的某种特性。江南创新精神的形成，与其历代注重教育有关，从而形成江南人才荟萃的美誉。据统计，在

---

① 姜彬：《稻作文化与江南民俗·序言》，姜彬主编：《稻作文化与江南民俗》，上海文艺出版社1996年版，第7页。

② 顾炎武：《苏松二府田赋之重》，顾炎武：《日知录集释》卷十，黄汝城集释，栾保群、吕宗力校点，上海古籍出版社2014年版，第232—233页。

明清两代的科举考试中,江南十府一直占据着显要的位置,在明代科甲鼎盛的 13 府中,江南占 7 府,分别是绍兴、苏州、常州、宁波、嘉兴、杭州、松江等府,其中绍兴、苏州府中进士总数分别为 977、970 人,位列第二、三名。清代科甲鼎盛的 9 府中,江南占 6 府,分别是杭州、苏州、常州、绍兴、嘉兴、湖州等府,而杭州、苏州两府中进士数分别为 1 004 和 785 人,排名第一、二位①。在江南文化形成与发展的过程中,在江南进入大量移民的过程中,在江南向世界与全国的开放包容中,江南形成了独特的创新精神,成为江南文化的特性之一。

(三)精致柔美的审美精神。江南的富庶与便利的交通相关,长期以来江南的交通大多依靠水运。"擅江湖之利,兼海陆之饶,繁华盛丽之名甲天下。"②据明代黄汴《一统路程图记》和清代赖盛远《示我周行》等明清商程书的记载,江南区域内水陆路程全线有 26 条,起讫点在境内的有 17 条,联运过境者有 10 条。大运河的开凿连通了诸多江南城市,如位于苏州城西北、南阳山东北麓的浒墅关,成为"十四省货物辐辏之地,商船往来,日以千计"③。明人"谷应泰曰:天下之赋,半在江南,而天下之水,半归吴会。盖江南之田,资水灌沃,特号涂泥,又易沾足,偃鼠饮河,酌多孔取,非如雍州土厚水深,冀州神皋天党也。"④水网密布的江南构成了舟楫往来水乡泽国的独特地域特色,也形成了杜牧《江南春》中的江南风景:"千里莺啼绿映红,水村山郭酒旗风。南朝四百八十寺,多少楼台烟雨中。"钟灵毓秀的自然环境形成了江南文化的精致柔美,深邃的历史进程造就了江南文化的刚柔并济。在江南商业文化的发展中,对于商品的精益求精,对于商品交易的规范与规则,影响了江南文化中的处世方式和交往原则。正如南朝乐府民歌《江南》所唱的:"江南可采莲,莲叶何田田。鱼戏莲叶间,鱼戏莲叶东,鱼戏莲叶西,鱼戏莲叶南,鱼戏莲叶北。"由此形成了与江南水乡相关的文学作品的柔美清丽的基调。在艺术发展中,昆曲、越剧、评弹、锡剧、沪剧等,也呈现出江南文化的独特精致柔美的审美精神,具有与北国文化的雄浑粗犷迥异的风采。

---

① [美]何炳棣:《科举和社会流动的地域差异》,王振忠译,《历史地理》第 11 辑,上海人民出版社 1993 年版。
② 黄之隽等编纂:《苏州府图说》,《江南通志》卷一,台北京华书局 1967 年版,第 102 页。
③ 彭泽益:《中国近代手工业史资料》第 1 卷,生活·读书·新知三联书店 1957 年版,第 454 页。
④ 谷应泰编:《明史纪事本末》四,中华书局 1985 年版,第 33 页。

二、 上海文化与江南文化的关联

上海作为江南区域中的一片沃土、一块繁华之地,在其发展与繁荣的过程中,始终与江南文化的发展密切相关。

上海的历史可以远溯至6 000年前青浦一带的崧泽文化①,春秋时期吴王在松江设立了"华亭"镇,秦朝会稽郡的海盐县是"上海地区的第一个县城"②。天宝五年(746年),唐朝设立青龙镇以保护吴淞江口岸一带的经济发展,天宝十年(751年),又将昆山南部、嘉兴东部、海盐北部合为华亭县,成为上海地区第一个行政建置。至宋代,华亭经济更加兴盛,人口不断增多,"华亭县全境逐渐形成许多物资交换的中心集镇",这使得北宋年间已有"上海务"之名(因在上海浦设立酒务而得名)的上海的地位日益凸显③。元朝统治者十分重视海上贸易,在上海镇设市舶司,此举更加刺激了商品经济的生长,因而"上海镇一跃而成为'蕃商云集'的滨海大港,户数已达六万四千户,人口数十万"④。至元二十九年(1292年)春,正式宣布设立上海县,其行政区域为:"县境东西广160里,南北袤90里。东至大海50里,西至华亭县界110里,南至华亭县界72里。北至苏州府嘉定县界18里。"⑤至明初,为了躲避战祸人们纷纷避入上海县,这使得上海县的户籍达到了114 300余户,人口有532 800余人,因而成为江南人户最多的县份之一⑥。为了抵御倭寇的侵扰,明嘉靖三十二年(1553年)修筑了上海城墙,周长9里,高2.4丈,有6座城门,从而"奠定了开埠以前上海城市的基本格局"⑦。明代知府实施的"禁海"政策在一定程度上限制了上海地区的对外贸易,影响了工商业的发展。元代兴盛起来的棉纺织手工业在明代日益发达,晚明经济开始出现资本主义萌芽,这对于上海地区的都市化进程形成了一股有力的推动力量。极

① 张绍樑:《理论·实践·探索:城市规划、建设文集》,同济大学出版社2008年版,第329页。
② 周维衍:《上海城市发展的历史过程及其今后的建设》,《史林》1987年第1期。
③ 唐振常、沈恒春:《上海史》,上海人民出版社1989年版,第23页。
④ 施宣圆:《上海700年》(修订本),上海人民出版社2000年版,第6页。
⑤ 唐振常、沈恒春:《上海史》,上海人民出版社1989年版,第38页。
⑥ 唐振常、沈恒春:《上海史》,上海人民出版社1989年版,第56页。
⑦ 张仲礼:《近代上海城市研究》,上海人民出版社1990年版,第9—10页。

为活跃的商品交流推动上海日益繁华,"上海街道上商肆林立,市场内百货毕集",而且"上海周围的市镇,也随上海的繁荣日渐发展"①,上海已发展为颇具影响力的商业城市。"海禁"政策在康熙二十三年(1684 年)始得解除,上海港在对外贸易和国内贸易中都发挥着不可替代的重要作用。

清代的上海地区演化为 11 县(华亭、嘉定、崇明、上海、青浦、宝山、奉贤、金山、南汇、川沙、娄县)②,其中上海县的面积经过屡次重新划分不断减小,雍正年间的上海县县境变为:"东到大海 50 里,西到青浦 36 里,南到华亭 72 里,北到太仓州宝山县界 12 里,东西长 86 里,南北宽 90 里。"③学者薛理勇曾经指出:"1843年时的上海仅是一个靠近东海的小县城,虽然凭借其在自然、地理上的优势,正在成为一个沿海的港口城市,但上海的城厢区仅限于城墙以内的旧城区和东门外沿黄浦江的码头作业区和商业贸易区,城厢的实际面积不足 2 平方公里。而在这 2 平方公里内,大约居住着 20 万以上的人口,拥挤、嘈杂、混乱、肮脏构成了这个县城的特点。"④

上海城市的发展与上海的开埠有着十分重要的关联。根据《南京条约》和《五口通商章程》,上海、广州、福州、厦门、宁波作为通商口岸一起开放,1843 年11 月 17 日,上海正式开埠。1845 年 12 月 9 日,宫慕久与巴富尔签订了《上海租地章程》,划出了县城北郊作为英国人的居留地,英租界于此产生。1844 年订立的《中美望厦条约》和《中法黄埔条约》使得美国和法国获得了与英国相同的在华权益,此后美租界、法租界相继在上海圈定。租界的出现呈现出帝国主义对于上海的强权,却也加快了上海的都市化进程。"上海从一个封建的商业城镇一跃而为我国最大的近代都市,并成为一个具有多种功能的经济中心,这是和租界的商业发展和繁荣分不开的。"⑤开埠之后的上海在近代都市化进程中获得了空前的发展,至 1930 年代前后上海已具有十分显赫的地位,"上海不仅是近代中国对外贸易和对内埠际贸易的中心,也成为近代中国的金融中心,成为国内最大的轻

---

① 唐振常、沈恒春:《上海史》,上海人民出版社 1989 年版,第 69 页。

② 周维衍:《上海城市发展的历史过程及其今后的建设》,《史林》1987 年第 1 期。

③ 唐振常、沈恒春:《上海史》,上海人民出版社 1989 年版,第 94 页。

④ 薛理勇:《旧上海租界史话》,上海社会科学院出版社 2001 年版,第 6 页。

⑤ 施宣圆:《上海 700 年》(修订本),上海人民出版社 2000 年版,第 162 页。

纺工业基地和交通运输枢纽",此外还"成为对全国城乡吸纳和辐射能力最强的多功能经济中心城市"。①1932年和1937年,日本人分别对上海发起的"一·二八"战争和"八一三"战争,对上海城市造成了巨大的破坏。1941年12月8日太平洋战争爆发,上海全面沦陷,日军在上海加紧掠夺和搜刮,1943年又在幕后操纵汪精卫政权推行"统制"政策,致使上海经济空前衰颓。抗战胜利后不久,内战爆发,上海城市的发展得到了抑制和蜕化,"上海工商业在解放前夕一片衰败。到1949年4月,全市一千余家机器工业开工的不到一百家"②。在这样混乱、萧条的局面下,上海的都市化进程基本上处于停滞状态。1949年5月27日,上海获得解放,从此进入了一个新的时代,上海的城市建设不断繁荣发展。

在对于上海文化的研究中,陈伯海先生曾经提出:"如前所述,上海文化的底子是古代吴越和明清江南文化。这个地区经济开发早,文明历史悠久,与中原联系密切,文化积累也相对丰厚。南宋以后,城市商品经济繁盛,文化心态中重商业、讲实利的倾向便滋长起来,明清时期更达到其人文荟萃的顶峰。它不像北方社会趋于保守,亦少有闽广一带人士偏狭的排外心理,这些都为上海发展近代工业文明作出良好的铺垫。五口通商,一枝独秀,除了地理位置优越外,文化底基的作用也不可忽视。果然,经过现代化社会生产力的大手笔的一番涂抹,上海文化便从'小家碧玉'式的江南传统里脱胎而出,成长为仪态万方的大家闺秀。"③上海文化的底子是古代吴越和明清江南文化,这是切中肯綮的。王韬就曾指出:"上海居南吴尽境,古为《禹贡》扬州之域。春秋属吴,后属越。"④从河姆渡文化、良渚文化走来的吴越文化,自商末周初起在江浙地区逐渐形成,吴越文化的粗犷中见精雅的特性,越王勾践卧薪尝胆忍辱负重的精神成为吴越文化中悍勇倔强的象征。晋朝南渡后,士族文化的雅致柔美改变了吴越文化的粗犷一面,为吴越文化注入了士族精神书卷之气,使吴越文化增加了温婉雅致的审美倾向。南宋偏安一隅后,使吴越文化平添了享乐之风和奢靡之气,在追求精致柔美中,呈现

---

① 潘君祥、王仰清:《上海通史·民国经济》,上海人民出版社1999年版,第1页。

② 潘君祥、王仰清:《上海通史·民国经济》,上海人民出版社1999年版,第463页。

③ 陈伯海:《上海文化通史·引言》,载陈伯海主编:《上海文化通史》,上海文艺出版社2001年版,第9页。

④ 王韬:《瀛壖杂志》卷一,清光绪元年(1875年)刊本,第23页。

出吴越文化阴柔的特性。

谭其骧先生认为:"自秦至唐天宝十载,共九百七十余年,上海大陆上只在秦与西汉二百二、三十年中设置过一个海盐县治。南朝后期八十年间先后设置过前京、胥浦二县。此外从东汉至南朝前期和自隋至唐天宝共约六百六十年内,竟然连一个县治都不设,长期分属于治所在今浙江、江苏境内的嘉兴、海盐、昆山三县。"上海"迟至一千多年前,仍未得到很好开发","这主要应该是由于当时海塘未筑,这片土地还经常受到咸潮浸灌之故"。①宋代以后,尤其到了明清,苏州成为吴文化的中心,明清时期的上海深受苏州的影响,"令四方观赴的'吴风'又岂止是奢华之风,从大到小,从器物层面到精神世界,这一地区风尚的各个方面,无不受苏州等城市风俗的浸润。明清时期的上海为松江府所辖,这一地区与苏州相近,文化上更是直接受到苏州的影响"②。"近代以前的上海县,扩大而至松江府,文化方面一直笼罩在苏州文化下面,仰视苏州。"③梁白泉谈到吴越文化时说:"由于吴越文化和水有密切关系,在审美观上亦处处流露出蕴藉流动、和谐的性格。例如吴越人士因摹仿水的清音,而有丝竹之盛;而新石器时代的遗址更遍布太湖周围。至于与北方苍劲雄浑的山水截然不同的江南山水,则孕育出清秀柔润的江南文学和山水画;小巧精致的江南园林,往往引水掘池,以求引景入园,倒影生辉,故有'无水不成园'之说。此外,饮酒品茗嗜好的盛行、对紫砂茶壶的讲究等,亦无一不是与水结缘。水为江南带来了繁盛的经济实力和优雅的文化内涵,江南也借此赢得了'上有天堂,下有苏杭'的美誉。"④上海在吴越文化的传承中,明显受到了吴越文化蕴藉优雅清秀柔美的影响,发展与构成了上海文化的独特性格。在明清时代江南文化的影响下,江南文化务实理性的开拓精神、开放包容的创新精神、精致柔美的审美精神,成为上海文化发展的底色,使上海文化在其不断发展与繁荣的过程中,形成了大都市文化鲜明的特色。

1934年,文学家翻译家曾觉之在《上海的将来》中说:"人常讥上海是四不

① 谭其骧:《上海市大陆部分的海陆变迁和开发过程》,载《上海地方史资料》(一),上海社会科学院出版社1982年版,第19页。
② 吴恩培主编:《吴文化概论》,东南大学出版社2006年版,第66页。
③ 熊月之:《海派文化:以江南文化为底蕴孕育而生的新文明》,《文汇报》2019年1月28日。
④ 梁白泉:《吴越文化:中国的灵秀与江南水乡》,上海远东出版社1998年版,第12页。

像,不中不西,亦中亦西,无所可而又无所不可的怪物,这正是将来文明的特征!将来文明要混合一切而成,在其混合的过程中,当然表现无可名言的离奇现象。但一经陶炼,至成熟纯净之候,人们要惊叹其无比彩耀了。我们只要等一等看,便晓得上海的将来为怎样。"①上海这种"不中不西,亦中亦西"的文化特性,除了其先受到吴越文化、后受到江南文化的传承与影响外,外国文化的引进与影响,对于上海文化的丰富与复杂,也具有决定性意义。"开埠以后的上海,在帝国主义纷纷入驻后,外来文化加快了在上海的传布,外国传教士的影响、外国文化文学著作的翻译、洋学堂的建立与教育等,使上海在外来文化的传入与接受过程中,逐渐形成了上海文化中西合璧的特点。"②

三、 江南文化传统传承与上海文化建设

上海作为一个港埠城市,决定了上海文化的开放性包容性;上海作为一个移民城市,形成了上海文化的多元性创新性;上海作为一个商业城市,建构了上海文化的商业性精致性。上海 20 世纪 30 年代的繁盛,奠定了上海文化发展的基础,上海在解放以后的一段时期内,由于户籍制度的左右,被改变了移民城市的特性;由于国际环境的变化,被改变了港埠城市的特性;由于计划经济的左右,被改变了商业城市的特性。上海文化逐渐消弭了个性,汇入社会主义建设的宏大叙事中。

改革开放以后,上海逐渐恢复了移民城市的特性,外国的、外地的移民纷至沓来。上海作为港埠城市的特性得到比较充分的弘扬,上海作为中国走向世界的窗口,作为世界进入中国的港口,与世界更近了,世界与上海的联系也更紧了。在加快商品经济市场经济的步伐中,上海作为商业城市的特性不断彰显。在此过程中,上海文化的传统得到弘扬,上海文化的建设得到发展。

(一)江南文化、上海文化、海派文化。我们在探究江南文化与上海文化的关联时,必须阐释江南文化、上海文化、海派文化的概念,梳理这三者之间的

①　曾觉之:《上海的将来》,新中华杂志社编:《上海的将来》,中华书局 1934 年版,第 79 页。
②　杨剑龙:《上海文化与上海文学》,上海人民出版社 2007 年版,第 5 页。

关系，才能真正弄清如何在传承江南文化中，弘扬发展上海文化、海派文化。在这三个概念中，江南文化的概念最大，其可以涵盖上海文化、海派文化。有学者阐释江南文化："我们所说的'江南文化'，正是在辨析和界定了'江南'这一地区的自然地理范围和经济范围之后，再衍生出来的一种地域文化的概念。所以，'江南文化'指的就是以江苏、浙江为主体的长江下游南岸地区，在长久的历史发展进程中所积淀和传承下来的一种地域文化。这种地域文化的形成，不仅依赖于这一片广大地区在山川、物产、气候、风俗、语言等自然地理条件上的相近、在经济发展模式和水平上的相当，更重要的是，在长时期的历史沿革中，它们所表现出来的较为趋同的文化气象和氛围。"①我们将江南文化的特性概括为务实理性的开拓精神、开放包容的创新精神、精致柔美的审美精神。

从地域范畴说，上海文化应该包容在江南文化之中，上海是江南的一部分，上海文化也是江南文化的有机组成部分。"上海文化，就其在近现代演变为自成格局的文化系统而言，是一种现代化的都市文化。它产生于都市生活的土壤，反映着都市人的生态和心态，有着近代工业文明（眼下甚至兼有后工业文明）的价值取向，并以现代化物质文明为其载体。"②当然作为国际大都市的上海，其代表的文化具有其独特的风范。"作为港埠城市、移民城市、商业城市，上海逐渐形成了其城市的文化个性，作为港埠城市，其具有开放的特性；作为移民城市，其具有多元的特色；作为商业城市，其具有商业化的特点，形成了上海都市文化的海纳百川多元并存经济发达的特点。具体表现为：中西合璧、追求创新，兼容并包、多元交融，商业气息、追求实利，在良莠并存中逐渐形成了上海文化的传统，以至于20世纪20、30年代的上海一度成为全国文化的中心。"③上海在其不断繁荣与发展的过程中，商业文化的确立是其文化形成的基础，外来文化的引进是其文化形成的新质，固有的文化传统是其文化形成的血脉。"正是开埠以后面向世界的过程中，在东西方文化的撞击与融汇中形成了上海文化的商业性、开放性、个性化的特征，上海成为了中国走向现代的缩影，上海成为了现代中国的钥匙，上海文化制约着上海文学的发展，也影响了中国文学的走向现代化。"①上海文化是在都市上海地域中发展形成的具有商业性、开放性、个性化特征的文化。2007 年 5 月，在上海市中共第九次党代会上提出了上海城市精神为：海纳百川、追求卓越、开明睿智、大气谦和。

　　从上海的城市发展历程上说，没有上海在 1843 年 11 月 17 日的开埠，也就没有海派文化，海派文化是上海文化发展历程中的必然，是上海文化组成的主要部分。"在众多区域文化中，海派较为年轻。近代以前，上海地区虽然已有悠久的文化传统，有誉满天下的文学家、科学家、艺术家，有行销遐远的土产品、工艺品，但从总体上说，是笼罩在吴越文化之中，没有令人眩目的独特光芒。鸦片战争以后，上海开辟为通商口岸，设立租界，政治格局、城市设施、人口来源、社会结构、交通网络发生重大变化，海派文化异军突起，扶摇直上，影响广泛。"②熊月之先生将海派文化的特性概括为：革新、开放、灵活、多样、宽容，他认为："这些特点是城市文化的商业性、现代性、世界性的具体表现。商业性派生出趋利、世俗、多变，现代性派生出个性解放、革新，世界性派生出崇洋、多样、宽容。"③海派文化是上海开埠以后，接受了外国文化、外地文化后，融汇了本地文化的文化集合体，可以说没有上海的开埠，也就不可能形成海派文化。"海派文化不能代表整个上海文化，但海派文化无疑是上海文化的重要方面，海派精神也是上海城市精神的一部分。"④海派文化归属于上海文化，海派文化是上海文化发展到一定阶段的产物，海派文化推进了上海文化的发展与繁荣。"海派文化不等于全部上海文化，而是上海文化独特性的集中表现。"⑤上海文化的底子是古代吴越和明清江南文化，海派文化的根基是上海文化，海派文化的萌生让上海文化更为创新发展

　　① 杨剑龙：《上海文化与上海文学》，上海人民出版社 2007 年版，第 10 页。
　　② 熊月之：《海派文化概览·序言》，载张颖主编：《海派文化概览》，上海人民出版社 2008 年版，第 1 页。
　　③ 熊月之：《海派文化概览·序言》，载张颖主编：《海派文化概览》，上海人民出版社 2008 年版，第 2 页。
　　④ 鲍宗豪等：《世界城市精神文化论》，学林出版社 2010 年版，第 300 页。
　　⑤ 李伦新：《海派文化丛书·总序》，载沈寂编著：《上海电影》，文汇出版社 2008 年版，第 5 页。

丰富多样,上海文化的繁荣与发展也凸显和推进了江南文化的现代化与现代性。在我们探究江南文化与上海文化的关联时,对于江南文化、上海文化、海派文化概念的甄别、关系的梳理,是十分必要和重要的。

(二)上海文化建设的发展规划与现状。上海是一个商业都市,这是其基本特性,长期以来在上海城市的建设和发展过程中,经济的发展、商业的繁荣总是置于首位。上海从1843年开埠以后,英租界、法租界、美租界的划定,一方面呈现出帝国主义列强殖民制度在上海的治外法权,另一方面也引进了国外先进的设备、城市的管理和生活方式,推动了上海经济的发展、城市建设的繁荣。江南制造局对于西洋科学文化书籍的翻译、教会学校的创办、报刊杂志的创办等,推动了近代科学知识在上海的传布,对于近代上海知识分子的培育,具有十分重要的作用。戊戌变法运动兴起后,"则沪上总南北之汇,为士夫所走集,乃群中外之图书器艺,群南北之通人志士,讲习其间"[1]。陈伯海先生将1843年前看作上海文化的酝酿期,将1843年至1898年视为上海文化的生成期,"种种迹象表明,一种有别于传统的新文化形态正在生成"[2];将1898年至1949年看作上海文化的兴盛期,认为"归根结底,上海是现代化文化事业的建设中心,无论报刊发行、图书出版、学校教育、文化设施、科学发明、艺术创新、工艺技术或城市建筑,在全国各大城市中间,它都称得上数一数二,从而对整个文化潮流的更新起着导向作用"[3];将1949年至1978年看作上海文化转折期,将1978年以后看作上海文化的更新期,"上海再一次成为东西方文化交流的中心,这对于重塑上海城市和上海人的形象,将会有深远的影响"[4]。

自20世纪80年代以来,经济发展始终成为上海城市规划的基本定位:在国务院对于1986年制定的《上海市城市总体规划方案》的批复中指出:"上海

---

[1] 康有为:《上海强学会后叙》,载谢遐龄选编《变法以致升平:康有为文选》,上海远东出版社1997年版,第332页。

[2] 陈伯海:《上海文化通史·引言》,载陈伯海主编:《上海文化通史》,上海文艺出版社2001年版,第4页。

[3] 陈伯海:《上海文化通史·引言》,载陈伯海主编:《上海文化通史》,上海文艺出版社2001年版,第5页。

[4] 陈伯海:《上海文化通史·引言》,载陈伯海主编:《上海文化通史》,上海文艺出版社2001年版,第6—7页。

是我国最重要的工业基地之一，也是我国最大的港口和重要的经济、科技、贸易、金融、信息、文化中心，应当更好地为全国的现代化建设服务。同时，还应当把上海建设成为太平洋西岸最大的经济贸易中心之一。上海市城市总体规划和各项事业的发展，都必须从这一点出发。"①将上海的发展定位为"太平洋西岸最大的经济贸易中心之一"。1992 年 12 月，在中国共产党上海市第六次代表大会上，时任市委书记吴邦国作的《解放思想、把握机遇，为把上海建设成为社会主义现代化国际城市而奋斗》报告中，提出"把上海建设成为社会主义现代化国际城市"，指出："党的十四大报告指出：'以上海浦东开发开放为龙头，进一步开放长江沿岸城市，尽快把上海建设成国际经济、经贸、金融中心之一，带动长江三角洲和整个长江流域地区经济的新飞跃。'党中央的这一重大战略决策，确定了上海在我国改革开放和经济建设中的地位和作用，明确了九十年代乃至今后更长一段时期的战略目标。"并且提出"尽快把上海建设成为国际经济、金融、贸易中心之一，带动长江三角洲和整个长江流域地区经济的新飞跃"②。

　　1996 年的《上海市国民经济和社会发展"九五"计划与 2010 年远景目标纲要》中，提出将上海建设成"国际经济、金融、贸易中心之一和国际经济中心城市"。2001 年 2 月，上海市第十一届人大第四次会议通过的《上海市国民经济和社会发展第十个五年计划纲要》在制定未来五年的发展目标时，开宗明义地指出："21 世纪，是上海加快建设国际经济、金融、贸易航运中心之一的新时期，也是确立社会主义现代化国际大都市地位，全面提高城市综合竞争力的新阶段。"③2003 年 12 月，在《上海市城市总体规划（1999—2020 年）》中，提出："根据中央的要求，上海要建设成为社会主义现代化国际大都市和国际经济、金融、贸易和航运中心之一，率先基本实现现代化。"2009 年 4 月《国务院关于推进上海加快发展现代服务业和先进制造业　建设国际金融中心和国际航运中心的意见》中，强调了上海发展的国际金融、国际航运"两个中心"目标，要求上海

----

① 《国务院关于上海市城市总体规划方案的批复》，国函〔1986〕145 号，1986 年 10 月 13 日。
② 吴邦国：《解放思想、把握机遇，为把上海建设成为社会主义现代化国际城市而奋斗》，《上海支部生活》1992 年第 24 期。
③ 黄金平、王庆洲等：《上海经济发展三十年》，上海人民出版社 2008 年版，第 179 页。

加快发展现代服务业和先进制造业,建设国际金融中心和国际航运中心。2009年9月30日,时任市委书记俞正声在《在上海市各界人士庆祝中华人民共和国成立60周年大会上的讲话》中强调:"我们要始终坚持抓好发展第一要务,扎实推进'四个中心'和社会主义现代化国际大都市建设。'四个中心'是中央对上海的要求,也是上海发展的目标和定位。"①"四个中心""四个率先"成为上海发展的目标,建设社会主义现代化国际大都市建设成为上海城市发展的追求。

2011年1月,在"上海市'十二五'规划"中首次将建设国际文化大都市写进文件中:"推动文化大发展大繁荣,加快建设充满魅力的国际文化大都市——坚持社会主义先进文化的前进方向,深化文化体制机制改革,完善公共文化服务体系,加快发展文化产业,满足人民群众不断增长的文化精神需求,加快文化'走出去'步伐,推动国内外文化交流合作,全面增强城市文化的国际影响力,加快建设更具活力、富有效率、更加开放、充满魅力的国际文化大都市。"在2011年11月12日中国共产党上海市第九届委员会第十六次全体会议通过的《中共上海市委关于贯彻〈中共中央关于深化文化体制改革推动社会主义文化大发展大繁荣若干重大问题的决定〉的实施意见》中,明确提出,"遵循文化发展规律,发挥上海文化优势和世博会后续效应,提高市民文明素质和城市文明程度,增强城市文化软实力和国际竞争力,努力建设与社会主义现代化国际大都市相匹配的国际文化大都市,为建设社会主义文化强国作贡献","到2020年,市民综合素质和城市文明程度显著提升,城市文化软实力和国际影响力显著增强,建成文化要素集聚、文化生态良好、文化事业繁荣、文化产业发达、文化创新活跃、文化英才荟萃、文化交流频繁、文化生活多彩的国际文化大都市"。②建成国际文化大都市成为上海2020年的远景目标。2016年1月出台的"上海'十三五'规划"中,提出:"把文化软实力作为提升城市核心竞争力的重要因素,注重发挥重大设施、重大活动和大师级文化领军人才的带动作用,推动文化与经济社会各领域深度融合,增强核心价值观感召力、理论成果说服力、宣传舆论影响力、文化产业竞争力,基本建

---

① 俞正声:《在上海市各界人士庆祝中华人民共和国成立60周年大会上的讲话》,《文汇报》2009年10月1日。

② 《到2020年,上海建成国际文化大都市》,《解放日报》2011年11月24日。

成国际文化大都市。"①提出在"十三五"期间"基本建成国际文化大都市",强调"到2020年,基本建成经济活跃、法治完善、文化繁荣、社会和谐、城市安全、生态宜居、人民幸福的社会主义现代化国际大都市,市民对'城市,让生活更美好'的感受度进一步提升"②。2016年8月的《上海城市总体规划(2016—2040)草案》中坚持以人民为中心的发展理念,提出:"上海至2040年建成卓越的全球城市、国际经济、金融、贸易、航运、科技创新中心与文化大都市。"建设"令人向往的创新之城、人文之城、生态之城",打造更具活力的繁荣创新之城,营造更富魅力的幸福人文之城,建设更可持续的韧性生态之城③。2016年,上海社会科学院编纂的智库报告提出上海2050年迈向全球文明城市,认为:到2050年,上海宜迈向全球文明城市。具体可分"三步走":即2030年成为世界最大城市群首位城市,2040年建成领先的全球城市,2050年迈向全球文明城市。④2017年颁布的《上海市城市总体规划(2017—2035年)》指出:"随着文化软实力日益成为衡量一个地区发展潜力与竞争能力的核心要素,这座拥有多元文化、开放包容的城市,将崛起成为东西方文明相得益彰、传统文化与现代时尚交相辉映的国际文化大都市。"将上海建设成为"卓越的全球城市,令人向往的创新之城、人文之城、生态之城,具有世界影响力的社会主义现代化国际大都市"。

从2011年提出建设国际文化大都市、建设与社会主义现代化国际大都市相匹配的国际文化大都市,到2016年提出至2020年基本建成社会主义现代化国际大都市,提出至2040年建成卓越的全球城市,提出至2050年迈向全球文明城市,到2017年提出建设传统文化与现代时尚交相辉映的国际文化大都市,上海在改变以往仅仅关注上海发展的经济指标,注重城市发展与建设中的文化建设文化发展中,不断将上海城市建设的目标推向世界。

(三)上海文化建设的短板与发展思路。在上海努力推进文化建设的过程中,我们仍然看到了上海文化建设的某些缺憾与短板,对于上海文化的建设与发

---

① ②　《上海市国民经济和社会发展第十三个五年规划纲要》,《解放日报》2016年2月1日。

③　上海市城市总体规划编制工作领导小组:《上海城市总体规划(2016—2040)草案》,《城市轨道交通研究》2016年第9期。

④　李玉:《上海社会科学院发布智库报告〈上海2050年发展愿景〉提出"全球文明城市"概念》,中国社会科学网2016年1月20日。

展形成了某些不利因素。我们将上海文化的建设与发展,置于江南文化传统的继承和发展中进行观照,提出某些有关的改善思路和建议。

1. 上海的文化建设缺乏江南文化的视阈和互动。上海作为国际化大都市,在长江中下游地区应该具有重要的影响力。中国共产党第十四次全国代表大会提出:"以上海浦东开发开放为龙头,进一步开放长江沿岸城市,尽快把上海建设成国际经济、经贸、金融中心之一,带动长江三角洲和整个长江流域地区经济的新飞跃。"这主要是从经济发展与引领的角度,对于上海的发展与建设提出了任务。上海在举办 2010 年世博会后,作为国际文化大都市的形象已经真正确立,作为长江三角洲文化中心的地位基本确定。上海应该在文化建设和发展中,拓展其文化建设的江南视阈,努力加强与长三角各省市的文化交流和文化互动,不仅在经济建设和发展中,成为经济、经贸、金融中心,而且应该在文化建设和发展中,真正成为长三角和长江流域的文化中心,不仅努力推进上海文化的繁荣与发展,也促进长三角各省市的文化交流与文化建设,从而引领与带动长三角的文化建设与发展。在传承江南文化的历史传统中,推进江南地区的文化建设和发展,推动长三角和长江流域地区的文化交流和发展。

2. 上海的文化建设缺乏创新开拓的氛围和力度。上海作为国际文化大都市,应该具有创新开拓的城市精神,无论在经济建设方面,还是在文化发展方面,都应该传承江南文化的开放包容的创新精神。虽然上海在 2011 年就提出"创新驱动转型发展",但是从总体上看,上海作为国际大都市在创新开拓方面,与其他国际文化大都市相比较,是远远不够的。根据寇中来等的《中国城市和产业创新力报告 2017》统计,2016 年在中国城市产业创新力指数排行中,北京列第一,1 061.37分;深圳列第二,694.05 分;上海列第三,541.33 分。在中国人民大学中国企业创新能力 100 强排序中,企业数基本延续了如上的次序:北京第一,24 家;深圳第二,16 家;上海第三,10 家。在福布斯中国最具创新力 50 强的排序中,北京第一,18 家;杭州第二,10 家;上海第三,8 家①。在城市产业创新方面,上海落后于北京、深圳、杭州等城市;在文化发展和文化建设方面,上海也缺乏创新开拓的

① 参见王晓华:《环杭州城市之问:关于上海城市创新能力的思考》,《上海商业》2019 年第5 期。

氛围和力度。虽然上海已打造出一些品牌文化产品,如杂技表演《时空之旅》、舞剧《野斑马》、功夫剧《少林武魂》、音乐剧《I LOVE YOU》、动画片《喜羊羊与灰太狼》等,虽然上海已确立了一些有国际影响的文化活动,如上海国际电影节、上海电视节、上海旅游节、上海国际艺术节等,但是从总体上看,上海在文化建设方面创新开拓的氛围和力度显然是不足的,在电影、美术、戏曲、歌剧、文学等方面总体上缺乏有全国或国际影响的精品力作。

3. 上海的文化建设缺乏精致柔美的审美精神。在上海建设和发展的历史中,上海常常追求精致和卓越,曾经有诸多有全国影响的名牌产品:蜜蜂牌缝纫机、华生牌电扇、永久牌自行车、凤凰牌自行车、上海牌手表、三五牌台钟、海鸥牌照相机、红灯牌收音机……,有的产品甚至具有国际声誉。在城市建设不断发展的过程中,外来人口的大量涌入、商品社会的急功近利、对传统文化的极端忽视、对西方文化的过度崇拜等,酿成了上海文化建设方面粗糙粗俗的偏向。历史上的名牌产品风光不再,原创的有影响的产品鲜见,尤其作为中国电影摇篮的上海,多少年来缺少具有全国性影响的电影作品。上海在国际文化交流中,总体上请进来的多、走出去的少,让国际经典作品登上上海舞台的多,打造具有国际水平、精致柔美的精品力少,如在 21 世纪以来上海对于外国歌剧的引进中,美国百老汇歌剧成为歌剧引进的重镇,2002 年百老汇歌剧《悲惨世界》首次登临上海舞台,此后有《猫》(2003)、《剧院魅影》(2004)、《狮子王》(2006)、《音乐之声》(2006)、《堂吉诃德之梦幻骑士》(2006)、《42 街》(2007)、《阿依达》(2008)、《发胶星梦》(2008)、《百老汇之梦》(2009)、《歌舞青春》(2009)、《佐罗》(2011)、《西贡小姐》(2013)、《摩登米莉》(2013)、《剧院魅影》(2013)等。在百老汇歌剧引进上海舞台的过程中,还出现了百老汇歌剧的中文版,如《猫》《Q 大道》《妈妈咪呀》等。歌剧在上海已经牢牢地站稳了脚跟,如何打造上海原创歌剧的精品力作,如何让上海的原创歌剧走向全国走向世界,这是上海在建设国际文化大都市过程中需要思考的。

上海在城市建设和发展中,已经确立了海纳百川、追求卓越、开明睿智、大气谦和的城市精神,上海在未来的建设和发展中,仍然应该传承江南文化务实理性的开拓精神、开放包容的创新精神、精致柔美的审美精神。上海在城市建设和文化发展中,应该始终注重江南文化的视阈和互动,努力确立上海作为长三角和长江流域文化中心的重任;应该始终注重上海文化创新开拓的氛围和力度,让上海成为全国文化创新的先驱者;应该始终注重上海文化建设精致柔美的审美精神,打造具有上海特征国际影响的精品力作,将上海真正建设成为卓越的全球城市、全球文明城市。

(作者为上海师范大学教授)

图书在版编目(CIP)数据

全面建设社会主义现代化国家:新阶段 新理念
新格局:上海市社会科学界第十八届学术年会文集.
2020年度/上海市社会科学界联合会编.—上海:上
海人民出版社,2020
(东方学术文库;第54卷)
ISBN 978 - 7 - 208 - 16846 - 6

Ⅰ.①全… Ⅱ.①上… Ⅲ.①社会科学-中国-文集
Ⅳ.①C53

中国版本图书馆 CIP 数据核字(2020)第 232435 号

责任编辑 罗 俊 郭敬文
封面设计 范昊如 夏 雪

东方学术文库(第五十四卷)
全面建设社会主义现代化国家:新阶段 新理念 新格局
——上海市社会科学界第十八届学术年会文集(2020年度)
上海市社会科学界联合会 编

出 版 上海人民出版社
 (200001 上海福建中路193号)
发 行 上海人民出版社发行中心
印 刷 常熟市新骅印刷有限公司
开 本 720×1000 1/16
印 张 35
插 页 5
字 数 544,000
版 次 2020年12月第1版
印 次 2020年12月第1次印刷
ISBN 978 - 7 - 208 - 16846 - 6/C·627

定 价 158.00元